한국의
　　노동체제와
사회적 합의

한국의 노동체제와 사회적 합의

1판1쇄 펴냄 2008년 5월 1일

지은이 | 노중기

펴낸이 | 정민용
주간 | 박상훈
편집장 | 안중철
책임편집 | 성지희
편집 | 박미경, 박후란, 최미정
디자인 | 서진
경영지원 | 김용운
제작·영업 | 김재선, 박경춘

펴낸곳 | 도서출판 후마니타스
등록 | 2002년 2월 19일 제6-0449호
주소 | 서울 종로구 홍파동 42-1 신한빌딩 2층(110-092)
편집 | 02-739-9929·9930 제작·영업 | 02-722-9960 팩스 | 02-733-9910

값 20,000원

ISBN 978-89-90106-61-2 03330

이 도서의 국립중앙도서관 출판시도서목록(CIP)은 e-CIP홈페이지(http://www.nl.go.kr/ecip)에서
이용하실 수 있습니다(CIP 제어번호: CIP2008001348).

한국의
노동체제와
사회적 합의

노중기

후마니타스

차례

서문

1.

　1987년 여름 노동자들이 최소한의 생존권과 민주적 권리를 요구하며 거리로 뛰어나온 지 20년이라는 긴 세월이 지났다. 6월 민주항쟁의 열기 속에서 노동자들은 그 이전 30년 동안 맺혔던 울분과 한을 일거에 표출하였던 것으로 볼 수 있다. 1970년에 전태일이 목숨을 내놓고 절규했던 '최소한의 생존권, 노동기본권' 요구가 20여 년 만에 천만 노동자들의 함성으로 되살아난 일이었다. 노동자도 다른 시민들처럼 인간으로서 대접받아야 한다는 너무나 당연한 명제가 비로소 한국사회 전체의 화두가 되었던 것이다.

　민주화 20년의 세월이 지난 오늘 우리 사회의 노동자들, 노동사회는 어디에 와 있는가? 많은 것이 변화하고 개선되고 이루어졌지만 노동자들의 삶은 여전히 팍팍하기만 하다. 전체 노동자의 절반을 넘는 비정규노동자들이 목숨 내놓고 벌이는 극한적 투쟁은 계속되고 있다. 그리고 '이태백' 청년실업, '사오정' 정리해고로 대표되는 실업 노동자의 문제, 한 해 천 명에 이르는 구속노동자문제 등도 심각한 수준이다. 10% 남짓한 조직률로 조직된 정규직 노동자들도 '노동귀족'과 '이기주의 집단'으로 비난받으며 사회적으로 심각한 고립상태에 빠져 있다. 사회가 전반적으로 보수화되고 신자유주의를 맹목적으로 추종하는 보수적인 정부가 들어서 앞길은 더욱 더 어두울 것으로 예상된다.

이 책은 1987년 이후 우리 노동사회에서 벌어진 일들을 보다 체계적으로 이해하기 위해 지난 10년간 쓴 논문들을 묶은 것이다. 개별 논문들은 다른 시기의 다른 맥락에서 쓰였고 다른 주제를 다루었다. 그러나 그 모두는 '노동자도 인간으로 살 권리가 있다'는 당위와 한국 사회의 노동 현실 사이에 놓인 거대한 심연을 이해하려는 동일한 목적을 갖고 있었다. 그것은 노동자의 삶과 노동운동이 총체적인 구조적 위기에 빠진 현재의 시점에서 지난 경험에 대한 정리이며 나름의 성찰과 반성이기도 하였다.

이 책에 실린 연구들을 반추하면서 떠오른 생각은 두 가지이다. 먼저 노동자들 앞에 놓인 심연의 거대한 폭과 깊이이다. 한국사회에서 지금 노동자들을 가로막고 있는 것은 단지 특정 제도나 정책, 그리고 정부가 아니었다. 그것은 해방 전후부터 켜켜이 쌓여 있는 역사적 경험의 거대한 퇴적물이었다. 한국전쟁에서의 엄청난 규모의 동족 살육, 냉전에 처한 군사독재권력의 장기적인 정치적 억압, 경제성장 과정에서 경험하였던 심각한 차별과 착취, 그리고 승자독식 사회에서 패배를 되풀이했던 노동대중의 수많은 상처와 자괴감, 그 모두가 지금 노동자의 삶을 짓누르고 있다는 인식이었다.

다음으로 역사에는 도약이 있을 수 없다는 깨침도 있었다. 민주노조운동의 지난 20년은 지나치게 낙관적이었으며 호흡이 짧았던 것처럼 생각된다. 역사적 퇴적물의 두께를 감안하면 모두가 관념적이었거나 낭만적이었으며 너무 무지했던 것이다. 1995년 민주노총의 결성이나 2004년 민주노동당의 국회 진출로 무엇인가 바뀌고 있다고 느꼈다. 그러나 2007년 말 서해 태안반도의 기름유출사고에서 경험한 바와 같이 깊은 상처는 쉬이 치유되지 않았다. '너무나 당연한 최소한의 권리'이지만 이를 회복하기 위해서는 아직도 더 많은 사람의 노력과 희생이 요구되고 있는 것처럼 보인다.

그러므로 20년 만에 구조적 위기에 처한 민주노조운동에 필요한 것은 '좀 더 긴 호흡으로 황소걸음으로 함께' 걸어가는 일이다. 이런 생각은 노동운동이 상 승국면과 하강국면을 거치면서 나선형의 궤적으로 발전한다는 교과서의 정답 에 불과하다. 그러나 그 정답의 무게와 깊이를 새삼 깨달은 것은 새롭게 시작하 기 위한 최소한의 준비일지도 모른다.

2.

필자가 지난 10년 동안 해명하고자 했던 문제는 크게 세 가지다. 각각의 구체 적 내용은 3부로 구성된 본문에서 확인할 수 있을 것이므로 여기서는 그 배경과 함의를 간략히 생각해 본다.

먼저 첫 번째 문제는 '노동 체제labour regime와 그것의 전환'에 대한 것이었다. 노사정 간에 격렬한 공방이 오갔던 1987년부터 1997년까지 한국의 노동 정치 는 매우 독특하였다. 국가는 이미 승산이 없는 억압적 반민주적 노동정책을 되 풀이하였고 노동 측은 이에 격렬하게 저항하였다. 각 주체의 입장에서 보면 이 과정과 결과는 매우 역설적이고 모순적이었다.

노동자들은 개별 전투에서 거의 패배하면서도 투쟁의 깃발을 놓지 않았고 결과적으로 최종적으로 전쟁에서 승리하였다. 민주노총을 만들고 민주노동당 이 시민권을 얻은 것은 그 상징이었다. 반면에 자본은 민주노조를 부정하고 몰 아내기 위해 모든 힘을 다했으나 결과적으로 실패하고 만다. 또 국가는 사회의 안정과 기업의 경쟁력을 진작한다는 명분으로 노동현장을 전쟁터로 만들었다. 민주노조를 인정하지 않기 위해 엄청난 공권력을 동원하였으나 역설적이게도 바로 그 때문에 민주노조운동은 성장할 수 있었던 것이다. 결국 노동 정치는 주 체들의 의도와 무관하게 진행되었으며 예상하지 못한 결과를 산출하였던 것으로 볼 수 있다. 이것은 한국사회의 구조적 모순에서 연원하는 노동 체제의 구조가 주체들의 행동을 특정한 방향으로 제한하고 규정지었기 때문이었다. 필자는 그 구조를 '1987년 노동 체제'로 설명하고자 하였다.

1997년 IMF 외환위기를 전환점으로 하여 이 구조가 해체된 이후 상황은 크게 변화하였다. 노동운동은 제도화하고 안정되었으나 역설적으로 이전의 힘을 잃기 시작했던 것이다. '합법화'와 '제도화'의 역설이었던 셈이다. 반대로 국가와 자본은 변화된 구조적 지형 속에서 새로운 힘을 얻어 '시장주의원리'로 노동사회를 전면적으로 재편할 수 있었다. 대규모 경제 위기와 공황은 사태를 매우 급반전시킨 상황적 요인으로 작용하였다. 그 결과를 우리는 오늘과 같은 노동 현실로 매일 경험하고 있다. 이것은 '종속적 신자유주의 노동 체제'로 규정될 수 있는 성질의 구조적 변동이었다.

'노동 체제' 개념은 노동 정치가 주체들의 의지나 전략적 행동과 연관되지만 동시에 이를 넘어서는 구조적 특징을 갖고 있음을 보여준다. 지난 20년 동안 민주 노조 운동은 앞날을 내다볼 수 없을 정도로 힘든 조건에서 분투에 분투를 거듭해왔다. 그러나 이제 주체들의 희망이나 투쟁 의지로만 상황을 돌파할 수는 없다는 점도 분명해졌다. 운동 주체들 내외에서 작동하는 구조적 제약들을 충분히 검토하고 이를 조금씩 해체해가는 분명한 전략적 목표 설정과 장기적 실천이 없다면 미래는 어두울 수밖에 없을 것이다.

3.

두 번째 문제는 지난 10년간 노동 정치의 핵심적 쟁점이었던 사회적 합의주의, 또는 코포라티즘 문제였다. 1996년 봄 김영삼 정부가 노사관계개혁위원회를 설치한 이후 이 문제는 노동 정치에서 항상 뜨거운 감자였다. 1998년 초 외환위기에 대응해서 김대중 정부가 그 이름을 바꾼 노사정위원회는 노무현 정부 임기 말에 이르기까지 노동 뉴스의 초점이 되었다. 노동운동 내부는 합의기구 참여를 둘러싸고 갈등이 격화되었으며 노동과 정부 사이의 모든 관계가 합의기구를 매개로 진행되었기 때문이었다.

합의주의 노동 정치과정을 비판적으로 검토하는 것은 쉽지 않았다. 권력의 핵심기구들에서 합의이데올로기를 체계적으로 배포했고 합의가 필요하다는 관변 연구가 여론을 주도하는 조건이었기 때문에 문제는 복잡하게 되었다. 또 노동운동 내부에서도 어려운 운동 상황을 우회하기 위한 징책적 수단의 하나로 선택하려는 움직임도 강했던 것도 문제를 어렵게 만들었다. 코포라티즘 이론과 서구 경험에 대한 평가, 제3세계의 합의정치 실험에 대한 검토, 우리 합의정치 10년에 대한 정치한 분석 등이 동시에 이루어질 수밖에 없었다.

사회적 합의나 노사정위원회도 한국의 노동 정치 전반이 그러했듯이 설명하기 어려운 요소를 많이 갖고 있었다. '참여와 협력'을 명분으로 시작한 노사관계 개혁위원회가 '날치기 노동법 개악'과 '겨울 총파업'이라는 적나라한 힘의 대결로 마감한 것은 그 출발이었다. 김대중정부와 노무현정부 시기 노사정위원회에서 합의 정신은 매 시기에 되풀이해서 엄청난 규모의 전근대적 국가 폭력으로 뒷받침되어야만 하였다. 즉 사회적 합의라는 국가 정책의 기본방향이 그 구체적 실행에서 스스로 부인되는 모순이 계속되었던 것이다. 반대로 노동운동의 경우도 비슷한 역설적 상황에 처한 것으로 보인다. 민주노총을 중심으로 한 조직노동은 거듭되는 합의 실패의 경험에도 불구하고 다시금 참가방침으로 선회할 수밖에 없었다. 참가 방침을 둘러싼 내부의 정파적 대립은 점차 격화되었으나 문제는 해소되지 못하였다. 결국 참여와 협력의 이념과 선한 의도를 가지고 합의 정치를 추진했던 주체들은 실패하고 낙망하였으며 상대방의 나쁜 의도와 잘못된 이념을 탓할 수밖에 없었다.

10년의 실험의 성적표가 나온 현재의 시점에서 보면 합의주의 실험의 성격은 이제 좀 더 분명해졌다. 그것은 서구의 의미에서 합의 기구는 아니었으며 과거보다 세련된 노동통제기구였다. 신자유주의 노동배제정책을 앞세울 이명박 정부에서 그것은 당분간 주요한 의제로 등장하지 않을지도 모른다. 그러나 새로운 노동운동의 전략적 방향이 여전히 모호한 우리의 상황에서 이 문제는 끝난 과거의 문제가 아니라 여전히 현재 진행형의 문제로 인식될 필요가 있다.

4.

민주노조운동, 나아가 노동운동의 구조적 위기문제를 해명하고 대안을 고민하는 것이 세 번째 과제였다. 합의주의문제로 촉발된 노동운동 내부의 갈등은 2005년 민주노총 대의원대회의 폭력사태와 간부의 뇌물수수사건으로 확산되었다. 이 시기에 보수언론과 정부, 그리고 시민사회의 노동운동에 대한 비난은 수위를 더 높였고 이는 노동운동에 대한 전면적인 위기론 논쟁으로 발전하였다. 2007년 대통령선거 이후 민주노동당 내부의 균열과 분당사태는 운동적 위기가 노동정당으로 확산된 것으로 평가할 수 있을 것이다. 1980년대 말 서구의 노동운동가와 연구자들이 부러운 눈으로 쳐다보던 민주노조운동은 장기간의 침체를 거쳐 이제 심각한 위기 상황에 처한 것으로 보인다.

문제의 초점은 과거 1987년 체제의 노동운동 노선이 더 이상 적합하지 않은 데 반해 새로운 운동 전략은 보이지 않는 데 있었다. 이른바 전투적 조합주의는 1987년 체제의 조직적 상징이었던 전국노동조합협의회의 운동노선이었는데 체제 변동에 따라 그것이 더 이상 적합하지 않다는 비판적 시각들이 광범하게 제기되었던 것이다. 1998년 이후 민주노조운동 일각에서는 새로운 운동노선으로 사회적 조합주의가 제기되었고 그 적실성을 둘러싼 논쟁이 시작되었다.

전투적 조합주의와 단절하고 사회적 합의 기제를 강조하는 합의주의노선이 바람직하다는 제안이었다.

위기에 처한 노동운동에 이론적인 만병통치약이 있을 수는 없다. 그러나 그 이론의 모색 없이는 출구도 찾을 수 없을 것이다. 필자는 한국사회 노동 정치에 고유한 구조적 조건을 충분히 반영하고 민주노조운동의 계급적 성격을 새롭게 재구성하기 위한 전략으로 사회운동 노조주의에 주목하였다. 일부 서구학자들이 주창한 사회운동 노조주의는 실상 한국의 민주 노조 운동의 전통과 맞닿아 있었다. 따라서 사회적 조합주의가 서구적 모델의 한계를 가진 것이라면 그것을 넘어서면서도 우리 조건에 부합하는 운동 노선을 모색하는 것이 바람직할 것이다. 사회운동 노조주의는 그 가능성을 갖고 있을지도 모른다. 더 많은 이론적 고민과 실천적 시도들이 필요한 때이다.

5.

이 책이 나오기까지 많은 분의 도움이 있었다. 그중에서도 후마니타스 박상훈 대표의 격려와 지원이 커다란 힘이 되었다. 또 조돈문, 임영일, 신광영 교수를 비롯한 비판사회학회 회원들과 산업노동학회 여러 동료의 역할도 컸다. 연구 과정의 도움 외에도 같은 문제를 함께 고민하고 있다는 의식이 없었다면 지속할 수 없는 일이었기 때문이다. 이미 고인이 되셨으나 필자에게 공부하고 살아가는 방법을 가르쳐주신 스승, 청정 김진균 교수께 특별히 감사의 말씀을 드린다. 마지막으로 세밀하게 원고를 검토하고 조언을 해 준 후마니타스의 편집진에도 감사를 드린다.

제1부

한국의 노동 체제 변동

1부에서는 한국 사회 노동 정치의 흐름을 노동 체제라는 구조의 형성과 변동으로 설명하고자 한 논문들을 모았다. 특정 시기에 각축하는 각 주체의 시야에서는 잘 드러나지 않지만 주체들의 상호작용을 구속하고 규율했던 거시적인 구조를 해명하는 작업이었다.

1장은 노사정 간에 격렬한 대립과 갈등으로 점철되었던 1987년 이후 10년간의 노동 정치를 다룬 논문이다("한국의 노동정치체제 변동 : 1987-1997." 한국산업사회학회 편. 『경제와 사회』 겨울호(36호). 1997). 1996년 말 날치기 노동법개정에 반대한 겨울 총파업은 우리 노동 정치에서 중요한 전환점이었다. 이 시기의 역동적인 정치변동을 설명하기 위해 '1987년 노동 체제'의 이론 틀을 제시하고 그 특성을 분석했다.

2장은 1987년 노동자 대투쟁 10주년을 기념해 1997년 가을 학술단체협의회에서 주관한 토론회에서 발표한 논문이다("6월 민주항쟁과 노동자 대투쟁." 학술단체협의회 편. 『6월 민주항쟁과 한국사회 10년』. 당대. 1997). 대투쟁이 6월 항쟁과 다른 어떤 것이라거나 심지어 집단이기주의적인 성격의 경제 투쟁으로 민주화에 걸림돌이 되었다는 학계 내외의 일반적 인식에 대해 비판하고자 했다. 노동자 대투쟁은 6월 항쟁의 연속선 위에 있으며 이를 심화·발전시킨 것임을 밝혔다.

3장에서는 1987년 노동 체제 이전 한국 노동 체제의 성격을 규명하고자 하였다("군부독재시기 노동체제 형성에 관한 연구." 공제욱 조석곤 편. 『1950~1960년대 한국형 발전모델의 원형과 그 변용 과정』. 한울 아카데미. 2005). 정치학계를 중심으로 한 학계의 일반적인 평가는 군부독재하의 노동 체제가 남미의 국가 코포라티즘과 유사한 것이라는 인식이었다. 이런 주류 인식에 대해 비판하고 국가의 직접적 억압의 중요성을 강조하면서 '억압적 배제 체제' 개념을 제시했다.

4장은 50년에 가까운 고도성장기가 종료한 이후 한국의 노동 체제 변동을 총괄적으로 정리한 논문으로 2006년에 발표되었다("고도성장 이후 노동운동의 전환과 과제." 한국산업사회학회 편. 『경제와 사회』 봄호(69호). 2006). 이른바 1987년 노동 체제는 1997년을 전환점으로 해서 해체되었으며 '종속적 신자유주의 노동 체제'가 형성되었다고 결론지었다.

1
한국의 노동 정치 체제 변동(1987~97)

1. 머리말

민주노총이 주도한 1996~97년 겨울 노동법 총파업은 한국 노사관계의 전개 과정에서 하나의 분수령을 이루는 대사건이었다. 파업의 구체적인 내용과 성격에 관해서는 좀 더 자세한 경험적·이론적 논구가 필요하겠지만 그 역사적 의미에 관해서는 크게 이론의 여지가 없을 것이다. 특히 1987년의 노동자 대투쟁과 비교하면 그 성격은 더 분명해진다.[1]

10여 년이라는 기간을 사이에 두고 일어난 두 사건은 파업의 성격상 차이 외에도 많은 점에서 비교될 수 있다. 이 글에서 주목하고자 하는 것은 두 파업에 의해 변화된 노동 정치의 지형 변화의 문제다. 잘 알려져 있듯 1987년 노동자

---

[1] 1996~97년 겨울의 총파업은 1987년 이후 최초의 실질적인 총파업이었으며, 그 과정에서 노동운동은 시민권을 주체적인 역량으로 쟁취할 수 있었다. 사회 민주화의 핵심적 쟁점들에 대해서 노동운동이 국민적 지지하에 투쟁을 주도한 것은 시민사회 내에서 노동운동의 중심성이 다시금 확인되는 과정이었다(임영일 1997, 51-52). 10년 전인 1987년 노동자 대투쟁이 자연 발생적이고 근로조건 개선이나 작업장 민주주의를 중심으로 한 낮은 수준의 대중 파업 투쟁이었던 반면, 1996~97년의 파업은 민주노총의 주도하에 노동법 무효화와 재개정이라는 선명한 목표를 갖고 조직적으로 전개된 대정부 투쟁이었다(조효래 1997, 50). 1987년 노동자 대투쟁의 성격에 관해서는 노중기(1997b) 참고.

대투쟁은 그해 11월의 노동법 개정을 불러왔고, 단위 사업장 민주 노조의 조직과 민주 노조 간의 지역적(전국적)·수평적 연대의 과제를 제기했다. 1987년 노동자 대투쟁 이후 10여 년간의 민주 노조 운동은 1987년이 제기한 숙제를 풀어나간 과정으로 요약될 수 있다. 운동 주체들이 수차례 확인했던 그 밖의 과제들, 예컨대 산별노조 건설이나 정치 세력화의 과제는 장기적인 과제였을 뿐, 이 기간의 직접적인 과제는 아니었다고 볼 수 있다.

반면에 겨울 총파업은 노동법 개악에 대한 노동자계급의 직접적인 반대 의사 표시였으며 3월의 노동법 재개정으로 이어졌다. 그리고 총파업 이후 노동운동의 새로운 과제는 고용 안정-노동자계급의 정치 세력화-산별노조 건설로 요약될 수 있을 것으로 보인다. 이런 과제는 1996~97년 겨울 총파업의 한계적 측면들과도 직접 연관된 것이었다(임영일 1997b, 48-51; 정진상 1997).

두 파업과 그 이후의 사태 전개에 관한 이 같은 비교 속에서 우리는 한국 사회의 노동 정치가 1996~97년 겨울 총파업을 계기로 질적인 수준에서 변동하고 있는 것이 아닌가 하는 물음을 던져 볼 수 있다. 이미 많은 연구자가 노사관계개혁위원회와 겨울 총파업, 노동법 개정이 시사하는 노동 정치 변동의 의미와 전망에 대해서 포괄적인 설명을 시도해 왔다.[2] 여기서 핵심적인 문제는 1996년 정부의 노사관계개혁정책의 사회구조적 배경과 이후의 정치과정에 대한 해명이었다. 이 글은 무엇보다 '1987년 이후 형성, 발전해 온 노동 정치 체제의 내부 모순'이라는 관점에서 1996~97년 노동 정치 변동을 설명하고자 한다.

이 글은 1996~97년의 겨울 총파업이 상징적으로 보여 준 노사관계 변동을

---

2 임영일(1997a; 1997b)은 그 의미를 '노동조합의 시민권 획득'으로, 김형기(1997)는 '네오포디즘-신보수주의로의 축적 체제 변동'을 둘러싼 대립으로 그리고 김세균(1997)은 '신자유주의-신보수주의의 사회경제적 민주주의에 대한 공격'으로 규정했다. 또 조효래(1997)는 노동 정책과 노동운동의 변동이라는 관점에서 10년간의 변화를 분석했다.

거시적으로 조망하는 것을 목적으로 한다. 먼저 2절에서는 노동 정치 체제 개념과 그 내적 구조에 대해 간략히 정리할 것이며, 3절에서는 시기별로 노동 정치 체제가 형성되고 변동하는 양상을 구체적으로 서술한다. 4절에서는 1996~97년의 체제 해체 과정을 살펴보고 그 의미를 비판적으로 검토할 것이며, 마지막으로 결론에서는 새로운 체제에 대한 약간의 전망을 해 보고자 한다.

2. '1987년 노동 정치 체제' : 개념과 구조

1) '노동 정치 체제' 개념

1987년부터 1997년까지 10여 년간의 거시적인 노동-자본-국가의 정치적·사회적 관계를 살펴보기 위해서 이 글에서는 '노동 정치 체제'labor regime라는 개념을 사용할 것이다. 이미 필자는 노동 정치labor politics를 '생산의 정치와 대비되어 노동·자본·국가 삼자의 정치적·전략적 상호 작용 일반'을 의미하는 것으로 사용한 바 있었다(노중기 1995, 25-26; 조효래 1995). 반면에 노동 정치 체제는 '노동 정치과정에서 생산되고 구조적으로 응집되어, 일정 기간 동안 안정적으로 재생산되는 상호 작용의 틀'을 말한다.[3]

노동 정치 체제는 노사관계 체제system of industrial relations나 노자 관계labor-capital

---

[3] 전략적 상호 작용인 노동 정치와 그 구조적 응결물인 노동 정치 체제의 개념적 관계는 제솝의 '전략과 구조의 변증법'의 이론적 관점을 차용한 것이다(Jessop 1990, 193-272). 노동 정치, 국가의 노동 통제 전략, 노동 정책 등의 개념 구분에 관해서는 노중기(1995) 참고.

relations 체제와 같은 기존 개념들을 대체하는 것이다. 사실 서구 역사 속에서 만들어진 이 개념들은 한국 사회의 거시적 노동 문제가 갖는 독특한 정치적 성격이나 특수한 역사성을 분명하게 밝히지 못하는 문제점을 안고 있었다. 그리고 다른 측면에서 노동 문제를 단순히 경제 영역 내의 노사관계 문제나 비역사적 문제로 단순화하는 경향이 있기도 했다.[4] 필자는 노동 정치 체제의 개념을 다음과 같은 몇 가지 이론적 함의를 갖고 사용하고자 한다.

먼저 노동 정치 체제는 노동 정치를 구성하는 세 주체인 노동·자본·국가의 전략적 상호 작용이 구조화된 것이므로 세 행위자가 선택할 수 있는 전략적 선택지를 일정하게 제한하는 구조적 틀로 파악할 수 있다. 노동 정치가 전략적 상호 작용의 영역이라고 한다면 노동 정치 체제는 그 전략적 상호 작용에서 주체가 선택할 수 있는 선택지의 지형이 된다. 노동 정치에서 행위 주체들의 전략적 행위가 일관되고 합리적인 논리에 기반을 두지 않은 것처럼 나타나는 것은 노동 정치 체제의 효과로 해석해 볼 수 있다.

둘째, 노동 정치 체제의 형성에는 복합적인 수준의 여러 정치과정이 영향을 미치게 된다. 노동 정치가 경제 구조-국가 정치state politics-노동 정치-작업장 정치workplace politics의 다중적인 규정성 위에서 진행되는 것이므로 노동 정치 체제 또한 중층적인 분석을 필요로 한다. 각각의 층위가 특정한 역사적 조건과 상황 속에서 어떻게 접합되는가에 따라서 노동 정치 체제의 상이한 유형적 특성들이 구별될 수 있을 것이다.[5] 따라서 여기서 중요한 것은 한 사회의 역사적 경

---

4 이런 문제의식에서 계급 정치(임영일 1993)와 노동 체제(송호근 1994; labor regime) 등 새로운 개념화의 시도가 있었다. 한편 임영일(1997a)은 노사관계를 분석 수준에 따라서 정치적 노사관계, 사회적 노사관계, 작업장 노사관계로 나누기도 했다.

5 노동 정치 체제의 유형적 특성을 일반적으로 분류한 연구로는 Valenzuela(1992)와 송호근(1994)을 참고. 송호근은 한국의 노동 체제를 억압적-개체적 배제에서 노동자의 자율성이 증대하고 있는 유형으

험과 특수성이 노동 정치 체제를 구성하는 제도적 장치와 상호 작용의 내용에 어떻게 반영되어 있는가 하는 점이다.

반면에 여기서 주의할 것은 각 층위가 노동 정치 체제에 미치는 영향이 결정론적으로 해석되어서는 안 된다는 점이다. 예컨대 경영 관리의 측면에서 보면 자본주의 경제 구조의 효과는 모순적이므로 경영 전략에 대한 완전한 구조 결정은 불가능하다. 그리고 그 결과, 많은 경우에 행위 주체는 절대 만족스럽지 않은 전략적 대안들 가운데 실용주의적 선택을 할 수밖에 없다. 그러므로 각 행위 주체의 이해관계는 일의적이지 않고 내적으로 모순적일 수 있다. 구조의 효과는 주체들에게 장·단기적 이해와 정치·경제적 이해 등의 복합적인 전략적 선택지를 제공해 주는 것이다. 그리고 경제 구조나 국가 정치, 작업장 정치 등의 요인의 영향은 노동 정치 체제의 내부적 요인을 매개로 해서 나타나게 된다.6

넷째, 노동 정치 체제를 구성하는 각 전략적 주체들의 특성이 고려되어야 한다는 점이다. 대개 각 주체는 동질적인 행위자이기보다 내적으로 균열되어 있다. 예컨대 국가는 동질적 행위자라기보다 내부에 다양한 정치적 세력, 분파들로 균열된 모순적인 행위자로 파악되어야 한다. 이 점은 자본이나 노동도 마찬가지이다. 또 노동 측과는 달리 국가와 자본의 경우, 노동 정책은 정치·경제정

로 파악했다. 필자는 지난 10여 년의 노동 정치 체제의 분석에서는 이념형적·일반론적인 유형화보다는 좀 더 역사적이고 구체적인 접근이 필요하다고 본다. 즉 억압-자율, 개체-제도, 수용-배제 등의 이원론적 분류보다 체제의 내부 메커니즘이나 특성, 모순 등을 포착하고자 한다. 임영일(1997b, 37-38) 참고.

6 결국 작업장 정치와 마찬가지로 노동 정치의 영역도 상대적으로 자율적인 영역을 구성하는 셈이다 (Edwards 1986, Ch.4, 6; Thompson 1990). 한편 노동 정치 체제는 던롭(J. T. Dunlop)의 '노사관계 체제'와는 다른 개념이다. 던롭은 노사관계의 영역을 사회 체계의 하위 체계로 파악하고 자본 축적, 정치적 권력관계, 이데올로기 지형 등과 기본적으로 무관한 자율적인 것으로 파악한다. 즉 외재적 환경으로 취급하고 마는 것이다(Hyman 1987; 1994). 그와 반대로 노동 정치 체제는 생산의 사회적 관계의 총체의 핵심적 구성 부분이다. 던롭의 논의를 발전시킨 전략적 선택 이론(Kochan, Katz and McKersie 1986; 1991)도 노사관계의 정치적 성격, 국가의 역할 및 국가 간 차이, 경영 전략의 모순성 등을 충분히 고려하지 못했다(Edwards 1995, Ch.1; Sisson and Marginson 1995).

책이나 경영 관리 정책 일반에서 부분적이거나 하위에 속하는 특정 정책 영역일 뿐이다(Hyman 1987).

요컨대 이 글에서는 1987년 이후 10여 년간의 노동 정치과정이 일정한 노동 정치 체제의 구조 속에서 진행되었다고 파악하고자 한다. 그 구조는 1987년 노동자 대투쟁에 의해 야기된 새로운 정치적 역학 관계의 지형과 제도적 조건 속에서 형성된 것이었다. 그리고 그것은 각 행위 주체들의 전략 선택을 제약했을 뿐만 아니라, 노동 정치를 규정하는 여타 경제적 요인과 정치적 요인, 작업장 상황의 변동에 의해서 영향받아 그 자체의 내적 모순을 심화시켜 왔다. 그러므로 1996년과 1997년의 노동 정치 변동은 1987년 이후 형성된 독특한 노동 정치 체제의 내적 모순으로부터 이해될 수 있다.

2) 1987년 노동 정치 체제의 구조와 내적 모순

'1987년 노동 정치 체제'는 노동자 대투쟁 이후 10년 동안 각 주체의 행위를 제한하고 규정하는 일정한 상호 작용의 틀 속을 말한다. 1987년 이후 이 같은 상호 작용의 틀이 형성된 것은 한국의 노사관계의 구조적 조건과 민주화 이행 정치의 특수한 조건 속에서였다.

노동자 대투쟁은 노동자계급이 군부독재 체제와 억압적인 노동 배제 체제에 도전해 작업장 내에서 최소한의 민주적 권리를 쟁취하고자 했던 자발적인 대중 투쟁이었다(노중기 1997b). 당시 노동자들의 핵심적인 요구는 작업장에서의 제반 차별 대우와 비민주적 관행을 철폐하는 것과 이를 제도적으로 보장하기 위해 자주적이고 민주적인 노동조합을 결성·운영할 권리를 확보하는 것이었다. 6월 민주화 항쟁과 연속선상에서 진행된 노동자 대투쟁은 한국 사회의 민주화라는 국가 정치 변동을 노동 현장에서 재생산하고 확장한 민주화 투쟁이었다.

그러나 3개월에 걸친 뜨거운 대중투쟁에도 불구하고 노동자들이 직접적으로 쟁취한 것은 그리 많지 않았다. 그것은 매우 제한적이고 연속적인 방식으로 이루어졌던 한국 사회 민주화의 특성이 노동 현장에서도 재생산된 것을 의미했다. 대투쟁 초기에 방관적이었던 국가와 자본은 정치과정에서 주도권을 장악하게 되면서 대투쟁을 강하게 억압했고, 곧바로 노동 정치 체제를 자신의 이해에 맞게 재편했다. 국가와 자본의 전략은 노동자들의 요구를 가능한 한 최소한의 범위에서 제한적으로 수용하고 기존의 배제적 노동 정책을 그대로 유지하는 것이었다.

국가와 자본의 전략 선택은 1987년 개정 노동법에서 잘 나타났다. 개정 노동법은 민주 노조 결성을 거의 완전히 봉쇄하고 있었던 노조 설립 제한 조항을 크게 완화했지만, 그 밖의 핵심적인 노동 통제 수단들을 그대로 존치하거나 강화하는 것을 특징으로 했다. 복수 노조 금지, 제3자 개입 금지, 공무원·교원의 단결 금지, 노조의 정치 활동 금지가 그 대표적인 통제 수단들이었다. 6공 체제에서 국가와 자본은 법적 통제 수단 이외에 이데올로기적·물리적·조직적 통제 수단에서도 군부독재 체제의 유산을 그대로 사용할 수 있었다.

그렇지만 1987년에 형성된 노동 정치 체제는 군부독재 체제의 그것과는 몇 가지 점에서 구별될 수 있었다. 국가와 자본의 노동 통제 전략은 5공의 억압적 배제 전략으로부터 6공 이후의 헤게모니적 배제 전략으로 점차 이행하게 되었다(노중기 1995). 그리고 노동운동은 비로소 계급 형성의 조직적 기반을 갖고 성장하기 시작했다.

먼저 노동 정치에 대한 국가 정치의 영향력이 심대한 한국 사회에서 매우 제한적이나마 절차적 민주주의가 도입됨으로써 국가 노동 통제 전략의 구조적 배경이 크게 변화하기 시작했다는 점이다. 국가는 물리적 억압 수단을 무제한 사용할 수 없게 되었고 정책 실행에서 정당성을 제고하지 않을 수 없게 되었다. 그 결과는 법적·이데올로기적 통제 수단의 중요성이 커지고 물리적 억압의 통제 효과가 점차 약화되기 시작하는 것으로 나타났다.

둘째, 단위 사업장에서 노동조합이 결성되고 활동하는 것을 완전히 봉쇄할 수 있는 제도적 장치를 상실하게 되었다는 점이다. 그 결과 군부 체제에서와는 달리 단위 사업장에서 노조의 일상 활동이나 임금 투쟁은 상당 정도 용인될 수밖에 없었고, 작업장은 노사 간의 각축장으로 변화되었다. 그리고 국가 통제는 기업별노조 체제를 유지하고 노조 간 연대를 막는 것에 집중되었다.

셋째, 노동운동이 본격적으로 성장하기 시작함에 따라서 노동 정치의 장이 본격적으로 열리기 시작했다. 국가 정치에 의해서 폐쇄되었던 노동 정치의 장이 활성화되기 시작했고, 그것은 곧 역으로 국가 정치에 영향을 미치는 중요한 변수가 되었다. 1986~88년의 3저호황 이후의 경제 구조 변동, 민주화 과정에서의 정치적 불안정성 등과 같은 배경적 요인들은 그 효과를 배가했다. 노동운동의 추이는 직접적으로 정치·경제적인 효과를 가져왔으며 다양한 측면에서 사회적 쟁점으로 발전했다.

한편 민주화 과정에서 등장한 1987년 체제는 매우 유동적인 과도기 체제라는 특성을 갖고 있었다. 무엇보다 그것은 노동 정치 체제가 전체 사회의 자유화, 민주화의 흐름에 조응하지 못하는 것에 기인했다.

국가와 자본은 권위주의 체제 이래 압도적이었던 계급 역량을 동원해 노동운동의 시민권을 여전히 박탈하고 있었다. 각종 권위주의적 노동 통제 수단들이 여전히 사용되었으며 노동 배제의 전략적 목표는 강하게 유지되고 있었던 것이다. 그러나 이와 같은 배제 전략은 민주화의 국가 정치가 약속했던 최소한의 부르주아 민주주의적 권리를 노동 정치 영역에서는 부인하는 결과로 나타났다. 기업 수준에서의 노동자들의 노조 활동을 용인하지 않을 수 없었으면서도

24

노동운동의 최소한의 시민적 권리를 여전히 부정하는 모순적 통제 전략은 10년간의 노동 정치를 매우 유동적이고 역동적인 것으로 만들었던 것이다.

1987년 체제는 좀 더 구체적인 수준에서 많은 결함을 갖고 있었다. 그것은 국가와 자본, 노동운동 등 각 주체에게 모두 불만족스러운 것이었으며, 전체 사회 체제에 상당한 비용 부담을 야기하는 과도적인 체제였다(노중기 1996).

먼저 국가와 자본의 입장에서 보면 헤게모니적 배제 전략의 통제 효율성은 매우 의심스러운 것이었다. 계급적 성격이 분명한 정부의 노동 정책과 노동 행정은 노동자들로부터 정당성을 얻기가 매우 어려웠으며, 장기적으로 국가 통제의 규제력을 크게 약화시켜 왔다. 민주 노조 세력은 국가 통제의 제도적 장치들에 대해 전혀 정당성을 부여치 않았으며 오히려 이를 투쟁의 쟁점으로 부각했다. 그 결과 국가와 자본은 여전히 법적·제도적 정당성을 갖지 못하는 각종 통제 수단들을 새로이 도입하지 않을 수 없었고, 이는 다시금 통제 효율성을 추락시켰다. 노동법이 아니라 형법과 민법상의 여러 가지 법률들이 주요한 노동 통제 수단으로 사용된 것은 그 단적인 예라고 할 수 있다. 그리고 노동자에 대한 수배, 구속, 해고는 곧바로 새로운 투쟁을 야기했다. 요컨대 통제 수단이 새로운 투쟁을 불러와 통제 효율성을 잠식하는 악순환이 되풀이되었다.

둘째, 노조 간 연대를 강하게 통제했던 헤게모니적 배제 전략 아래에서 노동자들의 요구는 기업 단위의 임금 교섭과 쟁점에 집중되었다. 그 결과 노사 대립의 최전선이 기업 단위의 교섭으로 고착되면서 교섭력이 큰 대규모 노조들의 교섭 결과는 임금 도미노 현상 속에서 전체 노동자들의 임금 상승으로 귀결되었다. 국가가 1989년부터 시도한 여러 가지 임금 억제 정책은 기업별 교섭과 대립적 노사관계로 구조화된 1987년 노동 정치 체제의 틀을 벗어나지 않고서는 성공할 수 없는 것이었다.

셋째, 단위 사업장에서 노동자들의 전투성이 강하게 유지되는 상황에서 이

전 시기와 비교해서 기업의 작업장 통제력은 매우 취약하게 구조화되었다. 경제 구조 변동에 따라 기업은 작업장 조직을 재편하고 노동력을 유연하게 이용하기를 원했지만 노동조합의 강한 반대를 극복할 수 없었다. 국가 경제 수준에서는 산업 구조 재조정 과정이 난관에 부딪히는 결과로 나타났다. 작업장에서의 각축은 업종이나 경기 여건 등 개별적으로 차이가 있었지만 일반적인 현상이었고 지속적으로 야기되었다.[7]

넷째, 1987년 체제는 사회 민주화와 경제 개방화 그리고 경제 구조의 고도화가 진행된 상황에서 국제 사회의 노동 체제 민주화 요구를 끊임없이 불러일으켰다. OECD, ILO, BR$^{Blue\ Round}$ 등 국제적 압력들은 국가의 대외 정책에 상당한 부담을 주었다.

끝으로 노동운동의 시각에서 보면 1987년 체제는 시급히 극복해야 할 전 시대의 유물에 불과했다. 노동운동은 1987년 체제가 성립된 직후인 1988년부터 이 체제의 반노동자성을 강하게 비판해 왔다. 그것은 노동운동의 최소한의 일반 민주적 권리를 크게 제약하고 있는 반민주적 체제였다. 그뿐만 아니라 노동운동을 기업 내로 제한함으로써 계급적 노동운동과 노동자 의식의 성장을 결정적으로 제약하는 체제로 판단하지 않을 수 없었다.

그러므로 노동운동은 1987년 체제의 구조적 한계를 드러내고 그것의 재편을 요구한 핵심 주체였다. 1990년대 초까지 노동운동은 1987년 체제의 틀 속에서 조직적 성장이 크게 제한받기도 했으나 대중 동원에 기반을 둔 전투적 연대

---

7 임영일(1997b, 39-40)은 1987년 이후 작업장 노사관계가 노동운동의 질곡으로 변모했다는 점을 강조했다. 이전의 기업 전제적 노사관계뿐만 아니라 노조의 교섭력에 따라 대립적 노사관계, 협조주의적 노사관계가 다양하게 혼재되어 나타났다. 그러나 어느 유형도 안정적인 것으로 되지 못함으로써 노사의 단기적 이익 극대화 전략이 지속되어 횡단적 노동시장이 극단적으로 파괴되어 연대의 조건이 악화되었다는 지적이었다. 이 글은 이런 질곡이 동시에 국가와 자본의 대노동 정책에서의 질곡이기도 했다는 점을 강조한다. 결국 그것은 노동 정치 체제 모순의 발현이었다.

투쟁으로 그 제약을 돌파했다. ILO 기본 조약 비준 및 노동법 개정을 위한 전국노동자공동대책위원회(이하 ILO 공대위), 전국노동조합대표자회의(전노대), 전국민주노동조합총연맹(민주노총)으로 이어지는 조직적 연대 폭의 확장은 실질적인 의미에서 1987년 체제를 붕괴시켜 왔다. 그리고 민주 노조들은 단위 사업장 내의 임금, 근로조건 교섭을 넘어서서 사회 개혁 투쟁, 대국민 홍보 투쟁, 통일 투쟁 등으로 투쟁의 질을 변화시키기 위해 지속적으로 노력을 기울여 왔다.

그러나 1987년 체제가 유지되는 한 노동운동 발전의 속도와 범위는 매우 제한적일 수밖에 없었다. 그것은 민주 노조 진영의 전략적 의사와 무관하게 노동운동을 기업별로 고착시키고 기업 간 분절 효과를 증대할 것이기 때문이었다. 그리고 작업장 수준에서 자본과 대립하고 국가 수준에서 정부와 대결하는 가운데 민주 노조의 역량은 매우 소모적으로 낭비될 수밖에 없는 구조에서 벗어날 수 없음을 의미했다.[8]

3. 1987년 체제의 성립과 발전 : 시기별 분석

특정한 노동 정치 체제는 그 속에서 상호 작용하는 전략적 주체들에 의해서

---

[8] 그러므로 이 시기 한국의 노동운동에서 사회적 노사관계와 정치적 노사관계가 제대로 형성되지 못한 것(임영일 1997b, 39-41)은 이해할 수 있는 일이다. 그러나 분명히 해야 할 것은 그럼에도 불구하고 정치적 노사관계와 사회적 노사관계가 '부재'했던 것은 아니라는 점이다. 즉 서구와 같은 총노동-총자본의 조직적 관계나 계급 정당 관계가 존재했던 것은 아니지만 거시적 노동 정치는 여전히 이루어지고 있었다. 그것은 단위 노조나 협소한 조직체가 전체 전선에서 전체 노동운동을 대표하는 기형적인 형태로 이루어졌다.

구조화되거나 변동하게 된다. 그리고 주체들의 전략적 행위를 구속하는 정치·
경제적 배경 조건은 노동 정치의 구조 변동을 야기하는 중요한 변수가 된다.
1987년 노동 정치 체제도 지난 10여 년간의 민주화 과정과 경제 구조의 변동에
의해 크게 영향을 받아 왔으며, 변화·발전해 왔다.

1) 체제 형성기 : 1988~89년

노태우 정권이 성립된 직후인 1988년과 1989년은 1987년 체제의 기본 구조
가 형성되었던 시기였다. 체제 형성기는 다시 국가의 억압이 크게 이완되었던
1988년과 국가 개입이 재개된 1989년으로 구분해서 살펴볼 수 있다.

1988년은 한국의 노동 정치 체제에서 매우 예외적인 시기였다. 6공 국가는
노사관계에 대한 직접적인 개입을 자제하고 상대적으로 보아서 노사 자율을 강
조하는 노동 행정을 실시했다. 정보기관, 공안 기관 등의 억압적 국가 기구를 대
신해서 공식 노무 행정의 주무 부서인 노동부와 국회(노동위원회)의 정책 결정
과정에서의 영향력이 크게 신장했다. 국가 통제가 크게 약화한 것은 여소야대
의 정치 상황, 지배 블록 내 세력 갈등, 민주화 이행 직후였던 점 등 주로 정치적
인 상황 조건에 기인했다.

이 시기의 노동운동은 1987년 이후 국가 개입이 완화된 상황에서 단위 사업
장에서의 노동조합 결성과 일상 활동이 매우 활발하게 진행되었다. 그러나 첫
번째 임금 교섭에서부터 노동운동은 1987년 체제의 내적 한계를 절감하지 않
을 수 없었다. 민주화 이행에 따라 자유롭고 자율적인 노사관계의 새 장이 펼쳐
지리라는 기대는 어긋났다. 국가의 물리력이 직접적으로 작용치 않는 상황에
서도 개정 노동법의 통제 조항과 개별 사업장에서의 통제 구조는 여전히 유지·

작동하고 있었던 것이다. 복수 노조 금지 조항이 기존의 어용 노조를 보호했으며, 사용자들은 재빨리 어용 노조를 급조했다. 그리고 제3자 개입 금지 조항은 노동자 간, 노조 간 연대 활동 일반을 불법적인 것으로 만듦으로써 노동조합 활동의 자유는 크게 제약받을 수밖에 없었다.

이런 상황에서 노동운동의 대응은 노동조합 간의 지역적 연대를 강화하는 것과 1987년 체제를 지탱하는 제도적 장치였던 노동법에 대한 반대 투쟁을 조직하는 것으로 나타났다. 노동법 투쟁은 법 개정 후 반년도 되지 않아 1988년 임금 투쟁 시기에 이미 시작되었으며, 11월 전국 노동자 대회에서는 전국의 노조 대표자가 모여 노동법 개정 투쟁에서의 연대 방침을 구체화했다.

이와 같은 노동 공세의 상황은 그리 오래가지 못했다. 1988년 말 5공 청문회를 거치면서 야당 주도의 정국 상황은 급격히 변화했다. 연초 풍산금속에 대한 공권력 투입을 필두로 해서 1989년은 지배 블록의 노동운동에 대한 대공세가 지속된 시기였다. 현대중공업 파업과 연이은 공안 정국은 그 중요한 계기였다. 중간 평가, 공안 정국, 3당 합당 정국 등 연이은 정치 세력 재편 과정에서 노동운동과 노동 통제는 국가 정치과정의 실행 수단으로 이용되기도 했다. 국가의 재개입에 따라 각 사업장에서는 단위 노조와 사용자-국가 권력 사이의 권력 투쟁이 격렬하게 진행되었다.

공권력 투입과 구속, 수배와 같은 물리력과 반공 이데올로기, 임금 가이드라인 등과 같은 구시대적 통제 수단들이 다시금 노동 정책에 사용되어 군부독재로 회귀하는 듯이 보이기도 했다. 그러나 무노동 무임금 원칙, 경영권·인사권 수호 원칙 등 새로운 통제 수단들이 '노사관계 대책'이라는 이름으로 개발되어 나타났던 것도 이 시기였다. 그리고 각 통제 수단들은 절차적 정당성을 가능한 한 구비하고자 하는 방향으로 체계화되어 동원되었다는 점에서 헤게모니적 배제 전략의 특성을 분명하게 보여 주었다.

요컨대 체제 형성기의 노동 정치는 작업장과 노사관계에서의 최소한의 자유화와 민주화를 요구하는 노동운동과, 이를 허용하지 않고 구래의 노동 배제 체제를 제도화하고자 했던 국가-자본의 치열한 대립이 처음으로 나타났던 시기였다.

2) 체제 정착기 : 1990~92년

체제 정착기는 노자 간에 일종의 힘의 균형이 지배한 시기였다. 노동운동의 제반 요구가 국가의 노동 통제 전략 강화에 의해 봉쇄되었으나, 국가와 자본 또한 노사관계의 안정성을 확보하는 데는 실패한 시기였다.

1989년의 격렬한 노동 정치과정은 1990년 1월 전국노동조합협의회(이하 '전노협') 결성과 3당 합당을 계기로 일단락되었다. 1990년 상반기 전노협에 대한 범정부적 대응과 현대중공업 및 KBS 파업에 대한 공권력 투입 과정에서 헤게모니적 배제 전략의 통제 효율성은 최대치에 달했다. 특히 이 시기에는 노동 통제에 경제 위기 이데올로기, 법과 질서 이데올로기, 자유민주주의 이데올로기 등 이데올로기적 통제 수단들이 집중적으로 개발되어 유포되었고, 노동 통제의 헤게모니적 성격이 더욱 뚜렷이 드러났다. 그리고 동시에 노동운동의 조직적 성장과 양적 팽창은 중지되었다.

그러나 동시에 이 시기는 국가 통제 전략의 한계가 분명히 드러났던 시기였다. 표면적으로 노동운동의 성장을 중지시킬 수는 있었지만 작업장에서의 민주 노조의 전투성을 완전히 잠재울 수 없었으며, 결과적으로 안정적인 자본 축적을 뒷받침할 수 있는 제도적 여건을 마련하는 것에서 실패했기 때문이다.

3당 합당으로 정치적 지배 체제가 안정화되고 노동운동을 일정 수준에서 통제할 수 있게 된 상황에서 노동 정치를 규정했던 것은 경제적 요인이었다. 대내적으로는 지속적인 임금 상승과 구조적인 노동력 수급 불균형 현상, 산업 구조의 전환이 진행되고 있었다. 그리고 대외적으로는 사회주의 체제의 붕괴, 우루과이라운드와 같은 국제 교역 질서의 재편, 선진 자본주의국가의 시장 개방 요구 등 범세계적 경제 체제 변동의 여파가 한반도에 직접 영향을 미치고 있었다.

그러므로 국가는 자본의 이해에 부합하는 경제정책의 일환으로 제반 노동 정책들을 실시하고자 했다. 임금 억제 정책을 필두로 해서 노동자파견제, 시간제근로제 등 노동시장 유연화 정책을 도입하고, 노동시간을 연장하고 해고 요건을 완화하거나 변형근로시간제를 도입함으로써 노동 보호 기준을 완화하려는 정책이 주요한 골자를 이루었다.

그러나 국가는 자신의 전략적 목표들을 달성하는 데 대체로 실패할 수밖에 없었다. 예를 들어 임금 정책을 보면 국가는 1990~91년 한자릿수 임금 정책과 1992년 총액임금제로 1987년 이후 계속되던 급속한 임금 상승에 제동을 걸고자 했다. 그러나 민주 노조 운동을 불법화하면서 임금 억압을 강화하는 것은 국가 정책의 계급적 편향성만을 극명하게 드러낼 뿐이었다. 더욱이 기업별 임금 교섭 체제의 기본 틀을 유지하면서 행정적으로 임금을 억제하는 데에는 기본적인 한계가 있었다. 결국 국가가 행정적으로 개입했음에도 대규모 노조의 전투적 임금 투쟁으로 말미암아 임금은 지속적으로 상승하는 것으로 귀결했다. 이런 정책 실패는 여타 정책 사안의 경우에도 대체로 마찬가지였다.

이런 측면에서 특히 이 시기 국가 정책이 주목했던 것은 새로이 도입된 제반 통제 수단들과 장치들을 제도화하는 일이었다. 국가는 이미 1990년부터 노동관계법 개정 작업을 은밀히 시작했으며, 이는 1991년 노동부의 법 개정 시도와 1992년 대통령 지시에 의한 '노동관계법연구위원회' 구성에 이르기까지 계속되었다. 하지만 이렇게 지속적이고 강력한 정부의 법 개정 시도에도 불구하고 그것은 실패로 끝날 수밖에 없었는데, 그 핵심적인 이유는 기존의 헤게모니적 배제 전략을 제도화하는 법 개정안이 노동자계급의 강한 정치적 저항을 불러올 수밖에 없었기 때문이다. 1991년 예정되어 있었던 지자체 선거와 1992년의 총선과 대선 과정을 앞두고 노동자들의 대규모 저항을 불러일으킬 법 개정을 시도할 수는 없었던 것으로 보인다.

체제 정착기에 노동운동은 상대적으로 침체기를 맞이했다. 민주 노조 운동의 조직적·이념적 구심이었던 전노협은 국가 통제의 강화에 따라 그 활동 폭이 크게 제약될 수밖에 없었다. 대부분의 단위 노조들은 사용자와 국가의 공격에 대해 방어적인 투쟁에 급급한 상황이었다. 전노협 소속 노동조합과 대규모 사업장 민주 노조들이 선택할 수 있는 전략은 통제에 묵종하거나 연대 틀을 확장하는 것뿐이었다. 대부분의 민주 노조들은 한국의 ILO 가입을 계기로 자연스럽게 공동 투쟁의 틀을 만들기 시작했다. 새로운 연대의 틀인 'ILO공동대책위원회'에는 전투적인 중소 제조업 노조 중심의 전노협 이외의 사무직 노조와 대기업 노조들이 참여했다.

요약하자면 이 시기에 국가의 강한 통제 정책은 노동운동의 양적 성장을 제어할 수 있었지만 오히려 민주 노조 운동의 질적 성장을 강제하는 의도치 않은 결과를 가져왔다. 그리고 국가는 경제 구조 변동에 따른 자본의 요구를 정책 수단을 통해서 관철하는 데에도 실패하고 있었다. 노동 정치의 딜레마와 내적 불안정성은 노동계급의 민주적 요구를 배제하는 1987년 노동 정치 체제의 내적 특성에 기인하고 있었다.

3) 변화 모색기 : 1993~95년

이른바 문민정부의 성립은 국가가 1987년 체제의 변화를 본격적으로 모색할 수 있는 중요한 계기가 되었다. 그러므로 변화의 계기는 일차적으로 정치적인 요인이었다. 정책 변화는 이미 1992년 신경제 5개년 계획의 노사관계 재정립 방안에서도 검토된 바 있었지만, 정권 교체기에 이를 실행할 수는 없었다. 민간 정부가 정권 초기에 누린 높은 국민적 지지는 국가가 1987년 체제의 변형을 본격적으로 시도하게 한 중요한 동력이었다. 그리고 1990년대 초반의 경기 침체와 국제 경쟁의 가속화도 중요한 배경적 요인이었다.

이런 상황에서 지배 블록 내 개혁 분파에게 좀 더 분명해진 사실은 노동운동을 이념적으로나 실질적으로 대표하고 있었던 민주 노조 운동을 배제한 상태에서 좀 더 효율적이고 생산적인 노동 체제를 도입하는 일은 불가능하다는 점이었다. 1993년에 일어난 일련의 사건들은 1987년 체제의 가능성과 한계, 그 변형 가능성과 전망을 함께 보여 준 중요한 지표였다.

먼저 김영삼 정부의 첫 노동부 장관이었던 이인제는 기존 노동 배제 전략의 변형을 적극적으로 시도했다. 그는 취임 초기부터 '전교조 해직 교사와 해직 노동자의 복직 추진', '노조의 정치 활동 허용 검토', '해고 효력을 다투는 노동자의 조합원 자격 인정', '재벌 회장 부당노동행위 혐의 구속', '재야 노동 단체와의 대화', '노조의 인사권·경영권 참여 요구의 정당성 인정' 등 노동 배제 전략의 핵심적·제도적 장치들에 대해서 기존의 정책 방침과 다른 정책을 제시했다. 특히 '복수 노조 인정을 신중히 검토'하겠다는 그의 발언은 기존 노동 정치 체제의 근본적인 변동을 꾀하는 것으로 평가될 수 있었다. 이인제 장관은 궁극적으로 노동법 개정을 통해서 새로운 정책들을 제도화하고 1987년 체제를 대신할 새로운 노동 정치의 틀을 도입하는 것을 목표로 하고 있었다.

그러나 아폴로산업의 파업과 현대그룹사 노조 총파업을 계기로 지배 블록 내 수구적 분파들과 독점 재벌은 정부의 정책 선회에 대해 강한 반발과 저항을 표출했다. 이 과정에서 보수 제도 언론은 수구 세력의 핵심적 권력 기구로 작동했다. 경쟁력 강화를 지배 이데올로기의 한 축으로 삼고 있었던 김영삼 정권은 1993년 하반기 이후 노동 영역에서의 개혁을 포기하고 배제 전략을 다시 고수하는 방향으로 나아갔다. 다만 경쟁력 담론-고통 분담론과 세계화 이데올로기가 노동 통제에서 차지하는 비중이 더욱 커져 배제 전략의 '헤게모니적 성격'은 이전 시기보다 한층 강화되는 모습을 보여 주었다.[9] 결국 노동법 개정 시도는 다시 한 번 실패로 돌아가고 말았으며 결국 장관은 퇴진하게 되었다.

1993년의 노동 정치과정에서 분명히 드러난 것은 사용자 집단이 1987년 체제에 대해서 강한 집착을 보이고 있었다는 점이었다. 특히 독점 재벌들은 자신들의 지불 능력에 기초해서 기존의 노동 배제 체제를 그대로 유지하고자 했다. 그러나 이와 같은 수구적 전략은 노동 측의 강한 반발을 불러와 노동운동의 조직적 연대를 강화하는 효과가 있었을 뿐만 아니라, 장기적으로 총자본의 이해와도 맞지 않는 것이었다.

민주 노조 운동은 1993년 전국노동조합대표자회의(전노대)를 결성했고 1994년 민주노총준비위원회를 거쳐 1995년 11월에는 전국민주노동조합총연맹(민주노총)을 결성했다. 노동조합 수와 조직률이 지속적으로 하락하는 가운데에서도 연대의 범위가 확장됨으로써 민주 노조 운동은 권력 자원의 크기를 배가할 수 있었다. 민주노총은 제조업의 핵심적인 전략 사업장들뿐만 아니라 사무직

---

9 새로운 이데올로기적 실천은 노태우 정권 시기의 경제 위기 이데올로기의 변형태에 불과하다. 이는 노태우 정권 시기부터 과제로 대두된 경제 구조의 재편, 축적 체제 개편의 시급한 필요성을 반영하고 있다. 자세한 내용은 노중기(1995, 263-293).

노조와 공공 부문 노조를 포괄함으로써 실질적으로 노동조합 운동의 중심으로 성장했다. 특히 1994년 철도와 지하철 노동자들의 파업, 1995년 철도 전력에서의 노조 민주화 투쟁, 한국통신의 노조 민주화 투쟁 등 공공 부문 노동자들의 투쟁은 주목할 만한 일이었다. 공공 부문이 가진 투쟁의 잠재력과 정치적 파급력이 민주노총의 권력 자원으로 흡수됨으로써 민주 노조 운동은 새로운 발전의 전기를 맞게 되었다.

마지막으로 변화 모색기에는 1987년 노동 정치 체제의 한계가 더욱 극명하게 드러났다. 1994~95년 기간에 노·경총 간의 이른바 '사회적 합의'에 의한 임금 통제가 그 대표적인 사례였다. 국가는 경쟁력 강화에 결정적인 장애물로 인식되었던 고율의 임금 인상을 억제하기 위해서 노사 간 최상급 조직의 자율적인 임금 합의를 유도했다. 그러나 표면적으로는 민간의 자율 교섭과 합의의 형식을 가졌지만 본질적으로는 국가의 행정적 임금 통제의 성격을 전혀 탈각하지 못했다(김수진 1995). 결국 '사회적 합의'는 임금 억제의 효과를 거의 가져오지 못한 채로 국가 정책의 계급성 노출, 한국노총의 조직력 약화, 민주노총의 조직 강화라는 비용만을 부담하는 것으로 귀결되었다.

4. 노동 개혁과 체제 변동

1) 1996~97년 노동 정치 변동 : 체제 변동기

1996년 4월 국회의원 총선 직후 김영삼 정부는 갑작스럽게 노사관계개혁위원회를 설치해 노동 개혁을 실시한다고 발표했다. 지배 블록 내 개혁파의 주도로 시작된 노동 개혁의 핵심은 노동법 개정이었다. 대통령 선거를 앞두고 권력 누수 현상이 예상되었던 정권 말기에 노동법을 개정한다는 것은 매우 이례적인 일이었다.[10]

노동법 개정은 1987년 체제에서 노동 측에서 요구했던 집단적 노사관계법률 조항(노동조합법, 노동쟁의조정법)과 사용자 측에서 요구했던 개별적 노사관계 법률 조항(근로기준법 등)을 교환하는 것을 핵심 내용으로 하고 있었다. 전자에서는 복수 노조 금지 조항, 제3자 개입 금지 조항 등의 철폐가 핵심이었고, 후자에서는 근로 보호 기준의 완화와 제반 유연화 제도의 도입이 관건이었다. 노·사 양측이 서로 상대의 요구를 강하게 비판하고 있었으므로 합의는 쉽지 않을 것으로 예상되었다.

좀 더 구체적으로 각 행위 주체들의 전략적 태도를 살펴보면 먼저 국가는 크게 개혁 분파와 수구파로 나뉘어져 있었다. 개혁을 주도한 것은 청와대 내의 노동 담당 수석 비서관과 일부 개혁 세력, 그리고 행정부의 노동부 소장 관료들 및 이들의 정치적 입장을 이론적으로 지원하고 있었던 일부 관변 학자들이었다. 이들은 과거 몇 차례의 노동법 개정 실패 사례를 거울로 삼아 치밀한 준비 작업을 진행해 왔으며, 최종적으로 대통령을 설득할 수 있었다. 반대로 수구 분파들은 주로 정부 내의 경제 부처와 치안 부처의 전통적인 수구 세력들이었으며, 이들은 대 독점자본의 이해를 충실하게 대변하고 있었다.

자본 측의 입장은 주로 경총에 의해 대변되었지만 경총의 배후에는 독점 대자본 단체인 전경련이 있었다. 자본의 전략은 표면적으로 시기별로 변화하는

---

10 1987년 체제의 내적 모순 이외에 시기적으로 1996년 4월 말 노동 개혁을 시도하게 된 주요한 정세적 요인으로는 4월 총선에서의 여당의 승리, 1995년 말 5, 6공 군부 수구 집단과의 정치적 단절, 1997년 대선 전략의 일환으로 추진된 개혁 드라이브 등의 정치 정세적 요인이 있었다. 1996년 노동 정치과정 일반에 대한 자세한 내용은 노중기(1996, 15-30), 최영기(1997/1998) 참고.

것으로 나타났지만 실제로는 초기부터 강한 반대의 입장으로 정리되었다. 독점 재벌 주도의 자본은 정부 개혁파가 의도한 정치과정을 불안정하게 만든 핵심 세력이었다.[11] 노동 측은 법 개정 구도 자체를 반대하지 않는 민주노총과 강한 반대 입장을 갖는 한국노총으로 구분될 수 있었다.

전체적으로 보아 노개위 정국의 정치 지형은 8월까지 '정부와 민주노총의 암묵적 연대 혹은 의도하지 않은 연대와, 자본과 한국노총 측의 강한 개정 반대'의 대립으로 특징지을 수 있었다. 이런 정치 지형에 변화가 온 전환점은 8월 정부 내 경제팀(경제부총리, 경제수석)의 경질과 새 경제팀이 제시한 정책 전환이었다. 이들은 집단적 노사관계의 노동 기본권 보장에 대해서는 유보적인 입장을 취한 반면, 노동조건의 유연화를 대폭 확대할 것을 주장했다.

이런 정세 변동은 이후 9월 초 노개위 법 개정 초안의 내용에 반영되었고, 9월 말 민주노총의 노개위 탈퇴 선언 등 정치 지형을 매우 유동적으로 만들었다. 정부 내 수구 세력과 재벌의 영향력이 점차 확대되면서 노개위 공익안, 최종 정부안에서는 개혁적 색채가 크게 퇴색되기에 이르렀다.

마지막으로 12월 초 정부안이 국회로 이송되어 날치기 통과에 이르는 기간에 개혁파의 노동 개혁 의도는 완전히 굴절되었다. 그리고 그것은 곧바로 노동 측의 강한 반발과 초유의 겨울 총파업을 불러일으켰다. 국민적 지지와 대중 동원력을 기반으로 한 민주노총의 총파업으로 국가와 자본은 개악안을 철회하고 3월 노동법을 재개정하지 않을 수 없게 되었다.

1996~97년의 체제 변동기는 1987년 노동 정치 체제의 마지막 소시기로 위

---

11 필자는 1996년 9월 초의 시점에서 자본의 입장이 매우 '상황 구속적이고 유동적인 것'이라고 기술한 바가 있었다(노중기 1996, 17-18). 그러나 이후의 정치과정을 재평가해 보면 실제로는 강한 반대 입장을 초기부터 견지한 것으로 보인다(최영기 1997/1998).

로부터의 개혁이 시도된 시기였다. 이 시기의 노동 정치는 크게 보아 정부 내 분파들의 정치적 주도권 쟁패라는 정치적 요인과 1996년 하반기 이후 고용 사정의 악화라는 경제적 요인에 의해 영향을 받았던 것으로 볼 수 있다. 그러나 이 시기의 본질적 특징은 1987년 이후 10여 년간의 노동 정치 지형 및 그 핵심 내용이 분명하게 정치적 의제로 떠올랐던 점에 있었다. 그것은 어용 노총과 다른 정치적 입장과 실천 양식을 가졌던 민주 노조 운동을 사회적으로 사회·정치적으로 용인할 수 있을 것인가를 둘러싼 자본과 노동의 첨예한 대립이었다. 국가 내 개혁파의 전략은 법률적·형식적 용인의 틀 위에서 새로운 노동 정치의 지형을 강제하자는 것이었지만, 재벌과 정부 내 보수파의 강한 반대를 극복할 수 없었다. 따라서 의도된 전략적 기획은 파산했다.

또 하나 확인할 특징은 1996년 하반기 이후 자본과 노동의 계급 역학 관계가 선명하게 드러났던 점이다. 자본의 대정부, 대의회 로비는 자본의 자원 동원 역량을 분명히 보여 주었고, 노동의 총파업은 1987년 체제에서 노동이 확장해 온 조직 역량의 최대치였다. 총파업 과정에서 민주노총의 대중 동원 능력은 지배 블록의 일방적 노동 정치 주도가 더 이상 가능하지 않은 수준에 도달했음을 보여 주었다. 그러나 제도권 의회 정치과정에 대한 통제력과 계급적 연대의 수준은 매우 취약한 것임이 분명해졌다.[12] 반면에 국가와 자본은 작업장 영역 이외의 의회, 행정부, 제도 언론 등 제도 정치 영역에서 압도적인 자원 동원 능력을 갖추고 있음이 밝혀졌다. 이런 적나라한 계급 세력 관계는 이후 개정 노동법으로 응결되었고, 나아가 신체제의 기본 틀을 형성하게 될 것으로 보인다.

---

12 1997년 대선에서 민주노총이 정치 세력화를 천명하고 조직적으로 참여한 것은 겨울 총파업 경험에 대한 반성이 중요한 배경적 요인이었다. 또 총파업과 이후의 과정은 산별노조 결성의 당위성을 분명하게 보여 주었다.

2) 노동 정치 체제 변동의 배경과 함의

노사관계 개혁 정국에는 여러 가지 배경적 요인들이 작용하고 있었던 것으로 판단된다. 1995년 말의 군부 세력 제거, 총선에서의 신한국당 승리 등 권력 기반의 강화는 집권 세력이 노동 개혁을 실시할 수 있게 된 직접적 배경이었으며, 대선 정국의 주도를 위한 개혁 드라이브의 필요성도 중요한 이유가 되었다. 또 OECD, ILO 등 국제기구의 압력도 중요한 외부적 요인이라고 할 수 있다.

그렇지만 근본적으로 김영삼 정권의 개혁 시도는 단지 개혁 세력의 전략적 행위라는 차원이 아니라, '1987년 체제의 모순에 대한 총자본의 전략적 대응'이란 점에서 파악되어야 할 것이다. 앞서 본 바와 같이 1987년 체제는 노동을 배제함으로써 총자본의 이해를 장기적으로 훼손하고 노동운동의 지속적 성장을 야기하는 체제였다. 특히 1990년대 이후 WTO 체제에서 국제 경쟁이 치열해지고 생산 패러다임의 변화가 급속히 이루어지는 시점에서 노동 측의 동의를 전혀 산출할 수 없었던 만큼 그 한계는 분명한 것이었다. 그런 의미에서 그것은 1991년, 1992년의 노동법 개정 시도, 1993년 노동부 장관의 개혁 시도의 연장선에 위치한다.

이 절에서는 본고의 관점에 서서 체제 변동기의 노동 정치과정을 둘러싼 몇 가지 이론적·실천적 쟁점을 검토해 볼 필요가 있다.

① 정치과정의 본질 : 신자유주의–신보수주의?

우선 노동 개혁의 배경적 요인 혹은 전략적 목표로 기존 연구들이 공통적으로 주창하는 '신자유주의–신보수주의' 개념의 적합성 문제를 생각해 볼 필요가 있다.[13] 여기서 필자는 두 가지 사항을 지적해 보고자 한다.

먼저 범세계적인 신보수주의 공세가 한국의 노동 정치에서도 상당한 영향력을 발휘한 것을 인정한다고 할지라도, 그것은 내적 요인을 매개로 해서 관철된다는 점을 지적할 필요가 있다. 예컨대 한국 사회 노동 정치의 경우에는 노동조합 단결권을 확대하는 특수한 쟁점과 함께 신보수주의가 문제로 되었다. 이른바 교환의 문제이다. 민주노총의 합법화나 3자 개입 금지의 완화 등은 그 자체로 신보수주의 전략이라 하기 어렵기 때문이다. 그것은 오히려 신보수주의적 시장 논리 이전의 노사관계 자유화 혹은 제도화의 문제이다. 그러므로 신자유주의, 신보수주의를 지나치게 강조하는 관점은 환원론 또는 본질론적인 함정에 빠질 가능성이 크다.

다음으로 한국 사회에서 '신자유주의' 개념의 적용 가능성 문제가 있다. 서구와 달리 한국 사회에서는 신자유주의 - 신보수주의의 역사적 배경이 되는 경제 위기나 복지국가 체제가 없었다. 그뿐만 아니라 서구적 의미에서의 자유주의적인 사회관계를 경험하지 못했다. 따라서 우리의 경우 신자유주의는 그 역사적·사회적 배경이 전혀 다르다는 점을 고려할 필요가 있다. 말하자면 '자유주의 없는 신자유주의'인 셈이다. 이 문제는 자본의 국제화에 의한 범세계적인 경제 구조의 변동에 우리 사회가 영향을 받지 않는다는 주장을 하는 것이 아니다. 오히려 외부적 영향력이 우리 사회의 내적 조건에 어떻게 구체적으로 매개되는가를 살펴보아야 한다는 것을 지적하려는 것이다.[14]

---

13 한국노동이론정책연구소(1996), 조효래(1997), 임영일(1997b), 김형기(1997) 참고. 반면에 필자는 1996년 노사관계 개혁의 의미를 자유주의적 노동 개혁(혹은 1987년 노동 정치 체제의 내부 모순론)으로 규정한 바 있다(노중기 1996; 1997b).

14 김상조(1997, 47-49)는 서구의 신자유주의와 달리 우리나라에서는 노동 대중이 경제적·정치적 주체였던 경험이 없었다고 보고 신자유주의 개념이 내용적으로 다른 것이라고 파악했다. 신자유주의가 선진국에서 국가의 신자유주의 공세에 대해 노동운동이 일방적으로 수세에 밀렸던 것에 비하면 우리나라의 사정은 전혀 달랐던 것도 이 때문이었다. 예컨대 작업장에서의 신경영 전략, 고용 유연화의 정책

② '교환'으로 볼 것인가, 자본의 대노동 공세로 볼 것인가

둘째, 노동 개혁을 집단적 노사관계법률 조항과 개별적 노사관계 조항의 교환으로 보는 관점을 어떻게 볼 것인가 하는 문제이다. '교환'은 정부 내 개혁파와 민주노총의 일반적 관점이었으며, 필자도 기본 구도가 일차적으로는 교환으로 설정될 수 있다고 본다.

반면에 집단-개별 교환의 관점으로 민주노총 합법화를 강조하거나 노사관계 민주화에 초점을 맞추는 민주노총이나 여타 일반적인 분석에 대해 강하게 비판하는 견해가 있었다(한국노동이론정책연구소 1996). 개혁 그 자체가 무엇보다 자본의 대노동 공격으로 파악되어야 하고, 교환에 의한 손익 계산보다 노자 관계 지양의 관점이 필요하다는 지적이었다. 그러나 자본의 계급적 공세라는 점을 인정하는 것과 전략적 상호 작용 수준에서 교환을 고려하는 것은 전혀 다른 문제라는 점을 지적하고 싶다.

먼저 자본주의하 노동조합 조직의 모순성을 충분히 평가해야 한다. 주지하듯이 노동조합 조직은 계급적 조직인 동시에 자본주의 내의 방어적 조직으로 조합원의 이익 대표 기능을 일차적으로 수행한다. 그런 점에서 손익 계산은 필연적이다.

다른 한편, 개혁의 전 과정은 총자본의 구상에 의한 것이었고 주도권도 그쪽에 있었다. 민주 노조 합법화도 자본이 '체제 모순'에 의해 위로부터 제공한 것이었다. 그리고 법 개정 과정에서 노동의 저항은 마땅히 상수로 취급되어야 한다. 즉 교환이라고 해서 투쟁이 필요치 않다는 것은 아니다. 단, 이런 노동 정치

___

적 시도는 이미 1980년대 후반부터 있었지만 그것은 충분히 관철될 수 없었다. 또 1997년 겨울의 총파업을 둘러싼 노동 정치지형도 서구의 그것과는 매우 다른 것이었다.

의 구도 밑바닥에는 1987년 이래 계속된 자본 우위의 노자 관계가 배경으로 전제되어 있음을 충분히 고려해야 한다는 점이다. 민주 노조 운동은 이와 같은 '특수한 지형-계급 역학 관계' 아래에서 전략 선택을 해야 했으며 그것이 계급적 갈등의 기본 구조를 부정하는 것은 아니라는 점이다.

셋째로 민주노총 합법화의 실질적 이익이나 대중 운동에 대한 영향에 대한 정당한 평가도 필요하다는 점이다. '1987년 체제'는 자본 운동에만 장애물을 형성한 것 아니라 노동운동 발전에서도 중요한 질곡으로 전화하고 있었음을 고려해야 한다.

③ 총자본 내 분파 갈등의 문제 :
개혁파-수구파의 이해 대립인가, 전술적·현상적 차이인가

물론 총자본 수준에서 지배 블록 내 모든 세력은 노동 개혁에 대해 근본적으로 계급 이해를 공유하고 있다. 노동 개혁은 자본의 장기적 이해와 배치되지 않는다(임영일 1997b; 조효래 1997; 노중기 1996). 자본의 전략 목표가 신자유주의-신보수주의든, 네오포드주의든, '참여·협력적 노사관계-일본식 기업노조주의'든 노동계급을 체제내화하자는 근본적인 의도는 명백한 것이다.

그러나 문제는 그것에 이르는 전술적 과정상에 관점의 차이는 분명히 존재한다는 사실이다. 전략적 상호 작용을 평가하는 경우에 그것은 중요한 논의의 대상이 된다. 독점자본은 현재의 체제를 유지한 채로 기업 내 신경영 전략을 매개로 대기업 노동자를 포섭하고 노사관계의 안정화를 추구한 것으로 파악된다. 반면 개혁파는 기존 체제에 의존할 경우, 그에 따르는 전체 사회의 정치·경제적 비용을 감당할 수 없다는 총자본 입장을 견지한 것으로 보아야 한다.

이런 구체 분석의 유의미성은 1996년에 노동 개혁이 위로부터 시도된 것,

1996~97년 노동 정치과정의 역동성이 모두 이 균열에서 출발한 것에서도 잘 나타났던 것으로 볼 수 있다. 그리고 사상 초유의 겨울 총파업 등 노동운동의 개입도 이런 균열 위에서 비로소 이루어질 수 있었다. 요컨대 지배 블록 내부의 다양한 정치세력의 대 노동 전략의 차이는 노동 정치 전개에서 핵심적인 변인으로 작용할 경우가 많으며, 이것이 다시 노동 측의 전략 선택의 폭과 내용을 결정하게 되었던 것으로 볼 수 있다.

④ 노동 통제 전략의 변동 여부

1996년 노동 개혁 시도의 의미는 김영삼 정권의 시기 국가의 노동 통제 전략을 어떻게 이해하는가의 문제와 밀접히 연관되어 있다. 필자는 1987년 이후 형성된 헤게모니적 배제 전략의 내적 모순이 1987년 노동 정치 체제의 모순으로, 그리고 노동 개혁으로 발현되었음을 주장했다. 여기서 검토할 두 가지 중요한 이론적 문제는 김영삼 정권 노동 정책의 질적 변화 여부('이데올로기적 강제'; 조효래 1997)와 '신자유주의 노동 정책으로의 과도기'(김세균 1996) 규정이다.

먼저 '이데올로기적 강제'로의 노동 정책 변동은 민주화 이행론의 이론적 관점에서 문민정부의 출범-민주주의 공고화 시기의 시작과 더불어 정책이 변동했음을 강조한다. 절차적 민주주의가 확립되고 권위주의로의 역전이 불가능한 상태로 정치적 조건이 변화함에 따라 노동 정책의 기조도 변화했다는 것이다. 정책 변화의 구체적인 내용은 민간 자율 교섭과 사회적 합의 등 신노동 정책의 실시, 집단-개별 노사관계의 차별화 전략, 탈권위주의적 노사관계-노동 정책의 체계화로 요약된다.

우선 이데올로기적 강제는 이미 노태우 정권 시기부터 시작되었다(노중기 1995). 예컨대 국제 경쟁력 강화나 세계화 이데올로기는 1989~90년의 경제 위기론,

자유민주주의 이데올로기 공세의 양적 확장이라고 볼 수 있다. 또 사회적 합의는 또 다른 임금 가이드라인에 불과하며(김수진 1995), 사회적 합의의 창출은 1987년 체제하에서는 제도적으로나 내용적으로나 실제로는 불가능했다는 판단이다. 노동 정책의 체계화와 집단—개별 노사관계의 차별화 전략은 1991년 노동법 개정 과정에서부터 논의되었던 사항들이다.

그러므로 문민정부의 노동 정책은 노태우 정권의 정책 기조 위에서 이를 확대, 강화한 것으로 판단된다. 문민정부라는 정권의 성격 변화가 노동 정책의 변화에 유의미한 영향을 미친 것은 사실이다. 그러나 노동 정책의 질적 변화를 야기할 수 있는 것은 아니었다. 예컨대 1993년 하반기 이래 1995년까지의 노동 정책은 노정권의 정책 기조와 차별성을 갖지 않았다고 생각된다.

다음으로 과도기라는 점에는 공감을 하지 않을 수 없지만 문제는 그 과도기, 즉 1987년 체제의 구체적 내용이 무엇인가라는 점이다. 필자가 보기에 과도기의 핵심은 정권이 갖는 자유주의 성격의 제한이나 부재, 즉 민주노총 불법화 및 그것에 기인하는 독특한 노자 간 상호 작용의 틀에 있다. 그리고 과도기 규정이 전제하는 정치 체제의 파시즘적, 노동 배제적 성격은 1996년 노동 개혁의 배경이 좀 더 복잡하다는 것을 뜻한다. 민주화 이행론 관점의 지적처럼 노동 개혁은 신자유주의 이전의 노사관계 '근대화' 과제와 긴밀히 연관되어 있었던 것이다. 요컨대 필자는 과도기의 핵심은 1987년 노동 정치 체제의 모순으로 표현될 수 있으며, 노동 개혁은 정권의 실패한 노동 통제 전략의 부산물이었던 것으로 해석한다.

⑤ 개혁의 결과 : 실패인가, 성공인가

1996년 국가의 노동 개혁 시도가 이전의 시도들처럼 결국 실패했는가? 만약 개혁 주체들의 의도적인 전략적 구상인 '참여와 협력의 노사관계 구축'이란 관점에서 본다면 개혁은 실패한 것일지도 모른다. 그러나 '참여와 협력' 혹은 신보수주의-신자유주의 전략은 1987년 체제에서는 원초적으로 불가능한 주제였다. 그런 의미에서 그것은 1987년 체제가 일단 해체되고 노동운동이 시민권을 획득한 이후, 즉 포스트 1987년 체제의 과제였다.[15]

자본주의사회에서 노동 개혁 성패의 평가는 좀 더 객관적이고 구조적인 지평 위에서만 제대로 이루어질 수 있다. 여기서 자본주의사회에서 대부분의 노동 개혁이 노동운동 주체보다는 국가와 부르주아 계급이 주도하는 위로부터의 개혁이었다는 점은 중요하다. 문제는 그럼에도 불구하고 노동 개혁의 가장 근본적인 동력은 노동계급으로부터 야기된다(Therborn 1977). 1996년 개혁은 이런 일반적인 역사적 경향에 정확히 부합했다. 따라서 개혁의 성패는 좀 더 객관적인 계급 역관계를 노동 개혁 결과가 반영하고 있는가, 자본의 노동운동 체제 내화의 근본적 의도가 관철되었는가에 의해서 가늠되어야 한다.

노동법 재개정의 파동과 노동운동의 강한 저항, 지배 블록 내 개혁 주도 세력의 소외 등의 현실의 상황 진행에도 불구하고 결과에 있어 국가-자본의 기본 전략은 관철되었다. 재개정 노동 법안은 정부안과 크게 다르지 않으며, 노동 개혁 추진 세력의 기본 구도를 충실히 반영하는 것이었다. 그 결과 1987년 체제는 해체되었고 기존 노동 배제 전략의 기본 틀은 크게 수정되었다. 그리고 1987년 체제 10년간의 노동 정치 변동의 결과가 법제화했다는 점에서 찾을 수 있다. 특히 교섭과 교환, 합의가 아니라 적나라한 힘의 대결을 통해서 노자 간의 권력관계가 새로이 제도화되었다는 점에서 그러하다. 만일 법안의 날치기 통과로 정

---

15 이렇게 자유화된 체제가 급속히 신자유주의적인 체제로 전화할 가능성은 배제할 수 없다. 1997년 말 금융 위기 사태와 그에 대한 국가·자본의 전략적 대응은 그 가능성을 매우 크게 하는 것으로 보인다.

치과정이 일단락되었다면 그것은 1993년의 개혁 시도와 마찬가지로 1987년 체제를 연장하거나 강화하는 한바탕의 에피소드가 될 수도 있었다. 따라서 노동 개혁은 총자본의 대 노동 전략에서 '실패'가 아닌 '성공'으로 위치 지을 수 있다.

5. 요약과 토론

1997년 3월 12일 통과된 개정 노동 법안에는 노동 측의 이해관계에서 볼 때 많은 문제점들이 포함되어 있는 것이 사실이다. 공무원·교원의 단결권이 여전히 제약되어 있고 무노동 무임금, 전임자 임금 지급 금지 등의 새로운 통제 조항들이 도입되었다. 그리고 여러 측면에서 노동 보호 기준을 유연화하는 조항이 제도화되기도 했다. 그러나 필자는 법 개정의 의미를 단기적인 이해득실 관계보다 중장기적인 체제 변동의 효과로부터 파악해야 함을 강조하고자 했다.

1997년 총파업과 법 개정에 의해 1987년 체제는 이제 종결되고 있다. 그리고 새로운 체제의 구체적인 노동 정치 양상과 내용은 아직도 드러나지 않고 있다. 국가, 자본의 공세에도 불구하고 법 개정 이후의 새로운 노동 정치 체제가 신자유주의-신보수주의 체제라고 단언하기는 힘들다. 그것은 잠정적으로 신자유주의적 체제라기보다는 잠정적으로나마 일종의 '자유주의적 체제'라고 이해해야 할 것이다.[16] 신자유주의라 할 경우에도 우리 사회에서 그 신자유주의

---

[16] 1997년 3월 개정법에 새로 도입된 노동운동 제약 조항들, 예컨대 전임자 임금 지급 금지 조항이나 무노동 무임금 조항 등 노사관계 제약 조항들은 그 자체로서는 반자유주의적인 성격을 갖지 않는다. 자유주의 체제에서는 노동조합에 형식적·법적 시민권을 부여할 뿐, 실질적인 권리를 보장하는 것은 아니

의 내용이 무엇인가에 관해서는 좀 더 많은 연구가 필요하다. 자유화된 체제에서 체제가 변동할 방향은 여전히 불분명하기 때문이다.[17]

마찬가지로 국가의 노동 통제 전략이 어떤 방향으로 변화할 것인지도 불투명하다. 배제 전략을 고수할 수도 있을 것이며, 경우에 따라서는 방임 전략으로 나아갈 수도 있을 것이다. 다만 현재의 국가-자본의 성격이나 계급 역관계에서 적극적인 포섭 전략이나 대변 전략은 거의 어려울 것이다. 통제의 구체적인 방식에 있어서도 억압적·헤게모니적·조직적 통제의 가능성들이 다양하게 열려 있다고 볼 수 있다.

반면에 노동운동의 관점에서 보면 산별노조의 결성, 노동자(계급) 정치 세력화는 새로운 노동 정치 체제에서 비로소 구체적이고 현실적인 과제가 될 것이다. 1987년에 그러했던 것처럼 향후 노동운동의 전략적 목표는 1997년 겨울 총파업에서 실천적으로 확인되었다. 그리고 그 내용은 좀 더 거세질 국가, 자본의 유연화 공세에 대한 대응 과정에서, 그리고 노동자계급의 연대의 실천적 과정 속에서 구체적으로 나타날 것이다. 특히 최근 IMF 구제금융 파동이 몰고 올 고용 불안은 그 중요한 시금석이 될 것이다.

기 때문이다. 자유주의 체제의 대표적 사례였던 미국의 노사관계법(LMRA) 체제하의 노동 통제도 그렇게 '자유로운' 것은 아니었다(Rogers 1989).

17 자유화된 체제에서 예견되는 일반적인 문제들에 대해서는 이미 논의한 바가 있다. 그것은 노동운동의 조건과 투쟁 방식, 사업 내용의 변화, 국가-자본의 노동 통제 효율성 제고, 작업장 정치에서의 노사 대립 격화, 노동운동의 조직 구도 변화 등이다(노중기 1996, 30-32).

2
6월 민주항쟁과 노동자 대투쟁

1. 문제 제기

한국의 노동운동과 노동 정치의 출발점은 1987년 7월부터 9월까지의 노동자 대투쟁이었다. 그동안 노동조합들과 노동운동가들은 자신의 출생 기반을 노동자 대투쟁에서 찾았으며, 이는 국가와 사용자의 노동 정책에서도 마찬가지였다. 그뿐만 아니라 많은 노동운동 관련 문건, 연구 논문의 서두에는 항상 1987년 노동자 대투쟁이 논의의 출발점으로 언급되고는 했다. 돌이켜보면 한국 사회 노동 정치의 주역들은 노동자 대투쟁이 우리 사회에 던져 준 문제들을 두고 10여 년 동안 서로 씨름해 온 셈이고, 그런 의미에서 우리는 그것을 여전히 역사적 사실로서보다는 현실로서 취급해 왔다.

하지만 한국의 노동 정치과정에서 1987년 노동자 대투쟁이 갖는 비중에 비추어 보면 지금까지 이에 대한 연구는 매우 부진한 것이 사실이었다. 많은 노동 연구들이 노동자 대투쟁에 대해 언급하고 이를 준거로 논의를 전개했지만, 직접적으로 노동자 대투쟁을 다룬 연구는 드문 편이었다.[1] 그리고 노동자 대투쟁

---

1 1987년 노동자 대투쟁에 관한 가장 자세한 연구로는 김동춘(1995)이 있다. 그 밖에 참고할 수 있는

에 관한 연구자들의 이론적·심정적 태도는 대체로 과대평가로부터 과소평가의 두 극단을 가로질렀다.[2]

특히 대투쟁의 전체적인 평가에서 핵심적인 문제로 남았던 것은 6월 시민항쟁과의 관계였다.[3] 한국 노동운동의 발전 과정에서 노동자 대투쟁이 차지하는 의미와 비중을 객관적으로 평가하고자 했던 논의들도 6월항쟁-민주화의 측면에서는 그 단절성을 일방적으로 강조하거나, 반대로 연속성을 '직관적으로' 주장할 뿐이었다.

전자에 따르면 노동자 대투쟁은 '6월 민주화 항쟁이 열어 준 정치적 공간에서 일시적으로 나타난 노동자들의 생존권 요구'로, 민주화와는 무관한 것으로 규정된다. 그리고 더 나아가 노동자 대투쟁은 순조로운 민주화를 가로막은 방해 요인으로 평가되기도 했다. 후자의 경우에 노동자 대투쟁은 '노동자계급의 변혁에의 열정'(신금호 1989, 590)이나 '계급적 직관'(엄주웅 1994, 162, 165)을 그 속에 내포한 '본질상 노동자계급에 의한 민주화 운동'으로 파악되었다.

2장에서는 6월 민주화 항쟁과의 연관성을 중심으로 노동자 대투쟁을 고찰하고자 한다. 그것은 무엇보다 양 투쟁의 연속성과 단절성의 내용을 여러 가지 측면에서 구체적으로 구명하는 일이 될 것이다. 노동자 대투쟁에 관한 몇 가지 경험적·이론적 쟁점들을 재정리하면서 이 같은 물음을 풀어내고자 한다.

중요한 연구로는 김금수(1989), 신금호(1989), 임영일(1989; 1997d), 정대화(1995), 윤상철(1997) 등이 있다.

2 대체로 1987년 직후 노동운동의 고양기에는 대투쟁의 의미를 확대 해석하는 경향이 두드러졌다. 그러나 1990년 이후 노동운동이 위축되고 정세가 변화하자 좀 더 신중한 평가들이 나타나기 시작했다(엄주웅 1994; 김동춘 1995; 임영일 1997d; 정대화 1995). 또 몇몇 연구는 대투쟁의 의미를 지나치게 폄하해 평가하기도 했다.

3 임영일(1989, 574-575)은 6월항쟁에 참여한 노동자들의 비중 즉 두 투쟁의 주체 측면에 주목해, 기존 논의들을 평가하면서 비슷한 문제를 제기한 바 있었다. 이 글에서는 그 밖의 측면들도 주목하고자 한다.

먼저, 노동자 대투쟁은 자연 발생적인 경제투쟁인가(인천기독교민중교육연구소 1988; 한국기독교사회문제연구원 1988), 아니면 중산층의 보수 안정 성향을 자극하는(백종국 1993, 143) 급진적 요구−폭력적 투쟁 방식이 주조인 '급진·폭력 투쟁'(정영국 1993, 232-233)인가?

둘째, 노동자 대투쟁은 6월항쟁과 그 성격이 다른가 같은가? 더 나아가 6월항쟁이 열어 준 정치적 공간에 '무임승차'했을 뿐만 아니라, 지배 블록에 반동의 빌미를 제공했는가, 아니면 '본질적으로 민주화 투쟁의 합법칙적인 심화·발전'인가?

셋째로 노동자 대투쟁의 종결 과정과 그 결과는 무엇인가 그것은 '노동자계급이 거의 완벽히 패배한 투쟁'(성경륭 1993, 126), '실질적 민주주의의 초보적 보장에도, 정치 민주화 정착에도 실패한 투쟁'(정대화 1995, 153-154)인가, 반대로 '계급적 단결의 공고한 토대를 마련한 선진적 투쟁'(허명구 1991, 105-109)인가?

2. 노동자 대투쟁 개관 : 투쟁 과정과 전개 양상

1987년 7·8월 노동자 대투쟁은 한국 노동운동사 전체에 걸쳐 전무후무한 대규모 투쟁이었다(김금수 1989, 586). 5공화국의 억압적 노동 통제 아래에서 표출되지 못하고 억눌려 왔던 노동자들의 제반 요구는 짧은 기간에 일거에 폭발적으로 분출되었던 것이다. 〈표 2-1〉을 보면 한국의 노동운동은 1987년을 기점으로 완전히 새로운 양상을 드러냈음을 알 수 있다.[4]

노동자들의 투쟁은 6·29선언 이후 7월 중순부터 9월 중순까지 약 두 달 동안 집중적으로 전개되었다. 7월부터 9월까지 3개월 동안 쟁의는 총 3,311건으로

(단위: 건, 명, 일)

연도	쟁의 건수	쟁의 참가자 수 (건당 참가자 수)	노동 손실일 수	건당 손실일 수	건당 지속일 수
1980	206	48,790(237)	61,269	297	
1981	186	34,586(186)	30,948	166	
1982	88	8,967(102)	11,504	131	
1983	98	11,100(113)	8,671	88	
1984	114	16,400(144)	19,900	175	
1985	265	28,700(108)	64,300	243	
1986	276	46,941(170)	72,025	261	
1987	3,749	1,262,285(337)	6,946,935	1,853	5.3
1988	1,827	293,455(157)	5,400,837	2,884	10.0
1989	1,616	409,134(253)	6,351,443	3,930	19.2
1990	322	133,916(416)	4,487,151	13,935	19.1
1991	234	175,079(748)	3,257,621	13,921	18.2
1992	235	104,489(445)	1,520,364	6,470	20.1

자료: 한국노동연구원, 『KLI노동통계』, 각 연도; 김동춘(1995, 58), 노중기(1995, 320)에서 수정 재인용.

하루 평균 30건을 상회했고, 가장 정점에 달했던 8월에는 하루 평균 쟁의가 83
건이나 발생했다. 또 쟁의에 참가한 총 인원은 약 122만 명으로 1987년 8월 말
현재 상용 근로자 10인 이상 사업체 총 노동자 333만 명의 약 37%에 달했다(노
동부 1988; 김동춘 1995, 100).

　　노동자 대투쟁의 전개 과정은 투쟁의 팽창과 수축의 국면을 따라 크게 세 시기로
나누어서 고찰해 볼 수 있다. 이런 전개 과정은 6·29 이후 노동 통제에 동원된 억압

---

4 1990년 이후 쟁의 건수가 급격히 줄어들어 1987년 이전과 비슷한 수치를 보여 주지만 노동 손실일
수에서 나타나듯 그 내용과 성격은 명백히 다른 것이었다.

적 국가 기구의 일시적 철수와 8월 말 이후의 재동원 시점과 긴밀히 연관되어 있다.

제1기(6.30~8.10)는 국가의 억압적 노동 통제가 중지되고, 노동자 대중의 자연 발생적 동원이 시작된 시기였다. 노동자들의 투쟁은 7월 5일 울산 현대엔진에서 시작되었다.[5] 국가의 강한 노동 통제와 거대 독점 대자본의 치밀한 노동 통제가 중첩되었던 대그룹 계열사에서 노동자들의 자발적인 투쟁으로 민주 노조가 결성되었다는 소식은 전국의 노동자들에게 커다란 자신감을 불어넣었다. 7월 중순부터 울산으로부터 전국으로 서서히 전파되고 있었던 투쟁의 열기는 7월 16일 '현대미포조선 노조 결성 신고 서류 탈취' 사건으로 급격히 확산되기 시작했다.

대투쟁 초기 국가의 대응은 개입의 중지로 일단 나타났으며, 실제로 정부는 개입을 최대한 자제하고 있었다.[6] 이런 개입 자제는 노동쟁의의 폭발성을 예측하지 못했던 점과 6·29 이후의 정치 환경과 선거 전략 등에 기인한 것으로 보인다(한국기독교사회문제연구원 1987, 54-55). 국가의 개입이 중지되자 작업장의 세력 관계는 크게 변화했고, 자본은 일시적으로 무방비 상태에 놓이게 되었다.[7] 그러나 이 기간에 이 같은 공식 입장의 배후에서 정부는 당면한 노동 문제에 대응한 중요한 정책적 결정들을 내리고 있었다. 급격히 확산되는 노동쟁의에 대한 전

---

5 6·29 이후 가장 먼저 발생한 쟁의는 7월 1일 서울 서영산업 운수노동자(가족)의 어용 노조위원장 퇴진 농성 투쟁이었다. 7월 2일에는 이리 후레어패션 해고 노동자들의 독일 대사관 농성 투쟁이 발생했다. 그러나 전국적 총파업의 양상으로 노동자 대투쟁을 촉발한 결정적인 쟁의는 현대엔진의 노조 결성 투쟁이었다.

6 7월 10일과 31일의 노동부 장관 발언, 7월 29일 상공부장관 발언, 8월 1일의 노동 관계 장관 회의에서 거듭 나타난 정부 입장은 노사 간의 자율 원칙 존중, 개입 억제였다.

7 그러나 이 같은 무방비 상태가 곧 노동자들의 힘이 압도했던 것을 의미하지는 않는다. 오히려 정확하게 보자면 노사 간의 '자율적인' 힘겨루기가 시작된 것이고, 이 경쟁에서 노동 측이 승리하기는 그리 쉽지 않았다. 예컨대 급조된 어용 노조 시비와 주동 노동자에 대한 자본의 회유가 당시에 일반적으로 나타났던 일들이란 사실은 자본의 대응력이 만만치 않음을 보여 주고 있다.

반적인 대응 방향이 이 기간에 마련되었고, 더 나아가 노조 설립 조건 완화와 통제 조항 존속으로 요약되는 노동법 개정의 기본 방향이 이미 이 시기에 결정되었던 것이다(노중기 1995, 80-83). 특징적인 것은 이 시기에 언론과 야당 세력이 방관자적 입장을 취하고 있었다는 점이다.

제2기(8.11~8.27)는 8월 11일 노동부 장관이 '노사관계 정상화를 위한 특별 담화'를 발표하고, 노동쟁의 개입 의지를 강하게 표명하면서 시작되었다. 정부의 개입 천명에도 불구하고 노동쟁의는 남동해안 공업 단지로부터 전국으로 공간적으로 급속히 확산되었고, '현대그룹노조협의회'의 결성(8월 8일)을 계기로 연대의 형식들도 재벌별·지역별·업종별 투쟁으로 점차 발전했다. 투쟁 건수는 2기 후반에 최정점에 달했으며, 업종별로도 제조업으로부터 운수업·광업·서비스업 등 전 업종으로 확산되었다.

이 시기 국가의 대응은 이른바 '외부 세력'들의 '불법·폭력'에 대해서 사안별로 공권력을 동원하는 것으로 나타났지만[8] 전면적 개입은 여전히 자제되고 있었던 것으로 특징지을 수 있다. 이 기간은 본격적인 대규모 공권력 투입을 위한 사전 정비, 즉 이데올로기를 선전하고 통제 기구들을 준비하는 기간이었다. 통제에 동원된 이데올로기는 '외부 세력=좌경 세력의 불법 개입'이 노동쟁의를 확산시키고 있다는 반공 이데올로기였다.[9] 제도언론은 정부의 이데올로기 공세를 구체적으로 수행하는 역할을 담당했다. 또 선거 정치에 매달리고 있었던 야당이 정부의 노동 억압 정책에 암묵적으로 동의해 준 것은 국면 전환의 중요한 계기로 작용했다.

---

8 8월 11일 이후 수사가 본격화되었고, 공권력 행사에는 주로 제3자 개입 혐의가 적용되었다.
9 이데올로기 공세에는 대통령을 비롯한 전 행정력이 총동원되었으며(『월간조선』 1992년 2월호 참고), 통제 기구로는 검찰, 노동부, 경찰이 참여하는 '중앙합동수사본부'가 결성되었다.(8월 20일)

제3기(8월 28일 이후)는 국무총리의 '좌경 용공 세력 척결을 위한 담화' 이후 정부가 본격적으로 공권력을 쟁의 현장에 투입하고, 그에 따라 대투쟁이 급속히 위축된 기간이었다. 8월 28일 대우조선 사망 노동자 장례식은 정부가 대규모의 이데올로기 공세를 펼치면서 쟁의 현장의 공권력 투입 의지를 실행에 옮긴 전환점이었다. 이후 9월 들어 현대중공업과 대우자동차 노동자들의 농성 투쟁이 무력으로 진압되었고, 노동자와 민주 인사에 대한 대규모 수사·구속이 뒤따르면서 대투쟁은 급속히 마무리되었다.[10] 9월 중순 이후 작업장 내의 세력 관계는 크게 역전되기 시작했다. 폭발적 확산과 급속한 종결은 1987년 노동자 대투쟁의 특징적 현상이었다.

노동자 대투쟁은 9월 중순 종결되었지만 투쟁의 직접적 결과 가운데 하나는 11월 노동관계법 개정이었다. 대투쟁이 본격화되기 이전인 7월 초 이미 노동법 개정 논의가 시작되었고, 대투쟁은 최소한의 법 개정을 필연적인 것으로 강제한 효과를 갖고 있었다. 1987년 노동법 개정의 핵심은 기업 노조 설립 요건의 완화와 핵심 통제 조항의 유지·강화로 요약될 수 있다.

그리고 노동조합의 수와 조직률의 대폭적 증가 또한 대투쟁의 중요한 직접적 결과였다. 대투쟁 직전인 6월 30일까지 노조 수 2,725개, 조직률 14.7%에서 87년 말에 이르면 노조 수 4,086개, 조직률 17.3%로 급격히 증가했다. 조합원 수도 같은 기간에 105만 명에서 127만 명으로 크게 늘어났다(한국노동연구원, 『KLI 노동통계』, 1994). 이와 같은 노조 조직화의 양적 변화보다 더 중요한 결과는 대투쟁을 통해 민주 노조의 조직화가 노동운동의 핵심적 요구로 등장했고, 이들 민

---

10 추모 시위 관련 연행자는 933명이었고, 이 중 67명이 구속되었다. 현대중공업, 대우자동차에서는 각각 95명과 40명의 농성 노동자들이 구속되었다. 8월 27일까지의 노동운동 관련 구속자 57명에 비하면 구속자가 급격히 늘어났음을 알 수 있다(한국기독교사회문제연구원 1987, 57).

	개정 전 주요 조항	1987년 개정 법안
노동조합법	노조의 정치 활동 금지	현행대로 금지
	기업 단위 노조만 인정	조직 형태는 자유
	복수 노조 금지	현행대로 금지
	노조 설립 요건 규제	삭제
	유니언숍 제도 금지	협약으로 결정(조합원 2/3 찬성)
	노조 해산 명령권	삭제
	규약 취소 명령권	법령 위반 시로 제한
	결의 취소 명령권	법령 위반 시로 제한
	노조 임원 자격 제한	삭제
	교섭권 위임 신고	총회 대의원대회 의결
노동쟁의의 조정법	광범위한 공익사업 범주	증권·석탄·연료 제외
	공무원 등 쟁의 제한	국·공영사업 특정 방위산업체 쟁의 허용
	공익사업 직권 중재	현행대로 유지
	임의중재 제도 없음	임의중재 제도 신설
	제3자 개입 금지	현행대로 금지
	사업장 외 쟁의 금지	사업장 폐쇄 시 예외 인정
	냉각기간(20, 30일)	일반 10일, 공익 15일
	쟁의 적법성 심사	삭제
	행정 기구의 쟁의 알선	노동위원회로 이관
	노동위원회 중재위원 임명	당사자 합의로 임명

자료: 노중기(1995, 155)에서 수정 재인용.

주 노조 간의 연대가 향후의 중요한 과제가 되었다는 점이었다.

대투쟁의 성격 규명을 본격적으로 논의하기 전에11 투쟁 과정과 전개 양상에

---

11 3절에서 자세히 다룬다. 기존의 논의들은 한국기독교사회문제연구원(1987), 박현채(1989), 김금수(1989), 신금호(1989), 허명구(1991), 엄주웅(1994), 김동춘(1995), 임영일(1997d)을 참고할 것.

서 나타나는 노동자 대투쟁의 특징을 한두 가지만 간단히 정리해 두자.

먼저 투쟁의 전개 방향이 시간 흐름에 따라 공간적으로는 영남 공업 단지로부터 수도권과 기타 지역으로 상승했고 규모의 측면에서는 대기업으로부터 중소기업으로 확산되었으며, 업종에서는 제조업으로부터 기타 산업으로 확대되었다는 점이다. 여기서 나타나는 특징은 노동자 대투쟁이 제조업 대공장 남성 노동자들의 주도로 이들이 밀집한 지역으로부터 추동되었다는 점, 투쟁의 확대와 축소가 국가 통제의 이완과 강화에 따른 종속 변수였다는 점(김동춘 1995, 110-121)으로 요약될 수 있다.

노동자가 밀집한 제조업 대규모 사업장이 투쟁을 주도했던 것은 그들이 개별 기업 수준에서 가질 수 있었던 조직적 자원의 크기가 가장 컸고, 5공체제 국가 통제의 압력을 뚫고 나올 수 있었던 내적 동력을 갖추고 있었음을 말한다. 국가 통제가 다시금 본격화되었던 8월 10일 이후에도 노동자 대투쟁이 상승 곡선을 그릴 수 있었던 것은 이들 사업장 노동자들의 투쟁 동력이 유지되었기 때문이었고, 8월 말 이후 급격히 종결된 것도 공권력 투입으로 대사업장의 단결력이 와해되었기 때문이었다. 기업별노조 체제에서 노동자들의 투쟁은 국가 통제와 대사업장 조직력의 함수 관계에 놓여 있었다. 그리고 노동운동의 기본적 일상 활동도 전혀 용인하지 않았던 5공화국 억압 체제로부터 막 터져 나온 자연 발생적 투쟁이었다는 점도 중요하게 고려될 필요가 있다.

그리고 투쟁이 진행된 3개월여의 과정은 1988년에서 1992년의 노동 정치과정의 압축판이었다. '6·29선언'으로 인한 국가 통제의 이완, 노동자들의 자발적 동원, 국가 정치 수준에서의 보수 연합이나 그에 기초한 국가의 배제적 노동 통제 전략 재개, 노동운동의 위축과 조직적 연대 전략(제조업 중심 민주 노조의 지역적 연대)의 추진'으로 요약되는 하나의 순환 과정은 1988년 이후의 대칭되는 정치 과정으로 확대 재생산되었던 것이다. 1988년 이후의 새로운 순환은 '6공 정권 출범과 여소야대 국면이 야기한 국가 통제의 이완과 노동운동의 동원, 1989년 보수연합 추진과 공안 정국하에서의 노동 통제 강화, 1990년 전노협 결성-3당 합당 이후 노동운동의 위축과 새로운 연대전략(업종-산업 간, 규모 간 연대)의 모색'으로 정리될 수 있다(노중기 1995).

요컨대 한국 사회 노동 정치는 국가 정치의 흐름 속에서만 그 내적 논리와 의미가 분명히 밝혀질 수 있으며, 이 점은 노동자 대투쟁의 경우도 예외는 아니었다. 그러므로 노동자 대투쟁의 성격은 한편으로는 5공 노동 억압 체제와 이를 일시적으로나마 차단한 6월 시민항쟁과의 연관 속에서 그리고 다른 한편으로는 1988년 이후 국가 정치-노동 정치의 흐름 속에서 규명되어야 한다. 즉 한국 사회 민주화의 전체 과정과 흐름 속에서 이해될 필요가 있다는 점이다.

3. 노동자 대투쟁의 성격

1) 투쟁 주체

이미 기존 연구들을 통해서 노동자 대투쟁의 투쟁 주체의 성격은 분명히 밝혀진 바가 있었다(김동춘 1995; 신금호 1989). 간단히 말해 그것은 '중공업(제조업) 대기업 사업장의 (남성) 생산직 노동자들'이었다.

전체 쟁의 건수 가운데 제조업의 비율은 52%에 달했으며, 나머지 36%를 차지하는 운수업이 대체로 중소 영세 사업장이란 점을 고려하면 그 실제 비중은 더욱 큰 것이었다.[12] 그리고 제조업 가운데서도 기계·금속·운송기기 등의 중공업 노동자의 비중이 높았다. 이 같은 업종별 참가 분포는 섬유·봉제·전자 업

〈표 2-3〉 업종별 '노동자 대투쟁' 참가 분포

(단위: 건, %)

산업	총 사업체	쟁의 발생 건수(A)	A 중 노조 조직 사업장
총계	107,412	3,749(100.0)	1,998
제조업	43,594	1,955(52.1)	599
(중화학)		87(2.3)	52
(기계·금속)		593(15.8)	191
(전기·전기)		253(6.7)	69
(섬유)		271(7.1)	75
(기타 제조업)		751(20.0)	212
운수업	4,863	1,355(36.4)	1,156
광업	1,178	135(3.6)	97
기타	57,777	294(7.8)	134

자료: 김동춘(1995, 118)에서 재인용.

종의 여성 노동자들이 주도하던 노동운동과는 상이한 집단이 노동운동의 새로운 주도 세력으로 등장했음을 의미한다.

쟁의 사업장의 규모 분포에서도 대기업 노동자의 쟁의 참여 정도는 두드러지게 높게 나타난다. 고용 규모 1,000인 이상 사업장의 쟁의 발생 비율은 67%였으나, 50인 미만의 경우에는 0.5%에 불과했다.

기업 규모에 따라 쟁의 참가 비율이 선명히 나누어지는 것은 6월 민주항쟁이 열어 준 정치적 공간이 노동 현장에서는 어떤 상황을 조성해 주었는가를 알 수 있게 해 주는 중요한 단서이다. 6·29 이후 국가 통제가 일시적으로 이완되었다

---

12 참고로 제조업의 노동 손실일 수(5,435,866일)는 전체 노동 손실일 수(6,792,421일)의 약 80%에 이른다(노동부 1988).

〈표 2-4〉 사업체 규모별 쟁의 발생 건수

(단위: 건, %)

규모	전체	50인 미만	50~99인	100~299인	300~999인	1000인 이상
쟁의 발생 건수	3,494	500	780	1397	588	299
(구성비)	(100.0)	(14.3)	(22.3)	(40.0)	(16.8)	(6.5)
총 사업체 수	107,412	91,542	8,453	5,534	1541	342
총 사업체 대비	(3.3)	(0.5)	(9.2)	(25.2)	(38.2)	(67.0)

자료: 김동춘(1995, 120)에서 재인용.

할지라도 기업 수준에서 사용자들의 통제 구조는 여전히 작동하고 있었으며, 비민주적인 작업장 노사관계는 지속되고 있었다. 이런 조건에서 노동자들이 자신의 요구를 조직적으로 표출할 수 있기 위해서는 사업장 내에서 일정 규모 이상의 노동자들이 필요했던 것이다. 기업별로 분단된 노동자들의 조직화 조건에서 규모는 가장 중요한 변수였다.[13]

다음으로 조직 주체의 성격 측면에서 노동자 대투쟁은 1987년 이전에 경인·수도권 지역을 중심으로 확산되어 왔던 정치적 노동운동 조직과는 거의 무관하게 진행되었다.[14] 정부와 자본의 외부 세력 – 제3자 개입 주장과는 달리 노동자 대투쟁은 대체로 일반 노동자 혹은 '선진 노동자'가 주도한 투쟁이었다. 의식화

---

13 김동춘(1995, 125-126)은 사업체 규모에 더해 노조 활동과 노사협의회 참여 경험, 노동쟁의 경험 등의 변수들을 자세히 검토했다. 여기서 그는 "6·29 이후의 상황을 국가가 사업장 단위에서 사용자의 노조 설립 방해 조치를 방치하는 상황"으로 파악할 수 있다고 결론지었다.

14 임영일(1997d)에 의하면 대투쟁에 기여했던 활동가들은 이전 정치 조직 활동가와 다른 배경을 가진 집단이었다. 그는 이런 측면을 주목해 7·8월 노동자 대투쟁을 노동계급의 모순적 형성의 중요한 계기로 파악하고 이후의 노동계급 정치의 변동 과정을 설명했다. 정치적 노동 운동에 대한 자세한 내용은 김용기·박승옥 엮음(1993)의 3장, "구로연대 투쟁과 서노련의 등장", 4장 "NLPDR 논쟁의 대두와 과학적 노동 운동의 모색"을 참고할 것.

된 노동운동 활동가의 참여가 없었던 것은 아니지만 참여의 내용은 노동조합 운동에 대한 기초적인 상담과 조직 지원에 한정되었다.[15]

이상과 같이 투쟁 주체의 측면에서 노동자 대투쟁은 이전의 노동운동과 상이한 모습으로 나타났다. 대투쟁 참가 주체의 성별, 사업장 규모, 업종·산업 분포, 지역, 과거 노동운동과의 연관성 등을 통해서 보면 "1986년 이전의 노동조합 운동과 근본적으로 성격을 달리하는" 노동운동으로 파악된다(김동춘 1995, 114). 포드주의적 축적 체제가 본격화함에 따라 자동차·조선·기계 산업의 거대 공장들에는 남성 육체 노동자들이 대규모로 밀집하게 된다. 객관적으로 노동운동의 기반은 이미 오래전에 변화했지만 1987년에 한꺼번에 이들의 투쟁이 폭발한 것은 역시 억압적인 한국의 노동 통제 체제 때문이었다.

그러나 노동자 대투쟁이 이전 노동운동과 대비해서 보여 준 차이가 지나치게 강조되어서는 안 된다. 차이에 대한 과도한 강조는 두 가지 점에서 재고되어야 할 것으로 보인다. 우선 대기업·남성 노동자 중심의 운동이었다는 점은 이미 1985년 대우자동차 파업에서 그 전례가 있었으며, 국가 통제로 말미암아 객관적으로 존재하는 운동 역량이 표출되지 못했을 뿐이라는 점에서 재고를 요한다. 그리고 더 중요한 것은 87년 전후 양 시기 노동운동의 요구 내용이 본질적으로 동질적이었다는 점이다. 그것은 무엇보다 민주 노조의 결성과 작업장 수준에서의 최소한의 민주적 권리의 보장 즉 노동3권 보장이었다. 그런 의미에서 1987년 노동자 대투쟁은 1970년대 민주 노조 운동과 맥을 같이하고 있으며, 1980년대 초반 5공 정권의 억압으로 말살된 민주 노조를 되찾는 운동의 출발에

---

15 반대로 1987년 이전의 대표적인 쟁의였던 1985년의 인천 대우자동차 파업과 구로공단 노동자의 동맹 파업 그리고 1985~86년 쟁의 가운데 상당 부분은 인텔리 출신 현장 활동가에 의해 조직적으로 준비된 쟁의였다.

불과한 것이었다.[16]

다음으로 투쟁에 참여한 주체들의 의식 정도가 매우 낮았다는 점이 지적될 수 있다(김동춘 1995, 105). "일반 노동자들의 의식은 극히 초보적 권리 의식과 연대 의식을 견지하는 정도에 머물러" 있었고, '단위 사업장 내부의 노조 건설'을 넘어서지 못해 기업별 의식에 매몰되어 있었다. 대부분의 일반 노동자들은 이른바 '외부 세력'의 개입에 대해 국가·자본의 논리를 따라 매우 비판적이었다. 단위 사업장을 넘어서는 연대 의식과 정치의식이 나타났던 사례는 투쟁 과정에서의 지역·그룹 간 내부 지원, 어용 노총에 대한 비판과 언론 및 정부의 이데올로기 공세와 공권력 투입에 대한 반대뿐이었다. 그리고 이 경우에도 연대 의식은 대개 7·8월 투쟁 과정에서 비로소 출현했다고 보아야 한다. 결국 노동자들의 의식 수준은 1987년 이전과 크게 다르지 않았던 것으로 평가할 수 있다.

2) 요구 내용

쟁의에 참가한 노동자들의 요구는 매우 다양하게 나타났다. 기존 연구들을 토대로 할 때 노동자 대투쟁에서 나타난 요구는 크게 네 가지로 구분될 수 있다.

먼저, 대부분의 쟁의 사업장에서는 임금 인상의 요구가 강하게 표출되었다. 특히 정부 측 자료[17]를 보면 노동자 대투쟁은 주로 임금 투쟁을 중심으로 한 것

---

16 1984년 이후 유화 국면에서 점차 확대되고 있었던 노동쟁의에서도 핵심적인 요구는 '민주 노조의 결성'이었다. 의식화된 활동가들이 단위 사업장에서 매우 급진적인 요구를 제출한 것과는 별개로 실제로 이들이 구체적인 사업으로 할 수 있었던 노동운동의 내용은 민주 노조 결성과 작업장 민주화를 크게 벗어나지 않았다.

17 분류 기준과 내용이 모호하기는 하지만, 노동부의 집계에 따르면 3,311건의 쟁의에서 노동자들의 주요 요구 사항은 14,957개로 쟁의 건당 약 5개에 달했다. 이 중 임금과 관련된 것이 7,518개였고 임금

으로 나타난다. 업종과 규모를 넘어 임금 인상이 중요한 요구로 제기된 것은 1987년 이전의 전반적인 저임금 상태를 반영한 것으로 보인다. 그러나 임금 요구가 편재적인 것이라는 점 때문에 대투쟁의 성격을 경제적이고 생존권적인 것으로 단정하기는 어렵다. 그것은 임금 요구가 단순히 봄철 임금 인상에 더한 제반 임금 차별에 대한 개혁을 포함하고 있었기 때문이다(김동춘 1995). 예컨대, 초기 대투쟁을 이끌었던 울산 현대엔진과 현대중공업에서 가장 핵심적인 요구 사항은 임금 인상 외에도 상여금 차등제 철폐가 있었다.[18]

둘째, 군대식 규율을 공장에 적용하고, 사무관리직과 직장 반장의 가혹한 인격적 통제에 의존했던 억압적·병영적 노무 관리(김형기 1992)의 철폐가 핵심적인 요구로 포함되었다. 조장·반장의 교체, 인격적 모욕의 중지, 부당한 인사이동 및 인사 고과 철폐, 두발 자유화, 강제적 체조 시간 폐지, 출퇴근 복장 자유화, 강제 잔업 등 장시간 노동 축소, 재해 방지·환경보호 시설 설치 등 작업 현장에서 나타나는 가부장적·군사문화적 제반 관리제도의 전반적인 폐지가 노동자들의 일반적인 요구 사항이었다. 대체로 임금 외 제반 근로조건의 개선으로 표현되는 이 같은 요구들은 단순한 처우 개선에 관한 요구가 아니었다. 그것은 한국 자본주의의 재생산 구조를 이루는 현장 관리 체제 전반에 대한 강한 문제 제기였다. 그리고 그 핵심은 생산-내-정치Politics in production의 재편, 즉 작업장 체제의 민주화였다. 1987년 대투쟁이 이른바 신경영 전략(박준식 1996)으로 요약

이외의 근로조건, 노조 활동 및 단체협약, 경영 및 인사, 기타가 각기 3,721개, 1,222개, 1,224개, 1,272개로 나타났다(노동부 1988). 한편 원인별 노사 분규 발생 통계에서는 임금 인상이 전체의 약 70%(전체 분규 3,749건 중 임금 요구는 2,629건)로 나타났다(한국노동연구원 1991).
18 참고로 현대중공업 노동자들의 요구 사항은 이 두 가지 외에 훈련소 출신과 공채 입사자 임금 차별 철폐, 목욕탕·이발소 운영권 등 재해자 대책 마련, 출근 시간 고정, 식사 처우 개선, 체조 시간 강제 철폐-작업 시간으로 인정, 하도급 축소, 두발 자율화, 유급 휴가 실시 등이었다(이수원 1994, 66-67).

되는 자본의 작업장 합리화 전략의 시발점이 된 것은 우연한 일이 아니었다.

셋째, 민주 노조 조직화 및 인정 그리고 어용 노조 민주화-노사협의회 반대가 노사 간에 가장 중요한 쟁점으로 부각되었다. 노동자 대투쟁을 주도해 간 대기업 사업장에서는 거의 예외 없이 민주-어용 노조 간의 조직 분쟁이 뒤따랐다.[19] 노동조합은 임금 및 작업장 민주주의의 확보라는 위의 두 가지 구체적 요구를 제도적으로 보장할 수 있는 가장 중요하고 기본적인 조직적 장치였다. 대투쟁을 주도한 대공장의 주도적 노동자들은 고학력의 반숙련 노동자들이었고, 이들은 노동조합의 중요성을 분명하게 인지하고 있었다. 이미 대투쟁 이전에 울산의 노동자들은 항구적이고 안정적인 노동자 조직인 노동조합 결성을 준비하고 있었다(이수원 1994). 울산에서 성공한 노조 조직화의 교훈은 전국의 노동자들에게 삽시간에 확산되었고, 개별 사업장 사용자와의 갈등 속에서 그 필요성이 더욱 구체적으로 확인되었다. 국가 통제가 일시적으로 중단된 작업장에서 사용자들이 노동자들의 집단적 요구에 대응한 방식은 임금 인상-근로조건 개선은 허용하되 민주 노조는 막는 전략이었다. 국가 권력의 개입 재개 이후 어용 노조와의 대결 가운데서 노동자들의 민주 노조에 대한 열망은 더욱 강화되었다.[20]

마지막으로 생산직과 사무직 간의 차별, 여성과 남성에 대한 차별 등 작업장

---

19 현대그룹 산하의 현대중공업과 현대자동차, 대우그룹의 대우조선과 대우자동차, 대우중공업, 삼성중공업, 한국중공업, (주)통일 등이 대표적인 사례였다.

20 노동자 대투쟁 당시 노조에 있던 사업장은 1,770개로 전체의 약 55%에 달했다. 이 중 약 23%인 446개 사업장에서 '조직 분규'가 발생했고, 노조가 교체된 경우는 1/3을 조금 넘는 159개 사업장이었다. 조직 분규의 주요 원인은 총회·대의원대회 개최 기피, 선거 결과 불복, 반대파 징계, 단체교섭 결과에 불복, 조합비 부당 집행 등이었다(노동부 1988, 17-18; 김동춘 1995, 126). 교체 노조 수에서 나타나듯이 대투쟁에서 민주 노조가 정착된 것은 결코 아니었다. 회사 측의 어용 노조 공작과 노동자들의 민주 노조 요구는 이후 오랫동안 작업장 노동 정치의 핵심적 쟁점으로 부각되었다.

내에 일상화되어 있는 제반 차별 대우를 타파할 것을 요구했다. 여기에는 폭언·폭행, 식당 이용, 제복 착용, 임금 고용 등 근로조건과 연관된 차별 등 다양한 내용이 중첩되어 있었다.

노동 대중의 요구 사항을 통해서 볼 때 노동자 대투쟁의 성격은 무엇보다 '작업장 민주주의'Workplace democracy의 확보로 정리될 수 있다. 노동자들은 많은 요구를 한꺼번에 제기했고 그것은 흔히 일회성 '한풀이'로 일컬어졌다. 그러나 그것은 단순한 '한풀이'가 아니었다. 임금 인상만큼 그것의 함의, 사회적 차별 기제로서의 성격을 문제 삼았고, 노동조합 결성 과정에 대한 국가-사용자의 개입에 크게 반발했다. 특히 노동자들은 "노조를 작업장에서의 제반 권리를 제고시키고 사용자들의 자의적 경영권 행사를 제한하기 위한 방패막이로 인식"했다. 그것은 노동조합 조직이 민주적 권리를 보호하는 제도적 장치라는 점에 대한 대중적 인식이었다. 요컨대 '표면적인 임금 인상이 주요한 요구였으나 그 실질적 의미는 사회적 차별에 대한 저항'(김동춘 1995, 101-103)이었다. 또 그것은 작업장에서의 '초보적 민주주의적 권리에 대한 요구'(임영일 1989, 574; 박승옥 1990)였다.

이 같은 '민주주의 투쟁'으로서의 성격으로 말미암아 노동자 대투쟁의 성격 규정에는 약간의 어려움이 뒤따르게 되었다. 예를 들어 기존 연구들은 자연 발생적인 '경제투쟁'으로 규정하고 있지만, 사족처럼 항상 '단순한 경제투쟁'은 아니었으며, '6월항쟁을 계급적으로 심화·발전'시킨 투쟁이란 점을 동시에 지적하곤 했다(박현채 1989; 김금수 1989; 신금호 1989; 엄주웅 1994). 여기서 전자를 강조하게 되면 지나치게 그 의의를 폄하하는 것이 되었으며, 후자를 강조하면 과도하게 계급성과 변혁성을 주장하는 오류로 나아가기 쉬웠던 것이다.[21] 이런 문제는 결국 6월항쟁과의 관계를 설정하는 문제와 연관되어 있고, 그것은 국가 정치와 노동 정치의 이중적 규정성의 문제, 즉 한국 노동 정치의 구조적 모순과 특질로서 해명되어야 할 것으로 보인다.

그리고 또 다른 한편에서는 노동자 대투쟁을 급진적인 혁명 투쟁으로 이해하기도 했다. 이렇게 대중과 일부 연구자들에게 잘못 각인된 이유에 관해서는 잠시 생각해 볼 필요가 있다. 여기에는 당시 정부의 공식 보도와 제도 언론의 이데올로기 공세가 중요한 배경으로 작용했다. 8월 중순에 이르러 노동자들은 개별 기업 수준의 교섭이 사용자들의 강한 저항에 부딪히면서 투쟁의 강도를 높이고 연대의 폭을 확장하기 시작했다. 반면에 5공 정부는 다가온 대통령 선거 국면에서 유리한 고지를 점하기 위해, 노동자 대투쟁을 정치적으로 이용하려는 분명한 전략 방침을 세우고 노동자 대투쟁의 급진성을 조작해 내기 시작했다.[22] 이 결과, 노동자들이 체제 변혁을 꾀하는 급진적 요구를 주장한다는 이데올로기가 광범하게 유포되어 왔다. 특히 이와 같은 주장은 노동자들의 구체적인 투쟁 방식에 관한 왜곡된 선전으로 말미암아 증폭되었다.

3) 투쟁 방식

투쟁 방식은 노동자 대투쟁의 성격 규명에서 가장 민감한 주제로 논의되어 왔다. 흔히 대투쟁의 탈법성과 폭력성 그리고 연대 투쟁(제3자 혹은 외부 세력의 개

---

21 대체로 당시 정치적 노동운동의 필요성을 강조하던 활동가들은 후자의 관점을 과도하게 강조했고, 민주화 이행론에 기초해서 민주화 과정에서 노동자 대투쟁의 위치를 논의하던 노동 정치 연구자들은 전자의 관점을 강조하곤 했다.

22 국가의 배제적 통제 전략의 이데올로기적 통제 수단 일반에 관해서는 노중기(1995) 참고. 전두환 대통령은 8월 18일 노사 분규 관련 관계 장관 회의의 석상에서 선거를 유리하게 이끌기 위해서는 노동쟁의에 대한 언론 보도가 중요하다고 말하고 이에 대한 대책을 지시한 바 있었다. 『월간조선』 1992년 2월호와 월간 『말』 1987년 9, 10월호 참고.

〈표 2-5〉 노동자 대투쟁 쟁의 유형의 구성

(단위: 건)

구분	계	작업 거부						태업	직장 폐쇄	기타
		소계	사업장 내 농성	사업장 외 농성	폭력, 파괴	공공시설 점거	기타			
총계	4170	3985	3015	641	135	109	85	96	30	59
노조 유	2495	2380	1632	512	99	90	47	58	24	36
노조 무	1675	1605	1383	129	36	19	38	38	6	23

자료: 노동부(1988, 11).

입)의 측면은 국가와 자본뿐만 아니라 연구자들에 의해서도 강조되어 왔다. 특히 6월 민주화 항쟁과의 관계에서 투쟁 방식은 노동자 대투쟁의 성격을 비민주적이고 계급 이기주의적인 것으로 규정하는 중요한 근거를 제공해 왔다. 그러나 이 같은 기존의 인식은 잘못 해석되었거나 과도한 것일 뿐만 아니라, 객관적 사실에 기초하지도 않은 것이었다.

먼저 대투쟁에서 노동자들은 기존 노동법의 절차를 거의 준수하지 않았다. 그 결과 94.1%에 달하는 대부분의 파업은 불법 파업으로 분류될 수밖에 없었다. 노동자들은 파업·농성·시위와 같은 쟁의 행위에 먼저 돌입하면서 조직을 구성했고, 그다음에 사업자와의 협상을 요구하는 형태로 행동했다. 우선 이는 노동자들이 기존의 의사 전달 기구인 노동조합과 노사협의회를 전혀 신뢰하지 않았음을 의미했다. 병영적 통제 체제에 대한 과거의 경험을 통해서 노동자들은 기존 제도에 의존하는 것이 일을 그르치게 한다는 것을 잘 알고 있었다. 또 작업장 내 이익 대표 제도에 대한 불신은 5공화국 노동관계법 전반에 대한 부정적 인식을 전제로 한 것이었다.[23] 그것은 반민주적인 5공화국 헌법에 대해 시민

_____

23 노동부의 설문 조사에서 탈법 투쟁의 이유에 대해 일반 노동자들의 43.6%(노동자 대표의 56%)가

들이 6월항쟁으로 대답했던 것과 내용적으로 동일한 것이었고, 반민주적 법률에 대한 마찬가지로 정당한 대응이었다. 특히 노동자들은 신속히 쟁의에 돌입하지 않으면, 사용자들이 조직적으로 개입해서 차단할 것이라는 점을 우려했다. 그리고 작업장 내에 전혀 조직화되지 못하고 개인으로 분열되어 있던 노동자들을 단시간에 동원하기 위해서는 쟁의 돌입이 최선의 수단이란 점도 중요한 배경이었다. 결국 노동자들의 탈법적 쟁의는 그 자체로서 민주항쟁의 성격을 갖고 있었다.

다음으로 노동자들의 쟁의 형태는 단순한 파업보다는 항의 농성이나 시위의 형태가 주조를 이루었던 것으로 나타났다. 노동부 통계인 〈표 2-5〉를 보면 단순한 작업 거부는 없었고, 대개의 사례에서 사업장 내외의 농성, 점거 및 시위 등의 격렬한 행위를 수반한 것으로 나타났다. 그리고 투쟁 양상 또한 매우 완강하고 장기 지속적인 것으로 나타났다. 10일 넘게 쟁의가 지속된 경우는 548건에 달했으며, 31일 이상 쟁의가 계속된 사례도 96건이나 되었다(노동부 1988, 15-16). 노동부 통계의 분류 의도에서도 나타나는 바와 같이 이런 상황은 노동자 대투쟁이 전반적으로 폭력 과격 투쟁이었다는 인상을 제공하기에 충분한 것이었다.

하지만 국가와 자본의 이중적 통제가 억압적으로 관철되고 있었던 5공 노동체제에서 이와 같은 양상은 특별히 예외적인 것은 아니었다. 5공화국의 노동정치에서도 항의 농성이나 시위는 매우 흔한 것이었다.[24] 6월 민주항쟁에서 일반화되었던 대도시 시위의 여파와 대투쟁의 폭발성을 고려하면 이는 충분히 이

노동관계법의 비합리성을 지적했다. 그 밖의 이유는 정부 개입(10.3%), 노사 준법정신 부족(16.4%), 절차를 몰라서(27.8%) 등으로 나타났다(노동부 1988).

24 예컨대 1985년의 쟁의 유형 분류를 보면 전체 265건 중에서 단순 작업 거부가 108건인 데 비해 항의 농성은 154건에 달했다(노동부, 『노동백서』, 각 연도; 김동춘 1995, 106).

해할 만한 일이었다. 그리고 몇몇 사례에서 노동자들의 폭력 행위가 있었던 것은 사실이지만 대부분의 쟁의는 매우 조직적이고 평화적으로 진행되었다.[25] 여기서 특히 노동자들의 투쟁 형태를 폭력적인 것으로 만든 요인은 사용자의 대화 거부와 2기 이후의 국가의 전국적인 폭력적 공권력 투입이었다. 폭력 투쟁의 상징과 같이 취급된 8월 17~18일, 9월 2~3일 울산 현대그룹 노동자의 가두 시위와 폭력 사태, 거제 대우조선의 가두 시위 사례는 사용자 측의 대화와 협상 기피, 정부의 의도적 폭력 유발 전략의 산물이었다(한국기독교사회문제연구원 1987; 이수원 1994). 마지막으로 폭력적 노동자 대투쟁의 인상을 대중적으로 강하게 남겨 놓은 중요한 계기는 8월 말 이후 집중된 정부, 언론, 자본 단체의 이데올로기 조작이었다. 그 대표적 사례로 정부는 9월 5일 이례적으로 사용자 단체의 임원을 국무회의에 참석시켜 폭력 쟁의 사례를 보고토록 했고, 언론은 이를 대규모로 유포했다. 여기서 노동쟁의는 '인륜 파괴', '혁명 운동'으로 규정되었으나 그 대부분은 조작된 허위 사실이었다.[26]

마지막으로 대투쟁의 연대 투쟁적 측면은 매우 제한적인 것이었다. 노동자 대투쟁에서 "지역·그룹·산업별 연대 투쟁이 본격화"(허영구 1990)되었다고 하는 평가는 과도한 것이다. 대투쟁 시기의 연대 투쟁은 국가·자본의 통제에 대응한 전술적 차원에서 부분적으로 이루어진 것이었고, 그런 면에서 향후 연대 투쟁의 시발점이 된 정도로 해석되어야 한다. 실제로 다양한 차원의 연대가 본격화된 것은 대투쟁 이후의 일이었다. 그리고 노동자 대투쟁에서 대부분의 투쟁은 미리 계획적으로 조직된 투쟁이라기보다는 '폭발한' 것이었다. 공단 지역

---

25 예컨대 대투쟁 초기에는 전경련 회장조차 노동자들의 투쟁이 매우 질서 정연한 것이었다고 평가했다(『한국일보』 1987년 8월 12일자 보도; 김동춘 1995, 109). 그리고 일부 노동운동가의 연구에서는 질서 정연한 파업·농성이 '투쟁 방식의 한계'로 지적되기도 했다(신금호 1989, 600).
26 자세한 것은 노중기(1995, 85-86).

에서의 모방에 의한 투쟁 전파는 쟁의 확산의 주요한 경로가 되었다. 이른바 '자연 발생성'은 많은 연구자에 의해 관찰된 노동자 대투쟁의 가장 큰 특징이었다.

4. 6월 민주항쟁과 노동자 대투쟁

노동자 대투쟁의 성격 규명에서 가장 어렵고 미묘한 부분은 바로 6월항쟁과의 관계 설정이라고 할 수 있다. 이 절에서는 3절에서 논의한 대투쟁의 일반적인 성격규명을 기반으로 해서 양자의 관계를 정리하고자 한다. 필자는 양자의 연관성을 몇 가지 논점에서 고찰한 다음, 민주주의 투쟁으로서의 노동자 대투쟁의 성격이 좀 더 강조될 필요가 있다는 점을 지적할 것이다.

1) 양대 투쟁의 관계: 그 연속성과 단절성

노동자 대투쟁과 6월 민주항쟁의 관계에 대해서는 대체로 보아서 양자의 연관성이나 동질성을 강조하는 입장과 그 차이와 이질성을 강조하는 입장이 병존해 왔다. 기존 연구들의 핵심적인 논점은 민주화에 대한 노동자계급의 기여 정도를 평가하는 문제에 집중되어 왔다. 특히 그것은 노동자계급의 6월 민주항쟁에 대한 참여 정도의 문제로 집약되었다.[27]

---

27 노동자들의 참여를 강조하는 논의로는 한국기독교사회문제연구원(1987), 신금호(1989), 허명구(1991), 노중기(1995)가 있고 노동자계급의 역할이 없었음을 강조하는 연구로는 임혁백(1993), 임영일

〈표 2-6〉 지속 기간별 요구 사항

(단위: 건)

지속 기간	요구 사항 소계	임금 및 수당	임금 외 근로조건	정치 활동 단체협약	경영 및 인사	기타	지속 기간별 쟁의 발생 현황
계	14,678	7,372	3,656	1,203	1,202	1,245	3,235
1일 이하	2,288	1,147	669	136	141	195	590
2~5일	6,094	3,089	1,637	389	488	491	1,376
6~10일	3,459	1,779	820	268	259	333	721
11~20일	1,747	924	330	212	139	109	363
21~30일	498	191	94	90	73	50	89
31일 이상	625	242	106	108	102	67	96

자료: 노동부(1988, 15)에서 재인용.

필자는 노동자계급의 6월 항쟁에 대한 참여 문제가 핵심적인 쟁점이라는 점을 수긍하면서도 양 투쟁의 관계는 주체의 문제만으로 한정될 수 없다는 점에서 논의를 출발하고자 한다. 양자의 관계는 주체, 요구 내용, 투쟁 방식 등 다양한 측면에서 복합적으로 평가되어야 한다.

먼저 6월항쟁의 주체 문제는 참여를 강조하는 입장과 그 반대의 입장 모두가 경험적인 근거를 갖고 있다고 볼 수 있다. 주의할 점은 전자의 경우는 대체로 개인으로서의 노동자들의 참여를 강조하는 반면, 후자는 민주화 이행 정치 혹은 계급 정치의 관점에서 운동 세력으로서의 노동자계급의 정치적 참여 정도를 강조했다는 점이다.[28] 이는 6월항쟁의 전개 양상을 고려하면 상식적인 주장이었

(1992; 1997d)이 있었다. 한편 이 문제는 노동운동 내부의 정치 실천상의 노선 대립과 연관되어 있었다(임영일 1989).

[28] 이에 대한 자세한 경험적인 자료나 연구는 없는 상황이다. 그러나 노동자 밀집 지역인 성남지역 조사(월간 『말』 12호; 심금호 1989, 589) 부상자 구속자 연행자의 직업 분포(한국기독교사회문제연구원 1987b, 88-89) 등 몇 가지 사례에 관한 자료를 참고하면 (생산직) 노동자들의 참여가 증가했던 것은 분명하다. 예컨대 6월 20일에서 21일까지의 기간에 성남 지역 가두 시위 상황을 분석한 성남 시청의 보고

다. 그리고 민주화 이행의 정치적 과정에서 노동운동이 기여한 바가 거의 없었다고 하는 것은 6월항쟁에 관한 최근의 본격적인 연구에서 한결같이 밝혀지고 있는 사실이다(윤상철 1997; 임영일 1997d, 110; 정대화 1995, 140-142). 이것은 무엇보다 기층 운동의 참여가 거의 없었던 국민운동본부(국본)의 조직적 성격상의 한계와 직접 맞닿아 있고, 더 나아가 계급 세력으로서 전혀 조직화되지 못하고 있었던 당시 노동운동의 주체적 조건에 기인한 것이었다.

여기서 중요한 것은 노동자계급이 6월항쟁을 주도하거나 하나의 계급 세력으로 참여하지 못했다는 점이다. 노동자 대투쟁과 달리 6월항쟁에서 노동자들은 개인으로서 그리고 시민으로서 참여한 것이었다. 그러므로 양자의 상관성을 일부 인정하지 않을 수 없다 하더라도 투쟁 주체의 측면에서 두드러진 것은 양 투쟁의 이질성이라고 보아야 할 것이다.

둘째로 요구 내용의 측면에서는 양 투쟁의 이질성보다는 연속성이 강조될 필요가 있다. 물론 노동자 대투쟁에서는 "정치적 민주화라는 정치적 주제보다는 임금 인상과 노동조합 결성 및 어용 노조 민주화 등 경제적인 문제"(정대화 1995, 140)가 주요한 요구 내용이었으므로, 양자의 차이점은 분명히 존재한다. 그리고 요구의 범위에서도 6월항쟁의 전국적·전 국민적 요구에 비해, 노동자 대투쟁의 요구들은 대체로 단위 사업장을 벗어나지 못했다.

그러나 앞서 보았듯이 임금 인상 등 생존권 수준의 경제적인 요구를 별개로 한다면, 노동자 대투쟁의 본질적인 요소는 '작업장 내의 민주주의 확보'였다. 사실 제반 차별 대우나 민주 노조에 대한 노동자 대중의 열망은 임금 요구를 능가하고 있었다. 예를 들어 〈표 2-6〉을 보면 지속 일수가 길었던 쟁의일수록 요구

서에 따르면 검거자의 약 70%가 노동자들이었다고 한다.

사항 가운데 노조 활동이나 단체협약, 경영 및 인사에 관한 요구의 비율이 높게 나타났다. 이는 임금, 근로조건에 관한 요구는 사용자들이 쉽게 수용했으며, 노동자들의 핵심적 요구가 민주 노조 결성과 작업장에서의 제반 민주적 권리였던 것을 반영한다. 그리고 그것은 기업별 체제의 한계를 넘어 노동자 대투쟁 전반에서 보편적인 것이었다. 요컨대 노동자 대투쟁은 6월항쟁에서 제시했던 민주화 요구를 노동자계급에 한정해서 그리고 작업장이라는 제한된 영역에서 재생산하고 확장했던 것으로 볼 수 있다. 그것은 작업장에서의 시민권과 기본권의 확보였다.[29]

셋째, 투쟁 방식의 측면에서 보면 폭력·과격 투쟁이었다고 하는 일부의 주장은 근거가 없음을 이미 살펴보았다. 6월항쟁이 질서 정연한 비폭력 투쟁이었다면 노동자 대투쟁도 그 범주를 크게 벗어나지 않았다. 오히려 많은 연구자의 지적처럼 노동자 대투쟁은 6월항쟁이 열어 준 공간을 최대한 이용하는 형태로 진행되었으며, 정당성을 상실한 권력에 대한 탈법적 투쟁이란 형태상의 특성을 공유했다. 대투쟁의 탈법성은 악법 철폐 투쟁으로서의 6월 민주화 항쟁으로부터 기인하는 측면이 컸다고 보아야 할 것이다. 반면에 또 다른 측면에서 대투쟁은 그 자연 발생성으로 말미암아 국본으로의 결집으로 상징되는 6월 민주항쟁의 다층적인 연대 의식을 거의 보여 주지 못했다. 이 점은 양 투쟁을 구별짓는 요인이 될 수 있다. 대체로 투쟁 방식에서 비폭력 가두 투쟁이었던 6월항쟁과 평화적인 작업장 내 민주화 투쟁인 노동자 대투쟁은 그 공간적·형태적 차이에도 불구하고 본질적으로 서로 다른 것이 아니었다.

---

[29] 그러나 작업장 민주화가 6월항쟁에서의 정치적·절차적 민주화 요구와 동질적인 것인가의 문제가 남는다. 이 문제를 본격적으로 논의하기 위해서는 민주주의의 개념적 범위 설정, 경제투쟁과 정치투쟁과의 관계에 관한 이론적 논의가 필요하다. 단, 여기서는 생산의 정치가 국가 정치와의 상호연관성 속에서 규정될 수 있고, 국가 정치와 깊은 연관성을 갖고 있다(Burawoy 1985)는 점만을 지적해 둔다.

2) 민주주의 투쟁으로서의 노동자 대투쟁

이상에서 필자는 노동자 대투쟁의 성격을 낮은 수준의 노동자 대중투쟁이자, 동시에 작업장 단위에서 이루어진 노동자계급 대중의 민주화 투쟁으로 규정했다. 이는 양 투쟁의 이질성 못지않게 동질성을 강조해야 한다는 인식이다. 그리고 이런 규정은 노동운동으로서의 성격 규정과 민주화 투쟁으로서의 성격 규정을 중첩해 가로지르는 것이다. 6월항쟁과 투쟁 주체의 측면에서 달랐고, 민주화 과정에 기여하지 못한 이질적인 투쟁이라는 인식에 대해서는 요구 내용의 동질성을 강조했다. 그리고 6월항쟁을 계급적 입장에서 발전시킨 변혁적인 투쟁이라는 인식에 대해서는 낮은 수준의 요구 내용뿐만 아니라 참여 주체의 이질성과 낮은 의식 수준, 투쟁 형태 측면에서의 온건성과 자연 발생성을 부각시켰다.

양 투쟁의 연속성, 즉 노동자 대투쟁의 민주화 투쟁으로서의 성격을 강조하기 위해서는 한국 사회 민주화 이행 전반에서 노동자 대투쟁과 민주화 이행의 관계를 점검할 필요가 있다. 그것은 흔히 노동자계급이 민주화 이행 정치에 기여한 바가 거의 없었다고 하는 점 때문에 노동자 대투쟁도 그런 인식의 연장선 상에서 민주화와는 무관한 것으로 규정되어 왔기 때문이다. 그리고 더 나아가 노동자 대투쟁은 민주화 이행을 주도했던 중간 계급을 보수화시키고, 지배 블록에 반격의 원인을 제공함으로써 민주화-정권교체에 부정적 요인으로 작용했다고 파악되기도 했다.

우선 지적될 점은 정대화(1995, 141)의 지적처럼 6월항쟁과 노동자 대투쟁은 하나의 연속적인 과정이 아니었다는 사실이다. 양 투쟁 사이에는 지배 블록의 전략적 행위인 6·29선언이 개입했고 중대한 단절이 발생했다. 6월항쟁은 6·29선언 이후 급격한 하강 국면에 진입했으며, 약간의 시차를 두고 발생한 노동자 대투쟁의 정치적 상황 조건은 이미 크게 달라져 있었다. 노동자 대투쟁이 본격적으로 전개되기 이전의 시기인 6월 말, 7월 초 중간 계급은 이미 투쟁의 전선에서 후퇴하고 있었다. 그리고 6월의 주체인 국본은 6·29선언의 성격과 향후의 정치 변동의 성격에 대해 정확한 대응을 전혀 하지 못하고 있었다. 이와 같은 난맥상은 6월항쟁의 주체 세력의 다양한 구성으로 말미암아 이미 예견된 것이었는지 모른다. 따라서 중간 계급의 보수화, 지배 블록의 반동이 가능케 되었던 전환기적 계기는 노동자 대투쟁이 아니라 6·29선언이었다.

그렇다 하더라도 노동자 대투쟁이 민주화 흐름을 가속화시키기보다 둔화시키거나 역전시키는 방향으로 작용하지 않았겠는가, 아니면 적어도 무관한 것이 아닐까라는 의문은 여전히 남을 수도 있다. 이 문제는 미묘하지만 노동자 대투쟁의 성격과 관련해서 보면 결정적으로 중요한 것이다. 여기서는 민주화 이행론에 대한 검토, 민주주의 개념 문제 및 경제투쟁과 정치투쟁의 관계 등의 이론적 주제들이 간단하게나마 검토될 필요가 있다.

먼저 민주화 이행 과정이란 측면에서 한국 노동운동의 위치는 매우 독특하게 나타났다. 라틴아메리카를 비롯한 대부분의 제3세계 민주화 사례에서 노동운동은 자유화 시기에 활성화되어 첫 단계 민주화 이행 과정에서 상당한 역할을 수행하는 것이 일반적이었다.[30] 그러나 한국의 사례에서 6월 이전에 노동운동은 대체로 무력화되어 있었고, 이행 과정에서 거의 이바지한 바가 없었다는 것이 많은 민주화 이행 연구의 결론이었다. 거꾸로 노동운동은 민주화의 추동자이기보다는 결과물로서 나타났고, 관찰자들을 당혹스럽게 만들었다.

이 문제는 한국 사회의 두 가지 상호 연관된 구조적 특수성으로부터 설명될

---

30 이것은 선진 자본주의국가의 민주화 과정에서도 일반적으로 타당하다(Therborn 1977).

수 있다. 발렌주엘라(Valenzuela 1989)는 노동운동의 동원과 민주화 과정의 상호 관계를 올바르게 파악하기 위해서는 국가 정치 일반의 전개 과정이나 노동운동이 정치과정에 미치는 효과뿐만 아니라, 주체로서의 노동운동이 처한 구조적 조건들을 구체적으로 분석해야 함을 강조한 바 있었다. 발렌주엘라가 강조한 요인들과 관련해서 보면 한국의 노동운동은 민주화 주체로서 가장 불리한 조건에 놓여 있었다.[31] 노조는 기업별로 분산되어 있었고 어용 노총과 대결하고 있었으며, 노동자계급의 이익을 대표하는 정당은 애초에 존재하지 않았다. 그리고 국가(정권)와의 관계에서 노동운동은 해방 정국과 한국전쟁 이래로 일방적 배제의 대상일 뿐이었던 것이다.

특히 국가의 노동 통제와 관련해서 한국의 노동자계급은 '계급적 주체로서의 객관적·구조적 역량과 정치적·조직적 역량 간에 심한 탈구dislocation' 상황에 빠져 있었다(임영일 1992, 197-201). 이와 같은 계급 형성의 지체는 무엇보다 '냉전적·분단적 체계로서의 이데올로기적 참호ideological trench'가 정치 구조를 제약해 왔기 때문이다(정대화 1997, 156-157). 그리고 좀 더 구체적으로는 물리적 폭력과 반공 이데올로기를 직접적인 통제 수단으로 사용해서 오랜 기간 되풀이되어 온 국가의 가혹한 억압적 배제 전략의 산물이었다(노중기 1995). 이와 같은 정치 구조와 노동 통제 체제가 모순 없이 완전한 것은 결코 아니었지만, 노동운동에 그것이 남긴 상흔은 심대했다. 정치적 노동운동 세력의 왜소성과 지나친 급진성, 노동자 대중 의식 수준의 저위성 등은 모두 이런 한국 노동 정치 구조의 산물이었다. 그러므로 첫 단계 민주화 과정에서 노동운동의 무력성은 충분히 이

---

31 다른 맥락에서지만 임영일(1993, 84)은 동일한 결론을 제시한 바 있었다. 발렌주엘라의 변수는 노동 통제 방식, 노동 정당 허용 여부, 노조 조직 체계의 구조, 노동 운동 내부의 이데올로기 분열 정도이다(노중기 1995, 309-310).

해될 수 있는 일이 된다.

그리고 이런 탈구 상황은 한국의 민주화 이행 정치와 노동 정치를 탈구시키는 것으로 나타나기도 했다. 7·8월 노동자 대투쟁에서 노동자계급은 계급 세력화의 단초를 마련했을 뿐이며, 요구 수준이나 의식 및 행동 양식 등 여러 면에서 낮은 수준에 머물러 있었다. 그러나 그와 같이 절차적 수준의 투쟁들은 동시에 작업장 민주주의에 대한 요구로 나타나 한국 사회 민주화 과정의 중요한 한 부분을 형성하게 된다. 노동운동의 활성화가 첫 단계 민주화 이행의 계기가 되는 6·29선언 직후에 나타났으며, 그 과정과 무관하다는 점은 노동계급이 1987년 민주화 대투쟁에서 일역을 담당했다는 사실과 모순되지 않는다.[32] 이 두 측면 가운데 하나만을 강조할 경우에는 양대 투쟁의 연속성이나 단절성만을 일방적으로 강조하는 결과에 이르게 될 것이다.

다음으로 양대 투쟁의 관계를 혼란스럽게 만든 또 다른 중요한 요인은 절차적·정치적/실질적·경제적 민주주의와 경제투쟁/정치투쟁의 대쌍적 개념 도식의 문제이다. 우선 민주주의 이행론의 민주화 개념을 한국 사회 민주화에 적용하는 데에는 여러 가지 이론적 어려움이 따른다(정대화 1997, 70-73; Cummings 1989). 이 구분을 따를 경우 예컨대 노동자 대투쟁에서 나타난 작업장 내의 제반 민주주의적 권리에 대한 요구는 민주주의 요구 투쟁이 아닌 것으로 나타난다. 일반적으로 서구 사회의 경우 작업장 내 민주주의의 확대는 절차적·정치적이기보다는 실질적·경제적 민주주의적 요구로 파악된다. 따라서 노동자 대투쟁은 절차적 민주주의가 채 도입되지도 않은 상황에서 발생한 실질적·경제적 민

---

32 이는 최장집(1992, 245)이 말하는 '비동시적인 것의 동시적 병존'이 노동자 대투쟁 속에서도 나타났음을 의미한다. 그리고 임영일(1993, 74)의 '노동자계급의 계급 형성과 계급 세력화의 동시적 진행'과도 맥락을 같이한다.

주주의 투쟁이거나[33] 그냥 모호하게 정치적 국면에 편승한 '생존권 투쟁'이 될 수밖에 없었다. 필자는 노동자 대투쟁에서 나타난 작업장 민주화, 민주 노조에 대한 요구는 단지 요구와 요구의 장이 다를 뿐, 본질적으로 정치적이고 절차적인 일반 민주주의적 요구라고 생각한다. 그것은 달(Dahl 1971)이 말하는 '조직 결성과 가입의 자유'의 범주를 벗어나지 않는다.

또 경제투쟁과 정치투쟁의 개념도 노동자 대투쟁의 성격을 모호하게 만들었다. 마르크스-레닌주의적 전통에서 사용되어 온 이 개념을 많은 활동가와 연구자들은 투쟁 대상(국가, 총 자본, 또는 개별 자본)이나 투쟁 목표(요구 내용 및 변혁적 투쟁과의 관계)의 측면에서 규정해 왔다. 노동자 대투쟁의 경우에는 대부분의 경우 경제투쟁으로 평가했고, 부차적으로 노조 민주화 투쟁의 측면도 주목되어야 한다고 평가하는 것이 일반적이었다. 그리고 노조 민주화 투쟁도 경제투쟁의 일부분에 지나지 않았다. 여기서 노동자 대투쟁의 성격은 정치투쟁으로 발전되어야 할 저차적인 경제투쟁을 벗어나지 못하는 것으로 규정되었다. 일단 경투·정투의 개념 쌍에 의존한다면, 앞서 본 바와 같이 노동자 대투쟁의 성격은 경제투쟁으로 평가되는 것이 정당하다고 본다.[34] 그러나 경제투쟁이라는 규정성 속에는 낮은 차원의 투쟁이라는 점에 더해 민주화 투쟁과 무관한 어떤 것 —작업장에서의 경제적 요구라는 의미 함축이 강하게 담겨 있었다.

요약하자면 노동자 대투쟁은 민주화에 영향을 미친, 그것과는 다른 어떤 투쟁이 아니었다. 그것은 투쟁의 장場과 투쟁 주체를 달리해, 좀 더 불리한 정치적

---

33 절차적 민주화가 완성된 시점에 관해서도 논란이 많다. 6·29선언으로부터 노태우 정권 출범, 김영삼 정권의 성립 또는 여전히 미완이라는 주장까지 다양한 견해가 존재한다(조희연 1994; 정대화 1997).
34 한국의 노동운동에서 경투, 정투의 구분은 매우 불필요한 논쟁을 촉발시켜 왔다. 예컨대 노동법 개정 투쟁이 경투인가, 정투인가라는 논란이 그것이다. 하이만(Hyman 1989)은 '생산의 정치'와 '정치의 정치'의 결합이 필요하다는 관점에서 정투, 경투에 대한 상황맥락적 해석의 필요성을 제기했다.

환경 속에서 노동자 대중이 수행한 또 다른 6월 항쟁이었다. 그리고 6·29선언의 개입에 의해 그 성격이 왜곡되고 잘못 해석되어 왔지만, 본질적으로 6월 민주항쟁의 연속선상에서 발생했던 민주화 투쟁이었다. 그러므로 1987년 민주화 대투쟁은 6월 민주항쟁과 7·8월 노동자 대투쟁이라는 두 개의 축으로 재규정되어야 한다.

5. 노동자 대투쟁과 한국 사회의 민주화

1996년 말부터 1997년 초 이른바 '문민정부'가 주도한 노동관계법 '날치기 개정'과 이에 대응한 민주노총과 범민주 세력의 파업·시위는 6월 민주항쟁·노동자 대투쟁 10주년을 앞두고 그 평가에 하나의 계기를 마련해 주었다. 그리고 1997년 노동법의 재개정과 민주노총·민주 노조 운동의 합법화로 말미암아 노동자 대투쟁으로 성립된 '1987년 노동법 체제'의 지형은 근본적으로 변화했다. 그 결과 한국의 노동운동과 노동 정치, 노동 연구는 모두 1987년 노동자 대투쟁 대신 새로운 하나의 준거점을 확보하게 된 셈이며, 새로운 출발선에 서게 되었다. 그리고 노동자 대투쟁은 이제야 비로소 현실이기보다 과거의 역사로 남게 되었으며 그 성패에 대한 객관적인 조명이 가능해진 것처럼 보인다.

단기적으로 보아서 노동자 대투쟁은 민주대연합의 해체를 가속화하고 지배 블록의 대선 전략을 순조롭게 촉진한 측면을 갖는 것이 사실이었다. 그러나 그 결과에 있어 '노동계급의 패배'라거나 '완전한 실패'라고 하는 평가[35]는 과도한 것으로 보인다. 앞서 필자는 대체로 노동자 대투쟁이 야기한 부정적 효과들이 노동자 대투쟁에 기인하기보다는 시간적으로 선차적인 6·29선언과 민주대연

합의 성격에 그 원인을 두고 있음을 논의한 바 있었다. 나아가 노동자 대투쟁은 직접적으로나 정기적으로나 그 부정적 측면보다는 긍정적 측면이 더 두드러진 것으로 생각된다.

먼저 노조 설립 요건을 크게 완화한 1987년 노동법 개정은 대투쟁의 직접적인 결과물이었다. 그리고 제한된 수준에서나마 작업장에서의 일반 민주주의적 권리가 신장될 수 있는 기반이 마련되었으며, 이는 이후 노동운동의 전개 과정에서 현실화되어 나타났다. 제반 민주적 권리의 제고와 함께 특히 관리 감독자의 권력 기반인 인사 고과, 차등 임금제가 전반적으로 폐지되었다(박승희 1988; 1990). 민주 노조의 조직적 기반은 노동자 대투쟁이 직접적으로 남긴 가장 중요한 성과였다. 많은 단위 노조가 설립된 것은 물론 계급적 연대의 범형이 이 시기에 창출되었기 때문이었다. 예컨대 1990년 조직된 전국노동조합협의회는 대투쟁의 조직적 결과였다고 해도 과언이 아닐 것이다.

장기적인 측면에서 주목해야 할 것은 노동자 대투쟁으로 말미암아 1987년 이후 노동운동의 과제가 분명하게 제시되었다는 점이다. 노동자 대투쟁은 투쟁의 종결 과정에서 나타난 국가 억압의 재개와 11월 노동법 개정의 결과를 통해서 향후 노동운동의 과제를 정리하는 효과를 갖고 있었다. 노동법의 독소 조항 제거, 국가·자본의 통제 전략에 대한 대응, 민주 노조 조직의 유지·확대와 상급 노조 합법화, 다양한 연대 활동의 실현과 연대 조직 확대 등이 그 과제들이었다. 이들은 크게 보아 1987년 노동자 대투쟁이 제기했던 바로 그 요구들이었다. 1987년 대투쟁이 자립적이고 민주적인 노동운동의 출발점이었다면 1997년 파업은 그 한 단계를 마무리하는 투쟁이었다.[36]

---

35 정대화(1997, 151, 153-154), 임혁백(1993) 참고. 정대화는 그 이유로 노동자 대투쟁의 비조직성, 경제주의적 특성, 민주대연합과의 유기적 연관성 결여를 들었다.

그리고 노동자 대투쟁 기간의 노동 정치는 1988~97년 동안 확대된 규모로 재생산되어 왔다. 그리고 그 결과 또한 노동자 대투쟁의 확대된 형태로 나타났다. 즉 1987년 투쟁에서 단위 사업장의 민주 노조가 시민권을 부여받을 수 있는 계기가 마련되었다면, 1996~97년 파업에서는 상급 단체의 시민권이 제도화될 수 있는 계기가 마련된 것이다. 그러므로 1987년 이후 10여 년의 노동 정치는 단순한 재생산은 아니었고, 그 속에 발전 가능성을 현실화해 온 과정이었다. 특히 노동 정치의 관점에서 1996~97년 파업은 이전까지의 노동 정치 체제의 구조적 변화를 예감케 하는 측면을 갖고 있었다. 1987년 대투쟁이 국가 정치가 열어 준 개방 공간에서 수동적으로 나타난 대중투쟁이었다면, 여러 가지 한계 속에서나마 1997년의 겨울 총파업은 처음으로 노동자계급 대중이 국가 정치에 능동적으로 개입해 정세에 영향을 미쳤다는 점에서 주목될 필요가 있다. 이런 논의가 시사하는 바는 민주화 운동으로서의 노동자 대투쟁의 장기적 효과는 그것이 계급 형성 혹은 계급 세력화의 출발점이었다는 점에서 재평가될 수도 있다는 점이다.

---

36 그러므로 한국의 노동운동이 지난 10년간 계급 세력화나 정치권력을 획득하지 못했기 때문에, 혹은 정치 민주화에 기여하지 못했기 때문에 실패했다고 평가하는 것은 노동운동의 객관적 역량과 과제에 대한 관념적 기대에 기인한다.

3

군부독재 시기 노동 체제 형성에 관한 연구(1961~87)

1. 머리말

1961년 박정희 군사 정권의 쿠데타 이후 지난 50여 년 동안 한국의 노동 정치는 반전을 거듭하는 급속한 변동을 경험했다. 대체로 10년 주기의 계기적 변동들에는 1961년 쿠데타와 한국노총 체제의 형성, 1970년 전후의 노동법 개정과 전태일 열사 분신, 1979년 1980년의 노동자 투쟁과 서울의 봄, 그리고 5·17 군사 쿠데타, 1987년 노동자 대투쟁과 민주 노조 운동의 본격화, 1997년 날치기 노동법 개악 반대 겨울 총파업 등이 포함될 수 있다. 또 2006년과 2007년에는 작업장 단위 복수 노조 허용, 전임자 임금 지급 금지 및 이에 대응한 민주 노조 운동의 산별 체제 전환 시도 등으로 또 한 차례의 격변이 있었다.

한편 변동의 내용과 폭이 컸던 결과, 노동 정치의 거시 변동에 대한 학계의 연구는 각 시기별로 단절되는 독특한 현상을 보여 왔다. 예컨대 크게 보아 1987년 노동자 대투쟁 이후의 노동 정치 연구는 상대적으로 그 양이나 질적인 측면에서 풍부하게 이루어졌다. 최근에는 '노동 체제'의 개념을 매개로 해 여러 가지 이론적 논의가 진행되어 왔다고 할 수 있다(임영일 1999a; 장홍근 1999; 노중기 1997a). 그러나 최근의 연구 성과들은 내적으로 일정한 한계를 갖고 있었다.

'1987년 노동 체제'라는 개념의 문제의식은 한국 사회 노동 체제의 특수성을 주목하고자 한 데 있었으나 그 체제의 기본 특성이 형성된 1961년에서 1987년까지의 노동 정치에 대한 연구는 상대적으로 취약하기 때문이었다.[1] 노동 체제 변동의 경로 의존성path-dependence이 크다는 점을 감안하면 연구 시기의 확장이 반드시 필요하다. 따라서 군부독재의 가혹한 노동 통제가 진행된 이 시기에 대한 거시 노동 정치 분석, 그리고 그것과 이후 시기의 노동 정치의 이론적 관련성을 밝히는 일은 매우 시급하고 중요한 일이 된다.

예컨대 코포라티즘corporatism의 문제도 이런 맥락에서 재조명해 볼 수 있다. 기존 연구의 주류는 1960, 1970년대 노동 체제를 국가 코포라티즘 노동 체제로 파악하는 것이다(최장집 1989; 전신욱 1989). 1996년 이후에는 우리 사회에서 사회적 타협 체제 또는 합의 기구 형성에 관한 논란이 있었다. 1970년대를 국가 코포라티즘 체제라고 본다면 1980년대 이후의 시기를 이론적으로 설명하는 일, 그리고 코포라티즘 체제의 해체에 관한 이론적 설명이 반드시 필요하다. 반대로 1970년대를 과연 코포라티즘 체제로 파악할 수 있느냐는 반론도 가능할 것이다.

이 연구에서는 이런 문제의식에 기반을 두고 크게 네 가지 문제를 다루고자한다. 먼저 1960년대와 1970년대의 노동 체제에 대한 이론적 설명이다. 배제 유형의 국가 코포라티즘exclusive state corporatism으로 설명하는 주류적 설명에 대한 이론적 반론을 포함해서 새로운 개념화를 시도할 것이다. 둘째, 1961년에서 1987년에 이르는 노동 정치의 흐름을 간략히 정리하고 그 내부의 시기별 변동과 내적 동학을 고찰해 볼 것이다. 셋째, 체제의 핵심적인 구성 요소인 민주 노

---

1 최근 이 시기에 관한 연구가 활발해지고 있다. 노동사 연구나 노동운동사 연구를 중심으로 여러 연구 성과들이 나오고 있으나(이원보 2004; 이병천 엮음 2003) 거시 노동 정치 분석은 진전되지 않았다.

조의 출현과 변동을 고찰하는 가운데 민주 노조 운동의 성격을 검토한다. 넷째, 1987년 노동자 대투쟁과 이 시기 민주 노조 운동의 연관에 대해 문제를 제기하고자 한다. 중공업 대공장 남성 노동자들의 자연 발생적 투쟁으로 규정되는 노동자 대투쟁을 이전의 민주 노조 운동의 흐름 속에 위치 지우는 일은 쉽지 않으나 매우 중요하다.

마지막으로 이 연구의 한계를 지적해 둘 필요가 있다. 27년에 걸친 군부독재하의 노동 체제에 관한 연구는 방대한 기초 연구를 필요로 하는 일이다. 그리고 이 글에서 문제 제기한 몇 가지 주제들도 각기 개별 연구로 삼을 수 있는 커다란 주제들이다. 따라서 본 연구는 향후 연구와 토론을 위한 시론이며 가설적인 문제 제기의 성격을 가질 뿐이다.

2. 기존 연구에 대한 검토 : 국가 코포라티즘 이론 비판

최장집(1985; 1989)은 1960년대와 1970년대의 노동 체제를 '국가 코포라티즘의 배제적 하위 유형에 대단히 유사하다'는 결론을 도출했다. 그는 이 시기 우리의 노동 체제가 코포라티즘 이익 대표의 구조적 특징들, 즉 노동조합 조직 내부 활동에 대한 공식 인가와 통제, 지도자 선출 및 요구 표출에 대한 통제, 인가받은 노조의 이익 대표 독점, 준공식적 이익 단체와 국가 당국 사이의 상징적·실질적 관계 형성 등의 특징들을 상당 정도 드러냈다고 결론지었다.[2]

---

2 더 자세히 보면 군부독재 국가는 부당노동행위 조항의 신설을 통해 공식 노조와 그 조직 결성을 보호

그의 연구는 방대하고도 치밀한 경험적 연구에 기반을 두고 있으며 풍부한 함의를 담고 있어 비판하기가 결코 쉽지 않다. 또 국가 코포라티즘의 하위 유형으로 분명히 규정하면서도 그 한국적 특수성을 자세하게 논함으로써 논의의 설득력을 높였던 것도 주목할 필요가 있다.[3] 결국 그의 이론은 주로 정치학을 중심으로 정설로 받아들여졌고 지금도 상황은 바뀌지 않고 있다.

그러나 바로 그 한국적 특수성과 맥락의 차이 때문에 이 시기의 노동 체제를 국가 코포라티즘으로 파악할 수 있는가 하는 의문은 오래 전부터 지속적으로 제기되어왔다(송호근 1991; 신광영 1994; 노중기 1993; 1995; 임영일 1997d; 구해근 2002; 김삼수 2003). 그가 강조한 특수성은 부차적이라기보다 본질적인 것이 아닐까라는 비판이었다. 대체로 노동사회학자들을 중심으로 제기된 비판의 내용들은 다음과 같이 정리할 수 있다.

먼저 과대 성장 국가로 표현되는 고도의 국가 관료제, 지배 계급의 높은 통일성, 낮은 수준의 계층 분화, 수출 주도 산업화(EOI: export-oriented industrialization 모델, 유기체적 세계관의 부재 등 한국 노동 체제의 구조적 맥락은 라틴아메리카의 그것과 너무 다르다는 점을 들 수 있다. 또 높은 조직률, 전국적 중앙 집중성, 연관한 정당 정치 구조 등 코포라티즘 이론의 구조적 전제들이 존재하지 않는 점도 매우 중요하다. 이렇게 구조적 맥락이 크게 다를 경우 몇 가지 특징에 기초한

하고 복수 노조 금지를 통해 대표권의 독점을 보장했으며 행정 관청은 조직 결성을 공식적으로 승인하는 체제를 갖추었다. 또 체크오프(check-off)제도를 통해서 경제적 보조 체제를 만들고 정치적 활동 등 요구 표명의 내용을 통제하는 동시에 상층 지도부에 대한 치밀한 규율 시스템을 만들었다고 본다. 자세한 내용은 최장집(1985; 1989, 302-303)을 참고할 것.

3 한국적 코포라티즘의 유형을 라틴아메리카의 그것과 구분하는 요소로 그는 네 가지의 특성을 지적했다. 먼저 국가 관료주의가 고도로 진전되어 지배 계급의 결속력이 높다. 둘째, 사회적 양극화 수준이 매우 낮았다. 셋째, 라틴아메리카와 달리 수출 지향적, 노동 집약적 산업화가 이루어졌다. 넷째, 유교문화의 권위주의 전통 등 문화적 배경이 매우 다르다는 것이었다(최장집 1989, 308).

이론 적용은 과도한 이론화의 한계를 드러낼 수밖에 없다. 예컨대 '한국의 코포라티즘은 라틴아메리카의 그것과 달리 기존 계급 역학 구조, 기존 노동 통제 구조를 그대로 유지하거나 그 수준을 약간 높이는 정도의 정치적 보완 작업'(최장집 1989, 308)일 뿐이라면 이를 코포라티즘으로 부르기는 무리이다. 이미 유형별 차이를 넘어서서 코포라티즘으로 규정할 수 없게 된다.

둘째, 공식 노조인 한국노총을 중심으로 하는 코포라티즘적인 통제 기제가 작동하고 있었다 하더라도 그것이 그 사회의 체제를 규정할 수 있는 핵심적인 것이었던가에 대한 의문이 있다.[4] 핵심적인 쟁점은 한국노총을 매개로 하는 조직적·정치적 통제가 당시 노동 체제의 규정적 요소였던가에 대한 질문이다. 많은 연구자들은 외형적으로 코포라티즘 기제가 존재한 것은 사실이나 그것이 체제적 규정 요인은 될 수 없다고 보았다. 시장 전제market despotism에 주목한 일부의 논의를 제외한다면 다수의 연구자들은 이데올로기적 통제, 법적 장치, 정보기관, 직접적 폭력 행사 등 국가의 노동 정치에 대한 강한 규정성에 주목했다.[5]

셋째, 연관해서 코포라티즘 이론의 이원론적 유형론이나 무리한 이론 적용을 비판하는 경우도 많았다(노중기 1993). 예컨대 극도로 비대칭적인 계급 역학, 반공을 중심으로 하는 보수적 이데올로기 지형과 낮은 노동계급 의식, 독특한

---

4 이 점을 분명하게 인식하고 있는 최장집은 코포라티즘적 통제 이외의 통제 기제가 동시에 보완적으로 존재하고 있었다고 지적한다. 그것은 공장 새마을운동와 같은 각종 이데올로기 교화, 물리적 억압 등 다양한 요소로 나타나며 "한국에서의 권위주의적 노동 통제는 국가 코포라티즘보다 광범했다"(최장집 1989, 303-305)는 것이다. 그러나 이는 그의 최종적 결론과 배치될 수 있는 진술이었다. 이런 모순은 그의 논문 전체에 산재해 있다. "(1950년대 후반의) 기존 통제 체제와 크게 다르지 않는 체제"(308쪽), "박 정권 권위주의의 절정기에 곧바로 급격히 침식되는 체제"(309쪽), "국가의 억압적 조치라는 핵심 기제가 없이는 작동과 존속이 불가능한 억압적 체제"(310쪽) 등의 언급들이 그 예이다.

5 신광영(1994)의 '배제적 억압 전략', 노중기(1995)의 '억압적 배제 전략' 등이 그것이다. 국가의 이데올로기적, 조직적, 물리적 폭력에 대한 강조는 최장집을 포함해서 다수 노동사회학자들의 공통된 견해라고 할 수 있다. 약간 다른 맥락에서 임영일(1997d, 15-16) 코포라티즘 이론에는 자본과 국가의 관계, 자본에 대한 이론이 없다고 비판했다.

국가-자본 관계 등 계급 관계의 미묘한 구도를 정확히 표현하기 위해서는 이원론이나 서구 이론의 적용으로는 한계가 뚜렷하다는 것이다. 몇몇 연구자들이 '계급 정치'의 개념이나 '전략적 관점'을 강조하는 대안적 이론을 탐색한 것도 이런 이유 때문이었다(임영일 1997d). 그리고 이런 방법론적 한계 때문에 코포라티즘 이론은 이 시기 노동 정치의 역동성을 보여 주기보다 이론의 적용 가능성 탐색에 머무르고 말았던 것이다.

마지막으로 기존의 코포라티즘 이론은 1960년대와 1970년대의 노동 체제를 구분하지 않고 사실상 동일시했던 한계가 있었다(김삼수 2003). 그러나 양 시기의 노동 정치는 서로 다른 모델로 구분할 수 있을 만큼 커다란 차이를 보였다 (이병천 2003). 노동조합의 결성과 활동에 있어 좀 더 자유로운 환경이었던 1960년대는 유신 치하의 70년대와 엄격히 구별될 수 있다. 또 더 나아가 코포라티즘이 '1970년대에 급격히 침식되었다'고 한다면 1980년대 초반 노동 체제의 성격이 문제로 남는다. 완전한 기업별노조 체제, 강화된 국가 억압과 70년대 민주노조 운동의 절멸로 요약되는 이 시기 노동 체제는 1970년대와 질적으로 단절되는가, 아니면 연속적인 것인가?

요컨대 군부독재 시기 노동 체제에 대한 코포라티즘 이론 적용은 그 자체로 무리할 뿐만 아니라 남아 있는 여러 가지 쟁점들을 해결하지 못하는 한계를 보여 주었다. 그러므로 이 연구에서는 새로운 관점에서 이 시기의 노동 정치, 노동 체제를 설명하고자 한다. 여기에는 다음과 같은 분석 틀이 전제된다.

첫째, 이원론에 기반을 둔 유형론을 넘어서기 위해 '전략과 구조' 혹은 '노동 정치'의 관점을 수용한다. 그것은 주어진 구조적 조건에서 제약되는 전략적 행위자들(노사정)의 역동적 상호 작용을 강조할 것이다(장홍근 1999; 임영일 1999a). 또 그 과정에서 독특하게 구조화된 상호 작용의 안정된 틀을 '노동 체제'의 개념으로 추출하고자 할 것이다.

둘째, 1961년에서 1987년에 이르는 군부독재하의 노동 체제를 '억압적 배제 체제'로 규정하고자 한다. 코포라티즘 이론과 달리 이 개념은 이 시기의 노동 체제가 조직적 수단뿐만 아니라 이데올로기, 법적·제도적·물리적 수단을 총동원한 것이었음을 강조한다. 그리고 여기에는 계급 역량의 심한 불균형, 보수적인 시민사회, 노동계급의 조직화 미비 낮은 계급의식 등의 구조적 측면의 특수성이 포함된다(노중기 1995).

셋째, 이 시기의 노동 정치는 세 개의 소시기에 걸쳐 역동적으로 진행되었음을 주목하고자 한다(이원보 2004). 군부독재 27년간의 노동 정치는 내적으로 모순과 갈등이 점철되었으며 상당 정도 그 내용에 변화가 있었다. 따라서 소시기별로 노동 정치의 구조 변동과 그에 따른 주체들의 전략 선택을 정리할 필요가 있다. 특히 민주 노조 운동으로 일컬어지는 자주적인 노조 운동의 변화는 주요한 설명 대상일 것이다.

3. 억압적 배제 체제의 역사적 전개

1) 억압적 배제 체제 1기 : 1961~69년

억압적 배제 체제의 첫 소시기는 1961년 군사 쿠데타로부터 1969년까지의 기간이다. 군사 쿠데타정권은 4·19 이후 분출된 노동자 대중의 자주적인 요구를 잠재우기 위해 두 가지 강력한 통제 수단을 동원했다. 즉 쿠데타 직후 기존의 노동조합을 해산하고 새로운 노조 체제를 위로부터 졸속으로 만들어 냈다. 다른 한편에서는 1963년 4월과 12월 두 차례에 걸쳐 1953년 제정 노동법을 대폭

개정함으로써 노조 활동이나 쟁의를 강하게 통제하고자 했다(이원보 2004; 전신욱 1989).

새로운 정치권력이 선제적으로 설정한 두 가지 제도적 장치들은 이 시기 노동 체제의 성격을 규명하는 가장 중요한 준거가 된다. 단지 수개월 만에 급조된 중앙집권적 산별노조 조직 체제의 성격은 분명했다. 군사 정권은 '일사불란한 노동 통제', 사회 통제의 명료한 목적을 갖고 있었으며 궁극적으로는 '정치적 배제'와 '경제적 동원'이라는 개발 독재의 지배 이념을 구체화한 것이었다.[6] 중앙집권적 산별노조, 한국노총 체제를 통해서 노동자들의 요구를 일차적으로 통제할 수 있기를 기대했던 것이다.

이 시기의 산별노조 조직 체제는 국가 코포라티즘 노동 체제를 입증하는 가장 중요한 준거가 되었다. 한국노총은 독점적 지위를 국가로부터 공인받은 산업별 단일 조직 체제였고 이는 코포라티즘의 가장 기본적인 조직적 특성이었기 때문이다.

그러나 '유인'과 '강제'를 교환할 수 있게 해 주는 조직 특성인 중앙 집중성이란 점에서 한국노총 체제는 상당한 결함을 갖고 있었다. 즉 조직 형식상 산업별 단일 조직이었음에도 불구하고 실제에서는 기업별노조라는 본질을 갖고 있었던 점이다. 산별노조의 지부나 분회는 종업원 신분을 기초로 조직되어 있었고 재정 운용도 지부나 분회에 권한이 주어져 있었다. 또 철도·전매·전력과 같은 전국 단일 노조를 제외하면 대다수의 교섭은 지부나 분회의 주도하에 이루어졌다.[7] 따라서 조직 구조에 있어 상급 조직의 산하 조직에 대한 통제나 규율은 완

---

6 한국노총 체제의 도입과 관련된 과정은 정확히 알려져 있지 않다. 즉 쿠데타 세력들이 분명한 청사진을 갖고 있었는지 또 그 목적이 무엇이었는지에 관해서는 모호한 부분이 많다. 이에 대한 본격적인 연구로는 김준(1999b), 이원보(2004, 104-116) 참고.

7 김삼수(2003, 200-201)는 이 시기의 노동조합 체제를 본질적으로 기업별노조라고 파악하고 '유일 유

전할 수 없었던 구조적 한계를 갖고 있었다.

다음으로 개정 노동법은 몇 가지 개선 조항에도 불구하고 전체적으로 노조 활동을 제약하고 쟁의를 통제하고자 하는 의도를 분명히 드러냈다.[8] 이 개정 법률 체제는 1953년 노동법으로부터의 후퇴가 분명했다. 그렇지만 단결권과 파업권 자체를 부인하지 못했다는 점에서 본질적으로 1953년 법 체제의 틀을 유지하고 있었다(김삼수 2003, 189).

이처럼 군부 정권은 상명하복의 완전한 노동 통제 체제를 원했으나 노동조합 조직 체제와 노동법 체제의 틀은 불완전한 것이었다. 불완전한 법적·조직적 통제 체제를 부분적으로나마 보완한 것은 반공주의, 노사 협조주의 등 제반 이데올로기적 통제, 노동법 외 국가보안법·반공법·집시법 등의 법적 통제, 경찰력의 직접 개입, 중앙정보부 등의 각종 정보 권력 기구의 일상적 감시 사찰 등이었다(전신욱 1989, 164-175).

또 다른 한편 사용자들의 각종 부당노동행위와 노조 억압 정책, 쟁의 파괴도 국가의 통제 장치들과 함께 이 시기 노동 체제를 특징짓는 요소였다. 이데올로기, 법률적인 환경, 자원 동원에서 크게 유리했던 사용자들은 불완전했던 법률과 제도를 넘어 노동자들의 요구를 억압하는 주체였다. 또 이들은 1968년과 1970년 각기 전국경제인연합회(전경련), 한국경영자협의회(경총)를 결성하고 정부에 법적 제도적 요구를 일상적으로 전달했다. 특히 이들은 의사 산업별노

사 산업별=기업별 조합 체제'라고 규정했다.

8 1963년 노동법에 나타난 통제 장치는 크게 네 가지로 나누어진다. 첫째 복수 노조 금지 조항으로 한국노총에 독점적 이익 대표권을 부여하는 것, 둘째 공무원 단결 금지, 정치 활동 금지, 노사협의회 설치 의무 규정 등 단결권에 대한 제한, 셋째 노조 설립 신고주의, 조직 운영에 대한 각종 개입 등 행정 권력의 노조에 대한 지배 개입, 넷째, 쟁의에 대한 사전 심사 제도, 복잡한 쟁의 절차, 공익사업 범위 확대, 긴급 조정 제도 등 쟁의에 대한 법률적·행정적 제한 조치가 그것이다. 한편 부분적인 개선 내용에는 부당노동행위 구제주의 설정, 유니온샵 인정, 냉각 기간 단축 등이 포함된다(이원보 2004; 김삼수 2003).

조 체제에 대해 비판했다. 기업 수준의 임금 교섭이나 쟁의를 통제하지 못하면서도 전국적인 쟁의를 야기하는 (허구적) 산별 체제보다 기업별노조로의 환원이 더 유리하다는 인식이었다.

쿠데타 권력의 강한 통제 의지에도 불구하고 저임금 장시간 노동에 시달리던 노동자들의 저항은 1960년대 전체에 걸쳐 점차 확대되었다. 임금 노동자의 확대는 곧 조직률의 증가로 이어졌고 제조업 노동자의 비중도 커지게 되었다. 공공 부문에 치우쳤던 쟁의는 점차 제조업 민간 부문으로 확산되었고 1960년대 말에 이르면 경기 후퇴, 기업의 경영 상황 악화와 더불어 장기간 지속된 대규모 쟁의가 나타나기 시작했다.[9]

이 시기의 노동운동은 한국노총으로 대표되는 공식 노조 운동으로 표출되었다. 한국노총은 반공주의와 실리주의적 노동조합주의를 표방했다. 정치적으로는 협력하되 경제적 실익을 교섭을 통해서 확보한다는 실리주의적 노동조합주의는 개발 독재 체제에서 결실을 얻을 수 없었다. 결과적으로 한국노총은 경제 개발이 가속화될수록 저임금-장시간 노동 체제에서 신음하는 노동 대중으로부터 분리될 수밖에 없었다. 산별노조 수준에서 지도부는 1960년대 후반 정치적 요구를 제기하는 듯했으나 곧바로 지배 정치 세력의 일부로 편입되었다. 그리고 개별 지부, 분회에서 지도부는 노사 협조주의로 크게 선회했다. 그러므로 대체로 노동 대중의 이익은 공식 노조 조직에 의해 보호받지 못하는 상황이 되었고 불만은 누적되어 갔다. 특히 새로이 확대되고 있었던 경공업 수출 부문과

---

9 1963년 89건이던 쟁의 발생 건수는 1968년 135건으로 크게 늘어났다. 쟁의 건수가 94건으로 줄어든 1969년에는 대규모 쟁의들이 발생하기 시작했다(전신욱 1989, 183). 1968년의 외국 기업인 시그네틱 쟁의, 1969년의 섬유노조의 면방 쟁의와 대한조선공사 쟁의가 대표적이었다. 이들은 군사 정부의 입장에서 외자 기업의 대규모 쟁의, 산별 교섭과 산별 파업, 최초의 긴급 중재 발동 등 기존 통제 체제의 한계를 그대로 드러낸 사례였다. 그런 면에서 이는 1970년대 국가의 선제적 쟁의 봉쇄 조치를 예기하는 쟁의들이었다.

중소 영세 기업 노동자들은 저임금 장시간 체제에 직접적인 희생자였으나 어떤 의사 전달 수단도 갖추지 못한 상태였다.

요약하면 억압적 배제 체제의 첫 소시기는 상대적으로 유동적인 국면으로 체제 형성의 초기 단계였다. 그만큼 억압적 배제의 다양한 요소들이 중첩되고 있었고 불완전하게 드러났다. 예컨대 국가는 허구적 산별 체제를 선제적으로 만들어 냈으나 노조 활동이나 쟁의를 봉쇄하지 못했다. 반대로 노동운동은 한국노총 체제의 허구적 실리주의, 노사 협조주의에 의해 그 발전이 가로막혀 있었다. 더 본질적으로 높은 실업률 아래에서 낮은 노동 대중의 의식, 불리한 정치적 이데올로기 지형, 억압적인 국가와 사용자들의 탈법적 노동 통제로 말미암아 질식 상태에 처해 있었다고 할 수 있다. 그러나 급속한 경제 성장과 저임금 장시간 노동이라는 모순의 심화, 수출 부문 노동자의 급증, 한국노총-국가의 불완전한 통제 등 여러 요인들로 말미암아 체제의 불안정성은 더욱 커져 갔다.

여러 측면에서 봉합되지 못했던 1960년대의 노동 체제는 1970년을 맞아 급속하게 변화하기 시작했다. 1970년에 전태일의 선구적 투쟁과 노동법 개정 및 국가 억압의 강화가 동시에 발생한 것은 우연한 일이 아니었다.

2) 억압적 배제 체제 2기 : 1970~79년

1970년 벽두에 공포된 '외국인 투자 기업의 노동조합 및 노동쟁의에 관한 임시특례법'(이하 '외국인임시특례법'으로 줄임)과 1971년 12월 말의 '국가 보위에 관한 특별조치법'(이하 '국가보위법')은 2기 억압적 배제 체제의 시작을 알리는 서곡이었다. 두 가지 특별법의 핵심 내용은 노동법상의 단체교섭권과 단체 행동권을 사실상 인정하지 않는 단결 금지에 있었다(김삼수 2003, 190-197). 단체교섭과 단체 행동에 앞서 행정 기관의 강제 중재를 의무화하는 국가보위법 9조는 사실상 총체적인 단결권의 부정이었다. 실제로 조정 기간에 노사 합의나 합의 조정의 비율이 높은 것으로 나타나지만 실제로 그것은 행정 기관의 압박에 의한 것이었다. 또 조정 신청 이전 합의의 경우에도 파업권이 봉쇄되어 있으므로 실제로는 교섭의 결과가 아니라 노사 협의에 의한 합의에 불과한 것이었다. 요컨대 2기 배제 체제의 특징인 노동조합의 기초적인 활동을 완전히 봉쇄하는 체제가 완성된 것이었다.

이후 1973년과 1974년의 노동관계법 개정에서는 노동조합법상의 '전국적인 규모를 가진 노동조합의 산하 노동 단체'라는 표현이 삭제됨으로써 기업별 노동조합 체제로 실질적인 조직 전환이 이루어졌다. 또 노동조합법에 노사협의회 관련 조항이 확대, 강화됨으로써 노사협의회로 교섭 쟁의권이 위축된 노동조합을 대체할 수 있는 제도적 장치가 마련되었다.

유신 쿠데타를 전후로 해 개악된 노동법 체제에 의해 결국 한국노총을 포함한 공식 노동조합은 더 이상 노사관계를 규율하는 유효한 행위자로 작동할 수 없었다. 노동조합을 대신해서 2기의 노동 정치를 규율한 것은 국가의 행정 기구와 시장에서의 임금 조정이었다. 상급 노조의 정책 참가나 산별 교섭이 무력해진 것과 함께 현장에서의 단체교섭이나 쟁의 행위도 완벽히 봉쇄되었고 모든 것을 결정한 것은 행정 관청이라는 국가 권력이었다. 다만 경기 변동에 따라 시장 임금의 상승이 가능했고 이것이 유일하게 노동 대중의 경제적 이해를 부분적이나마 실현하는 기제가 되었다.[10]

임시특례법과 국가보위법은 모두 1972년의 유신 쿠데타 이전에, 즉 국가 정

---

10 1973년에서 1979년에 이르는 기간에 실질임금의 연평균 증가율은 12.7%에 달했다. 노동력 수급 등 노동시장 요인도 있겠으나 이 기간이 수출 주도의 고도성장 시기였다는 경기 요인이 컸다(김삼수 2003, 207-208).

치 수준의 전면적 반동화가 시작되기 이전에 도입되었다. 1960년대 말 경기 악화, 생존권 위기 심화에 따라 쟁의의 양상이 달라지기 시작했으나 급박하게 쟁의권을 박탈해야 할 정도는 아니었던 것으로 보인다. 그러므로 이는 미리 사전에 예방하는 선제 조치 성격의 정책 실행인 것으로 이해할 수 있다. 물론 1960년대 후반 전경련과 경총 등 사용자 단체의 지속적인 요구도 한몫을 했던 것으로 볼 수 있다. 그러나 더욱 본질적으로 그것은 이미 60년대 후반에 준비되었던 중화학공업화를 위한 사전 포석으로 해석하는 것이 타당하다. 저임금 장시간 노동이라는 노동력 착취에 기반을 둔 산업화 전략에서 노동 통제는 가장 중요한 정책적 요소였음을 다시 확인할 수 있다(조영철 2003).

다음으로 2기 노동 체제에서 코포라티즘 기제는 그 형식적 틀마저 심하게 훼손되어 더 이상 작동할 수 없게 되었다. 제도 수준에서 산별노조 체제가 형해화한 것과 함께 한국노총 지도부는 유신을 전후로 억압 체제에 완벽히 복속되어 갔다. 한국노총과 산별 지도부는 1971년 말 국가 비상사태 선언 및 국가보위법 발동, 1972년 10월 유신과 이후의 노동관계법 개정에서 권력의 요구에 철저히 순응했다. 그 결과는 노동 대중의 정치적 요구는 물론 경제적 요구조차 대표하지 못하는 이익 대표의 위기로 나타났다.[11] 노조의 준국가 기구화 현상이 두드러지게 나타났다.

그런데 이것을 '비경쟁적인 이익 집단에 의해 대표되는 이익 대표 체계'로 해석하고 코포라티즘과 유사한 것(최장집 1989, 173)이라고 볼 수는 없다. 라틴아메리카와 다른 두 가지 점이 고려될 필요가 있다. 먼저 기업별로 교섭하고 기업 단

---

11 각 산별노조 지도부는 유신을 환영했을 뿐만 아니라 유신을 지지하는 계몽 활동과 유세에 나서기까지 했다. 또 섬유노련 지도부는 동일방직 등 산하 민주 노조에 대해 노골적인 탄압 공작을 국가 권력과 함께 실행한 바 있었다.

위로 활동하는 노조 조직 체제, 즉 우리 기업별 체제에서 조직적 통제와 이익 대표가 작동하기 힘들다는 점이다. 즉 조직을 매개로 하지 않은 하부 조직에 대한 억압적·공작적 탄압이 있었을 뿐이며 이익 대표의 요소는 부재했다는 점이다. 둘째, 코포라티즘 통제가 강화된 유신 정권에서 기업 수준에서의 새로운 노조 활동, 즉 민주 노조가 곧 활성화된 현상을 설명하기 어렵다. 조직을 매개로 한 유기적 통제 체제가 형성되기보다 조직 지도부는 단위 사업장 조직이나 노동 대중으로부터 점점 자립화되어 갔던 것이다. 노총 상층 간부의 매수는 역설적으로 자주적인 노조 운동을 야기한 중요한 배경이 되었다. "코포라티즘 체제가 박 정권의 권위주의화 절정의 시기에 급속히 침식되고 있었던 사실"(최장집 1989, 309)은 결국 코포라티즘에 기반을 둔 통제 체제가 아니었음을 말하고 있다. 그러므로 유신 체제의 노동 체제는 코포라티즘의 조직적 통제 외에 여러 가지 법 외적 메커니즘을 필요로 하고 있었다. 여기에는 공장 새마을운동, 노사협의회, 반공 선성장 후분배 등 제반 이데올로기 동원, 긴급조치와 같은 정치적 통제, 정보 치안 기관의 물리적 억압 등이 포함된다(최장집 1989, 304-305; 전신욱 1989, 225-242).

마지막으로 2기에 들어와서 노동운동에는 이전까지 볼 수 없었던 새로운 현상이 뚜렷이 나타났다.[12] 1970년 전태일의 분신 이래 노동운동의 흐름은 뚜렷하게 나타났다. 먼저 1960년대 1기 노동운동을 대표했던 공식 노조 운동은 노동 대중들로부터 분리되어 자립화했고 '어용 노조'로 고착화되었다. 그뿐만 아니라 자연 발생적인 노동 대중의 저항, 새로운 노동운동을 통제할 능력도 전혀

---

[12] 이원보(2004, 357)는 이 시기 노동 운동의 양상을 네 가지로 정리했다. 첫째, 한국노총 등 제도권 노조 운동의 어용화, 둘째, 간헐적이고 폭발적인 비조직 노동자의 저항 투쟁, 셋째, 종교인 지식인의 노동 운동 지원, 넷째 민주 노조 운동의 출현이 그것이다.

없다는 것이 드러났다. 다음으로 산발적이기는 했으나 비조직 노동 대중의 폭발적인 쟁의가 발생하기 시작했다.[13] 이는 전태일 열사로 대표되는 극한적 저항의 또 다른 형태였고 이 시기 노동운동의 특성을 보여 주었다. 마지막으로 노조 활동에 대한 억압적 국가의 전방위적 봉쇄 속에서도 민주 노조가 출현하고 민주 노조 운동이 전 기간에 걸쳐 지속되었던 것은 주목할 만한 일이었다.

1970년대 민주 노조 운동은 가혹한 2기의 억압적 배제 체제가 만들어 낸 산물이었다. 민주 노조의 특징으로 일컬어지는 민주성과 연대성, 현장 중심의 전투적 저항의 정신, 경제주의 조합주의의 한계 등은 노동 체제의 특성으로부터 일차적으로 설명되어야 한다. 먼저 민주성은 전방위적 국가 억압의 결과 일상적 활동의 공간이 폐쇄되고 공식 노조의 이익 대표가 불가능한 상황에 대한 주체적 대응이었다. 노동법상의 노동조합과 단체 행동권이 봉쇄된 조건에서 현장 노동 대중의 민주적 참가는 노동자들이 동원할 수 있는 거의 유일한 자원이었기 때문이다. 또 학생, 종교 단체의 지원과 연대는 엄청난 국가 권력 앞에 맞선 기업 단위 민주 노조로서는 피할 수 없는 선택이었다. 반대로 이 점은 학생, 종교 단체의 경우에도 어느 정도는 마찬가지였다.

한편 경제주의, 조합주의의 한계는 여러 가지 측면에서 고찰할 수 있다. 우선 당시 수출 주도 산업화 과정에서 경공업 여성 노동자들에 대한 노동력 착취는 경제 체제의 유지에 관건적 요소였다. 따라서 이 부문의 노동자들이 중심이 되는 조직 노동운동이 발생했고 그것이 민주 노조였다. 당시의 이데올로기 지형과 노동자 대중의 일반적인 낮은 의식 수준을 감안하면 다시 복원되는 계급적

---

13 대표적인 쟁의로는 1971년의 광주 대단지 주민의 항쟁과 한진상사 노동자들의 대한항공 빌딩 방화 시위 사건, 1973년의 삼립식품 노동자 파업 농성, 1974년 울산 현대조선 노동자 투쟁, 1977년 현대건설 사우디 파견 노동자 파업 등이 있었다.

노조 운동이 소박한 경제주의, 조합주의 운동으로부터 출발한 것은 충분히 이해할 만한 일이었다. 또 상급 단체가 급속히 어용 노조로 바뀌고 기업별노조 체제가 정권의 핵심적 통제 장치가 되는 가운데 기업을 넘어선 연대, 직접적 이해관계를 넘는 투쟁을 기대하기는 어려웠다. 그러나 동일방직이나 YH무역과 같이 작업장의 생존권 투쟁이 곧바로 정권의 탄압을 불러오고 의도치 않는 대정부 투쟁으로 발전했던 점도 주목해야 할 것이다.

3) 억압적 배제 체제 3기 : 1980~87년

억압적 배제 체제의 전 기간은 대체로 국가 억압이 그 양과 질 모두에 있어 나선형으로 확장되는 특징을 보여 주었다. 세 개의 소시기는 억압 강화의 각 단계를 표시했으므로 3기의 국가 억압은 그 최대치에 도달했던 것으로 볼 수 있다. 이런 억압의 강화는 물론 국가 정치의 변동, 축적 체제의 위기 그리고 굽히지 않는 민주 노조 운동의 저항과 성장과 같은 모순 구조의 심화로부터 야기된 것이었다.[14]

2차 석유 위기와 민중 생존권 투쟁의 폭발, 박정희 정권의 갑작스런 붕괴, 그리고 광주민중항쟁에 대한 유혈 진압을 거쳐 성립한 전두환 군사 쿠데타 정권

---

14 5·16과 유신, 그리고 5·17로 이어지는 세 개의 쿠데타는 노동 정치에서 세 개의 소시기와 일치하며 내용적으로도 그 특성을 예기하고 있었다. 마찬가지로 경제적인 측면에서도 1960년대 초 미국의 대한 원조 축소와 그에 따른 민중들의 삶의 위기, 60년대 말과 70년대 초반의 경제 위기 및 군사 정부의 중화학공업화 시도, 1979년 2차 석유 위기와 경제 공황도 억압적 배제 체제의 세 소시기와 중복된다. 과거 관료적 권위주의(bureaucratic authoritarianism) 이론의 심화(deepening) 논쟁에서 유신 쿠데타와 사회 경제 체제 변동의 연관성이 심각하게 논구된 바 있었다. 그러나 이 문제들은 여전히 충분히 연구되지 않은 미지의 영역에 속한다.

에 노동 문제는 특별한 것이었다. 5·16쿠데타 세력에게 노동 문제는 미래를 대비하는 부차적 과제였던 반면, 5·17쿠데타 세력에게 그것은 심각하고 중요한 현재적 과제였다고 할 수 있다. 짧은 서울의 봄에 시민, 학생들의 민주화 요구와 함께 노동 현장의 민중 항쟁이 시작되었던 바로 그 상황에서 쿠데타를 일으켰기 때문이었다.[15]

쿠데타 세력의 초법적 기구였던 '국가보위비상대책위원회'(이하 국보위)는 노동 문제에 대해 두 가지 대책을 곧바로 제출, 실시했다. 그 하나는 조직 노동운동에 대한 전면적 재편이었고 다른 하나는 이를 뒷받침하기 위한 노동법 개악이었다.

먼저 신군부의 국보위는 쿠데타 직후 한국노총과 17개 산별노조, 39개 지역 지부에 대해 업무 감사를 시행하고 연합 단체의 활동을 중지시켰다. 또 8월 21일 '노동조합 정화 지침'을 통해 191명의 핵심 간부 사퇴, 노총 지역 지부의 해산, 산별노조의 통합 등을 강제로 실행했다. 이는 결국 사업장·기업 단위의 노조 활동, 단체교섭만을 인정하는 기업별노조 체제를 강제하는 결과를 가져왔다. 또 신군부는 새로 활성화되고 있었던 민주 노조를 전면적으로 파괴했다. 민주 노조의 중심 활동가들을 구속하거나 삼청교육대에 보낸 후 그들의 근거인 민주 노조들을 없애는 작업에 나섰다.[16]

---

15 1980년 봄 임금 투쟁이 본격화되기도 전에 이미 400여 건을 상회하는 쟁의가 발생하고 있었다. 그리고 더 중요하게는 지역의 국가 권력과 직접 대치한 사북 동원탄좌 사태나 동국제강 노동자들의 폭력적 파업 시위, 그리고 민주 노조들의 재활성화와 같이 노동쟁의 양상에서 커다란 변화가 이미 시작되고 있었다. 한편 1980년 서울의 봄은 1987년 6월 시민항쟁과 7·8월 노동자 대투쟁의 전개 양상을 압축적으로 보여 주는 것으로 해석해 볼 수도 있다. 정치 변동과 노동운동의 폭발이 겹쳐지는 이런 형태상의 특징은 우리 노동 체제에서 국가 정치와 노동 정치의 연관성에 관한 보다 심도 있는 이론적 해명을 요구하고 있다.

16 파괴 대상 노조들은 청계피복, 반도상사, 콘트롤데이타, 서통, 남화전자, 무궁화메리야스, 태창메리야스, 원풍모방노조였다. 민주 노조들은 군부 정권의 억압에 강하게 저항했으나 1982년 말 원풍모방을

다음으로 국보위는 1980년 12월 31일 근로기준법, 노동조합법, 노동쟁의조정법 등을 전면적으로 개정하고 노사협의회법을 새로이 제정·공포했다. 개악 노동법에서 가장 중요한 변화는 '제3자 개입 금지 조항', '단체교섭 위임 조항 삭제', '기업별노조 강제 조항' 등을 통해 기업별 체제를 법 제도적으로 강제한 것이었다. 그리고 '노조 설립 요건의 강화', '노조 임원 자격 제한' 조항으로 단결권을 거의 부정했으며 '쟁의 행위의 제한', '직권 중재 범위의 확장', '냉각 기간 연장', '벌칙의 강화' 등을 통해 쟁의권도 박탈했다. 또 국가의 행정 기관은 노조 해산 명령, 임원 개선 명령, 단체협약 취소 변경 명령권을 갖게 되어 노조 활동을 완전히 지배할 수 있게 되었다. 마지막으로 노사협의회가 독립적인 법으로 제도화되었고 결국 노동조합 대체 기구로서의 위상을 확보하게 된 것도 중요한 변화였다.

2기를 거치면서 껍데기로 남아 있었던 기형적 산별노조 체제가 완전히 해체됨과 동시에 국가 기관에 의한 직접적인 노동 통제는 제도화되기 시작했다. 노동청은 노동부로 승격되어 노동 통제를 총괄 실행하게 되었고 1981년 12월 말에는 노동대책 회의가 국가의 공식적인 노동 탄압 기구로 구성되었다.[17]

이와 같은 법적·물리적·조직적 통제 체제를 갖춤으로써 억압적 배제 체제는 3기에 들어와 그 제도적 틀을 완성했다. 이제 공식 노조를 매개로 한 코포라티즘적 통제의 외양은 사라졌고 국가 기구의 직접적·물리적 억압이 전면화된 것

끝으로 조직 형식적으로는 완전히 소멸하고 만다.

17 중앙과 지역으로 나누어진 대책 회의에는 중앙과 지역의 최고 권력 기구가 모두 참가했다. 중앙의 경우 노동부 장관을 위원장으로 하고 경제 부처 차관, 대검차장, 치안본부장, 국가안전기획부차장이 위원으로 참가했다. 이 기구는 모든 정보의 종합, 노동 억압의 기획, 각종 통제 수단들의 통합적 조직, 탄압의 실행까지를 일괄 처리하는 틀을 갖고 있었다. 그리고 기구 운영의 실질적 권한은 억압적 정보 기구인 국가안전기획부가 갖고 있었다. 자세한 것은 전신욱(1989, 296-302) 참고.

이었다. 그러나 이 시기 노동 체제의 특징은 법과 조직 이전에 공안·치안 기구의 물리적 억압이 중심적인 수단으로 사용된 데에 있었다. 1983년 유화 국면 이후 신규 노조 결성 투쟁이 빈발했을 때 이를 통제한 일차적 수단은 무엇보다 국가 및 국가와 결탁한 사용자들의 탈법적 물리력 행사였다. 블랙리스트와 사찰, 용공 조작과 조직 사건 공작, 인신 구속과 테러 등이 중심적인 통제 장치가 되었던 것이다.

한편 3기의 가혹한 국가 억압 체제는 그 경도硬度가 높았던 반면 강도强度는 높지 않았던 것으로 평가할 수 있다. 표면적으로 압살되었던 민주 노조 운동은 강제된 '산업 평화'의 이면에서 질적으로 더 높은 수준의 조직과 투쟁을 준비하고 있었다. 이 과정은 두 가지의 흐름 속에서 구체화되었다.

먼저 1970년대에 개별적인 수준에서 노동운동에 참가하던 학생 세력은 광주항쟁을 거치면서 조직적으로 노동운동에 투신했다. 각종 내부 논쟁을 통해 준비를 마친 학생 운동 세력은 하나의 조직화된 힘으로 노동 현장을 아래로부터 조직하기 시작한 것이다(김용기·박승옥 1989). 이들은 1970년대 민주 노조 운동이 경제주의 조합주의의 한계에 매몰된 점을 반성하고 좀 더 계급적인 노조 운동이 필요하다는 점을 분명히 인식했다. 다른 하나의 흐름은 어용으로 완전히 전락한 한국노총과 조직적으로 완전히 구분되는 현장 노동자 운동이 시작되었다는 점이다. 1982년까지 1970년대 민주 노조가 완전히 파괴된 이후 선진적 노동자들은 새로운 민주 노조의 상을 주체적으로 만들어 나가기 시작했다. 이 두 가지 흐름이 현장에서 결합해 나타난 상징적 투쟁이 1985년의 대우자동차 노동자 파업(이하 대자파업)과 구로 동맹 파업(이하 구동파)이었다.

두 파업은 1983년 하반기 이래의 유화 국면에서 1984년 대구 택시 노동자 시위를 이어받아 발생했다.[18] 억압적 배제 체제의 정점에서도 정치적 억압의 이완은 곧 노동운동의 활성화로 이어짐을 다시 보여 준 사례였다. 또 학생 운동 출신의 노동운동가가 조직적으로 지휘하고 여기에 노동자 대중이 결합한 새로운 노조 운동의 양상이 단적으로 나타났다. 특히 파업, 농성을 중심으로 하면서도 기존 어용 노조를 전면 부정하는 전투적·자주적·민주적 노조의 새로운 상을 뚜렷이 보여 주었다.

그러나 두 파업의 대비되는 차별성도 주목할 필요가 있다. 대자파업은 1970년대 중소기업 여성 노동자 중심의 민주 노조 운동이 대기업 중공업 남성 사업장으로 나아가는 민주 노조 운동의 중심 이동을 상징적으로 보여 주었다. 반면에 구동파는 전통적인 여성 노동자 중심의 중규모 사업장에서 발생했으나 기업 간 분절을 넘어서는 연대 파업, 낮은 수준의 정치적 파업이라는 점이 특징적이었다(유경순 2005). 또 대자파업과 달리 외부 시민사회운동과 함께함으로써 민중적 연대 투쟁의 상을 보여 주기도 했다. 마지막으로 대자파업은 제한된 것이나마 노동조건의 개선을 확보하는 승리로 귀결되었으나 구동파는 철저하게 탄압받고 패배한 투쟁이었던 것도 중요한 함의를 갖고 있었다.[19]

두 파업 이후 1986년 억압이 다시 강화되는 짧은 기간을 지나 억압적 배제 체

---

18 1983년 말 유화 국면부터 탄압이 다시 가중되었던 1986년 상반기까지 노동 운동은 크게 활성화되었다. 이 시기 노동 운동의 특징은 다음과 같다(이원보 2004, 685-734). 첫째, 생존권, 기본권을 요구하는 현장 노동자들의 자연 발생적 투쟁이 빈발했다. 둘째, 한국노총과 분리된 독립적 노조 운동과 노동 단체 운동이 활성화되었다. 셋째, 지식인의 노동 운동 투신이 대규모로 진행되었다. 넷째, 동맹 파업, 정치 파업 등 전투적 변혁적 노조 운동이 발생하기 시작했다.

19 임영일(1997d, 59-63) 참고. 1985년의 두 파업은 민주 노조 운동의 발전 과정에서 하나의 중요한 상징적 사건으로 해석할 수 있다. 즉 1970년대 1기 민주 노조 운동과 1987년 이후의 2기 민주 노조 운동을 나누는 분수령이었다고 할 수 있다. 두 파업에는 1기 운동의 구조적 한계를 넘어서고자 하는 2기 민주 노조 운동의 원형적 요소가 모두 포함되어 있었다. 예컨대 노동자 대중 중심의 계급적 민주 노조 운동, 국가 권력에 대한 적대와 전투적 대립을 포함하는 정치적 성격, 제도 노조 조직과 사용자로부터의 자주적인 노조 운동, 기업별 체제의 한계를 넘어서고자 하는 연대주의 운동이 그것이다. 그러나 동시에 그것은 한계도 동시에 갖고 있었다. 즉 여전히 남아있는 경제주의와 정치적 편향으로 표현되는 낮은 수준의 계급의식, 기업별 체제를 극복하지 못한 낮은 수준의 연대 활동 등이 그것이다. 요컨대 대자파업과 구동파는 1987년 노동자 대투쟁 이후의 전투적 노동조합주의의 원형이었다고 볼 수 있다.

제는 결정적으로 해체되기에 이른다. 1987년 대투쟁에서 노동 대중은 더 이상 국가의 전방위적 억압으로 노동 사회가 유지될 수 없음을 분명하게 보여 주었다. 3저 호황에도 불구하고 생존권을 부정하고 저임금 장시간 노동을 강요하는 억압적 배제 체제의 내적 모순이 폭발한 것이었다. 또 대투쟁은 6월 민주항쟁이라는 정치적 개방 공간에서 발생한 노동 대중의 낮은 수준의 민주화 투쟁이었다(노중기 1997b). 억압적 배제 체제의 해체 과정에서도 축적 체제의 모순과 국가 정치의 변동이 노동 정치 변동과 깊이 연관되어 있음이 드러났다.

4. 억압적 배제 체제의 구조와 모순

군부독재 30여 년간 국가의 노동 억압은 하나의 방향으로 일관되게 변동해 왔다. 그리고 그 변동의 방향은 국가 억압의 강화, 노동 착취의 심화에 맞추어져 있었다. 1기의 다소 애매하던 노동 체제는 2기를 거치면서 기업별노조와 노동 기본권 부정으로 나아갔고 그 완성 형태는 3기에서 법 제도적 변화로 명료하게 나타났던 것이다.

억압적 배제 체제는 국가와 자본의 물리적 억압을 중심으로 노동계급의 이해를 배제하는 노동 체제를 일컫는다.[20] 여기에는 합법적·비합법적·제도적 폭

---

[20] 신광영(1994, 194-197, 308)은 '배제적 억압 전략', 혹은 '배제적 억압 정책'의 개념을 사용한 바 있었다. 억제 전략, 대변 전략, 시장 전략 등 그의 네 가지 유형 분류는 매우 유용하다. 그러나 필자는 코포라티즘의 배제 전략과 여타의 배제 전략을 구분하기 위해 억압과 포섭의 구분을 사용하고자 한다. 동시에 배제 전략의 분류를 폴리에 부처의 그것처럼 이론적 유형론의 관점이 아니라 독특한 유형적 사례로서 분석하고자 한다(Collier & Collier 1979; 노중기 1995, 2장).

력 행사 일반이 포함되는데 대체로 이데올로기적 통제 수단, 법적 통제 수단, 조직적 통제 수단, 탈법적 국가 폭력인 물리적 수단이 전방위적으로 동원된다. 코포라티즘 이론에서 주목하는 합법 노조를 통한 조직적 지배는 단지 전체 통제 기제들 가운데 한 요소라고 할 수 있다. 그리고 여러 요소를 관통하는 하나의 원리는, 국가가 노동계급의 이해를 완전히 배제하기 위해 모든 수단을 다 동원할 수 있으며 최종적으로 물리적 억압에 대한 의존이 결정적이었다는 점이다.

또 억압적 배제 체제는 군부독재 등 비민주적 정치 체제에서 발생하는 노동 체제의 한 하위 유형으로 볼 수 있다. 1960~80년대 한국의 경우 억압적 배제 체제는 본질적으로 당시 한국 사회의 구조적 특성으로부터 연원한 것이었다. 분단국가의 이데올로기 지형, 대중의 낮은 계급적·정치적 의식, 잘 조직화된 국가의 물리적 폭력 기구, 가부장적인 기업 내 노자 간 지배 질서 등 우리 사회에 특정한 구조적 지형이 산출해 낸 노동 배제 체제였던 것이다(최장집 1989, 1장). 따라서 표면적으로 다른 사회와 유사한 어떤 특징이 노동 체제에서 발견된다 하더라도 그것의 내적 기제나 전체 체제에서의 위상, 함의는 크게 달라질 수 있게 된다.

각 주체의 전략적 대응은 소시기별로 차이를 보여 주나 전체 체제에서는 대체로 그 윤곽이 명료했다. 먼저 국가는 노동자 대중의 기본 인권과 생존권, 노동3권 등을 전방위적으로 억압하는 전략으로 일관했다. 결국 국가는 노동조합의 활동, 그 형식 모두를 부정하는 방향으로 나아갔다. 1960년대의 기형적 산별노조 체제는 본질적으로 기업 노조의 틀을 벗어나지 못했다. 그리고 1970년대에 국가는 그 기업 노조마저 노사협의회로 대체하고자 했고 많은 경우 기업 노조 자체를 와해시키는 공작을 일상적으로 수행했다. 1980년대에 국가는 노조 결성 자체를 부정하는 억압적 장치를 제도화하는 데까지 이르렀다.

국가는 수출 주도 산업화-노동 집약적 산업화의 전략적 관건을 노동계급의 이익을 철저히 배제하는 것으로 이해했다. 동시에 노동 대중의 생존권에 기반을 둔 저항이 곧 정치적 사안임을 초기부터 심각하게 의식했다. 이 두 가지 조건에 대한 전략적 대응이 1961년, 1970~71년, 1980년의 노동법 개악과 억압 조치 강화로 나타났던 것이다.

자본의 경우 전체 27년에 이르는 장기간 동안 그 위상과 역할이 상당히 변화해 왔다(임영일 1997d, 47-53). 초기에 자본은 국가에 종속되어 능동적 역할을 할 수 없었다. 1960년대 말에 이르러 경공업 중심의 수출 산업화가 구조적 한계에 부딪히자 자본은 내부 단일 헤게모니를 강화하고(전경련) 노동 문제에 대한 자신의 이해를 적극적으로 구성, 관철하고자 했다(경총). 그러나 억압적 배제라는 국가의 기본 전략에 반대할 이유는 없었다. 자본은 오히려 억압의 강화를 통한 위기 탈출, 노동자 저항의 봉쇄를 전 기간에 걸쳐 강하게 국가에 요구했다.

자신의 이익을 표출할 수 있는 기제를 점차 상실해 간 노동 대중은 주어진 정치적·경제적 계기 속에서 자연 발생적·폭발적인 형태로 투쟁을 전개할 수밖에 없었다. 각 시기의 투쟁과 저항은 취약한 역량으로 말미암아 대부분 패배로 귀결되었으나 곧바로 다음 계기에 확대 재생산될 수 있었다. 전체적으로 경제 성장에 따라 노동자 대중과 조직 노동자들은 급속히 증가했고 경제적 모순이 누적되고 있었기 때문이었다. 그리고 그 과정에서 국가 통제로부터 자주적인 대중 조직, 민주 노조를 스스로 만들고 확대해 왔다. 세 개의 소시기는 그 양적·질적 발전의 결절점으로 이해할 수 있다.

노동운동은 주체들의 의도와 무관하게 곧바로 국가의 노동 정책과 대립하는 것으로 나아가지 않을 수 없었다. 그 과정에서 국가의 통제하에 있었던 어용 노조와의 긴장은 확대, 강화되었다. 기형적 산별 체제, 한국노총이라는 조직적 통제 기제가 잘 작동할 수 없었던 이유, 그것이 형식적인 외양에 그쳤던 이유는 1960년대 초반 역설적으로 그 기제가 구태여 필요 없을 정도로 취약했던 노동계급의 계급 역량에 있었다. 국가가 노동계급 상층 일부에 대한 '통제된 조직적 이익 대표'-'경제적 이해의 제한된 양보'를 의미하는 코포라티즘 기제를 이용할 유인이 없었던 것이다. 말하자면 국가 코포라티즘도 한국의 노동계급에는 호사스런 것이었다. 동시에 이것은 민중주의 시기에 장기간에 걸친 수입 대체 산업화ISI: import-substitution industrialization와 그에 따른 노동계급의 동원이라는 역사적 경험을 갖고 있는 라틴아메리카 사회와의 구조적 차이를 반영하고 있었다.

앞서 살펴본 것처럼 제반 억압적 통제 수단의 무제한적 사용이라는 특성을 공유하면서도 이 시기 노동 체제는 내적으로 크게 변동했다. 소시기 1기의 경우 직접적 물리적 억압보다 조직적 통제, 법적·제도적 통제가 강했고 전체적으로 좀 더 자유로운 노사관계 환경을 갖고 있었음을 알 수 있었다. 이는 3공화국의 국가 성격과 직접 연동된 것으로 해석할 수 있을 것이다.[21] 그러나 1970년대 이후 공안 기관 중심의 물리적 통제가 크게 강화되었고 조직적 통제의 내용도 기형적 산별 체제에서 기업별 체제로 운동 내부에 분절화를 확대하는 방향으로 나아갔다. 결과적으로 3기에는 1960년대 체제와는 현상적으로 상당히 구별되는 노동 체제가 만들어졌다. 그러나 전체적으로 억압적 배제 체제에서는 이데올로기적·물리적 통제가 기초적인 통제 기제로 일관되게 작동해 왔다. 상황의 역전은 1987년 이후에서나 가능했다.

세 개의 소시기 분석 과정에서 우리는 몇 가지 함의를 도출해 볼 수 있다. 먼저 이 시기의 노동 체제는 결국 코포라티즘으로 파악할 수 없다는 점이다(신광영 1994; 노중기 1995; 임영일 1997d; 구해근 2002; 김삼수 2003). 5·16쿠데타 직후 급

---

[21] 이를 과도하게 강조하는 것은 적어도 노동 체제의 경우에는 타당하지 않다고 본다. 억압적 배제 체제 내부의 차별성이라고 봐야 한다. '개발 독재' 이론으로 1960년대와 1970년대 지배 체제를 질적인 단절로 보는 관점으로는 이병천(2003)을 들 수 있다.

조된 한국노총 체제는 실제 일사불란한 통제, 통제의 효율성을 목적으로 만들어졌을 가능성이 크다. 그리고 그 내적 기제는 코포라티즘적인 것일 수도 있었다. 그러나 그런 의도와 목적이 제도적 장치로 정착되기에는 한국의 노동계급의 힘은 너무 미약했으며 반대로 국가 권력의 힘은 너무나 컸다. 결국 국가는 복잡한 절차나 상당한 정치적·경제적 양보를 필요로 했던 코포라티즘 기제에 의존할 이유를 별로 찾지 못했다. 국가는 스스로 선제적인preemptive 방식으로 직접적 억압을 강화함으로써 체제를 바꾸어 나갔으며, 결국 한국노총의 대중에 대한 통제력을 약화시키고 무력화시켰다. 한국노총은 이익 대표 체제라기보다 국가 권력의 연장에 불과했던 것이다(김호기 1999, 183-184). 이런 구조적 제약 효과는 1970년대 이후 조직적 통제의 기제가 크게 약화되는 것으로 귀결되었다.

다음으로 체제 변동의 동인을 대체로 확인할 수 있었다. 세 개의 소시기는 모두 국가 정치 축적 구조의 변화와 조응해 구성되었다. 즉 정치 변동, 경제 상황의 변동에 곧바로 연동된 노동운동의 고양과 하강이 있었고, 국가는 선제적으로 혹은 사후적으로 이에 대응해 나갔던 것이다.

그리고 노동운동 측면에서도 이 시기는 특징적이었다. 무엇보다 개별 사업장 쟁의, 또는 개별 노동자 투쟁이 곧바로 국가 권력의 탄압을 받았고 곧 정치화되는 특성을 보여 주었다. 대체로 기업 울타리를 벗어나지 못했고 소박한 경제주의적·조합주의적 요구에 머물렀던 것이 1970년대 노조 운동이었다. 그러나 동일방직노조나 YH무역노조와 같이 주체들의 의지와 무관하게 쟁의는 정치화되었다.

마지막으로 27년 전 기간에 걸쳐 노동운동은 주기적 확대·축소를 거듭했다. 그러나 국가 권력의 억압으로 말미암은 끊임없는 패배에도 불구하고 자주적 민주 노조 운동은 장기적으로 성장해 왔다. 이 과정은 자주적 노조 운동을 형성하는 과정이었고 미약하나마 연대에 기반을 둔 계급의식이 만들어지는 과정이었다. 1970년 전태일, 1979년 YH쟁의, 1985년의 대자파업과 구동파, 1987년 노동자 대투쟁은 각기 자주적 노조 운동의 자생적 출현으로부터 시작해서, 좀 더 의식적이고 연대 지향적인 노동자계급 대중의 민주 노조 운동으로 나아가는 나선형적 발전을 뚜렷하게 보여 주었다.

다음으로 소시기 분석에서 또 하나 주목해야 할 점은 억압적 배제 체제의 모순 구조다. 크게 보아 모순은 과도하게 강했던 국가와 자본, 그리고 과도하게 취약했던 노동운동과 정치적 도전 세력이 만들어 낸 역설로부터 기원하고 있었다.

이 체제는 동시대 세계 최고 수준의 저임금-장시간 노동이라는 가혹한 착취, 또는 그 착취 강도의 강화에도 불구하고 노동자들의 생존을 위한 최소한의 이익 대표, 권리도 보장할 수 없었던 체제였다. 곧 고도성장과 고도 착취에 따른 계급 대립의 압력을 배출할 출구가 없었던 것이다. 그러므로 정치·경제적 위기 국면에서 생존권에 대한 압박 수준이 갑자기 높아지거나, 제한적이나마 정치적 공간이 열릴 경우 노동 대중의 자연 발생적 투쟁, 또는 기획된 투쟁이 폭발할 개연성을 갖고 있었다.22 앞에서 본 바와 같이 경제가 팽창하는 시기에는 제한된 수준에서나마 경제적 보상, 실질임금의 상승이 있었다. 그러나 이는 항상적인 것일 수 없었고 1987년 대투쟁처럼 경기 호황기에도 정치적 균열 구조가 발생할 경우 대중의 저항은 폭발할 개연성을 항상 갖고 있었던 것이다.

노동운동의 관점에서 이 시기는 국가 억압과 민주 노조 운동의 도전의 이중주의 시기로 볼 수 있다. 곧 국가 변수, 정치 변동 변수가 전체 노동 정치의 지형

---

22 1960년대 말과 1970년대 초반, 그리고 1979년 YH투쟁과 부마항쟁, 1985년의 두 파업이 전자라면 1980년의 봄, 1987년 대투쟁은 후자의 사례라고 할 수 있을 것이다. 한편 축적 체제와 노동 체제 변동의 연관에 대해서는 여전히 더 심도 있는 연구가 필요하다. 관료적 권위주의 이론이 주목했던 1970년대 초반 경제 위기와 유신 노동 억압의 연관, 1980년대 초 2차 석유 위기와 경제 자유화와 노동 억압 강화의 연관, 1986년 이후 3저 호황과 노동자 대투쟁의 관계가 그것이다.

을 규정했던 것으로 볼 수 있다. 5·16쿠데타, 10월 유신, 부마항쟁, 5·17쿠데타와 광주항쟁, 6월 시민항쟁과 같은 정치적 위기 국면은 곧바로 노동 대중의 동원으로 이어졌던 것이다. 그런데 여기서 다시 확인해야 할 것은 이 시기 전체에 걸쳐 노동운동은 상황을 규정할 독립 변수라기보다 종속 변수에 머물렀던 점이었다. 1979년 YH쟁의, 1985년 두 개의 파업과 같이 노동운동은 질적으로 성장해 체제의 변형을 야기한 세력으로 성장했으나 여전히 종속적인 변수에 머무른 것이었다. 이 상황은 절차적 민주화가 시작되고 노동계급 대중의 전 계급적 투쟁이 폭발한 1987년까지 변화하지 않았다고 할 수 있다.

5. 결론 : 억압적 배제 체제와 민주 노조 운동

군부독재 27년 동안 구조화된 억압적 배제의 노동 체제는 현재의 민주 노조 운동을 배태한 역사적 의미를 갖고 있었다. 현재의 시점에서 민주 노조 운동은 위기라 일컬을 만한 상당한 구조적 위기 국면에 봉착해 있다(노중기 1999a; 2005a). 1998년 이후 10여 년에 가까운 기간에 민주 노조 운동은 정체나 퇴보 상태를 면하지 못하고 있는 것이다. 대다수의 연구자들이 위기를 논하지만 그 위기의 내용이 무엇인지는 여전히 모호하다. 이런 사정은 이른바 '민주 노조 운동의 위기'에서 '민주 노조'가 무엇인지가 분명치 않은 것과 깊이 연관되어 있다.

억압적 배제 체제에서 발생하고 성장한 민주 노조 운동은 최근 그 한계와 새로운 가능성을 동시에 모두 보여 주었던 것으로 판단된다. 그러므로 결론에서는 민주 노조 운동을 그 내적 구성과 함의라는 측면에서 간략히 재검토해 보고자 한다.

먼저 노동운동론의 측면에서 1970년대 민주 노조 운동과 1980년대 이후의 민주 노조 운동의 연관에 대한 논의이다. 주지하듯이 전태일로부터 시작된 1970년대 민주 노조 운동은 수출 부문 여성 경공업 노동자들의 경제주의·조합주의적 경향의 노조 운동이었다. 1980년대 초반 이 운동의 한계에 대해서는 수많은 비판이 있었던 것이 사실이다(김용기·박승옥 1989; 김금수·박현채 외 1985). 그리고 그 비판들은 대체로 충분히 수긍할 수 있는 성질의 것이었다.

그런데 문제는 그것의 운동론적인 한계와 함께 그것이 배태되었던 시대의 구조적 조건과 그 한계에 대해서도 충분히 인식할 필요가 있다는 점이다. 앞서 보았듯이 당시 노동 체제는 극도의 힘의 불균형 속에서 형성된 것이었다. 한국전쟁 이후 자주적이고 민주적인 노조는 완전히 절멸된 상태였고 이는 4·19 이후의 짧은 기간을 포함해도 마찬가지였다. 엄청난 국가의 물리적 억압과 극도로 불리한 이데올로기적 사회적 환경 속에서 나이 어린 여성 노동자들은 스스로 껍질을 깨고 나와야 하는 조건이었다. 억압적인 법제도와 어용 한국노총의 통제, 그리고 국가의 강한 물리적 억압, 더 근본적으로는 사회적 몰이해와 비난 속에서 3중, 4중의 구조적 제약을 뚫어야 했던 것이다. 비유하자면 달걀로 바위를 깨는 일이었다.

그러므로 우리가 주목해야 할 것은 그것의 운동론적인 한계보다는 그것이 절멸되지 않고 1980년대 이후에 새롭게 확대 재생산된 사실이다. 사회경제적·정치적 수준에서 모순이 심화되었던 것은 그 일차적인 조건일 것이다. 특히 중화학공업화의 결과 대공장 사업장의 남성 노동자들이 운동의 중심에 들어서고 있었던 점이다. 그러나 그런 객관적 가능성만으로는 부족했다. 1980년대 초반 적어도 조직적으로는 절멸되었던 민주 노조 운동은 두 가지 과정을 통해서 새롭게 부활했다. 그 하나는 운동 주체들의 반성이었다. 노동자들을 억압했던 상대는 단순히 악독한 사용자나 반노동자적인 국가 권력만은 아니었음을 수많은 시행착오로 배울 수 있었던 것이다.23 국가와 자본에 대한 계급적 적대, 그리고 과학적 운동론의 흡수는 70년대 운동의 되풀이된 실패의 산물이었다.

그리고 다른 하나는 지식인 출신 노동운동가들의 민주 노조에 대한 조직적 지원과 연대였다. '소박한' 민주화 운동, 생존권 투쟁으로 시작되었던 노학연대는 부마항쟁과 광주항쟁을 거치면서 철저한 자기비판을 수행했다. 그리고 그 결과는 1985년 이후의 노동자 투쟁으로 표출되기 시작했다. 여전히 내적으로 많은 한계가 있었지만24 대자파업과 구로 동맹 파업은 억압적 배제 체제 내부에서 민주 노조 운동의 새로운 가능성을 분명한 형태로 정형화한 것으로 평가할 수 있다. 대자파업은 운동의 주체란 측면에서 그리고 구동파는 기업별노조의 한계를 넘어서고자 하는 투쟁 방식, 대중적인 정치투쟁이라는 새로운 운동 양식을 뚜렷이 보여 주었던 것이다. 그리고 양 투쟁은 모두 격렬한 전투성, 계급적 적대성을 공유하고 있었다.

다음으로 1970년부터 1987년에 이르는 18년 기간에 민주 노조 운동은 그 운동적 정체성, 즉 전투성·자주성·민주성·연대성을 일단 정형화할 수 있게 되었다. 즉 민주 노조 운동의 형성기로 규정될 수 있다는 것이다. 이 시기의 민주 노조 운동은 국가가 주도하는 체제적 억압에 대한 방어적 성격의 운동이었고 본질적으로 수동적인 것이었다.

먼저 연대성은 기업별 분단에 기초한 분할 지배로 나아갔던 국가와 자본의

---

23 청계피복노조의 파괴 과정에서 노조의 주체들은 기존의 운동 방식을 뼈저리게 반성한 바 있었다. 자세한 것은 이원보(2004, 654-655) 참고.

24 이미 정설이 되어 있지만 대자파업은 철저히 작업장 내부 투쟁에 그쳤고 경제적 요구와 타협적인 운동 방식에 머물렀다. 반면 구동파 내부에는 이후 서울노동운동연합으로 발전하는 과정에서 나타났듯이 정치 투쟁 편향성이 내포되어 있었다. 1987년 이후 우리 운동의 좌우편향 요소가 1985년의 두 개의 대비되는 투쟁에 그대로 담겨있었던 것은 역사의 아이러니일 것이다(김성훈 1986).

통제 전략에서 직접적으로 발생했다. 더불어 취약한 권력 자원을 최대한 확대하기 위한 자연스런 대응 전략이었다고 할 수 있다. 여기에는 종교 조직, 학생, 재야인사 그리고 학생 출신 활동가 등이 포함되고 나아가 이웃의 민주 노조들도 자연스럽게 결합했다.

둘째로 현장을 민주적으로 조직해 민주적 의사 결정에 기초해서 조직을 움직이는 관행이 정착되었다. 이것은 한편에서 사용자들의 어용 노조 전략에 대한 대응이었고 다른 한편에서는 주어진 권력 자원을 최대한 동원하기 위한 방책이었다. 스스로의 조직 역량을 최대한 끌어내기 위해서는 조합원 대중의 민주적 의사 결정이 꼭 필요했던 것이었다.

셋째, 자주성은 공식 노조가 더 이상 노동자들의 이익을 대표할 수 없는 조건에서 발생했다. 어용 노총에 반대하는 자주성이 1970년대 초부터 일관된 민주 노조 운동의 이념이 될 수 있었던 것은 이 시기 노동 체제를 코포라티즘으로 볼 수 없게 하는 또 하나의 근거가 된다.

넷째, 전투성은 엄청난 국가와 사용자의 폭력에 맞서는 과정에서 정형화된 이념일 것이다. 코포라티즘 체제로 분류되는 대만이나 라틴아메리카와 달리 한국에서는 노조에 대한 부분적 허용이나 정당을 매개로 한 통제 장치가 없었다. 궁극적으로 물리력에 의존한 탄압 일변도의 체제적 조건이 전투성을 강화한 것이었다(신광영 1994, 316-318).

마지막으로 검토해 보아야 할 것은 1987년 노동자 대투쟁과 억압적 배제 체제하의 민주 노조 운동의 관계이다.[25] 흔히 1987년 노동자 대투쟁은 대기업 남성 노동자들의 자연 발생적인 투쟁으로 평가되어 왔다(김동춘 1995). 그리고 그

---

[25] 노동자 대투쟁은 억압적 배제 체제하의 투쟁이기보다는 1987년 체제의 출발점으로서 규정할 필요가 있다. 이 속에는 1987년 체제의 내적 요소들이 압축적으로 표현되어 있기 때문이다(노중기 1997a).

것은 1980년대 초반의 경인 지역 중심의 지식인 중심의 노동운동과 조직적으로 연결되어 있지 않다는 점이 확인되어 왔다(임영일 1997d, 64-70). 이런 설명은 모두 1987년 전후의 민주 노조 운동이 단절되었음을 강조하는 함의를 갖는다.

이와 관련해서 우리는 세 가지 물음을 던져 볼 수 있다. 먼저 이념적·조직적 연관이 없다면 어떻게 울산 지역으로부터 전국적으로 노동자 대투쟁은 폭발할 수 있었는가? 둘째, 1980년대 초반 민주 노조의 특성 즉 연대성, 민주성, 자주성의 특질이 동일하게 노동자 대투쟁에서 발견되는가? 셋째, 1980년 초의 폭발적 운동, 그리고 패배한 여러 투쟁과 달리 자연 발생적이었던 대투쟁이 이후 민주 노조 운동의 기초가 된 이유는 무엇인가? 즉 1980년대 말, 1990년대 초반의 가혹한 국가 억압에도 불구하고 전노협, 민주노총으로 조직적 확대를 이룰 수 있었던 이유는 무엇인가?

이 세 가지 물음은 더 많은 후속 연구를 필요로 한다. 그렇지만 가설적인 수준에서나마 우리는 그 '단절성'의 의미를 추론해 볼 수 있다. 그것은 1970년대 민주 노조 운동의 한계를 일정하게 극복한 새로운 형태의 민주 노조 운동이 대중적으로 폭발한 것으로 대투쟁을 이해하는 관점이다. 즉 1970년대 전체에 걸쳐 지난하게 진행되었던 1기 민주 노조 운동은 광주항쟁, 신군부의 노동 억압을 거치면서 조직적으로 절멸되었다. 이후 1983년부터 1986년까지는 새로운 형식과 내용의 민주 노조 운동이 자리를 잡는 과도적인 시기였다. 그리고 1985년 대자파업과 구동파를 거치면서 새로운 정형이 만들어진다. 즉 민주적인 노동조합이 중심이 되면서도 전투적이고 연대지향적인, 그리고 낮은 수준의 정치적 요구를 제기하는 민주 노조의 운동 양태가 정형화되었던 것이다. 물론 이 과정은 조직적 연결이나 이념적 통일을 전제로 하는 연속적 과정은 아니었다.

4
고도성장 이후 노동운동의 전환과 과제

1. 머리말

민주노총 창립 10주년이자 민주 노조 운동 20년을 바라보는 2005년의 시점에서 노동운동은 진정으로 전면적인 한계의 증후를 보여 주었다.[1] 2005년 초반에 드러난 몇몇 대기업 사업장 노동조합 간부들의 비리는 가을에 와서 민주노총 그 자체의 위기가 되었다. 한계, 혹은 위기의 증후군은 여러 곳에서 동시다발적으로 드러나고 있으므로 그 폭과 깊이를 정확하게 가늠하기조차 힘들다.

먼저 부정과 부패, 비자주성 혹은 노사 담합의 문제이다. 2004년 초 민주노총에서 제명된 현대중공업노조 사태는 그 출발점이었다.[2] 올해 초 기아자동차노조와 현대자동차노조 간부들의 부정한 행위가 발표되고 가을에는 급기야 민주노총 수석부위원장에 대한 사법 처리 사태가 발생했다. 내부 비리로 민주노

---

1 2005년 하반기 민주노총 정책연구원과 민주노동당 진보정치연구소는 모두 '노동운동의 위기'를 주제로 한 정책 토론회를 개최했다. 이 토론회에서 대다수의 발표자와 토론자는 '위기'를 구조적인 실체로 받아들였다. 진보정치연구소(2005), 민주노총 정책연구원(2005) 참고.
2 이 사태는 이중적인 함의를 갖고 있었다. 당시 민주노총 금속연맹은 2만 명의 조합원을 가진 현중노조를 제명 조치했다. 이는 부분적이나마 민주 노조 운동이 아직도 건강함을 보여 주는 일이었다.

총 지도부가 사퇴한 것은 초유의 일이었다. 결국 가장 대표적인 민주노총 사업장, 현장 조직들은 물론 민주노총 중앙 지도부까지도 부정·부패로부터 자유롭지 못한 상태인 것을 입증하는 일이었다.

다음으로 2003년 하반기의 이른바 '분신 정국'으로부터 비정규 노동자들의 죽음의 항거가 계속되고 있다. 1997년 이래 비정규 노동자들이 급속하게 증가하고 있으며 이들의 노동조건이 극도로 악화된 일 자체가 심각한 문제일 것이다. 그런데 더 큰 문제는 민주 노조 운동이 이 문제에 대한 유효한 처방을 내놓지 못하고 있는 점이다. 비정규 노동 관련 법안은 여전히 오리무중이다. 그리고 민주노총의 비정규 사업은 현장에서 힘을 얻고 있지 못할 뿐만 아니라 거부당하기도 한다. 특히 일부 대사업장 노조에서 비정규 노동자들의 요구와 투쟁이 정규직 노동자들로부터 외면당하고 있는 것은 진정으로 위기 현상이라고 할 것이다.

셋째, 민주 노조 운동 내부에서 발생, 심화하고 있는 분파들 간의 대립과 갈등의 문제도 심각하다. 이 과정에서 조합원으로부터 노동 대중 일반에 이르기까지 민주 노조 운동에 대한 신뢰가 붕괴하고 있다. 주로 노사정위 참가 문제를 둘러싸고 발생하고 있는 분파 갈등은 그 뿌리가 깊다. 현상적으로는 노사정위 참가의 절차와 필요성 등 현안에 대한 이견 때문에 대립이 발생했다. 그러나 본질적으로 그것은 민주 노조 운동의 이념과 노선의 문제와 닿아 있다.3 민주 노조 운동 20년을 앞두고 민주 노조의 정체성 자체가 흔들리는 사태인 것이다.

넷째, 민주 노조 운동 20주년인 2007년에는 작업장 단위 복수 노조 허용 문

---

3 2004년 국회 입성에 성공한 민주노동당의 문제도 중요한 쟁점이다. 현재 민주 노조 운동은 민주노동당의 성격, 노동조합과의 관계에 대해 어떤 유의미한 판단과 정책적 대응 방안을 갖지 못한 것으로 평가할 수 있다.

제가 다시 쟁점이 될 전망이다. 국가와 자본은 이른바 '노사관계 선진화 방안'(로드맵)을 내놓고 노사관계의 전면적 재편을 꾀하고 있다. 그런데 이런 도전에 대해 민주 노조 운동은 민주노총 차원이든, 개별 사업장 차원이든 어떤 유효한 대응책도 내놓지 못하고 있는 실정이다. 최소한의 방어적 대응이나 투쟁조차도 제대로 준비하지 못하고 있는 상황이라고 해야 할지도 모른다.[4]

결국 민주 노조 운동은 1987년 노동자 대투쟁 이래 최대의 위기 국면을 맞이하고 있다. 작년 하반기 이래 민주 노조에 관한 '위기론 논쟁'은 그 부정적 측면에도 불구하고 최소한의 성과를 만들었다. 무엇보다 그것은 위기에 대한 민주 노조 내부의 광범한 동의였다. 즉 구체적 판단은 다르더라도 '위기 현상 자체'에 대해서는 더 이상 논란할 수 없는 평가가 내려진 것이다(노중기 1999a; 2005a; 임영일 2003). 그러므로 지금은 대안 마련을 위해 한 걸음 앞으로 논의를 확장할 필요가 있는 시점일 것이다.

이 글에서는 전환기에 처한 민주 노조 운동의 운동 전략에 대해 개괄적으로 검토하고자 한다. 지난 40여 년의 고도성장 시기를 지난 지금 민주 노조 운동은 중요한 전환기에 접어들었다. 고도성장기에 민주주의와 생존권 확보를 위해 투쟁하던 노동운동은 이제 자신의 협소한 경제적 이익을 추구하는 이익 집단으로 비판받고 있다. 이는 국가 자본의 이데올로기 공세로만 해석할 수 없는 내적 위기의 표출이라고 보아야 한다. 그러므로 위기의 극복과 운동 발전을 위해서는 좀 더 거시적인 시각의 자기 성찰과 대안 모색이 긴요하다.

2절에서는 현재 위기를 심화시키는 구조적 원인이자 배경인 '종속적 신자유

---

[4] 사퇴한 이수호 집행부의 '2006년 5월 세상을 바꾸는 투쟁'의 상에 대해서는 논란이 많다. 시기 문제를 포함한 투쟁의 타당성, 산별노조 전환 총투표 등 준비 정도, '무상의료-무상교육'문제에 대한 평가, 투쟁의 목표 등에 있어 모호한 점이 많은 것이 사실이다.

주의 노동 체제'에 대해 서술하고 그 구조적·전략적 함의를 정리해 본다. 정치적 민주화의 확산과 신자유주의 경제 변동의 압박이 위기의 구조적 원인임을 강조할 것이다. 3절에서는 노동 체제의 변동과 함께 민주 노조의 위기는 지난 시기의 운동 노선, '전투적 노조주의'의 퇴색으로부터 발생함을 강조한다. 구조 전환에 조응하지 못하는 낡은 운동 전략은 여러 가지 위기 현상을 만들어 내는 일차적 요인이다. 그리고 4절에서는 전환기 민주 노조 운동에서 시도된 몇 가지 기존 전략 방침을 비판적으로 검토할 것이다. 여기에는 '사회적 합의주의와 코포라티즘', '사회운동 노조주의' 및 '사회적 조합주의' 등이 포함된다. 마지막으로 5절에서는 시론이기는 하나 민주 노조 운동의 새로운 전략 모델을 제안하고 검토하고자 한다.

2. 종속적 신자유주의 노동 체제 : 위기의 구조적 원인

민주 노조 운동이 위기 국면에 접어들고 전투적 노조주의의 한계가 나타난 배경에는 1987년 노동 체제의 해체라는 거대한 구조 변동이 있었다. 이 구조 변동은 지구화의 도전이라는 더욱 더 거시적인 사회변동에 의해 뒷받침되어 왔다. 즉 1980년대 이래 서구 사회의 사민주의 노동 체제를 해체시켰던 자본 운동의 구조적 변동이 우리 사회 노동 체제 변동의 기반이 되고 있는 것이다.

그러나 신자유주의의 압력은 각 사회에서 동일한 결과를 야기하지는 않는다. 그것은 그 사회에 주어진 제도나 관행, 그리고 운동 주체들의 대응에 따라 서로 다른 형태로 관철되어 왔다(노중기 2004a; 2004b). 또 노동운동의 주체적 대응은 다시 여러 가지 구조적 조건에 의해 제약되는 '전략적 선택'일 수밖에 없

〈표 4-1〉 1987년 노동 체제(1987~97)와 종속적 신자유주의 노동 체제(1998~) 비교

구분	1987년 노동 체제	'종속적 신자유주의 노동 체제'
노동 통제	기업 수준 조직 노동운동의 합법화 노동 배제 정책의 지속 국가의 물리적 억압 지속	민주 노조 운동의 합법화 통합과 배제 정책의 공존 물리적 억압과 시장 억압 배합
노동운동	민주 노조 운동 성장 계급적 노동운동으로의 진전 사회운동 중심으로서의 노동운동 기업별노조 체제	민주 노조 운동 위기 지도력, 투쟁성, 계급성 약화 시민운동과 노동운동 긴장 산별노조 운동의 시작
노동시장	학력별, 성별 격차 상대적으로 통합된 제조업 노동시장 높은 고용 안정성	노동시장 유연화, 분절 심화 조직/미조직, 중소/대, 정규/비정규 구조(고용) 조정의 일상화
축적 체제	주변부 포드주의 축적 체제 내부 모순 심화·위기	축적 체제의 전면적 위기 신자유주의 축적 체제 제도화
정치 체제	정치·시민사회 민주화의 진전 군부독재에서 민간 권위주의로 계급 정치 저발전	정치적 민주화 제도화 정치적 권위주의 해체 계급(정당) 정치의 진전

주 : 임영일(2003, 52)의 표를 일부 수정, 인용함.

다. 이 조건에는 대체로 주어진 사회의 정치적·사회경제적 특성, 국가와 자본의 전략, 노사관계의 제도와 구조 및 노동조합 조직의 특성, 그리고 노동운동의 이념과 정체성 등이 포함된다(Frege and Kelly 2003).

그러므로 민주 노조 운동의 새로운 운동 전략을 검토하기 위한 전제 조건은 변화하는 조건들을 포착해 이를 구체적으로 검토하는 일이다. 우리의 경우 이 작업을 위한 비교의 준거는 '1987년 노동 체제'일 것이다. 체제 해체가 시작된 1997년 이후 10년에 가까운 시기에 걸쳐 노동 사회를 둘러싼 구조적 조건이 크게 변화했음은 분명하다. 본고에서는 새로이 형성된 노동 체제를 '종속적 신자유주의 노동 체제'로 일단 개념 규정하고자 한다.

노동 체제labour regime의 개념은 주어진 구조적 조건과 이 조건들에 대한 주체

들의 대응이 상호 결합해 상대적으로 안정된 상호 작용의 틀이 형성되는 것을 주목한다. 1987년 노동 체제는 내적으로 매우 역동적인 것이었으나 주어진 정치사회적 구조의 틀 내부에서 주체들의 반복된 상호 작용을 안정적으로 재생산했다. 민주화된 국가의 노동운동에 대한 엄청난 탄압과 민주 노조들의 전투적 저항의 상호 작용은 10여 년에 걸쳐 동일한 양상을 보였던 것이다. 이 구조들은 1997년을 기점으로 해 크게 변동했다.

먼저 정치사회와 시민사회에서 자유화, 민주화가 확대된 것은 결정적인 변화 요인이었다. 1987년 말 형식적 민주화의 도입 이래로 10년간 우리 사회의 민주화는 정치 영역과 시민사회 영역 모두에서 크게 확장되었다. 이 변화는 노동 사회에 개입하는 국가 권력의 정치적 정당성을 지속적으로 높이는 효과를 가져왔다. 특히 노동 사회에 최소한의 민주화 조치가 이루어진 1997년 3월 노동법 개정 이후 그 효과는 두드러졌다. 이 시기를 전환점으로 민주노총, 민주 노조는 합법화되었으며 1987년 체제에서 차지했던 특권적 위상을 상실하게 되었다.[5] 국가는 특별히 민주 노조 운동에 대해 선택적 억압을 할 수 없게 되었다. 이른바 양대 노총이 대등하게 경쟁하는 시기가 도래한 것이었다. 그렇지만 '민주노총의 시민권 확보'는 국가 노동 정책의 정당성 강화라는 반대급부와 함께 평가되어야 할 것이며, 더 넓게는 국가의 정치적 정당성 제고라는 관점에서 이해되어야 한다.

미시적으로 이 변화에 따라 국가의 노동 정책 기조도 크게 바뀌었다. 이전 체제에서 대체로 억압의 대상일 뿐이었던 민주 노조가 시민권을 얻음에 따라 포

---

[5] 이 시기 민주 노조 운동은 거시적으로 보아 성장 발전기였다. 국가와 자본의 탄압과 배제는 전체 민주 노조 운동의 조직적 발전으로 귀결했다. 이런 독특한 기제는 1987년 체제의 특질 중 하나였다. 자세한 것은 노중기(1997a; 1999a) 참고.

섭과 통합의 정책적 기조가 억압과 함께 배합되었다. 억압 수단의 비중이 줄어 듦에 따라 이데올로기적 장치들과 법적 제재의 비중은 더욱 커졌다.6 김대중 정부의 노사정위원회와 노무현 정부의 '사회 통합적 노사관계'는 그 상징적 정책들이었다. 더불어 민주 노조들은 정책 참가나 정책 제안, 재정 지원 등 모든 측면에서 한국노총과 대등한 지위를 확보하게 되었다.

다음으로 노동시장 상황이 급격하게 반전되었고(김유선 2004a; 2005) 이에 대한 국가의 정책적 대응도 크게 변화했다. 1998년 이후 외환위기의 대응 과정에서 정리해고, 비정규직 확대 조치가 이어졌고 결과적으로 노동시장 내부의 양극화가 크게 확대되었다. 노동시장 양극화는 필연적으로 빈부 격차의 확대, 빈곤의 확대를 불러왔다. 이 결과 전투적 노조 운동을 주도하던 대사업장 정규직 노동자들은 상대적으로 안정된 고용 조건을 방어하기 위한 수세적 대응으로 일관했다. 그것은 이전부터 계속되어 온 대사업장 조직 노동자들의 경제주의의 문제를 더욱 심각하게 야기하는 결과를 초래했다.

한편 대규모의 경제 공황과 실업 사태, 그리고 고용 불안으로 말미암아 비정규직 노동자들의 문제가 사회적 의제로 급작스럽게 부각되었다(김성희 2005; 한국비정규노동센터정책실 2005). 사실 1987년 체제에서도 비정규직과 미조직 영세 노동자들의 문제가 심각하지 않았던 것은 아니었다. 다만 당시에는 정규직 조직 노동자들의 시민권이 허용되지 못한 조건 속에서 그 문제가 현재화되지 못했을 따름이었다. 그러다가 갑자기 조직 비조직 노동자들 간의 상대적 차이가 부각되기 시작한 것이다.7

---

6 물론 실행되는 억압적 조치들의 정당성은 더욱 커졌다. 말하자면 보다 '하자 없는 법과 원칙의 실행'이 되었고 노동운동으로서는 과거보다 대응하기 어려워졌다. 그리고 그만큼 노동운동의 억압 반대 투쟁에 대한 시민사회운동의 반응은 더욱 싸늘해져 왔다.

7 물론 객관적 차이나 차별의 확대, 연이어 발생한 비정규 노동자들의 처절한 투쟁이 문제를 사회적으

우리 사회에서 비정규 노동자 문제에는 신자유주의 정책과 노동 내부의 차별 등과 같은 일반적 요인뿐만 아니라 기업 노조 조직 형식이 중요한 매개 요인으로 개입되어 있다. 기업별노조 체제는 비정규직 문제를 더욱 심각하게 만든 핵심적인 제도적 요인으로 작용했다. 하청이나 도급에서 보듯이 기업 단위로 정규직과 비정규직의 차별이 분포하기 때문이었다. 따라서 노동시장 조건의 급변은 노동운동에서 갑자기 산별노조의 문제를 심각한 과제로 제기하지 않을 수 없게 하는 결과를 초래했다.

마지막으로 체제 변동의 또 다른 측면은 노동운동과 노사관계 측면의 구조적·제도적 변동에 있었다. 1987년 체제에서 상대적 약자였던 민주 노조 운동과 민주노총은 이제 한국노총을 넘어 제1 노총으로서의 지위를 명실상부하게 확보했다. 조합원 수나 조직 수와 같은 지표가 아니라 실질적인 자원 동원 능력에서 이미 상대를 압도하는 단계에 들어섰던 것이다.8 또 민주노총이 주도한 노동 정당인 민주노동당이 2004년 국회 입성에 성공함으로써 그 지위는 더욱 공고해졌다고 할 수 있다.

한편 체제 해체와 전환 과정에서 민주 노조 운동은 좀 더 어려운 새 과제들을 만나지 않을 수 없었다.9 먼저 운동의 성과가 제도화되는 과정에서 제도화의 한계가 곧바로 부각되기 시작했다. 기업 단위로 고착된 운동의 관행은 경제주의

로 부각시킨 일차적인 요인이었다. 여기에 국가와 자본의 '귀족 노동자', '철 밥그릇' 등의 이데올로기 공세도 사태를 급박하게 만든 또 하나의 요인이었다.

8 이는 한국노총의 성격을 변화시키도록 압박한 중요한 요인이 되었다. 김대중 정부 이후 한국노총은 민주노총의 행보를 준거로 자신의 정책 선택을 조정하지 않을 수 없었다. 2005년 이용득 집행부는 노사정위원회 탈퇴, 강경한 대정부 투쟁까지 시도했으나 비정규 입법을 둘러싸고 다시 크게 동요하고 있다. 한편 15만 조합원의 최대 노조 전국공무원노조는 2005년 8월 민주노총 가입을 선언했다.

9 민주화와 신자유주의 경제정책은 모순적인 요구를 민주 노조 운동에 제기했고, 이에 대한 적절한 대응의 부재가 위기를 몰고 온 것으로 볼 수도 있다. '전투성 게임과 제도성 게임'이라는 분석 틀로 이 딜레마를 분석한 연구로는 조돈문(2004)을 참고할 것.

의 문제나 조직 내부의 부패, 비민주성, 비자주성 문제를 야기하고 있다. 다른 한편에서는 전통적인 과제 외에 산별노조나 정치 세력화와 같은 쉽지 않은 난제들을 처리해야 하는 객관적인 상황이 커다란 도전으로 부각되었다. 또 새로운 과제들에는 비정규 노동자 등 양극화와 빈곤에 대한 대응, 시민사회단체들과의 새로운 연대 조직화와 시민적 의제들에 대한 대응 그리고 노동시간 단축, 복지 제도 도입 및 확충 등 각종 정치적·정책적 사안들에 대한 대응, 조직 내부 혁신 과제 등이 포함될 수 있다. 과거부터 제기되던 이 과제들은 체제 변동에 의해 비로소 현실적인 과제로 발전했고 그런 의미에서 '위기는 기회의 계기들을 그 속에 담고 있는 것'으로 해석할 수 있을 것이다.

결국 현재의 위기는 이런 거시 구조 변동에 대해 노동운동이 적절하게 대응하지 못한 데서 발현된 것으로 볼 수 있다. 거시 구조 변동의 핵심은 정치적 민주화의 확대와 신자유주의 경제 환경의 급속한 확산 및 노조 운동의 조직적 성장에 있었다. 새로이 형성되고 있는 종속적 신자유주의 체제에 대해 과거의 운동 전략은 유효하지 못했다. 그리고 1998년 이후 새롭게 시도된 운동 전략들도 여러 가지 이론적·실천적 오류를 안고 있었다. 결과적으로 이런 주체적 대응의 무능력은 노동운동의 위기를 발현시키고 재생산하는 결과를 초래했다.

구조 변동에 적절하게 조응하지 못한 운동 전략들을 고찰하기 전에 체제 변동을 과도하게 일의적이고 단절적으로 해석할 수는 없다는 점을 우선 지적할 필요가 있다. 즉 1987년 노동 체제의 특성들 중 상당 부분은 변동에도 불구하고 우리 노동 정치에 강하게 남아 있는 것이다. 이런 '변화된 연속성'은 서구 다른 나라들의 그것과 한국의 신자유주의 노동 체제를 구별 짓는 좋은 준거가 된다. 이른바 '종속성' 규정이라고 할 수 있다.

주지하듯이 거시적 측면에서 서구와 한국의 신자유주의는 그 역사적 궤적과 정치적 환경이 서로 크게 다르다(손호철 2003; 조돈문 2004). 서구의 그것이 사회

민주주의 체제의 복지국가에 대한 역사적 반동이라면 한국에서는 개발 독재로부터 부르주아 계급의 전일적 시장 지배로의 지배 양식 변화에 불과하다 할 수 있다. 정치적으로 그것은 민주화 과정에서 대립했던 지배 블록 내부의 분파들이 새로운 권력 동맹, '신자유주의 대동맹'을 구성하는 계급 내 권력관계 변동에 불과한 일이었다(최장집 2005). 이런 차이는 한국의 노동 체제에서 독특한 모순 구조의 범주를 구성하고 있다.

먼저 시장 규율의 정도와 강도가 크게 다르다. 최소한의 생존을 보장하는 장치 없이 시장 원리는 일방적으로 관철되고 있으며 그만큼 노동계급 대중의 저항도 격렬하게 발산될 개연성이 크다. 1998년 이후의 양극화, 빈곤화의 추세가 그러하며 빈발하는 비정규 노동자들의 극한 투쟁에서도 그 징후는 충분히 예견될 수 있다.

다음으로 하층 노동 대중을 중심으로 자연 발생적이거나 조직적인 투쟁이 상당 기간 발생할 것이며 계층별 분절화의 양태를 보여 줄 것이다. 비정규 노동자, 영세 사업장 노동자, 여성 노동자, 이주 노동자들의 투쟁은 이미 새로운 체제의 중요한 지표로 자리 잡았다.

셋째, 합법적 수단이 확대되는 경향 속에서도 종래의 국가 폭력은 시장 전제와 함께 여전히 강력하게 행사될 전망이다. 특히 정당성을 갖는 법적인 제재나 기획되고 은폐된 형태의 폭력 등은 더욱 강력해질 수도 있다.[10]

넷째, 이미 1987년 체제에서 선을 보였던 각종 이데올로기가 노동 통제에 대규모로 새롭게 동원되고 있다. 과거 반공 이데올로기나 조야한 경제 위기 유포

---

10 전자의 예로는 제반 불법 쟁의에 대한 공권력 투입과 진압을 들 수 있으며 후자는 2005년에 실행된 '노조 비리에 대한 교묘한 기획 수사가 그 좋은 사례가 될 것이다. 최근 대공장들의 '불법 파견'에 대한 노동부의 사건 회피와 같이 사건을 사건으로 만들지 않고 배제하는 '비사건'(non-events) 전술도 일종의 국가 폭력이었다.

가 지금은 '귀족 노동자론'이나 '참여와 협력', '사회 통합', 대타협 등의 '합의주의' 이데올로기로 바뀌어 세련된 모습을 보여 주고 있다.

　마지막으로 시민사회운동의 특성이다. 우리의 시민사회운동은 서구의 그것이 포스트모던 급진주의 양태를 띠었던 것과 상당히 다를 것으로 보인다. 이는 노동운동과 시민사회운동의 관계가 매우 다를 수 있음을 암시한다. 이 차이는 우리의 노동운동이 서구에 비해 관료화되거나 보수화, 제도화될 개연성이 상대적으로 작다는 점, 그리고 사회운동의 역사적 경험의 차이에 기인하는 것으로 보인다.

　전 지구적 사회변동의 압력인 신자유주의는 한국의 노동운동이 상당 기간 수세기, 혹은 방어기를 보낼 것임을 강하게 시사하고 있다. 그러나 우리가 살펴본 바와 같이 한국의 '종속적 신자유주의 체제'는 나름의 독특한 구조와 특성을 보여 준다. 이 구조적 특성이 운동을 위기로 몰아넣을지 아닐지는 여전히 열려 있는 가능성으로 남아 있다. 그것이 기회로 작용하기 위해서는 운동 주체의 선택과 집중, 즉 전략적 기획이 필요하다.

3. 체제 변동과 전투적 노조주의

　'전투적 노조주의'militant unionism는 1987년 노동자 대투쟁을 통해서 민주 노조의 대중적 운동 노선으로 제도화되었다. 그것은 무엇보다 우리 노동운동 역사에서 특수한 시기에 특수한 형태로 실현된 계급적 노조 운동 노선이었다.[11] 그것은 위로부터 지배 블록이 주도한 제한적인 민주화, 노동 사회에 대한 국가와 자본의 강경한 억압과 배제의 산물이었다. 또 1990년 결성된 '전국노동조합협의회'는 이 노선의 조직적 상징이었다(노중기 1995; 2002a).

민주 노조 운동에 대한 국가와 자본의 배제는 당시 정치사회와 시민사회의 민주화, 자유화라는 정치사회적 변동의 흐름과 부합하지 못했다. 민주화 흐름에서 노동 사회만은 제외되었던 셈이다. 그것은 분단 체제 이래 군부독재 시기의 반노동적 이데올로기와 제도적 장치들이 일거에 해소되지 못했기 때문이었다. 그뿐만 아니라 노태우, 김영삼 정권이 군부독재의 연장선 위에서 성립했던 정치권력이었던 점도 특수한 노동 체제 형성의 중요한 배경이 되었다. 노동자 대투쟁에서 폭발했던 노동계급의 민주화 요구는 정치·시민사회의 보수성 때문에 일시적으로나마 봉쇄되었고 억압되었던 것이다.

이 모순적인 억압과 배제의 정치는 정치 민주화의 핵심적인 의제이자, 사회 세력인 노동 문제, 노동자계급을 대상으로 한 것이었던 만큼 내적 한계 또한 분명했다. 즉 전체 사회의 민주화가 유지·확대된다면 노동 사회의 자유화·민주화는 필연적인 것이었고 그만큼 배제 전략은 장기적으로 유효할 수 없었다. 이 체제 아래서 국가와 자본에는 많은 정치사회적 비용이 발생했고 그들은 배제 전략의 한계를 절감하지 않을 수 없었다. 결국 1997년 민주 노조들의 겨울 총파업을 거쳐 '1987년 노동 체제'는 10년 만에 해체의 수순을 밟게 되었다(노중기 1996; 1997a; 임영일 2003).

한편 이 시기 민주 노조 운동은 국가와 자본에 맞서 민주 노조를 옹호 유지하는 방어적 투쟁을 전투적으로 수행했다. 기업과 작업장 수준에서는 어용 노조를 반대하고 단체교섭을 요구하는 등 자주적이고 민주적인 노조 운영 및 유지

---

11 전투적 노조주의는 조직의 측면에서 기업 단위 민주 노조의 옹호와 유지, 리더십 측면에서는 조직 민주주의에 대한 강조와 비타협적 투쟁, 그리고 이념 측면에서 노조 운동의 자주성과 연대성, 정치성에 대한 강조와 노동 해방 사상을 포함하는 운동 노선이었다. 국가 억압 아래에서 결과적으로 그 운동 양태는 비합법 수단을 포함하는 매우 전투적인 것으로 나타났다.

에 주력했다. 그리고 이 과정에서 지역의 노조들과 항상적으로 연대했으며 전국적인 조직을 건설하고 유지했다. 국가·자본의 억압에 대해 지역과 전국 단위의 시민사회단체들과 연대해 대응했던 것도 주요한 특징이었다.

국가의 노동 배제와 억압이 가혹한 것이었던 만큼 노조의 투쟁과 활동 양태 또한 파업, 농성, 시위 등 매우 전투적인 양상을 띠었다. 반민주적 억압 법률이나 제도를 무시하는 투쟁 방식은 전투성의 상징이었다. 그리고 현재적 과제로 담을 수는 없었으나 노동 해방, 정치 세력화, 변혁 등 매우 급진적인 언술을 구사했던 것도 특징적이었다. 그러나 전투적 노동조합주의의 실상은 급진적인 언술에 크게 미치지 못했다[12] 당시 노조들의 요구는 민주 노조 인정과 탄압 반대, 노동 기본권의 확보, 생존권의 보장 등 노동조합 운동 수준의 소박한 요구였기 때문이다. 결국 그것은 1980년대 초반까지 노조의 일반적 형태였던 '어용 노조'를 더 이상은 용인할 수 없다는 1987년 대투쟁의 요구와 본질적으로 다르지 않았다. 곧 그것은 억압에 저항하는 방어 투쟁, 민주 노조 인정 투쟁, 민주화 투쟁이었다.

전투적 노조주의는 1970년대 민주 노조로부터 연원하는 몇 가지 뚜렷한 특성을 보여 주었다. 이는 흔히 민주성, 자주성, 연대성으로 표현되었으며 이전의 어용 노조와 대비된다. 민주성은 노동조합의 활동이 조합원 대중의 요구를 반영하고 조합원의 민주적 참여 위에서 이루어져야 한다는 것이었다. 그리고 자주성은 국가와 자본의 부당한 개입과 그 개입의 매개체인 어용 노조 지도부를 거부하고 반대하는 노선을 말한다. 연대성은 노동조합의 기본 원리로 단결의

12 1991년과 1992년의 민주 노조 위기론 논쟁에서 쟁점은 민주 노조 운동이 '최대강령주의'인가 아닌가에 있었다. 당시의 논쟁과 '최대강령주의'라는 비판에 대한 반 비판에 관해서는 노중기(1995), 임영일(1997d) 참고.

원리였지만 구체적으로는 국가와 자본의 억압에 대해 연대해 방어한다는 의미의 연대였다. 그것은 지역과 전국의 다른 민주 노조, 시민사회단체를 포괄하는 연대였다. 요컨대 전투적 노조주의의 본래적 성격은 매우 소박한 노조 운동의 원리들을 강경하게 고수하는 것에 있었다. 다만 그것에 특수한 특질을 부여한 것은 1987년 노동 체제라는 역사적 규정성이었다.

다른 한편으로 이 시기의 전투적 노조주의의 한계 또한 뚜렷한 것이었다(노중기 2005b). 우선 그 연대성은 기업별노조 체제에서 이루어진 수동적 방어적 연대를 넘지 못했다. 그 출발점은 노동자 대투쟁이 종결되는 과정에서 국가의 탄압에 대한 지역 단위의 연대 활동이었다. 이 연대의 노력은 국가 억압의 강화에 따라 지역노동조합협의회, 전국노동조합협의회 그리고 ILO공동대책위원회로 이어지면서 민주노총 건설로 확대되었다. 10년의 투쟁 과정에서 조직적 확대를 경험했으나 기업 울타리를 전제로 하는 연대라는 근본적 한계는 여전히 남아 있었던 것이다. 또 시민사회단체와의 연대도 '탄압 저지'라는 최소한의 연대, 혹은 도구적 차원의 연대를 넘지 못했다.

그리고 노조의 민주성도 대체로 기업 현장의 요구 수렴과 기업 노조 활동에서의 민주주의로 국한되었다. 어용 노조에 대한 강한 거부감, 기업 수준의 요구를 넘어설 수 없었던 결과 노조 활동은 점차 협소한 경제적 요구에 매몰되기 시작했다. 또 지노협과 전노협, 그리고 민주노총 등 초기업적 조직들의 활동 범위는 억압 속에서 크게 제약되어 있었고 궁극적으로 기업 노조 활동에 종속되어 있었다. 결국 전투적 노조주의의 민주성은 기업 노조 혹은 현장의 경제적 요구에 묶인 민주성이었던 것이다.

마지막으로 자주성에서도 전투적 노조주의의 이념적 수준은 높지 않은 것이었다. 과거 어용 노조의 노사 협조주의와 노사 담합, 매수 행위에 대해서는 엄격한 선이 그어졌으나 그것은 상당 정도 국가와 자본의 민주 노조 배제와 억압이라는 시기적 조건의 산물이었다. 여전히 낮은 대중들의 정치적 의식, 기업 노조에 국한된 자주성이란 점에서 상황과 조건에 구속된 자주성이었던 것이다.

이런 한계들은 1987년 체제의 정치사회적 조건이 유지될 때에는 충분히 발현되지 못했다. 그러나 1997년 겨울 총파업과 1999년 민주노총의 합법화에 따라 노동 체제가 변동하면서 상황은 크게 바뀌기 시작했다. 특히 1998년 이후 IMF 외환위기와 심화된 고용 불안 속에서 전투적 노조주의의 문제들은 현재적인 것으로 발전하게 되었다. 그것은 민주 노조 운동의 구조적 위기로 현상했다 (노중기 1999a).

먼저 노동계급 내외의 연대성이 해체되기 시작했다. 정규직 조직 노동과 비정규 중소 영세 사업장의 미조직 노동 간의 간극은 확대되었고 새로운 질의 연대 틀은 형성되지 못했던 것이다. 민주 노조의 합법화와 IMF 위기에 따른 고용 양극화는 그 계기가 되었다. 계급 조직으로서 민주 노조와 민주노동당이 결성되었으나 기업 노조 틀을 넘어서는 정치적 연대의 전망을 구축하지 못했다. 1998년 이후 민주 노조는 엄청난 고용 불안에 대해 기업 단위의 조직 노동을 방어하는 데 급급했을 뿐, 미조직 부문을 조직하고 초기업 수준의 조직화로 나아가는 데에는 실패했던 것이다.[13] 또 정치적 민주화의 확대에 따라 시민사회운동과의 연대도 점차 약화되었다.[14]

....

13 현재의 산별노조 운동은 한계에 봉착해 있다(임영일 2005a; 2005b). 중요한 한계 중의 하나는 그것이 조직 노동을 산업별로 재편하려고 했을 뿐 미조직 노동에 대한 획기적인 대안으로 기획되지 못했다는 점에 있다. 임영일은 기업별 조직의 기본 틀이 여전히 굳건한 데에 기존 산별 전환 운동의 한계가 있었다고 반성했다.

14 여기에는 두 가지 과정이 상호 중첩되어 있었다. 먼저 정치 민주화의 확대로 기존 시민사회운동은 일정하게 보수화되었으며 자유주의적 보수적 시민운동이 새로 발생했다. 다음으로 제도화된 민주 노조들은 직접적 경제적 요구만을 주요한 관심사로 삼았고 결국 시민사회의 시민적 민중적 요구들에 대해 점차 무관심해져 갔다. 이 두 가지 과정의 결과가 계급 외적 연대의 약화로 귀결되었던 것이다.

다음으로 민주성의 위기는 산별노조에 대한 일부의 열망에도 불구하고 기업별노조와 그 관행이 고착되는 것으로 나타났다. 합법화된 민주 노조들은 곧 기업별노조의 한계를 드러내었다. 그것은 기업 단위의 노사 협조주의와 부패, 임금 교섭 중심의 전투적 경제주의, 연대 활동의 약화로 나타났다. 대기업 노조에서 민주성의 기반이었던 현장 조직들은 권력 배분을 위한 이익 집단들로 전락해 갔다.15 그리고 이런 토대의 변화로 말미암아 민주노총과 연맹 등의 상급 조직 내부에서는 분파주의와 내부 갈등이 크게 심화되는 현상이 발생했다. 내부의 민주적 의사 수렴 장치와 효율적 권력 행사 기제가 작동하지 않는 상태에서 민주노총의 의사 결정은 파행을 거듭했다. 그 결과 중요한 정치적 결정, 특히 노사정위 참가를 둘러싼 갈등과 대립은 만성적인 현상이 되고 말았다.

마지막으로 민주화와 노사관계의 자유화로 말미암아 민주 노조 운동은 이전 시기의 계급적 정체성, 자주성을 크게 훼손당할 객관적 조건 위에 서게 되었다. 민주 노조의 합법화로 어용 노조와의 차별성은 사라졌으며 정치적 포섭의 가능성은 크게 확대되었다. 대기업 노조의 경우 자본의 노동 포섭은 다수의 민주 노조를 노사 협조주의 어용 노조와 구별하지 못하도록 만들고 있다. 특히 노사정위원회와 정당을 매개로 한 상급 단체의 민주 노조 활동가들에 대한 정치적 포섭도 활발해졌다.16 노자·노정 간에 제도적·인적 교류가 활발해짐에 따라 정책 참가와 노사 협조 행동의 차이는 희석되었다. 이는 민주 노조 운동의 정치적

---

15 대표적으로 2005년 현대자동차노조의 사례를 들 수 있다. 연대와 투쟁을 강조했던 좌파 집행부는 어렵게 진행된 비정규 노조의 불법 파견 저지 투쟁에 대해 시종 무력하기만 했다. 많은 대기업 노조들에서 이와 비슷한 상황을 발견할 수 있다.

16 김대중 정부와 노무현 정부 시기에 이 현상은 일반화되었다. 특히 노무현 정부에 들어와 노동 정책 결정의 주요 포스트는 모두 노동운동 출신 운동가와 학자로 채워졌다. 여기에는 노동부 장관, 청와대 수석비서관과 정책 담당자, 노동 담당 여야 국회의원, 노사정위원장은 물론 대통령까지 포함된다.

방침과 지향이 불투명한 조건 속에서 민주 노조 운동의 계급적 정체성을 본질적으로 해체하고 있는 것으로 볼 수 있다.

요컨대 현재 발생하는 여러 가지 위기 현상들은 체제 변동이라는 좀 더 거시적인 구조 변동의 산물이라고 보아야 한다.[17] 그 구조 변동은 1987년 체제 민주노조의 계급적 운동 노선이었던 전투적 노조주의의 한계를 현재화한 배경이 된다. 따라서 노조 간부 비리, 분파주의, 노사 협조주의의 출현 등 제반 위기 현상은 상당 기간 계속될 수밖에 없을 것이다. 또 이 위기의 극복은 전투적 노조주의를 단순히 복원하거나 폐기함으로써 이루어질 수는 없다. 그것은 새로운 구조적 조건에서 맞게, 혹은 그것에 맞서 전투적 노조주의를 재정립하는 것, 즉 그 합리적 핵심을 재구성하는 것에서 시작되어야 한다.

4. 기존 모델 검토 : 합의주의와 사회적 조합주의 비판

체제 변동이 본격화된 1998년 이후 민주 노조 운동은 변화된 조건 속에서 커다란 위기를 경험했다. 1998년 2월 1기 민주노총 집행부에 대한 조합원들의 불신임 사태가 발발했고 이후에도 조직적 불안정성은 계속되었다. 이는 고용 불안에 시달리던 단위 노조의 경우도 예외는 아니었다. 민주노총은 한편에서 새로운 운동 노선을 모색하면서도 기존의 전투적 노조주의와 다른 새로운 운동

---

17 위기를 잘못된 전략 선택의 문제로 보는 인식 태도는 여전히 일반적이다. 이에 대한 비판으로는 노중기(2002a) 참고.

전략을 일정 정도 실행하고 실험해 왔다.[18] 여기서는 그중에서 합의주의와 사회적 조합주의 전략의 경험과 이론을 비판적으로 검토한다.

1) 합의주의 10년 경험의 반성

2005년은 우리 사회에서 '합의주의 실험'이 시작된 지 10년이 되는 해이다.[19] 1996년 김영삼 정부가 '노사관계개혁위원회'를 설치한 이후 다양한 형태의 합의주의와 그 실험들이 계속되어 왔다. 합의주의 기구의 조직과 성격은 계속 변화해 왔고 그것에 대한 논란은 요란했으나 그것은 언제나 가장 중요한 정치적 의제였다. 특히 1995년 민주노총이 출범한 이래 민주 노조 운동 내부에서는 그것을 새로운 운동 전략의 핵심적 요소로 파악하려는 노력이 계속되어 왔으며 지금도 사정은 다르지 않다. 그리고 그 주장에 따라 민주노총의 1기 지도부와 4기 지도부는 삼자 기구에 참가하기도 했다. 그러므로 민주 노조 운동의 새로운 운동 모델을 모색하기 위해서는 이에 대한 검토가 필수적인 일이 될 것이다.[20]

---

18 1998년 하반기에 짧게 논의된 '사회적 조합주의' 논쟁, 1999년 이후 민주노총의 발전전략위원회 구성 등은 그 실험과 논의의 한 부분이었다. 새로운 실험은 실상 1995년 민주노총 1기 지도부의 '국민과 함께하는 투쟁' 노선에서부터 시작되었다고 할 수 있다.

19 1993년과 1994년의 노경총 임금 합의도 넓은 의미의 합의 실험이라고 볼 수 있다. 그러나 그것은 한국노총의 협소한 사회적 대표성, 임금에 국한된 합의 등에 비추어 사회적 합의라기보다 임금 억제 정책의 성격이 더욱 강했다. 한편 '합의주의'는 엄밀한 학술적 개념이 아니다. '사회적 합의주의'라는 개념은 서구의 사회적 코포라티즘을 지칭하는 용어로 제안되기도 했다(선한승 1992). 그러나 이 글에서는 코포라티즘이나 그것을 지향하는 제반 정치적 시도들, 그리고 그것과 무관하게 진행된 일련의 일회적인 노사정 타협 시도, 그 모두를 포괄하는 서술적 개념으로 사용하고자 한다.

20 현재 존재하는 합의주의 기구, 노사정위원회는 그 수명을 다한 것으로 보인다. 노동부 장관은 대통령의 지시를 따라 노사정위를 폐지하고 이를 대신하는 기구를 준비 중이라고 한다(『한국경제신문』, 11월 2일자 기사, '유명무실 노사정위, 정부 폐지 검토').

먼저 지난 10년의 경험 속에서 합의주의의 현실적 시도들은 모두 심각한 후유증을 남긴 채 실패로 끝나고 말았다. 1996년 노사관계개혁위원회의 노동 개혁은 국회의 '날치기 노동법 개악'으로 종결되었으며 1998년 2월의 노사정위원회의 정리해고 합의도 사정이 크게 다르지 않았다. 합의의 내용은 국가와 자본에 의해 지켜지지 않았고 노동 내부에서는 갈등과 혼란이 확대되었다. 그 결과 민주노총은 1999년 2월 최종적으로 노사정위를 탈퇴하지 않을 수 없었다(노중기 1997a; 1999; 2003b).

2004년 초 노사정위 복귀를 주장하면서 선출된 민주노총 4기 집행부의 노력도 마찬가지로 성과를 얻기는 힘들었다.[21] 1999년 이후 5년간 민주노총의 복귀를 일관되게 요구하던 정부는 민주노총이 참가 의사를 드러내자 갑자기 태도를 바꾸었다. 비정규 노동 관련 법안과 공무원노조의 노동 기본권 요구 그리고 로드맵 추진 과정에서 참여정부는 '노동의 참여 없는 합의 기구 운영'의 입장을 뚜렷이 드러낸 것이다.[22] 이는 곧 참가를 주장하는 집행부에 대한 내부의 반발을 야기했고 최종적으로는 지도부 자체가 무너지는 결과로 연결되었다.

요컨대 지난 10년의 경험은 한국의 노동 정치에서 합의주의의 가능성이 구조적으로 제약되어 있음을 너무나 명료하게 보여 주었다. 구체적인 사안과 정치적 정세에 따라 복잡한 이유들이 타협을 가로막았을 것이다. 그러나 구조적인 측면에서 다음의 세 가지의 요소는 일관된 장애물이었다.

---

21 4기 집행부 선거의 결과는 이런 합의주의 전략이 조합원 다수의 의견임을 보여 주었다. 그것은 1999년 탈퇴 이후 중앙파-좌파 연합 집행부에 대한 대중적 불만의 표현이기도 하다. 또 1998년 이후 방어적 경제투쟁과 양보 교섭에 시달린 민주노총 산하 대규모 기업 노조들의 변화를 보여 주는 것이기도 했다.
22 민주노총 4기 집행부는 이와 같은 정부의 태도에 대해 '전술적 참가', '교섭과 투쟁의 병행'이라는 대안적 입장을 제출했다. 그러나 상대방에 의해 봉쇄된 참가의 가능성은 이렇게 '전술적인 수준에서'나 '용어를 바꿔서' 해결될 수 있는 것이 아니었다(노중기 2005a). 결국 4기 집행부의 불행은 참가의 가능성에 대한 오판과 과도한 신념에서 비롯된 것으로 볼 수 있다.

먼저 국가와 자본은 민주노총 일각에서 원했던 그런 종류의 합의를 할 의지와 능력이 거의 없다는 점이다. 2003년 집권 초기의 노무현 정부가 표방했던 '사회 통합적 노사관계'는 그것을 판단할 수 있는 중요한 준거였다. 지배 블록 내부에서 가장 개혁적이라고 평가받은 정치 세력이 집권 직후의 적기에 시도했던 합의주의 실험은 수구 세력과 독점자본의 가벼운 반격 앞에서 여지없이 무너져 내렸다. 노동이 대등한 파트너로 참가하는 합의주의는 거의 가능성이 없음이 다시 한 번 확인되었던 것이다(노중기 2005a).

다음으로 코포라티즘 체제의 형성에 요구되는 구조적 요인들의 문제이다. 주지하듯이 중앙 집중적 이익 조직, 노동계급 정당의 존재 문제, 합의 정치의 역사적 경험은 서구 코포라티즘의 전제 조건이었다. 그것은 수요 측면 코포라티즘이든, 공급 측면 코포라티즘이든 관계없이 작동하는 최소한의 요건이다. 나아가 조직과 제도로 표현되는 이 구조적 요인들은 실상 계급 역학과 노동계급의 역량, 그리고 노동 정치의 이데올로기 지형을 반영한다. 10년의 경험에서 우리는 그것이 관념적 열망과 소망 사고로는 뛰어넘을 수 없는 물질적 힘의 현격한 격차이자 엄청난 구조적 장벽임을 확인하지 않을 수 없었다(노중기 2002a).

마지막으로 신자유주의의 바람이 더욱 거센 제3세계 사회, 종속적 신자유주의 사회에서 '합의'는 거의 불가능한 목표라는 점이다. 합의주의 문제는 노동 정책의 결정 사안을 넘는다. 그것은 경제·사회 정책 전반에서 신자유주의 정책을 포기하거나 대폭 제한해야 하는 그런 종류의 문제다. 많은 동유럽의 신생 자본주의국가들은 물론 남아프리카공화국, 브라질과 같은 강력한 노조 운동이 존재하는 사회에서조차 성공할 수 없었던 난제 중 난제인 것이다. 이들 사회에서 사회적 합의는 결국 신자유주의 경제정책의 정당화 수단을 넘어서지 못했다(노중기 2004a; 2004b).

한편 10년 경험의 결과, 손익 계산서는 분명하게 나타났다. 실제 합의나 노사

정위 참가 여부와 무관하게 민주 노조 운동에 미친 그 부정적 영향은 지대한 것
이었다. 무엇보다 합의 기구 참가와 불참을 둘러싼 내부의 조직적 이념적 분열
이 심각해졌다. 그리고 두 가지 전략 선택의 가능성으로 말미암아 전체 조직력
과 투쟁력은 이 시기 전체에 걸쳐 크게 약화되었다. 또 노사정위나 참가 담론을
매개로 국가 자본의 지배 개입이 심화되었고 노조의 자주성은 크게 약화되었
다. 마지막으로 1998년 정리해고 합의와 2001년 한국노총의 복수 노조 금지 합
의 등 구체적인 합의-교환이 야기한 손실도 컸다(노중기 2003b).

그러나 한국의 노동 정치에서 '합의주의' 문제는 여전히 진행형이다(최장집
2005, 444-487). '사회 협약을 통한 단절적 전환'에 대한 열망은 계속되고 있으며
'대전환을 위한 국가와 정부의 적극적 역할'에 대한 기대도 여전하다. 공동체주
의라는 '가치의 협약'이 필요하다는 주장으로 나아가기도 한다. 그러나 합의주
의 10년 동안 우리는 우리 사회가 합의의 사회적 기반과 잠재적 힘을 갖고 있지
못하다는 점, 관찰자들의 주관적 기대와 달리 '민주 정부'는 의지가 없을 뿐만
아니라 능력도 없다는 사실을 다시 확인하지 않을 수 없었다.

2) 사회운동 노조주의 또는 사회적 조합주의

합의주의와 함께 검토해야 할 운동 노선은 사회운동 노조주의social movement
unionism 혹은 사회적 조합주의social unionism이다. 사회운동 노조주의와 사회적 조
합주의의 관계는 미묘하다. 사회운동 노조주의는 대체로 1970년대 이래 남아
프리카공화국과 브라질, 그리고 남한의 독립 노조 운동의 경험을 토대로 서구
의 학자들이 새로이 개념화한 운동 노선이었다. 반면에 사회적 조합주의는
1990년대 중반 민주화 이행 이후 남아프리카공화국의 남아프리카노동조합회
의COSATU, Congress of South African Trade Unions가 제안한 노동운동 노선을 말한다. 양자

는 그 내용이 일부 중첩되면서도 동시에 상당한 차이를 갖고 있으므로 특별한 주의가 필요하다.[23]

먼저 사회운동 노조주의 개념 자체가 명료하게 정리된 노동운동 노선은 아니라는 점을 지적해 둘 필요가 있다.[24] 그 모호성은 연구자들 사이의 용법에서 찾을 수도 있을 것이다. 그런데 근본적으로 그것은 개념의 기원이 복잡다단한 것에서 야기되었다고 판단된다. 사회운동 노조주의는 크게 세 가지의 흐름에서 논의되어 왔다.

먼저 브라질, 남아공, 한국의 독립 노조, 민주 노조 운동의 경험이 그 출발점이었다(무디 1999; 뭉크·워터만 2000). 이들은 억압적 정치 체제로부터 민주화 이행을 이루는 동안 세 나라의 노동운동이 보여 준 역동적 성격을 주목했다. 그 주요한 특징들로는 전투성과 정치 지향성, 노조 내부 민주주의, 광범한 대중 동원, 여타 사회운동과의 연대와 국제적 연대 투쟁, 계급 협조적 정치 세력 거부 등이 있었다. 서구 노동운동이 급속한 쇠퇴를 보인 신자유주의 시기에 이들 발전도상국 노동자들의 투쟁은 서구 학자들에게 매우 충격적으로 다가왔다.

그러나 다른 한편에서 일군의 서구 학자들은 사회민주주의 노조 운동의 한계를 극복하는 이론적 전망으로 사회운동을 주목하고 새로운 운동 노선을 고민

---

23 우리 사회에서 특히 사회적 조합주의는 혼란스런 개념이었다. 그것은 한편에서 COSATU의 셉템버보고서에서 제안한 운동 노선을 지칭하나 경우에 따라서는 사회운동 노조주의와 대등한 것으로 이해되곤 했다. 또 다른 한편에서 그것은 사회적 코포라티즘(social corporatism)의 번역어와 같은 말이 되어 사용상의 혼란을 불러일으켰다. 한편 서구 학자들의 경우에도 사회운동 노조주의를 '새로운 사회적 노동조합주의'로 재개념화하는 경우가 있었기 때문에 혼란은 더 심해진 것으로 보인다(워터만 2000, 361). 이 글에서 사회적 조합주의는 셉템버보고서와 한국노동사회연구소(1999), 김유선(1998a)을 기준으로, 그리고 사회운동 노조주의는 워터만(2000)과 무디(1999)의 개념들을 준거로 사용하고자 한다.
24 워터만(2000), 무디(1999), Seidman(1994)의 개념들을 비교할 수 있다. 한편 정성진(2003, 29-32)은 사회운동 노조주의의 특징을 계급 협조적 노동정당에 대한 거부와 국가와의 적대, 노조와 사회운동의 연대 확대, 노조 내부 민주주의에 대한 중시, 노동조합 국제주의 등으로 정리했다.

했다(Hyman 1994b; 2001). 이 경우 문제의식은 서구 사민주의 노동운동의 관료주의와 협소한 경제주의, 그리고 정치적으로 계급 타협적인 태도에 있었다. '정치적 경제주의'political economism로 약칭되는 서구 노조 운동의 한계는 근본적인 구조 변동, 즉 자본의 재구조화와 전 지구적 경쟁 격화, 전통적 계급 정치의 쇠퇴, 노동자계급 구성의 변동 등에서 기인한 것이었다.

셋째로 그것은 때로 미국 노조의 실리주의에 대한 대안으로 제기되기도 했다(Turner, Katz and Hurd eds. 2001; Gindin 1997). 이 경우 사회운동 노조주의는 1980년대 이래 미국 노조 운동의 극심한 후퇴에 대한 새로운 전략적 선택지였다. 미국 노총 개혁 지도부의 신 노선으로 지칭되는 이 흐름은 시민운동과의 연대와 대중 동원, 조합원의 행동 참가와 조직 확대, 노동법 개정과 같은 제도 개혁을 강조했다.

요컨대 사회운동 노조주의는 그 개념 내용이 여전히 명확하지 않다. 세 가지 흐름에 따라 강조점은 서로 다를 수밖에 없게 된 것이다. 더욱이 사태를 악화시킨 것은 그것의 현실적 모델인 브라질, 남아공, 한국의 독립 노조 운동이 민주화 이행 이후에 한결같이 '위기' 혹은 그에 준하는 내적 한계를 보여 주고 있다는 점이다.[25] 위기 혹은 한계의 내용과 깊이, 폭은 각 사회에 따라 달랐으나 서구 학자들이 주목했던 '사회운동성' 자체가 위기에 처한 것으로 해석할 수도 있다. 따라서 사회운동 노조주의는 완결된 어떤 노동운동 노선이나 이념이 아니었다. 그리고 그 자체가 현실에서 유동적이며 여러모로 비판받을 수 있는 측면들을 담고 있다고 보아야 한다.[26]

----

25 각각 조돈문(2003), 베주이텐후트(2000), 노중기(2005a)를 참고할 것. 사실 셉템버보고서의 '사회적 조합주의' 자체가 민주화 사회와 의회 민주주의라는 조건 아래서 남아공 노동 운동의 한계를 검토하고 새로운 대응 전략을 마련하는 과정에서 제안된 것이었다.

26 1990년대 후반 이래 브라질, 남아공, 한국 모두에서 합의주의-개량주의의 내부 비판이 뜨겁게 진행

그러나 한국 사회에서 사회운동 노조주의의 문제는 그 내용에 대한 이론적 평가 이전에 그 도입과 적용 과정에서 발생하고 있는 것으로 판단된다. 즉 사회 운동 노조주의에 대한 진지한 검토가 이루어지기 이전에 '사회적 조합주의'라는 변형된 형태로 도입된 데 문제가 있는 것이다.

민주노총 1기 지도부에 의해 채용된 것으로 평가되는(김유선 1998a, 31) 사회 적 조합주의와 사회운동 노조주의 사이에는 결정적인 차이가 있다. 사회운동 노조주의가 사민주의 계급 타협의 정치를 강하게 반대하는 데 반해서 사회적 조합주의는 '정부의 경영 방침과 기업의 경영 방침 결정 과정에 참가할 수 있는 정책 참가와 경영 참가를 중시'한다. 이 차이를 무시하고 '정책 참가', '경영 참가' 중심의 운동 노선을 사회운동 노조주의로 포괄하는 것은 심각한 오류가 된다.[27]

더 나아가 논자에 따라 그 강조가 다를 수 있으나 사회운동 노조주의는 서구 노조 운동에서 급진성을 재구성하고자 하는 계급투쟁의 프로그램인 반면, COSATU의 사회적 조합주의는 민주주의의 제도화와 세계화에 대한 정치적 방어 프로그램이었다.[28] 그리하여 한국에서 사회적 조합주의가 '국민과 함께하는 민주노총'의 슬로건으로 번역되면 그 계급성과 투쟁성은 크게 희석되지 않을 수 없었다. 그것은 '사회주의'가 목표인 남아공의 운동 전략이 대륙과 대양을 건

되었다. 특히 남아공 노조 운동에서는 노사정 합의 기구 참가에 대한 내부 비판이 광범하게 존재한다. 한편 정성진(2003, 31-35)에 따르면 사회운동 노조주의의 한계는 정치적 문제를 무시하는 생디칼리즘 경향, 노동운동의 중심성 기각, 사회적 코포라티즘으로의 변형 및 신자유주의로의 포섭 등으로 요약된다. 한편 그는 한국의 민주 노조 운동은 임금, 노동조건 중심의 투쟁이었으므로 사회운동 노조주의가 아니라고 주장하기도 했다.

27 박태주(2002) 참고. 그가 말하는 사회운동적 노조주의는 실상 사회적 조합주의에 가깝다.

28 베주이덴후트(2002, 66-70)가 우려하는 지점도 바로 이것이었다. 그는 COSATU의 참가 전략으로 말미암아 '사회 운동적 특성 중 많은 것을 잃고 있으며', '조직화 모델에서 서비스 노조 모델로' 전락하는 위험을 경고하고 있다. 특히 그는 서구 사민주 노조 운동의 한계가 역설적으로 남아공에서 되살아나고 있다고 진단했다.

너자 '사회 개혁'으로 변질된 것과 같은 형국이었다. 결국 사회적 조합주의는 남아공의 사회운동 노조주의와 서구의 합의주의가 특정한 역사적 조건 속에서 착종된 형태의 노조 운동 노선이라 할 수 있다.

그런데 더 큰 문제는 남아공의 사회적 조합주의 모델을 한국 사회에 적용할 때 여러 가지 오류가 발생한다는 사실이다.[29] 사회과학에서 모델의 이식이 가능한가라는 문제는 매우 민감한 주제였다. 대개의 경우 모델의 이식에는 여러 가지 한계가 따른다는 점이 확인된 바 있었다. 특정 모델에는 그 모델이 발생한 사회의 특수한 조건이 포함되어 있기 때문이다. 그러므로 정책에 관한 비교 연구는 사례의 함의를 추출하거나 어떤 특수한 측면에 제한해서 정책 이식의 가능성을 탐색하는 것으로 한정되어야 한다(노중기 2002a; 2004a). 이런 일반론에 비추어 보면 사회적 조합주의를 한국 사회에 적용한 방식은 상당한 무리를 포함하고 있다.

먼저 정치적인 수준에서 남아공과 한국의 특수성에 대한 검토 없이 모델을 복제하는 방식으로 적용한 것은 방법론적으로 심각한 문제였다. 예컨대 남아공의 경우 사회적 조합주의가 정책 참가를 강조한 것에는 그 사회에 독특한 삼자 동맹이라는 정치적 조건이 배경이 되었다. 전국경제발전노동위원회[NEDLAC, National Economic Development and Labour Council]라는 삼자 합의 기구는 이런 정치적 동맹 체제의 산물이었다. 사회적 조합주의의 적용 과정에는 두 사회의 이런 차이들이 충분히 고려되지 않았던 것이다.[30]

---

29 이식, 복제인 이유는 적용 과정에서 한국 사회의 특수성, 맥락의 차이에 대한 관심이 없었기 때문이다. 이에 대해서는 한국노동사회연구소(1999) 참고. 또 비과학적인 '이론의 이식'(transplantation of theory) 시도는 지금도 여전히 계속되고 있다. 하나의 예로 인터넷 신문 『레이버투데이』 ""최대강령주의로 얻을 건 없다": 남아공노동운동의 현황과 쟁점", 2005년 12월 2일자 기사 참고.
30 삼자동맹은 집권 세력으로 다계급 혁명 정당인 ANC(African National Congress: 아프리카민족회

다음으로 사회적 조합주의의 문제의식과 내용에 동의한다 하더라도 그것을 적용하기 위해서는 우리 사회에 대한 고려가 필요했다. 즉 남아공의 사회적 조합주의를 강고한 수구-보수 자본 분파가 지배하는 정치적 환경 속에서, 또 기업별노조 체제의 취약한 조직 노동으로 어떻게 실현할 수 있는가에 대해 적절한 고민이 필요한 것이다. 예컨대 강력한 COSATU조차도 ANC 정부가 주도한 신자유주의 경제정책 프로그램, 성장·고용·재분배 전략GEAR: Growth, Employment and Redistribution Strategy에 대해 '협상 불가'를 선언한 바 있었다. 그런데 우리의 경우 김대중 정부의 구조조정 프로그램에 대해 사회적 조합주의는 '사회 통합적 구조조정'으로 답했다. 이런 대응은 원래의 '사회적 조합주의' 노선에도 부합하지 않는다.

셋째, 한국에 적용된 사회적 조합주의는 상당 정도 탈계급적인 운동 노선으로 판단된다(정성진 2003). 시민사회단체와의 연대에서 '계급적 관점을 주장할 수 없다'거나 노동자의 '복수의 정체성'을 평면적으로 나열하는 등 전체 사회운동에서 노동운동의 위상을 상대화한 것은 남아공의 그것과 비교하더라도 심각한 탈선이다. 더욱이 '사회 통합을 위한 수단으로서의 노동조합'에 이르게 되면 계급적 노조 운동의 본래적 성격인 계급적 적대성, 자주성 등은 완전히 사라지게 된다.[31]

의)와 공산당(SACP) 그리고 COSATU 간에 형성되었다. 그런데 새천년민주당이나 열린우리당이 ANC가 아니며 민주노동당이 남아공공산당과 다른 것은 불문가지의 일이다. 그리고 무엇보다 한국에는 그런 방식의 삼자 동맹 같은 것이 없다. 결국 NEDLAC과 노사정위원회는 질적으로 다른 조직으로 봐야한다. 한국과 남아공을 '거의 비슷한 고민과 환경'(김유선 1998a, 30)으로 이해할 수는 없다.

31 박태주(2002, 46-49) 참고. 노무현 정부 초기 정책 목표로 설정되었던 '사회 통합'(social integration) 개념은 결코 계급 중립적 개념이 아니다. 한편 셉템버보고서의 강조점은 정책 참가, ANC정부에 대한 지지 방침에도 불구하고 '계급적 자주성', '계급적 정체성 위의 동맹'을 고수하고 있다. 거기서 '사회 통합 이데올로기'는 찾아볼 수 없다.

마지막으로 사회적 조합주의는 노조의 단체교섭 활동을 노사정위원회에 대한 정책 참가에 비유하고 양자를 동일시함으로써 후자를 정당화하는 논법을 흔히 사용했다.32 이런 정당화 방식은 '비유의 오류'의 전형적인 사례가 된다. 실제로는 심각한 차이가 있음에도 불구하고 '참가 활동'의 추상적 동일성으로 말미암아 그것이 은폐되는 것이다.

먼저 삼자 교섭과 단체교섭의 주체는 크게 다르다. 삼자 교섭에는 정부가 중요한 행위자로 작동하고 있다. 다음으로 교섭의 의제가 다르다. 삼자 교섭은 전국적이고 정치적, 제도적인 의제를 주로 다루는 반면 단체교섭은 상대적으로 협소한 문제들을 다룬다. 셋째, 절차적인 측면에서도 다르다. 단체교섭은 법적 과정이며 법적 보호를 받는 파업이 전제되어 있다. 반면에 삼자 교섭에서 파업은 '원칙적으로 불법'이며 협의와 합의를 전제로 한 임의적·정치적 교섭의 성격이 뒤섞여 있는 것이다. 넷째, 단체교섭과 달리 삼자 교섭은 전체 노동계급에 대한 대리 교섭의 성격이 강하며 그만큼 정치적·이데올로기적 영향력이 크다. 말하자면 노동운동의 계급성과 자주성이 곧바로 문제가 되며 그 영향도 전체 노동계급에 미친다는 점이다. 결국 이와 같은 잘못된 비유로 말미암아 '교섭의 조건을 갖추고 있지 못하기 때문에 오히려 삼자 기구 참여를 더욱 중시해야 한다'는 과도한 논리가 나타날 수 있었다.

---

32 이것이 단순한 어법의 문제나 논리 전개상의 형식적 문제가 아니라는 점을 지적할 필요가 있다. 넓은 의미의 사회적 조합주의 주창자들은 대개 이런 논리적 설명에 익숙하며 특히 4기 민주노총 집행부의 '교섭과 투쟁의 병행' 전략에서 그 핵심적인 논거가 되었다. 단체교섭에서 교섭과 투쟁이 서로 대안적 선택지이므로 삼자 교섭에서도 그러하다는 주장이었다. 사회적 조합주의 맥락에서 이런 설명의 대표적인 사례로는 김유선(1998a, 25-27)을 참고할 것.

5. 결론 : 민주 노조 운동의 새로운 모델을 향해

'위기의 노동'에 대한 전략적 대응은 절대 쉽지 않은 일이다. 특히 그것이 전지구적 신자유주의 경제 환경 속에 있는 제3세계 사회인 경우 어려움은 배가된다. 앞서 보았듯이 '국가의 선의에 대한 호소'나 '다른 나라의 선한 사례를 복제'한다고 해결될 수 있는 사안이 아닌 것이다. 이럴 경우 오히려 '선한 의도'와 반대로 심각한 폐해를 낳을 개연성이 크다. 또 노동운동사의 여러 경우에서 대안적 전략이 노동운동의 자연 발생적인 대응 이후에야 비로소 정식화되곤 했던 경험을 감안해야 한다. 그러므로 먼저 손쉬운 대응이나 감각적 접근을 피하는 한편, '정답'을 제시하는 방식의 사고를 삼가는 일이 출발점에서 필요한 것으로 생각된다.

반대로 이와 같은 관점에서 본다면 사회운동 노조주의나 사회적 조합주의의 정책적 제안들 모두가 오류인 것도 아닐 것이다. 특히 사회운동 노조주의의 경우에는 문제가 미묘하다. 우선 그것은 실체가 모호하고 그 구성 요소가 매우 다양하다. 나아가 과거 우리의 민주 노조 운동, 전투적 노조주의는 그 요소들 가운데 일부와 분명히 관련되어 있다. 그러므로 이를 한꺼번에 뭉쳐서 쓰레기통에 넣자는 주장은 과도하며 올바른 전략적 대응이 아닌 것으로 보인다.

필자는 전투적 노조주의의 합리적 핵심을 종속적 신자유주의 체제에서 재구성하고 발전시키는 과제에서 사회운동 노조주의의 여러 가지 요소들이 이론적 준거로 도움이 될 것이라고 판단한다. 그 요소들을 비판적으로 검토하고 그중 일부를 선택적으로 적용하면서 우리의 모델을 만들어 나가야 할 것이다. 또 그 노선에서 부족한 부분이 있다면 이를 보완하고 발전시켜야 함은 물론이다.[33]

먼저 사회적 조합주의의 주장과는 반대로 정책 참가, 경영 참가에는 매우 신중한 자세가 필요하다. 원칙적으로 정책 참가, 삼자 기구 참가를 부정할 필요는 없을 것이다. 그렇지만 현재 위기의 성격이나 국가·자본의 전략적 태도를 고려해 볼 때,34 또 남아공이나 브라질의 경험을 반성해 볼 때 참가에 앞서 운동의 '자주성'을 높이는 방향의 전략적 선택이 더 시급한 것이다.

그리고 자주성은 소극적으로 국가 자본의 포섭이나 회유, 이데올로기적 유인으로부터 자주적인 태도를 확보하는 일에 그쳐서는 안 될 것이다. 특히 전투성을 자주성, 계급성 자체로 해석하는 우를 범해서도 안 된다. 그것은 이념적으로는 전투적 노조주의의 계급적 적대성을 새롭게 재구성하는 일이며 조직적으로는 자본의 이해에 침윤되지 않는 산별노조의 조직적 기반을 만드는 일이 될 것이다. 또 정치적으로 그것은 제반 정치적 의제에서 자신의 정치적 대안을 제시할 수 있는 정치적 능력을 확보하는 과정이 되어야 한다.

둘째, 많은 연구자와 활동가가 공감하는바, 계급적 연대의 질적 확장이 매우 시급하다. 현재 노동운동 위기의 운동 내적 요소들은 무엇보다 '연대'solidarity의 문제로 집약해 볼 수 있다.35 그것은 계급 내적 연대와 계급 외적 연대의 두 가지로 다시 나누어진다.

---

33 그런 의미에서 그 작업은 일회적인 것일 수 없으며 이 글의 제안도 완결된 것은 아니다. 필자는 사회운동 노조주의에서 가장 취약한 부분이 '노동조합 운동의 정치적 전망'에 있다고 생각한다. 정성진(2003)과 니어리(2001)의 '생디칼리즘'이나 '새로운 사회운동의 특권화'라는 근본적 비판은 타당하다. 서구 사민주의 정당의 보수성과 계급타협, 관료주의를 넘어서자는 주장만으로는 부족하다.

34 2006년 들어 노무현 정부는 기존의 노사정위를 대체해서 시민운동 단체가 주도하는 이데올로기적 합의 기구를 구성하려고 시도했다. 새로운 조직에서 대기업 조직 노동은 배제와 비판의 대상이 된다. 그러므로 이른바 '국민연석회의'는 노사정위와 다르지 않은 노동 배제의 이데올로기적 은폐 기구가 될 개연성이 크다. 대통령의 '국정연설'(2006.1.18) 참고.

35 연대와 단결은 노동운동의 기본 논리에 속한다. 그것은 자본주의사회의 경제적 원리로부터 발생한다. 노동이 연대하지 못할 경우 자본의 분할 지배와 노동 내부의 무임승차자(free-rider) 논리에 의해 노동조건의 유지와 개선은 불가능해진다. 자세한 것은 Hyman(2001a), Offe and Wiesenthal(1980) 참고.

계급 내적 연대의 과제는 전투적 노조주의의 한계, 즉 기업 울타리에 갇힌 연대의 한계를 돌파하는 일이다. 여기에는 두 가지 요소가 있다. 그 하나는 이미 연대 틀로 조직된 정규직 조직 노동자들의 연대 수준을 급속히 높여야 한다. 곧 기업별노조 체제의 한계를 넘어서는 일이다. 다른 하나는 노동계급 내부에서 배제되어 있는 노동 부문, 곧 특수 고용 노동자를 포함한 제반 비정규 노동자, 중소 영세 미조직 노동자, 여성 노동자, 이주 노동자, 실업 노동자 등을 조직적 연대의 주체로 만들어 내는 일이다. 이 두 가지는 모두 산별노조 조직 전환의 구체적이고도 현실적인 과제가 되어야 할 것이다.[36]

그런데 전자와 후자의 연대 과제는 현재의 운동 조건에서 서로 다른 문제들이 아니다. 2005년 현대자동차 불법 파견 투쟁에서 드러난 바와 같이 양자의 과제는 구체적 수준에서 동일한 과정의 양 측면을 이루고 있는 것이다. 현대자동차의 불법 파견 투쟁 문제는 그 자체가 곧 산별노조 건설 과정일 수 있다. 기업 내에 존재하는 기업별노조의 울타리를 부수지 않고 기업 단위 경제주의를 극복한다는 것은 형용 모순이기 때문이다. 그리고 상급 노동 조직의 경우는 각 사업장의 비정규 투쟁을 집약하고 법 제도적인 측면에서 전국적 전선을 만듦으로써 전체 노동계급의 연대 투쟁을 끌어내야 할 것이다.[37]

다음으로 계급 외적 연대의 과제는 시민사회운동과의 전략적 연대일 것이다(조희연 2004). 그 전략적 연대는 비판과 투쟁을 포함하는 적극적 견인이어야 하며 헤게모니 투쟁의 성격을 가질 것이다. 이때 그 주요한 매개적 조직체는 노동

---

36 일반적인 공감대가 형성된 산별노조 건설은 현시기 민주 노조 운동의 최대의 과제다. 다만 계급 내적 연대를 확장할 수 있는 구체적인 조직 형태와 조직 방식, 사업 방향의 문제는 여전히 열린 문제다. 이 문제에 대한 비판적 반성과 새로운 대안의 모색은 임영일(2005a; 2005b)을 참고.

37 이를 위한 전제 조건은 민주노총을 비롯한 상급 단체들의 조직 내부 혁신이다. 대기업 사업장이 의사 결정권과 재정권을 독점하고 있는 현재의 조건을 바꿀 수 없다면 연대의 과제는 해결하기 어렵다.

자들의 계급적 대중 정당이 될 수 있다. 또 그 장은 전국과 지역의 시민사회로 상정되며 핵심 주체는 노동운동의 현장에서 단련된 검증된 노동운동 활동가들이다.

계급 외적 연대의 중요성은 사회운동 노조주의가 강조하는 논점이다. 신자유주의의 경제적 환경은 시민사회운동을 보수화하는 효과를 산출하고 있는데 우리의 경우 민주화 이행의 효과가 더해 그 경향성은 매우 뚜렷하다.[38] 또 지방자치의 확대에 따라 지역 정치의 비중이 커지고, 유지 중심의 지역 정치는 수구세력의 아성이 되고 있기도 하다. 따라서 산별노조의 지역 조직을 중심으로 노조 활동이 지역별·영역별 사회운동의 중심 세력으로 성장해야 할 필요가 있다. 이는 노조 지역 조직이 지역 수준의 대중적 정치 세력화에서 중심 조직의 성격을 갖게 됨을 의미한다.[39]

셋째로 넓은 의미의 사회운동성을 노조 활동에서 강화할 필요가 있다. 신자유주의 헤게모니가 상당 기간 지속된다고 한다면 그 영향은 조직 부문보다 미조직 부문, 임금과 노동조건을 넘어서는 사회적 빈곤과 억압을 양산하는 것으로 귀결될 가능성이 크다. 특히 종속적 신자유주의 체제에서 그 결과는 제반 사회적 갈등의 확산, 자살과 범죄, 사회적 빈곤의 대규모 확대로 나타나고 있는 실정이다. 이는 시민사회에서 다양하고 광범한 요구가 지속적으로 분출될 것임을 예기하고 있다. 그러므로 노조가 이에 적절히 대응하고 노조 운동의 동력과

---

38 비정규직권리보장입법 과정에서 시민단체들은 노동운동 단체와 정부 사이에서 중재자 역할을 자처했다. 그러나 실제는 신자유주의 대동맹에 포섭될 위험이 있음을 보여 주었다. 예컨대 참여연대 외 6개 단체의 기자회견문, '정기국회 회기 내 비정규입법을 위한 대승적 결단을 촉구한다'(2005.12.1)를 참고.

39 민주노동당의 경우에도 지역이 조직적 성패의 핵심적인 관건이 된다. 돈과 명망으로 지역을 지배하고 있는 보수 정치 세력과 차별성이 있는 지역 정치 조직화의 모델을 만들지 못한다면 바람몰이 선거 정당의 한계를 극복할 수 없을 것이다.

접합하는 것은 매우 중요한 과제가 된다.

한편 이런 사회적 모순에 대해 조직 노동 중심의 제도적 교섭이나 의회에서의 정책적인 수단만으로 대응하는 것은 뚜렷한 한계를 갖는다. 노동조합은 좀더 정치적인 의제를 갖고 광범한 대중을 동원하는 대중투쟁 방식의 운동을 지속적으로 강화할 필요가 있다. 이런 과정에서 기존의 전투성을 넘어서는 일이 매우 중요하다. 작업장이나 기업을 울타리로 한 경제주의 전투성을 넘어서서 사회적 의제를 노동의 의제와 결합하되, 전투적으로 대중을 동원하는 새로운 운동 양태들을 창출할 필요가 있다.

또 투쟁의 내용 측면에서 새로운 노동운동은 사회 공공성 투쟁으로 나아가는 시도를 포함해야 한다.[40] 이 변화는 국가·자본의 신자유주의 공세의 주요 방향이 개혁이란 이름으로 사회적 공공성을 해체하는 것에 맞추어져 있기 때문이다. 국가와 자본이 민영화, 시장화를 확대하고자 하는 제반 영역들이 여기에 포괄될 수 있다. 즉 사회보험과 사회보장·주택·보육·의료·교육·공공 산업(교통과 운송·전력·가스·통신 등)은 물론, 환경·농업·문화와 언론까지를 포괄하는 광범한 새로운 전선을 사회 공공성의 요구 아래 묶어 낼 필요가 있다. 특히 신자유주의적 행정 구조조정과 연관해 행정의 사회 공공성 유지, 확대 투쟁도 중요한 과제가 되고 있다. 우리의 경우 최대 규모 단일 노조인 공무원노조의 향배가 주목받는 이유도 여기에 있을 것이다.

넷째, 민주 노조의 조직 혁신은 가장 긴급한 현실적 과제에 속한다. 먼저 산별노조 건설 과정에서 조직의 의사 결정 과정, 재원 배분 및 방식, 대의 기구 개

---

40 자세한 내용은 오건호(2004)와 홍주환(2003)을 참고할 것. 우리도 그러하지만 서구의 경험은 사회 공공성 투쟁이 신자유주의 시대 노동운동의 주요한 기반임을 이미 보여 주었다. 신자유주의 시기 공공부문 노동운동에 관해서는 Beaumont(1992), Ferner(1994), Fairbrother(2000) 참고.

혁 등의 일반적인 과제가 있다. 큰 방향에서 보면 권한과 재정의 중앙 집중의 원칙, 그리고 노조 내·외부의 소수자에 대한 대표성 제고 등이 필요할 것이다.

다음으로 분파주의 문제가 심각하다. 그러나 분파주의 문제는 그 자체로 여타 문제들과 구별되기 어렵다. 그리고 대중운동에서 필연적이며 일정 정도는 바람직한 일이기도 하다. 그러므로 이를 일거에 해소할 현실적인 방안은 없다. 다만 조직 외부에서 책임지지 않는 분파 활동을 조직 내부에서 민주적으로 수렴할 제도적 보완 장치들이 마련될 필요가 있다.

또 연관해서 정책 연구 기능의 확대는 매우 중요한 사안이다. 신자유주의가 야기하는 양극화·빈곤화에 대한 투쟁에서 정책적 대응 능력을 제고하는 일은 일차적인 과제라 할 수 있다. 현재 민주노총과 연맹, 산별노조 모두 주요한 정책 사안들에 대한 정책적 분석이 노조 조직 내부에서 해소되지 못하고 있다. 또 이런 사정은 연구의 외부 의존을 낳았고 외부 연구소를 매개로 한 분파 활동의 주요한 근거로 작용하고 있다. 따라서 외부 연구 역량을 묶어 조직 내부로 수렴하며 동시에 조직 내부에서 자체적인 정책 연구를 일상적으로 산출해야 한다. 또 연구 기반인 연구 역량과 재원을 독자적으로 확충하는 일도 매우 시급한 실정이다.

마지막으로 새로운 노동운동의 진로 모색에서 노동자 정당의 전략적 위상 확립은 매우 중요하다. 계급 내적·외적 연대의 확장, 지역 단위 운동 기반의 구축, 사회 공공성 투쟁의 강화 등에서 하나의 조직적 결절점을 이루는 것은 역시 노동계급 정당이 되어야 할 것으로 보이기 때문이다. 특히 이념적·전략적 노선의 문제에 혼선이 많은 현재의 운동 조건에서 이 논의를 민주적으로 수렴하고 장기 전망을 수립해야 하는 전략적 구심의 역할은 당에서 찾을 수밖에 없기 때문이다.[41]

우선 노동자 정당은 대중을 직접 조직하고 동원하는 투쟁하는 대중 정당의 상을 더욱 강화해야 할 것으로 보인다. 말하자면 노동조합은 협소한 경제적 활동에 집중하고, 노동 정당은 의회 정치에 매몰되고 관료주의에 빠지는 한계를 경계해야 한다. 서구 사민주의 노동운동의 '정치적 경제주의'라는 '양 날개론'을 극복하기 위한 적극적 시도가 필요한 것이다.

그리고 계급 내적 연대 확장과 연관해서 노동 정당은 조직 노동 부문에 대한 정치적 의식화 작업을 주도해야 한다. 1987년 직후부터 제기되었던 이 과제는 이제 더 이상 방치할 수 없는 단계에 왔다. 비정규 노동 문제에서 확인하고 있는 바와 같이 대기업 조직 노동자들의 의식 보수화, 퇴행적 행태를 막기 위해서라도 시급하다. 이는 대기업 현장의 정치적 재조직화 과제와 중첩되는 일이기도 하다.

또 시민운동과 노동운동 사이에서 발생하는 연대 강화와 갈등 해소의 과제도 노동자 정당의 울타리 내에서 조정되고 해소되어야 할 것으로 보인다. 사회 공공성 투쟁을 강화하는 새로운 노동운동의 과제는 필연적으로 시민운동의 영역과 중첩될 수밖에 없기 때문이다. 현재 시민단체들의 음성적인 정치 활동은 노동 정당 내부의 활동 속에서 양성화될 필요도 있다. 이때 노동 정당이 패권적인 정치적 행동으로 나가거나 무리하게 노동자 중심성 명제를 강제하는 것은 별로 도움이 되지 못할 것이다. 건강한 상호 비판과 지속적인 연대라는 유연한 대응이 장기적으로 시도되어야 할 것으로 보인다.

이와 연관해 지역의 정치적 조직화는 무엇보다 중요한 장기적 과제가 될 것이다. 지역의 조직 노동과 미조직 노동, 지역의 시민단체와 노동 단체를 묶고 이

---

41 조돈문(2004) 참고. 민주노동당 또한 상당한 수준의 위기에 봉착하고 있다. 그런데 거시적인 관점에서 그 위기는 당이 이런 복합적인 운동적 요구의 중심에 서 있으나 그것에 대한 정확한 장기 전략을 세우지 못하는 것에서 기인한다. 그리고 활동 주체들이 그 전략적 목표에 대해 서로 다른 상을 갖고 있기 때문이기도 하다.

를 지역 민주화의 동력으로 끌어올리는 일이 노동 정당의 장기 과제이기 때문이다. 간헐적인 선거 정당, 여론몰이 정당으로 전락하지 않기 위해서도 그렇다. 이 과정은 노동자 대중의 정치적 조직화 과정과 중첩될 수밖에 없다.

제2부

사회적 합의의 노동 정치

2부는 1996년 이후 한국의 노동 정치에서 가장 중요한 쟁점이었던 사회적 합의 문제를 다룬 논문들로 구성되었다. 노사정 주체들 간의 거시적 합의 정치를 분석하기 위해서는 서구의 코포라티즘 이론, 한국의 사회적 합의주의 운동노선, 노사관계개혁위원회와 노사정위원회의 구체적 실행과정 등 다차원적인 분석이 요구되었다.

이를 위해 5장과 6장에서는 1996년 노사관계개혁위원회와 1998년 이후 노사정위원회의 구체적인 활동내용과 그 결과를 비판적으로 검토했다(5장: "1기 노사정위원회와 정리해고 합의." 최영기 외. 『한국의 노사관계와 노동 정치』. 노동연구원. 1999. / 6장: "한국 사회의 노동 개혁에 관한 정치사회학적 연구: 노사관계개혁위원회와 노사정위원회의 비교." 『경제와 사회』 겨울호(48호). 2000). 서구의 노동 연구에서나 볼 수 있었던 합의기구가 설립되자 당시 노동운동 활동가들과 연구자들의 기대는 매우 컸다. 그러나 한국의 노동 정치 구조와 상황 속에서 이 기대는 과도하였으며 그 결과는 매우 실망스러웠던 것임을 밝히고자 했다.

7장, 8장, 9장은 한국에서 진행된 사회적 합의 노동 정치를 서구사회의 경험과 비교한 논문들이다(7장: "코포라티즘과 한국의 사회적 합의." 『진보평론』 가을호(13호). 2002. / 8장: "세계화와 노동체제 변동에 관한 비교사회학적 연구." 한국산업노동학회 편. 『산업노동연구』 제10권 1호. 2004. / 9장: "사회적 합의와 신자유주의 노동체제: 한국과 멕시코의 비교연구." 한국산업사회학회 편. 『경제와 사회』 여름호(62호). 2004). 당시 정부에서는 노사정위원회를 서구적 의미의 계급타협기구로 대대적으로 홍보하고 노동 측의 참가를 강제하였다. 일부 연구자들은 정부의 입장을 지지하는 연구 결과를 속속 발표했는데 그 근거로 제시된 것이 서구나 여타 3세계의 합의 정치 사례였다. 이를 비판적으로 검토하기 위해 필자는 다른 나라들의 경험과 이론을 한국의 사례와 비교 분석하였다. 서구의 경험은 전혀 다른 맥락에 있는 우리 사회가 수입할 수 없는 것이며 이론적으로도 매우 심각한 오류를 포함하고 있음을 밝혔다.

10장은 김영삼 정부로부터 시작하여 김대중 정부, 노무현 정부 전 기간에 걸쳐 국가 주도로 시도되어 온 사회적 합의의 실험을 종합적으로 정리한 논문이다("민주노조운동 20년과 사회적 합의주의." 한국사회과학연구소 편. 『동향과 전망』 가을·겨울호(71호). 2007). 각 정부가 끊임없이 합의 정치를 강조한 배경과 노동운동 진영이 이런 정부의 시도를 부정적으로 평가했음에도 불구하고 계속 참여할 수밖에 없었던 이유를 설명하고자 했다. 특히 민주노총이 새로운 노조운동 노선으로 사회적 합의주의를 선택했던 맥락과 배경을 설명하고 이를 비판적으로 검토하고자 하였다.

5

노사정위원회와 1998년 정리해고 합의

1. 머리말 : 노사정위원회의 구조적·환경적 배경

1998년 2월 6일 1기 노사정위원회의 정리해고 합의는 한국 노동 정치에서 분수령을 이루는 사건이었다. 이 합의를 전환점으로 노동 체제의 전환이 가속화되었고 고용 불안이 노동 사회 전반에 걸쳐 중요한 화두로 떠올랐다. 이와 함께 노동운동은 이전까지 접해 보지 못했던 전혀 다른 환경에 처하게 된다. 이 글은 정리해고 합의를 포함해 1기 노사정위원회의 과정과 결과를 정리하고 그 함의를 찾아보려는 목적을 갖는다.

먼저 노사정위원회에서 다루어진 주요 의제 또는 관련 노사정 당사자들의 전략적 상호 작용과 그 결과가 일차적으로 주요한 분석 대상일 것이다. 다만 이 글에서는 노사정위원회에서의 전략적 행위와 결과를 '구조적 제약 요인'과의 연관 관계 속에서 분석해 설명하고자 한다. 이럴 경우에만 주어진 상황에서 노사정 각 주체들의 전략 선택의 의미와 한계, 그 가능성을 객관적으로 검토할 수 있을 것이기 때문이다. 구조적 제약 요인에는 경제 구조와 상황, 국가 정치와 계급 역학의 구도, 노동조합 조직 구조와 운동 경험 등이 있다.

둘째, 노사정위원회의 기본 성격에 관한 상이한 주장들을 시기별 활동 과정

〈표 5-1〉 노사정위원회 노동 정치 시기 구분

시기 구분	기간	소시기 구분	주요 사건
Ⅰ 위원회 구성기	1997.11.21 - 1998.1.14	전반기	- IMF 구제금융 신청(97.11.21)
		후반기	- 1기 노사정위 구성합의(98.1.14)
Ⅱ 노사정 합의기	1998.1.15 - 2.14	의제 설정기	- 노사정 공동선언문 Ⅰ 채택(1.20)
		노사정 합의기	- 1기 노사정위원회 합의(2.6)
		법제화 시기	- 정리해고, 파견노동제 법제화(2.14)
Ⅲ 노동 저항기	2.15 - 6.10	소강기	- 민주노총 2기 집행부 구성(3.31)
		노동 저항기	- 5. 1 노동절집회 및 시위
		1차 노정 합의기	- 민주노총 총파업, 노정 협상(5.26~27)
Ⅳ 현자 합의기	6.11 - 9.2	노동 반발기	- 2기 노사정위원회 실질적 출범(6.18)
		2차 노정 합의기	- 양 노총 불참선언(7.10), 노정 합의(7.23)
		현자 노사정 합의기	- 현대자동차 노사정 합의(8.24)
		전환기	- 만도기계 경찰력 투입(9.2)
Ⅴ 노동 철수기	9.3 - 12.31	-	- 민주노총 노사정위 탈퇴선언(12.31)

분석을 전제로 해서 간략히 검토할 것이다. 노사정위원회는 역사적인 사회 협약 기구로 규정되기도 하지만 단순한 통제 수단으로 평가되기도 한다. 그리고 좀 더 절충적인 평가도 다수 존재하고 있다. 노사정위원회의 성격에 관한 논의는 한국 노동 정치 체제의 재편 방향에 많은 시사점을 제공하고 있다.

셋째, 1절 서론과 7절 결론을 제외하면 시기별 분석으로 구성되어 있다. 1997년 11월에서 1999년 1월까지 1년 남짓한 기간이므로 시기 구분 자체가 그다지 유의미한 것은 아니다. 그러나 짧은 기간에 매우 역동적으로 진행된 노동 정치를 미시적으로 분석하는 데에서는 사건의 진행 과정과 그 순서가 매우 중요한 의미를 갖는다. 이 글은 노사정 각 주체의 전략적 상호 작용의 지형이 미시적으로 변화하는 것을 기준으로 해서 다섯 개의 소시기를 구분하고자 한다.

1997년 하반기에 도래한 IMF 경제 위기는 1960년대 이후 40여 년의 경제 성장 과정에서 전혀 경험하지 못했던 초유의 위기 상황이었다. 세계사에 유래가 없을 정도의 장기 고성장 체제에 익숙해져 있었던 노동과 자본, 국가는 완전히 새로운 환경에 직면하게 되었다. 대규모의 실업과 경기 침체, 구조조정으로 말미암아 새로운 노동 정치의 지형이 창출되었으며 각 주체의 전략 선택은 근본적으로 재조정되지 않을 수 없었다. 노사정위원회는 이렇게 급속히 변모한 구조적·상황적 환경 변화의 산물이었다.

그러나 다른 한편에서 그것은 단순히 외적 환경의 변동만은 아니었고 노동 정치의 내적 구조 변화를 동반하고 있었다. 노동 정치는 노사정 주체들의 상황에 대한 전략적 대응이기도 하지만 특정 사회에 구조화된 노동 정치 체제를 능동적으로 변형시키는 과정이기도 하다. 그러므로 우리는 먼저 노사정위원회라는 새로운 노동 정치의 지형을 산출한 내외적 요인을 정리해 둘 필요가 있다.

1987년 이후 10여 년 동안의 노동 정치는 이른바 '1987년 노동 정치 체제'라는 특수한 과도기 체제였다(장홍근 1999; 임영일 1999a; 노중기 1997; 1996). 1987년 체제는 무엇보다 국가·자본의 배제 전략과 노동운동의 전투적 저항과 연대 투쟁이 모순적으로 결합되어 있었다.

전 사회적 민주화에도 불구하고 국가와 자본은 정치적 민주화와 자유화가 노동 정치로 확장되는 것을 원하지 않았다. 1987년 개정 노동법에서 단위 사업장 노조 활동은 어느 정도 자유화되었다. 그러나 노조 간 연대 활동을 제한할 수 있는 권위주의적 노동 통제 장치들은 여전히 남아 있었다. 6공화국 국가와 자본은 이런 수단들을 이용해 급속히 성장하던 민주 노조 운동을 강하게 통제했고 궁극적으로는 노동 정치의 민주화를 봉쇄하고자 했다. 국가는 노동운동의 연대 활동이 정치적 저항으로 전환하는 것을 막고자 했으며 권위주의적 국가-자본 관계의 기본틀을 유지하고자 했다. 그리고 대재벌 헤게모니 아래의 자본은 여전히 구체제의 '노동 없는 생산' 신화에 매몰되어 있었다. 1989년부터 가속화된 국가 통제의 구체적인 전략 목표는 노동계급의 배제였으며, 그것은 구체적으로는 복수 노조 금지, 제3자 개입 금지 등 권위주의적인 노동법 조항을 핵심적인 통제 수단으로 해 관철되었다.

반면에 노동운동은 1987년 노동자 대투쟁을 전환점으로 급속히 성장하기 시작했다. 새로이 등장한 노조 운동은 권위주의 체제에서 종속적이고 비민주적인 방식으로 운영되었던 기존 노조를 강하게 비판하면서 자신을 민주 노조 운동으로 규정했다. 자주성과 민주성, 노동계급의 계급적 연대 활동을 강조했던 민주 노조 운동과 국가의 강한 노동 배제 전략은 서로 조화될 수 없었다. 단위 사업장 수준의 노조 활동이 어느 정도 제도화되면서 곧바로 국가·자본과 노동은 대립적 노동 정치의 국면에 돌입했다. 배제적 노동 통제 전략 아래에서는 단위 사업장의 기본적인 노조 활동조차 충실히 보장될 수 없었기 때문이다. 이 체제에서는 단위 노조 수준의 대립이 곧바로 국가와의 전면적 대립으로 발전했다. 국가의 강력한 통제에 대해서 일정 규모 이상의 대중 동원력을 가진 대규모 노조들은 전국적 투쟁의 중심이 되었고, 전투적 노동운동을 주도했다.

1987년 노동 정치 체제는 매우 불안정한 과도기적 체제로서 심각한 대립과 갈등을 야기하는 체제이기도 했다. 그리고 그것은 자본과 국가, 노동 모두에 불만족스러운 것이었다.

먼저 국가는 민주 노조 운동을 기업의 울타리 안에 묶어 두고자 했지만 그것은 쉬운 일이 아니었다. 1992년경 약화되는 것처럼 보였던 민주 노조 운동은 김영삼 정부의 등장 이후 조직적 연대의 수준이 크게 확장되었다. 실제로 1995년 민주노총의 결성에서 알 수 있듯이, 국가가 주도한 노동 배제 전략은 실패로 귀결될 수밖에 없었다.

그리고 자본은 단위 사업장 노동조합과의 소모적인 대립에서 전혀 벗어날 수 없었다. 그 결과는 매년 되풀이되는 대폭적인 임금 인상과 작업장 노사관계의 불안정화, 곧 관리 비용의 대폭적 증가였다. 특히 생산 현장의 권력을 되찾기 위해 시도되었던 자본의 신경영 전략은 단위 노조 조합원의 강한 저항 앞에서 별로 효과를 발휘하지 못했다.

마지막으로 노동 측은 전국적 연대 조직으로서 민주노총을 결성하는 등 상당한 성과를 만들어 냈지만 계급 권력을 확대하는 데에는 대체로 실패했다. 이 시기 노조 운동은 대기업 중심의 노동운동, 계급적 연대 기반의 잠식, 정치 세력화 전망의 부재 등 기업 중심 노조 활동의 폐해가 확산되는 것을 막을 수 없었다. 특히 노동운동은 임금 인상, 노동조건 개선이라는 경제적 요구 투쟁으로 고착화되고 있었으며 조직의 규모에 있어 정체된 상태였다.

그러므로 김영삼 정권 말기의 노사관계 개혁은 무엇보다 1987년 노동 정치체제의 기본 틀을 국가 주도로 변형시키려는 것이었다. 처음에 개혁을 주도한 것은 정권 내부의 온건파였다. 그러나 그것은 강경 수구파와 대재벌의 저항으로 왜곡되었으며 날치기 노동법 개정으로 나아갔으며 결국 노동 측의 총파업을 불렀다. 이로써 위로부터의 체제 변형 시도는 실패했다.

그러나 위로부터 시작된 체제 개편 시도는 민주노총의 겨울 총파업이라는 아래로부터의 힘을 배경으로 결국 관철되었으며 그것은 1997년 3월 노동법 개정으로 나타났다. 3월 개정법은 민주노총의 합법화를 막아 1987년 체제의 지주가 되었던 노동법 조항을 삭제하는 대신, 정리해고 법제화와 노동자파견제도 등 자본의 요구를 반대급부로 수용하는 것이었다.

민주 노조 운동의 겨울 총파업으로 해체되기 시작한 1987년 체제는 1997년 말에 나타난 두 가지 외적 요인에 의해 그 해체 속도가 크게 가속화되었다. 그것은 IMF 체제의 도래와 김대중 정부의 성립이었다. 외환위기에 의해 촉발된 IMF 경제 체제는 노동 정치과정에 직접적이고도 강력한 영향을 미쳤으며, 1987년 체제 해체뿐만 아니라 새로운 체제의 도래를 앞당기는 요인으로 작용했다. 또 이른바 50년 만의 여야 정권 교체로 출범한 김대중 정부는 야당 세력의 집권이라는 점과 상대적으로 노동 친화적인 정권이란 점에서 노동 정치의 지형을 변형시킬 또 하나의 요인이 되었다. 외적 요인의 효과는 크게 다음과 같은 몇 가지 구조적 환경을 산출했다.

먼저 전 사회적 수준에서 이데올로기 지형이 크게 변화했다. 한국 사회가 처음으로 맞이하는 본격적인 경제 공황은 대중들의 사회 심리적 정향을 크게 바꾸어 놓았다. 새 정부가 IMF 처방을 적극적으로 수용하고, 위기를 신자유주의적 구조조정으로 타개할 것임을 천명하면서 '경제 위기' 담론은 더욱 힘을 얻었다. 1997년 겨울 동안 한국 사회에는 곧 닥쳐올 위기에 대한 공포감이 급속도로 확산되었으며, 경제 공황의 타격을 직접적으로 받을 수밖에 없는 노동 대중의 공포는 배가되었다. 특히 '경제 살리기'가 최우선의 가치가 되면서 조직된 노동 운동의 권력 자원은 크게 약화되었다. 일반 노동 대중의 전투적 동원을 기축으로 했던 민주 노조 운동은 대중 동력의 공황 상태를 일시적으로나마 경험하지 않을 수 없었고, 권력 균형의 추는 크게 기울기 시작했다.

둘째, 단기간에 대규모 실업 노동자가 발생함으로써 노동 정치의 의제도 바뀌지 않을 수 없었다. 오랫동안 단체교섭에 의한 임금, 노동조건의 개선을 주요한 활동으로 삼았던 노조 운동은 새로운 의제를 다룰 수 있는 능력과 경험이 없었다. 각 사업장에서는 기업의 정리나 도산, 구조조정 과정에서 정리해고나 명예퇴직 또는 희망퇴직 등 다양한 형태의 고용조정이 대규모로 진행되었다. 노조 운동은 대체로 과거 40년의 경제 성장 과정에서 거의 완전한 고용 보장을 확보하고 있었던 대기업 사업장, 공공 부문과 사무직 노동자들을 주력 부문으로 조직하고 있었으므로 충격은 배가되었다. 또 대규모의 실업자군이 형성됨으로써 노동운동은 실업 노동자에 대한 정책적 대응과 사회보장제도 도입의 과제에 갑자기 봉착하지 않을 수 없었다. 더불어 1998년부터 각 노조에서는 양보 교섭이 상당 정도로 일반화되기 시작했다. 임금은 삭감되었으며 노동조건은 크게 후퇴하기 시작했다. 양보 교섭을 둘러싼 노동 정치는 노사 모두에 전혀 새로운 정치 지형이었다.

셋째, 신정부의 경제·노동 정책과 초기 개혁 드라이브도 노사정위원회를 둘러싼 노동 정치의 지형을 형성한 중요한 요인이었다. 김대중 정부의 신자유주의적 경제정책(김성구 1998)은 무엇보다 국내외 자본이 자유롭게 운동할 수 있는 제도적 환경을 마련하는 것에 있었다. 그것은 일차적으로 고용 불안과 대규모 실업자의 발생, 양보 교섭과 노조 권력의 약화를 초래했다. 그렇지만 신자유주의적 경제정책은 '국민의 정부'라는 이데올로기적 담론과 더불어 상당 정도의 실업 대책, 사회복지 확충 정책과 모순적으로 결합된 것이었다. 따라서 노사정위원회의 노동 정치에는 국가 정책의 영향력이 매우 복잡한 방식으로 작용했다. 이런 중층성은 신정부의 정치 전략이라 할 수 있는 정치적 개혁 드라이브 혹은 민주화 담론과 결합되어 더 복잡하게 이해되어야 할지도 모른다.

넷째, 국가 정치 수준에서 보면 취약한 야당 권력이 집권함으로써 노동 정치에 미치는 국가 정치의 영향이 크게 변화했다. 김대중 정부의 권력 기반은 이전 김영삼 정권의 그것에 비해서도 크게 취약한 것이었다(정대화 1998). 김대중 정부는 보수 세력으로 구성된 자민련과의 정치 연합에도 불구하고 근소한 차이로 집권할 수 있었다. 그리고 집권 세력 내부에 매우 이질적인 세력이 포함됨으로써 국가 정치의 불투명성은 상당히 높아졌다. 예컨대 1999년에 예정된 정계 개편 혹은 내각제 문제는 집권 초반기부터 중요한 정치적 변수로 작용했다. 또 의회에서도 집권 세력은 소수당이었으며 여소야대 상황으로 출발했다. 1998년 한 해 동안의 정치과정을 통해서 의회에서 다수 의석을 확보할 수는 있었지만 불안정성은 해소되지 않았다. 마지막으로 특정 지역에 한정된 취약한 지역 기반도 중요한 요인으로 작용하고 있었다. 이렇게 취약한 권력 기반과 국가 내부의 갈등 가능성은 노동 정치의 전개 방향을 틀 지은 중요한 구조적 요인이었다.

다섯째, 여러 가지 외적 환경의 변화로 말미암아 노동운동 이념이나 운동 노선의 균열 가능성이 객관적으로 확대되었다. 노동운동은 두 가지 외적 요인에 대해 모두 조직 내부의 의견 수렴과 절충에서 더욱 힘든 상황에 처하지 않을 수 없었다. 1987년 체제에서는 권위주의적 노동 배제 정권에 대한 전면적 투쟁이라는 운동 전략이 상대적으로 손쉽게 합의될 수 있었지만, 10년 후 상황은 크게 달라졌다. 경제 위기는 민주 노조 운동으로 하여금 IMF 경제 위기의 실체와 집권 세력의 구조조정을 기본적으로 수용할 것인가, 아닌가의 어려운 난제를 해결하도록 강요했다. 실제로 정리해고 철폐 투쟁의 적합성 여부를 둘러싼 논란은 1998년 한 해 동안 지속되었다. 그리고 지배 블록 내에서 노동 측에 상대적으로 우호적이었던 야당이 집권한 것도 노동운동의 대응을 어렵게 했다. 이 점은 선거에서 국민회의를 지지했던 한국노총은 물론 민주노총도 예외가 아니었다. 이른바 '비판적 지지'의 문제를 포함해서 정권의 성격에 대한 서로 다른 판단과 인적 연계성의 문제가 변수로 작용했다.

2. 노사정위원회 구성기(1997. 11. 21~1998. 1. 14)

1997년 11월 21일 정부의 구제금융 결정으로부터 1기 노사정위원회 구성이 합의된 1998년 1월 14일까지 약 두 달의 기간은 노사정위원회 구성기라고 할 수 있다. 2절에서는 노사정위원회 구성과 관련된 정책 형성 과정, 그리고 1기 노사정위원회 출범을 둘러싼 노동 정치를 주로 고찰하고자 한다.

위원회 구성기는 12월 26일 대통령 당선자가 노사정협의회 구성을 제안하는 시점을 경계로 다시 두 개의 소시기로 나누어 볼 수 있다. 전반기에는 노동 조직과 정당 기구 내에서 합의 기구에 대한 정책 입안이 이루어지는 시기였다. 후반기에는 당선자의 제안을 둘러싸고 노사정 간의 전략적 상호 작용이 진행되었고, 그 결과로 1기 노사정위원회가 구성되었다.

1) 전반기

노사정위원회에 대한 구상이 시작된 것은 IMF 구제금융을 신청한 직후였다. IMF 체제가 확정되면서 노동 측은 그 대응 전략을 마련하는 데 고심하지 않을 수 없었고, 이를 먼저 제안하기에 이른다.

구제금융 결정 이후 12월 4일 IMF와의 구제금융 협상 타결을 거치면서 재벌을 필두로 한 각 기업이 자체 구조조정 계획을 속속 발표하기 시작했다. 각 기업의 구조조정 방안은 인원 감축, 임금 삭감 및 동결, 연봉제 도입 등 임금 체계의 개편 등 대체로 노동 측에 대한 공세의 의미를 담고 있었다. 자본가 단체들은 이런 의도를 더욱 명료히 표명했다. 전경련과 경총은 5년간 임금 상승률 총액 3% 이내 억제, 근로기준법 폐지, 정리해고제의 즉각 도입과 노동시장 유연화, 총 인건비 20% 삭감과 같은 과도한 요구들을 한꺼번에 제기하기 시작했다.[1]

이런 급박한 사태 전개 속에서 민주노총은 12월 3일 '경제 위기 극복과 고용 안정을 위한 노사정 삼자 기구'를 구성할 것을 공식적으로 제안했다(민주노총 1997). 그리고 12월 10일 임시중앙위원회에서는 재벌 체제의 개혁과 책임 규명,

---

[1] 11월 24일 전경련의 '새정부정책과제', 11월 30일 전경련의 30대 그룹 기조실장단 회의, 12월 3일 경총의 긴급회장단 회의 등은 그 대표적 사례였다. 『매일노동뉴스』(1997/12/12) 참고.

고용 안정(고용 보장과 고용 창출)을 삼자 기구에서 다루자는 제안을 다시 확인했다. 민주노총은 경제정책과 고용 정책 전반에 관해 실질적인 논의를 하고 합의된 사항에 대해 수정 없이 즉각 실행하는 기구로 삼자 기구의 위상을 설정했다.

노동 측의 문제 제기와 긴급한 경제 사정으로 말미암아 12월 중순, 정부나 정당들도 노사정 협의체 문제를 본격적으로 논의하기 시작했다. 정당 일각에서는 구제금융을 결정한 이후부터 노사정 합의 체제를 선거 공약이나 경제 위기 대책의 하나로 사고하기 시작했다.[2] 그러나 그것은 국민회의의 최종 선거 공약에서 제외되었으며, 이후 대통령 선거 결과가 발표될 시점까지 노사정위원회는 주요 의제로 등장하지 못했다. 선거 경쟁에 몰입하고 있었던 각 정당이 이 문제를 본격적으로 제기하기는 힘든 상황이었다.

반면에 정부는 12월 12일 대통령 주재 경제 장관 회의에서 사회적 합의 추진 의사를 공식적으로 발표했다. 정부의 구상은 1999년도 임금과 고용 안정에 관한 포괄적인 사회적 합의를 선언문 형식으로 추진하겠다는 것이었다. 그리고 노사 단체와 시민단체가 참여해 이미 활동하고 있었던 '경제대책추진위원회'를 추진 기구로 제시했다. 추진위원회의 합의 방식은 임금 동결과 고용 보장을 교환하자는 것이었으므로 노동 측이 반발하기도 했다.[3]

요컨대 12월 26일 이전까지 노사정위원회의 구상은 각 주체에 있어 매우 불투명했으며 구체화되기 힘들었다. 민주노총이 가장 적극적이었던 반면[4] 정부

---

2 국민회의 관계자 면담에 의하면 당의 정책 기구에서는 선거 공약의 하나로 노사정협의기구 구성을 고려했다고 한다.

3 김영삼 정부의 사회적 합의 제안은 힘 있게 추진될 수 없었다. 대통령 선거를 앞둔 임기 말 정부의 정책 추진은 근본적인 한계를 갖고 있었다. 노동 측과 자본 측은 당연히 커다란 의미를 부여하지 않았으며 민주노총은 단순한 선언 기구가 아닌 실질적인 참여 기구를 요구했다. 민주노총, 『경제위기 극복을 위한 공동선언(안)』과 『매일노동뉴스』(1999/12/23)

4 한국노총은 대통령 선거 기간 중 국민회의와의 정책 연합 건에 주력했고 합의 기구 구성에는 별로 관

는 힘있는 주체가 아니었으며 자본은 상대적으로 소극적인 입장을 갖고 있었다. 그러므로 민주노총의 제안이 노동 정치의 상호 작용으로 발전하기 위해서는 12월 18일 선거 후 대통령 당선자 측의 입장 표명이 필요했다.

민주노총이 노사정협의체의 구성을 적극 제안하고 나선 이유로 크게 두 가지를 생각해 볼 수 있다. 그 하나는 산하 산별연맹, 그중에서도 구조조정이 당면한 산별연맹의 직접적인 요구가 중요한 배경으로 작동했다. IMF와의 협상 결과로 구조조정의 압력이 긴박했던 금융노련, 민주금융연맹, 사무노련 등 금융 산업노조들은 노사정협의기구를 강력하게 요구하고 있었다.5 다른 하나는 민주노총 지도부의 운동 노선과 노사관계개혁위원회 참여 경험을 들 수 있다. 민주노총 지도부는 김영삼 정부 시기 노사관계개혁위원회 참여를 대체로 긍정적으로 평가하고 있었다. 그뿐만 아니라 기존의 전투적 임단협 투쟁 대신 사회 개혁 투쟁을 강조하는 노선을 갖고 있었으며, 사회 개혁 투쟁을 위한 중앙 교섭 혹은 협의 체제를 상대적으로 선호했다.

2) 후반기

12월 26일 김대중 대통령 당선자가 'IMF 극복을 위한 노사정협의회'를 구성할 것을 제안함으로써 노사정위원회의 노동 정치는 본격적으로 시작되었다. 선거 직후에 삼자 기구 구성 문제가 가장 시급한 현안으로 다루어진 것은 경제 행위 각 주체 간 사회적 합의 도출을 조건으로 100억 달러를 조기에 지원받기

심을 보이지 않았다. 『매일노동뉴스』(1999/12/12; 1999/12/13).
5 『매일노동뉴스』(1999/12/24) 참고.

로 IMF와 약속했기 때문이었다.[6] 노사정 타협의 시점은 IMF와의 실무 협상 시기에 맞추어 1월 중순으로 예정되어 있었다.

당선자는 24일 경제계 인사를 만난 다음 한국노총 위원장을 만나 삼자 회의 기구를 제안했고, 그 자리에서 손쉽게 참여를 약속받을 수 있었다. 선거에서 공개적 지지를 한 한국노총이 당선자 측의 참여 제안을 거부할 이유는 별로 없었던 것이다.

반면에 하루 늦게 제안을 받은 민주노총의 사정은 좀 더 복잡했다. 삼자 기구를 먼저 공식 제안한 민주노총이 당선자의 제안에 순순히 응할 수 없었던 것은 당선자가 '외환 사정이 악화됨에 따라 정리해고가 불가피하다'는 입장을 표명했기 때문이었다. 금융산업 노조들을 포함해서 구조조정이 예견되고 있었던 노조들은 강하게 반발하기 시작했다. 민주노총은 원칙적 참가 외에 몇 가지 참가 조건을 제시하는 것으로 대응했다. 참가의 전제 조건은 '협의 기구의 성격과 실효성 보장' '재벌 개혁과 책임자 처벌' '정리해고·노동자파견제 반대' 등이었다.

상대적으로 우호적인 분위기가 지배하던 연말의 분위기는 연초에 접어들면서 크게 바뀌기 시작했다. 1월 4일 대통령 당선자는 퀀텀펀드의 조지 소로스 회장과 만난 직후 인수합병 시 정리해고를 허용하는 금융산업구조조정법을 조기 통과시킬 것을 지시했다. 또 2월 2일로 예정되어 있었던 임시국회는 1월 12일로 앞당겨졌다. 당선자의 태도 변화에 따라 1월 8일 재계도 정리해고 요건 완화를 공개적으로 요구하기 시작했다. 결국 국내외 자본의 '개혁' 요구로 정리해고

---

6 결국 핵심 쟁점은 정리해고의 도입 수순과 관련된 것이었으며 제도 도입을 위해서 사회적 합의를 거칠 것인가, 아닌가의 문제였다. 국민회의 내부에서 이 문제에 대한 전반적 전략은 선거 직후까지 없었던 것으로 보인다. 합의 기구 추진을 주도한 핵심 인물은 한광옥 고문, 조성준 의원, 이재천 기조실부실장 등이었다고 알려져 있다. 한편 1월 13일 양 노총 위원장과 만난 캉드쉬 IMF총재는 정리해고 도입이 외채 협상의 조건은 아니라고 밝히기도 했다.

조기 도입은 점차 가시화되었다.

이런 가운데 노사정위원회는 10일 발족을 예정으로 급하게 조직되고 있었다.[7] 급조 과정에서 많은 혼선이 따랐음은 물론이지만 당선자의 지시와 상황의 긴박성이 모든 것을 정당화하고 있었다. 정부가 검토한 초기 구성안을 보면 노사정위원회는 노사정 대표 각 5명씩으로 하며 정부 측 위원은 차관급 관리와 현역 국회의원으로 설정되어 있었다. 그리고 위원회의 위상은 경제비상대책위 산하 기구, 대통령 직속 기구, 독립 기구 등 세 가지 안이 검토되었다. 조직 과정에서 쟁점은 협의체와 위원회, 정부 측 위원의 직급, 추진 실무자 문제 등이었다. 그렇지만 실질적 쟁점은 정리해고제의 도입 여부와 전제 조건들에 관한 문제였다.

그러므로 정부와 당선자 측의 입장에서 실무적 준비보다 더 중요했던 것은 반발의 강도를 한층 높이고 있었던 노동 측을 무마하는 일이었다. 여야가 8일 총무 회담에서 19개 부실 금융기관에 대한 구조조정 법안을 임시국회에서 처리하기로 합의하면서 노동 현장의 위기의식은 점증하고 있었다. 당선자 측의 일차적인 반대급부는 재벌 개혁이었다. 1월 5일에는 상호 지급 보증 조기 해소, 결합재무제표의 작성, 지주회사 설립 등의 개혁 추진 방침이 발표되었다. 1월 6일 당선자가 기업의 구조조정 및 정리해고 조기 도입을 대통령과 합의한 것도 중요한 수순이었다. 민주노총은 이를 공식적으로 환영하면서도 정리해고 도입의 수순이라는 의심과 개혁의 실천 의지에 대한 의구심을 버리지 않았다.[8]

---

7 좀 더 구체적으로는 당선자의 대국민 TV 대화가 있는 18일 이전 발족, 설날 이전 대타협의 구도가 설정되어 있었던 것으로 보인다. 『매일노동뉴스』(1999/01/06; 1999/01/07) 참고. 금융산업 노조들은 정리해고 방침에 강하게 반발하면서 노사정협의회를 조속히 개최할 것으로 계속 요구하고 있었다.

8 민주노총과 한국노총은 1월 5, 6일경 이미 노사정위원회참가를 유보하거나 불참성명을 발표하기에 이르렀다. 이에 대해 7일 노동부 장관은 최초로 민주노총 지도부와 비공식 회동을 가졌고 참가를 독려했다.

노동 측의 반발은 1월 7, 8일에 이르면 전면화된다. 양 노총은 임시국회에서 금융산업 정리해고제를 상정할 경우, 불참할 것을 선언했다.[9] 특히 민주노총은 총파업을 포함한 총력 투쟁을 결의하기도 했다. 노동 측은 고용 안정 문제 등 모든 문제를 노사정 협의체에서 논의하겠다던 당선자의 약속이 지켜지지 않고 있다고 강하게 비판했다. 민주노총의 반발은 대의원대회에서 금속산업 대기업을 중심으로 현장 조합원의 반발이 직접 전달되었기 때문에 더 강경해졌다. 참가로 기울던 기존 중앙 지도부의 입장은 선회하지 않을 수 없었다. 그렇지만 '총력 투쟁을 노사정 중앙 교섭과 병행'하는 입장은 여전히 견지하고 있었으므로 노사정위원회에 대한 민주노총의 태도는 이중적인 것이었다. 이때 참여의 요건은 임시국회에서의 금융산업 정리해고제 처리 중단이었다. 반면 한국노총의 반발은 상대적으로 약한 편이었다. 한국노총은 불참 선언과 동시에 전원합의제, 노사동수 구성, 대통령직속기구 등 조직 방안과 협약 대상 의제를 동시에 제안했고 그만큼 참여의 여지가 많았다.

상황이 이러했으므로 당선자 측은 일단 노동 측의 반발을 무마하지 않을 수 없었다. 실무 준비 기구인 노사정협의대책위원회(위원장 : 한광옥)는 일단 임시국회 이후로 협의체 구성을 연기하는 문제를 검토하고 참가를 종용하기로 했다.[10] 그러나 금융기관 정리해고제 조기 도입에 대해서는 당선자와 국민회의, 정부의 입장이 14일까지 전혀 변화하지 않았고 노동계를 설득하는 문제는 용이하지 않았다. 1월 13일 한국노총이 국민회의 총재 대행과의 간담회를 거부하

---

9 민주노총은 노사정 중앙교섭 요구안으로 재벌 처벌, 정리해고 규제와 노동시간 단축 등 24개 항목을 제시했고, 한국노총은 노사정위원회 구성안 외 20개의 협약 대상 의제를 밝혔다(민주노총, 『'98년 정세와 투쟁 방침(안)』, 1998.1.8.).
10 이 회의에서는 조직 형식에서 위원회 체제로 하며, 기구 구성 및 기타 의제는 노사와 협의한다는 발표가 있었다. 위원회 체제는 다수결 의결을 의미했다.

고 민주노총 지도부가 철야 농성에 돌입하는 등 반발은 더욱 거세졌다. 또 같은 날 발표되었던 당선자와 4대 재벌 회장 간의 대기업 구조조정 5개항 합의에 대해서도 노동 측은 '정리해고 도입을 위한 노동계 달래기 수순'이라고 비난했다. 그러나 막후 협상은 계속되었다.11

한편, 이즈음 당선자 측과 정부에서는 노사정위원회의 구성, 활동 내용, 타결 수순 등 모든 사항에 관해서 전반적인 검토가 있었던 것으로 보인다. 그 내용 중에는 민주노총 합법화, 교원 – 공무원의 노동권 · 정치 활동 보장 등의 사안이 포함되어 있었다. 노사정위원회를 둘러싼 국가 전략은 상당히 정치적인 요구에 의해 시작되었지만 노동 측의 반발을 거치면서 그 내용이 더욱 구체화된 것으로 볼 수 있다.

노사정위원회 출범은 1월 13일 밤 김대중 당선자가 노동 측의 요구를 최종적으로 수용함으로써 가능해졌다. 당선자 측은 임시국회를 연기하거나 노사정위원회에서의 논의 결과를 갖고 정리해고 문제를 처리한다는 두 가지 방침을 검토했고 그중 후자를 선택했다. 당선자의 판단 변화를 야기한 일차적 요인은 노동 측의 저항이었다. 여기에는 노동 저항이 대외 신인도를 약화시킬 것이라는 우려와 함께12 정권 출범 이전에 정치적 부담을 안을 수 없다는 판단도 작용했다.

참가의 일차적 전제 조건을 관철한 노동 측은 14일 발족준비위원회에 참여했다. 한국노총은 환영 성명을 발표했으며, 민주노총은 '조건부 참가'를 표명하고 총력투쟁 병행 방침을 다시금 확인했다.

발족준비위원회 회의에서는 조직과 운영 방식의 기본적인 원칙들이 합의되었다. 노사정 위원은 재경원과 노동부 장관, 양 노총 위원장, 전경련과 경총회

---

11 자세한 내용은 『매일노동뉴스』(1999/01/15) 참고.
12 17일에 금융 사절단의 방미가 예정되어 있었으므로 강행 처리는 도저히 어려운 상황이었다.

그림 5-1　1기 노사정위원회 조직 체계

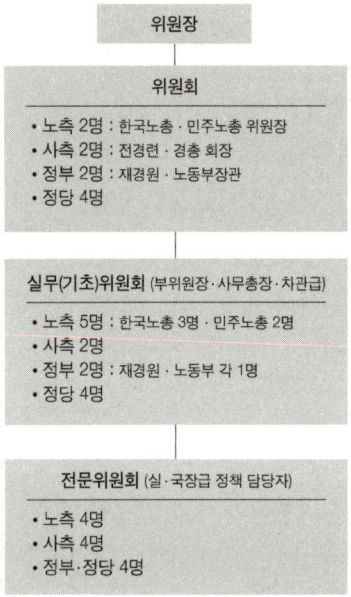

위원장

위원회
- 노측 2명 : 한국노총 · 민주노총 위원장
- 사측 2명 : 전경련 · 경총 회장
- 정부 2명 : 재경원 · 노동부장관
- 정당 4명

실무(기초)위원회 (부위원장·사무총장·차관급)
- 노측 5명 : 한국노총 3명 · 민주노총 2명
- 사측 2명
- 정부 2명 : 재경원 · 노동부 각 1명
- 정당 4명

전문위원회 (실·국장급 정책 담당자)
- 노측 4명
- 사측 4명
- 정부·정당 4명

자료 : 『매일노동뉴스』(1998/01/15).

장, 그리고 각 당 4명 등 전체 10명으로 구성키로 했다. 조직은 위원회와 실무 (기초)위원회 그리고 전문위원회의 3중 체제로 하며 필요에 따라서는 분과위원 회를 설치할 수 있다〈그림 5-1〉참고). 운영에서는 의결 방식으로 합의 원칙이 결정되었으며, 1월 말에 경제 위기 극복을 위한 주체들의 역할을 담은 선언문을 발표하기로 합의했다. 또 당선자 측은 노사정위원회가 단지 합의 기구가 아니라 노동 정책을 논의하는 상설 기구로 만들 것이라고 밝히기도 했다.

노사정위원회의 구성과 출범 과정이 그리 단순한 것은 아니었지만, 각 주체의 전략적 판단은 비교적 명료하게 드러났다. 국가와 노동, 그리고 자본 삼자 모두는 근본적으로 노사정위원회의 필요성을 절감하고 있었다. 다만 문제는 노사정위원회를 둘러싼 삼자의 전략적 목표가 서로 달랐던 점이었다.

먼저 당선자와 정부 측은 노사정위원회에 대해 명료한 판단을 하고 있었다. 그것은 정리해고를 법제화함으로써 구조조정 과정을 원활히 하자는 것이었다. 노사정위원회의 급박한 구성, 강한 추진력 모두는 외자 차입을 통한 외환위기의 탈출이라는 대명제에 종속되어 있었다. 사회적 합의나 그 절차가 빠진 구조조정 강행이 불러올 경제적·정치적 비용은 합의 과정에서 제공할 반대급부를 훨씬 능가할 것으로 판단한 것이다.

정부와 당선자 측의 노사정위원회에 대한 전략 방침은 이미 1월 7~10일경 포괄적으로 정리되었다. 예를 들어 노동부 노정국은 정리해고를 둘러싼 노동계의 대응 방식에 따른 여러 가지 시나리오가 검토한 바 있었다. 여기에는 금융산업의 정리해고 처리방식, 정리해고 일반의 법제화 문제, 합의가 어려울 경우 민간 주도의 '자율 합의' 추진 방안, 대국민 홍보와 시민사회단체의 '경제 살리기' 운동 추진 등 모든 사안이 포함되었다. 특히 노정 간의 접촉이 시작되기도 전에 정부에서는 노동계에 허용할 수 있는 사안들을 정리해 두기도 했다. 여기에는 임금채권보장기금의 설치, 재벌 개혁, 노동조합의 정치 활동 확대뿐만 아니라 공무원·교원의 단결권을 허용하는 문제까지 포함되어 있었다(노동부 노사정책국 1998).

또 정부와 당선자 측과의 정책 협의 과정에서는 노사정위원회의 구체적인 기능이 명료히 정리되기도 했다. "(노사정)위원회는 노조가 정리해고 제도화에 합의하지 않더라도, 파업 등 돌출 행동을 하지 않도록 막는 안전판으로 기여하면 소임을 다하는 것"이었다(선한승 1998). 이는 좀 더 근본적인 의미에서 노사정위원회의 기능이 단순히 정리해고를 관철하는 것에 한정되지 않는다는 것을 말한다. 오히려 정부에 더 중요했던 것은 노동계의 저항을 사전에 제어하는 정치적 기능이었다.

반면에 노동 측의 입장은 약간은 모호한 것이었다. 민주노총의 경우에는 크게 보아 중앙 지도부와 금융산업 노조들의 강한 참가 의지와 금속산업 일각의 의심과 반대가 서로 교차했다. 1월 초 불참 선언과 총력 투쟁 방침을 확정했음에도 불구하고 노사정 중앙 교섭이 '병행 추진'된 것은 이런 내부 사정을 반영하는 것이었다. 다만 강경 투쟁 방침이 계속된 것은 당선자 측의 금융산업 정리해고의 추진 방식이 지나치게 과도한 측면이 있었기 때문이었다. 정리해고를 최종적으로 수용할 수 있는 것인가에 대한 민주노총 지도부의 판단은 모호했으며 이는 1기 노사정위원회의 합의 시점까지 계속되었다.

선거 과정에서의 지지 표명으로 밀월 관계를 원하고 있었던 한국노총 지도부의 판단은 좀 더 단순했을 것으로 보인다. 노총은 정리해고에 대한 산하 금융노련의 반발과 민주노총을 의식해서 약간 저항했지만 위원회 참가는 대체로 기정사실이었을 뿐이었다.

마지막으로 경총과 전경련 등 사용자들은 참가에 대해 적극적으로 찬성하고 있었지만 사실은 불참 선택이 불가능한 상황이었다. 그것은 경제 위기에 대한 시민사회의 비난 여론과 함께 새 집권 세력의 요구를 무시하기 힘들었기 때문이었다. 그리고 정리해고 법제화를 위한 위원회에 사용자들이 굳이 참가하지 않을 이유는 없었다.

결국 노사정위원회 구성을 둘러싼 전략적 상호 작용에서 핵심 쟁점은 역시 모든 주체들이 명료하게 인식했던 것처럼 정리해고의 법제화 문제였다. 국가와 사용자들은 정리해고 제도의 관철, 혹은 대규모의 인력 조정을 위한 정치적 장치로써 노사정위원회를 명료히 인식했던 반면, 노동 측은 그렇지 않았다. 노동 측은 정리해고를 위한 노사정위원회 반대의 입장을 공식적으로 갖고 있었지만 내적으로 균열되어 있었다. 일각에서는 궁극적으로 관철될 정리해고와 교환할 반대급부의 내용에 대해 관심이 있었으나 다른 한 측에서는 끝까지 정리해고를 수용할 수 없다고 보고 있었다.13 특히 구조조정 대상 산업의 노조들은 '참가를 통한 정리해고 저지'라는 관철되기 힘든 입장을 갖고 있었다. 그러므로 1기 노사정위원회의 성패는 무엇보다 노동운동 내부의 존재하는 두 세력 간의 역학 관계에 달려 있었다고 볼 수 있다.

3. 1기 노사정위원회와 노사정 합의(1998.1.15 - 2.14)

3장에서는 1월 15일 1기 위원회의 공식 발족으로부터 노사정 합의를 거쳐 2월 14일 국회에서 관계 법률이 개정되는 두 번째 시기를 다룬다. 이 시기에는 약간의 우여곡절을 겪으며 첫 번째 노사정 합의가 이루어졌으며 정리해고가 법제화되었다.14 약 한 달 동안의 짧은 기간에 진행된 노동 정치과정과 노사정 합의는 이후의 노사정위원회 노동 정치의 기본 범형을 보여 주었다. 1월 20일 노사정공동선언문 I 채택과 2월 6일 사회적 합의를 기점으로 해서 다시 세 개의 소시기로 나눌 수 있다.

---

13 노동 측 반응에 대해서는 『매일노동뉴스』(1999/01/16) 참고.
14 1기 노사정위원회에서는 6차에 걸친 노사정위원회 회의, 10차례의 기초위원회와 전문위원회가 개최되었다.

1) 의제 설정기

노사정위원회가 구성된 직후 6일간의 짧은 첫 번째 소시기는 의제 설정 시기로 불릴 수 있다. 정리해고를 둘러싼 긴장이 해소된 것은 아니었으나[15] 이 시기는 상대적으로 유화적인 국면이었다. 구체적으로 위원회 운영 규정에 관한 논의와 결정이 있었고 위원회 조직 체계를 마무리지었다. 그리고 1월 14일 합의에 따라 공동선언문은 약간의 논란이 있었지만 무난히 통과될 수 있었다.

1월 15일의 첫 노사정위원회에서 김대중 대통령 당선자는 치사에서 정부의 우선적 고통 분담, 노사 공정 대우, 국가 경쟁력 우선이라는 세 가지 원칙을 제시했다. 특히 당선자는 과거 정부 정책이 편파적이었음을 분명히 밝히고 이를 시정하는 것은 물론 노동자의 실업 최소화, 생존권 확보에 최선을 다하겠다고 약속했다. 또 위원회가 다룰 의제의 포괄적 범주가 일곱 가지로 제안되었으며, 노사정 주체들은 각기 10개 이내의 의제를 제출하도록 했다.[16]

노사정 간의 공식적인 첫 합의 의제였던 '경제 위기 극복을 위한 노사정 간의 공정한 고통 분담에 관한 합의문'에서도 정리해고가 문제로 되었다. 19일 기초위원회와 전체위원회에서 통과가 예정되었던 '합의문'은 노동계가 '노동시장 유연화 제고 방안에 관한 법 개정 추진' 항목이 정리해고 도입의 함의가 있다면서 반발하면서 발표가 연기되었다. 그 밖에 부당노동행위의 의제 포함 문제에 대해서도 논란이 있었다. 그러나 이날 쟁점에 관한 일괄 처리 원칙과 논의 대상

---

15 같은 날 임시국회가 21일까지로 연장되면서 회기 내 합의가 없으면 강행 처리한다는 국민회의 원내 총무의 발언과 언론보도가 있었고 노동계는 거세게 항의했다. 이 사건은 합의 후 처리라는 원칙이 다시 확인되어 에피소드로 끝났으나 불씨는 여전히 남아있었다(『매일노동뉴스』 1998/01/17.)
16 일곱 가지 범주는 각 주체가 긴급히 요구하는 사항, IMF 합의 이행에 관한 사항, 경제 위기 극복을 위한 주체들의 역할, 실업자 고용 대책 수립, 21세기 신노사관계 패러다임, 합의 도출이 쉬운 단순 처리 사항, 기타 위기 극복을 위해 필요하다고 인정한 사항 등이다(『매일노동뉴스』 1998/01/16 참고).

열 가지 의제는 비교적 손쉽게 결정할 수 있었다.[17]

1월 20일 공동선언문에서 제기된 쟁점들은 문구 수정을 통한 절충으로 손쉽게 해결되었고 완전 합의에 이를 수 있었다. 정리해고 도입 명문화 문제는 '의제에 대한 충분한 토론, 논의를 거쳐 결정한다'로, 그리고 합의 시한 문제는 '조속한 시일 내에 국회 일정을 감안, 처리한다'로 수정되었다. 부당노동행위 문제에 대해서는 10대 의제에서는 제외하되 우선 과제로 설정하고, 노동부 장관이 담화문으로 엄단 조처할 것임을 공표하기로 했다.

2) 노사정 합의기

의제 설정기와 달리 약 보름 동안의 노사정 합의기에는 법제화 강행 처리 방침에 대한 노동 측의 저항과 막후 협상이 교차하면서 역동적으로 진행되었다. 노동 측은 공동선언 채택 직후부터 강경 투쟁 병행 방침을 다시 확인하는 등 상황에 역동성을 불어넣은 핵심 주체였다. 노동 측이 투쟁을 강화한 공식적인 이유는 부당노동행위의 만연, 재벌 개혁의 불철저성, 부실한 실업 대책 등이었다. 그러나 좀 더 중요한 이유는 정리해고 반대를 포함해서 노사정 협의 과정에서 유리한 지위를 차지하고자 하는 데 있었다.

민주노총은 21일 노동부 장관의 부당노동행위 근절 조치, 23일 국민회의의 부당노동행위 조사특위 구성 방침 발표에도 불구하고 상황은 전혀 나아지지 않

---

17 합의된 열 개의 의제는 ① 기업의 경영 투명성 확보와 구조조정 촉진 방안, ② 물가 안정 방안, ③ 종합적인 고용 안정 또는 실업 대책, ④ 사회보장제도 확충 등 저소득층 근로자 생활 보호 대책, ⑤ 임금 안정과 노사 협력 증진 방안, ⑥ 노동 기본권 보장 등 민주적 노사관계 확립, ⑦ 노동시장의 유연성 제고 방안, ⑧ 국민 대통합을 위한 조치, ⑨ 수출 증대 및 국제수지 개선을 위한 국민운동 전개, ⑩ 기타 경제 위기 극복을 위한 노사정, 국민의 역할에 관한 사항 등이다.

았다고 강력하게 비난했다. 그리고 현대, LG 등 주요 재벌의 구조조정 방안이 턱없이 미흡하며 정부가 이를 방관하고 있다고 비판했다.[18] 한국노총도 부당노동행위 엄벌과 정리해고 반대의 입장을 계속 주장하면서 비판적인 입장을 견지했다.[19]

노동 측의 성명전이 계속되는 가운데에서도 부분적인 합의점들을 찾아내던 노사정위원회 협상은 1월 말에 이르러 한계에 부닥치게 되었다. 1월 30일 현재 노사정위원회가 부딪힌 쟁점들은 고용조정에 관한 법제 정비, 파견 근로자 등 비정규 고용 관련 제도 정비, 공무원·교원의 기본권 보장, 노조 활동의 허용 범위, 실업 재원 확충 방안, 고용 보험 지원 사업의 강화, 임금·근로시간 조정 그리고 기업 차원의 고용 안정 방안 등이었다.[20] 이 가운데 핵심 쟁점은 물론 정리해고제와 노동자파견제의 법제화 문제였다. 당선자와 정부 측은 2월 임시국회에서 법제화한다는 방침을 계속 공표하고 있었으나 노동 측은 반대 입장만을 거듭 표명했다. 당선자 측도 이때까지는 노동 기본권 문제에 대해 전향적인 안을 제출치 않았다.

2월 2일 임시국회 개원을 앞두고 다급해진 당선자 측은 30일 비공식 협상 대표를 보내 양 노총과 접촉했으나 성과는 없었다. 이 회합에서 민주노총은 실업 대책, 재벌 개혁, 노동 기본권 등에서 좀 더 전향적인 안을 정부가 제출해야 정리해고 문제도 논의해 볼 수 있다고 밝혔다. 그리고 노동 측은 정부가 강행 처리를 위한 수순을 밟을 경우 강력히 대처할 것임을 거듭 천명했다. 한국노총은 더

---

18 제2차 중앙위원회의 토의 사항과 『재벌총수 퇴진·불법행위 중지 촉구 특별 기자회견』(1997.1.23)을 참고할 것(『매일노동뉴스』, 1998/01/22; 1998/01/24).

19 『매일노동뉴스』(1998/01/31).

20 『매일노동뉴스』(1998/01/31) 참고. 한편 노동 측은 1월 30일 5차 기초위원회 합의를 보건복지부가 반대하자, 정부의 교섭 창구 자체가 일원화되지 않아 본격적인 논의가 불가능하다고 비판했다.

나아가 노사정위원회 탈퇴 의사를 표시하기도 했다.

1월 31일 드디어 민주노총은 노사정위원회에 불참한다고 선언하고 이날 회의에 참여치 않았다. 그리고 2월 2일에는 강행 처리 방침에 항의하는 성명을 발표하고, 법안 상정 시 총파업을 선언하는 등 총력 투쟁의 기조를 다시 확인했다. 정리해고가 공식 논의 의제가 되면 더는 참여치 않겠다는 의사 표명이었다. 한국노총도 2월 2일 불참을 선언했다. 그렇지만 불참 선언에도 불구하고 2월 1일과 2일 전문위원회는 계속 진행되었고 2일까지 전체 110개 의제 가운데 90개 의제에 관해 합의할 수 있었다.[21]

2월 2일 민주노총은 간부 개인의 의견 표명이라는 비공식적 형태로나마 정리해고 문제를 논의하기 시작했다. 그 계기는 2월 2일 제출된 당선자 측의 수정안이었다. 이른바 '박훤구 안'으로 불리는, 박훤구 교수가 작성한 수정 제안은 1월 27일 국무회의 간담회에서 확인된 정부 원안을 수정·보완한 것이었다.

수정안은 해고 요건으로 '계속되는 경영 악화, 업종의 전환 또는 사업의 일부 폐지, 경쟁력 강화를 위한 기술혁신, M&A'로 규정해 정부 안과 큰 차이가 없었다. 다만 '신기술 도입, 신공정 전환 및 개체'가 빠졌으며 해고 절차와 해고 회피 노력을 강화한 안이었다. 그리고 국민회의는 정리해고가 논의될 경우 전교조 문제나 전임자 임금 지급 금지에 대해서도 적극적으로 검토할 수 있다는 입장을 비공식적으로 제안했다. 민주노총은 일단 수정안을 수용할 수 없다고 밝혔으나 이 제안으로 말미암아 정리해고에 대한 실질적 논의가 시작되었으며, 이후 협상은 다시 본격적으로 진행되었다.

---

21 2월 2일에 이르면 실제로 난항에 빠진 쟁점은 정리해고, 노동자파견제도, 기업 경영투명성 확보(지주회사 설립 허용 문제), 실업 대책 기금 정도에 불과했다. 교원노조 등 노동 기본권 문제에 대해서 국민회의는 전향적인 안을 제시할 수 있다는 의견을 노동 측에 계속 전달했다(『매일노동뉴스』, 1998/02/03).

〈표 5-2〉 1기 노사정위원회 최종 쟁점 사항

쟁점	노동 측 입장	당선자 측 입장
쟁점 처리 방법	노사정위원회에서 일괄 타결	정리해고 수용 시 당선자 결단 기대
정리해고	남용 규제 법제화	법제화 전제 시 일부 제한 장치 가능
전교조	노조 형태 노동2권 부여, 2월 입법	2차 의제 이월, 당선자 결단 기대
노조 전임자 임금	지금 금지 조항 전면 삭제	신설 노조에 한해 2002년 3월까지
노동 행정 이관	찬성	검토 가능
조합원 자격 확대	해고자, 실업자에도 자격 부여	해고자만 검토 가능
산별 체제 전환	법에 강제 조항 명시	노조 자율에 맡길 사항
부당노동행위	사업주 구속 등 구체적 조치 선행	시간을 두고 해결할 문제

자료 : 『매일노동뉴스』(1998/02/06), 8쪽.

2월 3일 국민회의와 정부는 다시 재수정안을 제시하면서 협상에 박차를 가했다. 재수정안은 조문의 명칭을 '경영상 이유에 의한 해고의 제한'으로 바꾸고 해고 요건을 부분적으로 수정한 것이었다. 그리고 노동위원회 사전 승인이라는 노동 측의 요구도 제한적으로 수용했다. 다만 그 밖의 노조와의 사전 협의, 해고수당, 도산의 객관성 인정 등의 핵심 사안은 쉽게 합의에 이를 수 없었다. 그러나 이 시점에서 타결은 시간문제일 뿐이었으며 노동 측은 정리해고제를 수용할 태세가 되어 있었던 것으로 판단된다. 실제로 2월 2일 이후부터는 민주노총과 한국노총이 당선자 측의 최종안을 재촉해 타결을 서두르는 모습을 보이기도 했다. 국민회의가 정한 타결 시한인 5일 이전의 쟁점 사항은 〈표 5-2〉에 정리되어 있다.

표면적으로 협상은 난항이었지만 2월 5일에 이르면 핵심 쟁점들에 대한 타결 구도가 분명히 드러났다. 정리해고 문제는 노조가 법제화를 용인하는 것을 전제로 해고 요건에 '계속되는 경영 악화에 따른 인수·합병'을 포함시키기로 했다. 그리고 전교조 인정 문제는 당선자 측이 노조 허용 방침을 밝히면서 시기 조정 문제만 남게 되었으며 공무원노조는 전교조 허용 시기에 연동하기로 했다. 한국노총이 강하게 요구했던 전임자 임금 지급 금지 문제는 자본 측의 강력한 반대로 신설 노조 5년 유예, 근로 복지 기금 1천억 조성 등이 대안으로 논의되었다.22

　이렇게 준비된 구도에서 최종적인 타결을 앞당긴 것은 한국노총의 적극적인 타결 의사 표명이었다. 한국노총은 2월 5일 긴급대표자회의를 열고 '최종 협상에 임하는 우리의 입장'이라는 성명을 발표하면서 대타협 의사를 분명하게 밝혔다.23 노총의 협력 의지 표명은 민주노총을 압박하는 것을 의미했다. 국민회의와 정부 일각에서는 시한을 강조하면서 '민주노총을 배제한 합의'도 불사하겠다는 의사를 비공식적으로 표명해 왔다. 민주노총에는 최종적인 선택이 남아 있었지만, 지도부의 내부 역학으로 보면 타결을 통한 실리 확보론이 이미 우세한 상황이었다. 5일 열린 긴급 투쟁본부대표자회의에서 공세적 요구를 제기하는 '협상 전략'이 논의되었던 것도 같은 맥락이었다. 이 회의에서는 핵심 요구안을 협상팀에 위임했는데 여기에는 정리해고와 관련된 사항도 포함되어 있었다. 결국 민주노총은 공식적으로 정리해고를 의제로 수용하게 되었으며 이런 구도에서 의제 수용은 타결을 의미했다.

　2월 6일 새벽에 이루어진 '대타협'에 대한 각 주체의 평가는 미묘하게 갈라졌다.24 타협에 이른 만큼 전면적인 부정적 판단은 없었지만 차이는 곧바로 나타

22 2월 5일 자본 측은 긴급 기자회견에서 전임자 임금 지급 금지 조항이 논의될 경우 노사정위원회에 불참할 것이라고 경고했다. 한편 한국노총은 노사정위에서 논의된 절충안에 반대했고 결국 이 문제는 2차 과제로 이월되었다.
23 물론 이런 결정의 배경에는 당선자 측의 물밑 작업이 강력하게 작용한 것으로 보인다(『매일노동뉴스』, 1998/02/06).

났다. 이 차이는 대타협을 둘러싼 주체들의 전략적 상호 작용의 구조를 정확하게 보여 주었다.

먼저 당선자 측은 소기의 전략적 목표를 무리 없이 처리한 것으로 평가받았다. 정리해고 자체보다 그 과정이 중요했던 맥락에서 보면 민주노총을 포함한 일괄 대타결은 전략적 승리였다고 할 수 있었다. 정리해고 법제화의 비용을 최소화했을 뿐만 아니라 정치적 지도력을 인정받는 부산물도 얻게 되었다.

협상의 막바지에 오면 이른바 '당선자의 의지'가 타결에 매우 중요한 요인으로 부각된다. 실제로 국민회의와 정부는 '노동계가 정리해고를 수용하면 핵심 쟁점 사안에 대해서 당선자의 의지나 결단을 기대해 볼 수 있다'고 주장했다. 당선자가 정부나 국민회의, 자민련 내부의 보수파를 제어할 수 있는 정치적 위치에 있었으므로 이는 일견 타당한 시각일지도 모른다.

그러나 당선자의 결단 문제는 주어진 상황 조건에 대한 전략적 대응이라는 좀 더 객관적인 관점에서 볼 필요가 있다. 1기 노사정위원회의 상대적으로 손쉬운 타결은 기본적으로 IMF라는 경제적 상황 조건 및 이것과 맞물린 정치적 지형의 산물이었다. 이미 실질적인 집권 세력으로 작동하고 있었던 당선자 측은 IMF 협상의 협정 내용을 충실히 이행하지 않을 수 없었다. 그렇지만 이행의 방법은 여러 가지가 있을 수 있었다. 크게 보면 사회적 합의의 길 외에도 강행 처리의 전통적인 방식이 있었다. 정리해고로 가는 두 갈래 길 가운데 당선자 측이 노사정위원회의 길을 선택한 데에는 합리적인 이유가 있었다.

문제는 두 선택지 간의 손익계산이었다. 노사정위원회 길의 선택에는 여소야대의 국면, 겨울 총파업을 이끌어 낸 노동 측의 대중적 역량, '국민정부'의 집

---

24 자세한 내용은 『매일노동뉴스』((1998/02/07) 참고. 타결안의 자세한 내용은 〈부록〉 참고.

권 초반기라는 정치적 요인이 결정적으로 작용했다. 현실적으로 노사정 기구를 통하지 않는 입법화는 노동 측 저항뿐만 아니라 거대 야당의 강한 반발을 전제로 해야만 하는 선택지였다. 따라서 그 성패도 불투명했으며 자칫하면 겨울 총파업 이상의 통제 불능 국면이 도래할지도 모르는 일이었다. 공식적인 집권 이전에 이런 정치적 부담을 안고 갈 수는 없는 일이었다.[25]

그러므로 1기 노사정위원회에서 당선자 측의 전략 선택의 폭은 매우 좁았으며, 양보는 어느 정도 필연적이었다. 당선자의 결단은 사회적 합의 전략의 일부였으며[26] 남은 것은 노동계에 대한 양보의 수준과 폭의 문제였을 뿐이다. 또 결단의 내용 중에서 교원노조와 공무원 단결권의 허용, 정치 활동의 부분적 허용, 실업자의 노조 가입 등의 사항들은 1기 노사정위원회 구성 이전의 전략적 기획 구도를 전혀 벗어나지 않았다. 결국 정리해고 법제화로 예상되던 정치적 비용은 최소화되었고, 지불된 비용도 미미했다.

다음으로 자본 측은 몇 가지 불만은 있었지만 전체적으로 만족할 수 있었다. 교원 노조와 공무원 단결권, 정치 활동 허용 등은 자본 측의 직접적인 이해관계가 걸린 문제가 아니었다. 반면 정리해고와 파견 노동자 제도는 현장 노사관계의 권력 균형을 일거에 바꿀 수 있는 사안이었다. 자본 측이 불만을 가질 수 있는 부분은 실업자의 노조 가입이 허용된 점, 경영 참가, 전임자 임금 지급, 노동 시간 단축 등 2차 이월 과제들이 향후 의제로 될 수 있다는 점에 국한되었다. 자본의 입장에서 1기 노사정위원회의 합의는 경제정책 차원의 기업 구조조정의 대가로 국가가 제공하는 반대급부였다.

---

25 비슷한 평가로는 진숙경, "노동계 선택폭, 정부·당선자 측 손에"(『매일노동뉴스』, 1998/02/05) 참고.
26 민주노총의 불참 가능성이 여전히 존재했던 2월 5일 당선자는 국민회의 협상팀에 '타결 시한을 2~3일 넘기더라도 끝까지 함께 갈 것'을 지시했다.

문제는 노동 측이었다. 노동 측의 반응은 한국노총과 민주노총에서 각기 상이하게 나타났다. 먼저 한국노총의 경우에는 일단 '미흡하지만 최선을 다했다'는 신중한 평가를 앞세웠다. 그러나 내용적으로는 매우 만족스러워 하는 분위기가 지배적이었다. 만족의 근거는 구체적인 협상 내용에 대한 평가 외에 협상의 주도력을 발휘했다는 것에 있었다. '협상의 주도력'이 무엇을 의미하는가는 불분명하다. 일단 노총이 타결 직후 발표한 성명을 보면 그것은 대체로 '신정부와의 원만한 관계'와 관련되는 것이다. 말하자면 합의에 소극적이었던 민주노총을 장*으로 끌어내고 협상을 주도해서, 신정부와 호흡을 맞출 수 있게 되었다는 것이었다. 결국 노총은 타결 내용이 터무니없는 것이 아니라면 신정부와 원만한 관계를 유지하는 것에 전략적 목표를 두고 있었던 것으로 볼 수 있다. 이는 짧게는 대선 기간 중의 후보 지지 전술의 연장선 위에 있는 것이며, 길게는 상층 '정치 활동' 중심의 노총 운동 노선을 반영하는 것이었다.

반면에 민주노총 측은 예상대로 내부의 비판에 직면하지 않을 수 없었다. 타결 당일부터 현장 조합원의 반발은 시작되었다.[27] 이후 민주노총 내부의 역학 구도는 세 번째 소시기의 노동 정치를 주조했다.

3) 법제화 시기

2월 6일 합의로부터 14일 관련법 개정까지의 짧은 기간은 1기 노사정위원회 합의의 여진이 잦아드는 약간의 진통이었다. 그러나 이 시기는 1기 노사정위원

---

27 합의 당일 울산 지역의 28개 노조위원장단은 긴급 대표자 회의를 갖고 합의문에 반대하기로 했다. 반발은 사무, 금융 등 협상을 강조하던 몇몇 연맹 산하 노조를 제외한 거의 모든 조직에서 전반적으로 나타났다(『매일노동뉴스』, 1998/02/07).

회의 정치구도뿐만 아니라 2기 노사정위원회 노동 정치의 지형을 압축적인 형태로 보여 주었다.

2월 9일 민주노총의 제8차 임시대의원대회는 무엇보다 노사정 합의안을 추인하는 대회였다. 그것은 이미 1월 7일 대의원대회의 결정 사항이었을 뿐만 아니라, 1월 중순 노사정위원회 참가 결정 직후 다시금 확인되었던 예정된 절차였다.[28] 내용으로 보면 합의 기구 참가에 대한 내부의 상반된 두 개의 경향이 표결이라는 형태로 충돌하는 것을 의미했다. 격앙된 분위기 속에서 합의안은 찬성 88표, 반대 184표라는 큰 표차로 부결되었다. 약간의 기대를 갖고 있었던 지도부는 총사퇴하지 않을 수 없었고 비상대책위원회가 급조되었다. 금속연맹위원장을 중심으로 하는 비상대책위원회는 합의 무효를 선언하고 재협상을 요구했다. 그리고 이런 요구가 수용되지 않을 경우 2월 13일 총파업에 돌입할 것을 결정했다.

부결을 주도한 것은 금속산업연맹과 현총련 산하의 생산직 대공장 사업장과 쟁의 사업장과 부도 사업장의 현장 대의원들이었다.[29] 이들은 6일 합의가 일종의 직권 조인이며 조합원에 대한 배신행위라고 강력하게 비판했다. 합의는 정리해고를 수용한 반노동자적 결정이며, 절차적 수준에서도 비민주적이었다는 것이다.

민주노총의 무효 선언과 총파업 결정에 대해 국민회의와 노사정위원회는 합

---

28 민주노총 내부에서는 지도부가 사회적 합의 기구에 참가하는 것에 대한 현장의 강한 견제력이 계속해서 작용하고 있었다. 2월 9일의 추인 절차는 직권조인을 막기 위해 도입된 단체교섭 추인 절차와 마찬가지로 이해될 수 있다.

29 구체적으로 현대자동차, 기아자동차, 현대정공, 한라중공업, 만도기계 등 부도가 나거나 구조조정이 예정된 사업장의 현장 노동자들이 반발의 조직적 중심이었다. 비제조업에서는 공익노련과 공공연맹 등이 반대표를 던진 것으로 평가된다.

〈표 5-3〉 2·6 합의안 변질 논쟁

쟁점 항목	노동 측 주장	노사정위원회 입장
- 공무원직장협의회	- 계류, 폐기될 가능성	- 입법화 완료(2월 17일)
- 교원노조	- 노조결성권으로 약속 위반	- 결성권의 의미는 단결권, 단체교섭권
- 실업자 노조 가입	- 법제화 실패로 약속 위반	- 법리상의 한계, 부대 규정, 추후 입법
- 고용조정	- 재고용 의무 약속 파기	- 합의문의 규정 신설 이행
- 근로자파견법	- 제조업 직접 생산 공정 배제 약속 위반	- Positive System으로 문제 업종 제외
- 대표 소송, 열람권	- 협의 없이 완화	- 전문위원회 원칙 반영

자료 : 노사정위원회, 『위원회 활동자료』, 1998. 2; 한국노동정책정보센터, 『매일노동뉴스』, 1998년 2월 17, 18일자 및 각호.

의가 유효하며 재협상은 불가능하다는 입장을 곧바로 천명했다. 그리고 정부도 불법 파업에 대한 사법 처리 입장 표명 등 12일로 예정된 총파업을 막기 위한 조치들을 취하기 시작했다.[30] 당선자와 정부의 입장에서 민주노총의 반발 가능성은 이미 예견된 것이었던 만큼 큰 문제가 아니었다. 이 시기에 정부는 합의를 제도화하는 후속 조처들을 긴급하게 추진하고 있었다.

그러나 민주노총은 2월 12일 비상대책위원회에서 파업을 철회하고 만다. 파업철회는 총파업 역량의 부재, 조직 내부의 균열과 갈등 등으로 말미암아 실질적으로 힘 있는 파업이 불가하다는 판단에 근거한 것이었다. 민주노총의 파업철회로 1기 노사정위원회의 노동 정치는 최종적으로 종결되었다. 2월 14일 법

---

30 강경 대처 외에 유인책도 제시되었다. 노동부는 노동 측이 고발한 421개 부당노동행위 사업장에 대한 조사 결과를 발표했고, 국민회의는 대통령 지시로 '부당노동행위대책위원회'를 구성하기도 했다. 또 2월 11일 쟁의 중 파업을 앞두고 있었던 서울 지하철의 사용자는 손해 배상 청구 소송을 갑자기 취하했다(『매일노동뉴스』 1998/02/09; 1998/02/11). 한편 2·6 합의의 효력은 이후에도 계속 노정 간에 논란거리가 된다.

제화의 요식 절차는 특별한 의미가 있는 것은 아니었다.[31]

법제화 과정에서 노동 측과 한나라당은 정부와 국민회의가 2·6 합의 내용을 지키지 않거나 수정해서 입법화하려고 시도한다고 비판했다. 노동 측의 문제 제기에 대해서 노사정위원회와 정부 측은 합의 이행이 충실히 되고 있다고 반박, 홍보하는 등 약간의 갈등이 빚어지기도 했다.

합의안 추인 부결 사태는 2·6 합의에 대한 민주노총 조직 내부의 자체 평가였고 협상 전략은 전체적으로 실패였다. 민주노총의 실패는 전략적 차원에서 크게 세 가지로 정리할 수 있다(노중기 1998a).

먼저 가장 중요한 실패는 합의 결과 조직 내부의 균열이 심각해졌다는 점이다. 우선 지도부가 불신임되었으며 산업, 업종 연맹 간 조합원들의 이해관계가 대립하는 양상으로 발전했다. 이념적으로도 1기 지도부에 대한 외곽의 비판이 전면화되어 향후 노선 논쟁의 단초를 제공하게 되었다.[32]

다음으로 조직 내부의 의사 결정 기구와 집행력은 손상을 입었으며 후유증이 심각하게 남게 되었다. 민주노총의 가장 중요한 조직 특성이었던 조직 내 민주주의는 심각하게 도전받지 않을 수 없었다. '직권 조인' 파동은 이후의 노동 정치과정에서 조직 효율성을 크게 떨어뜨리는 효과를 가져왔다.

마지막으로 합의와 교환의 실익에서도 실패했다. 정치 활동 허용이나 교원·공무원 단결권 허용 등은 노사관계개혁위원회에서도 이미 합의한 사안이었으

---

31 국회 통과 절차에서 야당이 될 한나라당은 실업 대책과 해고 절차가 강화되어야 한다면서 제동을 거는 모습을 보이기도 했다. 그러나 특별히 반대할 이유가 없었으므로 개정안은 무난히 통과되었다(『매일노동뉴스』 1998/02/11).

32 자세한 내용은 『매일노동뉴스』(1998/02/10; 1998/02/12; 1998/02/13) 참고. 이런 갈등은 1998년 하반기의 사회적 조합주의논쟁으로 발전한다. 그 개략적 내용에 관해서는 전국민주노동조합총연맹, 『노동과 세계』 참고. 물론 이 갈등은 운동 노선에 대한 차이를 극복하는 긍정적인 의미도 포함한다.

며 신정부는 이미 이를 허용할 준비가 되어 있었으므로 그 의미는 크지 않았다.[33] 특히 맞교환된 정리해고, 파견 노동자 제도와 비교하면 이익보다는 손실이 컸던 교환이었다.

4. 노·정 합의와 노동의 저항(1998.2.15~6.10)

노사정위원회 노동 정치의 세 번째 시기는 1기 합의의 법제화가 마무리된 시점으로부터 제2기 노사정위원회가 실질적으로 합의된 6월 10일까지의 기간이다. 약 4개월에 걸친 이 기간 가운데 마지막 일주일을 제외하면 노사정위원회가 공식적으로 활동하지는 않았다. 그러나 노사정 각 주체는 1기 합의의 한계와 성과를 각기 자체적으로 진단하고 이를 바탕으로 해서 2기 노사정위원회를 준비했다. 그리고 그 과정에서 역동적인 노동 정치가 진행되었다. 5월 이후 신정부가 제2기 노사정위원회를 서두르면서 상황은 급박해졌고 이는 노정 간의 심한 대립으로 이어졌다. 6월 5일 제1차 노정 합의와 민주노총의 노사정 참가는 그 최종적 귀착점이었다.

'노동 저항기' 혹은 '1차 노정 합의기'로 불릴 수 있는 이 시기는 다시 세 개의 소시기로 나뉜다. 2월 15일에서 4월 30일까지는 직접적인 상호 작용이 미약했

---

33 예컨대 노사정위원회 출범 직후였던 1월 16일에 이미 당선자 측의 한 관계자는 "노동계 반발을 무마하기 위해 공무원노조와 교원노조 허용 문제를 전향적으로 검토하고 있다"고 밝혔다. 그리고 이해찬 대통령직인수위 정책분과위원회 간사도 "공무원노조 허용 문제는 시간문제"임을 분명히 했다(『매일노동뉴스』, 1998/01/17).

던 소강기였다. 반면에 5월 한 달은 민주노총 2기 집행부의 강경 투쟁 방침과 정부의 맞대응이 상승작용을 불러와 노동의 저항이 두드러졌던 노동 저항기였다. 그리고 5월 26일 1차 노정 협상이 시작된 이후 협상이 마무리된 6월 10일까지는 노정 협상기라고 할 수 있다.

1) 소강기

소강기에는 노사정 사이에 상호 작용의 빈도가 낮았던 시기로 특징지어질 수 있다. 개별 사업장 수준의 갈등은 빈발했으나 전국적 수준의 의제는 부각되지 않았다.[34] 이 기간에 각 주체는 조직 내부를 수습하고 앞으로 본격적으로 진행될 기업 구조조정 시기의 노동 정치를 내적으로 준비하는 기간이었다. 노동 측은 1기 합의의 후유증을 치유하고 조직을 재정비했다. 2월 말 출범한 신정부는 실업 대책을 마련하고 곧 다가올 구조조정에 대비했다. 자본 측도 기업 구조조정에 대비하고 임금 교섭을 준비하는 데 몰두했다. 노사정위원회와 관련해서 소강기에 검토해야 할 사항은 2기 민주노총 집행부 구성과 정부의 2기 노사정위원회 구상이다.[35]

먼저 민주노총은 3월 말 신집행부가 구성되기까지 상당한 내적 혼란을 경험했다. 또 현장 조직과 중앙 지도부, 제조업과 사무직, 대기업과 중소기업, 민간

---

34 노사정위원회 참가 문제를 제외하면 근로자파견법의 시행령, 전국적인 부당노동행위 만연, 공공 부문의 구조조정이 중요한 쟁점으로 떠올랐다(『매일노동뉴스』, 1998/04/17).
35 자본 측은 특별한 움직임을 보이지 않았으며 소극적인 입장을 나타냈다. 3월 초 경총 관계자가 노사정위원회 대신 중앙노사정협의회를 활용할 것을 제안한 것도 같은 맥락에서 이해할 수 있다(『매일노동뉴스』, 1998/03/04).

부문과 공공 부문 등 다양한 차원에서 내부 균열 현상이 나타났다.**36** 이는 기업 별노조들의 느슨한 연대 조직체였던 민주노총의 조직적 한계, 내적 조건과 연관되어 있었다. 출범 이후 내부에서 잠재하고 있던 조직 간 이해관계의 차이와 운동 노선상의 차이가 위기 국면에서 갑자기 표출된 것이었다. 그러나 이 같은 문제들은 한꺼번에 해결될 수 있는 성질의 것이 아니었으며, 결국 조직 내부의 갈등은 2기 지도부의 구성으로 봉합될 수밖에 없었다.**37**

3월 31일 출범한 이갑용 집행부는 민주 노조의 자주성 제고, 노사정위원회 거부, 정리해고 철폐, 재벌 해체, IMF 재협상을 선거공약으로 제시하는 등 처음부터 강경 노선을 분명히 했다.**38** 이갑용 집행부의 구성은 상대적으로 합의 기구 참가를 선호했던 1기 집행부에 대한 현장 조합원의 비판을 반영하는 것이었다. 실제로 강성 집행부로 면모를 바꾼 민주노총은 4월 이후 강도 높은 투쟁을 준비하기 시작했다. 제1차 노정 합의기의 노동 정치 구도는 이갑용 집행부의 성립으로 그 기본 구도가 만들어지기 시작했다.

정부도 3월 이후 2기 노사정위원회를 구성하기 위한 준비 작업에 착수했다. 2월 말부터 물밑에서 이루어지던 준비 작업은 3월 중순 국무회의에 규정(안)이 상정되면서 표면화되었다.**39** 10일로 예정되어 있었던 규정(안)의 국무회의 상

---

36 당면한 임금 교섭에 대한 방침도 확정하기 어려운 상황이었다. 예컨대 투쟁 기조가 임금이냐, 고용-사회 개혁 투쟁인가도 논란거리였으며, 정리해고 문제에 대해서도 조직 내 합의는 어려웠다. 또 각종 회의는 정족수를 채우지 못해 유예되는 일이 빈발했다(『매일노동뉴스』, 1998/03/03; 1998/03/05)

37 3월 3일 열린 정기 대의원대회는 1기 집행부와 비대위 임원들의 조합원에 대한 사과가 있었으나 공식적인 평가와 책임 소재의 확인 절차는 없었다(『매일노동뉴스』, 1998/03/04).

38 자세한 내용은 『매일노동뉴스』(1998/03/24; 1998/03/31) 참고. 반면 이갑용 집행부는 두 명의 후보가 경합한 1차 투표에서 과반수의 지지를 확보치 못했으며, 조직기반이 취약한 집행부였다.

39 2월 20일에 나온 노사정위원회 내부 문건 '노사정위원회 상설화 방안'에서는 한시적 기구와 독립기구로 법제화하는 두 가지 방안이 제출되었다. 또 기능 확대 문제, 제2의 사회적 합의 추진 문제, 시민단체의 포괄 문제 등이 검토되었다.

그림 5-2 2기 노사정위원회 조직 체계

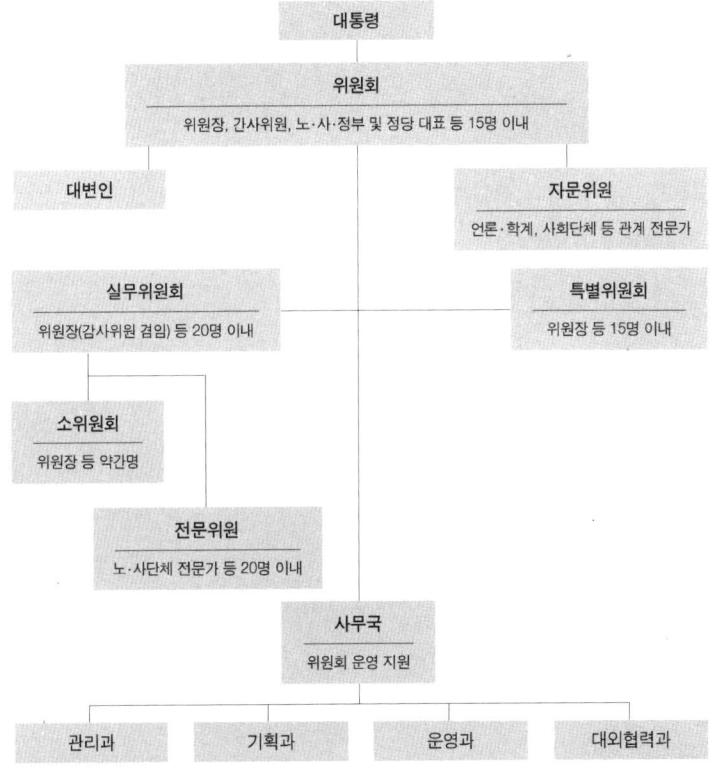

자료 : 노사정위원회(1998).

정은 정당 대표의 배제와 공익 대표 참가, 노동계 의견 배제 등이 문제되어 연기되었다. 이후 약간의 수정을 거쳐 3월 18일에는 대통령 직속의 상설 자문 기구로 노사정위원회를 두는 규정(안)이 국무회의를 통과했다. 2기 노사정위원회의 조직 체제는 정당 대표, 공익 대표를 모두 포함해서 본 위원회를 구성하며, 실무위원회와 분과별 소위원회의 3중 체제로 되어 있었다.

그러나 조기에 2기 노사정위원회를 출범시킨다는 신정부의 방침은 민주노총의 참여 여부가 불투명해져 난항을 겪을 수밖에 없었다. 이갑용 집행부는 4월 9일 첫 기자회견에서부터 노사정위원회 불참 입장을 밝히고 총력 투쟁을 선언하는 한편, 대통령과의 면담을 요구했다. 그러나 민주노총의 불참 입장은 대통령과의 면담 결과를 보고, 다시 판단하겠다는 제한된 의미를 갖고 있었다.⁴⁰

정부가 노동 측의 대통령 면담 요구를 수용한 것과 무관하게 민주노총은 4월 16일 정기중앙위원회에서 '5월 말, 6월 초 총파업을 포함한 총력 투쟁'을 공식화했으며, 18일에는 부당노동행위에 항의하는 지역 집회를 전국적으로 개최했다. 또 한국노총도 약속 불이행, 부당노동행위 만연, 공공 부문에 대한 일방적 구조조정 반대 등을 이유로 참여에 소극적인 입장을 표명하기 시작했다.⁴¹

4월 21일과 22일 열린 양 노총 위원장과의 면담에서 대통령은 몇 가지 유인책을 제시했다. 한국노총에 대해서는 전향적인 전임자 임금 대책과 구조조정 과정에서의 노조 참여를 약속했고 민주노총은 삼미특수강 해고 문제의 조속한 처리와 노동시간 단축에 대한 긍정적 답변을 얻어낼 수 있었다. 그러나 민주노총은 정리해고제 재협상 등 핵심 요구에 대한 진전이 없다고 보고 불참 입장을 다시 확인한다. 대통령 면담은 2기 노사정위원회를 조속히 구성하기 위해 추진된 것이었으나⁴² 별 효과가 없었다.

---

40 이런 입장은 4월 22일 대통령 면담 이후에도 유지된다. 참가의 전제 조건은 부당노동행위 척결, 정리해고제·파견제 철폐, 실업기금 20조, 재벌 체제 해체, IMF 재협상 등이었다. 한편 정부는 규정(안) 마련 이후에 2기 구성을 위한 간담회를 노동 측에 요구하고 있었다. (『매일노동뉴스』, 1998/04/04; 1998/04/10; 1998/04/23)

41 한편 한국노총은 6·4지방선거를 앞두고 국민회의 측에 공천 요구를 하고 있었다(『조선일보』, 1998/04/21).

42 정부는 4월 말까지 위원회 구성을 마치려는 일정을 갖고 있었다. 그것은 5월 10일경으로 예정되어 있었던 '국민과의 대화'에 맞추어진 일정이었다.

소강기는 5월 이후의 역동적 노동 정치의 기초가 다져진 시기였다. 국가는 구조조정을 추동하기 위한 사회적 조건을 마련하기 위해 노사정위원회 구성에 좀 더 적극적으로 나서기 시작했다. 반면에 노동 측은 1기 합의에 대한 불만과 일방적 구조조정 저지를 위한 내부 정비 작업에 나서는 한편, 투쟁의 목소리를 높이기 시작했던 것이다. 핵심 사안이었던 양 노총의 노사정 참가 문제는 매우 유동적이었다. 한국노총은 6·4 선거 공천 문제라는 변수에 따라 참여 가능성이 컸으나, 민주노총은 대외적으로 불참 입장을 강경하게 밝히고 있었다. 그러나 민주노총의 이런 태도에는 참가 후 교섭력을 높이기 위한 측면이 있었음을 부인하기 어렵다.

2) 노동 저항기

5월 1일 노동절 집회는 소강기의 냉전이 열전으로 돌입한 전환점이었다. 노동절 대회에서 양 노총은 2기 노사정위원회 불참을 선언하는 한편 강경 투쟁 입장을 공식적으로 천명했다. 민주노총은 총파업을 포함한 총력 투쟁을 5월 말 이후에 본격화할 것임을 밝혔고 한국노총은 공공 부문 구조조정에 대한 중앙 교섭을 요구했다. 한국노총은 노동부 장관이 민주노총을 배제한 위원회 구성을 언급한 것에 반발하기도 했다.[43]

그렇지만 열전에 불을 지핀 것은 이런 성명전이 아니었다. 민주노총의 집회 직후 도심에서 벌어진 격렬한 가두 시위로 노정 관계는 급속히 악화되었던 것

---

43 『문화일보』(1998/04/30) 참고. 또 한국노총의 반발은 공천문제 해결을 위한 시위의 성격도 강했다 (『매일노동뉴스』, 1998/05/02).

이다. 경찰은 4월 29일에 이미 노동절 집회에 대해 강경 대처 방침을 확정하고 있었으며, 시위는 곧바로 정부의 강경 대응을 불러왔다.[44] 5월 4일 검찰총장은 대국민 담화를 발표해 불법 시위 엄단 방침을 공표했다. 13일에는 총리 주재 치안 관계 장관 회의가 열렸고 같은 날 국회 회의 석상에서 대통령은 '경제 위기 상황에서 파업은 허용할 수 없다'는 발언을 하기에 이른다. 그리고 11일 경총도 회장단 회의를 통해 불법행위에 대해 강력히 대응할 것을 정부에 주문했다. 정부의 강경 대응 방침은 곧바로 노동절 집회 참가 조합원과 민주노총 지도부에 대한 구속과 수배, 연행 사태를 불러왔다. 21일 검찰은 민주노총 위원장에게 소환장을 발부하기도 했다.

정부의 강경 대응에 대해 민주노총도 물러서지 않았다. 14일 열린 중앙위원회는 5월 27일과 28일 총파업을 결정했으며, 파업 철회의 조건으로 이른바 '대정부 협상 5대 요구안'을 제시했다. 여기서 민주노총은 노사정위원회 불참을 넘어 대정부 직접 협상이라는 새로운 투쟁 전술을 구체적으로 실행했다.[45] 저항기의 쟁점이 되는 5대 요구안은 ① 정리해고제·노동자파견제 철폐 및 부당노동행위 근절, ② 고용 안정과 생존권 보장, ③ 고용·실업자 대책을 위한 제도적 장치 마련, ④ 정경 유착 근절과 재벌 해체·노동3권 보장·노동자 경영 참가, ⑤ IMF 재협상 등이었다. 5대 요구안은 실제로는 24항목에 걸친 것이었고, 그 내용 면이나 포괄성으로 보아 민주노총의 최대 요구안에 가까웠다.

---

44 『한겨레신문』(1998/04/30) 참고. 충돌의 직접적인 원인에 관해서는 논란이 많다. 민주노총은 경찰이 합법적인 집회를 방해하고 시위를 촉발시켰다고 주장한 반면, 경찰은 학생과 연계된 폭력 시위를 민주노총이 계획적으로 주도한 것으로 보았다. 이후 정부의 강경 대응을 보면 노동 측의 주장을 전혀 근거없는 것으로 보기는 어려우며, 노사정위원회 참가를 강제하기 위한 정부 전략의 일부일 가능성을 무시할 수 없다.
45 '대정부 직접 협상'은 노사정위원회 참가가 실이 많다고 보고 그 대신 정부와 직접 중앙교섭을 시도한다는 것이었다. 이 전술은 4월 16일 중앙위원회에서 결정된 바 있었다.

한편 강경 투쟁과 강경 대처가 맞부딪히는 노정 관계의 이면에서는 협상의 여지도 남아 있었고 두 주체들은 모두 이를 명료하게 의식하고 있었다. 협상의 실마리는 당시 쟁점이 되고 있었던 공공 부문 구조조정에 관한 노정 협상에서 나왔다.

먼저 강경 대응 방침이 속속 나오던 4일에도 노동부 장관은 노동 측의 조속한 참가를 종용하는 기자회견을 했다. 정부의 협상 의지가 분명히 드러난 것은 5월 14일 한국노총과 공공 부문 구조조정에 관한 노정 협상이었다. 이 자리에서 기획예산위원회는 구조조정 과정에서 노조와의 협의를 약속하고 '노정 합의문'을 도출하기도 했다. 첫 노정 합의문이라 할 수 있는 이날 합의에는 정부가 최대한 협의하되 그 창구는 노사정위원회 내부의 특별 기구로 규정했다. 결국 한국노총은 정부 투자 기관 구조조정에 대한 사전 협의를 전제로 노사정위원회 참가 입장으로 전환했다.[46]

또 5월 19일에는 노동부 장관이 민주노총을 방문해 다시 참가를 종용했다. 민주노총은 한국노총과 정부의 합의가 미흡하다면서 범노동계 대표단과 정부와 공공 부문에 관한 노정 협상을 다시 할 것을 제안했다. 같은 날 국무조정실장은 노정 협상을 요구하는 민주노총 대표단에 노사정위원회 내부의 소위원회에서 협상하는 것이 바람직하지만, 민주노총과의 직접 협상 방안도 강구해 보겠다는 답변을 하게 된다.

여기서 주목할 것은 민주노총의 노정 협상과 정부·한국노총의 노사정 내부 노정 협상 입장 간의 간극이 그리 넓지 않았다는 점이다. 민주노총의 노정 협상은 완전한 불참 입장이나 노사정위원회 해체 입장과는 다른 것이었다. 두 입장

---

46 자세한 내용은 『매일노동뉴스』(1998/05/15) 참고.

은 공히 투쟁 전략이라기보다 협상 전략이었고 다만 협상의 형식과 장場이 달랐을 뿐이다. 요컨대 민주노총은 교섭 상황에 따라 노사정위원회에 참가할 수도 있다는 '유연한' 입장을 내부적으로 견지하고 있었다.[47]

민주노총은 20일 대의원대회에서 파업 결의와 함께 노정 교섭을 계속 요구했다. 그러나 노정 교섭은 형식적으로나마 정부 방침의 일대 전환을 의미하는 것이었으므로 정부가 이를 손쉽게 수용하기는 힘들었다. 21일 기획예산위원회 위원장은 민주노총위원장과의 회합에서 노동 측이 요구하는 공공 부문 구조조정에 관한 '노정협의체 구성'에 대해 반대 입장을 분명히 했다.[48] 이에 대해 25일 민주노총 위원장은 '협상을 수용하는 대통령의 결단'을 다시 한 번 촉구했다.

이같이 노정협의체 구성을 둘러싼 협상과 물밑 손익계산이 계속되는 가운데 민주노총의 총파업 시한은 다가오고 있었다. 23, 24일에는 민주노총 소속 공공부문투쟁위원회와 한국노총 산하 정부투자기관노조연맹이 각기 대규모 집회를 개최하는 등 노동 측의 공세는 계속되었다. 25일 경총이 민주노총의 불법 파업에 대한 강경 대응 지침을 내리는 것과 함께 정부에서는 관계 부처 차관회의를 열어 불법 파업 엄단 방침을 결정했다. 그리고 검찰, 경찰, 안기부, 노동부, 교육부 관계자들로 구성된 공안사범합동수사본부는 파업 주동자들을 사법 처리할 것이라고 발표했다.

이같이 25일까지의 노동 저항기에는 노정 간의 전략적 상호 작용이 매우 복

---

47 이런 미묘한 전술상의 차이는 이미 14일의 '5대 요구안'에서도 나타났다. 중앙위원회에 제출된 자료의 원안에서는 노사정위원회 불참 입장이 명기되어 있었으나 토론 과정에서 삭제되었다(『매일노동뉴스』 1998/05/15). 정부도 민주노총을 배제한 위원회 출범을 검토하고 있다고 했지만 그것은 참여를 종용하는 수단에 불과했다(『매일노동뉴스』 1998/05/20).
48 같은 날 노동부차관과 노정국장도 노사정위원회 내부 논의만 가능하다고 하면서 반대 입장을 다시 확인했다. 한국노총도 공공 부문 중앙 협의체 구성이 안 될 경우 불참할 것이라고 다시 결의했다.

〈표 5-4〉 민주노총의 5대 요구안 개요

5대 요구안	세부 내용
1. 정리해고제·노동자파견제 철폐 및 부당노동행위 근절	1) 정리해고제·근로자파견법 철폐 2) 단협 개악 금지, 일방적인 단협 해지 금지 3) 부당노동행위 사업주 구속 처벌 4) 해고자 원직 복직 실시 5) 구속 노동자 석방 및 사면 복권
2. 고용 안정과 생존권 보장	1) 주 40시간 법정근로시간제 실시 2) 특정 산업 주 35~38시간 산업별 협약으로 현 수준 고용 유지 3) 일방적 구조조정 반대와 산업별 고용 안정 협약 체결 4) 기업 인수·합병 시 고용·단협·노조 승계 보장 5) 임금 동결·체불·삭감 없는 생활임금 보장 6) 노사합의 정리해고 시 노조가 인정하는 대상자에게 생계비 지급
3. 고용·실업 대책을 위한 제도적 장치 마련	1) 모든 실업자에게 실업급여 지급 2) 고용세, 군비 축소, 재벌총수 재산 환수 등, 실업기금 20조 원 조성 3) 실업자 초기업 단위 노조 가입 보장 4) 교육비, 의료비, 주택 자금, 세제 개혁 등 사회보장제도 확충 5) 사회간접자본 투자 및 공공시설 투자를 통한 일자리 창출
4. 정경유착 근절과 재벌 체제, 노동자 경영 참가, 노동3권 보장	1) 부정부패방지법 제정 2) 재벌총수 퇴진과 재벌 2세 세습 금지 3) 경영 참가법 제정 4) 교사·공무원의 단결권 보장
5. 불평등한 IMF 이행 조건 재협상	1) 정리해고제·근로자파견법 등 노동시간 유연화 요구 철회 2) 고금리 등 초긴축 재정·통화정책 철회 3) 국제 투기 자본 규제 및 외국 자본 유치 시 특혜 철회 4) 외국 자본의 기업 인수합병 시 고용·단협·노조 승계 보장

자료 : 전국민주노동조합총연맹,『민주노총 대정부 5대 요구안 정책 해설』, 1998.6.10; 한국노동이론정책연구소,
『현장에서 미래를』, 1998년 7월호, 55-56쪽에서 수정, 재인용.

잡하게 진행되었다. 우선 정부의 기본 전략은 강경 수단과 유인책을 모두 동원
해 민주노총을 노사정위원회에 참여시키고 2기 노사정위원회를 구성하는 것
이었다. 대통령의 미국 방문이 6월 6일에 예정되어 있었으므로 늦어도 5월 말
까지는 구성해야만 했다. 따라서 정부가 민주노총 배제 방침을 계속 유포했고
실제로도 그렇게 진행되었지만, 여전히 그것은 실질적인 대안이 아니었다. 강

경 대응은 대체로 참여를 압박하는 수단의 의미가 강했으며, 정부는 민주노총의 강경 투쟁 방침 이면에 협상의 여지가 있음을 충분히 간파하고 있었다.[49]

노동 측의 입장은 더욱 미묘한 것이었다. 노사정위원회 불참을 선거공약으로 하고 출범한 이갑용 집행부는 이런 방침을 지속적으로 확인해 왔지만, 마지막까지 참여의 가능성을 배제하지는 않았다. 다만 참여 기구가 노사정위원회로부터 노정 간의 중앙 교섭으로 바뀌었을 뿐이었다. 민주노총 전략의 이와 같은 모호성은 두 가지 측면에서 기원하고 있는 것으로 판단된다.

먼저 구조조정이 당면한 사업장이나 업종의 노동조합에서 상층 교섭을 강하게 원했다는 점이다. 이들은 주로 공공 부문 노조 연맹이나 금속산업의 대기업쟁의 사업장의 노조들로 구조조정의 피해를 최소화하는 데 일차적인 관심을 갖고 있었다. 기업 단위 노조의 역량으로는 구조조정과 인원 조정에 대응할 수 없었던 것에 기인한다. 이들 노조에 노사정위원회는 말하자면 생존을 위한 차악이었을지도 모른다.

다음으로 민주노총 지도부 내부에서는 2기 집행부의 노선과 달리 중앙 교섭을 통한 '사회 개혁 투쟁'을 선호하는 간부들이 여전히 존재하고 있었다. 이들은 1기 집행부의 운동 노선과 상황 인식을 대체로 공유하고 있었다. 경제 위기와 대량 실업의 수세기에 투쟁 위주의 사업으로 모든 것을 잃기보다는 상층 교섭을 통해서 얻을 수 있는 것들을 얻어내야 한다는 주장이었다. 그리고 상층 교섭은 기업 수준의 구조조정을 지연하거나, 저지하고 반대급부를 얻어낼 수 있는 장이 될 수 있다고 보았다. 그러나 이런 차이는 단순히 노선 대립만은 아니었다.

---

49 이 점에서 신정부의 노사관계 정책은 이전 정권들의 그것에 비해 매우 세련된 것이었다. 좀 더 유연한 정부 정책이 가능했던 것은 김대중 정부의 자유주의적 성격 외에도 노동 측에 대한 자세한 정보가 있었기 때문이었다. 정권 내부의 이른바 '친노동계 인사들'은 민주노총 내부 상황을 정확히 꿰뚫고 있었다(『매일노동뉴스』, 1998/05/23).

좀 더 근본적인 수준에서 그것은 각 산별 연맹 조직의 조직적 기반의 차이와 연관된 것이었다.

3) 제1차 노정 협상기

노정 협상기는 5월 26일 첫 노정 협상으로부터 6월 5일 제1차 노정 협상 타결 및 6월 10일 민주노총 대의원대회 추인까지의 기간이었다. 보름이라는 짧은 기간에 네 차례의 노정 협상과 이틀 간의 민주노총 총파업 및 이에 대한 정부의 강경 대응이 역동적으로 진행되었다.

26일 시작된 첫 노정 협상은 정부 입장에서 파업을 막고 참여를 설득하기 위한 마지막 장이었다. 노동부 장관과 노사정 위원장 그리고 민주노총 위원장과 금속산업연맹 위원장은 4자 모임을 했고, 실무 협상 기구의 구성에 합의할 수 있었다. 노·정 양측의 실무자들 간의 본격적인 협상은 오후부터 시작되어 밤을 새우면서 진행되었다. 그러나 정리해고제와 노동자파견제 철폐라는 난제 앞에서 협상은 진척되기 어려웠으며 민주노총은 27일 오후부터 파업에 돌입했다.[50]

5월 28일 정부는 '1차 협상이 민주노총의 파업으로 결렬되었으며 파업 철회 없이는 대화가 불가능하다'는 강경 입장을 발표했다. 그리고 민주노총을 배제한 노사정위원회 구성이 좀 더 구체적인 수준에서 준비되기 시작했고 30일경에는 6월 3일 출범이 확정되었다. 정부의 강경 대응은 29일 대검공안부가 파업 주동 민주노총 간부 143명을 입건·검거하라고 지시하면서 본격화되었다.[51]

....

[50] 그러나 실제 정리해고 재협상이 관건이었는지 아닌지는 불분명하다. 노동부차관에 의하면 실제 쟁점은 고용 안정 협약 체결과 임금 삭감 없는 노동시간 단축이었다고 한다. 한편 민주노총 집계에 의하면 27일 파업에 참가한 총인원은 4만 2천여 명이었다(『매일노동뉴스』, 1998/05/28). 또 이날부터 정부는 한국노총과도 중앙협의체를 구성하기 위한 실무 협상을 시작했다.

〈표 5-5〉 한국노총의 6·1 노정 합의안

한국노총 5대 요구안	노정 합의 사항
- 부당노동행위 척결	- '부당노동행위 전담 특위' 노사정위에 설치
- 공공 부문 구조조정	- 노사정위 내부에 '공공부문 구조조정 특위' 구성
- 고용 안정·실업 대책	- 감원 최소화를 사용자에 요구
- 재벌 개혁·정치 개혁	- 노사정위에서 점검, 촉구
- 노사정위 위상	- 노사정위 내에 '합의 사항 이행 점검 소위' 구성

자료 : 『매일노동뉴스』(1998/06/02, 8) 재인용.

그러나 같은 날 민주노총은 파업을 종료하면서 다시 정부에 협상을 제안했다.[52] 더불어 협상 요구가 수용되지 않을 경우에는 6월 10일 2차 파업에 돌입할 것이라고 밝혔다. 민주노총의 투쟁 전략은 노정 협상을 성사시키기 위한 투쟁으로 점차 변모하기 시작했다. 6월 1일 노동부는 대화의 전제 조건으로 대국민 사과, 2차 파업 철회, 2기 노사정위원회에서의 협상 등을 내걸었지만, 국민회의는 이미 31일부터 민주노총과 협상하고 있었다. 그러나 국민회의와 청와대의 협상 의지에도 불구하고 2차 협상에서도 진전은 없었다.[53]

한편 정부는 같은 날 한국노총과의 협상을 마무리했다. 한국노총은 정부 측과의 협상에서 5대 요구안에 대해 합의한 후, 노사정위원회 참가를 결정했다. 비록 한국노총이 먼저 노정 합의를 이뤄냈지만 노총은 노동 정치의 주역이 아니었다. 이 합의에서는 노사정위원회 내부에서 모든 문제를 다루어야 한다는 정부의 기본 원칙이 잘 나타나고 있으며, 노총은 이를 수용했다.

----

51 6월 1일 종교계 지도자들은 민주노총의 참가를 요구하는 '대국민 호소문'을 발표했다.
52 산별대표자회의를 거친 이 제안은 중앙교섭이 필요하다는 금속산업연맹의 강한 요구에 의해 이루어진 것이었다(『매일노동뉴스』, 1998/05/29).
53 자세한 구체적인 협상내용은 『매일노동뉴스』(1998/06/03, 9)를 참고.

<표 5-6> 노정 협상안 쟁점과 타결안

주요 쟁점	민주노총 요구안	6월 3일 정부안	6월 5일 타결안
- 정리해고, 파견제	- 문제점 보완(제도)	- 법·제도적 보완 불가	- 남용 방지 방안 논의
- 근로시간 단축	- 2000년 40시간 단축	- 노사정위, 40시간 논의	- 2000년부터 40시간으로
- 산업업종 교섭	- 산업별 협의회 구성	- 간담회, 협의회 구성 지원	- 간담회, 협의회 구성 지원
- 고용 안정 협정	- 산업별 협정 체결	- 해고시행상 문제점 논의	
- 부당노동행위	- 사법 처리, 엄단	- 엄단, 검찰에 협조 요청	- 노사정위 내 특위 구성
- 교원공무원 단결	- 약속 이행	- 이행	- 이행, 실업자 노조 가입
- 실업 대책	- 실업부조제도, 20조	- 고용보험 전 사업장 적용	- 소요 재원 마련 다각 조치
- 노사정위 위상	- 법제화	-	- 실질적 사회적 합의 기구
- IMF 재협상	- IMF 재협상	-	- 추가 협상 시 의견 반영 노력

자료 : 노중기(1998b). 『매일노동뉴스』(1998/06/04, 9)에서 재인용.

2기 노사정위원회가 공식적으로 출범했던 6월 3일에도 노정 간에는 3차 협상이 재개되었다. 3차 협상에 나선 민주노총의 입장은 좀 더 유연해지기 시작했다. 가장 걸림돌이 되었던 정리해고 '철폐'가 정리해고 '재논의'로 바뀌었던 것이다. 이 문제에 대해 조직 내부의 입장은 갈리고 있었다. 특히 현대자동차 정리해고 문제에 부닥치고 있었던 금속산업연맹의 2일 중앙위원회 결정은 입장 변화에 영향을 주었다. 금속산업연맹은 철폐 요구가 무리라고 보고 철폐 대신 노동시간 단축이나 고용 안정 협약으로 강조점을 옮길 것을 요구했다.[54]

3일 협상 과정과 4차 협상을 앞둔 시점에서 노정 양측의 의견 조정 상황을 보면(〈표 5-6〉 참고) 정리해고제·노동자파견제도 문제에 대한 이견을 제외하고서는 절충 가능성이 큼을 알 수 있다. 이는 정리해고나 노동자파견제가 민주노총의 입장 전환으로 단순한 교섭 압박 수단으로 변화하기 시작했음을 말한다. 실

---

[54] 『매일노동뉴스』(1998/06/03) 참고. 이 날 민주노총중앙위원회는 위원장에게 교섭의 전권을 위임했다.

제로 이 문제들은 최종 타결안에서 '남용 방지 방안을 논의하자'는 선에서 정리되었다. 6·5 노정 합의는 최종적으로 6월 10일 임시대의원대회에서 찬성 163표, 반대 28표, 기권 32표라는 압도적인 차이로 가결되었다.[55]

타결안의 내용을 살펴보면 4, 5월의 대정부 직접 교섭 투쟁과 총파업이 무색할 정도로 특별한 내용이 없었다. 특히 5대 요구안의 기조와는 거리가 멀었다. 무엇보다 대부분의 항목이 약속 이행을 담보할 수 있는 구체적인 내용보다는 추상적인 표현에 머물러 있는 문제를 안고 있었다(노중기 1998b). 정부가 양보한 구체적 항목은 '2000년부터 법정 노동시간을 주 40시간으로 단축하기 위한 논의를 한다'는 것 외에는 찾아보기 어려웠다. 특히 투쟁의 핵심 요구였던 정리해고제와 노동자파견제 철폐 혹은 재논의 문제는 거의 폐기된 것처럼 보인다.

또 합의는 노사정위원회 참가를 전제로 하는 것이었다. 총파업 이후의 교섭과정에서는 노정 합의와 함께 민주노총의 노사정위원회 참가가 점차 당연한 것으로 여겨지기 시작했다. 노정 합의를 성사시켜야 한다는 민주노총 지도부의 입장 변화와 노사정위원회 참가를 교섭의 기본 전제로 한 정부 측의 입장은 기묘한 접점을 형성했던 것이다. 이는 불참이라는 공식 입장과 내부적인 중앙 교섭 참가의 입장 사이에서 미묘하게 흔들리고 있었던 민주노총 지도부가 참가 입장으로 크게 선회한 것을 의미했다. 그 결과 '민주노총의 노사정위원회 참가'라는 정부 측의 가장 큰 전략적 목표는 겉으로 드러나지 않게 달성되었다. 그러므로 노동 측의 입장에서 굳이 6·5 합의의 의의를 찾자면, 그것은 내용보다 노정 합의의 성사, 혹은 정부를 직접 교섭의 장에 끌어냈다는 점에 있었다.

<hr />

55 노사정위 참여 결의에는 '현안 사업장 해결이 없으면 불참'이라는 전제 조건이 붙어 있었다. 정부가 약속했던 현안은 삼미특수강과 기아문제 해결, 구속자 석방 등이었다(『매일노동뉴스』, 1998/06/11; 1998/06/13).

또 6·5 합의는 현장 노동자들의 지도부에 대한 신뢰를 크게 약화시켰다. 6월 5일까지도 다수의 노동자 대중들은 정리해고 재논의가 수용되지 않는다면 총파업에 돌입하겠다는 지도부의 공식 발표를 여전히 신뢰하고 있었던 것으로 보인다. 이런 상황에서 갑작스런 합의는 현장 노동자들이 지도부의 신뢰성을 크게 문제 삼지 않을 수 없게 만들었다.[56]

2월에 반대표를 던진 대의원들이 6월에 대거 찬성으로 돌아선 이유는 무엇인가?[57] 민주노총의 노사정 참가에는 구조적 요인과 상황적 요인이 복합적으로 작용했다. 구조적 요인 중 가장 근본적인 것은 경제 위기와 구조조정의 압박이었다. 각 노조, 현장 노동자 및 대의원들은 당면한 구조조정과 생존권 박탈의 위기 앞에서 상당한 심리적 공포에 휩싸여 있었다(노중기 1998c). 이 심리적 공포는 투쟁으로 표출되기도 하겠지만 동시에 가시적인 대안을 손쉽게 수용할 수 있게 만들었다. 투쟁과 참가의 거리는 그렇게 멀지 않았다. 오히려 투쟁은 중앙교섭에 '힘 있게 참가하기' 위한 방편일 뿐이었다.

그리고 전환을 용이하게 한 것은 앞서 논의했던 민주노총 내부의 조직 구조적 한계와 운동 노선상의 혼란이었다. 이갑용 집행부의 불참 입장은 그 대안에 대한 뚜렷한 인식과 준비가 없는 약간은 '직관적인 것'이었다. 이런 상황에서 지도부가 내부에서 제기된 '투쟁을 거친 참가' 주장을 계속 거부하기는 힘들었다. 다수의 현장 노동자들은 이틀간의 파업으로 결의를 보여 준 만큼 정부의 구조

---

[56] 6월 9일 구조조정을 앞두고 있었던 현대그룹의 현장조직대표자회의와 현대자동차노조의 민투위는 지도부의 결정에 반발하는 성명을 발표했다. 민주노총 내부의 균열은 공공부문, 금속산업연맹, 사무노련 등이 합의에 찬성했던 반면 현대그룹을 비롯한 현장 조직들과 민철노련이 반대했다. 실제로 서울지하철노조는 6월 11일 파업에 돌입하기도 했다(전국민주노동조합총연맹, "정리해고분쇄와 하반기 투쟁 방향", 1998. 6).

[57] 이은숙, "신자유주의적 구조조정, 버려진 '고용 안정과 생존권 보장'", 한국노동이론정책연구소 편, 『현장에서 미래를』, 1998년 7월호.

조정 과정에서 노동 측이 상당한 역할을 할 수 있다고 막연히 기대했던 것이다. 말하자면 '투쟁의 과실'을 딸 때가 되었다는 인식이 확산되었다. 또 조직 내부의 민주적 의사 결정을 위한 효율적 의사 전달 체계 및 논의 과정이 부재했던 것도 한 요인이었다. 참여 결정은 기층 조합원의 의사가 제대로 전달되지 못한 채로 이루어진 불완전한 것이었다.

어쨌든 정부는 2기 노사정위원회의 구성을 둘러싼 대립에서 전술적 승리를 얻을 수 있었다. 약간의 갈등과 우여곡절은 있었지만 주어진 구조적·상황적 조건에서 노동 측의 불참 여지는 점차 줄어들었다. 정부가 전체 상황의 주도권을 장악하고 있었으며, 민주노총을 포함해서 위원회를 구성한다는 전략은 대체로 손쉽게 관철될 수 있었다.[58] 반면 노동 측은 막연한 기대와 추상적인 약속 외에는 이룬 것이 별로 없었다.

5. 2기 노사정위원회의 가능성과 한계(1998.6.11~9.2)

민주노총의 참여가 확정된 6월 10일 이후 2기 노사정위원회는 실질적인 활동에 들어갈 수 있었다. 6월 11일부터 9월 2일에 이르는 네 번째 시기에는 2기 노사정위원회의 가능성과 한계, 그 객관적 기능이 좀 더 뚜렷이 드러났던 시기였다. 이 기간을 거치면서 노동 측은 노사정위원회의 객관적 기능을 확인할 수

---

58 이 과정에서 부차적이기는 하지만 정부 내 이른바 '친노동계 인사들'의 막후 작업도 상당한 영향력을 발휘했다. 이들은 민주노총 내부 의사 결정 과정에서 병목을 뚫는 역할을 충분히 수행했다.

있었으며, 정부의 전략적 의도는 좀 더 명료해졌다.

정부는 6·5 합의와 노사정위원회에서의 협의 과정과 무관하게 금융 부문과 공공 부문의 구조조정을 본격적으로 서둘렀다. 반면 노동 측은 6월 5일의 노정 합의가 그다지 힘이 되지 못한다는 것을 절실히 깨닫게 되었다. 그리고 7월 말 이후 정점에 달했던 현대자동차 쟁의는 또 다른 전환점이었다. 이 과정에서는 갈등을 규제하고 쟁의를 막는 노사정위원회의 잠재적 기능이 현재적인 수준에서 확인되었다. 특히 현대자동차 노사정 합의로부터 변화하기 시작한 노동 정치의 지형은 9월 2일 만도기계에 대한 경찰력 투입으로 급선회했다. 네 번째 시기는 7월 10일 양 노총의 불참 선언에 이르는 노동 반발기, 7월 30일 노사정위원회 재가동까지의 2차 노정 합의기, 8월 24일까지의 현대자동차 노사정 합의기, 이후 9월 2일까지의 전환기 등 다시 네 개의 소시기로 나누어 볼 수 있다.

1) 노동 반발기

노동 측의 불만은 합의 직후인 6월 중순부터 곧바로 분출되었다. 2기 노사정위원회의 실질적인 첫 회의가 있었던 6월 18일 금융감독위원회는 55개 퇴출 기업을 발표했다. 공공 부문의 구조조정도 눈앞에 다가와 있었다. 노동 측은 14일 한국통신노조가 정부의 구조조정안에 반대하는 집회를 열었고 21일 5대 공기업노조가 민영화에 반대하는 대규모 집회를 개최했다. 그러나 6월 26일 대통령과 노사정 위원들의 회합 때까지 노동 측 반발은 산발적이었고 전면화되지 않았다. 반발은 정부가 6월 29일과 7월 3일 각기 퇴출 대상 5개 시중은행과 11개 공기업의 민영화 계획을 발표함으로써 본격화되었다.

금융감독원의 퇴출 은행 발표가 있던 29일 민주노총과 한국노총은 각기 '노사정위 해체'와 '노사정위 탈퇴 불사'라는 강경한 표현으로 반발했다. 또 금융노 련과 민주금융노련 등 관련 연맹은 15일 전국 은행의 총파업을 선언하고 농성 에 돌입했다. 특히 6월 30일 대검 공안부가 구조조정에 항의해 근무지를 이탈 한 퇴출 은행 전산 요원들과 노조 간부들에 대한 사법 처리 방침을 발표하고, 언 론의 장은증권 사태 왜곡 보도가 겹치면서[59] 사태는 더욱 악화했다.

7월 2일 한국노총은 기자회견에서 15일 이후 총파업을 선언했으며, 3일에는 금융노조들의 결의대회, 4일에는 민주노총이 고용 안정과 탄압 중단을 촉구하 고 총파업을 결의하는 집회를 개최했다. 7월 8일 민주노총 중앙위원회는 15일 총력 투쟁 계획을 최종적으로 결정했고 노사정위원회 불참 문제를 위원장에 위 임했다. 노동 측의 반발은 직접 구조조정과 고용조정을 맞고 있었던 공익, 공 공, 금속, 금융, 병원, 민주철도 등의 연맹에서 주도했다.

노동 측의 반발에도 불구하고 정부는 구조조정 계획을 강행하는 한편, 강경 대응의 고삐도 늦추지 않았다. 7월 2일 노동부는 민주노총이 제출한 설립 신고 서를 반려했고, 3일에는 파업 중이었던 부산지하철노조의 농성 현장에 경찰력 을 투입해 504명을 연행했다. 그리고 정리해고에 항의해 현대자동차노조가 6 월 30일 파업에 이어, 7월 6일 2차 파업을 결의하자 정부는 14명의 노조 간부에 대해 체포 영장을 발부했다. 그리고 7일 차관회의에서는 병원노조들의 파업을 불법 파업으로 규정하고 강경 대응 방침을 밝히기도 했다.[60]

---

59 각 언론사들은 장은증권노조가 회사 측과 담합, 폐쇄 직전의 회사에서 거액의 퇴직금을 수령했다고 비판하는 보도를 일제히 내보냈다. 그 결과 노조위원장은 12일 구속되기에 이르렀다. 이에 8일 사무노 련은 강력히 항의했으며, 이후 이 사건은 노사정위원회 내부 조사에서 언론의 과잉 보도, 혹은 오보였 음이 밝혀진다(『매일노동뉴스』, 1998/08/19).

60 정부의 이런 대책은 청와대 주도의 일관된 전략에 기초한 것이었다. 청와대 비서실장은 7월 5일 총 파업긴급대책 회의를 개최했는데 여기에는 비서실장과 비서 전원, 그리고 재경부장관, 노동부 장관, 노 사정위원장, 금융감독위원장 등이 참가했다. 『세계일보』 7월 7일자 참고. 한편 병원노조들의 파업은 7

사용자들은 이런 정부의 방침을 적극적으로 지지하면서 2기 노사정위원회의 의제에 대해서 강경한 반대 입장을 재확인했다. 6월 25일 경총은 이사회에서 전임자 임금 지급 금지 조항과 경영 참가 문제에 관해서는 노사정 협의에 절대로 응하지 않을 것을 결의했다. 그리고 7월 7일에는 퇴출 노동자에 대한 승계 불가 입장을 밝히기도 했다.

　　이와 같이 고용조정에 관한 내용을 노사정위원회에서 실질적으로 협의·결정한다는 6·5 합의의 약속은 처음부터 지켜지지 않았다. 이것은 노정 합의 주체인 정부는 물론, 또 다른 주체인 사용자에 의해서도 거부되었다.

　　정부의 고용조정안이 속속 발표되던 이 기간에 노사정위원회는 기구 구성 작업 이외에 별다른 활동을 하지 못했다. 6월 18일 2차 본회의에서 노사정위원회 운영세칙(안)을 결정한 이후, 노사정위원회는 의제를 심의할 하부 위원회를 구성하고 있었다.[61] 조직 작업을 마무리하기도 전에 격화된 노사정 간의 갈등으로 말미암아 위원회는 무력할 수밖에 없었다.

　　금융산업특별위원회는 구성도 되지 못했으며, 공공부문구조조정특별위원회는 6월 30일 공기업 민영화 방침 발표를 앞두고 27일과 28일 이틀 동안 회의를 열었으나 발표를 유보하는 것 외에는 어떤 성과도 이루어 낼 수 없었다.[62] 뒤늦게 열린 7월 1일과 2일 금융산업실업대책위원회와 공공부문구조조정특별위원회의 회의에서도 성과는 없었다. 그리고 노사정위원회가 주선한 금융노조

<hr>

월 9일 속속 타결되었는데, 그것은 투쟁력을 분산시키려는 정부의 전술적 조처로 이해되기도 했다(『매일노동뉴스』, 1998/07/11).

61 2차 본회의에서는 애초 정부안의 '위원 3인 발의'에서 '위원 발의'로 규정안이 수정되었다. 그리고 다수결 운영은 전원합의제 운영으로 바뀌었다.

62 『매일노동뉴스』(1998/06/30) 참고. 이 기간에 노사정위원회가 구조조정과 관련해서 했던 일은 공공부문 구조조정 특위에서 공익위원들만의 합의로 두 차례 합의문과 건의문을 채택한 것이 전부였다.

들의 대정부 직접 교섭도 현격한 입장 차이를 확인하는 것으로 그칠 수밖에 없었다.[63]

또 '실질적인 사회적 합의 기구 구성'이라는 정부의 약속은 주관 부처의 이견으로 별로 실효성 있게 다루어지지 못하고 있었다.[64] 또 6·5 합의의 전제 조건이었던 현안 문제의 해결 지체,[65] 6월 23일의 노동자파견제 시행령에 대한 반발도 한 노동 측 불만의 한 요인이었다.

이 시기에 노사정위원회가 할 수 있었던 일은 공공부문구조조정특별위원회에서 합의문과 건의문을 채택한 것이었다. 그것도 노사정 삼자의 완전 합의가 아니라 공익 위원만의 합의였을 뿐이다. 소위·특위 구성, 합의 사항의 이행, 위원회 위상의 제고 등 예정된 사업들은 노정 갈등의 여파로 지체되거나 원만히 진행될 수 없었다.

요컨대 노동 반발기에 분명해진 것은 정부가 노사정 합의나 노정 합의에 대해 특별한 정책적 비중을 두고 있지 않았다는 점이다. 정부 입장에서 본다면 6·5 노정 합의는 합의의 최종적 결과인 민주노총의 노사정위원회 참가 외에는 특별한 의미가 없었다. 비록 노사정 위원장과 여당이 합의 주체로 참가했지만 경제 부처와 치안 부처 등 행정부는 법적 효력이 없는 '대통령 자문 기구'의 합의

---

63 7월 3일에서 5일까지 열린 직접 교섭에는 노동부, 재경부, 금융감독원, 노사정위원회, 금융노련, 민주금융연맹 등 각 당사자들이 참가했다. 여기서 인수은행들은 인력을 20~80%밖에 인수할 수 없으며 위로금 지급은 불가능하다고 밝혔다. 이 조건은 노정 합의와 배치되었을 뿐만 아니라 노동부 장관의 고용 유지 방침 발언과도 상반되는 것이었다.

64 6월 25일에야 비로소 실무위원회 구성이 가닥을 잡았으며, 구조조정 관련 소위원회들은 편제조차 갖추지 못한 상태였다. 그리고 사무국을 사무처로 격상하는 문제나 법제화 등 기구 위상 제고 문제는 모두 관철되지 못했다. 『매일노동뉴스』(1998/06/16; 1998/06/26) 참조.

65 민주노총은 25일 계속되는 5·1 집회 관련 구속에 대해 강력히 항의하기 시작했으며(『매일노동뉴스』, 1998/06/26, 15쪽), 26일에는 금속산업연맹이 항의 성명을 발표하기도 했다. 또 삼미특수강 등 부당노동행위 사업장 노동자들은 7월 9일부터 노사정위원회 사무실에서 농성에 돌입했다.

에 대해 어떤 의무감이나 부담감도 느끼지 않고 있었다.

이와 같이 국가 내 각 기구들은 표면적으로 일관되지 못한 모습을 보여 주었다. 그러나 그것은 2기 노사정위원회를 구성함으로써 노동 측의 반발을 최소화하면서 구조조정을 강행하겠다는 국가의 기본 전략에서 본다면 매우 일관된 것이었다. 부처별 비일관성은 전체 구조조정 정책에 배치되지 않았으며 대 노동 전략의 맥락에서는 어느 정도 효과적이기까지 했다.

2) 2차 노정 합의기

2차 노정 합의기는 7월 10일 양 노총 위원장이 노사정위원회 불참을 선언하면서 시작되었다. 양 노총은 노사정 합의를 전제로 한 올바른 구조조정, 정리해고의 중단과 부당노동행위 사업주 구속, 임금 삭감과 단체협약 해지 중단, '노사정위설치특별법' 제정을 통한 노사정위원회 위상 정립 등 크게 네 가지의 요구 사항을 제시했다. 그리고 이 요구가 지켜지지 않을 경우에는 강력한 투쟁으로 맞설 것임을 밝혔다. 불참 선언에 나타난 노동 측의 불만은 거셌지만 동시에 이 선언에는 노정 합의의 실마리도 포함되어 있었다.

불참 선언은 네 가지의 요구가 수용될 경우에는 다시 참가할 것이라는 점을 전제로 하는 것이었다. 노동 측, 특히 민주노총 내부에서 노사정위원회 탈퇴나 해체 요구가 없었던 것은 아니지만 1차 노정 협상의 성공에 의미를 부여하고 있었던 민주노총 지도부는 다시금 재참가의 여지를 두고 있었던 것이다.[66] 투쟁을 교섭의 수단으로 배치하는 지도부의 이런 입장은 7월 13일 산별대표자회의

---

66 『매일노동뉴스』(1998/07/11) 참고. 이 외에도 한국노총과의 공조, 구조조정을 당면한 노조들의 요구 등이 작용하고 있었다.

에서 다시 확인되었다. 또 이 회의에서는 14일의 산업연맹별 파업과 15일 총력 투쟁, 23일의 총파업 방침 등 투쟁 일정이 최종적으로 결정되었다.

정부의 대응은 기본적으로 '제1차 노정 합의기'의 구도를 반복하는 것이었다. 정부는 한편으로는 강경 대응의 기조를 유지하면서도 다른 한편으로 물밑 접촉의 시점을 모색하는 이중적 전술로 대응했다. 노동 반발기부터 계속되었던 강경 대응은 7월 10일 노동 관계 장관 회의에서 불법 파업에 대해 즉각적으로 경찰력을 투입한다는 방침이 확인되면서 재개되었다. 같은 날 대검 공안부, 노동부, 경찰 등이 참가한 '공안 사범 합동 수사 본부'에서는 불법 파업 구속 엄단 외에, 관련된 상급 단체나 지도부도 공범으로 취급할 것임을 밝히면서 12일 양 노총 공동 집회와 14일 파업을 불법으로 규정했다.

한편 강경 대응 방침과 별도로 12일 열린 관계 장관 회의에서는 노동 측의 불만과 요구를 부분적으로나마 수긍하는 새 정책 방향이 발표되었다. '최근 노동계 현안에 대한 입장'이라는 제목의 글에서 정부는 노동 측의 불만 사항 중 일부 정부의 실책을 인정하고, 관련된 요구 사항을 노사정위원회에서 다시금 다루어야 한다고 제안했다.67 7월 12일 집회 직후 나온 정부의 새로운 방침과 호소는 노동계의 요구와는 여전히 거리가 멀었다. 노동 측의 핵심적 요구 사항인 고용조정 문제와 노사정위 특별법 등은 무시되었으며, 강경 대응 방침도 동시에 포함하고 있었다. 결국 그것은 노동 측과 정부 간에 입장 차이를 다시 확인하고 당분간은 노정 갈등 외의 선택지가 없음을 보여 주었을 뿐이었다.

---

67 재경부장관, 노동부 장관, 기획예산위원회 위원장, 금융감독위원장, 노사정위원장 명의로 발표된 담화문의 4개 항으로 되어 있었다. 첫째, 공공·금융 부문 구조조정의 원칙, 기준, 방향에 관해 노사정위원회에서 성실히 협의하며 둘째, 위원회 강화 방안을 조기에 마련하고 셋째, 악성 부당노동행위에 대해서는 강력히 대처하며 넷째, 관계 장관 간담회를 수시로 열어 위원회를 지원한다는 것이었다. 7월 12일 노동 측의 대정부 당면 6대 요구안은 구조조정 중단, 부당노동행위 척결, 노동자 생활 및 노조 활동 보장, 노동운동 탄압 중단, IMF 전면 재협상, 노사정 청문회 개최 등이었다.

대립이 심화하는 가운데 민주노총은 7월 14일에서 16일까지 금속산업연맹, 공공노련, 공익노련을 중심으로 한 파업 투쟁에 돌입했다. 5월 총파업보다 준비되지 않은 파업이었지만 쟁의 사업장을 중심으로 파업의 열기는 점차 높아졌다. 그리고 이 기간에 열린 산별연맹대표자회의, 중앙집행위원회 등 각종 회의에서는 23일 총파업 일정이 재차 확인되면서 구체화되었다.

'방침'으로만 존재했던 정부의 강경 대응은 14일 대통령이 '불법' 파업 엄단 방침을 지시하면서 구체화되었다. 7월 15일 검찰은 단병호 금속산업연맹위원장을 포함한 파업 노조 간부 30명에 체포 영장을 발부했으며 16일에는 다시 파업 관련자 86명에 우선 검거 명령을 내렸다. 이 과정에서 민주노총 사무총장과 서울 지역 본부장이 각기 연행, 구속되었으며 민주노총 수석부위원장 등 상당수의 지도부 인사들이 수배 상태로 들어갔다. 또 7월 20일 노동 관련 관계 기관 대책 회의는 노조의 불법 파업에 대한 범정부적 차원의 엄단 방침을 다시 천명했다. 21일과 22일에는 파업 중인 현대자동차노조에 대한 경찰력 투입 준비가 지시되기도 했다. 이런 일련의 강경 조치로 말미암아 쟁의 사업장을 중심으로 다수의 지도자급 활동가와 조합원들이 구속되었다. 정부의 구속 조치는 엄격한 법집행의 차원 외에 민주노총과의 협상을 앞당기고 정국을 유리하게 주도하는 의미를 동시에 갖고 있었다.[68]

한편 이 시기에 격화된 현대자동차 정리해고 쟁의는 전체 정국에 상당한 영향을 미치고 있었다. 16일 현대자동차 사용자 측은 정리해고자 2,678명의 명단을 발표하고 개별 통지를 시작했다. 19일 기아자동차의 단체 협상 타결로 다소

---

68 민주노총 등 노동 측에서는 정부의 구속 조치가 특정 사업장이나 특정 성향의 인물에 대해 집중됨으로써 일종의 분할 지배 전략 혹은 강경파 거세라는 비판을 제기하기도 했다. 한편 7월 20일 현재 14일, 15일 파업 관련 우선 검거 대상자는 모두 93명이었다.

유동적이기는 했으나 현자 정리해고의 강행은 현장 수준에서 상당한 파급력을 갖고 있었다.

노정 협상 정치 국면에서 중심적 행위자는 아니었으나 한국노총과 재계의 움직임도 대립을 격화시키는 데 일조했다. 사용자들은 노정 간의 강경 대치 국면에서 노사정위원회에 대한 부정적인 입장을 공개적으로 천명했다.[69] 그리고 한국노총은 민주노총과의 공동보조를 약속한 상황에서 투쟁 방침을 변경하기 힘들었으므로 정부의 노사정위원회 참여 요구를 거부하고 있었다.

정부의 강공 전술은 투쟁 역량이 소진되고 있었던 민주노총을 압박하는 데 상당한 효력을 발휘한 것으로 보인다. 20일 명동성당에서 농성 중이었던 민주노총 지도부는 전국단위 노조대표자 결의대회에서 23일 파업을 결의하는 한편, 기자회견을 통해서 강경 투쟁의 기조를 부분적으로 변화시키기 시작했다. 이 날 회견에서는 6대 요구와 관계없이 '6·5 노정 합의의 이행', '원인 규명 및 책임자 처벌 전까지 구조조정을 중단할 것'을 요구하면서 '경제 청문회 개최'를 새로운 요구 사항으로 제기했다. 또 민주노총은 정부가 정부 내외의 수구파와 선을 긋고 개혁에 나설 것을 요구하기도 했다. 22일 산별연맹대표자회의에서는 투쟁 동력을 고려해 투쟁 방침과 함께 교섭-타결을 주요한 투쟁 기조로 하기로 결정하기도 했다. 이런 입장 변화는 투쟁 역량의 소진, 국민적 공감대 형성의 필요성, 정부와의 초긴장 관계 해소 등 여러 가지 복잡한 배경을 갖고 있었다.[70]

22일 오후 파업을 앞둔 상황에서 정부는 긴급하게 2차 노정 협상에 나서게 되었다.[71] 노사정 위원장 등은 이미 20일 이후부터 양 노총 위원장 및 노조 대표

69 7월 15일 경총이 주최한 인사 노무 관리자 회의에서는 이 같은 경영계 입장을 공식화한 바 있었다.
70 『매일노동뉴스』(1998/07/21) 참고. 국가 내부에 수구파-개혁파가 대립하고 있다는 인식은 수구파를 고립·배제하기 위해 노사정위원회에 참가해야 한다는 참가론의 논리적 근거 중 하나였다.
71 협상과 무관하게 금속연맹의 6만여 조합원은 23일 파업에 돌입했다. 또 2차 협상에는 정부와 양노

〈표 5-7〉 제2차 노정 합의안 주요 내용

노동 측(민주노총) 요구안	7·23 노정 협상 합의안
	- 경제 청문회 개최를 노사정 위원장이 대통령에 건의
	- 부당노동행위 근절, 노사정위 논의
	- 퇴출 금융기관 노동자 생계 대책을 노사정위에서 논의
- 6·5 노정 합의 이행	- 55개 퇴출 기업 노동자 고용 대책 노사정위에서 논의
- 경제 청문회 개최	- 삼미특수강 노동자 포철 계열 창원특수강 취업
- 책임자 처벌, 구조조정 중지	- 노사정위에서 종합 고용 안정·실업 대책 마련
- 노동운동 탄압 중지	- 파업 관련자 사법 처리 최소화, 노사정위에서 건의
	- 노사정위원회 법제화 추진
	* 현대자동차 시간 단축, 재교육을 통해 고용 유지
	* 2차 공공 부문 구조조정 연기, 노사정위 협의 후 추진

자료 : 『매일노동뉴스』, 각 호.
주 : 노동 측 요구안은 "민주노총 중앙위원회 요구안"(1998.7.15)
*는 7월 25일 추가 합의안.

들을 대상으로 설득 작업을 시작하고 있었던 터였다. 공식적인 강경 대응 방침
과 별개로 내부 정책 결정을 마친 정부는 이미 2차 협상의 기본 전략을 갖고 있
었다. 그것은 노동 측의 요구 중 수용 가능한 것을 수용하되 노사정위원회 내부
논의로 전환하는 전략이었고, 결국 노동 측을 노사정위원회에 다시 불러들이
는 것이었다.

〈표 5-7〉에서 나타난 바와 같이 7월 23일과 25일의 2차 노정 합의는 양 노총
이 파업유보, 노사정위원회 참가를 대가로 몇 가지 반대급부를 받는 구도였다.
그러나 반대급부는 '노사정위원회 내부에서 다시 논의하기로 한다'는 것이 대
부분이어서 결국은 노사정위원회의 기능을 복원하고 그 비중을 강화하는 것에
다름없었다. 그리고 '건의한다', '논의하도록 한다', '다루도록 한다', '마련한다'

총이 모두 참가했다.

등의 추상적 표현으로 일관해 그 실효성과 책임 소재가 모호한 문제도 안고 있었다. 구체적인 처리 방안까지 포함된 합의 사항은 삼미특수강 해고 노동자 문제와 현대자동차 고용조정에 관한 사항에 국한되었다.

결국 '합의'의 외양과 무관하게 노동 측은 노사정 참가를 상당 부분 강제당했음을 알 수 있다. 다만 노동 측이 실제로 얻은 것은 1차 노사정 합의와 마찬가지로 정부를 협상의 장으로 끌어낸 것에 있었다.

민주노총이 강력한 투쟁 방침에도 불구하고 내용적으로 참가를 강제당한 것에는 구조적인 조건과 전략적 요소가 동시에 작용한 것으로 볼 수 있다. 구조적인 측면에서 본다면 IMF 경제 위기와 관련된 현장 노동자들의 급박한 요구가 참여를 강제한 일차적 요인이었다. 구조조정 대상 사업장 노조의 이런 요구는 강경 투쟁을 일관된 전략으로 실행할 수 없게 만들었다. 또 이런 조건들은 투쟁 역량의 소진 등을 이유로 참가를 강조하는 중앙 지도부 분파의 입장을 크게 강화했던 것이다.

더불어 전체 상황을 주도하고 있었던 정부가 노사정위원회를 중심으로 하는 노동 정치의 복원을 일관되게 추진하고 있었던 것도 합의의 요건이었다.[72] 이미 1차 노정 합의의 경험이 있었던 정부는 공식적으로는 강경하게 대응하는 한편, 민주노총 측이 수용할 수 있는 최소 양보안을 정확히 제출해 단시간에 협상을 마무리할 수 있었던 것으로 보인다.[73] 이런 일관된 정책 추진은 국가 기구 내 이른바 강경파, 수구파 간의 내부 갈등이 실제보다 크게 과장된 것임을 말한다.

7월 25일 합의 직후인 27일 노동부 고위 관계자가 합의 효력을 부인했던 사

---

[72] 노동부는 현대자동차 노조위원장의 노사정 삼자 협의 제안에 대해서도 긍정적인 답변을 했다(『매일노동뉴스』, 1998/07/25).

[73] 23일 합의에는 22일 밤 8시부터 23일 아침 9시까지 13시간이라는 짧은 시간만이 소요되었다.

태74는 이런 맥락에서 에피소드를 넘어서지 못한다. 이 사태의 의미는 이중적인 것으로 보인다. 한편에서 그것은 노동 정책의 주무 부서인 노동부가 합의 사항을 이행하는 것이 어려움을 공공연하게 표명한 것이었다. 합의의 추상성과 모호성이란 점에서 이런 인식은 노정 합의의 정부 측 주체들의 전략적 판단과 크게 배치되는 것은 아니었다.75 반면에 그것은 정부 내의 보수 세력이 노사정 합의를 주도한 정치 세력에 대해 도전하는 의미도 갖고 있었다. 그러나 이런 맥락에서의 도전은 노사정위를 중심으로 하는 노동 정국의 운영이라는 일관된 정부 전략이 있었으므로 '찻잔 속의 폭풍'처럼 큰 의미가 없었다. 또 정부가 노동 측에 끌려다닌다는 일각의 비판적인 인식은 사실과도 다른 것이었다.

노정 합의에서 소외되었던 사용자들과 한국노총의 반발도 노동 정국에 큰 영향을 미칠 수는 없었다. 경총은 합의가 발표되던 날 정부의 개별 기업 노사관계 개입은 부당하다며 노사정위원회에 불참을 선언했다. 그리고 한국노총 내부에서도 민주노총의 현안 문제를 해결한 것 외에 노총이 얻은 것은 없다는 비판이 대두했다. 그러나 자본 측은 정부의 설득을 거쳐 29일 노사정위원회 복귀를 선언했으며, 한국노총은 노사정위원회 내부 협의를 오히려 선호하고 있었기 때문에 큰 문제가 아니었다.

결국 2차 노정 협상은 전체적으로 1차 합의 구도를 다시 한 번 재현한 것 외에 특별한 의미를 갖고 있지 않았다. 국가는 노사정위를 중심으로 하는 노동 정국의 운영을 관철할 수 있었고 노동 측은 노정 협상의 성사와 주도권 회복이라는 '명분'을 얻을 수 있었다. 그러나 일부 노동 측의 기대와는 달리 합의 결과로

---

74 신재면 노사협력관의 '7·23 및 7·27 양노총 기자회견과 관련하여'를 말한다. 자세한 내용은 『매일노동뉴스』(1998/07/29) 참고.
75 단지 그것을 공개적으로 표명한 것이 문제가 될 뿐이었다. 그러나 이 사태는 정부 측의 발빠른 진화 작업으로 크게 문제되지는 않았다.

교환된 새로운 내용은 거의 없었으며 주체들의 전략 변화도 나타나지 않았다. 다만 이 과정을 통해서 정부가 구상하는 노사정위원회와 구조조정의 실제 내용이 노동 측이 기대하던 것과는 다른 것이었음이 점차 확인되었다.

3) 현자 노사정 합의기

2차 노정 협상 이후에도 정부의 합의 이행은 제대로 이루어지지 않았다. 합의 직후 노동부 관료가 합의의 효력을 부인한 일이나 사법 처리가 계속된 점들은 그 지표라 할 수 있었다.[76] 정부의 정책 방향은 7월 30일 2차 공공 부문 구조조정 방침이 미리 언론에 유포되면서 좀 더 분명히 드러나기 시작했다. 양 노총은 이에 대해 강하게 항의했으나 사태를 뒤집을 수는 없었다. 이 날 열린 노사정위원회 6차 본회의는 오로지 '정부에 대해 심의 자료를 사전에 제출할 것을 촉구'할 수 있었을 뿐이다.

'사전에 충실히 협의할 것'이라는 약속과는 달리 정부는 사전에 정해진 일정에 따라 다시 한 번 구조조정을 강행했다. 8월 4일 기획예산위원회는 국무회의 석상에서 2차 공공 부문 구조조정 방안을 공식적으로 발표했고, 금융감독위원회는 11일 4개 생명보험사의 퇴출 방침을 발표했다. 노사정위원회의 합의는 정부의 구조조정 방침을 규제할 수 없었고, 정부는 이를 방관했던 것이다.

정부의 이중적 정책 실행에도 불구하고 2차 노정 합의 이후부터 노동 측은 별다른 저항을 하지 못했다. 노동 측은 노사정위원회 내부에서 재차 약속 이행을 요구하고 항의했지만 역시 또 다른 추상적인 협조 약속 이외에 얻을 수 있는

---

76 합의 직후인 24일 민주노총 조직국장과 대외협력국장에 대해서 체포 영장이 발부되었다.

것은 없었다. 2차 협상 과정에서 나타난 변화는 민주노총의 운신의 폭이 매우 좁아졌다는 점이었다. 2차 협상은 투쟁의 성과를 교섭으로 확보하는 과정이기보다는 내적으로 투쟁 의지와 조건이 소멸해 노동이 합의를 강제당하는 과정이었다. 노정 양 주체는 이 사실을 어느 정도 인식하고 있었으며 이후 노정 간의 역학 구도는 정부 측으로 크게 기울어졌다.

이런 노동 정치 지형 속에서 현대자동차 정리해고 사태는 노사정위원회의 가능성과 한계, 그리고 그 기능을 최종적으로 확인해 준 사건이었다. 그것은 몇 차례에 걸친 추상적인 합의 문구의 현실적 의미를 확인하는 과정이었다. 그러므로 현자 노사정 합의는 2차 노정 협상의 구체적인 실행 과정이란 의미뿐만 아니라, 1기 노사정 합의와 노사정위원회 그 자체의 한계를 다시 노정하는 의미를 갖고 있었다.[77]

첫 노사정 간담회가 이루어진 31일부터 합의가 이루어진 8월 24일에 이르기까지 노사정위원회는 현대자동차 쟁의를 둘러싼 노동 정치에서 핵심적인 역할을 수행했다. 현대자동차에 대한 중재는 2기 노사정위원회가 이 기간에 수행한 가장 중요한 활동이었다. 이 기간에 노사정위원회는 비로소 소위원회와 특별위원회를 구성하고 실질적인 활동에 들어갈 수 있었다. 그러나 7·25 합의의 핵심 쟁점이기도 했던 현자 사태가 급박해지면서 노동 정치의 중심은 울산으로 이전되지 않을 수 없었다.[78]

---

[77] 이 시점에서 김원기 노사정위원장은 노사정위원회가 한계에 봉착해 있다는 점을 분명히 밝힌 바 있었다. 그에 따르면 노사정위원회는 정부, 사용자, 노동 측 모두로부터 불신받고 있었다고 한다. 『매일노동뉴스』(1998/08/13) 참고.
[78] 노사정위원회에서는 노사정위원장, 한상진 공익위원, 양 노총위원장, 경총회장, 본회의 간사위원, 실무위원회 간사, 대변인 등이 직접 중재에 나섰고 여당에서는 노사정위 지원 대책 위원회의 노무현 의원 등이 울산으로 급히 내려갔다. 또 정부에서는 노동부 장관, 차관, 차관보 및 실무자들이 전부 현자 문제 해결에 투입되었다.

이미 상반기부터 지루하게 계속되던 현대자동차 노사의 대립은 2차 노정 협상기에 와서 첨예화되기 시작했다. 7·25 합의에도 회사는 정리해고 방침을 굽히지 않았고 노동조합은 파업과 점거 농성으로 이에 맞섰다. 노사정위원회가 공식적으로 재개되었던 7월 30일 회사 측은 1,569명에 대한 정리해고 최종 통보 방침을 발표했다. 국민회의와 노사정 위원들은 회사 측의 강한 반발에도 불구하고 곧바로 중재에 들어가지 않을 수 없었다. 그러나 예상대로 중재는 양측의 입장 차이가 컸으므로 쉽지 않았다. 사측은 1기 합의에서 법제화된 정리해고의 정당성을 주장했고 노동 측은 정리해고의 부당성과 7·25 합의를 성실히 지킬 것을 요구했다.

정부는 노사정위원회와 노동부, 그리고 국민회의를 중심으로 하는 막후 중재와는 별개로 공식적으로는 노조의 불법 파업에 대한 강경 대응 방침을 굽히지 않았다. 대통령의 울산 현지 방문이 예정되었던 8월 6일까지 교섭에 강조점은 두던 정부는 교섭이 벽에 부딪히고 대통령 방문이 무산되자 다시 강경 대응을 서두르기 시작했다. 울산지검과 경찰, 울산노동사무소는 8일 '공안사범합동수사부' 회의를 열고 경찰력 투입을 검토하고 있다고 발표했다. 또 8월 10일 재개되었던 노사 간의 교섭이 12일 결렬되고 14일 회사가 무기한 휴업 조치를 취하자, 대검은 곧바로 17, 18일경 경찰력을 투입할 것임을 공표했다. 이런 강경 대응 방침은 8월 15일 대통령의 '제2건국'과 '신노사문화' 선언에 맞추어 합의를 강제하기 위한 것이었다.

한편 현대자동차 회사 측은 파업 과정에서 폭력 사태를 유발해 경찰력 투입을 유도하기도 했다. 회사 측의 일관된 입장은 전통적인 방식에 의한 사태 진압과 노조 무력화였다. 그러나 8·15행사를 앞둔 정부가 경찰력을 투입할 수는 없었다. 8월 16일 이후 합의까지 약 열흘 동안에도 정부는 경찰력 투입 압박을 강화하고 여론을 동원하기도 했다.

〈표 5-8〉 현대자동차 정리해고 중재안 및 타결안 개요

주요내용	정부·여당 중재안	중재안에 대한 사측 입장	최종 합의안
정리해고 인원	- 250~300명	- 해고자 규모 확대	- 277명 정리해고
휴직임금	- 1안: 2년간, 6개월 순환 - 2안: 1년, 6개월 재교육	- 1년 6개월 무급 휴직	- 1년 휴직, 6개월 재교육 - 휴직임금, 노사정 부담
해고자 위로금	- 위로금 지급	- 수용 불가	- 근속 연수 따라 7~9개월
고소고발, 징계	- 철회	- 거부	- 일괄 철회
무분규선언	- '노사평화선언'	- 수용	- 2년간 고용조정 중단
식당종업원 처리	- 없음(암묵적 합의)	- 수용 불가	- 노조에서 식당 운영

자료 : 『매일노동뉴스』(1998/08/22; 1998/08/25)에서 작성.

　　정부는 경찰력을 동원한 무력 진압과 노사정 협상의 두 가지 카드를 동시에 사용했다. 하지만 합의를 강조하는 기존 정책 노선을 끝까지 포기하지 않았다. 우선 정부가 경찰력을 동원할 수 있는 상황이 아니었다. 여기에는 국내 최대 생산직 사업장에서의 무력 충돌로 인한 정치적 비용, 신노사 문화 선언의 정책적 고려, 대규모 정리해고의 원만한 해결 필요성 등 여러 요인이 작용했던 것으로 볼 수 있다.

　　상황적 요인보다 중요했던 것은 노사정위원회를 동원해 문제를 해결하려는 정부의 기본 전략이 여전히 유효하게 작용하고 있었던 점이다. 1기와 2기 노사정위원회 구성, 운영에서 일관되게 관철되었던 정부 측의 기본 전략은 현자 문제에 대해서도 그대로 적용되었던 것이다. 강경 대응 방침은 압박 수단을 넘어서지 않았다. 그러므로 실제로 경찰력이 투입되었다 하더라도 최종적인 해결은 노사정 협상이라는 틀을 이용했을 것으로 보인다.

　　합의에 의한 사태 해결을 가능하게 했던 또 다른 중요한 요인은 민주노총 중앙과 금속산업연맹 지도부의 적극적인 협상 전략이었다. 이들 상급 조직들은

연대파업과 대규모 지지 집회 및 시위를 조직하기보다는 협상에 의한 사태 해결을 현대자동차노조에 일관되게 요구했다. 8월 11일 명동성당에서의 합의 이행 촉구 결의대회, 14일 노정 합의 이행을 촉구하는 대규모 집회에도 불구하고 협상에 의한 타결 방침은 변화하지 않았다. 전체적으로 민주노총은 이전의 모호한 이중적 태도로부터 벗어나 좀 더 분명한 형태로 협상 전술을 선택했다.

이처럼 노정 양측의 협상 전략이 계속 유지되었으므로 타협은 시간문제였으며, 노동부와 국민회의 중재단의 최종 중재가 이어졌던 8월 19일경에 이르면 노정 간에는 암묵적 합의가 이루어질 수 있었다. 반면 경찰력 투입의 문제 해결 방식을 선호했던 사용자 측은 끝까지 노정 합의를 거부하는 자세를 취했다. 그러나 사용자 측의 반발은 노정이 주도하는 정국에서 역시 핵심적인 변수는 될 수 없었으며 노정 간에 이루어진 합의의 큰 틀을 수용할 수밖에 없었다.

8월 25일의 현대자동차 노사정 합의는 민주노총이 공식적으로 거부하던 정리해고를 수용하는 대가로 그 피해를 최소화하는 선에서 이루어졌다(〈표 5-8〉 참고). 이 합의는 1차 노사정 합의와 1, 2차 노정 합의의 기본 구도를 전혀 벗어나지 않은 것이었다. 합의 정국을 주도한 것은 민주노총 지도부과 정부 내의 온건파였다. 노동 측은 정리해고에 대한 명목상의 반대를 조직하고 조합원 대중을 동원해 교섭에서 실리를 최대한 확보하고자 하는 기존 전략을 되풀이했다. 그것이 단위 사업장 쟁의에 대한 협상이었고, 대중투쟁을 거의 배제한 협상 위주의 개입이었던 점 정도가 차이랄 수 있었다. 정부 또한 강경 대응을 공식적으로 표명해 노동 측을 압박하는 한편, 교섭을 통해서 사태를 마무리하는 기존 틀을 벗어나지 않았다. 그러므로 합의 과정 그 자체에는 별로 새로운 의미가 없었다. 다만 이 세 번째 노정 합의의 의의는 합의 이후 노사정위원회의 정치적 지형과 각 주체의 태도가 크게 바뀌기 시작했다는 점에 있었다.

4) 전환기

현대자동차 합의로부터 9월 2일 만도기계에 경찰력이 투입될 때까지의 전환기에는 2기 노사정위원회 노동 정치에 대한 각 주체의 평가가 내적으로 이루어진 시기였다. 6·5 노정 합의, 7·23 노정 합의, 현자 합의 등 세 차례의 합의는 민주노총 지도부와 정부 내 협상파가 주도한 것이었다. 이 과정에서 배제되었던 자본, 정부와 민주노총 내 비판 세력들은 노사정 노동 정치의 기본 구도에 대해 공개적인 비판을 시작했다. 이런 내부로부터의 비판으로 말미암아 참여 주체 세력들의 입지는 크게 약화되었으며 2기 노사정위원회는 좀 더 근본적인 수준에서 무력해지기 시작했다.

먼저 비판은 합의를 강제당한 자본 측으로부터 시작되었다. 경총과 전경련은 합의 당일의 공식 논평에서 '정치권의 개입으로 정리해고가 어려워져 한국 경제가 혼란에 빠졌다'는 기본 시각을 천명하고 불만을 공공연히 표출했다. 정부가 노동 측 요구에 끌려다녀 법과 원칙의 대혼란이 야기되었으며, 궁극적으로는 경제 위기를 심화시키고 있다는 논리였다. 자본의 영향력 속에 있는 보수 언론들도 기다렸다는 듯이 합의 당일부터 정부의 협상 전략을 강하게 비판하기 시작했고 그것은 곧바로 국가 기구 내부로 확산되었다.

같은 날 오후에 있었던 대통령이 '정부-정치권의 지나친 개입은 바람직하지 않다'고 표명한 것은 그 출발점이었다. 대통령의 신호가 오자 곧바로 정부 내의 수구파들은 정부와 여당 내의 협상파를 공개적으로 비판하기 시작했다. 검찰은 25일 정리해고가 교섭 사항이 아니라고 밝히는 한편, 26일에는 정리해고를 둘러싼 불법 파업을 엄단할 것임을 발표했다. 25일 노동부 장관도 '향후 노동쟁의에 대한 당정 개입은 없을 것'이라고 밝혀 진화에 나섰다. 그러나 논란이 정치적 의미를 갖기 시작하자 노동부 장관은 28일 경제 5단체장과 긴급 간담회를 갖고 '노사 문제에 관한 당사자 자율 해결' 원칙을 합의하기에 이르렀다. 그리고 양 노총 위원장과 만난 자리에서는 약속했던 '사법 처리 최소화'도 지키기 힘들게 되었다는 뜻을 전했다. 결국 합의의 한 주체였던 노동부는 비판 세력을 무마하는 작업을 시작했으나 곧 그 자신이 합의를 부인하기에 이르렀던 것이다. 노사정위원회에서도 합의를 옹호하고 정당화하는 작업을 서둘렀으나 상황을 반전시킬 수 없었다.[79]

강경 기류는 8월 17일 이후 고용 안정 협정의 이행을 요구하며 파업 중이었던 만도기계 쟁의에 직접 전달되었다. 29일 위원장을 구속한 정부는 9월 2일 경찰력을 투입해 농성 중이던 노조원을 해산시키고 많은 조합원을 구속했다. 9월 1일 조폐공사에서의 공격적 직장 폐쇄 조치도 같은 맥락에서 이루어진 결정이었다. 이로써 협상을 통한 문제 해결 기류는 최종적으로 역전되었다.

현자 합의에 대한 불만은 노동 측도 마찬가지였다. 우선 현대자동차노조 내부에서는 지도부의 합의가 일종의 '직권조인'이며 조합원을 대의를 배신한 처사라는 비판이 처음부터 일어났다. 민투위, 실노회 등 현장 조직들이 주도한 비판은 곧바로 전체 조합원으로 확산되었고, 결국 9월 1일 합의를 추인하는 조합원 찬반 투표는 반대 64%로 부결되었다.

직접적으로 보면 조합원들의 불만은 두 가지였다. 하나는 오랫동안 정리해고 철폐를 전제로 하는 총파업 투쟁을 선동했던 지도부가 갑자기 정리해고를 수용하는 합의에 나선 것에 대한 반발이었다. 그리고 다른 하나는 그 과정에서 조합원의 의사가 조직적으로 수렴되기보다는 봉쇄되고 협상이 폐쇄적인 방식

---

79 최영기(1999) 참고. 노사정위원회에서는 경찰력 투입과 합의의 손익계산을 비교하며 합의의 필요성을 역설했다. 합의는 노동계 전체의 공동 투쟁과 조직적 저항을 피하기 위한 유일한 방안이며 정리해고를 정착시키는 과정상의 비용일 뿐이라는 것이 주요한 요지였다.

으로 진행되었다는 점이었다. 그러나 좀 더 본질적으로 그것은 민주노총 지도부가 지향하고 있었던 지도 노선에 대한 대중적인 비판의 성격을 갖고 있었다. 전국의 현장 조직들은 노조 집행부뿐만 아니라 교섭과 합의를 주도했던 민주노총과 금속산업연맹의 개입 방식을 문제 삼았고, 이들의 타협적 노선 전체를 본격적으로 비판했다. 이들은 2기 집행부의 노선이 1기 집행부의 연장선 위에 있는 것으로 인식했다. 따라서 불만은 현대자동차 쟁의에 국한된 것이 아니었고 상급 연맹과 전체 민주노총으로 확산되기 시작했다.[80]

특히 합의 이후에 진행된 정부와 사용자 측의 약속 이행과 정책 대응 방식은 노동 측의 비판을 더욱 정당화시키는 요인으로 작용했다. 현대자동차 사용자는 사법 처리와 법적 대응을 최소화하고 협력적인 노사관계를 발전시킨다는 합의의 정신을 지키지 않았다. 현장 통제와 노조에 대한 공세는 더 강화되었던 것이다. 정부도 내부의 반발을 계기로 노사정위원회와 이전의 약속들에 대해 더욱 소홀해지고 있었다.[81] 민주노총 지도부는 이런 사태의 진행에 대해 노사정위원회 내부와 외부에서 항의하고 향후 대정부 투쟁으로 나갈 것이라고 선언했지만 그 한계는 분명했다.[82] 1기 합의를 포함해서 네 차례의 합의 과정에서 대중들의 지도부에 대한 신뢰도는 계속 추락했고 지도력은 근본적으로 손상되기에 이르렀던 것이다.

---

80 현장에서의 계급적 대중투쟁과 조직 내 민주주의를 강조하는 이들 현장 조직들은 '전국현장조직대표자회의'를 결성하고, 민주노총 내부에서 이미 하나의 유력한 반대 분파로 활동하고 있었다.
81 합의를 뒷받침하기 위한 실무 협상부터 난항에 처했다. 정리해고자에 대한 위로금, 무급 휴직자의 생계비 문제, 사법 처리 조합원에 대한 처리 문제 등에서 회사 측은 소극적인 자세로 나왔다. 그리고 9월 초까지 정부는 쟁의를 주도한 간부나 조합원을 계속 구속했고 현장 조직에 대한 통제를 강화했다.
82 이갑용 위원장은 8월 26일 노사정위원회 공공 특위에 출석해 기존 합의와 다른 구조조정 추진에 대해 강하게 항의했다. 또 민주노총은 9월 1일 대정부 투쟁으로 나아갈 것이라고 선언하기도 했다. 그러나 민주노총 지도부의 영향력은 조직 내외에서 현저히 떨어져 있었다.

현자 노사정 합의 이후의 진통은 1기 노사정 합의 이후의 그것과 기본적으로 동일한 것이었다. 현자 노사정 합의는 형식적으로 단위 사업장 수준의 합의였지만 내용적으로는 이미 전국적, 전 계급적 의제였다. 정리해고 법제화와 정리해고의 실행, 쟁의의 봉쇄라는 정부의 전략적 목표는 노사정 합의라는 틀 속에서 관철되었다. 반면에 노동 측은 가시적인 성과가 뚜렷하지 않은 상황에서 결과적으로 조직 내부에 심한 상처를 얻게 되었다. 1기 합의 때와 다른 점은 각 주체 내부에서 노사정위원회에 대한 비판이 비등하고 주체들 간의 관계가 훨씬 악화된 상황에서 합의가 진행되었던 점이었다. 요컨대 현대자동차 합의를 통해서 각 주체는 노사정위원회에 대해 좀 더 냉정한 최종 판단을 내릴 수 있었다.

6. 노사정위원회의 한계와 노동의 철수

9월 이후 12월까지의 노동 철수기는 노동 정치의 역동성이 가장 미약했던 시기였다. 노사정위원회는 어떤 돌발 변수도 없이 안정적으로 운영되었으며 내부의 소위원회와 특별위원회들도 각기 의사일정에 따라 의제들을 논의하고 처리했다. 그러나 역설적이게도 이 시기는 노사정위원회가 실질적으로 고사枯死하는 과정이었다. 노사정 각 주체들은 이미 노사정위원회의 가능성과 한계에 대해 나름대로의 평가를 내린 상황이었고 그 범위 내에서만 참가했다.

정부는 내부 강경파의 일상적인 반발에 기대어 노사정위원회에 힘을 신지 않았다. 그 결과 위원회를 활성화시킬 향후 전망은 없었으며 새로운 의제도 도입되지 않았다. 노동 측은 리더십의 상실과 현장 노동 대중의 반발로 단지 형식

〈표 5-9〉 '최근의 민주노총 현안'과 처리 과정

주요 의제	민주노총 요구	상무위원회 논의
1. 실업자 초기업노조 가입	- 1기 합의 이행, 법무장관 해명	- 본위원 간담회에서 장관 의견 청취
2. 교원노조 법제화	- 1기 합의 이행, 야당안 반대	- 각당 대표 방문 협조요청
3. 조폐공사, 한전기공 구조조정	- 조폐공사 조기 창통합 반대 - 한전기공 일방적 중지	- 조폐공사 '2001년까지' 구조조정 - 서면보고 후 대책 논의
4. 만도기계, 현자 보고서	- 진상조사위원회 구성 요청	- 진상조사 보고를 노동부에 요구
5. 구속자 석방, 사면 복권	- 노정 합의 이행	- 법무장관 해명 청취
6. 기업구조조정특별법	- 상무위원회 논의 요청	- 경제개혁 소위에서 논의

자료 : 노사정위원회, 『1998 노사정위원회 활동현황』, 1998. 12.

적으로 참여하고 있었을 뿐이며, 실제로는 탈퇴를 위한 수순을 찾고 있었다. 그리고 자본도 노사정 협의와 중재를 거부하거나 공공연히 반노동적 요구를 제기했다. 이 시기의 주요한 쟁점에는 1기 합의 사항에 대한 법제화 작업 및 합의 이행 점검, 금융산업·공공부문·민간 대기업의 구조조정 협의, 부당노동행위와 각종 쟁의의 현안 처리, 노사정위원회 위상 재정립 등이 있었다.

먼저 1기 합의와 6·5, 7·23 노정 합의 및 현대자동차 노사정 합의에 대한 합의 이행 문제는 가장 중요한 쟁점이 되었다. 민주노총 등 노동 측은 노사정 본위원회에서 합의 이행을 지속적으로 요구했으나 합의 이행은 쉽지 않았다. 9월 9일 8차 본회의에서 민주노총 위원장은 노사정위원회가 1기 합의뿐만 아니라 노정 합의 및 특위·소위에서의 합의 이행도 점검해야 한다고 주장했으나 사용자 측은 이에 반대했고 정부는 뚜렷한 입장을 표명치 않았다. 민주노총은 주요 이행 미비 사항으로 공공 부문 구조조정에 대한 성실한 협의, 교원의 노동 기본권 보장, 구속자 최소화 문제, 현대자동차 합의 사항 이행 문제, 실업자 초기업 단위 노조 가입, 공공자금관리기금법 5조 삭제 등의 문제를 제기했다. 한국노총에서는 금융노련이 9월 7일 대정부투쟁을 선언하고 29일 총파업을 준비하는 등 합의 이행의 요구를 강하게 제기했다. 노사정위원회는 이 문제들을 이후 소위, 특위, 상무위원회에서 의안으로 다루었으나, 일부 정부 부처의 반대, 야당의 반대, 행정 처리 지연이나 해태, 사용자 측 반대 등으로 말미암아 진전되기 힘들었다.

민주노총이 12월 1일 11차 본회의에서 제기한 '최근의 민주노총 현안'은 노사정 합의의 한계와 그 처리 과정의 문제점을 단적으로 보여 준다.

민주노총의 문제 제기는 특정 사안에 대한 단순한 해결 요구의 차원은 아니었다. 그것은 노사정위원회의 운영 과정, 형식과 위상, 그리고 그 성격과 관련된 본질적인 것이었다. 노동 측에서 볼 때 노사정위원회는 내부 과정에서 관련 부처의 추상적 답변과 위원회 내부의 의견 일치 부재가 일상화된 기구였다. 쟁점 사안에 대한 처리는 계속 지연되거나 불투명해졌고 노동 측 요구는 자연스럽게 희석되었다. 특히 민주노총은 정부와 노사정위원회 정부 관계자가 주요 쟁점 사안에 대해서 해결 의지가 없음을 비판했다. 노사가 첨예하게 대립한 상황에서 정부의 의지가 없다면 노사정 합의 전체가 무산될 것임은 분명했다.

노동 측의 이런 주장에 결정적으로 힘을 실어 준 사안은 교원노조 법제화, 실업자의 초기업 단위 노조 가입, 구속 노동자 석방 문제였다. 교원노조 법제화에 대해 정부는 노동관계법이 아니라 '특별법' 형식의 입법화 방침을 발표했다. 민주노총은 노사정위원회 탈퇴 위협으로 반발했지만 이를 수용치 않을 수 없었다.[83] 또 정부는 단결권과 단체교섭권은 허용할 수 있지만 협약 체결권을 제한해야 한다는 입장을 표명해 1기 합의를 최소한으로 제한하고자 했다. 그리고

---

83 『매일노동뉴스』(1998/09/25) 참고.

관련 부서인 노동부와 교육부는 입법 형식에서 서로 책임을 지지 않으려는 다툼을 계속했다.[84] 정부 내에서 합의의 온전한 이행을 주장한 것은 노사정위원회 내 정부 관계자가 유일했다. 이런 우여곡절 끝에 10월 31일 노사정 간의 최종 합의가 이루어졌다. 하지만 정부 내에서는 법무부, 대검 등이 반대가 계속되어 법안 심의는 지체되었고 11월 23일에 와서야 정부 개정안이 국무회의를 통과할 수 있었다. 그러나 최종적인 입법화는 국회 내의 정치적 대립으로 말미암아 다시 해를 넘기게 되었다.

또 같은 1기 합의 항인 실업자의 초기업 단위 노조 가입 법제화는 아예 무산되는 방향으로 진행되었다. 9월 28일 9차 본회의를 만장일치로 통과한 노사정 합의안은 법무부와 대검 등 공안 부처의 반대로 정부안으로 상정될 수도 없었다. 또 11월 30일의 관계 부처 장차관 회의에서는 며칠 전 차관회의에서 합의된 1년 유예안조차 거부되기도 했다. 법무부, 내무부, 검찰 등 공안 기관은 '순수 실업자 노조'가 정치 세력화하고 치안을 불안하게 할 가능성이 있다는 이유로 반대 입장을 고수했다. 이런 주장은 사실상 전혀 근거 없는 무조건적 반대에 가까운 것이었다. 이에 대해 민주노총은 정부의 처사가 약속 위반일 뿐만 아니라 최소한의 노동 기본권도 수용치않는 반개혁적 발상이라며 강력히 항의했다. 노사정 위원장도 정부의 태도가 1기 노사정 합의와 배치되는 부당한 것이라고 정부를 비난했다. 정부 기구 간의 대립 속에서 합의 이행과 입법화는 계속 표류했고 사실상 무산되었다.[85]

---

84 자세한 내용은 『매일노동뉴스』(1998/09/25; 1998/10/29; 1998/11/03) 각 호와 노사정위원회, 『1998 노사정위원회 활동현황』(1998.12) 참고. 또 노동부는 정치자금법 개정 등에서도 소극적인 자세로 일관했다.
85 자세한 내용은 『매일노동뉴스』(1998/11/20) 및 각 호 참고. 11월 24일 총리주재 관계 장관 회의에서는 정부 내에서 노동부와 노사정관계자 외의 산업자원부, 법무부, 내무부, 재경부, 행자부 등 거의 모든 부처가 반대 입장을 표명했다. 또 노동부 장관은 12월 15일 노사정위원회 간담회에서 실업자 노조

마지막으로 구속자 석방 및 사면 복권에서도 합의 이행은 이루어지지 않았으며 경찰력 투입도 계속되었다. 정부는 현대자동차 조합원에 대한 구속과 수배 조치를 해제하지 않았으며 9월 8일에는 한국통신 노조 간부 3명을 7월 파업을 이유로 구속했다. 9월 초 아남반도체와 인천제철 등에 경찰력이 다시 투입되었으며 15일에는 한국노총 산하 금융노련 간부들이 교섭 중에 경찰에 의해 연행되기도 했다. '구속·수배자들을 최대한 관대히 처분하겠다'는 법무장관의 약속과 그 간의 노정 합의는 대한중석, 동원금속, 현대자동차서비스 조합원들에 대한 연이은 실형 선고로 지켜지지 않았다.[86] 특히 노사정위원회와 정부의 계속적인 선처 약속에도 불구하고 민주노총 사무총장과 현대자동차 노조 위원장이 각기 1년 6개월과 2년의 실형을 선고받음으로써 노동 측의 불만은 극대화되었다. 노동 측은 김대중 정권의 구속·수배 노동자 수가 이미 김영삼 정권기의 그것을 크게 능가하고 있음을 강조했다.[87]

합의 이행의 주요 당사자인 정부는 구체적인 사안에 대해서는 추상적인 약속을 되풀이하는 한편, 합의 정신에 위배되는 구조조정 정책들을 지속적으로 추진했다. 노사정위원회가 안정적인 활동을 시작함으로써 금융산업 구조조정에 대한 일부 삼자 합의가 이루어지기도 했지만[88] 전반적인 구조조정 강행 정책은 이 시기 전체에 걸쳐 계속되었다. 대통령은 9월 28일 기자회견에서 '기업

가입을 2단계로 나누어 실시하는 절충적인 방안을 제시하기도 했다.

[86] 11월 18일 국회에서의 답변이었으며, 자세한 내용은 『매일노동뉴스』(1998/11/27) 참고. 한편 정부는 민주노총이 요구하는 사법 처리 선처 문제를 민주노총의 '제2건국' 참가 문제와 교환하자고 제안하기도 했다. 그러나 이런 제안은 노동 측의 불만을 증폭시켰을 뿐이다(『매일노동뉴스』, 1998/10/21).

[87] 민주노총의 자체 집계에 따르면 12월 3일 현재 구속자는 195명이었고 수감 중인 구속노동자만 50명에 이르렀다. 이는 97년에 비해 구속자가 3배, 기소자가 9배 늘어난 수치이다. 또 구속, 수배, 불구속 기소 등 전체 사법 처리 대상자는 477명이었고 8월 25일 이후에만 261명이 증가했다고 한다.

[88] 금융산업발전대책위원회는 9월 초 금융노련과 민주금융노련, 금감위, 노동부, 인수은행이 참가하는 협의 기구를 구성해 퇴출은행에 대한 일부 대책에 합의한 바 있었다(『매일노동뉴스』, 1998/09/12).

을 살린 이후에 노사가 있을 수 있다'면서 '선 구조조정, 후 실업 노동 대책'이라는 입장을 계속 고수했다.

한편 이 시기에는 이미 계속되어 왔던 금융 부문과 공공 부문 구조조정과 함께[89] 5대 재벌의 구조조정 문제가 쟁점으로 부각되기 시작했다. 9월 3일 전경련이 5대 그룹의 구조조정 방안을 발표한 이래 정부와 재벌 간의 정치적 협상은 가속화되었다. 11월 19일에는 5대 재벌의 7개 업종에 관한 1차 구조조정안이 발표되었다. 이른바 빅딜로 대표되는 5대 재벌 구조조정에 대해서 노동 측은 정부가 노동을 철저히 배제하고 있다고 비판하고, 기업 구조조정 특별법의 제정을 요구했다.[90] 특히 5대 그룹 구조조정 빅딜의 구체안이 확정된 12월 7일 이후, 관련 사업장노동자들은 연일 파업과 시위에 나섰다.

노사정위원회도 노동 측의 요구에 따라 12월 14일 개최된 노사정위원회 본위원 간담회에서 이 문제를 집중적으로 다루었지만 성과는 없었다. 사용자들은 구조조정 자체는 논의 대상이 아니므로 특위 구성은 필요치 않다고 주장했으며, 정부는 고용조정 문제가 발생되면 의제로 삼을 수 있을 것이라는 소극적 입장을 되풀이했다. 결국 특위 구성은 위원장에게 위임하는 선에서 처리되었으며, 이 문제를 다룬 경제 개혁 소위원회는 어떤 합의도 도출할 수 없었다.

정부의 이런 후퇴로 말미암아 자본 측의 공세도 수위가 크게 높아졌다. 9월

---

89 9월 15일 과학기술부는 정부 출연 연구기관의 구조조정 계획을 협의 없이 일방적으로 발표했다. 10월 7일 기획예산위원회는 '정부투자기관관리기본법안'을 발표했으며, 8일에는 행정자치부가 '지방공사공단 구조조정 및 경영 혁신 계획'을 공개했다. 또 11월 14일 주택은행은 별정직 900여 명에 대한 계약직 전환 방침을 공표했으며 국책은행들은 25% 인원 감축 방안을 발표했다. 12월 17일 한국통신은 기존의 2002년 9,600명 감축 방침에서 2000년 15,000명으로 구조조정의 강도를 크게 높였다.

90 10월 초 민주노총은 '5대 재벌의 기만적 구조조정 규탄 및 재벌 총수 퇴진 촉구 대회'를 개최했다. 30일에는 시민단체들과 함께 '재벌 개혁 10대 요구안'을 채택해 11월 8일 민중대회의 핵심 요구로 제출했다. 또 금속산업연맹은 노사정위원회 내에 '민간 부문 구조조정을 다룰 특별위원회'를 구성할 것을 요청하기도 했다.

3일 경총은 '주요 기업 인사 노무 관리 담당자 회의'에서 '쟁의에 대한 외부 중재는 사전에 경총과 협의해야 한다'는 지침을 내렸으며, 10월 23일에는 신규 인력 채용 금지, 리콜제 등 해고 회피 노력을 완화하는 법 개정을 요구했다. 또 11월 13일 전경련은 인턴사원제 확대를 위해 노동법상의 '정리해고 회피 노력'을 아예 삭제할 것을 주장하기도 했다. 자본 단체의 이런 강경 입장은 개별 사업자나 사업자 단체들에도 영향을 미쳤다. 예컨대 택시 사업자들은 정부의 월급제 지침을 공공연히 무시했으며 택시노조는 10월 이후 파업에 들어가지 않을 수 없었다. 또 한국통신 사용자는 10월 22일 노조의 파업과 관련해 대량 징계 방침을 발표했고 민주노총은 노사정위원회의 기만성이 드러났다며 강하게 비난했다.

부당노동행위 문제도 계속되었다. 민주노총은 국회 환경노동위원회에 부당노동행위 41개 사업장의 자료를 제출하면서 노정 합의가 여전히 이행되지 않고 있다고 주장했다. 실제로 상반기에 노동위원회가 부당해고로 판정한 391명 중 153명만이 복직했으나 노동부의 적극적인 대응은 없었다.[91] 조폐공사는 공공 특위의 합의에도 불구하고 조폐창 통합의 시기를 앞당겨 발표하고 부당한 공격적 직장 폐쇄 조치를 취하는 등 이 기간 전체에 걸쳐 노조에 대한 공세를 계속 취했다. 또 수차례 노정 간 합의 사안이었던 삼미특수강 해고 노동자 문제도 여전히 풀리지 않았다. 그러나 이들 사안에 대해 노사정위원회는 많은 노력에도 불구하고 권고문을 보내거나 정부에 해결을 촉구하는 것 이외에 할 수 있는 일이 없었다.[92]

91 『매일노동뉴스』(1998/11/11) 참고.

92 한국통신의 노조 간부 징계에 대해서 부당노동행위특위는 중재단을 파견하기도 했다. 또 공공 부문 구조조정특위는 조폐공사 사태에 대한 자체 조사를 통해 합의가 무력화되었다고 평가했다. 이후 12월 9일 정부는 조폐공사 노조 지도부에 체포 영장을 발부했고 노조는 재파업에 돌입했다. 다시 직장폐쇄로 맞서던 공사 측은 12월 28일 전·현직 노조 간부 84명을 직위 해제하는 등 대립은 끝이 없었다.

신노사 문화 선언 문제도 노동 측의 정세 판단에 상당한 영향을 미쳤다. 대통령의 국정 방향 제시에 따라 노사정위원회는 '새로운 노사 문화로 가는 길'이라는 주제로 대토론회를 준비했다. 그러나 이 토론회는 노사 모두의 반대를 넘어설 수 없었다. 민주노총은 신노사 문화라는 담론에 반발했고, 결국 토론회 주제는 '공정한 고통 분담과 사회 개혁을 위한 노사정의 역할'로 바뀌지 않을 수 없었다. 또 사용자들은 '정치·경제적 시국 상황', '국민들의 부정적 인식'을 들어 반대 입장을 분명히 했다. 노사정위원회의 추진 당사자들도 9월 이후 바뀐 노동 정치 지형에서 이를 강행하는 것이 무리라고 판단해 토론회는 무산되었다. 더불어 대통령이 공언한 신노사 문화도 구체화될 수 없었다.

마지막으로 노동 철수기에 노사정위원회의 내부 협의 과정은 가장 활발히 이루어졌다. 민주노총은 노사정위원회의 성격과 합의 이행 문제에 대해 계속 문제 제기를 했으나 불참이나 탈퇴 문제를 쉽게 제기하지 않고 있었다. 소극적이나마 민주노총이 안정적으로 참가함으로써 노사정위원회의 많은 회의 기구들은 활발히 활동했다.

그러나 활발한 활동에 비해 성과는 보잘 것 없었다. 합의 이행 미비로 인한 근본적 한계 외에도 노사정위원회는 복잡한 의사 결정 과정에 따른 비효율성, 전원 합의제의 한계, 편파적 운영 등의 많은 한계를 갖고 있었다(노사정위원회 1998.12.14). 본위원회, 상무위원회, 소위원회 및 전문위원회의 4층 구조 속에서 의제들이 효율적으로 다루어지기는 힘들었다. 특히 9월 이후에 정부 관계자와 사용자들은 불참이나 대리 참석 등 회의 운영에 비협조적인 자세로 일관했다. 또 만장일치제는 노사, 노정 간의 이해 대립이 첨예한 가운데 힘 있는 결정이 내려질 수 없게 했다. 소위나 특위에서는 이해 대립이 첨예하지 않은 사안에 대해서 추상적인 합의만 이룰 수 있었으며, 핵심 쟁점들은 결론 없이 비켜나가지 않을 수 없었다. 그 결과는 공익위원들만의 합의, 실효성 없는 건의문과 권고문 남발로 나타났다.

8월 이후에야 본격적인 심의에 들어갈 수 있었다는 것을 고려하더라도 전반적으로 소위와 특위의 활동은 부진했다(〈표 5-10〉 참고). 사회보장소위원회를 제외하면 여타 위원회들이 이 기간에 새로 이룬 합의는 거의 없었다. 노사관계소위원회에서 본회의 합의까지 이른 세 가지 사안 가운데 두 개는 1기 합의를 구체화한 것일 뿐이었으며, 여타 소위, 특위에서 합의한 것은 없었다. 합의를 도출한 경우에도 그것은 가장 사소한 문제로 국한되었다.

일곱 개의 소위원회와 특별위원회 중에서도 구조조정과 인원 정리가 당면한 현안으로 떠올랐던 위원회의 협의 과정은 더욱 난항을 겪었다. 고용·실업소위원회는 12개의 의제 중에서 고용기획단 설치에 관해서만 합의할 수 있었을 뿐 여타 의제에 관해서는 모호한 논의와 소모적인 설전만을 되풀이했다. 그리고 공공산업구조조정특별위원회와 금융산업발전대책위원회는 건의문·권고문 이상의 활동을 전혀 보여 주지 못했다.

이런 상황은 전체적으로 노동 측의 '과도한 기대'와 정부, 사용자 측의 '과도한 우려'가 중복된 결과로 평가되기도 했다(최영기 1995).[93] 그러나 주체들의 과도한 기대와 우려, 그 자체가 노사정위원회를 무력화시킨 주요 요인은 아니었다. 노사정위원회 자체 평가에서도 나타나지만 좀 더 근본적으로는 정부의 구조조정 강행, 합의 이행 의지 부재, 합의의 제도적 토대 부실 문제가 바탕에 있었다. 그리고 이런 조건들은 경제 위기 상황, 기업별노조 조직 체계와 취약한 조직률과 합의의 정치적 기반이 없다는 좀 더 구조적인 문제들과 연관되어 있었다.

노사정위원회의 이 같은 파행에도 불구하고 정부의 입장에서 볼 때 '(위원회

---

[93] 특히 노사정위원회의 합의가 정치적 약속일 뿐, 법적 구속력과 집행력을 담보하는 것은 아니라는 점을 노동 측이 인식하지 못했던 문제가 있었다고 한다.

의) 생존은 곧 성공'이었다. 그것은 노사정위원회가 '노사관계를 노정 대립이나 파국 상황으로까지 치닫지 않게 하는 안전장치 기능을 성실하게 수행'했기 때문이었다. 이 같은 노사정위원회의 가장 핵심적인 기능이 살아있는 한 '98년도 노사정위원회 사업은 실패했다고 할 수 없다'는 것이었다.

그러나 이런 생각이 집권 세력 내부에서 완전히 공유된 것은 아니었다. 12월에 들어 노동 측의 강한 반발과 탈퇴 움직임이 시작되었을 때 국가는 노사정위원회를 유지시킬 것인가를 둘러싸고 다시 선택의 기로에 서게 되었다. 노사정위원회 운영 당사자와 정부 일각에서는 노사정위원회의 위상을 한 층 높여 조직 자체를 유지할 필요가 있음을 강하게 주장했다. 반면 집권 세력 내부의 다수는 9월 이후의 보수적인 기류에서 여전히 탈피하지 못하고 있었다. 그것은 노사정위원회를 방치하는 것이었으며 전략적으로 오류였다.

결과적으로 노동 측의 불만은 이 기간 전체에 걸쳐 확산되었다. 합의 사항의 이행 전망이 매우 어두운 상황에서 정부 정책의 변화 가능성도 별로 없었다. 결국 노동 측은 12월 이후 탈퇴를 위한 수순을 마련하기 시작했다. 11월 민중대회 이후 집회와 성명전을 계속하던[94] 민주노총은 12월 18일 위원장의 국회 앞에서 단식 농성을 계기로 투쟁의 수위를 한층 높였다.

위원장의 단식 농성은 민주노총 내부의 이견을 최종적으로 정리하는 계기로 설정되었다. 당일 있었던 전국 단위 노조대표자비상결의대회와 24일 20개 산별노조위원장의 동조 단식을 거치면서 민주노총의 노사정위원회 탈퇴는 거의

---

[94] 11월 28일에는 부당한 구조조정 정책에 항의하는 IMF 범국민운동본부의 전국적 집회, 시위가 있었으며 12월 1일에는 금속산업연맹의 금융감독위원회 집회가 있었다. 12월 12일에는 2차 민중대회가 전국적으로 진행되었으며 19일 금속산업연맹 지도부의 국민회의 기습 점거 농성, 22일 15개 공기업노조위원장들의 노사정위원회 항의 농성, 29일 민주노총과 한국노총의 집회와 국민회의·한나라당 점거 농성 등이 계속 이어졌다. 항의 성명은 12월 4일 '당면 5대 요구 실현을 위한 대정부·국회·정당 투쟁 선포' 기자회견을 필두로 연일 계속되었다.

〈표 5-10〉 노사정위원회 내부 의사 과정과 결과

소위·특위	합의 사항	권고·건의·기타 활동	본회의 합의 사항
경제개혁소위 - 9개 의제	- 공정거래법 개정 - 우리사주조합 활성화 - 노동자 인수 기업 지원 　대책		- 경제 청문회 개최 - 우리사주조합 활성화
고용실업소위 - 12개 의제	- 고용 실업 대책 　(실업대책기획단 설치)		
노사관계소위 -10대 과제	- 교원노조 일부 합의 - 공무원직장협의회 시행령 - 정치자금법 개정	- 교원노조 관련 토론회 - 근로시간 단축 공개토론	- 교원노조 결성 - 실업자 노조 가입 - 정치자금법 개정
사회보장소위 - 8대 과제	- 공공자금관리기금법 개정 - 의료 보험 통합 일원화 - 국민연금법 개정안 - 4대보험 통합추진기획단 - 산재정책 노사참여 확대	- 산업안전보건에 관한 　노사정 특별선언문	- 공공자금관리기금법 개정 　(5조 삭제) - 국민연금법 개정안 - 의료 보험 통합 일원화 - 4대보험 통합 기획단
공공부문특위 - 8개 의제	- 비연구 정부출연기관 　경영혁신계획(민주노총 제외) - 지방공기업법 개정안	- 공공부분 구조조정 건의문 - 공공 부문 구조조정 성명서 - 2차 공기업 민영화 건의문 - 정부출연연구기관 건의문 - 정투기관관리법 개정 건의 - 서울지하철 구조조정 건의	
금융산업특위	-	- 은행 구조조정 현안 건의문 - 5대 정리 은행 지원 권고문 - 제2금융 구조조정 권고문 - 금융자회사 구조조정 권고 - 은행경영 개선관련 권고문	-
부당노동특위	- 총 89개 사업장의 부당노동행위를 심의 - 중재조사단 파견 27개, 권고안 발송 34개, 관계기관 협조처리 6개 - 98년 12월 8일 현재, 48개 사업장의 부당노동행위를 심의 종결처리.		

자료 : 노사정위원회, 『노사정위원회 활동현황』(1998.12); 노사정위원회, 『노사정위원회 운영관계자 워크숍』(1998.12.14).

기정사실로 되었다. 직접적으로 보면 단식 농성은 '당면 5대 요구', 그중에서도
교원노조와 실업자 초기업 노조 가입의 법제화를 요구하는 것이었으나[95] 더 본
질적으로 그것은 노사정위원회에 대한 노동 대중의 반감을 조직적으로 결집하

는 의미를 갖고 있었다. '더 이상 노사정위원회 앞에서 시위나 농성할 필요가 없다'는 인식이 이미 대중적으로 확산되어 있었던 것이다. 14일 민주노총 위원장은 '합의가 이행되지 않을 경우 노사정위원회 해체를 결의할 것'을 처음으로 밝혔다.

민주노총의 투쟁이 노사정 탈퇴로 발전할 가능성이 커지자 노동부 장관과 노사정위원회 관계자들은 민주노총과 국가 기구 내 보수 세력을 설득하는 작업을 벌이기 시작했다.[96] 이들의 기본 전략은 두 가지 사안의 법제화를 연내에 추진하되 그것이 쉽지 않으면 최소한 교원노조 법제화만은 반드시 관철해 민주노총의 탈퇴를 막는다는 것이었다. 그러나 설득은 집권 세력 내부의 강한 반발과 여야 간 대립으로 말미암아 별로 효력이 없었다. 자민련은 정부의 입법안과는 배치되는 법안을 교육위에 제출한 상태였고 한나라당은 28일 교원노조 반대 입장을 당론으로 확정했다. 더욱이 이들의 반대는 교원노조 자체에 대한 반대보다 내각제 개헌 문제와 정계 개편에 대한 정치적 반발의 의미를 갖고 있었다. 이렇게 법안 처리가 어려웠던 만큼 민주노총을 달랠 다른 방안은 없었으며, 정부 또한 새로운 '결단'의 의사를 전혀 갖고 있지 않았다.[97] 결국 12월 31일 민주노총은 노사정위원회 탈퇴를 선언하지 않을 수 없었다.

노동이 철수하는 데에는 정부 기구와 의회 내에서의 반대가 직접적이고 결

---

95 당면 5대 요구는 '정리해고 중단', '실업자 초기업 단위 노조 가입 법제화', '교원노조 법제화', '구속자 석방과 수배 해제', '경제 파탄 원인 규명과 책임자 처벌'이었다.

96 아이러니컬하게도 경총은 노사정위원회에서 교원노조의 입법화를 촉구하는 노사정 대표단을 국회에 보내자는 제안을 했다.

97 이 과정에서 하나의 절차로 12월 28일 예정되어 있었던 대통령과 노사정위원 간의 만남은 22일 민주노총의 불참 의사 표명으로 무산되었다. 12월 말까지의 설득 작업에서 노사정위원회 정부 측에서 내놓은 새로운 제안에는 민주노총 합법화 입법, 실업자 노조 가입 2단계안, 구속자 석방 약속, 노사정위원회 위상 제고 등이 있었으나 별로 새로울 것이 없는 내용들이었다.

정적인 요인으로 작용했다. 그러나 이런 갈등과 반발을 단순히 국가 내의 수구파와 개혁파 간의 반발로써만 해석할 수는 없다. 오히려 김대중 정부는 국가 기구 내부의 갈등과 여야 대립에 의지해서 가능하면 1기 합의의 이행을 회피하고자 한 것으로 보인다. 국가의 전략적 입장에서는 구조조정을 실행하고 정치 전략을 관철하는 것이 일차적 관심이었다. 노사정위원회의 유지는 노동 측의 저항이 이 일차적 과제들에 장애물이 될 경우에 한해서만 의미 있는 것이었다. 그러나 현대자동차 사태 이후 김대중 정부는 노동 저항의 가능성과 파괴력을 낮게 평가하고 있었으며 민주노총의 탈퇴 가능성에 대해 매우 둔감해져 있었다.

7. 결론 : 노사정위원회와 노동 정치 체제 변동

노사정위원회는 IMF 경제 위기 상황에 대처하는 주체들의 전략적 상호 작용 행위의 산물이었다. 위기 상황에 대처하기 위해 각 주체들은 나름대로의 전략적 목표를 설정했고 그 조직 수단으로 노사정위원회를 선택했다. 1998년 초 주체들의 전략적 목표와 이해관계는 크게 달랐지만 그것을 관철하기 위한 조직적 형식에 대해서는 어느 정도 동의할 수 있었던 것이다. 이런 조건 위에서 노사정위원회는 손쉽게 조직될 수 있었다.

그러나 노사정위원회의 실제 정치과정은 노사정 세 주체 간의 상이한 전략적 목표를 조화하는 일이 그리 쉽지는 않다는 점을 잘 보여 주었다. 앞서 살펴본 바와 같이 거의 모든 중요 의제들에 대해 노사정 삼자는 대립했다. 합의가 이루어진 경우에도 합의 내용에 대한 이해는 크게 달랐으며, 전략적 의도 자체를 통일시키는 것은 불가능했다. 그리고 합의는 이후 더 심화된 대립의 진원지가 되었다. 그럼에도 노사정위원회는 약 1년의 기간에 몇 차례의 합의를 얻어낼 수 있었으며, 어떤 주체들에 의해서도 완전히 거부되지 않고 명맥을 유지했다.

노사정위원회 노동 정치에는 많은 구조적·상황적 요인들이 각 주체의 전략적 선택과 함께 복합적이고 역동적인 방식으로 작용했다.[98] 주어진 상황에 대응하는 주체들의 전략 선택은 그 자체가 모순적인 것일 경우가 많았고 더러 모호하기도 했다. 그것은 때로 구조적 제약을 무시하고 추진되었으며, 반대로 구조적 요인에 순응하기도 했다. 그리고 1987년 체제의 부분적인 해체와 상황적 특수성으로 말미암아 구조적 조건의 규정력 자체도 매우 유동화되어 있었다.

우선 한국 노동 정치의 구조적 지형은 서구와 달리 사회적 합의의 토양이 매우 척박한 것이 사실이었다. 기업별노조의 노조 조직 형식과 심하게 불균등한 계급 역학 관계, 그리고 계급 정당의 부재는 노사정위원회 노동 정치에 항상적으로 작용한 구조적 제약이었다. 그리고 거시적 의제를 다루어 본 경험이 노사정 모두에게 없었다는 점과 타협의 전통이 전혀 없었던 정치적 환경도 중요한 제약 요인이었다(노중기 1998b; 김수진 1998; 신광영 1998).

이런 불리한 구조적 제약을 뛰어넘어 노사정위원회가 유지될 수 있었던 근본적 동력은 무엇인가? 무엇보다 IMF 경제 위기라는 상황적 조건을 이용한 국가의 전략적 선택이 관건적인 요인이었다. 앞서 살펴보았듯이 국가는 노사정위원회의 틀을 노동 정치의 기본적인 제도적 장치로 이용하려는 자세를 전 기간에 걸쳐 지속적으로 견지했다. 세 차례에 걸친 민주노총의 불참 선언과 두 차례의 노정 교섭, 그리고 파업 투쟁에도 불구하고 국가는 과거와 같은 전면적인 억압 전략이나 헤게모니적 배제를 선택하지 않았던 것이다. 경찰력의 동원과

---

98 이른바 구조와 전략의 변증법에 관한 자세한 내용은 Jessop(1990) 참고.

제반 법적 수단들은 오히려 참가를 종용하는 부차적 통제 수단에 불과했다. 이런 전략 선택은 1987년 체제에서는 찾아볼 수 없었던 것이며 김영삼 정권기의 정책 운용과도 달랐다.

1998년 초 집권을 앞둔 김대중 정권은 노사관계 정책에서 두 가지 선택지를 갖고 있었다. IMF가 요구하는 구조조정은 여타 모든 정책들을 규정하는 전제 조건이었으므로 노동 정책도 노동시장 유연화라는 기본 방향을 벗어날 수 없었다. 다만 전략적 목표를 달성하는 과정에서 사회적 합의 기구를 매개로 하는 방식과 합의 없이 이데올로기적·물리적 강제를 통하는 방식 중 하나를 선택할 수 있었을 뿐이었다. 전자가 민주 노조 운동을 형식적으로나마 포섭하는 방식이라면 후자는 그들을 배제하는 전통적인 방식이었다. 이 중 국가는 나름대로의 손익계산에 기초해서 전자의 형식적 포섭 전략을 선택했다.

손익계산의 명세서는 그다지 복잡하지 않았다. 1년간 이루어진 노사정위원회 노동 정치의 결과를 놓고 본다면 우선 국가는 '국민적 합의 기구의 형성', 혹은 '국민적 대타협에 기반을 둔 국정 운영'이라는 정치적 성과를 얻었다. 그리고 '대화와 타협을 통해서', 즉 노동운동의 저항과 그에 따른 사회적 긴장을 야기하지 않고 구조조정을 관철시킬 수 있었다. 반면에 노사관계를 자유화하거나 개선하는 몇 가지 양보 조치가 이것에 대한 반대급부로 제공되었다. 국가는 노사정위원회 노동 정치를 전략적인 성과로 파악했으며, 이런 태도는 지배 블록 내부의 보수파와 자본의 부분적인 반대가 가시화된 현대자동차 노사정 합의 이후에도 기본적으로 견지되었던 것으로 보인다(최영기 1998b).[99]

이런 긍정적 판단은 다른 선택지의 손익계산과 비교할 때 더욱 뚜렷해진다.

---

[99] 현대자동차 정리해고를 노정 간의 물리적·정치적 충돌없이 해결할 수 있었던 것은 국가의 전략적 승리를 단적으로 표현하는 사례였다.

일방적인 구조조정으로 인한 노동 저항의 파급력은 1997년 겨울 총파업이 보여 주었듯이 예측할 수 없는 것이었다. 취약한 권력 기반을 가진 신정부가 집권 초반기에 이 같은 모험을 할 수는 없었다. 그리고 그것은 경제 위기로 인한 노동 대중의 공포감을 저항과 투쟁의 동력으로 만들지도 모르는 일이었다. 노사정위원회 구성과 합의 형성 과정에서 나타난 노동 측의 반발과 그로 말미암은 정치적 비용은 상대적으로 소소한 것이었을 뿐이다. 정권 내부의 이른바 친노동계 인사들은 노동운동 내부 사정에 대한 정확한 정보와 치밀한 전술적 대응 능력을 기초로 이런 전략적 판단을 관철할 수 있었다.

국가의 전략 선택이 이같이 명료했던 반면 노동 측의 전략은 대체로 내적으로 모순적이었으며 불투명했다. 노동 측 내부의 혼선은 노사정위원회의 존속에 긍정적인 요인으로 작용했다.

노동 측에게 주어진 전략적 선택지도 역시 노사정위원회 참가 전략과 불참 및 대중투쟁 전략으로 단순화되어 있었다. 민주노총 1기 집행부는 전자의 입장을 채택했고 2기 집행부는 두 가지 전략 사이에서 분명한 선택을 하지 못한 채 혼미를 거듭했다. 객관적으로 볼 때는 매우 단순한 구도였지만 그것은 노동조합 내부에서 매우 미묘한 갈등과 혼동을 계속 야기했다. 모든 투쟁은 노사정위원회 참여로 환치되었으며, 그 근거가 될 뿐이었다. 이런 혼란은 1년간의 노동 정치를 거치면서 노동 대중의 평가가 나온 이후에야 어느 정도 종식될 수 있었으며 그 결과가 민주노총의 탈퇴 선언이었다.

지도부의 운동 노선상의 오류는 이런 혼란의 직접적인 원인이었다.[100] 정부 측 정책 담당자의 표현대로 노동조합이 도저히 수용할 수 없는 '정리해고'를 합

---

100 민주노총 기관지에 연재되었던 '사회적 조합주의' 논쟁 참고(『노동과 세계』, 36, 37, 38, 39, 41호).

의의 형식으로 손쉽게 받아들인 1기 집행부의 오류는 단적인 사례였다. 1기 집행부는 노사정위원회를 서구적 의미에서의 사회적 합의 기구로 보거나 적어도 그 방향으로 발전할 가능성이 있다고 주관적으로 평가했다. 이런 평가는 신정권의 성격에 대한 부정확한 인식 및 주관적인 기대와 결합했고 수세기의 실리주의 노선을 정당화했다. 그리고 1기 집행부를 비판하고 집권한 2기 집행부 내부도 이 문제를 충분히 극복할 수는 없었다.

그러나 여기에는 좀 더 구조적인 요인들이 동시에 작용하고 있었다. 우선 경제 위기로 인해 급변한 이데올로기 지형이 대중투쟁 전략의 선택을 어렵게 하고 있었던 점이 지적될 수 있다. 국가는 위기에 대한 국민적 공포감을 적절히 이용해 노동 측의 참가를 상당 정도로 강제했으며 노동 측의 선택의 폭은 좁아져 있었다. 특히 수세기를 맞아 노동 측의 대중 동원 역량은 크게 저하되어 있었다. 또 기업별 조직 체계도 혼란을 야기한 주요한 요인이었다. 경제 위기의 효과는 부문, 산업별로 다른 조건을 산출했으며 국가와 자본은 이를 적절하게 이용하는 구조조정 정책을 실시했다. 민주노총 산하 각 조직은 서로 다른 상황 조건에 처하게 되었으며 주로 구조조정이 당면한 부문과 산업, 업종의 노동조합들이 전체 조직의 결정과 별개로 참가를 강하게 요구했다. 대중투쟁 노선을 선호했던 2기 집행부는 산하 연맹과 업종의 이런 압력에 굴복하지 않을 수 없었고, 결과적으로 지도력은 크게 약화되었다. 또 신정부와의 협조적 거래 방침을 일관된 전략으로 갖고 있었던 한국노총의 압박 전술도 민주노총의 전략 선택에 상당한 영향을 미친 요소였다.

한편 자본 측의 전략 선택은 시기별로 차이가 있었지만 대체로 노사정위원회를 용인하지 않을 수 없었다. 크게 보아 1기 노사정위원회에는 적극적으로 참여했지만 2기 위원회에 대해서는 부정적인 평가가 늘어났다. 1기의 전략적 지형은 정리해고와 노동자파견제도의 법제화 문제를 중심으로 한 것이었으므로 자본은 적극적인 참여는 당연한 것이었다. 그러나 2기 노사정위원회에서 상황은 바뀌었으며 소극적인 입장으로 선회하게 된다.

그러나 이런 입장 변화가 과도하게 강조될 수는 없다. 우선 자본은 국가가 요구하는 노사정위원회 참가를 원칙적으로 거부할 수 있는 상황이 아니었다. IMF 경제 위기에 상당한 책임을 갖고 있는 대재벌 헤게모니의 자본은 국가의 요구를 거부하기 힘들었다. 그리고 이 시기 전체에 걸쳐 자본은 국가와 재벌 개혁과 구조조정이라는 좀 더 중요한 정치적 협상을 하고 있었으므로 다른 선택의 여지는 없었던 셈이다. 또 국가의 전략적 목표인 노동쟁의의 봉쇄에 대해서도 자본은 공동의 이해를 갖고 있었다. 노동의 저항 없이 노동시장을 유연화시킨다는 노사정위원회의 대전제에 자본 측은 근본적으로 반대할 이유가 없었다. 그러므로 노사정위원회에 참가하되 경영 참가특별법, 노동시간의 단축, 전임자 임금 지급 처벌 조항 삭제 등이 당장 핵심 의제가 되지 않도록 하는 것이 자본의 전략적 목표였다.

결국 노사정 세 주체는 각기 다른 이유로 노사정위원회의 구성에 동의했으며 그것은 1년간 지속되었다. 그러나 시기별 분석에서 고찰했듯이 1998년 한 해의 노동 정치는 전체적으로 노동 측이 노사정위원회에서 철수하는 과정이었다. 1999년 1월 24일 민주노총이 대의원대회 의결을 거쳐 노사정위원회를 탈퇴함으로써 이 합의는 붕괴되었다. 또 노사정위원회는 노동 정치의 지형을 1년 전에 비해 크게 바꾸어 놓았다.

민주노총의 탈퇴에는 여러 가지 원인이 작용했다. 가장 직접적인 원인은 정부와 자본 측이 합의 내용을 이행하지 않았던 것에 있었다. 일방적 구조조정을 노사정위원회가 정당화하고 있다는 현장 노동자들의 불만은 더 이상의 참가를 용인하지 못할 수준으로 고양되었던 것이다. 그러나 좀 더 근본적인 수준에서 합의와 약속 이행은 전략적인 측면뿐만 아니라 구조적인 제약을 받고 있었다.

즉 정부와 사용자들이 합의사항을 이행할 의지가 있었다 하더라도 노사정위원회가 장기간 안정적이기는 힘들었을 것이다.

우선 정부의 경우에는 사회적 합의 정책과는 기본적으로 상반된 거시 경제 정책을 동시에 추진하고 있었다. 사회적 합의 정책이 장기간 안정적이기 위해서는 노동 지도부가 자신의 조합원들을 설득할 수 있는 반대급부가 있어야 한다. 그러나 김대중 정부의 신자유주의적 구조조정 정책은 그와 같은 반대급부를 허용치 않는 것이었다. 이 점은 공공 부문의 구조조정 과정에서 사용자로서 정부가 고용의 축소 조정과 임금 동결 및 삭감 두 가지 모두를 요구했던 것에서 단적으로 나타났다. 그리고 전체적으로 본다 하더라도 노동 정책은 경제 구조조정 정책의 하위 정책으로 종속되어 있었고, 노동 측이 정책 결정에 참가해 반대급부를 얻어낼 여지는 거의 없었다. 임금 삭감과 노동조건의 악화, 소득 불평등의 심화, 고용 불안과 대량 실업이 동시에 진행되는 상황에서 합의는 오래가기 어려웠던 것이다.

또 노동 측도 합의에 따른 약속을 이행하기 어려운 구조적 제약 속에 있었다. 기업별 체제에서 중앙 조직에서의 합의는 하부의 단위조합이나 현장에 대한 구속력을 갖기 어려웠다. 1기 노사정 합의나 현대자동차 합의가 조합원에 의해 거부된 것은 사회적 합의 체제의 조직적 기반이 부재할 경우의 사태 진행을 단순한 형태로 보여 주었다. 또 합의가 정치적 뒷받침을 받지 못하는 한계도 드러났다. 제도 정치가 객관적 계급 상황과 일치하지 못하고 있는 우리의 경우, 합의 내용이 법제화되는 과정에서 소실되거나 변형되어 불완전한 형태로 이행될 가능성이 매우 크다. 1기 합의의 법제화 과정은 이런 한계점을 그대로 노출했다.

조직적 기반의 부재는 사용자 측의 경우에도 마찬가지였다. 경총과 전경련은 사용자 단체를 대표해 협약의 주체가 되었지만 개별 주체들을 통제할 수 있는 위치에 있지 못한 점은 마찬가지였다. 예를 들어 노동 측 불신의 주요한 근거가 되었던 부당노동행위 문제는 실상은 국가와 자본 단체가 이행할 의사가 있었더라도 별로 지켜질 수 없는 공약空約일 뿐이었다.101

마지막으로 노사정위원회 노동 정치는 노동 정치 체제 전환을 위한 국가 주도의 중요한 실험이었다. 한편에서 보면 사회적 합의 형식의 포스트 1987년 체제의 전망을 가진다면 노사정위원회 실험은 무엇이 문제이며 해결되어야 하는지에 관한 많은 교훈을 남겨 주었다. 그러나 한 해 동안의 실험에서는 어떤 새로운 노동 정치 체제의 전망도 드러나지 않았으며 오히려 그것은 많은 불투명성과 혼란만을 남겨 주었다. 특히 노동 측의 합의 기구에 대한 불신이 확대된 것은 앞으로의 합의 정치에 장기간 부정적인 요소로 작용할 가능성이 있다. 처음으로 합법적인 교섭의 장으로 나온 민주노총은 상당한 조직적 타격을 받았으며, 결과적으로 노동 대중의 사회적 합의에 대한 부정적 인식은 더욱 강화되었기 때문이다.

---

101 그것은 단순히 노사정위원회의 위상을 강화하거나 법제화한다고 해서 해결될 성질의 것이 아니다. 그러므로 1999년에 들어 정부가 추진하고 있는 '노사정위원회' 살리기 작업도 그 한계가 뚜렷하다.

6

한국 사회의 노동 개혁에 관한 정치사회학적 연구
'노사관계개혁위원회'와 '노사정위원회'의 비교

1. 문제 제기

오랫동안 한국 사회에서 노동 문제는 특별한 사회문제로 취급되어 왔다. 서구에서도 노동 문제가 특별한 지위를 누리고 있지만(Kelly 1988; Korpi and Shalev 1979; Therborn 1977) 우리 사회에서 그 함의는 크게 달랐다. 노동 문제는 노동 문제이기 이전에 공공 치안이나 경제적 효율성의 문제로 인식되어 왔던 것이다. 또 노동 문제는 노동과 자본, 종업원과 사용자 등의 노자勞資 혹은 노사勞使 간의 문제이기 이전에 노동과 국가의 노정勞政 간 문제로 취급되어 왔다. 노동자들은 흔히 사회 안전을 교란하는 갈등적 요소나 범법자로 다루어졌다(노중기 1995, 6장). 이런 사회적 인식은 민주화 이후에 약간의 변화가 있었던 것은 사실이지만 최근까지도 크게 바뀌지 않고 있다.[1]

그러나 다른 한편에서 보면 많은 변화가 있었다는 것도 부인하기 어려울 것

---

[1] 1999년의 '조폐공사노조 파업 유도 사건'과 '서울지하철노조 파업 파괴'는 그 좋은 사례라고 할 수 있다. 현 정부에서도 정보·치안기구들은 합법 노조에 대한 억압을 여전히 계속하고 있는 것이다.

이다. 사회의 민주화에 따라 노동자들도 전체 사회를 구성하는 한 구성원일 뿐만 아니라, 사회적 약자라는 인식이 크게 늘고 있다. 그리고 최근 대규모 실업 사태에서도 노동자들은 위기의 원인이나 주범으로 취급되기보다는 일반적으로 피해자로 다루어졌다. 또 노동자의 '참여와 협력'이 필요하다는 새로운 관점에서 정부가 '노사정위원회'를 조직했던 것도 우연한 일은 아니었다.

이처럼 우리 노동 사회에서는 커다란 거시 구조적 변동이 진행되고 있다. 미시적으로 본다면 변화의 양상들은 서로 다르겠지만 큰 흐름의 변화는 손쉽게 감지할 수 있는 일일 것이다. 민주노총이 합법화되어 양대 노총 체제가 본격화되었고 노조의 정치 활동도 가능하게 되었다. 반면에 노동시장 제도의 유연성이 크게 확대되는 등 거시 변동의 윤곽 역시 뚜렷하다. 낡은 관행과 정책들도 여전히 존재하지만 그 맥락과 함의는 상당히 변화하고 있다고 할 수 있다.[2]

이 글은 최근 진행된 두 개의 '노동 개혁' 과정을 비교·분석함으로써 이와 같은 거시 구조 변동의 함의를 좀 더 분명히 밝히고자 한다. 노사관계개혁위원회(노개위)와 노사정위원회(노사정)의 실험은 그 자체가 노동 사회 구조 변동의 핵심 과정인 동시에 그 결과로 나타난 정치과정이었다. 거의 연속적으로 시도된 두 개의 실험은 그 내용이 매우 포괄적이고 근본적이란 특징이 있었다. 말하자면 그것은 한국 노동 정치에서 하나의 결정적 국면critical juncture을 이룰 수 있는 사건들이었다.[3]

----

2 '조폐공사노동조합 파업 유도 사건'의 의미는 이중적인 것이었다. 이 사건은 이전과 달리 제도 정치권과 시민사회에서 중요한 정치적·사회적 쟁점이 되었고 결국 국회 청문회로까지 발전했다. 이는 노동 문제에 대한 국가 기구의 불법적 개입이 더 이상 힘든 현실의 구조 변화를 압축적으로 표현하고 있다.
3 이 개념에 관해서는 꼴리에(Collier and Collier 1989)와 조효래(1995, 9-11)를 참고할 것. '결정적 국면'은 "노동 포섭-노동운동의 합법화, 제도화의 특정한 방식이 형성되고 이후 장기적으로 그 유산과 영향이 확장되는 상대적으로 짧은 시기"를 말한다.

그러나 지금까지 이 두 개의 노동 정치과정에 대한 분석과 평가는 충분히 이루어지지 못했다. 각각의 정치과정에 대한 연구가 없었던 것은 아니지만(노중기 1996; 1999a; 유범상 1999; 장홍근 1999) 비교 분석의 관점에서 실험의 거시적 함의를 본격적으로 다룬 연구는 별로 없었다.4 특히 두 실험에 대한 평가에서는 서로 상반된 의견이 팽팽히 맞서는 상황이다.

일부 학계와 정부는 이를 '사회적 합의'나 '코포라티즘'으로 나아가는 중요한 계기로 파악하고 장기적으로 합의 체제의 기틀이 될 것이라고 보았다(최장집 1998a; 최영기 1999b). 반면에 다른 연구자들은 구조적·상황적 한계를 지적하면서 합의 정치의 가능성을 매우 낮게 평가하거나(김수진 1998; 신광영 1998) 신자유주의 정책의 일환이거나 새로운 통제 수단이라고 비판했다(김세균 1998b; 임영일 1998d; 노중기 1999b).

이 글은 두 개의 시도를 비교하는 방법으로 정치적 과정을 시간 흐름에 따라 정리하고(3절) 나아가 그 역사적 성격을 규명하고자 한다(5절). 그리고 동시에 두 실험이 갖는 미시적 차이를 좀 더 선명히 제시하고자 한다. 정치과정의 차이들을 구체적으로 분석·정리하고, 이를 구조 변동의 효과나 상황 요인, 주체들의 전략적 대응 등을 동원해 설명하고자 한다(4절).

---

4 비교 연구로는 이병훈·유범상(1998)의 시론적 연구가 유일하다.

2. 1987년 노동 체제의 구조와 전략적 행위

노동 개혁의 정치과정에서 각 주체는 자신들이 설정한 전략적 목표를 달성하기 위해서 여러 가지 자원이나 정책 수단들을 동원하게 된다. 그러나 이들의 전략과 행동 방침은 상대방의 의도와 같은 미시적인 요인에 의해서만이 아니라 여러 가지 구조적·상황적 환경 요인들에 의해 제약받는다. 구조적 요인들은 주체들에 의해 충분히 인지되지 않을 경우에도 작용하며, 주체 전략의 선택지를 제한하는 방식으로 개입하게 된다. 이처럼 노동 정치과정을 인과적으로 분석하기 위해서는 구조와 전략적 행위 간의 복잡한 관계를 충분히 고려해야 할 것이다.[5]

이 글에서는 두 개의 노동 정치[6]를 분석하기 위한 변수들로 구조 요인과 상황 요인, 그리고 주체들의 전략적 상호 작용 등을 구별하고자 한다.

먼저 '1987년 체제'는 두 차례의 노동 개혁 실험을 이해하기 위한 구조적 지형으로 설정된다.[7] 노동자 대투쟁을 계기로 성립한 1987년 체제는 초기업 수준

---

5 본고는 제숍(Jessop 1990)의 '구조와 전략의 변증법'을 이론적 전거로 한다(김호기 1993; 노중기 1995, 2장). 이를 노동 정치에 적용하면 다음의 몇 가지 이론적 기준이 도출될 수 있다. 첫째 노동 개혁의 정치과정은 경제 구조나 국가 정치(state politics), 노동 정치(labor politics), 그리고 작업장 정치(workplace politics)의 중층적 관점에서 분석할 필요가 있다. 둘째, 노동 정치는 자본주의사회에서 상대적으로 자율적인 영역을 구성한다(Edwards 1986). 셋째, 정치의 주역인 노사정 세 주체는 내적으로 균열되어 있을 뿐만 아니라 매우 제한된 의미에서만 전략적으로 행동한다고 할 수 있다. 따라서 전략적인 것은 사후적이고 결과적으로 확인된 내적 경향성으로서, 해석된 전략성이다(노중기 1997).

6 노동 정치는 생산의 정치, 노사관계, 계급 정치, 노자 관계 등의 개념과 구분되는 개념이다. 그것은 '생산을 둘러싸고 진행되는 국가, 자본, 노동 삼자의 정치적·전략적 상호작용 일반'을 지칭한다. 최영기 외(1999, 4-7), 노중기(1999b, 130) 참고.

7 '1987년 체제'에 대한 개념적 논의로는 노중기(1999b), 장홍근(1999), 임영일(1998d) 등을 참고. '1987년 체제'는 경제 구조, 작업장 체제, 노사관계 구조, 국가 정치 구조 등의 구조적 요인들이 1987년 이후의 노동 정치과정에서 작용해 응축·생성된 노동 정치 영역의 구조라고 할 수 있다.

에서는 국가와 민주 노조의 연대 조직이, 그리고 기업 단위에서는 개별 기업 노조와 사용자가 전투적 대립으로 일관한 체제였다. 국가와 자본은 헤게모니적 노동 배제 전략을 굽히지 않았고 민주 노조는 전투적 연대 투쟁 전략을 고수했다. 여기서 많은 의도치 않은 결과와 구조적 모순이 발생했다.

첫째, 노정 간의 소모적 대립의 결과로 국가는 상당한 정치적 비용 부담을 안게 되었다. 그것은 사회 전반의 민주화 추세와 노동계급에 대한 배제 정책 사이의 구조적 모순이었다. 이 모순은 민주 노조에 대한 배제적 통제로 나타나 국가 정당성의 상실을 초래했다. 또 1989년 3저 호황이 종결된 이후 경기 침체 상황에서 노동시장 구조의 왜곡, 임금 격차의 심화, 구조조정의 지연 등 많은 경제적 비용을 야기했다.

둘째, 대립적 노사관계로 말미암아 자본의 안정적인 재생산이 위협받는 문제가 발생했다. 자본은 생산의 합리화나 작업장 구조조정을 온전히 수행할 수 없었을 뿐만 아니라, 상당한 정도의 임금 압박을 받지 않을 수 없었다. 이 기간에 기업이 주도한 신경영 전략은 작업장의 관리 효율성을 높이려는 것이었으나 기업 노조의 강한 반대를 극복할 수는 없었다.

셋째, 1987년 체제 아래에서 노동운동은 상대적으로 상당한 조직적 발전을 이룰 수 있었다. 그러나 계급적 노동운동을 지향하는 민주 노조에 노동운동을 기업 단위로 제한하는 1987년 체제는 곧 질곡이 되었다. 계급적 운동으로의 질적 전환은 물론 일정 기간에 걸쳐 진행되던 노동운동의 양적 확대도 1990년대 중반에 이르면 더 이상 어렵게 되었던 것이다.

요컨대 두 노동 개혁 시도는 상당한 정도의 구조적 모순을 담지한 1987년 체제의 규정성 속에서 출현했다. 국가·자본·노동은 각기 서로 다른 이유로 1987년 체제에 대해 구조적인 불만을 갖고 있었으며, 이는 각 주체의 전략적 행위들을 촉발시킨 동력이었다.[8] 대체로 보아 1987년 체제는 한편에서 노동 측 요구와 같이 노사관계의 자유화·민주화라는 압력 아래에 있었다. 그러나 다른 한편에서는 국가·자본 측의 요구대로 신자유주의적 구조 개혁이라는 압박 속에서 해체될 운명이었다.

한편 1987년 체제의 구조적 압박은 두 개의 노동 정치과정을 미시적으로 보면 내용적으로 매우 상이한 것이었다. 이는 노개위의 노동 개혁이 1987년 체제의 핵심적 요소에 변형을 가져왔기 때문이었다. 1997년 3월 법 개정에 따라 노사정위 노동 정치는 그 의제나 주체들의 전략적 태도 및 상호 작용에서 노개위와 크게 달라지지 않을 수 없었다.

다음으로 상황 요인에서 결정적으로 중요했던 것은 IMF 경제 공황이었다. IMF 사태는 그 자체가 1987년 체제의 해체를 가속화시킨 요인이기도 했다.

그러나 다른 한편에서 보면 IMF 사태는 두 개의 노동 정치를 가르는 분수령과 같은 대사건이었다. 특히 그것은 임금, 노동조건뿐만 아니라 노동계급의 고용 사정을 극도로 불안정하게 함으로써 노동 정치의 환경을 급전시켰다. 대규모 실업 사태와 고용 불안이 노동 정치과정에 미친 영향은 압도적이었다.

또 그것은 국가 정치의 담론 구조나 시민사회의 이데올로기 지형도 크게 변화시켰다. 즉 국가 정치나 경제적 제약으로부터 상대적으로 자율적이었던 노동 정치가 외환위기를 둘러싼 정치 경제적 상황에 크게 종속되게 만드는 결과를 가져왔던 것이다. 예컨대 1998년 초의 시점에서는 국내의 노동 개혁 및 정치과정을 뉴욕에서 진행된 외채 협상이 곧바로 규정하는 경우도 있었다.

반면에 IMF 사태와 비교하면 여타 정치적 상황 요인인 국가 정치의 구조나 정권의 성격, 그리고 집권 시기 등의 상대적 중요성은 크지 않았다. 전통적 야당

---

8 구조와 전략의 변증법에서 전략적 행위가 가능한 것은 구조 내부에서 작동하는 모순적인 힘들 때문이다. 따라서 1987년 체제의 구조적 모순은 주체들의 전략적 개입을 가능한 핵심 요인이었다.

세력이자 보수 세력인 두 김 씨 정권의 기본 속성이 크게 다른 것은 아니었으며 전근대적인 붕당 정치의 구도도 크게 바뀌지 않았기 때문이다.

마지막으로 전략적 요인을 고려해야 한다. 주체들의 전략은 매우 복잡다단해 간단하게 처리할 수 있는 문제가 아닐 것이다. 개별 주체들의 전략이 모두 상이하며 각 주체 내부에서도 모순적이거나 대립적일 경우가 많기 때문이다. 또 각 주체 내부의 상황은 노개위와 노사정위에서 서로 달랐고 시간의 흐름에 따라 변화하기도 했다.

그러나 전략 요인의 복합성에도 불구하고 두 실험에는 공통되고 일관된 전략적 요소가 있었다. 그것이 바로 코포라티즘 문제였다. 의도했건 그렇지 않건 간에 국가 내에 이른바 개혁파와 노동 측 일각에서는 새로이 형성될 노동 체제의 상을 코포라티즘으로 이해한 세력들이 명백히 존재했다. 이들의 인식과 전략은 구조적 압력과 상황 구속성을 넘어서서 노동 개혁 정치의 방향과 내용에 상당한 영향을 미쳤다. 이들의 의도가 구조적·상황적 구속성 속에서 관철되거나 변형·왜곡되는가를 추적·검토하는 것은 중요한 과제가 될 것이다.

또 주체의 전략적 의도와 관련해서 개혁 실험들의 기본 성격을 코포라티즘으로 볼 수 있는가라는 이론적 문제가 발생한다.[9] 그 자체로서 코포라티즘이라고 볼 수 없더라도 넓은 의미에서 사회적 합의 체제의 한 유형일지도 모르는 일이다. 또 장기적으로 코포라티즘 체제의 형성에 기여하는 실험으로 볼 수도 있기 때문이다. 여기서는 두 실험의 성격을 평가하기 위한 준거로 코포라티즘 개념을 간략히 정리할 필요가 있다.

---

[9] 코포라티즘은 오랫동안 많은 연구자의 관심사였지만 30년간의 논쟁 이후에도 여전히 합의가 없는 난해한 주제이다. 이 개념과 이론적 논쟁에 대해서는 Schmitter(1979), Panitch(1986b), Kelly(1988), Jessop(1990), Hyman(1994a), 김수진(1992), 노중기(1993) 등을 참고할 수 있다.

우선 노동과 자본의 계급 이익을 대표하는 정상 계급 조직들이 코포라티즘 체제를 구성한다는 점이다. 둘째, 이 계급적 조직들의 조직 특성은 조직의 중앙 집중성과 일관성, 권위의 집중성에 있다. 이는 대체로 산별노조 조직화와 사용자들의 조직화로 나타난다. 셋째, 행위 양식의 측면에서 코포라티즘은 계급 타협을 전제로 하는 노사정 간의 협조 체제를 말한다. 이때 계급 타협은 어느 일방이 자신의 이해를 일방적으로 관철할 수 있는 가능성이 제약되어 있는 상황, 즉 어느 정도의 권력 균형 관계와 물질적 이해의 양보를 전제로 한다. 마지막으로 코포라티즘 체제에서는 주로 경제정책, 사회 정책 등 거시 정책들을 협의하며, 국가는 사적 영역에 개입할 수 있는 권한과 능력을 확보해야 한다. 요컨대 코포라티즘은 국가의 경제 개입을 통해서 조직적 강제와 동의가 동시에 조직화되는 계급적 타협 체제라고 할 수 있을 것이다.[10]

3. 두 개의 노동 개혁 정치과정

1) 노사관계개혁위원회의 정치과정

1996년 김영삼 정부의 노개위는 기본적으로 1993년 노동 개혁 시도의 연장

---

10 이렇게 제한적인 의미에서 이해하는 것은 그것에 관한 두 가지 잘못된 해석을 경계하기 위해서이다. 그 하나가 환원론적 설명이나 기능주의적 설명이다. 먼저 노동계급에 대한 포섭 필요성(Kelly 1988, Ch. 9; 김수진 1992, 129)이나 경제 구조나 산업 구조적 모순으로부터 곧바로 계급 타협이나 새로운 합의 정치의 가능성을 도출할 수는 없다. 이런 분석 틀에서는 코포라티즘 체제가 나타나는 구체적인 정치적 동학이 드러날 수 없기 때문이다. 또 다른 오류는 개념을 과도하게 광범하게 정의하는 경우이다. 합의 체제의 형식적 기구가 존재한다고 해서 그것을 곧 코포라티즘이라 부를 수는 없다는 것이다.

선상에 있었다.[11] 또 정부는 1993년과 1994년 노경총 임금 합의를 시도했으나 민주 노조 반발로 실패한 경험이 있었다. 실패로 끝난 '개혁'의 경험은 노개위 개혁의 중요한 준거가 되었다. 청와대 사회복지수석과 노동연구원장을 중심으로 한 정부 내 개혁 세력들은 1995년 하반기부터 노개위 구성을 신중히 준비했다(유범상 1999). 민주노총을 포함하는 삼자 합의 기구의 형식은 그 자체로 국가 노동 정책의 커다란 변화였다. 노개위 노동 정치과정은 〈표 6-1〉에서 보는 바와 같이 크게 다섯 시기를 거치면서 진행되었다.[12]

위원회 구성기는 노사정 간에 커다란 정치적 쟁점이 부각되지 않았던 시기였다. 민주노총에서 조직 내부의 반발이 있었지만 대통령의 의중을 앞세운 정부의 강한 압박으로 4월 23일 참가는 비교적 손쉽게 결정되었다(민주노총 1997).

첫 시기에 주목해야 할 것은 4월 24일 발표된 대통령의 '신노사관계 구상'이었다.[13] 여기에는 노개위를 주도했던 정부 내 추진자들의 개혁의 전략적 목표가 고스란히 담겨 있었다. 이들은 기존의 대립적 노사관계가 근대화·산업화, 개발 시대의 소산이라고 보았다. 이때 국가 경쟁력은 물적 자원의 생산 능력에 있었고 결과적으로 노사관계는 분배를 둘러싼 대립과 투쟁으로 점철되었다고 인식했다.

반면에 21세기는 정보화·세계화의 시대로 민족의 대도약기였다. 정보화 시

---

[11] 당시 노동부 장관이 추진했던 노동 개혁은 파업 기간 중의 임금 지급의 문제, 즉 무노동 무임금 정책의 완화가 직접적인 계기로 작용했다. 그러나 그 이면에는 복수 노조 금지 문제, 제3자 개입 금지 문제 등 포괄적인 노동 개혁의 목표가 자리잡고 있었다. 또 노동 개혁의 시도는 이전에도 있었다. 대표적인 사례를 든다면 1991년 하반기 노동부의 법 개정 시도, 1992년 노동관계법연구위원회의 법 개정 시도, 1990년 이후의 임금 억제 정책 등을 들 수 있다(노중기 1995; 1996).

[12] 공식적으로 노개위는 1997년 3월 법 개정 이후에도 1년 가까이 존속했다. 그러나 후반기 노개위는 별다른 활동을 할 수 없는 무력한 기구였다.

[13] 정확한 명칭은 "신노사관계로 21세기 세계 일류 국가 건설"이었다. 이 문건은 대통령비서실과 노동부 일각을 중심으로 작성된 것으로 알려져 있다.

〈표 6-1〉 노사관계개혁위원회 시기 구분

시기 구분	기간	소시기 구분	주요 사건
Ⅰ. 위원회 구성기	1996.4.~7.11	- 구성 전반기 - 구성 후반기	- 대통령 신노사관계 선언(96.4.24) - 활동 방향·의제 합의(7.11)
Ⅱ. 1차 합의기	1996.7.11~ 1996.11.12	- 소위활동기 - 민주노총 불참기	- 공익위원 토론안 발표(9.3) - 민주노총 불참(9.20~11.13) - 1차 합의안(10.25), 수정 공익안(11.7)
Ⅲ. 변칙 처리기	1996.11.12~ 1996.12.26	- 노개추 구성기 - 국회 변칙 처리기	- 노개추 정부안 발표(12.3) - 국회 날치기 법안 통과(12.26)
Ⅳ. 노동 저항기	1996.12.26~ 1997.1.21	-	- 민주노총 등 노동계 총파업(12.26) - 여야 영수회담(97.1.21)
Ⅴ. 노동법 재개정기	1997.1.21~ 1997.3.10	-	- 여야 합의 법 개정(3.10)

대의 새로운 노사관계는 대립과 갈등 대신에 '참여와 협력', '책임과 자율', '생산성 협력' 등의 내용을 담아야 한다는 것이었다. 이때 암묵적인 전제 조건은 반합법 상태의 법외 노조인 민주노총의 위상을 재조정하는 일이었다(이원덕 1998).

민주노총을 비롯한 노동계와 사용자들이 이 원칙의 세부 내용에 모두 동의한 것은 아니었다. 그러나 각 주체는 각기 다른 이유로 참가에 동의하지 않을 수 없었고,[14] 7월 11일 의제와 운영 방안에 대한 합의를 이루어 낼 수 있었다.

두 번째 시기인 1차 합의기부터 노동 정치의 흐름은 점차 가속화되기 시작했다. 이 시기 노동 정치를 규정한 핵심적 요인은 자본의 반발 및 국가 내부의 권력 균형 변동과 이에 대한 민주노총의 반발이었다. 자본의 반발은 6월 이후 경제 위기설 유포로 나타났다(정건화·김상조 1996). 경제지표의 악화는 8월 8일의

[14] 민주노총은 합법화와 노동 개혁에 대한 추상적인 기대로, 그리고 한국노총과 경총은 내심 위원회의 기본 취지에 반대하면서도 여론의 압박, 정부의 강요에 의해 참여를 결정하지 않을 수 없었다. 자세한 것은 노중기(1996), 유범상(1999) 참고.

개각으로 이어졌으며, 이후 불안했던 국내외 정세와 결합해 국가 내부의 권력 관계를 크게 변화시켰다.[15] 새 내각의 '96년 하반기 경제 운영 방안'은 임금 억제, 노동자파견제, 변형근로시간제 도입 등의 내용을 포함했고 노동 개혁에 직접적인 영향을 미치게 되었다. 이런 상황에서 나온 공익 위원의 일차 시안에 대해 민주노총은 크게 반발하기 시작했다.

민주노총이 불참한 상태에서 노개위 내부 논의는 계속되었고 이후 10월 25일 1차 노사정 합의에 이른다. 그것은 다시 11월 7일 공익 위원들만이 참여한 회의에서 수정 공익안으로 재정리되었는데 147개 조항 가운데 107개 합의, 40개 조항 미합의의 상태로 정부에 최종 보고되었다. 미합의 조항 중에는 노사정 간에 핵심 쟁점이었던 이른바 '3금 3제'를 포함해 중요한 사안들이 대거 포함되어 있었다. 결국 '합의'는 매우 제한적인 것이었고, 엄격히 말하자면 실패로 규정하지 않을 수 없었다.

일단 법 개정을 위해 정부로 넘겨진 수정 공익안은 정부가 만든 노동관계법 개정추진위원회(11.12)에서 정부안으로 다시 수정되었다〈표6-2〉참고). 노동 부처의 반대에도 불구하고 경제 부처에서는 전임자 임금 지급의 조속 실행, 파업 기간 중 임금 지급 금지 요건 강화 등을 주장했고 이를 관철했다. 결국 정부안은 미합의 공익안을 다시 후퇴시킨 안으로 결정되었으며, 합의안은 상당 정도 변경되었다. 한국노총을 포함한 노동 측이 정부안에 대해 반발한 것은 당연한 일이었다.

그러나 변칙 처리기의 결정적인 전환점은 정부 기구 내부의 의사 결정 과정에서가 아니라 국회에서 발생했다. 정부안은 복수 노조, 파견 근로제 등을 제외

---

15 8월 이후에는 한총련 사태, 동해안 북한 잠수함 침투, 러시아주재 한국영사 피살 등의 사건이 꼬리를 물고 발생했다.

〈표 6-2〉 노개위 쟁점 사항과 재개정 법안 개요

구분	노동계안	사용자안	수정공익안(11.7)	정부안(12.3)	재개정안(97.3.10)
복수 노조 금지 조항	전면 허용	현행 유지	교섭 단체 단일화 전제, 전면 허용	상급 허용, 기업 단위 유예(5년)	상급 단체 허용, 기업 5년 유예
제3자 개입 금지 조항	삭제	삭제, '관계자 외 개입 금지'신설	삭제, 지원 규정 신설	좌동	삭제, 노동장관에 신고 후 개입
해고 노동자 조합원 자격	'제한 규정'삭제 대법판결 존중	노동위 판정까지 '제한 규정' 유지	2차 개혁 과제	중노위 재심 때까지 자격 유지	중노위 재심까지 자격 유지
노조 전임자 임금 지급	노사 자율	부당노동행위로 규정, 3년 유예	금지 선언적 명문화, 2차 과제	부당노동행위 규정, 5년 유예	실시(5년 유예), 재정 자립 지원 방안
파업 기간 중 임금 지급	노사 자율	지급 금지 조항 명문화	지급 요구 쟁의 금지 규정 신설	사용자 임금 지급 금지 추가	쟁의 행위 금지, 지급 의무 없음
쟁의 기간 중 대체 근로	전면 금지, 신규 하도급 금지	공익안	동일 사업장 내 근로자에 허용	사업 내 대체 불가 경우, 허용	사업 내 허용, 신규 하도급 금지
직권 중재 공익 사업	공익안, 통신업 반대(민노총)	공익안, 은행 사업 추가	사업의 축소 조정	공익안에 은행 조폐 통신 추가	병원업 포함 은행업 제외
교사 단결권	교섭권 허용	공익안	제한적 교섭권	1999년 시행	연구 검토
변형근로제	법정 노동시간 단축 시 인정	시간 단축 없이 1개월 단위 도입	1개월 단위 도입 단계적 시간 단축	서면합의 요건, 1개월 단위	2주 단위 48시간, 1개월 56시간
정리해고제	반대, 합의 전제	경영상 이유, 도입	긴박할 때 도입	긴박할 때 도입	도입, 긴박 이유
연월차 유급 휴가	공익안	월차 폐지	2차 개혁과제	현행 유지, 연차휴가 상한제 도입	현행 유지, 연차휴가 상한제 삭제

자료: 최영기 외(1999)에서 재정리.

하면 대체로 노동 측의 의견이 무시된 것임에도 사용자 단체들의 반발은 여전했다(유범상 1999, 168-169). 전경련을 중심으로 한 자본 측은 관련 국회의원들에게 강력한 로비를 펼쳤고, 결국 복수 노조 금지 개정 조항을 크게 완화·유예하는 개정 법안을 날치기 통과시킬 수 있었다.[16]

네 번째 노동 저항기에는 양대 노총의 전면적인 파업 투쟁이 진행되었다. 민주노총 모두 네 차례, 한국노총이 두 차례의 총파업 투쟁을 벌였다.[17] 양대 노총이 사상 초유의 공동 투쟁을 진행한 것은 주목할 만한 일이었다. 1997년 1월 14일과 18일에는 양 노총 위원장이 공동 기자 회견을 열었으며 26일에는 대규모 연대 집회를 개최했다.

노동 측의 투쟁에 대해 국가는 노동 저항기 초반에는 강경한 진압 태도를 표방했다. 1월 7일 대통령은 연두 기자 회견에서 재개정 의사가 없음을 분명히 밝혔다. 또 관계 장관 회의(1.7)나 차관 회의, 고위 당정 회의(1.9)에서는 불법 파업에 대한 엄단 방침을 발표했다. 그러나 신속한 제압 의사에도 불구하고 야당과 시민단체들의 반발이 점차 거세지고 전국적 파업이 확산되는 기미를 보이자 정권은 강경 입장에서 후퇴하지 않을 수 없었다. 1월 10일 이후 노동 저항기 후반에 이르면 정부는 정치적 해법을 모색하기 시작했고 결국 1월 20일 여야 영수 회담을 수용하는 것으로 법 재개정 의사를 표명하기에 이른다.

마지막 노동법 재개정기에는 노동 정치의 장이 제도권 정당 간의 협의와 절충 과정으로 이전되었다. 재개정안은 큰 무리 없이 3월 10일 국회를 통과했으며 대체로 사용자들에게 유리한 내용을 많이 담고 있었다. 변형근로제와 정리해고제 등 근로기준법상의 요구 사항들은 대체로 사용자들의 요구대로 관철되었다. 또 집단적 노사관계 조항에서는 전임자 임금 지급 금지, 교섭·체결권의

---

16 날치기 개정안에서 수정된 것은 복수 노조 허용에서 '상급 단체 3년, 기업 단위 5년 유예', 정리해고제 도입에서 '해고 시 노동위원회 승인, 60일 전 통지 및 우선 고용 노력' 등 두 조항이었다.

17 총파업의 규모는 대단한 것이었다. 한 번 이상 참가 노조원 404,054명, 누적 참가 노조 3,422개 노조, 누적 참가 조합원 3,878,211명, 1일 평균 파업 규모 163개 노조, 184,498명, 집회 누적 참가 인원 약 150만 명 등의 수치는 파업의 규모와 강도를 단적으로 보여 준다. 그러나 이 겨울 총파업은 그 규모나 강도보다 민주노총에 의해 준비된 조직적 파업이었다는 점에서 역사적 의의를 갖는다.

일원화, 임금 협약 유효 기간 연장, 대체 근로의 허용, 파업 기간 중 임금 지급 요구 쟁의 금지 등 새로운 통제 조항들이 다수 포함되어 사용자들이 불리할 것이 없었다. 그러나 전체적으로 보아 이 결과는 1996년 초 정부 내 개혁 세력이 그렸던 밑그림을 대체로 벗어나지 않는 것이었다고 평가할 수 있다.

2) 노사정위원회의 정치과정

IMF 경제 위기로 대표되는 경제 상황 악화는 노사정위 구성의 직접적인 원인이었다. IMF 사태는 국가와 자본, 노동 모두에게 사상 초유의 사태였다. 각 주체들은 크게 바뀐 경제적·정치적 환경 앞에서 전략적 대응의 준범을 찾기가 어려웠으며 어떤 정책적 대안도 갖지 못한 상태였다.

국가 정치 수준에서 보면 '국민의 정부'는 오랫동안 야당 생활을 청산하고 처음으로 집권 세력으로 등장한 만큼 관리 능력이 매우 취약한 상태였다. 또 여소야대의 정치적 지형 위에서 신정부가 동원할 수 있는 정치적 권력 자원도 빈약했다. 반면에 IMF가 요구한 노동시장 개혁은 손쉬운 과제가 아니었다. 이런 조건에서 노사정위원회라는 합의 형식의 삼자 기구는 매력적인 대안이었다.

노동 측의 사정 또한 크게 다르지 않았다. 1987년 이후 처음으로 전면적인 수세기에 내몰린 노동운동은 노동계급을 보호하기 위한 대안을 급히 찾지 않을 수 없었다. 이 과정에서 민주노총 지도부는 12월 3일 삼자 합의 기구를 먼저 제안하게 되었다. 반면에 경제 위기의 당사자이자 여론에서 위기의 주범으로 몰렸던 자본은 국가의 의도를 충실히 추종하는 것 이외에 대안을 갖지 못했다.

요컨대 노사정위원회는 노개위에 비하면 매우 급조된 합의 기구였다. 노사정위 정치과정은 위원회 구성기, 노사정 합의기, 노동 저항기, 노동 철수기 등 다섯 개의 시기로 구분될 수 있다.[18]

〈표 6-3〉 노사정위원회 시기 구분

시기 구분	기간	소시기 구분	주요 사건
I. 위원회 구성기	1997. 11. 21 ~ 1998. 1. 14	- 전반기 - 후반기	- IMF 구제금융 신청(97.11.21) - 1기 노사정위 구성 합의(98.1.14)
II. 노사정 합의기	1998. 1. 15 ~ 2. 14	- 의제 설정기 - 노사정 합의기 - 법제화 시기	- 노사정 공동선언문 I 채택(1.20) - 1기 노사정위원회 합의(2.6) - 정리해고, 노동자파견제 법제화(2.14)
III. 노동 저항기	2. 15~6. 10	- 소강기 - 노동 저항기 - 1차 노정 합의기	- 민주노총 2기 집행부 구성(3.31) - 5. 1 노동절 집회 및 시위 - 민주노총 총파업, 노정 협상(5.26-27)
IV. 현자 합의기	6. 11~9. 2	- 노동 반발기 - 2차 노정 합의기 - 현자 합의기 - 전환기	- 2기 노사정위원회 실질적 출범(6.18) - 양 노총 불참 선언(7.10), 노정 합의(7.23) - 현대자동차 노사정 합의(8.24) - 만도기계 경찰력 투입(9.2)
V. 노동 철수기	9. 3~12. 31	-	- 민주노총 노사정위 탈퇴 선언(12.31)

자료: 노중기(1999, 215)

위원회 구성기에서부터 문제의 초점은 역시 정리해고였다. 1월 초 대통령 당선자가 인수·합병 시 정리해고를 허용하는 금융산업구조조정법을 조기 통과시킬 것을 지시하면서 노동 측의 반발이 드세졌다. 그러나 양 노총의 반발에 대해 1월 13일 당선자가 노동 측 요구를 최종 수용하면서 위원회 구성은 쉽게 타결되었다.

두 번째 시기인 노사정 합의기는 1기 노사정위원회의 합의(2.6)를 둘러싸고 치열한 정치적 공방이 진행된 시기였다. 1월 20일 노사정공동선언문이 채택되

---

18 1999년 이후에도 노사정위원회의 노동 정치는 지속되었으나 성과는 미미했다. 다만 2000년 들어 다시 쟁점이 된 노동시간 단축 문제는 또 다른 분석이 필요하다. 이 글은 일단 1998년 말 2기 노사정위원회까지의 노동 정치를 주로 문제 삼고자 한다. 자세한 것은 노중기(1999)를 참고할 것.

면서 10개 의제가 설정되던 시점까지는 순조로운 출발이었으나 구체적인 의제를 논의하면서부터 대립은 심화되었다. 주요 쟁점들은 고용조정에 관한 법제 정비(정리해고제), 파견 근로자 등 비정규 고용 관련 제도 정비, 공무원·교원의 기본권 보장, 노조 활동의 허용 범위, 실업 재원 확충 방안, 고용 보험 지원 사업의 강화, 임금·근로시간 조정 및 기업 차원의 고용 안정 방안 등이었다. 이 중 핵심 쟁점은 정리해고제와 그것을 노동계가 수용하는 대가로 정부와 사용자가 내놓을 반대급부의 내용이었다. 노동계는 최종 타결 시점까지 정리해고제 불가의 입장을 천명했지만 수용 가능성은 이미 높은 상태였다.[19]

이후 2월 2일 정부의 수정안이 제출되면서 협의는 급진전했고[20] 철야 협상 끝에 2월 6일 아침 타결에 이르렀다. 문제는 그다음부터 발생했다. 합의의 소식이 전달되자 민주노총 내부에서는 현장 노동자들의 반발이 드세게 나타났다. 2월 9일 대의원대회에서 합의안은 최종적으로 부결되었고 합의를 주도한 민주노총 1기 지도부는 불신임되었다. 새로 들어선 비상 지도부가 총파업을 선언했으나 곧 철회하는 등 혼란은 계속되었다. 그러나 현장 노동자들의 반발에도 불구하고 합의안은 사회적인 수준에서 추인되었으며, 2월 14일 법제화되었다.

노사정위의 첫 번째 합의에 대한 노동 측 반발은 임투가 본격화되는 5월 이후에 전면적으로 드러났다. 법제화 이후 소강기를 지도부 개편과 투쟁 준비 기간으로 보낸 민주노총은 5월 1일 메이데이 집회에서 '5말 6초 총력 투쟁'이라는 투쟁 일정을 공표했다. 민주노총 2기 집행부는 대통령의 방미를 앞두고 투쟁

---

19 자세한 것은 『매일노동뉴스』(1998/01/31; 1998/02/03) 참고. 민주노총은 30일경 정부와의 막후교섭에서 정리해고제의 수용 가능성을 내비쳤다. 민주노총의 이런 입장은 1기 지도부의 운동 노선과 긴밀히 연관되어 있었다.

20 이른바 박훤구 안으로 불리는 정부의 수정안은 정리해고 요건을 조금 강화하고 해고 절차와 회피 노력을 강화한 부분 수정안이었다(노중기 1999, 220).

〈표 6-4〉 65 1차 노정 협상 쟁점과 타결안

주요 쟁점	민주노총 요구안	6월 3일 정부안	6월 5일 타결안
정리해고제, 노동자파견제	- 문제점 보완(제도)	- 법·제도적 보완 불가	- 남용 방지 방안 논의
근로시간 단축	- 2000년 40시간 단축	- 노사정위, 40시간 논의	- 2000년부터 40시간 실시
산업 업종 교섭	- 산업별 협의회 구성	- 간담회·협의회 구성 지원	- 간담회·협의회 구성 지원
고용 안정 협정	- 산업별 협정 체결	- 해고 시행상 문제점 논의	
부당노동행위	- 사법 처리, 엄단	- 엄단, 검찰에 협조 요청	- 노사정위 내 특위 구성
교원 공무원 단결	- 약속 이행	- 이행	- 이행, 실업자 노조 가입
실업 대책	- 실업부조제도, 20조 원	- 고용보험 전 사업장 적용	- 소요 재원 마련 다각 조치
노사정위 위상	- 법제화	-	- 실질적 사회적 합의 기구
IMF 재협상	- IMF 재협상	-	- 추가 협상시 의견 반영 노력

자료 : 노중기(1999a); 『매일노동뉴스』(1998/06/04, 9)에서 재인용.

일정을 잡아 정부를 강하게 압박했다. 결국 5월 말 총파업을 앞두고 정부는 민주노총의 '노정 직접 협상' 요구를 수용하지 않을 수 없었다. 그러나 정부도 민주노총의 노사정위원회 재참가 문제를 협상의 전제 조건으로 고수했다. 결국 6월 5일 양측은 첫 번째 노정 합의안을 도출했으며 민주노총은 노사정위원회에 다시 참여하게 되었다.

네 번째 시기인 현자 합의기는 노사정위의 한계와 가능성이 좀 더 명료히 드러난 시기였다. 민주노총이 노사정위에 다시 참가했던 6월 18일 금융감독위원회는 55개 퇴출 기업을 발표했다. 또 노동 측의 참여 없는 공공 부문 구조조정 과정에서 노사정위의 한계는 점차 분명해졌다. 노사정위를 '실질적 사회적 합의 기구'로 만들겠다는 6·5 합의의 정신이 정면으로 도전받았던 것이다. 노동 측의 불만은 정부가 퇴출 대상 5개 시중은행(6.29)과 11개 공기업 민영화 계획(7.3)을 발표한 이후 폭발했다. 양대 노총은 대규모 집회를 개최하고 7월 중순 총력 투쟁을 결의하는 등 투쟁의 수위를 높이기 시작했다. 결국 양 노총은 7월 10일 노사정위원회 불참을 선언했다.

정부는 노동 저항기 때의 대응 방식과 마찬가지로 강온 양면 전략을 구사했다. 즉 민주노총 산하 금속산업연맹, 공공노련, 공익노련 등이 주도한 총파업(7.14~7.16)에 대해 강경 대응 방침을 굽히지 않았으며 다수의 민주노총 간부들이 구속되거나 연행·수배 상태에 놓이게 되었다. 다른 한편 7월 23일로 예정된 민주노총의 2차 총파업을 앞두고 정부는 다시 노정 교섭을 진행해 2차 노정 합의를 성사시켰다. 그러나 2차 노정 합의는 민주노총의 투쟁 동력 저하 등으로 말미암아 1차 노정 합의를 추상적으로 되풀이하는 수준을 넘어서지 못했다.[21]

노사정위의 한계를 드러낸 또 하나의 사례는 8월 24일 현대자동차 노사정 합의였다. 정리해고 방식에 의한 대규모 고용조정의 첫 번째 사례인 현자 문제는 전국적 함의를 갖는 대리 쟁의였다고 할 수 있다. 이 과정에는 금속연맹, 민주노총뿐만 아니라 경총, 노사정위, 노동부 및 청와대와 국회의원까지 노동 정치의 모든 주체들이 빠짐없이 참여했다. '최소한의 피해를 전제로 하는 합의'에 치우쳐져 있던 민주노총과 현자노조 지도부는 범정부적 차원의 합의 시도를 거부할 수 없었다.[22]

그러나 문제는 다시 합의 이후에 발생했다. 정부는 사법 처리 대상자에 대한 선처 약속을 거부했으며, 사용자들은 징계 철회 등의 약속된 후속 조치를 전혀

---

21 2차 합의의 내용은 대통령에 경제 청문회 개최 건의, 부당노동행위 근절 논의, 퇴출 노동자 생계 대책 및 고용 대책 논의, 파업 관련자 사법 처리 최소화 건의 등 '건의', '논의'의 추상적 표현으로 일관한 것이었다. 그것도 서의 모는 사안이 노사정위원회의 협의를 거치는 것을 전제로 하고 있었다.

22 노조 내부에서도 합의에 대한 강한 비판이 제기되었고 결국 합의 그 자체는 조합원 투표에서 부결되었다. 이런 진행은 1기 노사정 합의의 사태 진행과 본질적으로 동일한 것이었다. 구체적 내용에 대해서는 노중기(1999, 253-254) 참고.

실행하지 않았다. 더욱이 합의 결과에 대해 제도 언론과 자본 단체의 비판이 거세지자 정부는 기존의 정책 기조를 갑자기 포기했다. 합의 당일 대통령의 의사 표시가 있은 후 정부는 곧바로 '노사 당사자 자율 원칙'을 천명했다. 그 귀결은 9월 2일 만도기계노조 파업에 대한 대규모 경찰력 투입이었다.

마지막 다섯 번째 시기의 노동 정치에서 노사정위는 부차적인 것이었다. 정부는 노사정위에 정책적 무게를 싣지 않았고 노동 측은 철수의 수순을 밟아나갔다. 위원장의 국회 앞 단식 농성을 거쳐 민주노총 지도부는 12월 31일 노사정위원회 탈퇴를 선언했다.[23]

4. 1987년 체제와 개혁의 노동 정치

1) 두 개의 개혁 실험 : 동질성과 차별성

노개위와 노사정위는 현상적으로 본다면 많은 공통점을 가지고 있었다. 정부가 전 과정을 주도했던 점, 노동 개혁의 담론을 중심으로 사회적 합의나 국민적 합의의 형식을 띤 점, 노사 간에 교환 방식의 합의를 도출하고자 한 점 등 공통점은 매우 많다. 그러나 정치과정을 조금 자세히 살펴보면 그 차이도 만만치 않다. 여기서는 그 현상적 차이를 일곱 가지로 정리·비교하고자 한다.

먼저 개혁의 시점과 계기를 살펴보면 매우 대조적이다. 노개위가 정권 후반

23 탈퇴가 최종적으로 공인된 것은 1999년 2월 24일 민주노총 대의원대회에서였다.

기에 시도된 반면, 노사정위는 신정권이 공식적으로 출범하기도 전에 구성되었다. 일반적으로 정권 후반기는 노동 개혁과 같이 중요한 정책적 사안을 실시하기에는 적합하지 않은 시점이라 할 수 있다. 집권 후반기의 개혁은 비판 세력을 결집시킴으로써 권력 누수 현상을 촉진할 수 있기 때문이다. 반면에 초반기에는 개혁에 대한 저항은 크지 않으나 권력 기반이 안정적이지 못하므로 힘 있는 정책 추진이 어렵다는 문제가 있다. 그러므로 추진 시점의 차이가 큰 의미를 갖지는 않는 것으로 볼 수 있다.[24] 반면에 두 실험 직전의 선거 결과는 개혁 추진에 긍정적인 요소로 작용했다.

오히려 중요한 차이는 노개위가 경기 하강기의 일상적인 시기에 추진된 반면, 노사정위는 경제 공황의 와중에서 시도되었다는 점이다. 그것은 OECD 가입과 IMF 협약 이행이라는 외적 규정력의 비중 차이로 이해할 수도 있다. 이 차이는 두 개의 노동 정치를 구별짓는 매우 중요한 요인이었다. 요컨대 노개위가 일차적으로 국가나 노사관계 내부의 내적 동력에 크게 의존했다면, 노사정위는 IMF 위기라는 외적 요인에 의해 직접 규정되었던 것이라고 볼 수 있다.

둘째, 두 개의 실험은 개혁의 구체적인 대상과 방식에 있어 언뜻 보아 매우 유사한 것으로 보인다. 노동 측이 요구하는 노사관계 제도 개혁과 자본 측이 요구하는 노동시장 제도 개혁, 즉 노동시장 유연화를 교환하는 형식적 구도도 동일했다. 일정한 기간 내에 관련 법률의 개정을 목표로 전체 과정이 조직된 것도 공통점이었다. 또 국가가 이 거래를 중재하는 중립적 중재자의 역할로 자신의 위상을 설정한 점도 동일했다.

그렇지만 형식적 등가성에도 불구하고 교환의 실제 내용에 대해서는 좀 더

---

24 노개위의 추진 시점은 예상 밖의 것이었다. 많은 관찰자들은 노동 개혁이 시도되리라고 전혀 예측하지 못했기 때문이다. 자세한 분석은 노중기(1996)를 참고할 것.

〈표 6-5〉 노개위와 노사정위의 정치과정 비교

구분	노사관계개혁위원회	노사정위원회
1. 개혁 시점과 계기	- 정권 후반기, 경기 하강기 - 여당 총선 승리 직후, OECD 가입	- 신정권 출범기, IMF 경제 공황기 - 대선 박빙 승리 직후, IMF 협약
2. 개혁 대상과 방식	- 민주 노조 합법화, 노동 유연화 교환 - 교환 방식, 관련 노동관계법의 개정	- 정리해고제·노동자파견제, 노사관계 개혁 확대 - 교환 방식, 관련 노동관계법의 개정
3. 조직 형식과 과정	- 노사공익 삼자 기구, 정부 영향력 행사 - 노개위 주체가 개혁 과정 주도	- 노사정으로 구성, 정부 직접 참가 - 금융감독위, 기획예산위에 종속
4. 개혁 주체	- 정부 내 개혁 분파(청와대, 노동부) - 응집력 있는 핵심 세력의 체계적 준비	- 신정부 여당 내 개혁 세력 - 급조되고 느슨한 내부 구성
5. 각 주체의 대응	- 민노총: 참가, 한노총: 참가(반발) - 사용자: 참가하나 강한 반대 - 국가 : 노동 개혁, 부처별 의견 균열	- 민노총: 내부 균열, 한노총: 참가 - 사용자: 적극 참가(2기 이후 소극) - 국가: 기구 유지, 약한 균열
6. 합의와 법제화	- 노개위 차원의 합의, 법 개정 실패 - 법제화 과정 난관(정부안, 날치기 통과)	- 5차례의 합의, 3차례의 법 개정 - 정부 주도 법제화, 상대적으로 용이
7. 개혁 결과와 제도 변화	- 민주 노조, 연대 활동 합법화 - 노동 유연화 제도, 기타 통제 조항 도입	- 정리해고 실시, 파견노동제 입법화 - 교원 단결권, 노조 정치 활동 보장

신중한 평가가 필요하다. 노개위는 민주 노조 운동을 합법화하는 노사관계 개혁을 추진했던 반면, 노사정위는 노개위에서 관철되지 못한 여타 개혁 과제들만을 의제로 삼았던 것이다. 또 노개위는 정리해고 제도의 법적 도입이 문제였던 반면 노사정위는 그 실시 시기를 앞당기는 것에 국한되었다. 그러나 반대로 노사정위에서는 노동 영역을 넘어서는 사회보장 정책, 경제정책과 관련된 광범한 합의가 있었다는 점이 특징적이다.

셋째, 조직의 형식과 정치적 과정의 특징을 살펴보면 노개위는 노사 및 공익의 삼자로 구성되어 있었지만 노사정위는 노사정 삼자로 구성되는 차이가 있었다. 개혁 추진의 실질적 주체가 정부임을 고려한다면 이 차이는 매우 중요한 것일지도 모른다.[25] 그렇지만 이 차이가 지나치게 강조될 수는 없다. 왜냐하면 노개위의 공익 위원은 실질적으로 정부의 의도를 충실히 전달했기 때문이다.

오히려 좀 더 중요한 차이점은 두 정치과정의 자율성 정도였다. 노개위는 노동 개혁을 추진했던 위원회 내부 세력이 직접 정책 결정을 주도했다. 이들은 일정 시기까지 대통령의 신임 아래에서 국가 기구 내부에서 일정한 자율성을 확보한 것으로 보인다. 반면에 노사정위는 구조조정 등 핵심 사안에 있어 금융감독위원회나 기획예산위원회에 실질적으로 종속되어 충분한 자율성을 갖지 못했다.

넷째, 개혁을 추진한 주체들의 구성에서는 차이가 두드러진다. 노개위에서는 청와대나 노동연구원의 개혁파들을 중심으로 핵심이 형성되어 있었으며, 이들은 상당 기간에 걸쳐 체계적인 준비 과정을 거치는 등 상당한 응집력을 갖고 있었다. 반면에 상대적이지만 노사정위에는 개혁 주도 세력이 급조되었으며 내부의 응집성도 떨어졌다는 차이점이 있었다.[26]

다섯째, 각 주체들의 대응은 일의적으로 정리하기 어려운 사안일 것이다. 그것은 시기와 조건에 따라 수시로 변화했기 때문이다. 그러나 비교를 위해 대체적인 상을 그려 본다면 노동 측의 민주노총은 노개위와 1기 노사정위원회 시기까지는 참가의 기조를 갖고 있었다. 물론 내부의 반발은 2·6 합의 이후에야 비로소 전면적으로 나타났다. 다음으로 한국노총은 노개위에 쉽게 참가하지만 내적으로는 개혁의 기본 구도에 대해 반대 입장을 갖고 있었다. 그러나 노사정

25 이병훈·유범상(1998, 109-110) 참고. 실제로 노개위 구성 과정에서 노동 측은 정부의 직접 참가를 강력히 요구했다. 그것은 정부의 직접 참가가 합의의 실질적 구속력을 높일 수 있다고 보았기 때문이었다.
26 또 하나 특징적인 것은 국가 기구 내외에 포진했던 이른바 '친노동계 인사'들의 역할이 노사정위에서 더욱 두드러졌던 점이다. 이들은 양 위원회 모두에서 의사소통의 통로를 뚫고 정보를 전달하는 기능적 역할을 했다.

위의 경우에는 적극적으로 참가해 실익을 얻는 전략으로 일관했다. 한편 사용자들은 노개위에 대해서는 강하게 반대했으나 1기 노사정위에 대해서는 적극 참가의 입장을 갖고 있었다.

또 두 실험에서 국가는 대체로 합의를 통한 개혁을 선호했다. 다만 내적으로는 부처별·시기별로 입장이 크게 달랐고 이는 구조적인 균열 상황이었다. 그러나 이런 현상적 동질성 뒤에는 가려져 있는 중요한 차이가 있었다. 전반적으로 보아 노개위에서 국가는 내부의 균열을 일정한 수준에서 방치하는 전략을 사용했음에 반해, 노사정위에서는 균열의 표출을 가능한 한 억제하고자 했다.27

여섯째, 합의와 법제화의 측면에서 두 실험은 심한 대조를 보여 주었다. 노개위에서는 그것이 형식적이든, 실질적이든 노사정 삼자의 완전한 합의는 이루어지지 못했다. 유일한 합의는 의제와 운영 방식에 관한 합의에 불과했으며 10월 25일의 합의에는 민주노총이 빠져 있었다. 그리고 법제화 과정은 어려웠으며 '합의안'은 크게 변질되었다. 최종적인 법 개정은 노동과 자본, 국가의 적나라한 힘의 대결을 거쳐서 어렵게 이루어졌다.

반면에 노사정위에서 합의는 신속했고 다섯 차례나 이루어졌다.28 그리고 합의의 내용 모두가 법제화된 것은 아니었으나 정리해고제와 노동자파견제 (1998.2.14), 교원의 단결권 보장(1999.1), 노사정위원회 위상 제고(1999.5.3) 등 세 번의 법 개정이 이루어졌다.

----

27 예를 들어 노개위 시기의 8·8 개각이나 노사정위의 현자 합의 이후의 상황 모두는 국가 내부의 권력 균형 변동을 표현했던 것으로 볼 수 있다. 그러나 전자의 권력 균형 변동은 개혁파로부터 수구파로의 권력의 완전한 이동이었던 반면, 후자는 그렇지 않았다. 그것은 경제적 상황과 조건의 차이, '개혁'의 긴박성의 차이를 반영하고 있으며, 다른 한편에서는 정권 성격의 미묘한 차이를 드러낸 것이었다.
28 1998년 1월 14일의 노사정위원회 구성 합의, 2·6 노사정 합의, 6·5 1차 노정 합의, 7.23~25 2차 노정 합의, 8.24 현자 합의 등이다.

마지막으로 개혁의 결과를 보면 두 정치과정 모두에서 국가의 전략적 의도는 대체로 관철되었던 것으로 평가할 수 있다. 노개위의 결과는 민주 노조 운동의 제도권 진입과 신자유주의적 노동 유연화 제도가 결과적으로 교환되는 변화로 나타났다. 또 노사정위원회는 국가가 의도했던 정리해고제의 즉각 실시, 노동자파견제도의 도입이 관철되었고, 반대급부였던 단결권의 확대 보장, 정치 활동 자유의 확대가 제도화되었다.

결국 노개위와 노사정위는 많은 공통점을 공유한 것만큼이나 서로 다른 이질적인 노동 정치과정이었음을 알 수 있다. 이런 동질성과 차별성은 좀 더 구조와 전략의 측면에서 좀 더 심도 있게 분석될 필요가 있다.

2) 1987년 체제의 구조 변동 : 구조적 지형

노개위와 노사정위 두 개의 노동 정치 실험은 무엇보다 '1987년 체제의 변동'이라는 거시적인 관점에서 위치 짓는 것이 필요하다. 앞서 보았듯이 실험을 주도한 이른바 '개혁 주도 세력들'은 모두 한국의 노동 사회를 재구조화하는 것이 시대적 사명이라는 점을 분명히 인식하고 있었다. 노개위의 경우에 그것은 '신노사관계' 개념으로 나타났다. 또 급하게 조직된 노사정위에서 그것은 노개위에 비해 뚜렷하지는 않으나 1999년 여름 대통령의 '신노사 문화' 선언으로 정식화되었다. 요컨대 두 노동 정치는 모두 노사관계의 자유화라는 구조적 압력의 소산이었고 1987년 체제의 산물들이었다.

그러나 두 개의 실험은 그 구체적인 내용에서는 매우 상이한 것이었다. 그 차이는 우선 1987년 체제 해체의 핵심적 요소인 민주노총의 합법화가 노개위 '개혁'으로 이미 해소되었던 것과 관련되어 있다. 또 노사정위는 내적 동인보다 IMF 경제 공황이라는 상황 요인의 영향력이 압도했다는 점에서 구별된다. 노사정위에 대해 IMF가 요구했던 것은 노동시장 유연화뿐이었다.

1987년 체제는 국가와 자본이 법률적·이데올로기적 통제 수단으로 민주 노조 운동을 통제함으로써 노동계급의 이해를 체계적으로 배제했던 체제였다. 민주 노조 운동의 불법화는 그것의 제도적 표현이었다. 2절에서 고찰했던 세 가지 구조적 모순들은 실제 존재하는 민주 노조 운동을 법적·제도적으로 부정하는 체제적 모순으로부터 발생하고 있었다. 국가의 민주 노조에 대한 탄압이 가혹하면 가혹할수록 민주 노조 운동의 대중적 연대 지평을 확대할 수 있었던 역설도 이런 구조적 지형 때문이었다. 단위 사업장의 쟁의는 항상 전국적인 전선으로 발전했고 최종적인 책임을 국가가 지지 않을 수 없었던 것도 이 때문이었다. 따라서 민주 노조 운동에 시민권을 부여함으로써 이들을 지상으로 끌어올리는 일, 그리하여 한국노총과 꼭 같은 평범한 기업 노조 조직으로 만드는 일은 국가 주도의 체제 전환, 혹은 노동 개혁의 핵심이었다.

그러므로 복수 노조 금지 조항과 제3자 개입 금지 조항을 삭제해 민주노총에 시민권을 부여하는 일을 주요한 과제로 했던 노개위는 노사정위와 근본적으로 구별될 수 있다.[29] 노개위는 체제 전환의 핵심 사안을 분명한 의도를 갖고 해결하려 했던 개혁 시도였던 것이다. 그것은 파시즘적 독재하의 노동 배제 체제를 해체하고 노동 사회를 자유화하는 역사적 함의를 갖고 있었다. 반면에 노사정위의 개혁은 노개위 과정에서 충분히 해결되지 못한 노사관계 자유화의 잔여 과제들을 해소하는 제한된 의미를 가질 뿐이었다.[30]

내용적 측면에서도 노개위는 노동시장 유연화와 노사관계 개혁을 교환하는

---

[29] 실제 민주노총을 합법적인 노조 조직으로 최종적으로 인정한 것은 1999년 연말이었으나 그 법률적 기반은 1997년 3월 법 개정에 의해 이미 마련되어 있었다.

[30] 예컨대 교원·공무원의 단결권 보장 및 노동조합의 정치 활동 자유 확대는 사안 자체로는 중요한 것이겠으나 전체 노사관계에 미치는 영향이 상대적으로 미미했다.

주요 의제	민주노총 요구	상무위원회 논의
1. 실업자 초기업 노조 가입	- 1기 합의 이행, 법무장관 해명	- 본위원간담회에서 장관의견청취
2. 교원노조 법제화	- 1기 합의 이행, 야당 측 반대	- 각 당 대표 방문 협조 요청
3. 조폐공사, 한전기공 구조조정	- 조폐공사 조폐창 통합 반대 - 한전기공 일방적 중지	- 조폐공사 '2001년까지' 구조조정 - 서면 보고 후 대책 논의
4. 만도기계, 현자 보고서	- 진상조사위원회 구성 요청	- 진상 조사 보고를 노동부에 요구
5. 구속자 석방, 사면 복권	- 노정 합의 이행	- 법무장관 해명 청취
6. 기업구조조정특별법	- 상무위원회 논의 요청	- 경제개혁소위에서 논의

자료 : 노사정위원회, 『1998 노사정위원회 활동현황』(1998.12).

과정에서 상당한 등가성을 확보하고 있었다. 정리해고, 변형근로시간제 등 노동시장 유연화는 자본의 제일 요구 사항이었고 복수 노조 금지 철폐는 민주 노조의 핵심 요구였던 것이다. 반면에 노사정위의 교환은 심한 부등가 교환이었다. 경제 공황 상황에서 정리해고제, 파견 노동자 제도의 도입은 극히 불안하던 고용 사정에 기름을 붓는 격이었으며 매우 직접적이고 현실적인 사안이었다. 반면 노동 측이 얻은 교원·공무원의 단결권, 정치 활동 자유, 실업 예산과 사회 보장들 및 기타 경제적 개혁들은 당시의 현실적 과제였던 고용 불안이나 노동 조건 악화와 전혀 상계될 수 있는 것이 아니었다. 더구나 정부, 자본의 여타 약속은 상당 부분 추상적 장기적 과제였고 그 이행 여부는 불투명한 것들이었다. 결국 노사정위에서 교환의 균형은 신자유주의적 개혁 쪽으로 급격히 기울어졌다.[31] 또 이런 차이들은 주체 전략의 선택지를 크게 제약하고 있었다.

----

31 민주노총 지도부의 오판에도 불구하고 노동 대중들에게 그 차이는 명백한 것이었다. 1999년 2월 9일 민주노총 대의원대회에서 나타난 대중들의 불만은 1기 합의가 부등가 교환이라는 대중적 반발로 이해될 수 있다.

먼저 민주노총의 전략적 태도가 두 개의 정치과정에서 상당히 다르게 나타났던 것도 이 때문이었다. 노개위에서 민주노총은 기본적으로 교환 구도를 승인하는 입장을 일관되게 갖고 있었으나 노사정위에서는 그러할 수 없었다. 전자에서는 느슨하게나마 국가 내부의 개혁 분파와 의도치 않은 연대 전선을 형성하고 있었다면, 후자에서는 계속 대립하지 않을 수 없었다.

그리고 노개위에서 국가는 사회적 합의의 실제 내용, 노동 개혁을 관철하는 전략적 목표를 갖고 있었던 반면, 노사정위에서는 합의 그 자체, 혹은 합의 기구의 구성 자체가 일차적인 목표였다. 즉 노사정위에서 국가는 노동 개혁보다는 합의 기구를 매개로 노동 저항을 통제하는 데 일차적인 관심을 갖고 있었다.[32]

조직 과정에서도 노개위에서는 추진 주체들이 합의의 내용과 의사 결정에 실질적인 주역으로 활동할 수 있었던 반면, 노사정위에서 그렇지 못했다. 반면에 노사정위 주체들은 경제 기구의 전략 선택에 구속되었으며 노사정위 노동 정치는 매우 파행적으로 진행되었다.

끝으로 법제화 과정과 결과에서도 차이는 두드러졌다. 노개위에서 공익안이나 정부안은 교환의 두 의제를 동시에 법제화하는 절차를 밟았다. 그러나 노사정위에서 합의된 노동 개혁은 그렇지 못했다. 민주노총 지도부의 단식 농성과 노사정위 탈퇴 위협 앞에서 겨우 법제화된 교원의 단결권 이외의 사항, 즉 부당 노동행위 엄단, 실업자의 초기업 단위 노조 가입, 구조조정 과정에 대한 노조의 실질적 참여, 노동시간 단축, 노동자에 대한 구속·수배 조치 해소, 2000년 법정 노동시간 단축, 삼미특수강 해고자 복직 등의 합의 사항은 거의 지켜지지 않았

<hr />

32 1기 노사정위 합의 이후 노사정위 당사자들이 '개혁의 의제'를 찾지 못해 우왕좌왕하는 모습을 보였던 것도 이 때문이었다. 또 노사정위의 이념적 지향을 표방하는 의미에서 1999년 8월 대통령이 선언한 '신노사 문화'는 '개혁적인 것과는 거리가 먼' 것일 뿐이었다(노중기 1999; 김금수 1999).

다(〈표 6-6〉 참고).

3) 모순과 갈등의 노동 정치 : 전략적 지형

　두 개의 정치적 실험이 1987년 체제와 맺은 구조적 연관은 체제 해체 수준에서의 동질성과 구체적인 개혁 내용과 의제에서의 이질성으로 정리될 수 있을 것이다. 둘 다 1987년 체제의 해체 과정이라는 동일한 구조 압력 아래에 있었지만 그 구체적인 과정은 달랐다. 노개위가 자유주의적 노사관계 개혁과 신자유주의적 노동 유연화의 균형추 위에 서 있었다면 노사정위는 신자유주의로 경사되었다.

　한편 전략적 지형은 구조적 제약들 속에 내재하는 모순적 효과들에 의해, 그리고 독특한 조건과 역량을 가진 각 주체의 상호 작용 속에서 매우 복잡한 과정을 거쳐 형성되었다. 노동 개혁의 당위성이라는 구조적 규정에도 불구하고 두 개의 정치적 실험이 전략적 요소에 의해서 변형·왜곡되었다. 사실 노개위는 개혁 의제의 설정과 교환 구도 그리고 치밀한 준비 등의 측면에서 순조로운 진행이 예상되었으나 결과는 그렇지 못했다. 반대로 구조적 요인의 측면에서 노사정위의 상황은 교환 방식의 개혁에 어울리지 않는 것이었으나 수차례의 합의, 정치적 교환이 이루어졌던 것이다. 여기서는 전략적 지형의 차이, 국가 정치과정, 주체의 전략 선택 등 세 가지 측면을 살펴본다.

　먼저 두 실험의 전략적 지형은 판이하게 다른 것으로 나타났다. 국가는 대체로 일관되게 개혁을 추진하는 입장에 서 있었던 반면 그 밖의 주체들은 두 노동 정치의 흐름 속에서 자신의 위치를 수시로 바꾸어 나갔다(노중기 1996; 1999). 크게 보아 노개위에서는 국가 내 개혁파와 민주노총이 (개혁) 연대를 형성하고 있었고 자본과 한국노총은 저항 세력으로 존재했다. 반대로 노사정위에서는 국가와 자본이 연대 관계를 형성하고 있었으며 민주노총이 저항 세력이었다. 노사정위에서 한국노총은 기본적으로 국가, 자본의 이해관계를 추종하고 있었으며 적극적으로 이들의 이해를 관철하기 위한 수단으로 자신의 위상을 설정했다. 그러므로 정치과정에 동력을 제공했던 핵심적인 변수가 노개위에서는 자본이었던 반면, 노사정위에서는 노동이었다.

노개위에서 자본은 초기 단계에서 국가의 개혁 전략에 순응하는 자세를 취했다. 그러나 개혁에 대한 자본의 이해관계는 1987년 체제의 유지, 또는 최소 변형이었으므로 전략적 의도와 전혀 부합할 수 없었다. 그러므로 자본의 반발은 예상된 일이었다.[33]

자본의 전략은 노개위에 대한 우회적인 공격이었다. 대통령이 지원하고 있는 노개위에 대한 직접적인 공격은 무리였을 뿐만 아니라 정당성이 없었다. 6월 이후 유포된 경제 위기설과 그에 따른 8·8 개각은 자본의 전략적 행위의 소산이었다. 노개위 활동은 일차적으로 국가 내 수구파들에 의해 제동이 걸리기 시작했으나 그 배후에는 자본이 있었다. 저항의 또 다른 창구는 국회에 대한 대규모 로비였으며 그것은 노동 개혁의 기본 틀을 파괴하는 결과를 가져왔다. 결국 날치기 개정안에는 자본의 이해만이 일방적으로 관철되었다.

이렇게 자본의 저항으로 개혁파들의 전략적 의도는 일차적으로 파산했다. 그러나 체제 변동의 구조적 압력은 '사회적 합의' 방식을 벗어나서 전투적 저항을 선택한 노동 측의 전략적 행위를 통해 달성될 수 있었다. 이것은 노개위 노동 정치의 한계와 가능성을 동시에 보여 주는 일이었다.

---

33 물론 국가의 개혁 의도는 총자본의 이해를 반영한 것이었다. 그러나 독점 대재벌의 헤게모니 아래에 있는 자본은 1987년 체제의 유지를 가장 선호하고 있었다. 또 한국노총도 내적으로 반대하고 있었으나 그것은 주요한 변인이 될 수 없었다.

반대로 노사정위에서 핵심 변수는 노동, 그중에서도 민주노총이었다.[34] 민주노총은 정리해고와 여타 노동시장 유연화 조치들에 대해 강한 의구심을 갖고 있었고 전체 과정에 제동 요인으로 작용했다. 객관적으로 참여가 힘들었던 조건에서 참여와 1기 합의를 가능케 한 근본 동력은 IMF의 외적 강제였다. 그리고 민주노총 내부의 온건주의적 지도부의 전략 선택도 노사정위 노동 정치가 지속된 중요한 이유였다.

그러나 이후 두 차례의 노정 합의에서 잘 드러나지만 국가는 합의 내용보다 민주노총의 참가를 일차적인 목적으로 삼았다. 1998년 중반 이후 IMF의 외적 압박이 약화되고 민주노총 내부의 권력 구도가 바뀜에 따라 노사정위는 점차 유명무실하게 되었다. 1기 합의 이후 남은 것은 합의 형식의 노사정위를 통제 기구로 사용하려는 국가 전략과 이에 저항하는 노동 측의 투쟁뿐이었다.

다음으로 행정부나 국회에서의 법제화 과정은 전략적 지형을 매우 복잡하게 만들고 구조 요인의 효과를 왜곡시킨 또 다른 요인이었다. 국가 기구의 의사 과정은 국가 내 일부 주체들이나 여타 주체들의 의사대로 쉽게 통제되지 않았고 이는 주체들 간에 심각한 긴장을 불러왔다.

국가 기구 내 의사 결정 과정에 대한 영향력은 주체별로 매우 불균등했다. 정부는 집권 여당으로서 가장 강력한 영향력을 행사할 수 있었으나 모든 것을 통제할 수는 없었다. 또 자본도 노개위에서는 제도 정치의 보수성을 매개로 해서 막후에서 강한 영향력을 행사할 수 있었지만, IMF가 불러온 노사정위에서 그 능력은 최소한으로 제한되었다. 이들과 비교하면 노동 측은 대중적 압력이라

---

34 한국노총은 민주노총의 참가를 강제하고 독려하는 조직적·이데올로기적 수단으로 국가에 의해 최대한 활용되었다. 노사정위에서 국가는 노개위의 실패 경험을 반성해 한국노총과의 관계를 매우 유연하게 조정했다. 그것은 한국노총을 세심하게 관리해 민주노총과 분리시키고 노동 측의 연대 투쟁을 철저하게 막는 분할 지배 전술로 나타났다. 자세한 것은 노중기(1999) 참고.

는 수단 외에 어떤 직접적이고도 유의미한 통제 수단도 갖고 있지 못했다.

우선 노개위를 파행적으로 만든 것은 자본의 과도한 전략 설정 때문이었다. 자본의 자원 동원 능력은 막강한 것이었지만 그것은 노동 정치 체제의 변동 방향이나 전체 사회의 민주화와 역행하는 모순되는 선택이었다. 결국 그것은 노동계급의 대중 동원 역량을 극대화하는 의도하지 않은 결과를 초래했다.

반대로 노사정위의 노동 정치에서 노동 측은 국가 기구 내부의 의사 과정을 과도하게 단순하게 취급하거나 무시하는 오류를 범했다. 민주노총 1기 지도부는 대중투쟁의 자원 고갈을 이유로 손쉽게 합의 정치에 참가했고 반대급부를 기대했던 것이다. 그러나 노사정위를 주도했던 정책 추진자들은 이런 약점을 의도적으로 이용해 합의 약속을 지키지 않거나 때로 합의 이행을 정면에서 거부했다.

이처럼 두 노동 정치에서 핵심 주체들은 모두 행정부나 국회 등 합의 기구를 떠난 의사 결정 과정에 대해 충분히 통제할 수 없었던 한계를 안고 있었다. 이런 구조적 조건 속에서 각 주체의 전략적 행위는 갈등과 대결로 치닫게 되었다. 국가가 개혁을 방기한 후반기 노개위의 경우에 법제화 과정의 정치는 파행을 거듭했다. 또 노사정위에서 국가는 국가 기구 내부의 의사 과정을 노동 배제를 위한 '전략적 선택성'[35]의 기제로 이용했고 결국 노사정위는 실질적으로 무력화되었던 것이다.

마지막으로 두 정치과정에서 주체들의 전략 선택은 내적 조건이나 자원 동원 능력에 의해 크게 구속되었다. 그들의 능력 차이는 컸으며 각기 내부의 조직적 한계를 안고 있었다.

---

35 '전략적 선택성' 개념에 관해서는 Jessop(1990, 248-272), 노중기(1995, 209-214) 참고.

먼저 국가는 정치과정 전체를 조율하는 막강한 힘을 보여 주었지만 그것은 불완전한 것이었다. 노개위 정치과정에서 김영삼 정부는 개혁의 사회적·정치적 비용을 최소화하기 위한 전략을 치밀하게 구성했다. 그것은 정부가 노개위에 참여치 않음으로써 비용 부담을 최소화하려는 선택으로 나타나기도 했고, 노개위의 정치과정에 상당 정도의 자율성을 부여하려는 노력으로 드러나기도 했다. 이때 노개위는 개혁에 따르는 저항을 막기 위한 완충제로 의도되었다. 그러나 자본의 강한 저항과 함께 이런 의도는 날치기 법제화로 이어져 개혁의 원래 목표를 무산시키는 최악의 의도치 않은 결과를 가져왔다. 그것은 김영삼 정권의 때 이른 정치적 몰락으로 발전했다.

반면에 노개위에서 노동 측의 대중 동원 역량은 최대한 발휘되었다. 사실 기업 노조의 느슨한 연대 조직에 불과한 민주노총의 역량은 매우 취약한 것이었다. 그러나 노개위의 긴장감 있는 정치과정은 그 자체가 중요한 정치적 대중 교육의 장이었고, 부족한 조직 역량을 메워 주었다. 또 노동자 대투쟁 이래 오랜 숙원이었던 노조 운동의 자유화와 노동법 개정에 대한 열망은 투쟁의 조직화 수준을 매우 높여 주었다. 민주노총 지도부의 노선은 온건했으나 국가, 자본의 강경 전략 앞에서 그 입지는 소멸했다.

다음으로 노동 측의 내부 역량 한계가 극명하게 드러난 것은 노사정위에서였다. 우선 그것은 정책 참가 전략을 둘러싼 노선 대립 문제로 나타났다. 1987년 체제가 단위 사업장의 경제적 요구를 중심으로 구조화된 체제였으므로 합의 기구 등의 정책 참가 문제는 새로운 도전이었다. 따라서 참가 전략의 정당성을 둘러싼 노선 갈등은 어느 정도 필연적인 것이었다(박재영 1999).

또 노조 조직 내부의 의사 결정 과정도 파행적으로 진행되었다. 기업별노조로 구조화된 민주 노조 운동은 합의 정치의 과정에서 요구되는 조직 내부의 다양한 의견들을 수렴하고 이를 효율적으로 평가해 의사 결정을 내릴 수 있는 조직적 효율성을 갖추고 있지 못했다. 더구나 노개위와 달리 노사정위의 수세적이고 방어적인 정치 지형은 조직 내부의 문제를 끊임없이 확대 재생산하는 결과를 초래했다. 1기 합의, 현자 사태와 같이 합의는 곧바로 심각한 내부 대립과 균열을 불러일으켰으며 결국 전략 선택의 여지는 사라지게 되었다.

한편 노사정위에서 국가가 부닥친 전략상의 딜레마는 그 성격이 크게 달랐다. 그것은 신자유주의적 노동 배제 전략을 노동 개혁의 이름으로, 합의 기구의 형식으로 정당화하는 데서 나타난 딜레마였다. 정리해고와 비정규직 확대, 각종 규제 완화, 민영화와 해외 매각 등 영미식 신자유주의적 노동 정책을 강력하게 추진하면서도(손호철 1999) 국가는 이를 생산적 복지, 참여 민주주의, 참여와 협력, 신노사 문화 등의 이데올로기적 언사로 포장하지 않을 수 없었다. 이것은 결국 1기 이후의 노사정위의 의제를 곤궁하게 만들었고 노동 측 반발을 통제할 수 없는 것으로 확대시켰다.[36]

요약하자면 두 정치과정에서 핵심 주체들의 전략 선택은 사태를 급진전시키는 요인으로 작용했고 구조 변동을 가속화하거나 제한했다. 노개위에서 국가·자본은 노동 측의 역량을 과소평가해 과도한 전략을 선택했고 그것은 역설적으로 개혁과 구조 변동을 가속화한 요인이 되었다. 반대로 1기 노사정위에서 국가는 IMF와 국제 독점자본의 압력이라는 외부의 상황 요인에 기대어 신자유주의 정책을 신속히 추진할 수 있었다. 그러나 그것은 노동 측의 강한 저항을 야기했고 노동 개혁의 당위는 허구가 되고 말았다.

---

36 2000년에 들어와 법정 노동시간 40시간 단축(주5일 근무제) 등의 새로운 의제가 만들어졌다. 그러나 10월 현재까지 이 의제도 민주노총을 노사정위에 재참가시키는 데에는 역부족임이 드러났다.

5. 요약과 토론 : 노동 개혁의 구조적 한계

두 개의 실험은 미시 노동 정치에서 많은 차이를 보였지만 거시적으로 보아 큰 틀에서의 동질성을 공유하고 있었다. 그 공통성은 이른바 '개혁'이 1987년 체제의 해체 과정의 일부였다는 점과, 의도했던 노동 포섭은 실패했다는 점이었다. 합의 방식 노동 개혁의 실패는 한국 사회의 코포라티즘 형성에 구조적 한계가 있음을 분명히 보여 준다(윤진호 2000).

먼저 노동 정치와 국가 정치의 구조적 부정합성의 문제이다. 노동 정치가 국가 정치에 대해 상대적으로 자율적인 영역을 구성한다는 이 글의 이론적 명제는 두 개의 노동 정치에서 대체로 입증되었다. 자율성은 일차적으로 국가 기구 내부의 균열에 의해 산출되는 것이었다.

국가는 노동 개혁의 전체 구도를 설정하고 이를 추진한 핵심 동력이었다. 그러나 국가 내부의 균열은 이를 노동 정치에 일의적으로 관철시키지는 못하도록 만들었다.37 이 균열선은 노동 정치의 각 주체들이 명백한 인식을 갖고 전략적으로 개입할 여지와 공간을 산출했다. 그것은 때로 자본에 로비의 기회를 제공했고, 반대로 노동에는 전략적으로 대중들을 동원할 수 있는 텅 빈 공간으로 작용했다. 개혁은 국가의 합의 정치 구도를 벗어났으며 장외의 힘 대결이 이를 대체했다.

다음으로 노동과 자본 조직의 조직 구조적 특성과 그것에 기인하는 한계다. 합의 체제는 노동계급과 자본계급 전체와 관련된 전국적 의제라고 할 수 있다.

---

37 이런 구조적 균열성으로 말미암아 개혁과 합의의 정치가 이루어지던 그 시점에서 억압 기구들은 조폐공사 파업 유도 사건과 같은 공작 정치를 진행할 수 있었다. 그것은 직접적으로는 노동 배제적 노동 체제의 역사적 산물이었다.

그런 만큼 그 성공은 각 주체가 원활한 의사 결집과 효율적인 의사 결정을 수행할 수 있는 능력과 밀접하게 관련되어 있다. 이런 조직 과정의 효율성 문제는 주로 기업별로 조직화된 노동 측에서 많은 문제를 발생시켰다.[38]

셋째, 국가가 의도한 노동 개혁의 내용과 합의 정치의 형식 간의 구조적 불일치의 문제이다. 노개위에서 부분적으로나마 유지되던 개혁 의제의 등가성은 노사정위원회에서 완전히 파괴되었다. 이것은 신자유주의적 시장 원리를 개혁과 합의의 담론으로 정당화시키고자 했던 국가 전략의 내적 한계였다.

요컨대 두 노동 개혁에 작용하고 있었던 근본적인 동질성은 이런 구조적 한계들에 있었다. 나아가 이런 한계는 두 개의 노동 개혁 실험을 코포라티즘의 노동 정치나 '사회적 합의'의 계급 타협 정치로 해석할 수 없는 이론적 근거가 된다.[39]

이상과 같은 구조적·전략적 한계에도 불구하고 노개위와 노사정위는 상당 기간 지속했으며 현재도 존재하고 있다. 이는 다시 설명되어야 할 문제이며, 또 다른 측면에서 두 노동 정치의 동질성을 표현하고 있다.

국가는 두 실험 모두를 '노동 개혁' '참여와 협력' '사회적 합의' '민주적 코포라티즘 체제'라는 수사修辭로 포장했다. 두 개의 실험이 '개혁'으로서의 성격을 일

---

[38] 자본이 일방적 의사소통 구조의 관료제적 조직으로 구성된 반면, 노동조합은 민주적이고 쌍방적인 의사소통 구조를 갖고 있다. 이런 구조적 차이는 계급 조직으로서의 양 조직의 근본적 차이점이다(Offe and Wiesenthal 1980).

[39] 두 개의 실험의 성격을 '사회적 합의 체제의 형성 과정'으로 이해하는 연구자들은 개혁의 의제는 문제가 아니라고 본다(최영기·이장원 편저 1998). 이들은 네덜란드와 이탈리아의 사례를 들어 신자유주의의 노동 유연화 의제도 사회적 합의 체제와 양립한다고 강조했다. 그러나 그렇다 하더라도 코포라티즘 체제가 형성되기 위한 전제 조건은 노동계급 대중의 실질적 참가를 가능케 하는 의제 설정이라는 점은 여전히 타당하다. 한국의 노사정위원회에서 국가·자본은 정리해고를 법률적으로 보장하는 합의를, 그것도 이미 대규모 실업이 필연적으로 예상되는 경제 공황기에 요구했다. 이런 의제로써는 타협의 정치가 불가능했던 것이다.

부 가지고 있었던 것도 사실이었다. 그러나 앞서 고찰한 바와 같이 두 노동 정치 모두에서 '참여와 협력'은 최소한의 수사적인 것으로 그쳤고 '사회적 합의'는 강제적 합의와 교차되었다. 특히 노사정위의 존속, 즉 '배제와 강제'를 '참여와 협력'의 이름으로 정당화하는 역설이 지금까지 존속하고 있는 것은 무엇보다 국가의 일관된 전략 선택에 기인한다. 그것은 새로운 형식의 노동 배제 전략이라고 할 수 있을 것이다.

7

코포라티즘과 한국의 사회적 합의
비판과 전망

1. 또다시 성장 산업이 된 코포라티즘 이론

최근 들어 한국 사회에서 코포라티즘 이론은 하나의 성장 산업이 되었다. 과거 서구의 사민주의 사회에서 한때 각광받았던 코포라티즘 논의가 거의 30년이 지나 지구의 반대편에서 다시 부활한 것이다(Panitch 1986a).

1997년의 경제 위기와 1998년 노사정위원회의 설치는 코포라티즘을 논의하는 시장이 크게 팽창하게 되는 현실적 기반이 되었다. 1990년대 초반 이래 간헐적으로 논의되던 코포라티즘 이론은 1998년 이후 급속히 그 영향력을 확대해 갔다. 노동연구원 등 정부 연구 기관의 일부 소장 학자들의 조심스러운 주장은 노사정위원회를 중심으로 다수 노동 연구자들의 담론으로 급속히 확장되었다. 그리고 최근에는 민주 노조 운동 외곽의 일부 노동 연구자들에게까지 영향을 미치고 있다.[1]

---

1 관련된 대표적 자료로는 최영기·이장원 편(1998)과 김호진 외(2000)를 참고할 수 있다.

최근 코포라티즘 논의의 특징은 현실 노사관계의 변동과 긴밀하게 연관되어 있다는 점이다. 과거의 논의가 이론적·학술적 관심에 지나지 않았던 것과 대조적이다. 노사정위원회나 노사관계위원회의 현실적 존재와 정책 실행, 그리고 그 결과가 논의를 풍부하게 만든 것이다. 필자는 코포라티즘 논의의 양적 확대라는 점 외에 두 가지 점에서 최근의 변화에 주목하고자 한다.

첫째, 대개의 논의들은 국내 노동 사회에 코포라티즘 제도와 관행이 꼭 필요하며, 일정한 노력이 있을 때 그것이 가능하다는 전제에서 출발하고 있다. 이들은 1998년 2·6 노사정위원회 합의의 긍정성과 가능성에 주목하면서 그것에 내재한 현실적인 어려움과 제약을 검토했다. 즉 최근의 논의는 정책적·전략적 함의가 뚜렷하다.

둘째, 이들은 1980년대 이후 신자유주의의 영향으로 말미암아 서구 사회에서 코포라티즘이 쇠퇴하고 있다는 기존 논의를 적극적으로 비판한다. 그리고 대안적 코포라티즘 모델을 비교 연구를 통해 찾고자 했다. 한국 사회에 대한 적용 가능성을 염두에 둔 대안적 사례에는 네덜란드, 이탈리아, 남아프리카공화국, 스페인, 아일랜드 등이 포함된다. 특히 네덜란드의 폴더 모델polder model은 신자유주의 구조조정과 조화될 수 있는 대표적인 코포라티즘 모델로 평가되었다.

결국 최근 논의들의 이론적·실천적 결론은 그리 복잡하지 않다. 그것은 네덜란드와 같은 민주적 코포라티즘 체제로 '나아가야 한다'는 정책 제안, 그리고 '갈 수 있다'는 낙관론을 핵심적인 주장으로 담고 있다. 이를 위해서 노사정 삼자에게 필요한 구체적인 정책들이 주요한 연구 결과물로 제시되었다.

이 글은 '한국의 네덜란드 되기'로 요약되는 최근의 코포라티즘 논의를 비판적으로 검토하고자 한다. 이를 위해서 기존 논의들에 포함된 방법론적 오류와 이데올로기적 정당화 기제를 검토하고(2절), 서구 사회 코포라티즘의 성격과 전망을 간략히 살펴본다(3절). 그리고 민주적 코포라티즘의 사회적 기반이 취약한 제3세계 국가들의 사례와 그 한계를 검토한 다음(4절), 한국 사회의 경험에 비추어 코포라티즘 이론을 비판할 것이다(5절). 결론에서는 간략하게나마 노동운동의 대안에 관해 생각해 보고자 한다.

2. 합의 물신주의 : 전도된 인식과 방법론적 오류

우선 최근의 논의들 다수는 심각한 소망 사고所望思考나 목적론에 젖어 있음을 지적하지 않을 수 없다.[2] 코포라티즘 개념의 최소 기준[3]에 비추어 보더라도 한국 현실의 구조적·상황적 한계는 너무나 명백하다. 이는 지난 10년의 경험에서 계속 확인되었다. 그러나 코포라티즘론자들은 현실적 한계가 드러나는 만큼 합의가 더욱더 필요하며, 목표를 이룰 수 있다고 강변하는 것처럼 보인다. 이는 객관적 사실로부터 스스로를 소외시키는 '합의 물신주의'라 하지 않을 수 없다.

예를 들어 코포라티즘론자들은 1998년 2월 노사정 합의를 한결같이 높이 평가한다(최영기·이장원 편 1998; 김호진 외 2000; 최장집 1998b; 송호근 1998). 그러나 이

---

2 소망 사고는 사물의 특정한 요소, 일부분만을 일방적으로 선택하고 이를 강조해 절대화하는 인식 태도라고 할 수 있다. 또 목적론은 특정 목적 상태를 선험적으로 설정하고 모든 경험적 과정이나 결과를 이 목적 상태에 맞춰 해석하는 사유 방식을 말한다.

3 코포라티즘 개념에 관해서는 김수진(1992) 참고. 이 글에서는 크라우치를 따라 "(노동과 자본이라는) 조직된 이해 집단이 구성원의 이익을 대표하는 동시에 전체 사회 수준에서 좀 더 일반적인 이해에 관한 합의를 기반으로 구성원들을 규율하는 체제로 코포라티즘을 규정하고자 한다(Crouch 1996). 한편 최영기는 사회적 합의 개념을 코포라티즘 개념과 분리해 좀 더 포괄적인 개념으로 재구성하고 있으나 이는 과도한 개념화이다. 합의 기구가 있거나 협약의 경험이 있었다는 사실 자체보다는 그 내용이 문제이기 때문이다(최영기 1999b).

들은 합의에 이른 사실과 경제 위기 극복에 대한 기여만을 주목했을 뿐, 곧바로 드러난 합의의 한계와 내적 모순은 애써 외면하거나 과소평가했다. 아니면 이를 인정한다 하더라도 여전히 국가의 잘못된 정책 실행만을 탓하며 '새로운 합의의 가능성'으로 재빨리 논점을 바꾼다. 1998년 2월 합의에서 오히려 주목해야 할 것은 우리 사회에서 합의의 구조적 기반, 주체들 간의 신뢰와 타협의 기반이 얼마나 취약한가 하는 점이었다. 한국의 노동운동을 주도해 온 민주 노조 운동 진영이 노사정위나 합의 기제에 극단적인 거부감을 보이기 시작했던 계기도 바로 2월 합의였다. 그것은 국가의 정책적 실수로 쉽게 돌리거나 환원할 수 없는 종류의 경험이었다.

또 지난 5년간의 경험은 노사정위가 합의 기구라기보다는 통제 기구라는 점을 극명하게 보여 주었다(노중기 1999b; 2000). 불평등의 확대와 극단적인 고용 불안, 기본권 제약의 항구화, 폭력적 억압과 법적 통제의 강화, 자본과 국가의 노동에 대한 일관된 배제 전략 등은 부인할 수 없는 사실이다. 코포라티즘론자들이 이런 사실들을 무시하거나 그 의미를 폄하하고 '새로운 사회적 합의'를 열망하는 것은 과학적 태도라기보다는 심각한 이데올로기적 편향성의 표현일 뿐이다.[4]

합의 물신주의와 더불어 최근의 코포라티즘론은 잘못된 비교 분석의 오류를

---

[4] 코포라티즘론자들은 대체로 현재의 기업별노조 체제가 사회적 합의 체제 형성은 물론 노사관계 발전에도 결정적인 걸림돌임을 인정하고 있다. 그러나 이들은 2000년 2월 기업별 체제를 항구화하는 결정이 노사정위에서 이루어졌다는 점을 애써 무시하고 있다. 이것을 영미형과 유럽형을 조화시키는 새로운 합의 유형이라고 말하는 것은 어불성설일 뿐이다. 또 이들은 1993년과 1994년 한국노총 지도부와 정부가 합의한 임금 억제도 '사회적 협약'이라고 주장하고 있다(최영기 1999b). 임금 억제 합의의 결과 노총이 조합원으로부터 격렬한 비판에 직면하고 심각한 조직 상실의 경험을 한 것은 주지의 사실이다. 그것은 코포라티즘적인 합의는커녕 노동조합 일부의 상층 담합에 불과한 것이었다. 또 국가의 행정적 임금 통제(총액임금제)를 위한 보조적 통제 수단에 불과한 것이었다. 이를 '합의'라고 강변한다 해서 '합의'가 될 일이 아닌 것이다.

전형적으로 보여 준다. 좀 더 정확히 말하자면 거의 종교적 색채가 느껴지는 합의 물신주의가 '과학적 비교 분석'의 외피로써 자신을 정당화한 것이었다. 네덜란드, 아일랜드, 이탈리아, 스페인 등 몇몇 유럽 국가들은 물론 멕시코 같은 국가 코포라티즘 체제의 나라도 비교 대상으로 동원되었다. 노동운동 진영의 코포라티즘론자들은 남아프리카공화국을 주목하기도 했다.[5]

모두가 잘 알고 있듯이 한국의 노사정위는 신자유주의 노동 정책을 의제로 다루었던 기구다. 1980년대 이후 대부분의 유럽 사민주의 사회, 특히 영국과 스웨덴에서 신자유주의는 코포라티즘 체제를 공격하거나 약화시켰다. 그러므로 양자는 조화할 수 없고 노사정위는 모순적 기구일 수밖에 없다는 비판을 잠재우기 위해, 신자유주의 시대의 사회적 합의를 정당화하기 위해, 이들은 비교 분석을 정당화의 논거로 도입했던 것이다.

코포라티즘론자들의 비교 분석에서 나타나는 특징은 비교가 매우 단순한 가정에 기반하고 있으며, 일대일 대응의 '짝짓기' 방식이란 점이다. 즉 먼저 사회 통합적 방식의 구조조정 사례, 즉 신자유주의 구조조정을 합의의 틀 속에서 수행하는 사례들을 찾아내고 이것이 가능하다는 합의를 도출한다. 그리고 한국 사회에서 동일한 성공을 만들기 위해서는 동일한 방식의 합의 기구와 합의의 내용이 필요하다는 식의 결론으로 나아간다. 동일한 제도를 다른 사회에 이식할 수 있으며 동일한 결과를 산출할 것으로 기대하는 것이다.

네덜란드의 코포라티즘은 이들이 사용하는 대표적인 비교 사례다. 네덜란드는 신자유주의 유연화를 합의의 방식으로 갈등 없이 추진하는 동시에 낮은 실업률, 최소한의 사회적 노동 기준을 유지하고 있는 특이한 경우다. 코포라티즘

---

5 대표적인 사례로 한국노동사회연구소 엮음(1999)과 COSATU 셉템버위원회(1999) 참고.

론자들에게 네덜란드 사례는 한국의 노사정위원회가 하고자 했던 일, 노동의 협력 속에서 이루어지는 신자유주의 구조조정이 가능함을 입증한 사례였다. 폴더 모델은 이제 한국의 노사정위원회나 구조조정을 정당화하는 전가의 보도 가 되었다.

이런 방식의 비교 전략은 크게 세 가지 문제를 안고 있다.[6] 우선 단순한 짝짓 기 비교는 특정한 외적 압력이나 요인들의 동일성을 가정하고 있다. 그러나 신 자유주의와 세계화의 압력은 각 국가가 국제 노동 분업에서 차지하는 지위와 조건에 따라 개별 사회에 매우 다르게 가해진다. 바세나르 협약Wassenar Accord이 맺어졌던 1980년대 초반의 네덜란드와 IMF 금융 위기를 맞은 한국 사회에 밀 어닥친 외적 압력은 전혀 다른 맥락의 것이라 할 수 있다. 제3세계 한국 사회에 서 초국적 자본의 노동시장 유연화·민영화 압력은 신자유주의 지배의 정점에 서 이루어진 것이었다. 그것은 주체들 간의 합의를 강요한 조건이었던 동시에, 합의의 내용과 폭이 제한되지 않을 수 없도록 만든 환경이었다. 애매한 유추가 아니라 과학적 비교를 하려면 정확하게 노동 정치 변동의 조건의 차이를 설명 해야만 할 것이다.

둘째, 노동 정치 변동의 출발점에서 각 사회가 갖고 있는 노사관계 제도, 노 동운동의 조건과 맥락의 차이를 간과한다는 점이다. 일반적으로 신자유주의의 압력, 유연화와 분권화의 압력은 개별 사회에서 그 의미가 크게 달라진다. 예컨 대 선진국 중에서 유사한 체제라고 일컬어지는 독일과 스웨덴에서 분권화의 의 미는 크게 다르다. 작업장에서의 노사관계 제도가 발달한 독일의 경우 분권화

---

6 '짝짓기 비교'(matched comparison)는 제도주의 학파의 비교 분석 방법이다. 제도주의 비교 분석의 장점과 단점에 관해서는 Locke and Thelen(1995) 참고. 네덜란드에 관해서는 최영기(1998a)와 안두 순(2000) 참고.

압력은 상대적으로 큰 영향력이 없는 것이다. 코포라티즘이나 사회적 합의가 개별 사회에 대해 갖는 함의도 제도 그 자체로써 곧바로 설명될 수가 없다.

한국과 네덜란드를 비교하면 상황은 더 분명해진다. 네덜란드는 사민주의 체제에서 코포라티즘의 오랜 경험과 역사를 갖고 있는 사회다. 그리고 취약하다고는 하지만 중앙 집중적인 산별노조 체제, 사민주의 정당이 있었다. 또 강력한 복지 제도와 높은 수준의 노동 보호 제도와 기본권을 구비하고 있었다. 반면에 한국에는 이와 비교할 만한 어떤 것도 존재하지 않는다. 이런 차이들은 정부와 노동의 정책적 의지나 각성, 인식 공유를 넘어서서 두 사회에서 사회적 합의의 가능성, 또 합의 기구나 개별 합의의 실질적 함의가 크게 달라지도록 만들고 있다. 코포라티즘론자들은 대체로 이를 무시하거나 간과한 채, '시사점이 크다', '사회적 조합주의 유형은 아니지만 사회 협약 유형에는 이르렀다'라든가, '주체들의 의지나 정책의 변화가 중요하다'는 식의 모호한 유추나 추론을 앞세운다.

셋째, 단순 짝짓기 분석은 동일한 정책이나 실천이 서로 다른 나라에서 동일한 의미를 갖고 있으며 나아가 같은 결과를 가져올 것이라고 가정한다. 상식에 기반하고 있는 이런 가정은 완전한 오류다. 예컨대 작업장의 신자유주의 재편 전략은 같은 선진국이지만 미국과 독일에서 그 함의가 매우 다르다. 작업장 직무 통제에 의존하는 미국에서는 이 전략이 노사관계의 버팀대sticking point를 건드리는 일이 되는 반면, 독일에서는 경영평의회라는 작업장 협의 기구에서 제도적으로 수용 가능한 사안이 되는 것이다. 마찬가지로 코포라티즘이나 사회적 합의 제도가 개별 사회 노사관계에 대해 갖는 함의는 크게 달라진다.

이 점에서 우리 사회의 코포라티즘론은 두 가지 오류를 안고 있다(Visser 1998). 먼저 주어진 문제에 관한 최선의 처방이 존재한다고 믿는 '경영 컨설턴트의 오류'다. 신자유주의 시기의 구조조정 과정에서는 네덜란드 방식의 '사회 통합적 구조조정'이 최선이며 이를 위한 제도적 장치는 '사회적 합의'뿐이라는 인식이 그것이다. 둘째, 기능주의적 추론의 오류다. 최선의 처방은 동일한 노사관계 제도나 결과를 만들어 낼 것이라는 생각을 말한다. 폴더 모델의 합의 결과가 한국 사회의 합의 결과와 같을 것이라는 판단, 같아져야 한다는 소망이다.[7]

신자유주의가 요구하는 생산성과 유연화에 대한 최대한의 협력, 그리고 방어적인 고용 유지, 복지 축소가 유일한 정답이라는 사고는 지나치게 패배적이며 현실 순응적인 것이다. 영미형이나 스칸디나비아형이 아닌 제3의 유형이 있다면 제4나 제5의 유형도 가능한 것이다. 특정 제도의 선한 결과만을 주목할 것이 아니라 그런 경로의 결과를 불러온 사회 경제적 맥락과 조건들을 고민해야 한다. 제도적 적응은 경로 의존적인 것이지 결코 기능적인 것이 아니기 때문이다. 네덜란드형은 최선의 것이 아니다.

그리고 '사회적 합의 제도'는 항상 선한 결과만 낳는 것이 아니다. 코포라티즘 론자들이 엉뚱하게도 '사회 협약 유형'으로 분류한 멕시코는 그 단적인 사례라 할 수 있다. 서로 다른 사회들은 경제 성장과 정치적 동원의 역사적 과정과 경험, 노사관계의 제도와 관행, 노동운동과 노동자계급 형성의 측면에서 저마다 독특한 맥락을 갖고 있다. 따라서 같은 제도나 정책이 결과적으로 전혀 다른 맥락에서 접합되는 일은 항상 일어나는 일이다.

요컨대 노동시장 제도, 노사관계 체제, 복지 체제는 모두 복잡한 사회, 문화, 역사적 요인들과 독특한 계급 질서, 정치적 환경의 산물이다. 이를 복제하는 것은 불가능하다(Upchurch 1999, 12). 단지 '시사점을 얻기 위한 것'이라면 '시사'에 그쳐야 한다. '이런저런 차이에도 불구하고 바람직하다'라는 가정은 철저하게 배제되어야 한다. 과학적 비교 분석을 지향한다면 선한 결과에 주목하기보다

---

[7] 마찬가지로 소위 윈윈(win-win) 전략이나 사회적 파트너십(social partnership)을 둘러싼 이데올로기적 담론도 동일한 오류에 빠져 있다.

는 차이를 야기하는 제반 조건과 맥락에 더욱 집중해야 할 것이다.

3. 신자유주의와 '코포라티즘'

영국과 미국을 필두로 자본의 공세가 시작된 1980년대는 서구의 코포라티즘이 보편적으로 퇴조하기 시작했던 시대였다(김수진 1998). 전 지구적 수준의 경쟁 격화, 경기 후퇴와 만성적 실업, 사용자의 유연화 요구와 적대, 노동계급 내부의 이질화와 계층화, 단체교섭의 분권화 등은 코포라티즘의 약화를 야기한 주요한 요인들이었다. 그것은 1960년대 말부터 확대되기 시작했던 전후 포드주의 체제의 구조적 모순을 반영한 것이었다.

그러나 전반적인 퇴조 속에서도 그 내용과 범위는 나라마다 서로 다르게 나타났으며 결코 일률적이지 않았다(Ferner and Hyman 1992; Crouch 1996; Crouch 1993; Ruysseveldt and Visser eds. 1996). 네덜란드와 오스트리아에서처럼 코포라티즘은 때로 강화되기도 했으며 이탈리아, 스페인 그리고 아일랜드에서는 새롭게 제도화되기도 했다. 물론 영국에서 그것은 결정적으로 붕괴했으며 스웨덴에서는 그 기반이 크게 약화했다.

대체적으로 단체교섭이 좀 더 분권화된 속에서도 중앙 협의 구조는 새로운 기능을 수행했을 뿐 소멸한 것은 아니었다. 그것은 하이만 R. Hyman의 '중앙 조정적 분권화'centrally coordinated decentralization나 크라우치 C. Crouch의 '분권화와 중앙 협의의 새로운 종합', '수정된 다양성'revised diversity이라 할 만한 것이었다.

1980년대의 일반적 예측과 달리 1990년대 오스트리아, 포르투갈, 네덜란드

〈표 7-1〉 유럽의 노동 체제 분류

분류	주요 특징	사례
집단 1	자본 주도, 상대적 분권화, 조합주의적	독일, 오스트리아, 스위스, 네덜란드, 벨기에, 북이탈리아
집단 2	조합주의, 집중적, 강한 노조 운동	스웨덴, 노르웨이, 덴마크, 핀란드
집단 3	느슨하고 분권화된 단체교섭	프랑스, 영국, 아일랜드, 스페인, 남이탈리아
집단 4	거칠고 규제되지 않은 사용자 지배	그리스, 포르투갈, 이탈리아, 스페인 일부

자료: Crouch(1996, 372).

등에서 코포라티즘적인 중앙 협의 기제가 유지되거나 재생되었다. 경우에 따라서는 아일랜드와 스페인처럼 분산적 교섭 체제로 코포라티즘의 제도적 기반이 없는 경우에는 간헐적 합의가 진행되거나 집중화가 시도되었다. 몇 가지 이유가 있었다. 우선 국제 경쟁의 격화로 말미암아 각 국가는 가격 경쟁력을 확보하기 위해 임금 비용을 삭감할 필요가 있었다. 오스트리아와 네덜란드의 경우가 여기에 속한다. 다음으로는 장기화·구조화된 실업 문제도 중요한 배경이었다. 특히 이탈리아, 스페인, 그리스, 포르투갈 등 라틴 유럽에서 대량의 실업 사태는 우익 극단주의 정치 세력의 확산과 사회적 불안정을 야기할 가능성이 있었다.8 이들 사회에서 코포라티즘은 자본과 국가가 사회적 소요의 위험을 회피하는 수단이기도 했다. 마지막으로 복지국가 체제의 유산이었던 비효율적 복지 제도를 개혁할 필요가 있었고 이때 중앙 조직의 협의와 협력은 긴요한 것이었다.

　이와 같은 요인들은 1990년대의 코포라티즘이 1970년대의 고전적인 것과

---

8 크라우치는 이를 '코포라티즘에 대한 열망'(aspiring neo-corporatism)이라 부른다. 1980년대 이래 중앙 단위에서 사회적 합의가 간헐적으로 시도되었지만 결국 실패로 끝나고 말았다. 대표적인 사례는 스페인이었다(조효래 1999; van der Meer 1996).

성격을 달리하는 것임을 알려 준다.9 그것은 무엇보다 1980년대의 경제적 환경, 즉 경쟁의 격화에 따른 노동시장 유연화와 단체교섭 분권화의 압력이 각국 노동 체제의 제도와 접합해 변형된 결과였다. 요컨대 1990년대 유럽에서 코포라티즘은 정도의 차이가 있으나 신자유주의에 대한 제도적 적응의 한 형태로 이해할 수 있을 것이다. 그것은 임금 억제, 노동시장의 유연화, 복지의 축소와 합리화 등 국가·자본 주도의 신자유주의 정책 실행을 위한 하나의 수단이었다. 다만 그 사회의 노동 체제의 구조적 특성, 정치 경제적 조건에 따라서 다양한 변이가 나타났다. 코포라티즘의 약화나 붕괴가 나타나는 한편, 새로이 도입되거나 다시금 강화된 사례도 있었던 것이다.

네덜란드의 경우도 예외는 아니었다. 네덜란드는 코포라티즘의 구조가 취약한 사례였다. 1970년대까지 간헐적으로 계속된 임금 억제를 위한 국가의 직접적 개입은 그것의 반증이었다. 구조적 취약성의 핵심은 노동조합의 취약성에 있었다. 1982년 바세나르 협약 이후의 사회적 합의는 변화된 사회·경제적 조건 속에서 사용자가 주도하는 복지 축소, 임금 억제에 노동 측이 수동적으로 동의하는 과정이었다. 또 독일, 벨기에 특히 영국과 스웨덴 등에 비교하면 성공적인 사례였으나 그것은 상대적인 것이었다.10 또 여전히 실업과 빈곤이 온존하고 있으며, 비정규직이 크게 확산된 점을 고려하면 그것은 노동의 성취라기보

---

9 트렉슬러(Franz Traxler)는 1970년대의 '수요 측면 코포라티즘'(demand-side corporatism)에 대비해서 이를 '공급 측면 코포라티즘'(supply-side corporatism)이라고 불렀다. 또 레지니(Regini)는 복지와 경제적 성과를 나누는 '분배적 코포라티즘'(distributive corporatism)에서 신자유주의 정책 결정에 따르는 부담을 국가가 이해 주체들에게 전가하는 '규제적 코포라티즘'(regulative corporatism)으로 전환한 것으로 보았다(Traxler 1995; Regini 1997).

10 네덜란드에 대한 열망은 사회민주주의 체제, 즉 노동 보호 기준이 높은 나라에서 실업률이 높다는 대중적 가설에 기반을 두고 있다. 여기서 노동시장을 최대한 유연화해야 한다는 실천적 결론이 나오며 네덜란드는 사회 통합적 노동시장 유연화의 모범 사례가 되었다. 그러나 이 가설은 경험적으로 뒷받침되지 않는다(Crouch 1996, 372-375).

다 사용자의 성공이었다.

비써Jelle Visser에 따르면 네덜란드의 코포라티즘은 사용자 주도적인 것이었다. 이들이 합의 기제를 포기하지 않았던 것은 설명해야 할 사안이 된다. 비써는 20%가 넘는 고실업 사회에서 노동 측이 다른 대안을 가질 수 없었다는 점과 함께 사용자가 기존의 코포라티즘 제도를 버릴 이유가 없었음을 주요한 이유로 들었다. 1980년대 초반 이래 사용자들은 노조의 동의하에 얻고자 하는 모든 목표를 갈등 없이 모두 얻을 수 있었다. 신자유주의 체제의 제도화를 위해서도 손쉬운 합의의 길을 버리고 대결로 나설 어떤 이유도 없었다는 것이다.

그리고 네덜란드의 기적은 완결된 모델이 아니다. 임금 경쟁력과 노동시장 유연성에 기초하고 있는 폴더 모델의 미래는 여전히 불투명하다. 다음 단계에서 그것은 임금 유연성의 확대로 인한 불평등 심화, 노동 대중의 빈곤화, 고용의 불안정성 등 앵글로-색슨 국가와 유사한 문제, 즉 신자유주의의 질곡에 봉착할 가능성이 높다. 요컨대 네덜란드는 결코 제3의 모델이 아니라는 것이다(Visser 1998).[11]

1990년대 들어 새로이 재생한 코포라티즘은 서구 사민주의가 신자유주의 세계화의 환경에 적응하는 과정에서 출현한 것이었다. 좀 더 근본적으로 그것은 새로운 전망을 열어 주는 것이기보다는 사민주의 타협 전략이 보여 주는 한계의 연장선상에 놓여 있다. '공급 측면 코포라티즘'은 자본이 요구하는 생산성·경쟁력을 노동이 제공할 수 있고, 이로써 한 국가의 노동운동이 위기에 적절히 대응할 수 있다는 가정에 근거한다. 또 '훈련만 시키면 직장은 생긴다.' '노동시장이 유연해지면 직장이 생긴다'라는 근거 없는 신념에 기반을 두고 있다.

---

11 네덜란드가 '제3의 모델'이라는 주장은 최영기(1998a)와 강명세(2000)를 참고할 것.

그러나 이런 '경쟁적 조합주의'competitive corporatism, '진보적 경쟁력주의'progressive competitiveness는 자본의 전 지구적 지배 체제에서 허구에 불과하다(Panitch 2000).12 경쟁력 확보를 위해 코포라티즘이 필요하다는 '경쟁적 조합주의'에서 경쟁력은 최우선적인 선험적 전제가 된다. 여기에는 자본의 전 지구화-세계화에 대한 물화된 인식이 깔려 있다. 그러나 세계화는 노동이 무조건 수용해야 하는 객관적 과정이 아니라 자본과 민족 국가의 정치적 전략이 포함된 정치적 과정일 뿐이다. 이 전제를 수용하는 선에서 이루어진 정치적 교환·거래, 즉 코포라티즘에 전망은 없다.

또 그것은 도덕적으로나 실용적으로나 정당화될 수 없는 잘못된 가정에 근거한 것이다. 경쟁력을 높이고 일자리를 대량으로 만들어 내는 데 성공한 결과는 잘해야 경쟁력이 낮은 나라에 실업을 수출하는 것이다. 또 모든 나라에서 경쟁력 제고 경주를 한다면 세계적 수준에서 그 결과는 과잉 생산과 수출 시장에서의 과당 경쟁으로 귀결될 뿐이다. 반대로 노동 측이 나서서 수출 경쟁력을 높이는 과정에서 노동운동의 자주성은 결정적으로 약화되지 않을 수 없다.

신자유주의 시대에 국가와 자본의 요구는 더 이상 사민주의 타협과 실업 축소, 수요 관리, 복지국가가 아니다. 그리고 이제 코포라티즘은 노동이 자본의 '공급 측면'의 요구를 수용하는 한에서만 가능하게 되었다. 자본의 경쟁력 신화 속에서, 철저하게 자본이 요구하는 방식의 구조조정에 동의하는 한에서만 합의가 가능한 것이다.

---

12 네덜란드의 '공급 측면 코포라티즘'을 높이 평가하는 강명세는 "세계화는 신자유주의의 이데올로기적 주장과는 별도로 급격히 변화하는 경제 구조로서 객관적 사실이다. …… 세계화가 강제하는 유연성에 효과적으로 대응(하기) 위해서는 노사정 모두의 협조가 있어야 한다"라고 말한다(강명세 2000, 97).

4. 제3세계, 발전도상국에서의 코포라티즘

서구의 코포라티즘 사회는 그 편차와 내용적 한계, 성격의 변화에도 불구하고 공통적인 사회구조적 기반을 갖고 있었다(Maier 1985; Crouch 1994; 김수진 1992; 노중기 1998). 서구 사회에서 나타난 편차들은 사실상 이런 구조적 요인들의 차이로 설명될 수 있는 것이었다.

먼저 민주적 코포라티즘은 노동과 자본의 중앙 집중적 조직화에 의해 뒷받침된다. 여기에는 산별노조와 최정상 노조 조직뿐만 아니라 각 계급을 정치적으로 대표하는 계급 정당이 포함된다. 이 조직들은 조직적 일관성, 권위의 집중성, 배타적 대표성, 조직원에 대한 실질적 구속력 등의 특성을 갖는다. 둘째, 행위 양식의 측면에서 코포라티즘 체제는 실질적인 이해관계의 교환을 전제한다. 이때 노사 간, 노정 간 협력은 상당한 정도의 힘의 균형에 의해 뒷받침되어야만 한다. 어느 일방이 주도적일 수는 있으나 타협 체제를 쉽게 무너뜨릴 수 없을 정도의 균형이 필요하다는 것이다. 셋째, 협의의 대상 측면에서 국가의 거시적인 사회·경제정책을 주요한 내용으로 하며 이것의 실질적 효력을 국가가 제도적으로 보장한다는 특징을 갖는다. '공급 측면 코포라티즘'에서 좀 더 미시적 주제들이 다루어지고 있으나 이는 거시적 차원의 협의를 배제한 것이 아니란 점을 지적할 필요가 있다.

문제는 이 특성들 가운데 일부나 전부가 없는 사회의 경우, 사회적 합의는 무엇을 의미하는가 하는 것이다. 대체로 보아 대부분의 제3세계 사회에는 이런 구조적 특성들이 부족하거나 부재하다. 아마도 기업별노조 체제를 가진 한국 사회는 가장 극단적인 사례일 것이다. 그러므로 코포라티즘론자들이 우리 사회에서 '사회적 합의의 가능성과 현실성'을 고민한다면 가장 먼저 비교, 검토해야 할 것은 이런 사례들일 것이다.

1980년대 이후 제3세계 사회에서도 다양한 형태의 '사회적 합의' 실험이 있었다. 남아프리카공화국, 멕시코, 브라질, 한국, 동유럽의 폴란드와 불가리아, 체코와 헝가리 등은 대표적인 사례였다. 이 사례들에는 각기 상당한 편차가 존재하지만 대체로 정치적 민주화와 자본주의사회로의 체제 전환, 심각한 경제 위기와 경제 구조의 변동 등이 '합의 실험'의 배경이 되었다.

먼저 동유럽에서 '사회적 합의'는 매우 실용적인 것으로 기획되었으며 불안정한 양상을 보여 주었다(Lajos Héthy 1994; Slomp, van Hoof and Moerel 1996). 노사정 주체들은 각기 조직적 대표성과 영향력의 확대, 경제적 안정화와 정치적 정당성 기반의 확보 등의 서로 다른 실용적인 이유를 갖고 있었다. 위기 앞에서 각 주체들은 '사회적 합의'에 이르지만 그것은 곧 붕괴했다. 노동의 합의는 곧바로 대결 전략으로 이어졌으며 국가의 전략도 포섭과 배제 사이를 가로질렀다. 노동과 자본의 취약한 대표성과 조직적 분열, 위기 탈출을 위한 국가의 보수적이며 신자유주의적인 경제정책, 단기적이고 즉흥적인 내핍 정책 등은 실질적인 '합의 체제'의 형성을 가로막았다. 결국 합의는 새로운 체제 형성을 위한 어떤 동질적인 정치적·경제적 이데올로기, 공감대도 갖고 있지 않은 것이었다. 그것은 임시방편의 위기 회피 수단에 불과했다.

남아공의 경우에는 좀 더 복잡한 양상이 나타났다. 인종차별 체제의 극복과 민주화 그리고 세계 자본주의 체제로의 편입이라는 난제를 앞둔 남아공에서 노동 개혁은 전 사회적인 핵심 과제였다. ANC 정부는 노동 문제가 사회적 갈등으로 떠오르는 것을 막기 위한 장치로 유럽식의 코포라티즘 체제를 적극적으로 만들어 갔다. 그것은 국가 수준의 코포라티즘 기구인 NEDLAC, 그리고 산업 수준의 '교섭위원회'bargaining council, 작업장 수준의 '작업장포럼'workplace forum 등 3단계 기구의 제도화로 나타났다. 좌파 정당이 집권하고 있는 남아공의 경우 새 체제 형성에 상대적으로 유리한 조건에 있는 것이 사실이다. 그러나 제도의 도입을 넘어서는 합의 체제의 안정화 여부는 여전히 매우 불투명하다.

무엇보다 지배 연합 내부의 급진 분파들은 코포라티즘 체제가 노동계급에 대한 배신이라고 강한 비판을 제기했다. 이들은 그것이 사민주의의 가면을 쓴 신자유주의이며 기만적인 노동 포섭 기구에 다름 아니라고 비판했다(Donnelly 1999; Lehulere 1996; Cronin 1995). 또 자본도 내적인 분열을 극복해야 하는 문제를 안고 있다. 확대되는 비정규·미조직 노동에 대한 포섭 문제는 더욱 난제일 수밖에 없다. 요컨대 미래 전망과 관련해 남아공의 '사회적 합의', '코포라티즘 체제'는 어떤 낙관도 불허하고 있다.

다음으로 라틴아메리카의 경험, 그중에서도 멕시코에서 '사회적 합의'의 결과는 좀 더 명료하다. 1982년과 1994년 두 차례의 금융 위기에 대해 멕시코는 IMF 방식의 신자유주의 '개혁'으로 대응했다. 그것은 한편에서 낡은 국가 코포라티즘의 '혁명' 이념을 파기하는 코포라티즘의 재구조화였고, 다른 한편에서 신자유주의의 '일방적 유연성'unilateral flexibility, '야만적 유연성'savage flexibility을 제도화하는 과정이었다. 이 과정에서 국가 노조state unions들은 다수의 '사회적 합의'를 맺었는데 그것은 대체로 일부의 노동조건을 유지하는 대가로 자본 측의 신자유주의 기획을 수용하는 방식이었다. 자본의 경영 전권은 강화되었고 자본의 구조조정은 일방적으로 관철되었다.

1980년대 이후 멕시코의 사회적 합의는 그야말로 '신자유주의적 코포라티즘'이라 할 만한 것이었다. 거시 합의 체제를 유지하면서도 중위·미시 수준의 노사관계로 생산성 협력이 제도적으로 확대되었고 국가는 이를 산업 민주주의의 제도화로 선전했다.

그러나 실제에 있어 코포라티즘은 생산 영역으로부터 노동을 배제하고 실질임금을 삭감하며 인플레를 억제하는 정책 수단으로 귀결했다. '사회적 자유주의'social liberalism라는 살리나스 정부의 수사修辭와 달리 국가는 여전히 노동시장과 단체교섭, 그리고 노조 활동에 강하게 개입했다. 실질임금의 대폭적인 삭감, 노동조건의 악화, 비정규 불안정 노동의 급속한 증가, 사회복지의 대폭적 삭감, 노조 조직의 분권화와 약화 등 협력의 반대급부는 너무나 가혹한 것이었다. 멕시코의 사례는 (국가) 코포라티즘의 외피 아래에서 저항 없이 진행된 신자유주의 구조조정의 파멸적 결과를 단적으로 보여 준다.13

요컨대 한국의 코포라티즘론자들은 왜 멕시코나 남아프리카공화국, 동유럽 국가들, 그리고 스페인이 아니라 네덜란드나 이탈리아가 비교 분석의 일차적 대상이 되어야 하는지 명료하게 설명해야만 한다. '사회적 합의'나 코포라티즘 기구는 우리가 살펴보았듯이 이른바 '사회 통합적 구조조정'의 결과를 야기할 수도 있지만 '파멸적 구조조정'에 이를 수도 있기 때문이다. 그리고 어떤 이유에서 한국의 1998년 2·6 노사정 합의가 멕시코의 1992년 ANEPC National Agreement of Growth in Productivity and Quality나 1993년의 PECE Pact for Stability, Competitiveness and Employment보다 네덜란드의 1982년 바세나르 협약에 더 가까운지를 정확하게 설명해야 할 것이다. 멕시코나 남아공에서 그러했듯이 사회과학이 노사정위원회의 합의를 근거 없이 정당화하고 정리해고 위주의 구조조정을 장려하는 수단으로 사용될 수도 있기 때문이다.

---

13 멕시코의 신자유주의적 조합주의에 관해서는 de la Garza(1999) 참고. 멕시코 코포라티즘의 과정, 그 결과에 관해서는 임영일(1998c)과 이성형(1998b; 1999) 그리고 조돈문(1996)을 참고할 것.

5. 한국의 경험 : 근거 없는 낙관과 의도적인 왜곡

이제 한국의 현실로 눈을 돌리면 노사정위원회의 성격과 지난 5년간의 경험이 역시 문제의 초점이 된다. 이 물음에 대한 우리 사회의 코포라티즘론자들의 대답을 보자. 이들의 주장은 다양하지만 크게 보아 대동소이하며 대체적인 윤곽은 다음과 같이 요약될 수 있다.

"한국 사회에서 코포라티즘의 구조적·사회적 기반은 약하다. 그러나 한국 사회 노사관계의 개혁 혹은 발전을 위해서는 새로운 방식과 내용의 코포라티즘(아니라면 적어도 사회적 합의)이 꼭 필요하다. 이 점에서 노사정위원회의 1998년 2·6 합의는 역사적인 의의를 갖는 사회적 합의였다. 또 다른 형태의 제2차 사회적 합의가 꼭 필요한 시점이며 노사정 각 주체의 발상의 전환이 필요하다(코포라티즘은 노동운동의 발전을 위해서도 긴요하다)."

이 논지에는 크게 보아 세 가지 주장이 포함되어 있다. 첫째로 지난 2·6 합의가 (역사적으로 획기적인 것은 아니더라도) 일정한 '긍정적' 의미를 갖는 '사회적 합의'였다. 둘째, 우리 사회에서 코포라티즘을 위한 구조적 기반이 취약한 것은 사실이다. 그러나 각 주체의 정책 전환을 통해 새로이 만들어 갈 수 있다. 그리고 2·6 합의나 이후 노사정위 활동은 그러한 구조와 관행을 축적하는 효과를 가지고 있다. 셋째, 지난 5년간의 노동 개혁은 부정적인 요소도 있었으나 긍정적인 측면도 무시할 수 없다. 앞으로도 노사정위원회를 통해서 노사 갈등을 해결하고 노동 개혁을 수행할 필요가 있다.

필자는 코포라티즘론자들의 이와 같은 설명이 경험적 사실에 전혀 부합하지 않으며, 근거 없는 낙관주의적 관점이라고 주장하고자 한다. 그뿐만 아니라 이런 설명은 우리 사회 노동 정치의 현실을 의도적으로 은폐·왜곡함으로써 오히려 노사관계나 노동운동의 발전에 질곡을 초래하고 있다고 생각한다. 노사정위원회의 경험이나 그 존재가 민주노총과 민주 노조 운동 내부에 가져온 파괴적인 영향력을 냉정하게 감안하면 필자의 이런 주장이 단순한 과장만은 아닐 것이다.14

먼저 1998년 2·6 합의가 과연 '사회적 합의'였던가 하는 문제이다. 필자는 이것을 '사회적 합의'라고 부를 수 없다고 생각한다. '사회적 합의'라고 지칭하더라도 그것은 서술적인 의미에서이지 코포라티즘의 함의를 갖는 개념으로 써서는 안 된다고 생각한다.

혹자는 코포라티즘적인 요건을 충분히 갖추지 못하더라도 합의 자체만으로도 그 의의가 크다고 한다.15 이렇게 '사회적 합의' 개념을 지나치게 광범하게 사용하는 오류에 대해서는 이미 앞서 말한 바가 있다. 이럴 경우 우리는 합의 기제가 노골적인 노동 통제의 수단으로 쓰이는 경우도 '사회적 합의'라는 개념을 사용해야 하는 자가당착에 직면한다. 멕시코의 수많은 '사회적 합의'가 그러했고, 우리의 '2·6 합의'가 그러했던 것처럼 말이다. 주지하듯이 2·6 합의의 결과는 국가와 자본에 의한 기만과 약속 위반, 배신행위로 점철되었다. 노동계급의 이해가 철저하게 부인되고 약속이 거부되는 현실에서 '사회적 합의'는 이데올로기적 언사 외에 그 어떤 것도 아니었다.

이런 비판에 대해서는 위기 상황에서 그나마 '2·6 합의'가 최선이었지 않느

---

14 1998년 2월 조합원의 1기 민주노총 지도부에 대한 불신임, 2002년 4월 발전파업에 대한 노정 합의 이후의 갈등과 지도부 와해는 그 상징일 뿐이다. 이 기간 전체에 걸쳐 노사정위원회는 민주 노조 운동 내부에 갈등과 혼란, 그리고 조직적 무기력을 야기했다.

15 이런 입장을 취한 최영기(1999b; 2000)는 자신의 입장을 그가 말하는 '코포라티즘론자'들이나 '사회적 조합주의자'와 구별하고 있다. 그러나 그를 제외한 대다수의 코포라티즘론자들은 이 두 가지의 함의를 섞어 모호하게 사용하고 있다.

냐고 다시 반문할 수도 있을 것이다. 그것마저 없었다면 더욱 가혹한 억압과 경제적 손실을 입지 않았겠느냐는 것이다. 이 반론은 쟁점을 약간은 모호하게 만든다. 그러나 이런 가정이 타당하다 하더라도 필자는 노사정위원회의 경험이 더 나쁠 수 없는 그런 것이었다고 주장한다. 경제적 이해에 관해서는 노사정 합의에도 불구하고 이후의 노동시장 상황, 조직과 쟁의 상황이 보여 주듯 최악이었다. 문제는 그것에 더해 이 기간에 노동운동의 조직적 자율성과 운동적 자주성이 크게 손상되었다는 점이다. 이것이 더욱 결정적인 손실이었다.[16]

'2·6 합의'는 IMF가 요구하는 구조조정 프로그램의 산물이었을 뿐 합의가 아니었다. 그것은 1993년과 1994년 김영삼 정부와 한국노총이 맺은 임금 억제 합의의 연장선 위에 있는 구조조정, 임금·쟁의 통제 수단이었다. 좀 더 선한 의도를 관계자들이 주관적으로 가졌다 하더라도 그것은 실패로 끝날 수밖에 없었던 것이다. 요컨대 코포라티즘론은 압도적인 다수의 노동자들이 경험적 현실로 쉽게 이해하는 사실을 복잡한 이론으로 은폐하고 정당화하는 '의도적인' 결과를 초래했다.

둘째, 코포라티즘의 구조적·제도적 요건에 관련된 문제다. 위에서 본 바와 같이 이 요건들은 서유럽의 민주적 코포라티즘과 제3세계 사회의 '합의 시도들' 및 그 각기 내부의 편차를 규정하는 핵심적인 변수였다. 우리 사회의 코포라티즘론자들도 이 요건의 중요성에 대해서는 대체로 이견이 없는 듯하다. 그러나 그럼에도 이들은 노사정위나 합의는 '무조건' 계속되어야 한다는 식으로 논리를 비약시킨다. 아니면 산별 중앙 교섭 체제를 만들어 요건을 만들어야 한다고

---

16 '1987년 노동 정치 체제' 개념의 문제의식은 바로 이 점과 관련되어 있다. 가혹한 억압과 배제의 환경에서 한국의 노동운동이 이념적·조직적으로 성장할 수 있었던 것은 바로 이 계급적 자주성 때문이었다. 취약한 조직적·물적 역량 위에서 이것마저 위협받는다면 그것은 진짜 민주 노조 운동의 위기를 구성할 것이기 때문이다(노중기 1999a; 2002c).

강조한다. 추상적으로는 이런 논지를 거부하기가 쉽지 않을 것이다.

중요한 것은 국가와 자본 그 누구도 한국의 노동운동이 산별 조직 체제나 중앙 집중적 권위를 갖는 것을 전혀 원하지 않는 현실이다. 또 '사회적 합의'의 핵심 파트너인 이들은 네덜란드의 사용자와는 완전히 반대로 '실질적인 협력이나 양보'의 꿈도 꾸고 있지 않는 현실인 것이다. 더욱이 노사정위원회의 존재와 구조조정의 가속화로 말미암아 자신의 지위가 강화되고 있는 자본은 그럴 필요가 전혀 없다. 이런 사실을 누구보다도 잘 알고 있는 코포라티즘론자들은 그럼에도 불구하고 정부와 사용자의 자세 전환, 태도 변화를 계속 준엄하게 촉구한다. 물론 코포라티즘론자들도 자신들의 열띤 주장이 이들에게는 고담준론高談峻論에 불과하다는 것을 잘 알고 있다.

이와 관련해서 2000년 2월, 새 천 년 꼭두새벽에 한국노총과 정부가 노사정위에서 맺은 '사회적 합의'는 중요한 준거가 된다. '사업장 단위 복수 노조 금지'와 '전임자 임금 지급'을 존속시킨 이 합의는 노사정위원회가 그것이 코포라티즘이든, 사회적 합의이든 실질적인 '참여와 협력'을 전혀 원하지 않는다는 점을 단적으로 보여 주었다. 이 결정은 힘겹게 진행되고 있는 노동 측의 산별 조직화 움직임에 쐐기를 박았다. 그리고 그만큼 우리 사회에서 코포라티즘은 더욱 불가능하게 되었다.

요컨대 국가와 자본은 의사가 없고 노동은 능력이 없어 우리 사회에는 코포라티즘의 구조적 기반이 없다. 이 점을 코포라티즘론은 좀 더 심각하고 냉정하게 평가하고 그다음 대안을 고민해야 할 것이다. 네덜란드와의 비교가 터무니없는 이유도 이 때문이다.

셋째, 더 일반적으로 지난 5년간의 노사정위원회, '참여와 협력'의 경험을 총체적으로 평가하는 문제가 있다. 코포라티즘론에서는 방향은 맞았지만 구조적·제도적 제약, 정부의 정책 실패, 노동과 자본의 반발 등에 한계가 있었다고 평가하고 있다.

그러나 지난 5년간 실시된 김대중 정부 노동 정책의 성격은 이제 확연히 그 실체가 드러났다(노중기 2001). 그리고 노사정위원회의 참여와 협력의 결과가 무엇인지도 분명해졌다. 비정규 불안정 노동자의 급속한 증가, 노동조건의 전반적 악화, 사용자의 작업장 통제와 노동 억압의 강화, 계속되는 파업 파괴와 국가 폭력, 대규모 구속 수배자, 특히 신종 탄압 수단으로 제도화된 가압류와 손해배상 청구 소송, 개혁의 제의에 대한 체계적 물타기와 왜곡, 그 결과로 인한 공무원 노동자 등의 노동 기본권 억압 등의 제반 사실들은 '방향은 맞았다'라는 추상적 인식이 연구자의 머릿속에서만 존재하는 허구임을 웅변하고 있다.

노사정위원회는 신자유주의 구조조정의 모순을 완화하고 '사회 통합적 구조조정'으로 전환시키는 기제가 아니었다. 신자유주의 구조조정을 수행하는 핵심적인 국가 통제 기구였을 뿐이다. 1998년 2월의 정리해고 파견 노동자 제도의 법제화, 1998년 6월 합의와 곧 이은 일방적인 금융 구조조정 방안 발표, 1999년 은행 노동자에 대한 기만적 합의와 파업 파괴, 비정규직 보호와 노동시간 단축 그리고 공무원 기본권 요구에 대한 체계적인 물타기, 2002년의 발전파업 파괴 등 노동 통제의 주체는 바로 노사정위원회였다. 그 밖에 수많은 약속 불이행 사례에 관해서는 더 언급할 가치도 없다.

결국 노사정위원회 5년은 코포라티즘의 기반을 물질적으로나 제도적으로나 크게 약화시킨 5년이었다. 노자 간, 노정 간의 치열한 대립과 반목, 특히 '참여와 협력'의 이름 아래 진행된 가혹한 노동 배제의 경험은 한국 노동 정치의 미래를 매우 어둡게 만들었다. 노사정위원회는 그것의 존재 자체가 자신의 정당성과 명분, 그리고 조직 목표를 크게 잠식시키는 역설적 존재였다. 코포라티즘론이 '참여와 협력'을 주장하면 할수록 우리 노동 현장에서는 '참여와 협력'의 공간이 줄어드는 역설 말이다.

6. 대안이 있는가?

다시 한 번 코포라티즘론자들은 질문할 것이다. "그러나 대안이 있는가?" 이는 '날카롭고 어려운' 질문이다. 그리고 전 지구적 차원에서 진행되는 신자유주의 광풍의 시대에 대안을 찾기가 만만치 않을지도 모른다. 그러나 우리 사회에서 '서구의 코포라티즘'도 그다지 가능한 대안이 아니라는 점은 분명해졌다.

이제 민주 노조 운동이 질문을 스스로 던져야 할 시점일 것이다. "어떤 대안이냐?"는 한 걸음 더 나아간 질문이다. 이른바 '가능한 대안'이 아니라 '필요한 대안'을 찾아 나서야 한다. 그리고 이미 존재하는 가능한 대안을 찾아 나서는 것은 여러 가지 의미에서 가능하지 않다. 우리의 대안은 실천 속에서 만들어 가는 대안이어야 할 것이다.

이를 위해서는 우선 세계화에 대한 물신적 인식에서 벗어나는 일이 시급하다. 세계화는 객관적·합목적적 과정이 아니라 주체의 의도와 실천이 만들어 내는 정치적 과정이다. 그것은 미국의 초국적 자본을 중심으로 개별 민족 국가의 정부와 자본이 지금도 재구성해 내는 실천적 과정일 뿐이다. 이 과정을 객관적인 것으로 이해하고 이에 편승해 쉽게 대안을 찾아내는 일은 불가한 일이다. 그것은 경제주의에 찌든 반계급적 노동운동을 만들어 낼 뿐이다. 더욱이 세계화 과정의 주요한 수탈 대상인 제3세계 국가에서는 가당치 않은 일이다.

그리고 연대의 확장을 위한 다양한 노력은 대안 찾기의 출발점일 것이다. 세계화가 전 지구적 규모에서 노동계급의 연대 고리를 부식시키는 노력인 만큼 대안은 다차원의 연대 고리를 하나씩 만들어 내는 것이어야 한다. 또 그것은 개별 국민국가 내부에서부터 시작되어야 한다. 그리고 기존의 서구 사민주의 노동운동이 포괄하지 못했던 새로운 주체와 의제들을 담는 연대가 되어야 한다.

우리 사회에서 연대의 출발점은 주체적인 산별 연대 조직을 건설해 기업별 분단을 극복하는 일일 것이다. 그리고 그 조직은 영세 하청·비정규직 불안정 노동자는 물론 여성 노동자, 외국인 이민 노동자를 포괄하는 새로운 연대 틀로 구성되어야 한다. 나아가 그 연대는 시민사회 내의 급진적 시민운동을 추동하고 이들과 함께 신자유주의를 막아내는 새로운 전망으로 발전해야 할 것이다.

8

세계화와 노동 체제 변동에 관한 비교사회학적 연구

1. 문제 제기

"'코포라티즘'은 일종의 신(神)이 되었다. 많은 사람들은 그것이 사회생활에 결정적인 영향을 미치는 중요한 현상이라고 믿는다. 그러나 누구도 실제로 어떤 것인가를 알지 못한다. 그래서 그것이 어떤 것이며 어떤 일을 하는 것인지에 관해 서로 다른 생각들이 존재해 왔으며, 앞으로도 분명히 그럴 것이다"(Therborn 1992, 24).

1980년대 서구에서 전후 경제의 낡은 유물로 취급되었던 코포라티즘[1]은 1990년대에 다시 르네상스를 맞았고 신이 되어 부활했다(Grote and Schmitter

---

[1] 코포라티즘을 둘러싼 개념적 혼란은 매우 심각하다. 최근 들어 연구자들은 코포라티즘 대신에 사회적 협의(social concertation), 사회적 파트너십(social partnership), 사회적 대화(social dialogue, social consultation), 삼자주의(tripartism) 등의 개념을 사용하는 경향을 보여 주고 있다. 한편에서 개념적 혼란은 분석의 방법과 수준, 그리고 관련 제도의 성격과 제도화 수준, 협의의 주제 및 형태적 특성 등 코포라티즘의 구체적 양상에서 나타나는 복잡한 차이를 반영한다(Casey and Gold 2000). 그리고 1990년대 이후 코포라티즘의 재활성화 및 그 성격적 변화, 새로운 실험의 확산도 주요한 요인이었다(Slomp 1996). 그러나 다른 한편에서 새로운 명칭들은 사회적 합의 체제의 범주를 확대함으로써 이를 확산시키려는 특정한 정책적 목적에서 만들어지기도 했다. 이 글에서는 전통적인 코포라티즘 개념을 그대로 사용하고자 한다. 그것은 전통적인 개념의 유용성이 여전하다고 판단했기 때문이다(Schmitter 1974; Traxler, Blaschke and Kittel 2001; Crouch 1996; Traxler 1997).

2003). 새로 부활한 코포라티즘은 그 내용과 성격, 성과와 한계, 향후의 전망 등에 여러 주제의 다양한 연구 저술들을 생산했다. 특히 그것은 1970년대 전성기와는 크게 다른 특성을 보여 주었다. 구조적 조건이 부재하다고 평가된 유럽 변방의 국가들에서 번성한 점도 특징적이었다. 노동 체제[2]의 이 거대한 변동의 배경에는 1980년대 이후 가속화된 세계화 및 그에 따른 국가 간 경쟁의 격화가 가로놓여 있었다.

한편 신이 된 코포라티즘은 세계화의 바람을 타고 바다를 건너고 대륙을 가로 질러 전 세계에 그 영향력을 확대했다. 가까운 남유럽과 동유럽은 물론, 라틴 아메리카와 아프리카, 그리고 남아시아와 동아시아에 이르기까지 그 세가 닿지 않는 곳이 없을 정도였다. 동아시아 변방의 한국도 물론 예외가 아니었다. IMF, 세계은행World Bank 등 초국적 금융 기구들과 국제노동기구ILO는 코포라티즘의 전파 과정을 매개한 핵심적인 요인이었다.

2003년 7월 초 청와대 비서관의 네덜란드 모델 발언으로 시작된 작은 소동은 코포라티즘의 영향력이 우리 사회에서 학자들의 연구실을 넘어서고 있음을 상징적으로 보여 주었다.[3] 노동 개혁 담론을 앞세운 신정부의 정책 지향은 그 중요한 계기였다. 김대중 정부 아래서 실패와 퇴락을 거듭했던 노사정위원회(이하 '노사정위'로 줄임)는 노동운동의 일부 세력이 직접 참가·운영함으로써 새로운 전기를 맞았다. 노사정위가 주도하는 노사관계발전추진위원회, 노사관계법·제도 선진화 방안(소위 노사관계 로드맵) 등에서 코포라티즘은 구체적인 정책적

---

2 노동 체제(labour regime)는 노사정 삼자 간의 사회적 상호 작용의 구조화된 체제를 지칭한다. 그러므로 코포라티즘 또는 코포라티즘 체제는 노동 체제의 한 유형 범주로 설정될 수 있다. 자세한 내용은 임영일(1999a; 2002), 노중기(1997) 참고.
3 2003년 7월 2일자 『한국경제신문』, '네덜란드 모델, 현실 안 맞아', 같은 날짜의 인터넷신문 『프레시안』, "이것이 '네덜란드 모델'이다." 참고.

동력을 획득했다. 그리고 2004년 1월에 노사정 간의 대화를 중시하는 온건 지도부가 민주노총에 들어선 것도 중요한 환경 변화였다.

특히 주목할 것은 최근 들어 코포라티즘에 관한 이론적 논의가 그 영향력을 급속히 확대하고 있는 점이다.[4] 노동 정책의 최고 사령탑에서 나온 '네덜란드 모델' 예찬은 학계의 이데올로기 지형의 변화를 반영한 것인 동시에, 이를 다시금 확대 재생산하는 의미를 갖고 있었다. 신정부의 출범 전후에 양산된 코포라티즘 연구들은 서구의 논쟁 결과를 소개하고 이를 한국 사회에 적용하는 동일한 양상을 보여 주었다. 이들은 긍정적인 결과를 가져온 것으로 평가되는 서구 모델들이 한국 사회에서 동일하게 적용될 수 있으며 마찬가지로 긍정적일 것이라는 결론을 도출했다. 노사정위는 많은 비교 연구들의 구체적 적용 대상이었고 한국 노동 체제의 미래를 담보하는 구체적인 조직 모델로 설정되었다. 정부의 강한 정책적 지향, 노동계의 전략 선택 변화, 그리고 다수 연구자들의 이론적 뒷받침이 결합되면서 이제 한국 노동 정치에도 '코포라티즘' 르네상스의 기운은 완연해졌다.

문제는 최근 들어 국내 코포라티즘 연구의 이데올로기적 편향성이 상당히 심각한 수준에 이르렀다는 점이다. 대개의 연구들은 다양한 차원에서 논쟁 중인 상반되는 서구 논의들 중 코포라티즘을 적극 옹호하는 입론과 사례만을 집중적으로 도입하고 적용했다.[5] 그뿐만 아니라 수렴-분산 논쟁의 예에서 나타

---

4 Park(1999), 이병훈(2003), 최영기·배규식(2003), 이주희·안성우(2003), 임상훈·조성재·유범상·장홍근(2002) 등을 참고할 것.
5 모든 사회과학 이론이 그러하듯이 코포라티즘 이론도 정치적으로 중립적이지 않다. IMF나 세계은행은 코포라티즘의 수출을 위해 체계적인 이론적 개입을 시도하고 있다. 예를 들어 이들은 멕시코의 사회 협약들을 '사회 안정'을 도모해 궁극적으로 구조조정에 기여한 것으로 평가했다(Douglas 2001). 더욱이 중립적인 것처럼 보이는 ILO도 코포라티즘을 제3세계에 전파하는 핵심적인 주체였다(Auer 2000; 2001; Baccaro 2003a; Campbell 2001). ILO의 권위는 한국에서도 적극적으로 현실 정치에 이용되었

나듯이 논쟁의 맥락과 함의를 정확하게 전달치 않거나 잘못 소개하기도 했다. 코포라티즘의 정책적 성과는 특별히 강조되었으며 모델의 이식 가능성이 전제되었다. 또 사회 현상의 설명에서 구조와 전략의 역동적 상호 연관성은 대체로 간과되었고 주체의 전략 선택만이 강조되었다.

본 연구는 국내 코포라티즘 논의의 이론적 일면성과 이데올로기적 편향성을 비판적으로 검토하고자 한다. 이를 위해 서구 노동 체제 변동에 대해 좀 더 객관적이고 균형 잡힌 설명을 시도할 것이며, 코포라티즘의 가능성과 한계를 새롭게 재조명하고자 한다. 그리고 서구의 경험을 여타 제3세계 사회의 경험에 비교함으로써 우리 사회에서 코포라티즘의 가능성과 한계를 좀 더 객관적으로 이해하고자 시도할 것이다. 구체적으로 본 연구는 주류 코포라티즘 담론을 세 가지 점에서 비판적으로 검토한다.

먼저 서구 수렴 논쟁convergence theory debate의 연구 성과를 정리함으로써 그 이론적·정책적 함의를 도출하고자 한다(2절). 세계화의 압력은 각 사회의 내적 조건과 맥락에 따라 다양한 노동 체제를 야기함을 보여 줄 것이다. 이는 1990년대 코포라티즘의 부활을 한국 사회에서 그것의 성립 가능성으로 확대 해석할 수 없도록 만드는 논거가 된다. 더불어 성과 논쟁performance debate을 재검토함으로써 코포라티즘에 대한 과장된 평가를 비판하고자 한다.

둘째, 서구의 코포라티즘 경험을 통해서 구조와 전략의 관계를 검토한다(3절). 이는 전략적 선택을 일방적으로 강조하는 최근 논의에 대한 비판이 된다. 본고는 특정 모델과 사례는 그 사회에 고유한 역사적·사회적·구조적 맥락과 분리해서 사고할 수 없음을 강조할 것이다. 그리고 전략적 선택은 구조적 제약

다(노사정위-ILO 국제워크숍, '한국의 단체교섭구조와 사회적 대화', 2003. 10. 28; 한국노동연구원-ILO, '국제노동 기준과 한국의 노사관계', 2002. 11. 29).

아래에서 이루어짐은 물론 구조와 역동적으로 결합해 있음을 보여 줄 것이다. 국내 코포라티즘 이론가들의 논거인 네덜란드의 폴더 모델을 주로 검토한다.

셋째, 코포라티즘 일반, 혹은 특정 사례-모델의 다른 사회에 대한 적용 가능성 문제를 재검토한다(4절). 서구 사회들 내부에서도 그러하지만 사회구조적 기반이 크게 다른 제3세계 사회에 대한 코포라티즘 이론 적용은 많은 어려움이 있다. 현상적 형태가 같더라도 그것의 기능, 함의와 결과는 각 사회의 맥락에 따라 크게 다를 수 있기 때문이다. 4절에서는 민주화 이행 이후의 동유럽 코포라티즘 실험을 통해 간략히 제시할 것이다. 그리고 마지막 절에서는 논의를 정리하고 이 논문의 연구 결과가 한국 사회 합의 실험에 대해 갖는 함의를 정리한다.

2. 서구 노동 체제의 변동 : 수렴 혹은 다양성의 지속?

1980년대 이래 서구 노동 체제는 근본적인 변동 과정을 경험했다. 사회민주주의 정치 체제와 결합된 중앙 집중적 이익 대표 조직 체제, 그리고 케인스주의 거시 경제 관리와 복지국가로 통합되어 있던 코포라티즘 노동 체제는 세계화와 기타 외적 위기 요인으로 더는 작동할 수 없는 것으로 파악되었다. 위기의 요인들은 다양했다. 코포라티즘 조직 외적인 요인으로는 경기 침체에 따른 복지국가의 재정 위기, 서비스 부문과 공공 부문 고용의 증대 및 그에 따른 노동계급 내부의 이질화 증가, 새로운 생산 기술의 도입, 신자유주의 이데올로기의 확산 그리고 특히 세계화에 따른 국가 간 경쟁의 격화, 유럽연합 결성에 따른 효과 등이 지적되었다. 그리고 조직 내적으로도 이익 대표 체제 내부의 갈등 격화 및 부문 이익들의 의사 결정 과정에서의 배제가 심화되었다(Grote and Schmitter 2003;

〈표 8-1〉 단체교섭 수준과 '조정(coordination)' 정도: 18개 OECD 국가의 변동 유형, 1980~1992

변동의 방향	해당 국가군
큰 변화가 없는 사례	캐나다, 핀란드, 일본, 네덜란드, 스페인, 스위스
비조직적 분권화(decentralization)	영국, 뉴질랜드, 미국, 스웨덴(?)
조직적 분권화	오스트리아, 덴마크, 서독, 스웨덴(?)
중앙 집중화	오스트레일리아, 노르웨이
특정 방향이 없는 변동	벨기에, 프랑스, 이탈리아, 포르투갈

출처 : Traxler(1995, 16).

Hyman 1994b; Ferner and Hyman eds. 1992; 1998). 노동조합 권력의 쇠락도 체제 해체를 뒷받침하는 요인이었다(Smith 1999). 결국 포드주의 노동 체제의 효용은 그 역사적 사명을 다한 것으로 보였으며 생산성 경쟁에 따른 조직 자본주의의 해체, 즉 수렴 현상이 기대되었다(Lash and Urry 1987; Windolf 1989).

그러나 1980년대 연구자들이 기대했던 코포라티즘 체제의 붕괴나, 그것으로의 수렴은 일어나지 않았다. 오히려 1990년을 전후로 해서 여러 나라에서 새로운 형태의 코포라티즘 현상이 발생하기 시작했다. 세계화로 인한 수렴 이론은 노동 정치에서는 적용되기 매우 힘든 것으로 나타났다. '경제적 변동에 따른 노동 체제의 분산화라는 기능주의적 사고'는 현실에 의해 부인되었다.[6] 〈표 8-1〉을 보면 변동의 방향은 일방적이지 않았으며 결과적으로 수렴보다는 다양한 방향으로의 적응 현상이 나타났음을 알 수 있다.

좀 더 구체적으로 보면 세계화의 시장 압력이 단체교섭과 노조 조직 구조의

6 Traxler(1995). 오스트리아, 네덜란드, 핀란드 등 전통적인 코포라티스트 선진 국가뿐만 아니라 아일랜드, 이탈리아, 스페인, 포르투갈, 벨기에 등의 후발 자본주의국가에서 새로운 시도가 나타났다. 특히 헝가리, 체코, 폴란드, 러시아, 우크라이나, 루마니아, 카자흐스탄 등 대부분의 동유럽 국가들에서 광범위한 실험이 진행되었다(Candland and Sil eds. 2001).

〈표 8-2〉 코포라티즘과 노사관계 유형적 특성

체제 특성	고전 코포라티즘	린코포라티즘	신자유주의
지배 유형 특성	위계 체제	네트워크	시장
통화 정책	조정	비조정	비조정
임금 조정	수요 면 조정	공급 면 조정	비조정
단체교섭 양식	조직 간 자발적 조정 또는 국가 지원 조정	최상급 조직의 자발적 조정, 또는 패턴 세팅	비조정, 시장교섭
교섭 수준	중앙 중적 교섭	부문 교섭, 조직적 분권화	단일 용자 교섭
교섭 참가 집단	포괄적	핵심적 대중	-
정부의 성격	좌파 정부	다양한 가능성	우파 정부
경로 결정에 관련된 제도의 구조	포섭적 교섭, 고위 수주의 협의 참가	포섭적 교섭, 고위/중위 협의 참가	배제적 교섭, 낮은 조직적 참가

자료: Traxler, Blaschke and Kittel(2001, 21장).

변형을 초래하고 있는 것은 사실이지만 그 변동 내용과 폭은 다양했다. 노동조합의 조직 간, 조직 내 중앙 집중성은 안정적으로 유지되었으며, 국가 규제에 대한 참가 양식은 다양하게 나타나 수렴과는 거리가 멀었다. 그리고 단체교섭의 범위는 오히려 국가 간 다양성이 확대되었다. 단체교섭 분권화의 추세, 노조 조직률의 하락 등 장기적인 측면에서 수렴의 경향이 없는 것은 아니지만 그 효과나 정도는 미미한 것으로 나타났다. 동일한 세계화의 압력에도 불구하고 이런 차이가 지속되는 것은 무엇보다 개별 사회에 특수한 제도가 변화에 저항하기 때문이며, 적응 과정에서 기능적 등가물functional equivalents이 나타났기 때문이었다. 요컨대 실제 서구 노동 정치의 변동은 수렴보다는 경로 의존적인path-dependent 다양성의 지속이었다고 결론지을 수 있다(Traxler, Blaschke and Kittel 2001, 288).7

한편 세계화의 압력에도 불구하고 코포라티즘이 지속되거나 새로이 부활했지만 그 내용과 형식은 과거의 그것과 크게 차이를 보여 주었다. 전통적인 사회

민주주의 코포라티즘과 구별되는 '새로운 코포라티즘'은 '공급 측면 코포라티즘'supply-side corporatism(Traxler 1995), '린코포라티즘'lean corporatism(Traxler, Blaschke and Kittel 2001), 또는 사용자·국가 주도의 '취약한 코포라티즘'weak corporatism(Ruysseveldt and Visser 1996), '갈등의 제도화'와 구별되는 '파트너십, 혹은 합의의 제도화'the institutionalization of partnership or consensus(Therborn 1992)로 규정되었다. 린코포라티즘이 고전적 코포라티즘과 구별되는 가장 큰 특징은 임금 조정wage coordination에 있어 고도의 중앙 집중적인 체계가 반드시 요구되는 것은 아니란 점에 있었다. 즉 분권화되고 덜 위계적인 체제에서도 임금 조정이 가능하며 이는 협력을 위한 핵심적 대중critical mass이 존재하는가에 달려 있다는 것이다. 이 때 하나의 중요한 전제 조건은 그것이 사용자이든, 노동자이든 간에 단체교섭의 결과를 교섭에 참여치 않은 집단에 확대 적용할 수 있는 능력이 있는가이다. 즉 교섭 주체들의 조직적 능력이 무엇보다 관건이라는 것이다. 그리고 이 과정에서 국가의 규제 능력은 결정적 요건이었다(Traxler 1995, 9; Ferner and Hyman 1998).[8]

수렴 논쟁의 결론은 비교적 단순하고 분명하다. 그것은 세계화와 경쟁 격화의 압력이 대등하게 작용하더라도 개별 사회의 내부 구조나 역사, 그리고 문화와 경험에 따라서 다양한 방향의 변이가 발생하게 된다는 것이다. 신제도주의

---

7 '경로 의존적 다양성', '수정된 다양성' 등 수렴론을 비판하는 경험적 이론적 연구 결과들은 풍부하게 확인된다. Crouch(1993), Locke(1995), Visser(2001), Van Ruysseveldt and Visser eds.(1996), Falkner(2003), Leijnse(1996), Bamber and Lansbury(1998), Casey and Gold eds.(2000), Ferner and Hyman eds.(1992; 1998) 등을 참고할 것. 수렴을 주장하는 연구로는 Rigby, Smith and Lawlor eds.(1999)를 참고할 수 있다. 한편 Katz and Darbishire(2000)는 고용 시스템의 국가 간 비교 연구에서 '수렴하는 다양성'(converging divergences)이라는 좀 더 복합적인 설명을 시도했다.

8 트렉슬러와 약간 다른 각도에서 테르본은 서로 다른 유형의 코포라티즘, 노동 체제를 만들어 내는 핵심적인 변수를 노동운동의 역사적 성격, 노자 간의 상대적 역관계 두 가지로 정리했다(Therborn 1992). 한편 '타협에 기초한 코포라티즘'은 그 성격이 매우 보수적인 것이었다(Rowthorn 1992).

의 논의를 따르자면 이미 존재하는 각 사회의 제도적 조건에 따라서 '경로 의존적인 방식'으로 변동한다는 것이다.9 서구 선진국의 노동 체제는 더욱 더 이질적인 것으로 변화하고 있다. 그러므로 경제와 자본의 세계화 및 그에 따른 신자유주의 경제 환경이 노동 체제를 신자유주의 체제로 수렴시킨다는 논의는 경험적으로 뒷받침되지 않았다. 코포라티즘은 신자유주의와 병존할 수 있다는 것이다.

코포라티즘과 관련해서 이 결론의 함의를 좀 더 확장해 볼 수도 있다. 앞서 본 바와 같이 새로이 부활한 코포라티즘은 이전의 그것과 다르다. 동일한 제도적 장치는 서로 다른 기능을 수행할 수도 있으며 그 목적과 결과가 상이할 수 있는 것이다.10 그리고 새 코포라티즘 체제의 불안정성fragility or ephemerality 및 순환적 성격cyclical nature을 지적할 필요가 있다. 스페인과 이탈리아의 경험이 보여 주듯이 전국적 협약은 상황 맥락의 변동에 따라 쉽게 파기되거나 새로이 부활했다. 또 최근의 변화는 협의가 작업장, 업종이나 지역, 전국 단위로 다원화되었다는 점도 중요하다. 그 결과 전국적 협약이나 부문 간 삼자 협의의 노동 정치에 대한 영향력은 상대적으로 감소했다(Casey and Gold eds. 2000, 4장).

비교적 단순한 수렴 논쟁의 결론과 함의는 한국 사회 논의에서 매우 부정확하게 도입되었다. 그 대표적인 논의가 단순 이원론crude dichotomy으로 논의의 지

---

9 경로를 규정하는 요인에서 가장 중요한 것은 노동 체제의 구조였다. 서구 사회에서 그 핵심은 단체교섭 제도로 요약된다. 여기에는 단체교섭의 구조와 적용 범위, 수준과 과정, 교섭 참가 집단 등의 준거가 포함된다. 그러나 그 외에도 노조의 조직 구조, 정당, 정부 형태를 포함하는 노동 정치의 구조, 그 역사적 경험 그리고 사회문화적 특질 등이 포함될 수 있다(Locke and Thelen 1995; Thelen and Steinmo 1992).

10 Grote and Schmitter(2003)는 새로운 거시 코포라티즘의 특성, 기능을 다음과 같이 정리했다. 그것은 성립과 소멸에 있어 정부 주도성, 덜 집중된 조직 구조, 좀 더 상징성이 강한 정책, 목적에 있어 '정초적'(foundational) 합의를 지향하는 것, 기능 면에서 불확실성을 줄이는 것 등이다.

평을 좁히는 경우이다.11 즉 이런 입장에서는 미래 한국 사회 노동 체제의 모델, 그 가능성을 신자유주의의 길과 사회적 합의의 길, 두 가지로 단순화한다. 신자유주의의 길이 아니라면 '사회 통합적인 노사관계' '사회적 합의'로 나아갈 수밖에 없는 것으로 주장한다. 그리고 그 모델은 네덜란드, 아일랜드, 이탈리아의 '경쟁력 코포라티즘'competitive corporatism이라는 것이다.

이런 논의에 따르면 수렴 논쟁의 연구 결과이자 대다수 연구의 결론은 부정된다. 세계화와 노사정위에 대한 타협을 거부하는 노동운동은 곧 '신자유주의 세력에 협력'하는 일이 된다. 세계화, 국가 간 경쟁의 압박은 개별 사회 내의 다양한 제도적 장치나 사회구조적 조건에 따라 그 효과가 달라지며 다른 결과를 야기한다는 일반적 결론은 완전히 무시된다. 또 이 이원론에는 수렴론에 대한 비판의 핵심 근거인 기능주의적 인식이 그대로 담겨 있다. 세계화에 대한 적응 과정에서는 '타협'의 길이 가장 기능적이라는 것이다.12 동일한 '사회적 합의' 제도가 각 사회에서 서로 다른 기능을 수행한다는 경험적 연구 결과들은 처음부터 배제된다. 다양한 경로의 가능성은 애초에 무시되는 것이다.

다른 한편에서 이런 인식의 바탕에는 세계화를 '저항할 수 없는 힘'으로 파악하는 물신적物神的 인식이 깔려 있다. 경쟁의 격화에 대해서는 '협력적 노사관계'

---

11 최영기·배규식(2003), 임상훈(2003) 참고. 이들은 신자유주의, 경쟁력 중심 시대에는 '항상적인 구조조정을 통한 경쟁력 향상'이 노사관계에 관건적 요소가 된다. 두 가지 선택지만이 가능하다는 인식의 기초는 여기에 있었다. 사실 이들이 논거로 삼는 Auer(2000)나 Rhodes(1997)조차도 단순한 이념형적 유형화의 위험을 지적한 바 있었다. 경쟁력 코포라티즘에 대해서는 Rhodes(1997) 참고.

12 이는 주어진 문제에 최선의 처방이 있다는 경영 컨설턴트의 오류, 최선의 처방은 동일한 결과를 낳을 것이라는 기능주의적 추론의 오류로 연결된다. 이런 방법론의 오류에 대해서는 Visser(1996, 30) 참고. 이런 오류의 단초는 Rhodes(1997)에게서 발견된다. 그는 "비록 위험이 없는 것은 아니나, 실용적이고 유연한 사회 협약이 외적 도전에 대해 유연한 적응을 할 수 있는 최선의 방법"이라고 주장했다. 수렴론의 기능주의적 사유에 대한 비판으로는 Traxler(1995), Traxler, Blaschke and Kettel(2001, 20장) 참고.

와 '노동시장 유연화' 외에는 다른 길이 없다는 인식은 경험적으로 부합하지 않을 뿐만 아니라 실천적으로 그 자체가 이데올로기이다. 그런데 이런 물신적 인식이 힘을 얻는 데에는 결국 새로운 코포라티즘의 '성과' 문제가 걸려 있었다.

서구 사회에서 수렴 논쟁은 '성과 논쟁'과 연관되어 진행되었다. 린코포라티즘 체제가 고용의 확대와 실업의 해소, 더 높은 경쟁력을 산출한다면 그것에 정책적 함의가 전혀 없는 것은 아니기 때문이다. 여기에서는 두 가지 논점을 간략히 검토하고자 한다. 그 하나는 이론적인 차원에서 단체교섭의 분권화, 혹은 조정된 분권화가 임금 인상을 억제하는가에 관한 경험적 연구들이다. 다른 하나는 좀 더 거시적인 차원에서 네덜란드, 아일랜드 등 이른바 성공 사례들의 실제에 관한 해석 문제이다.

첫째, 세계화에 따른 단체교섭의 분권화·유연화가 부정적인 효과를 초래하는 요인인가에 대한 논쟁이 있었다. 새로운 코포라티즘을 주목하는 최근의 논의들은 분권화 경우에도 국가의 개입에 의한 거시 경제적 임금정책 및 임금 억제가 가능하다는 결론을 도출했다. 린코포라티즘의 경제적 성과는 '조직된 분권화', 중간 수준의 단체교섭 집중성으로 이루어 낸 새로운 계급 타협의 결과물이라는 것이다. 노동은 고용 조건에서 일정한 보호 장치를 확보했으며 반대로 사용자들은 분권화로 경영 통제의 범위를 확대했다.[13] 요컨대 새로운 코포라티즘 체제는 분권화된 단체교섭 체제에서도 임금 조정을 가능케 해 경제의 경쟁력을 높일 수 있다고 본다.

둘째, 세계화의 압력 속에서도 두드러진 경제적 성과를 낸 네덜란드 모델에

---

13 이것은 이른바 '조정된 분권화'(coordinated decentralization)다. 이런 입장은 기존 코포라티즘 이론의 집중화-임금 억제, 분권화-임금 상승의 이론은 물론, 역 U자 가설(Camfors and Driffill 1988)의 논의를 넘어서는 결론이었다(Traxler 2003; Regini 1997; Auer 2000; 이주희·안성우 2002).

관련된 논란이다. '네덜란드의 기적'은 자발적인 임금 억제를 통해 경쟁력을 강화하고 노동시장의 유연성을 확대하는 개혁의 과정을 갈등 없이 이루어 내었다. 1990년대 초에 고비용의 사회보장 제도를 유연한 것으로 개혁해 낸 것도 독특한 점이었다. 특히 실업을 줄이고 유연한 고용을 창출하는 데 노사 간 타협, 코포라티즘의 부활은 결정적인 요소였다는 것이다(Visser and Hemerijck 1997; Hemerijck 2003; Auer 2000; OECD 1999).

폴더 모델이 문제가 된 것은 신자유주의 압박 속에서도 최소한의 사회보장과 고용 보장이 가능했다는 점이었다. 그리고 이런 긍정적 요소가 모델에 대한 전 세계적 주목을 불러일으킨 것은 충분히 이해할 만한 일일 것이다.

그런데 폴더 모델에 대한 경제적·사회정치적 성과에 대한 평가가 과도할 경우, 상당한 문제가 발생할 수 있다. 그것이 한국에서 일종의 신화가 된 것은 그 대표적인 사례라 할 것이다. 청와대로부터 언론 기관과 학계, 노동연구원, 노사정위, 그리고 개별 사업장에 이르기까지 그것은 한국 노동 체제의 청사진으로 취급되곤 했다. 그러나 '네덜란드' 사례에 대한 이런 과도한 평가는 두 가지 점에서 주의할 필요가 있다. 먼저 찬사 뒤에 숨겨진 부정적인 요소들은 주목받지 못했다. 그리고 신화神話를 만들기 전에 모델의 이식 가능성, 다른 사회에 대한 적용 가능성에 대해서도 냉정히 평가할 필요가 있다.

먼저 우리 경우와는 달리 서구의 논의들에서는 폴더 모델의 긍정성 못지않게 그것의 부정적 요인들이 충분히 논의되어 왔다. 예컨대 네덜란드, 아일랜드의 경우 낮은 실업률에도 불구하고 장기 실업과 청년 실업의 문제는 심각하다. 그리고 여성이 비정규직에 집중되는 등 고용 형태에 있어 성별 차이도 여전히 문제로 남는다(Auer 2000; Rowthorn 1992). 또 노동조합은 늘어나는 파트타임, 여성 비정규 노동자들을 조직하는 데 그다지 성공하지 못함으로써 역량이 점진적으로 약화되었다. 특히 네덜란드의 임금 억제 합의가 국가의 압력과 협박 속에서 노조에 강제된 사실은 잘 알려져 있다.[14] 한편 아일랜드의 경우에는 단기적으로는 외부 압력으로부터 유연성을 제고했으나 장기적으로 경제적 성취에 긴요한 집합재의 공급에 실패한 것으로 평가된다(Taylor 2003).

그리고 네덜란드의 노동시장 유연성 제고 모델은 고용 안정성을 해침으로써 반드시 유리한 것만은 아니라는 비판도 강력히 제기된다. 즉 유연한 고용 체제에는 잦은 이직에 따른 비용, 노사 간의 힘의 불균형 확대, 고용조정 협의 과정상의 비용, 사회보장-적극적 노동시장 정책과 관련된 외부 비용의 증대 등의 부정적 효과가 발생할 수 있다. 특히 기업 특수적 숙련의 해체나 고숙련을 지향하는 성취동기의 하락 등 이른바 '유연적 경직성'flexible rigidities이라는 구조적인 문제가 남는다. 또 반대로 시장적 유연성 대신에 다른 기능적 등가물이 확보될 수도 있으므로, 시장 기제에 의존하는 네덜란드 모델이 특별히 평가받을 이유가 있는가라는 문제 제기도 가능하다(Sels and Van Hootegem 2001).

결국 신자유주의 환경 아래서 네덜란드 모델의 미래는 불투명하며 어둡다.[15] 그것은 수출 부문 중심으로 조직된 상대적으로 취약한 노동조합 운동, 강한 사용자 조직, 그리고 국가의 협박이 이루어 낸 사용자 중심의 코포라티즘이었다

---

14 Hemerijck(2003), Van Ruysseveldt and Visser(1996) 참고. 이때 노동조합은 일종의 딜레마 상황에 처하게 된다. 정부의 정책이 성공할 경우에는 노조의 정당성과 지위가 높아지지만, 실패할 경우에는 대중으로부터 정당성을 상실할 가능성이 크다. 그러므로 합의 모델에 대한 참가는 노조에게 있어 '양날의 칼'인 셈이다(Hyman 1997).

15 Visser(1996) 참고. 네덜란드 모델의 미래가 어둡다는 진단을 코포라티즘 해체 경향의 수렴론으로 이해하거나 반대로 모든 노동 체제는 서로 다르다는 이른바 '불가지론'으로 과대 해석해서는 안 될 것이다. 예컨대 '경로 의존성'의 개념은 단체교섭 분산화나 노조 조직률 감소 등의 '온건한' 수렴 현상을 부인하지 않는다. 그러나 반대로 조직적 중앙 집중성, 협의 양식상의 특성, 단체교섭 범위 등에서는 수렴 현상이 관찰되지 않는다(Traxler, Blaschke and Kettel 2001, 18장). 또 모든 개별 노동 체제는 서로 다르지만 그들은 체제의 중요한 특성을 공유하며 그 동일성의 범위 내에서 유형 분류, 수렴과 분산의 논의가 진행될 수 있다. 우리는 전통적 코포라티즘 체제의 경우 개별 사례들이 서로 매우 달랐음을 잘 알고 있다. 그렇지만 이들을 하나의 개념 범주로 묶을 수 없는 것은 아니다.

(Crouch 1996).

지금까지 서구 노동 체제는 지구화의 압력 속에서 수렴하기보다는 다양한 경로를 따라 변형되어 왔음을 살펴보았다. 그러나 한국에서 논의는 다양성의 함의를 이원론의 단순 도식에 따라 사상하고 '신자유주의 환경에서도 코포라티즘은 가능하다'는 단순한 결론만을 도출했다. 또 네덜란드나 아일랜드 모델의 부정적 측면은 무시되었다는 점을 지적했다.

그러나 그럼에도 불구하고 폴더 모델이 현실적으로 많은 강점을 갖고 있음을 부정하기란 쉽지 않을 것이다.[16] 그리고 이 긍정적 요소의 도입 문제는 정책 측면에서 주요한 쟁점이 된다. 그러나 우리의 맥락에서 가장 큰 쟁점은 네덜란드 모델의 긍정적 요소가 한국 사회에서 적용 가능한가라는 이식 가능성의 문제에 있다.

3. 코포라티즘 체제 형성 조건과 적용 가능성 : 구조 결정 또는 전략 선택?

전통적으로 코포라티즘의 형성 가능성은 몇 가지 구조적 조건과 연관되어 있다는 점이 지적되어 왔다. 이런 구조적 조건들에는 중앙 집중적이고 독점적인 이익 대표 조직, 강력한 사회민주주의 정당의 존재와 집권 여부, 노자 간 힘 관계의 균형, 임금·고용·통화 정책 등 거시 경제정책에 대한 제도적 참가 등이 포함되었다. 코포라티즘은 본질적으로 전후 포드주의 체제의 거시적 계급 타협

---

16 폴더 모델이나 '경쟁력 코포라티즘'의 물신성에 관한 근본적 비판에 대해서는 Panitch(2000)를 참고.

을 유지시킨 통제와 이익 대표의 교환 체제로 인식되었다(Schmitter 1979; Maier 1985; Crouch 1994; 김수진 1992). 그리고 1970년대까지 현실적으로 존재하는 코포라티스트 국가들은 대체로 이런 조건을 어느 정도 구비하고 있었다.

문제는 1980년대 중반 이후 새로운 코포라티즘은 이런 구조적 조건이 약화되거나, 이런 조건을 구비하지 못한 국가들에서 발생한 것에 있었다. 앞 절에서 살펴본 수렴 논쟁의 문제의식은 이 문제와 연관되어 있었다. 즉 분권화된 교섭 구조와 조직 구조, 취약한 노동조합의 역량과 사민주의 정당하에서 공급 측면의 쟁점을 둘러싸고 진행되는 거시 삼자 합의를 어떻게 설명할 것인가의 문제였다. 그것은 결국 새로운 코포라티즘의 형성 조건에 관련된 논쟁으로 연결되었다. 논쟁의 지형이 그리 단순한 것은 아니지만 1990년대 코포라티즘의 특수성을 주목하는 일부 논의들은 전통적인 이론을 '결정론'으로 비판하고 '주체의 전략'을 강조했다.17

그런데 1990년대 코포라티즘의 특성을 강조하는 서구의 논쟁은 한국에서 매우 단순하게 적용되었다. 이 논의들은 구조와 전략을 이원론 도식으로, 즉 상호 배타적인 요소로 대립시키고 '사회적 협의 체제'의 성립은 후자의 요소만으로도 성립할 수 있다고 주장했다. 즉 구조적 조건에는 구애될 필요가 없으며 주체의 참여 의지가 관건이라는 것이다. 이들은 그 대표적인 사례로 네덜란드, 이탈리아, 아일랜드 등을 들었다. 조금 단순화한다면 이들은 한국의 노사정위가 구조적 조건의 제약 속에서도 주체의 참가 의지만 있으면 성공적인 결과를 이

---

17 콤스톤의 구성론(configurational theory)이 여기에 속한다(compston 2002, 353-373). 그는 표준화된 '네오 코포라티즘' 모델이 1990년대 서유럽의 정책 협조(policy concertation)를 설명하는 데 실패했다고 보고, 외적 위협과 사회경제적 불안, 정치 행위자들 간의 공감대, 그리고 정책 실행 가능성 등 세 가지 요건을 들어 대안적 설명을 시도했다(compston 2002, 372). 주체들의 '국가 경쟁력에 대한 신념'을 강조하는 입장으로는 Rhodes(1997) 참고.

를 수 있다는 결론을 도출했다.[18]

먼저 이런 방식의 이원론 도식은 이론적으로 심각한 오류를 담고 있다. 사회과학의 오랜 쟁점인 구조와 전략의 관계는 그렇게 단순하게 이해될 수 없다.[19] 그것은 단순 도식이 구조와 전략 간의 복잡한 동학과 상호 작용의 관계를 추상화하기 때문이다. 예컨대 구조와 전략을 단순 대립시킬 경우 국가나 다른 주체에 의해 강요된 전략적 선택의 문제는 사상될 수밖에 없다.[20]

노동조합은 분명히 '전략적 행위자'일 것이다. 그러나 이때 전략은 대안들에 대해 완전히 의식적·합리적으로 계산하고 그리고 그 기획으로부터 실행에까지 관통하는 전략으로 이해되어선 안 된다. 전략적 선택지는 맥락과 구조에 의해 명백히 제약되는 선택지일 뿐이며, 단지 그 내부에서 주어지는 일정한 가능성을 의미한다(Leisink, Leemput and Vilrokx 1996). 그리고 전략은 주체들이 그것을 전혀 의식치 못하는 경우에도 전략으로 해석될 수 있는 그런 종류의 것이다(Undy, Fosh, Martin, Morris and Smith 1996; Boxwell and Haynes 1997). 요컨대 전략과 구조는 상호 침투해 있으며 쉽게 분리될 수 있는 성질이 아니란 것이다.

그리고 개별 주체의 전략이 복합적인 구조적·정치적 제약 속에서 강제된 선

---

18 임상훈(2003), 이병훈(2003), 최영기·배규식(2003) 참고. 이들에게 과제는 "국가 공동체 이익을 고려한 발상의 전환"이거나 "결정론을 벗어나 항상인인 구조조정을 이룰 수 있는 참여 전략"을 선택하는 일이다. 그리고 그동안의 "타협 실패, 시행착오의 근본적 이유는 취약한 리더십 구조" 즉 잘못된 전략 선택에 있다.

19 사실 사회과학의 모든 주요한 논쟁, 이론적 대립은 모두 구조와 전략(행위)에 대한 설명과 연관되어 있다. 후기 구조주의의 맥락에서 구조와 전략에 관한 대표적인 이론 작업으로는 Jessop(1990; 2002) 참고. 한편 대표적인 '전략적 선택' 이론가조차 구조와 전략(제도)의 통합적 관점이 필요함을 강조한 바 있었다(Locke and Kochan 1995, 375).

20 서구 사례들 중 네덜란드의 이른바 '위계의 그늘'(Shadow of Hierarchy) 문제, '국가의 협박' 문제는 바로 이 점을 지적한다(Visser 2001; 임상훈 2002, 356-357). 네덜란드에서 임금 협약은 국가 개입에 의한 강제적 임금 조정의 위협 아래서 이루어졌다.

택일 경우도 논의에서 배제되기 쉽다. 많은 제3세계의 합의 경험, 특히 멕시코를 필두로 하는 남미와 동유럽의 사례가 여기에 속한다. 그리고 단순 이원론의 이론적 전거인 서구의 이론들도 그렇게 단순한 것은 아니었다. '구성론'이나 '경쟁력 코포라티즘' 이론이 주체의 의지, 전략 선택을 더 강조하는 것은 사실이나, 그 의지나 선택은 구조와 밀접히 연관되어 있는 것이었다.21

특히 문제는 한국의 연구들이 1990년대 코포라티즘의 경우에도 구조적 요건은 여전히 중요하다는 다수 서구 연구자들의 연구 결과를 무시한 점이다. 먼저 전통적인 것이든 새로운 것이든 모든 코포라티즘의 전제 조건은 노조와 사용자 최상층 조직의 조직적 능력, 즉 이해관계를 결집하고 합의의 결과를 강제할 수 있는 능력이다. 이런 제도적 전제가 없다면 '코포라티즘의 미래는 없다'(Traxler 1997). 그리고 사회민주주의 정당은 일차적 요인은 아닐지 모르나 여전히 코포라티즘의 형성에 중요한 변수이다(Crouch 1993; Slomp 1996). 조직 요건과 함께 마르크스주의 전통에서 좀 더 일반적으로 보면 계급 역관계, 노동운동의 성격, 파시즘의 침략과 민족 국가 건설 요구 등 역사적 맥락이 코포라티즘의 중요한 구조적·역사적 배경이 된다(Therborn 1992).

1982년 바세나르 협약 이후의 네덜란드 모델에 대한 인식도 일면적이기는 마찬가지였다. 국내의 연구들은 네덜란드의 경제적·사회적 성과에만 주목했을 뿐, 이를 가능하게 했던 사회 구조와 제도적 특성, 역사적 경험은 과소평가했

---

21 콤스턴은 사회적 협의의 3요건 중 "약속의 실행은 사용자 조직과 노조 최상급 조직이 크고 중앙 집중화되어 있으며 잘 조직되어 있을 경우 좀 더 쉬울 것이다. 그리고 이 점에서 [구성론은-인용자] 코포라티즘 이론과 연관되어 있다"고 했다(Compston 2002, 357). 또 노동시장 구조의 경직성이 큰 곳에서는 '경쟁력 코포라티즘'의 가능성이 적다고 보는 의견도 있다(Rhodes 1997). 또 '사회경제적 불안'이란 요건도 남미와 동유럽에서 보듯이 구조적인 요소를 담고 있는 변수라고 할 것이다. 조야한 '전략적 선택 이론'에 대한 비판, 그리고 정치적 구조, 세력 간 역관계, 외적 조건의 변화, 제도 자체의 변동 등 구조(제도) 변화에 따른 전략 선택의 변이를 설명하는 일반 이론으로는 Thelen and Steinmo(1992) 참고.

다. 그리고 그 선한 결과는 주체의 선한 의지와 노력, 즉 '제대로 된' 전략적 선택으로 성취할 수 있는 것으로 가정되었다.[22]

그러나 네덜란드에는 2차대전 직후부터 잘 발전되어 있었던 코포라티즘 제도와 조직이 이미 있었으며(Hemerijck 2003) 단체교섭의 미조직 노동자에 대한 확대 적용을 뒷받침할 수 있는 법 제도적 장치가 전전戰前부터 구비되어 있었다(The Law of Mandatory Extension 1937). 높은 단체교섭 적용률은 낮은 조직력, 취약한 내부 통제력을 뒷받침하는 중요한 제도적 요건이었다. 여기에다 국가의 교섭 과정에 대한 개입 압박, 임금 강제의 위협은 체제 변동에 따른 손실을 우려한 노동 측의 협력 행동을 낳았다. 국가와 노동, 자본 사이에 존재하는 제반 힘의 균형 관계들은 코포라티즘 제도 속에 구조화되어 있었던 것이다. 요컨대 네덜란드의 역사, 문화적 특성, 구조적 역관계의 균형 등을 고려하지 않고서 제도적 장치들의 '전략적' 이식을 논의해서는 안 된다는 것이다(Teulings and Hartog 1998).

좀 더 일반적으로 네덜란드에는 '기적'을 가능하게 했던 근저의 여러 구조적 요인들이 있었다. 그것은 코포라티즘의 '아킬레스의 건'이라 할 수 있는 대중들의 순응 문제를 해결하는 제도적 장치였다(Van Waarden 2003a).

먼저 충분히 자율적이고 중립적인 국가 및 그것에 대한 대중적 신뢰가 제도적으로 확보되어 있었다. 단체교섭의 적용 확대, 노동재단 STAR, 사회경제협의회SER: Social-Economic Council 등 삼자 기구로의 권력 분산 등에 있어 국가의 역할이 매우 중요했다. 때로 협의를 위한 국가의 의지가 발현되지 않았을 경우도 있었

---

[22] 네덜란드와 다른 전략적 선택을 했으나 대등한 성과를 이룩한 벨기에 사례는 이 점에서 주목할 만하다. 이른바 경쟁력 있는 유연성을 확보하는 데에는 네덜란드의 수량적 유연성 전략만이 해답은 아니기 때문이다(Sels and Van Hootegem 2001). 한편 또 하나의 기적 모델인 덴마크 모델(The Danish "Miracle")의 역사적 우연성, 특수성에 대한 논의도 주목할 필요가 있다(Schwartz 2001).

으나, 그 경우에도 협의를 추동하거나 강제할 국가의 능력만은 변함이 없었다.

다음으로 이익 조직의 측면에서 구조적 전제, '강하고 포괄적이며 전국적으로 조직된 이익 조직의 존재'는 네덜란드의 경우도 동일했다. 노사 전국 단체들은 서로 다른 이해를 조정하고 협약의 준수를 조합원에게 강제할 수 있는 내적 능력을 가지고 있었다. 그리고 단체들은 단지 노사관계의 의제들뿐만 아니라 경제 전반에 대해 규제력을 행사했다. 그것은 조합원으로부터 일정한 자율성을 확보하는 동시에 위계적으로 통제할 수 있는 모순적 과제를 수행하는 조직이었다. 그리고 네덜란드의 코포라티즘은 사회 저변에서 수많은 직업 조직, 카르텔 등이 오랫동안 계급 간 협력을 되풀이하고, 그것을 제도화한 결과로 이루어진 것이었다.

셋째, 협약을 완성할 수 있는 정치적 공간이 구조적으로 존재했던 것도 중요한 구조적 요인이었다. 코포라티즘 체제는 법률적 제약이나 의회에서의 간섭, 그리고 연방주의와 같은 정치적 분산 등 부정적인 구조적 요인들이 강하게 작용할 경우에는 불가능하지만 네덜란드에 이런 요인은 없었다. 그리고 역으로 정부가 협의에 개입하고 추동할 수 있는 법적·정치적 수단을 갖고 있었던 것도 중요하다. 또 관련해서 정부 및 정부와 정당 간의 정치적 안정성과 연속성이라는 중요한 요건도 네덜란드는 구비하고 있었다. 결국 안정된 내각제와 사회민주주의 체제는 여전히 중요한 구조적 요건이었다.

마지막으로 타협과 신뢰의 정치 문화가 네덜란드에 구조적으로 정착되어 있었던 것도 중요하다. 이 문화는 오랜 기간에 걸쳐 발전되어 왔고 여러 가지 법적·행정적 제도들에 반영되어 있었다. 특히 합의 문화는 오랜 역사적 경험 속에서 네덜란드 사회에 뿌리박은 것이었다.[23]

요컨대 네덜란드 모델은 위기에 대한 공동 인식 등 전략적 선택의 요소 이전에 제반 구조적 조건을 충분히 갖추고 있었던 것이다. 그러므로 "복지국가 개혁에 관한 코포라티즘 방식의 해결이라는 네덜란드의 선택에서 얻을 수 있는 함의는 분명하다. 성공적 모델을 모방하려고 하나 적절한 문화적 역사적 기초가 부재한 나라에 그것을 이식하기는 쉽지 않다는 사실이다"(Van Waarden 2003b, 94).[24]

결국 이상의 논의에서 '구조적 차이가 없는 것은 아니나 문제는 전략적 선택'이라는 조야한 자원론voluntarism의 이론적 한계는 분명하게 드러났다. 서구의 연구들, 특히 네덜란드의 연구자들이 강한 우려에도 불구하고 한국의 논의에서 서구 코포라티즘의 '이식 가능성'은 문제가 되지 못했다. 그렇지만 더 문제인 것은 기존의 논의들이 서구의 몇몇 성공 사례에만 주목할 뿐 실패 사례를 논의하지 않는다는 점이다. 특히 제3세계의 경험들을 외면하고 있다는 점이다. 이는 비교 사회학적 관점에서 오류일 뿐만 아니라 이데올로기적 왜곡이 될 수 있다.

4. 제3세계의 사회협약 실험 : '어떤' 코포라티즘?

비교 연구는 노동 정치 연구에 중요한 방법이지만 동시에 많은 함정을 갖고

---

23 Van Waarden(2003b), Hemerijck(2003), Visser and Hemerijck(1997) 참고. 역사적 전통은 1848년 부르주아 혁명 이래의 공화주의 전통과 잘 발전된 시민사회의 수많은 결사체, 각종 위원회 등 시민사회와 국가의 긴밀한 연관과 결합 및 집단적 의사 결정의 전통, 갈등을 피하는 합의주의(consensualism) 정치의 전통, 사회적 가톨릭주의와 칼빈주의의 이데올로기 등 뿌리 깊은 것이었다.

24 좀 더 일반적으로 "노사관계에 있어서의 차이는 정치적 공간의 구성에서 발생한 좀 더 깊은 역사적 차이를 반영하고 있다"는 함의이다(Crouch 1993, 11장). 물론 구조적 조건의 중요성에 대한 강조가 구조 결정론이나 환원론으로 해석되어선 안 될 것이다. 문제는 "서구 사회의 기성의 모델 혹은 하나의 조직적 해결 방안이 도움이 되진 않는다. 대개의 경우 그런 개혁 시도는 실패했다"는 점이다(Locke 1995).

있다는 점은 대체로 잘 알려져 있다. 예를 들어 비교 분석을 위한 최소한의 문제의식, 방법론을 담지 않은 채 단순한 시계열적 서술이나 특성의 기술에 그치고 있는 경우들을 흔히 볼 수 있다. 그리고 이렇게 정교하지 않은 분석 위에서 자의적인 정책적 함의를 끌어내고 정책을 이식transplant하고자 하는 경우도 많았다. 그래서 "많은 나라에서 노사관계 역사는 어디선가 성공적이었던 정책과 제도를 이식하고자 했던 힘든 노력들로 점철되어 왔다. 그 성공의 맥락과 원인들을 정확하게 이해하지 못한 채로 되풀이되었다."[25]

물론 그렇다고 하더라도 정책 지향적 연구가 '이식 불가능성'이란 부정적 결론을 넘는 교훈을 산출하지 못하는 것은 아닐 것이다. 비교 연구는 오랫동안 사회과학의 핵심적 연구 수단이었고 다른 나라의 사례에서 우리는 많은 것을 배울 수 있었다. 비교 연구는 '동일성 속에서 차별성을 이해하고, 차별성 속에서 동일성을 찾아내는' 항구적인 작업일 뿐이다. 다만 이때에 같은 제도들이 서로 다른 맥락에서 다른 방식으로 기능한다고 할 때 '왜, 어떻게' 그런가를 설명할 수 있어야 한다. 동일한 코포라티즘 제도나 사회 협약이 서로 다른 사회에서 어떻게, 왜 서로 다른 기능을 수행하는가라는 질문은 가장 중요한 비교 연구의 주제가 되어야 한다.

이런 일반론에 비추어 볼 때 한국 사회에서 코포라티즘에 관한 국가 간 비교 연구들의 한계는 뚜렷하다. 그것은 네덜란드와 한국이 어떻게 다른지를 묻지 않으며, 왜 다른지에 관심을 두지 않았다. 특히 심각한 것은 비교 대상의 불균형 문제이다. 네덜란드, 이탈리아, 아일랜드의 경험은 과도하게 강조되었으며 반

---

25 Hyman(2001b). 비교 노사관계 연구들의 오류는 크게 다섯 가지로 분류될 수 있다. 첫째, 비교 분석 없는 개별 국가들에 대한 시계열적 연구, 둘째, 체계적인 설명 없이 국가별 차이를 나열하는 '다양성의 목록', 셋째, 분석이나 설명 없는 국가별 범주화, 넷째, 여러 국가의 통계 수치들만 비교하는 수학 게임, 다섯째, 선택적, 자의적으로 국가별 특성을 추출해 비교하는 연구(결국 개별 국가 연구) 등이다.

대로 더 많고 다양한 제3세계의 실험은 체계적으로 무시되었기 때문이다. 제3세계의 경험을 일종의 비사건 non-events 으로 만든 이런 연구의 지형은 그 자체가 한국의 합의 실험의 성격과 내용을 은폐하는 이데올로기로 작동할 수 있다.

주지하듯이 서구에서 '새로운 코포라티즘'을 산출한 세계화, 신자유주의의 힘은 제3세계에서 더 강력한 영향력을 발휘해 왔다. 1980년대 이래 라틴아메리카를 필두로 해서, 남아프리카, 동아시아, 동유럽에 이르기까지 많은 제3세계에서 코포라티즘의 이식 실험이 진행되었다. 라틴아메리카에서 코포라티즘은 전반적으로 약화하면서도 여전히 그 영향력을 상실하지 않았으며(Buchanan 1995) 스페인, 포르투갈, 그리스 등 유럽의 변방과 여타 대륙에서는 새로운 시도들이 끊임없이 계속되었다. 여기에는 싱가포르, 대만, 남아프리카공화국, 한국 그리고 대부분의 동유럽 국가들이 포함되었다. 이 나라들에서 코포라티즘은 선진 자본주의사회에서와 마찬가지로 신자유주의와 양립할 수 있음이 입증되었다. 그리고 더 나아가 신자유주의 '개혁'의 주요한 수단으로 기능하는 양상을 띠었다.

여기서 제3세계 국가들의 실험을 주목하지 않을 수 없는 중요한 이유는 이들이 노사관계에 공통적인 요소를 많이 갖고 있기 때문이다. 조직률과 영향력의 측면에서 취약한 노동조합, 극단적으로 파편화된 노동운동, 노사관계에서 국가의 주도권과 억압적 성격, 민주화·세계화로 인한 노동 체제의 급격한 변동, 식민주의와 억압적 정치 질서의 경험 등은 이들이 공유하는 공통의 요소였다 (Kuruvilla and Mundell 1999). 이런 공통의 요소는 코포라티즘 실험의 국가 간 비교에 좀 더 과학적인 비교의 준거로 작용하며 정책적 함의에 있어 좀 더 현실적인 고려를 할 수 있게 해 준다.[26]

물론 전반적인 유사성 내부에서 본다면 제3세계 국가들 내부의 차이도 무시할 수 없다. 아시아와 라틴아메리카를 비교해 본다면 두 대륙의 상이한 역사적

〈표 8-3〉 노동 시장 제도의 유형들

모델	제3세계 국가	선진 자본주의국가
분권화 모델	태국, 말레이시아, 한국, 인도네시아	일본, 스위스
다원주의 모델	남아시아(인도, 파키스탄, 방글라데시)	미국, 캐나다, 이탈리아, 프랑스
양극화 모델	라틴아메리카 국가, 필리핀	영국, 네덜란드, 벨기에
(사회) 코포라티즘 모델		스칸디나비아, 오스트리아

출처 : Banuri and Amadeo(1991).

경험과 사회구조적, 문화적 차이는 노동 체제의 형식과 내용을 크게 다르게 주조했다. 라틴아메리카는 20세기 초반 이래 노자 간의 억압과 대결, 타협의 오랜 역사를 갖고 있다. 그 결과 노동은 불안정하나마 법적 인정, 노동 기본권, 정치 세력화를 훨씬 오래전에 경험했다. 두 사례는 상대적으로 집중화되고 강한 조직 노동과 분산되고 취약한 노동조합, 그리고 포섭과 배제의 순환과 일관된 배제로 대비될 수 있었다. 이런 차이는 노동시장의 제도적 차이를 만들었으며 코포라티즘의 함의를 전혀 다른 것으로 만드는 요소가 되었던 것이다. 결국 제3세계 내에서도 현재의 조건에서 모델의 이식 가능성은 없으며, 때로는 최근의 아시아 모방의 결과에서 나타났듯이 실패를 넘어 재앙을 초래했다.27

....

26 남아프리카공화국은 제3세계의 코포라티즘 실험 중 유일하게 유럽의 새로운 코포라티즘에 접근한 사례로 평가된다. 그러나 그 성격에 대해선 논란이 여전하며 미래도 불투명하다. 또 남아공은 강한 조직력과 자주성을 갖는 노동조합 운동, 좌파 정당의 집권, 사회운동적 노조 운동의 오랜 경험 등 여타 제3세계 사회와 크게 구별되는 사례이다(Webster and Adler 2000; Donnelly 1999; Lehulere 1996; Cronin 1995).
27 1980년대 후반 이래 라틴아메리카 여러 나라에서는 동아시아 모델, 그중에서도 특히 한국 모델을 이식하려는 시도가 있었다(Banuri 1991: White and Goodman 1998). 반면에 서구의 연구들은 서구 내부의 차이를 강조했으나 제3세계 내부의 차이를 완전히 간과했다. 결국 한국의 연구들은 서구 학계의 한계를 그대로 답습한 셈이 된다. 한편 모델의 이식 가능성이 없다는 말이 제3세계 일반에서 영원히 코포라티즘이 불가하다는 뜻은 아니다. 현재의 구조적 조건과 전략적 상황에서 그 개연성이 매우 낮다

역사적·구조적 조건의 차이는 코포라티즘 실험들의 성격에서도 반영되었다. 이를 좀 더 구체적으로 보면 불안정한 민주화 이행과 경제 위기에 대한 대응(스페인), 사회주의 붕괴 이후의 정치 경제적 혼란(동유럽 국가), 경제 위기와 기존 국가 코포라티즘 체제의 연장(멕시코), 배제적 노사관계로부터의 이행 과정(브라질, 칠레, 한국) 등의 하위 유형이 가능하다.28 그러나 이들 모두에서 보이는 공통점은 "취약한 정권이 행위자들을 전략적으로 포섭해 헤게모니를 수립하려는" 점에 있었다(Kay 2003). 이들 가운데 동유럽의 사례는 동일한 제도가 어떻게 다른 기능을 수행하는지, 그리고 서유럽과 얼마나 다른 결과를 가져오는지를 보여 주는 대표적인 사례로 고찰해 볼 수 있다.

1990년대 초반 이래 체제 변동을 경험했던 많은 동유럽 국가에서는 서구 코포라티즘의 이식 실험이 진행되었다. 사회주의 체제의 해체, 민주화 과정에서는 정치적 위기, 사회적 혼란, 자본주의 제도의 도입에 따른 진통이 뒤따랐다. 여기에다 같은 시기에 가속화된 신자유주의 세계화의 흐름은 위기의 폭과 깊이를 배가했다. 신생 정부의 취약한 정당성, 약한 경제적 기반을 극복하기 위해 체코(1990년), 헝가리(1988년), 불가리아(1990년), 폴란드(1992년), 러시아(1991~92년) 등에서 합의 체제의 실험이 시도된 것은 충분히 이해할 만한 일이었다.

그러나 동유럽에 이식된 코포라티즘은 서구와 비교하면 크게 다른 모습을 보여 주었다. 먼저 코포라티즘 기구들은 흔히 경제·사회 정책 가운데 핵심적인 정책들을 다루지 못했다. 어렵게 합의가 이루어지더라도 의회에서의 자의적

는 의미로 해석되어야 한다.

28 필자는 1987년 이전 한국의 노동 체제는 몇 가지 유사성에도 불구하고 라틴아메리카의 국가 코포라티즘 개념으로 설명할 수 없다고 본다(노중기 1995). 그리고 1970년대까지의 멕시코 국가 코포라티즘은 1980년대 이후 그 성격이 본질적으로 변화했고 새로운 개념 규정을 필요로 한다. 이에 대해서는 노중기(2004b) 참고.

수정으로 결국은 그 성격이 변질되었으며 노동은 정당을 통제할 수 없었다. 그리고 협의 절차는 무시되기 일쑤였고 국가 기구와 힘센 이익 단체 간의 은밀한 담판이 이를 대신했다. 합의 실험의 결과도 서구와 크게 달랐다. 서구에서와 같은 성과 논쟁의 가능성은 애초에 없었다. 초국적 자본과 국가 주도의 안정화 정책 아래에서 사회·경제적 불평등이 크게 심화되었다. 민주화 이행과 신자유주의 정책 도입에 따른 사회·경제적 비용이 교환되거나 분배되기보다 노동자에게 전가되었다. 직접적으로 많은 경우에 합의는 임금 억제와 노동쟁의 통제라는 구체적인 목적에서 진행되었다. 그리고 이 모든 과정에서 국가는 주도적인 행위자였고 합의는 위로부터 강제되었다. 노동조합은 수동적으로 대응했으며 국가에 종속된 모습을 뚜렷이 보여 주었다.[29]

한편 이 과정에서 노동조합이 얻은 것이 전혀 없었던 것은 아니었다. 노동의 최소한의 이해는 무엇보다 새로운 체제에서 노동조합 조직 자체를 사회적으로 공인받아야 하는 데에 있었다. 낡은 체제에서 기능적 조직으로 역할 했던 노동조합으로서는 생존 그 자체가 중요한 과제였던 것이다(Orenstein 1995). 그리고 전 사회적인 수준에서 합의의 정치는 이른바 '이행기의 사회적 비용'을 줄이는 효과를 초래하기도 했다. 갈등을 줄이고 사회 평화를 불러왔다는 것이다(Thirkell, Petkov and Vickerstaff 1998). 그러나 이런 최소한의 의의를 인정한다 하더라도 그 내용과 결과는 서구와 비교할 수 없는 것이었다.

동유럽의 이식 사례에 대한 서구의 연구 결과 및 그 함의는 분명했다. 먼저 수렴론은 동유럽 사례에서도 적용될 수 없었다. 동유럽의 코포라티즘 이식 실

---

29 Traxler(1997), Héthy(1994), Slomp, van Hoof and Moerel(1996) 참고. 1994년의 체코, 1994년과 1995년의 헝가리, 1993년, 1994년, 1995년의 불가리아 등 각국에서 노동조합은 저항했으나 대체로 무력했다. 불가리아와 헝가리의 경험에 대한 이런 진단은 1998년 이후 한국의 노사정위 경험에서도 거의 동일하게 적용될 수 있다.

험들은 분권화·시장화의 추세와 배치되었던 것이다. 세계화의 압력은 일의적으로 관철되기보다는 '경로 의존적인, 또는 경로 형성적인path shaping 방식'으로 관철되었음이 다시 입증되었다(Thirkell, Petkov and Vickerstaff 1998). 연관해서 정치적 리더십이나 조직적 전략을 사회구조보다 강조하는 전략주의 관점은 동유럽에서도 경험적으로 타당하지 않았다(Candland and Sil 2001). 동유럽 사회가 공유하는 사회구조적, 역사·문화적 조건이 코포라티즘 실험에 결정적인 요소였기 때문이었다.

그리고 동유럽의 실험은 서구적 의미의 코포라티즘과 전혀 다른 것이라는 점에 대한 광범한 합의가 있었다. 그것은 '코포라티즘의 외양facade을 띤 다원주의pluralism 체제'이거나 '유사 코포라티즘'quasi-corporatism이었으며(Traxler 1997), 기껏해야 '일시적이고 미성숙한 코포라티즘'temporary, premature corporatism(Heinisch 1999), '이행 코포라티즘'transformative corporatism(Orenstein and Hale 2001)에 불과했다. 또 유럽의 '사회 코포라티즘'보다는 '국가 코포라티즘'에 가까운 것이었으며(Sil and Candland 2001), 심하게 평가하면 '가짜 코포라티즘'sham corporatism으로 규정할 수 있는 것이었다(Orenstein 1995). 결국 협약의 형식적 존재를 주체들 간의 실질적 합의나 이익의 교환으로 볼 수 없다는 결론이었다. 제도의 이식은 형식적인 측면에서 가능했으나 그것의 실제적 기능은 매우 달랐다.

이렇게 '이상한 코포라티즘'[30]이 나타난 것은 무엇보다 동유럽 사회의 구조적 특성 때문이었다. 코포라티즘의 제도적 안정화, 정상적 작동을 위한 구조적 전제 조건이 부재했던 것이다. 사회주의 체제의 국가 단원주의state monism 노동

---

30 이 '이상한 코포라티즘'은 서구나 과거 남미의 '코포라티즘'이 아니며, 코포라티즘의 개념 범주를 벗어난다. 그것은 1982년 이후의 멕시코와 같이 '사이비 코포라티즘'(pseudo corporatism)으로 규정될 수 있다(임영일 1999a).

체제의 유산을 그대로 물려받은 동유럽의 노동 체제는 급속한 자본주의 체제 편입의 결과, 독특한 구조적 특징을 보여 주었다(Schienstock and Traxler 1997).

대체로 그것은 압도적인 국가와 취약한 노동이라는 힘 관계의 극심한 구조적 불균형성으로 요약될 수 있었다(Thompson and Traxler 1997; Slomp 1996, 4장). 국가와 당으로 대표되는 지배 기구는 효율적인 지배 능력을 상실했으나 여전히 가장 조직화된 사회 세력이었다. 이들은 여전히 사회적으로 중요한 기업을 소유했고 강한 관료 기구를 지배하고 있었다. 국가의 신자유주의 안정화 정책은 혹독한 경제적 위기 속에서 극단적인 형태로 진행되었다. 반대로 노동자들은 극심한 실업과 경제적 궁핍 속에서, 그리고 과거 노조에 대한 부정적 인식 속에서 노동조합으로 결집하지 못했다. 당으로부터 분리된 '전달 벨트'transmission belt, 노동조합은 극도로 분절되었고 경쟁적인 시스템으로 재조직되어야 했다. 그 결과 노조뿐만 아니라 사용자 조직도 조합원을 규율할 수 있는 수단과 능력을 갖지 못했다. 다원화된 정당 체제가 매우 불안정했던 것도 또 다른 요인이었다. 결국 동유럽의 사례들은 서구적 의미의 코포라티즘에 필요한 전제 조건을 전혀 갖추지 못했다.

그러나 다른 한편에서 1990년대 전반에 걸쳐 동유럽에서 삼자 합의 실험이 되풀이되었던 것은 설명될 필요가 있다(Traxler 1997; Orenstein and Hale 2001). 구조적 한계와 되풀이된 위기에도 불구하고 그것을 추동하는 힘 또한 강했다. 국가에는 민주화 이행으로 인한 정치적 혼란과 국가 정당성의 위기, 자본주의 경제 이행과 세계화의 압력이 가져온 경제적 위기가 결정적이었다. 그것은 결국 국가의 사회(세력)에 대한 '통제의 위기'라고 볼 수 있다. 반면에 노동 측으로서는 취약한 주체 역량 및 그에 따른 대안의 부재가 가장 중요한 이유였다. 과거 사회주의 당시의 협력의 전통도 영향을 미쳤다. 또 IMF, 세계은행, ILO 등 국제 기구들의 압력도 코포라티즘 실험의 중요한 배경이었다. 이 기구들은 경제적

<표 8-4> 삼자 합의 실험의 사례 비교[31]

체제 특성	동유럽	멕시코	한국	린코포라티즘
(실험) 주도권	분산, 역량 취약	국가 주도	국가 주도	국가-이익 조직 쌍방
이익 조직 특성	분산, 역량 취약	분산, 중간 역량	극도 분산, 취약	조직된 분권화, 중간
노조-국가 관계	일부 종속	국가에 종속	일부 종속/대립	자율성
정당-노조 관계	조직적 관계 부재	지배 정당에 종속	조직적 관계 부재	유기적 연관
정부 성격	우파(신자유주의)	우파(신자유주의)	우파(신자유주의)	다양한 가능성
계급 힘 관계	국가 우위	국가 우위	국가 우위	약한 국가 우위
단체교섭	분권화·기업 단위	중간 정도 분권화	분권화·기업 단위	중간 정도·부문별
지배의 기제	시장, 위계	위계, 폭력	폭력, 시장	네트워크
역사적 배경	사회주의·단원주의	국가 코포라티즘	국가 억압 체제	사회 코포라티즘

이행과 원활한 구조조정을 위해서는 '사회적 평화'가 필요하다는 점을 요구했으며 동유럽 국가는 이를 거부할 수 없었다.[32]

이상의 동유럽 사례에서 도출할 수 있는 함의는 다양하다. 먼저 세계화의 압력은 일의적이지 않으며 수렴 현상은 나타나지 않았다. 각 사회가 갖고 있는 구조적·역사적 특성이 노동 체제의 변동을 '경로 의존적인' 것으로 변형시키기 때문이다. 다음으로 노동 체제의 변동에서 주체의 전략이나 정책적 선택이 갖는 의미는 제한적이었다. 코포라티즘의 형성을 위해선 전략 못지않게 구조적 전제 조건이 여전히 중요했다. 결과적으로 동유럽에서 '모델을 이식'하려는 정책 시도는 실패로 끝났다.

그리고 마지막으로 코포라티즘 비교 연구의 지평을 확대할 필요성이다. 〈표

---

31 린코포라티즘은 네덜란드 사례를 중심으로(Traxler, Blaschke and Kittel 2001), 그리고 멕시코는 임영일(1998c; 1999a), 이성형(1998b; 1999), 노중기(2004b)를 참고해 정리했다.
32 그런 의미에서 삼자 합의 실험은 초국적 자본이 주도하는 신자유주의 경제 구조조정의 '정치적 외피'(political shell)였다(Thirkell, Petkov and Vickerstaff 1998).

8-4)는 제3세계 합의 실험의 몇 가지 사례를 그 특성에 따라 정리해 본 것이다. 앞 절에서 본 바와 같이 코포라티즘은 선진 자본주의국가에서도 다양한 스펙트럼을 보여 주었다. 그러나 그보다 더한 다양성이 제3세계의 코포라티즘, 혹은 삼자 합의 실험 과정에서 나타나고 있다.[33] 동유럽과 라틴아메리카의 멕시코, 동아시아의 한국은 각 사례의 구조적·역사적 조건과 경험에 따라 커다란 편차를 보였다. 국가의 주도성, 취약한 노조 역량과 계급 힘 관계의 불균형, 노조의 취약한 자주성 등 거시적인 측면에서 유사성을 보이는 반면, 미시적으로는 이익 조직의 성격과 역량, 정당-노조 관계, 지배governance의 구체적 기제 등 여러 면에서 상당한 차별성을 보여 주고 있다.

특히 선진국 사례와 제3세계 사례들 사이에는 그 내부의 차이들보다 커다란 구조적 차별성이 존재했다. 린코포라티즘은 체제 특성의 모든 측면에서 제3세계의 사례와 커다란 차이를 보였다. 반면에 제3세계의 합의 실험은 동유럽에서 그러했듯이 많은 경우 서구의 의미에서 코포라티즘으로 부르기 어려운 것이었다. 이와 같은 구조적·맥락적 차이를 논의하지 않고 합의 실험의 표면적·형식적 유사성에 기초해서 이루어지는 비교는 바람직하지 않다. 비교 연구가 이데올로기가 되지 않기 위해서도 제3세계 사례로의 연구 지평의 확대가 절실하다.

---

33 제3세계의 후기 자본주의국가와 탈사회주의국가의 합의 실험은 매우 대조적이다. 그 차이는 구조적·역사적 원인으로부터 연원한다. 동유럽을 특징짓는 구조적·역사적 요소로는 노조 성격(전달 벨트), 민주화 이행 이후 시장화에 대한 노조의 대응 및 국제적 맥락의 차이, 국가의 강한 노동 체제 통제력, 구체제에서 노동자들의 높은 사회경제적 지위 등을 들 수 있다(Sil and Candland 2001).

5. 결론 : 한국의 실험에 대한 함의

이상의 논의가 한국 사회의 실험에 주는 함의는 크게 세 가지로 정리된다.

먼저 서구 사회의 경험은 그것이 '린코포라티즘'이건 '경쟁력 코포라티즘'이건 한국 사회에 적용되기 힘들다는 점이다.[34] 한국에서 삼자 협의는 실체적인 것이라기보다 하나의 상징이었다. 노동은 내실이 있는 합의를 이끌어 낼 만한 힘이 없으며, 조직 내부적 조건을 갖추고 있지 않았다. 반대로 국가와 자본은 마찬가지로 타협의 조건을 결여하고 있을 뿐만 아니라, 타협의 의사 또한 갖고 있지 않았다. 한국에서 국가 기구의 엘리트나 독점 대자본의 정치적 목적은 노사정위로 대표되는 삼자 협의체를 통한 타협이 아니었다. 지난 6년의 경험, 특히 노무현 정부 1년의 경험이 보여 주듯이 이들의 관심은 초국적 자본이 요구하는 신자유주의 노동 유연화에 있었다.[35]

여기서 노사정위가 존속하고 강화되며 지속적으로 부각되는 이유를 추론해 볼 수 있다. 역설적으로 제3세계 국가들 중 한국 노동운동의 특성이자 강점인 국가-자본으로부터의 자주성, 비타협적인 계급적 전투성이 노사정위를 강화시키고 있는 좀 더 근본적인 원인이었다.[36] 세계화의 강한 압력에도 불구하고

---

34 코포라티즘, 혹은 파트너십은 적절한 구조적 조건이 없다면 서구 사회에서도 수출되기 힘든 것이다 (Kelly 1997). 그리고 '네덜란드의 기적'이든, '덴마크 기적'이든 그 사회의 내적 조건과 무관하게 이식될 수 없다(Schwartz 2001).

35 한국의 정치 엘리트들은 합의정치에 전혀 관심이 없었으며, 이 점에서 한국은 칠레의 사례에 가까운 것으로 평가되기도 한다(Buchanan and Nicholls 2003). 합의 정치 6년의 결과에 대해서는 김유선(2004b) 참고.

36 한국의 민주 노조의 특성은 내부 민주성과 자주성이며 분권화된 조직 구조에서는 노조 내부의 연대가 무엇보다 중요하다. 자세한 것은 Frenkel and Kuruvilla(1999) 참고. 그 밖의 부차적 원인들 중에는 소규모 개방 국가라는 객관적 조건, 경제 위기의 존속 등의 요인이 고려될 수 있을 것이다.

종속·통제되지 않는 한국의 민주 노조 운동은 국가 전략의 주요 대상이 되었다. 이는 조직 노동을 포섭함으로써 노동계급 전체의 이해를 배제하고자 하는 국가 전략으로 해석될 수 있다. 1998년 이후 참가를 거부한 민주노총에 대한 국가의 압박은 파업 없는 구조조정, 합의로 정당화되는 노동 유연화에 대한 지배 블록의 열망을 표현한 것이었다. 또 내키지 않아 하는 대자본을 협상 테이블로 끌고 나온 데에는 국가 외에도 초국적 자본, 국제노동기구 등 외적 압력이 상당하게 작용했다.

둘째, 관련해서 주체의 전략 선택, 참가가 노동 체제에 미칠 수 있는 영향력은 매우 제한적인 것이라는 점이다. 계급 간 힘 관계의 극도의 불균형, 국가의 강압적 협의 기구 운영, 경제정책 영역에서의 일방적인 의사 결정, 취약한 노동조합과 조직 구조 등 한국에서 구조의 힘은 전략 선택의 여지를 크게 제한하고 있기 때문이다. 불리한 조건에서 이루어지는 참가 전략은 "이데올로기적으로 모호하며 정치적으로 위험하다"(Boxall and Haynes 1997).

이제 민주노총이 참여 입장으로 선회함으로써 노사정위는 새로운 시험대에 올라섰다(민주노총 2004).[37] 그러나 매우 분산된 노동 조직의 최상층 기구가 참여한다고 해서 변화할 것은 그리 많지 않을 것이다. 또 이런 상황은 노동 정당이 의회 내에 진입한다고 해서 금방 바뀔 성질의 것도 아니다. 오히려 민주노총의 참가 전략은 한국의 노동 체제를 네덜란드보다는 남미의 멕시코나 동유럽의 사례에 좀 더 가까운 것으로 바꾸어 놓을 가능성이 크다. 요컨대 저항 없이 관철되는 임금 억제, 노동 유연화가 제도화할 가능성이 크다는 판단이다.[38]

---

[37] 이후 6월에 민주노총은 '노사정대표자회의' 구성을 통해 참여 방침을 분명히 밝혔다.

[38] 사실 지난 6년간의 '참가 경험'도 이런 판단에 부합한다(김유선 2004b). 2004년 2월 '일자리 협약' 등 정부의 임금 억제는 노동의 동의하에 진행될 것이며, '노동자파견제도의 확대' 등 노동 유연화 조치는 노동 개혁의 이름으로 진행될 가능성이 크다. 민주노총의 참가가 상황을 역전시킬 근거는 별로 없다.

참가 전략이 야기할 더욱 중요한 변화는 노조 운동 내부에서 발생할 가능성이 높다. 기업 단위 노조 체제에서 최상층의 전략적 참가는 노동 대중과 초기업 단위 노조 지도부 간에 심각한 갈등을 야기할 수 있다. 국가-자본의 양보가 예견되기 힘든 조건에서 신자유주의의 의제를 둘러싼 협의 또는 합의는 노조의 자주성, 민주성을 해칠 가능성이 크다. 한국의 노조가 멕시코 어용 공식 노동조합과 동일한 수준으로 전락할 가능성은 크지 않지만 그 방향으로 이행할 개연성은 커질 것이다. 조합원과 괴리된 의사 결정이 빈번히 나타날 수 있다는 것이다. 이 경우에 발생할 내적 갈등과 폐해는 이미 충분히 경험한 바 있었다.

셋째로 노동 체제에 관한 비교 연구의 경우 많은 주의가 필요하다는 함의이다. 먼저 비교 연구 이전에 개별 사례에 대한 치밀한 연구가 필요하다. 개별 사례에 대한 자세한 연구 없이 진행되는 비교 연구는 단순 이원론과 같은 과도한 일반화·추상화의 오류를 낳기 쉽다. 다음으로 서구에 대한 연구 못지않게 우리와 조건이 유사한 제3세계 사례에 대한 자세한 연구가 필요하다. 그것은 제3세계가 좀 더 어려운 조건이어서 그럴 뿐만 아니라 새로운 가능성을 갖고 있기 때문이기도 하다. 마지막으로 '체제 이식'의 관점은 별로 바람직하지 않을 뿐만 아니라 위험하다. 복잡한 구조적, 역사적 조건이 작용하는 노동 체제의 변동에서 '전략적 이식'이 거의 불가능하기 때문이다. 요컨대 한국 노동 체제의 미래를 설계하는 데에는 모방보다는 우리 조건에서 다른 사례의 강점을 정책적 수준에서 보완하는 방법이 좀 더 바람직하다.[39]

---

39 이 점과 관련해 이 논문의 한계를 지적해 둘 필요가 있다. 비교 연구를 지향했으나 이 글은 개별 사례에 대한 충분한 연구에 기초하지 못했다. 따라서 비교 분석의 결론은 잠정적일 수밖에 없다. 그리고 '이상한 코포라티즘'을 개념적으로 명료히 제시하지 못했으며 '종속적 신자유주의 노동 체제' 개념 등 시론적인 성격이 강하다. 다만 이 글은 비교 연구의 거시적인 방향성을 제시함으로써 후속 연구를 자극하고자 했다.

9

사회적 합의와 신자유주의 노동 체제
한국과 멕시코의 비교 연구

1. 문제 제기

1998년 1월 구성된 노사정위원회(이하 '노사정위'로 줄임)는 노동 연구자들에게 많은 이론적·실천적 쟁점을 만들어 왔다. 그것은 이전의 노사관계개혁위원회와 달리 소멸·해체의 길을 걷기보다는 지난 10여 년 동안 유지·강화되어 왔다. 노동조합 측의 비판에도 불구하고 법적 제도화, 의제의 확대, 기구의 팽창이 지속되었다. 노사정위는 노동시간 단축, 비정규직 문제, 단체교섭과 노동조합 제도의 변경, 실업자·공무원·교수의 노동 기본권 등의 제도적 쟁점으로부터 은행파업, 발전파업 등의 중요 쟁의에 이르기까지 노동 정치의 모든 중요한 문제들에 개입했다. 특히 정부가 민주노총의 노사정위 복귀를 노사관계 정책의 중심 의제로 삼음으로써 그 존재 자체가 쟁점이 되었다.[1]

....

1 2003년 노무현 정부의 출범과 함께 노사정위의 위상은 다시 한 단계 높아졌다. 선거공약에서 나타난 '노사정위 강화'의 방침이 2003년을 지나면서 약화된 것은 사실이다. 그러나 노사관계 발전 방안, 노동시간 단축 법제화 등의 과정에서 나타나듯이 그 공식적인 위상은 여전히 높다. 한편 2004년 민주노총의 새 지도부가 '조건부 참여 방침'을 표명함에 따라 2004년 이후 노사정위 문제는 다시 한 번 핵심 쟁

더불어 노사정위에 관한 매우 상반된 이론적 평가도 논쟁 과정에서 해소되기보다는 더욱 양극화되는 양상을 보여 주었다. 노사정위의 장기 존속은 한국 사회에서 노사정위의 가능성에 주목했던 연구자들에게는 그 입론을 정당화하는 하나의 실증적 근거가 되었다. 반대로 비판자들에게 그것은 국가의 노동 배제 전략의 새로운 양상으로 이해되었고 좀 더 세련된 통제 양식이 제도화하는 것을 의미했다.

이 연구는 지난 7년간 한국의 '사회적 합의' 경험을 좀 더 일반적인 수준에서 이해하기 위해 멕시코 사례와 비교하고자 한다.2 멕시코는 신자유주의 경제정책이 20년 이상 관철되어 온 대표적인 제3세계 국가이다. 그리고 오랫동안 국가 코포라티즘 제도가 노동 체제3의 기본 틀이었고 신자유주의 정책이 '사회적 합의'의 형식으로 실행된 상징적 사례라고 할 수 있다. 국가와 자본에 비해 노동이 열세에 처한 제3세계 사회에서, 신자유주의의 거센 도전과 함께 시도된 '사회적 합의' 경험의 한 극단을 멕시코는 보여 주고 있다. 라틴아메리카와 동아시아라는 사회 체제상의 커다란 차이에도 불구하고 멕시코가 중요한 비교의 준거가 되는 것은 바로 이런 동질적 경험 때문이다. 이 글은 멕시코와의 비교를 통해 노사정위의 성격에 관해 좀 더 객관적으로 이해하는 것을 목적으로 한다.

점이 될 가능성이 커졌다. 김태연(2003) 참고.

2 멕시코를 비교 대상으로 삼은 것은 노사정위를 둘러싼 논쟁의 이론적 지형에 대한 비판과 연결되어 있다. 노사정위를 이론적으로 뒷받침하는 대부분의 연구들은 네덜란드, 이탈리아, 아일랜드 등, 서구 사회를 분석의 이론적 준거로 삼았다(최영기·이장원 편 1998; 김호진 외 2000; 스테판 버거·휴 콤프스턴 엮음 2003). 그러나 서구와의 비교는 이데올로기적 편향성을 표현하는 경우가 많았다(노중기 2002a; 2004a).

3 노동 체제(labour regime) 개념에 대해서는 임영일(1998d; 2002), 노중기(1995; 1997) 참고. 필자는 노동 체제와 동일한 개념으로 '노동 정치 체제'를 사용한다. '노동 통제 체제'는 그 하위 개념이다. 그리고 '거시 노사관계 체제'는 노동 체제와 개념적 범주가 동일하나 노사관계 체제론의 맥락에 선 개념으로 이해한다.

좀 더 구체적으로 이 글은 세 가지 이론적 쟁점을 제기하고자 한다. 먼저 신자유주의와 사회 협약 체제 혹은 코포라티즘의 병존 가능성에 대한 평가의 문제이다(조효래 2003, 218-219). 주지하듯이 1990년대 이후 선진 자본주의국가와 제3세계 여러 나라에서는 새로운 사회적 합의 실험, 코포라티즘의 제도화가 다양하게 시도되었다. 민주화 이행 과정과 이후의 동유럽 국가, 남아프리카공화국, 라틴아메리카의 여러 나라는 물론 한국의 실험도 주목의 대상이 되었다(Van Waarden and Lehmbruch eds. 2003; Candland and Sil eds. 2001). 이는 신자유주의 세계화의 흐름에 주목하고 코포라티즘의 해체, 혹은 약화를 주장하던 1980년대 연구의 흐름과 배치되었다.

서구에서 논쟁은 그 구체적인 내용이 복잡하지만[4] 대체로 신자유주의와 코포라티즘 체제는 병존할 수 있다는 입론으로 기울고 있는 것으로 판단된다(Van Waarden and Lehmbruch eds. 2003; Crouch and Traxler eds. 1995; Traxler, Blaschke and Kittel 2001). 문제는 제3세계의 경우는 어떠한가라는 점이다. 취약한 노동계급의 역량, 매우 강력한 국가와 비민주적인 정치적 환경, 미비한 사회경제적·제도적 조건, 더 가혹한 신자유주의 공세 속에서 진행되고 있는 제3세계 코포라티즘 체제 혹은 사회적 합의 실험의 앞날은 그리 순탄하지 않은 것이 사실이다. 이런 맥락에서 강한 코포라티즘 전통을 갖고 있으며, 워싱턴 컨센서스를 거

---

[4] 대개 노동 체제의 수렴과 분산(convergence or divergence) 주장을 둘러싸고 진행되던 서구의 논쟁은 새로운 형태의 코포라티즘의 가능성과 현실성에 대한 논의로 발전하기도 했다. 전통적인 사민주의 코포라티즘 국가가 아니었던 네덜란드, 아일랜드, 이탈리아에서 진행된 합의 실험들은 공급 측면 코포라티즘 또는 린코포라티즘(supply-side corporatism, lean corporatism: Crouch and Traxler eds. 1995; Traxler, Blaschke and Kittel 2001), 경쟁력 코포라티즘(competitive corporatism: Rhodes 1997), 규제적 코포라티즘(regulative corporatism: Regini 1997) 등 다양한 개념화 시도를 불러왔다. 서구의 경험에 대한 비판적 검토는 또 다른 연구 작업을 필요로 하며 이 글의 범위를 벗어난다. 관련된 자세한 논의는 노중기(2004a) 참고.

의 완전히 수용한 멕시코 사례는 우리의 노사정위 평가를 위한 좋은 준거를 제공할 것이다.

둘째로 멕시코 사회 협약의 특징과 성격은 무엇인가를 살펴본다. 1940년대 이래 60년간 멕시코 노동 정치를 지탱해 왔던 국가 코포라티즘 체제는 1982년 이후 신자유주의 경제 환경에서 크게 변동하지 않을 수 없었다. 노사정 간의 사회 협약이 새로이 부활했고 이는 구조조정 과정에서 노동과 국가, 그리고 자본의 행위를 규제하는 중요한 제도적 장치로 작동했다. 구조조정 과정과 사회 협약의 모순적 연관, 그리고 그 특성 및 결과를 정리하는 일은 그 자체로 중요한 이론적 쟁점이다. 또 그것은 한국 사회의 합의 실험을 평가하는 데에도 중요한 준거가 될 수 있다.

셋째, 이른바 노동운동의 '전략적 선택'과 그 결과도 중요한 쟁점이 된다. 노동운동에 주어진 전략적 선택지의 폭과 내용은 어떤 것이었던가? 그리고 사회 협약에 대한 참가 요구에 순응했던 멕시코 노동조합의 전략은 무엇이었으며 얻은 실익은 또 어떤 것이었는가 하는 물음이다. 일반적으로 자본의 유연화 공세 속에서 노동운동의 전략 선택의 폭은 크게 제약받아 왔다. 서구 사회를 기준으로 보면 영미식의 일방적인 단체교섭 분산화, 노동시장 유연화를 방치하는 것보다는 합의 기구에 대한 참가가 하나의 유력한 대안으로 평가받을 수도 있을지 모른다. 그러나 제3세계 일반에서 그 조건과 결과는 크게 다를 수 있다. 그러므로 멕시코에서 참가 전략의 실제 의미는 무엇이었으며 그 결과는 어땠는지는 중요한 이론적 쟁점이며, 우리에게 타산지석의 함의를 줄 수 있을 것이다.[5]

---

5 노동운동의 전략 선택 문제는 노사정위 평가에서도 핵심적인 논쟁점이었다. 노사정위의 필요성과 가능성을 높이 평가하는 연구자들은 사회적 합의 체제가 사민당과 중앙 집중적 노조 조직 등 구조적·제도적 조건의 존재 여부보다 노동운동의 전략적 선택이 더 중요한 요인이라고 주장했다. 또 구조적 제약 요인을 강조하는 설명이 '결정론'으로 비판받기도 했다.

이상의 세 가지 쟁점에 관해 멕시코와 한국의 사례를 비교하는 것은 비교 분석의 방법론 측면에서 많은 어려움을 내포하고 있다. 우선 한국과 멕시코는 문화적으로 사회적으로 너무도 상이하며 그 역사적 궤적이 크게 달라 단순한 비교를 불가능하게 하는 것처럼 보인다. 특히 수입 대체 산업화의 오랜 역사를 갖고 있는 멕시코와 수출 주도 산업화의 대명사인 한국은 그 배경이 매우 다르다. 또 오랜 멕시코의 국가 코포라티즘 체제와 느슨하고 분산적인 기업별노조 체제와 억압적 국가가 결합된 한국의 노동 체제는 크게 상이하다.

　　그러므로 이 글은 변수들에 관한 엄격한 통제, 소수의 변인들에 대한 체계적인 비교를 지향하지 않는다. 그 대신 몇 개의 특정한 쟁점을 중심으로 두 사례의 역사적 경험을 대조하는 비교 방법을 사용할 것이다.[6] 그리고 몇 개의 가설을 적용하고 여러 가지 변수로 이를 설명하며, 나아가 그 함의를 검토하는 데에 주력할 것이다.

　　이 글은 순서는 다음과 같다. 2절에서는 멕시코의 국가 코포라티즘 체제를 정리하고 이를 한국의 노동 체제와 간략하게 대조해 본다. 3절에서는 1982년 외환위기 이후 멕시코의 구조조정의 전개 과정과 사회 협약의 진행 과정을 정리할 것이다. 4절에서는 신자유주의 경제정책과 사회 협약의 연관을 중심으로 멕시코 코포라티즘의 변동과 그 특성을 검토할 것이다. 5절에서는 세 가지 이론적 쟁점을 중심으로 한국과 멕시코 사례를 비교할 것이며 함의를 정리한다.

---

6 이는 거시 비교 방법론에서 맥락의 대조와 거시 인과 분석 방법을 혼용하는 것이 된다(Skocpol and Somers 1980). 요컨대 필자는 신자유주의 구조조정과 코포라티즘(혹은 사회 협약 체제), 그리고 그것의 노동운동에 대한 제약, 노동계급의 노동조건에 대한 효과에 관해 가설적인 인과 연관을 설정하는 것에 그치고자 한다. 멕시코의 경험은 한국 사회를 설명하는 데 있어 보족적인 수단에 불과한 것이며 한국의 노동 정치는 우리 사회의 구체적인 맥락과 변수들의 인과관계 속에서만 설명될 수 있기 때문이다.

2. 멕시코 국가 코포라티즘 체제와 한국의 노동 체제

멕시코의 코포라티즘은 민중주의와 코포라티즘의 역사를 갖고 있는 다른 많은 라틴아메리카와도 구별되는 매우 독특한 것이었다.7 군사 정부의 가혹한 억압을 전제로 했던 배제적 국가 코포라티즘exclusive state corporatism과 달리 그것은 노동 부문을 국가 체제의 핵심적인 지배 기구에 포섭한 포섭적 국가 코포라티즘inclusive state corporatism으로 개념화되었다(Stepan 1978; Schmitter 1979; Collier and Collier 1979). 그것은 1930년대로부터 1980년대에 이르기까지 40년이 넘는 기간 멕시코 사회 체제를 안정적으로 유지해 온 핵심 지배 장치였다.8

멕시코 체제의 특별한 점은 무엇보다 지배 정당의 성격에 있었다(Rosenberg 2001). 1930년대 후반 까르데나스Cuauhtémoc Cárdenas 정권은 멕시코 혁명의 이념과 사회적 세력을 코포라티즘 체제로 제도화했는데 그 중심에는 제도혁명당PRI 이 있었다. 노동, 농민, 민중 부문으로 구성된 제도혁명당은 국가-정당-노동조합으로 수직적으로 연결된 이익 대표와 통제, 그리고 경제적·정치적 포섭 기제의 조직적 표현이었다. 제도혁명당을 통해 자본주의적 산업화에 따른 계급 갈등은 조직적으로 통제되었다. 그리고 당 관료들은 각 부문이 이해를 직접 국가에 대표하고 교섭했다.

물론 모든 민중 부문과 노동 대중이 정치적으로 포섭된 것은 아니었다. 멕시코노동총동맹CTM을 비롯한 공식 노조들로 조직되지 않은 다수의 노동자들의

---

7 멕시코 노동 체제의 역사와 구조에 관한 좀 더 자세한 설명은 Middlebrook(1995), La Botz(1992), 이성형(1998a; 1999), 임영일(1998d), 조돈문(1996)을 참고할 것.
8 멕시코는 다른 라틴아메리카 나라들의 군부 쿠데타를 경험하지 않았으며 동시에 1980년대 민주화 이행의 경험도 없었다. 그리고 제도혁명당의 기록적인 70년 장기 집권은 2000년 대선에서 국민행동당(PAN)의 폭스(Vicente Fox)가 당선됨으로써 비로소 중단되었다.

요구는 체계적으로 배제되었으며 때로 물리적인 억압 수단으로 다스려졌다. 반면에 공식 부문 조직에는 경제적·정치적 반대급부가 체계적으로 배분되었다. 포섭을 위한 수단들에는 노조에 대한 공식적 인정official union과 물질적 행정적 지원, 정당과 행정부 그리고 지방 정부의 직위 배분, 연방과 주 차원의 알선 조정위원회the Boards of Conciliation and Arbitration 참여, 멕시코 사회보장기구IMSS: Mexican Institute of Social Security 등 각종 사회보장 기구 가입, 최저임금제 적용, 노동자주택기구INFONAVITA 운영 등 광범한 것이었다(Zapata 1998). 동시에 이 같은 특혜들은 각 부문에서 발생하는 이탈자들을 통제하는 강력한 통제 수단으로 작용했다.9

반대로 국가와 제도혁명당은 공식 노조로부터 체제의 정당성과 안정성을 부여받았다(de la Garza 1994). 먼저 노조는 참여의 대가로 제도혁명당의 일당 독재 체제를 일관되게 지지했다. 1968년 위기 등 모든 정치적 위기는 물론 일상적인 선거에서 노동조합은 PRI 체제를 뒷받침한 가장 중요한 사회 세력이었다. 그리고 공식 노조는 수입 대체 산업화 과정에서 체제 순응적인 노동력을 안정적으로 재생산하는 핵심적인 장치였다. 공식 노조를 통해 '혁명적 민족주의' 이데올로기는 지속적으로 재생산되어 지배 체제를 뒷받침했다. 급진적 이념과 노동자의 저항은 노조 내부에서 체계적으로 배제되었으며 파업은 노동조합에 의해 일차적으로 억제되었다.10

요컨대 혁명 이후 멕시코의 코포라티즘은 두 개의 수준에서 행해진 교환 체제였다고 할 수 있다.11 사회경제적 차원에서 공식 노조는 PRI 정부의 경제정책

---

9 멕시코 노동 체제는 1930년대 당시로는 매우 진보적인 것이었다. 그것은 1910년대 혁명 기간의 민중들의 열망 그리고 '혁명적 민족주의'라는 1917년 헌법의 이념을 반영하고 있었기 때문이었다. 다만 1940년대 이후 자본주의화 과정에서 그 진보성은 심각하게 탈색되었다(Samstad and Collier 1995).
10 1980년대까지 노동조합의 저항들에 관해서는 Arce(1990) 참고.

을 지원하고 노동자 대중을 통제한 대가로 특혜를 받았다. 이때 핵심 기제는 1931년 연방노동법^{LEF} 체제하의 최저임금위원회와 알선조정위원회였다. 그리고 선거와 대통령 승계 시점에서의 정치적 지지는 각종 정치적 이권과 교환되었다. 그러므로 1982년 이전까지 멕시코에서 사회 협약과 정치적 합의는 따로 필요치 않았으며 코포라티즘 조직 체제 내에서 항상적으로 이루어졌다고 볼 수 있다.

멕시코의 포섭적 국가 코포라티즘 체제는 라틴아메리카와 동아시아 사회의 일반적 차이를 고려치 않더라도[12] 한국의 노동 체제와 매우 상이한 것이었다.

먼저 노동 체제 형성의 규정 요인인 자본주의화의 전략이 크게 달랐다. 1940년대 이래 40년 동안 진행된 멕시코의 수입 대체 산업화 전략은 정치적으로 민중주의적 노동자 동원 체제와 결합된 것이었으며 그 조직적 표현이 코포라티즘이었다. 노동 대중에 대한 물질적 보상은 국내 수요 창출을 위한 전제 조건이었으며 안정적인 축적의 사회적, 정치적 조건이었다. 반대로 한국의 수출 주도 산업화는 성장에 따른 극히 제한된 시장에서의 물질적 보상 외에 어떤 사회적 분배 장치도 없는 노동 배제형 자본 축적이었다. 그 결과 1990년대에 이르기까지 한국의 노동 체제는 멕시코에 상응하는 어떤 유의미한 사회보장제도나 조직적 포섭 장치도 갖지 못했다.[13]

둘째, 한국에는 PRI에 상응하는 어떤 정치 세력도 존재하지 않았다. 앞서 본

---

11 여기서 주의할 점은 국가와 공식 노조 간의 후원과 수혜 관계가 전혀 대등한 것이 아니었다는 점이다. 대통령을 정점으로 한 국가 권력은 자본가계급과 내적으로 결합해 노동 대중을 정치적으로 통제하기 위해 코포라티즘 체제를 이용했을 뿐이었다(Middlebrook 1995; 이성형 1998a, 101).

12 일반적인 사회문화적, 정치적 차이에 관해서는 Whitehead(2000), Fukuyama and Marwah(2000) 참고.

13 그러므로 1987년 이전 한국의 노동 체제를 '국가 코포라티즘'으로 볼 수 없다. 한국을 '배제적 국가 코포라티즘'으로 보는 시각에 대한 자세한 비판은 노중기(1993; 1995) 참고.

바와 같이 멕시코의 노동 체제에서 노동계급의 지배 정당으로의 정치적 포섭은 핵심적인 통제 장치를 구성했다. 반면에 한국에서 노동계급에 대한 정치적 배제는 거의 완벽했다. 노동계급에 대한 탈정치화 및 가혹한 정치적 통제는 분단 체제의 역사적 경험으로부터 심화된 뿌리 깊은 것이었다. 이는 멕시코 혁명과 '혁명적 민족주의' 이데올로기로부터 기원한 멕시코 정치 체제와 크게 대비된다고 할 수 있다.

노동 정치과정에서 국가가 중심적인 역할을 했다는 점은 표면적으로 유사한 점이다. 그러나 노동 정치에서 국가의 주도성이나 역관계의 불균형성의 구체적 내용은 무척 달랐다. 1987년까지 한국의 국가는 노조의 성격과 무관하게 정치적인 주체로 발전하는 것을 강력하게 억압했다. 반면에 멕시코의 국가는 노조를 정치화했고 국가의 일부로 만들었다(Zapata 1998). 멕시코에서 노조는 노동 배제 정책의 대상이기보다 수단이었던 것이다.

셋째, 노동조합의 조직 구조와 역량 또한 매우 대조적이다. 14.4~26%에 이르는 것으로 추산되는 조직률의 차이는 크지 않을지 모른다.14 그러나 국가 기구와 긴밀히 연관되고 국가 내부로 조직화되어 있는 멕시코 공식 노조들의 노동운동 내의 헤게모니는 1980년대까지 굳건했다. CTM 외에 다수의 노조연맹체, 연합조직체, 산별노조들이 존재했으나 이들 간의 경쟁은 위로부터 통제되었다. 노조는 통제 대상이기도 했지만 동시에 그 자체가 국가의 권력 기구였다. 1987년까지 한국노총은 독점적 지위를 인정받았으나 국가 기구 내에서 그 지위는 상대적으로 매우 취약한 것이었다. 그리고 조직 구조 면에서 멕시코 노조는 연방 노조 조직으로부터 지역 조직, 그리고 작업장, 기층 노동자로 이어지는

---

14 멕시코의 노조 조직률은 정확하지 않다. 1970년대 조직률에 관해서는 이성형(1998a, 102-103) 참고.

수직적 통제 체제를 갖고 있었다. 이는 기업별노조 체제로 극단적으로 분산되어 있었던 한국 노조의 조직 체제와 크게 다른 것이었다. 1960, 70년대의 변형 산별노조 체제의 경우에도 마찬가지였다.

이렇게 크게 상이한 두 개의 노동 체제를 비교하기는 쉽지 않다. 그러나 멕시코의 1982년과 1994년 두 차례 외환위기, 한국의 1997년 외환위기는 서로 다른 두 노동 체제에 비교의 준거를 만들기 시작했다. 외환위기로부터 가속화된 신자유주의 경제정책과 구조조정은 서로 다른 노동 체제에 유사한 이론적·실천적 쟁점을 던져 주었기 때문이다. 무려 20년 이상 진행된 멕시코의 구조조정은 어떤 결과를 가져왔으며 코포라티즘 노동 체제는 어떻게 변화했는가?

3. 멕시코 신자유주의 정책의 전개와 결과

1) 20년에 걸친 구조조정과 노동 정책의 전개

1982년 멕시코의 외채 위기는 곧 라틴아메리카 전체로 확산되어 1980년대 남미의 '잃어버린 10년'의 시발점이 되었다. 그중에서도 멕시코의 경험은 혹독한 것이었다. 멕시코에서 신자유주의 구조조정은 10년으로 그치지 않았으며, 1994년 페소 위기라는 또 한 차례의 외환위기를 거쳐 현재까지 계속되어 오고 있기 때문이다. IMF 등 국제 금융 기구와 워싱턴 컨센서스를 따라 진행된 가혹한 구조조정 정책은 세 시기로 나누어 살펴볼 수 있다.

먼저 1982년에서 1985년에 이르는 경제 안정화 정책 기간이다. 집권과 함께 경제 위기를 맞았던 델 라 마드리드 정부Miguel de la Madrid: 1982~1988는 긴급 자금을 받는 대가로 IMF가 제시한 '긴축 프로그램'을 받아들이지 않을 수 없었다. IMF는 위기가 방만한 재정 운영 때문이라는 입장을 취했고 재정 적자의 축소를 강력하게 요구했다. IMF의 요구는 '긴급경제재건계획'PIRE: Immediate Program of Economic Recovery, 1983~1984과 국가발전계획PNR, 1983~88으로 나타났다. 그것은 1985년까지 GDP 5% 내로 적자 규모를 축소하는 것을 목표로 공적 지출의 대폭적인 삭감, 임금과 보조금 삭감, 공공 부문 가격의 인상, 공공 부문 민영화 등으로 구성되었다. 그리고 무역과 경제의 자유화, 시장 중심 경제로의 구조조정, 외국자본 유치, 민영화 등 근본적인 경제 구조 재편 전략이 제출되었다.15

한편 노동 정책과 관련해서 델 라 마드리드 정부는 긴축정책 관철을 위한 수단으로 노동 정책을 전환했다. 노동조합의 임금 결정 과정에 대한 개입은 전국최저임금위원회의 코포라티즘 장치를 통해 차단되었으며 임금 인상의 폭은 행정적으로 결정되었다. 고율의 인플레와 페소화의 대폭적인 평가절하 속에서 실질임금은 급감한 것은 당연한 귀결이었다.16 노사관계에 있어서도 정부는 노동조합과 파업의 불인정, 파업 파괴, 전통적 노동 협약의 해체 등 다양한 방식으로 보호 장치들을 해체했다(이성형 1998a, 109-113).

그러나 이 시기에 경제 자유화 조치, 구조조정, 노동 유연화 정책은 제한적인 것이었다. IMF, 세계은행 등 국제 금융 기구의 급진적인 시장 개혁 요구는 멕시

---

15 1982년의 경제 위기는 직접적으로는 석유 가격의 급작스런 하락, 국제 이자율의 급상승, 에체베리아, 뽀르띠요 등 1970년대 민중주의 정부의 방만한 재정 운영과 적자에 기인한 것이었다. 그러나 본질적으로 그것은 수입 대체 산업화 전략의 한계, 그 경제적 효율성의 소진과 연관되어 있었다. 그리고 우연치 않게도 델 라 마드리드 정부에서는 수출 주도 산업화 전략으로의 전환을 이미 준비하고 있던 기술관료들이 주도권을 장악하고 있었다.

16 더욱이 정부는 이전에 삼자 합의 기구인 최저임금위원회(CNSM)에서 결정하던 임금 결정을 무력화시켜 일방적으로 결정했다. 그리고 최저임금 인상 수준 이하로 교섭 임금이 타결되도록 유도함으로써 CNSM를 임금 억제 수단으로 이용했다. Burgess(2003) 참고.

코 국가 기구들 간의 갈등 속에서 부분적으로만 관철될 수 있었다(Teichman 2001, 131-133). 그리고 여전히 중요한 조직적, 정치적 세력인 노동조합의 반발을 의식하지 않을 수 없었기 때문이었다.

두 번째 시기는 석유 가격의 추가 하락이 이어진 1985년, 1986년부터 1994년까지 신자유주의 정책이 본격화된 시기였다. 델 라 마드리드 정부의 재무장관이었던 살리나스Carlos Salinas는 이 기간에 대폭적인 관세 인하 등 무역자유화와 대외 개방, 재정 감축, 공공 부문의 대규모 민영화, 금융 개혁과 토지 개혁ejido reform, 해외 투자자를 위한 규제 철폐와 투자 장려 정책, 북미자유무역협정NAFTA 체결 등을 통해 멕시코 경제 구조를 전면적으로 재편했다.

이전 정부의 강력한 안정화 정책에도 불구하고 석유가 하락에 따른 국제수지 악화, 인플레 심화, 자본 도피의 증가 등이 계속되었고 1987년에는 다시 커다란 경제 위기가 도래했다. 이는 살리나스 정부(1988~94)가 신자유주의 개혁을 가속화, 심화하는 배경이 되었다. 수입 허가제는 철폐되었고 수입 관세는 크게 인하되었다. 그리고 GATT 가입과 NAFTA 체결로 멕시코는 높은 장벽으로 내수 시장을 보호하던 보호 무역 국가에서 완전한 자유 무역 국가로 바뀌었다. 수출의 진작과 외자의 유치는 국가 경제정책의 근간이 되었다. 또 살리나스 정부는 이전 시기에 지지부진하던 공기업의 민영화, 합리화를 대대적으로 추진했다. 1982년 1,155개나 되던 공기업은 1996년에 이르면 186개로 크게 줄어들었다(이성형 1998a, 122). 여기에는 고속도로, 전화, 구리광산, 항공사 등 기간산업의 기업들이 대거 포함되었다. 또 공기업에 대한 제반 보호 장치와 보조는 축소되거나 제거되어 시장 경쟁이 크게 활성화되었다.

노동 정책의 측면에서도 질적인 변화가 나타났다. 가장 중요한 변화는 1987년부터 시작된 노사정 간의 사회 협약 체결이었다. 그것은 신자유주의 정책에 따라 야기된 노동 측의 반발을 제어하고 이를 더욱 심화하기 위한 기제로써 새로이 도입되었다.[17] 그러나 한편에서 사회 협약의 정치가 계속되었으나, 집권 이후 살리나스는 멕시코의 낡은 코포라티즘 체제를 해체하려는 분명한 전략적 태도를 보여 주었다. 1990년 노동절에 선포된 '신노조주의'[New Unionism] 프로젝트 와 '사회적 자유주의'[social liberalism] 이념은 신자유주의 경제 체제에 조응하는 새로운 노동 체제를 만들기 위한 전략적 전환이었다. 이런 거시 전략 전환에 따라 국가 노동 관계는 크게 변화했다. 정부는 오랫동안 집권당의 정치적 기반이었 던 CTM 지도부를 직접 공격했고, 노조의 정치적, 경제적 지위를 보장했던 노동 법을 전면적으로 개정하려고 시도했다. CROC, CROM, CRT 등의 소수파 공식 노조를 이용한 CTM에 대한 분할 지배 전략도 시도되었다. 또 살리나스는 '신노 동문화'[New Labor Culture]라는 구호 아래 생산성 향상에 협조하는 새로운 노사 협조 주의를 주창하고 실제로 이를 만들어 내기도 했다.[18] 파업 등 쟁의 사업장에 국 가의 물리적 억압 수단이 빈번하게 동원되고 노조 지도자들에 대한 테러가 공 공연하게 사용된 것도 살리나스 시기 노동 정책의 중요한 측면이었다(La Botz 1992).

세 번째 시기인 1994년 이후는 쎄디요[Ernesto Zedillo] 정부(1994~2000)가 살리나 스 정부의 구조조정 정책을 이어받아 경제 체제와 노동 체제를 신자유주의 체 제로 완성한 시기였다. 쎄디요 신정부는 1994년 12월의 페소화 위기를 맞아 안 정화 정책과 구조조정 정책을 다시 한 번 실시했다. 1982년 위기 때와는 달리 1995년과 1996년 페소화의 대폭적인 평가절하에 힘입어 경기는 1996년 이후 호전되었다. 그러나 민영화, 시장 개방, 규제 축소로 이어지는 신자유주의 경제

---

17 어떤 의미에서 그것은 멕시코에서 오랫동안 제도화되어 실행되던 코포라티즘 절차를 형식화하는 것일 뿐이었다(Kay 2003). 물론 그 함의는 간단히 처리할 문제는 아니다. 자세한 분석은 4절 이하 참고.
18 FSEBES(재화 및 서비스 기업 노조연맹)이 그 사례이다. 이들은 기존 공식 노조에 대한 반대를 표명 한 일군의 노조들로서 기업 단위 교섭, 생산성과 품질 향상, 노조의 자율성 확보 등을 주장했다.

정책은 더욱 확대되었다. 쎄디요의 뒤를 이어 집권한 국민행동당의 폭스^{Vicente} Fox 정부(2000~2004년)의 경제정책은 중소기업에 대한 지원을 강화한다는 것을 제외하면 신자유주의 정책에서 한 걸음도 벗어나지 못했다.

이 시기의 노동 정책도 살리나스 시기와 크게 달라지지 않았다. 1994년의 '경제 위기 극복을 위한 협약'AUSE: The Unitary Agreement to Overcome the Economic Emergency, 1995년의 '경제 회복을 위한 협약'APRE: The Agreement for Economic Recovery, 1996년의 '성장을 위한 동맹'APC: Alliance for Growth 등 노사정 사회 협약은 페소화 위기와 더불어 다시 시도되었다. 사회 협약은 이전과 마찬가지로 임금 억제, 인플레 억제를 목적으로 한 것이었으며 부차적으로 사회 통합이라는 정치적 의도를 포함하고 있었다. 비록 성공하지는 못했으나 코포라티즘 체제를 약화시키고 노사관계를 유연화하기 위한 노동법 개정도 재차 시도되었다. 민영화는 철도, 석유 화학 부문 등 전략 산업에서 한 걸음 더 진척되었고 국가 부문의 축소는 어느 정도 완결되었다.

2) 구조조정 정책의 결과와 노동 체제의 변동

멕시코의 신자유주의 경제·노동 정책의 결과는 잘 알려져 있듯이 파멸적인 것이었다(이성형 1998a; 1999; Alarcón 2003; Salas and Zepeda 2003). 두 차례의 외환 위기와 국제 금융기구 — 멕시코 정부의 가혹한 안정화 정책과 경제 개방, 그리고 20년 이상 계속되어 온 구조조정 정책과 신자유주의적 시장 개혁은 노동자, 농민과 도시 빈민 등 대다수 노동 대중의 삶을 극도로 피폐하게 만들었다. 변화의 폭은 컸으나 대중의 생활 상태는 20년 전에 비해 전혀 나아지지 않았다.

먼저 〈표 9-1〉을 보면 일인당 국민소득은 1980년의 3,424달러에서 2000년, 3,537달러로 거의 제자리걸음 수준에 머물렀다. 20년 동안 소득이 전혀 늘지

연도	1980	1985	1990	1995	2000
1인당 GDP(1990 US$)	3,424	3,370	3,195	3,138	3,537
국내 투자(GDP의 %)	38.1	23.4	23.1	19.8	23.3
국내 저축(GDP의 %))	30.9	28.9	22.3	19.3	20.2
수출/GDP(%)	11.3	16.2	18.6	30.5	31.4
물가 상승률(%)	26.4	57.8	26.6	35.0	9.5

자료 : Alacón(2003, 452)에서 인용.

않았다는 것이다. 그리고 이 수치 뒤에 숨겨진 사실은 1982년부터 1995년까지 대폭적인 소득 감소가 있었고 그것이 최근 5년 동안 겨우 회복된 것에 불과하다는 점이다.[19] 요컨대 신자유주의 경제 개혁 20년은 대규모의 소득 삭감과 생활 조건 악화의 20년이었던 것이다. 동시에 이 기간에 국내 투자, 국내 저축은 급속히 감소했고, 총생산 중 수출의 비중은 크게 늘어났다.

또 전반적인 경제 성장이 뒷걸음치는 가운데서 소득의 분배는 더욱 더 불평등하게 재구조화했다. 1989년과 1994년의 계층 간 소득을 비교한 〈표 9-2〉를 보면 상위 20% 계층의 소득은 5년의 짧은 기간 동안 10%나 증가했다. 반면에 하위 20%의 소득은 제자리걸음이다. 〈표 9-3〉에서 보면 빈곤선의 기준 설정과

---

[19] 한 연구의 추정에 의하면 임금소득 노동의 시간당 평균 임금은 1991년의 6.57페소에서 1998년에는 4.83페소로 26.6% 하락했으며, 전체 피용자의 시간당 평균임금은 같은 기간에 7.04페소에서 4.22페소로 무려 40.0%나 삭감되었다(Salas and Zepeda 2003).

〈표〉 멕시코의 경제 성장률(1970~2000)(1993년 불변가격 페소화 기준, %)

기간	1970~1980	1980~1985	1985~1990	1990~1995	1995~2000
평균GDP 성장률	6.7	1.9	1.8	1.5	5.4
일인당 소득증가율	3.2	-0.5	-0.3	-0.4	3.8

(1994년 불변가격, 100페소)

구분	1989(A)	1992	1994(B)	변동폭(A—B, %)
1분위	240,8	239,6	244,1	1,4
2분위	434,3	421,9	434,2	0,0
3분위	592,6	591,9	606,5	2,3
4분위	761,8	762,4	790,2	3,7
5분위	954,8	958,6	997,7	4,5
6분위	1,204,9	1,215,3	1,250,5	3,8
7분위	1,519,7	1,552,2	1,598,6	5,2
8분위	1,991,3	2,053,2	2,113,3	6,1
9분위	2,830,3	3,015,9	3,083,9	9,0
10분위	7,435,8	7,819,8	8,067,0	8,5

주 : 1인당 소득을 가구 총소득으로 계산.
자료 : Alacón(2003, 456)에서 인용.

조사 방식에 따라 차이가 나지만 절대 빈곤은 1980년대 이후 지속적으로 늘어나고 있음을 알 수 있다. 그러나 이 지표는 1994~95년의 페소 위기에 의한 빈곤화를 포함하지 않은 지표일 뿐이다. 결국 20년 동안 하위 계층의 빈곤화 경향은 구조적 틀로 자리 잡았다.

한편 빈곤이 크게 확대된 것에 비해 실업률은 매우 낮게 나타났다. 1991년 2.2%이던 공식 실업률은 1997년 2.6%로 크게 변화하지 않았으며, 도시 지역 실업률은 1987년부터 1997년까지 2~3% 수준을 크게 벗어나지 않았던 것이다.[20] 그러나 이런 낮은 실업률은 고용 사정의 실상을 은폐하고 있다. 실업 통계의 개념적 문제 외에도 비정규직의 급속한 증가라는 고용 구조의 악화가 낮은

---

[20] 이 기간에 실업률이 가장 높았던 것은 1994~95년 페소 위기 당시의 6% 수준이었다(Salas and Zepeda 2003, 524).

<표 9-3> 멕시코 절대 빈곤층의 규모 추정(1984~94)

(단위 : %)

연도	Panuco, Szekely	Alarcon	Mejia, Vos	CEPAL/INEG	Lustig, Szekely
1984	10.3	19.5	14.0	15.4	13.9
1989	10.7	23.6	19.0	18.8	17.1
1992	10.8		20.0	16.1	16.1
1994			21.0		15.5

출처 : Alacón(2003, 457)에서 인용.

실업률의 비밀이었던 것이다. 현재 비정규직은 전체 고용의 60% 이상을 차지하고 있는 것으로 추정되고 있다. 신자유주의 경제 전략으로 말미암아 정규직 고용 창출은 한계에 부딪혔고 그 자리를 비정규직이 채웠던 것이다(이성형 1998a, 116-117).

　노동 대중의 경제적 빈곤과 고용 불안의 심화는 한편에서 경제 위기와 자유화의 결과이었으나 다른 면에서 노동 체제 변동의 효과이기도 했다. 멕시코는 흔히 '사실상의 유연화'de facto flexibilization의 사례로 분류된다. 그것은 노동 체제의 유연화가 급격한 제도 변화, 법 개정, 사회 협약 등에 의해 야기되기보다는 기존 제도 내부에서 국가의 개입에 의해 자연스럽게 성취되었기 때문이다. 노동자 해고는 좀 더 손쉬워졌고 단체교섭이나 파업권은 크게 약화되었다. 노동법이 변화하지는 않았으나 그 규제력은 크게 약화되었다. 그 결과 직무 재조직과 유연화, 노동시간 유연화, 임시직-하청 노동의 확대, 보상 체계의 개편, 노조 참여권의 축소 등 변화는 전반적인 것이었다. 그리고 사회보장 장치 등 전통적인 노동 보호 제도는 크게 약화되었으며 보너스, 유급 휴일 등의 부가 급여는 축소되었다. '사실상의 노동 체제 변동'을 가능케 한 가장 중요한 요인은 물론 국가의 정책 변화, 노동 체제에 대한 강한 개입이었다.

구분	국가 코포라티즘 노동 체제	종속적 신자유주의 노동 체제
시기	1930~70년대	1980년대 이후 현재
산업화 중심 지역	수도권, 대도시와 근교에 집중	북부 국경 지대와 전국에 산재
국가·자본의 전략	국가 주도의 수입 대체 산업화	시장 주도, 신자유주의 전략
동맹 세력, 통제 방식	국가와 공식 노동조합의 동맹 조직적 포섭에 의한 통제	국가와 초국적 자본의 동맹 조직적 배제, 물리적 억압
작업장 통제 방식	고임금(가족 임금) 정규직, 장기근속 중심 집중화된 단체교섭	저임금, 임금 인상 억제 높은 이직률, 비정규 고용 확대 분산적인 단체교섭
규제, 보호 장치	국가에 의한 집중화된 노동 보호 국가 사회보장 프로그램 공공 육아 프로그램 노동자 주택 지원 제도 포괄적인 국가 의료 보장	국가에 의한 집중화된 노동 보호 국가 사회보장 프로그램 공공 육아 프로그램 노동자 주택 지원 제도 포괄적인 국가 의료 보장

주 : Cravey(1998, 77)에서 인용. 필자가 재구성, 보완. 노동 체제의 개념화는 필자가 수정한 것임.

〈표 9-4〉에서 보듯이 가혹한 신자유주의 구조조정을 경험한 멕시코의 노동 체제는 20년 전의 그것과 비교해 크게 변화했다. 산업화의 중심은 시티와 대도시로부터 북부 마낄라도라 지역과 전국으로 확산되었으며 공식 노동조합은 정치적 지배 동맹 세력에서 배제되었다. 이를 대신한 것은 국내외의 초국적 거대 독점자본이었다. 공식 노조에 의한 조직적 통제가 계속되고 있지만 그 내적 기제는 변모했으며 그 방식도 포섭에서 배제의 방식으로 바뀌었다. 작업장은 저임금, 높은 이직률에 의해 규율되고 있고 기업 단위 교섭의 비중은 점차 확대되었다. 또 노동에 대한 사회적 보호 장치들은 급속하게 시장 원리에 의해 대체되었고 국가의 역할은 축소되었다.

그렇다면 전통적인 코포라티즘 체제는 어떻게 되었는가? 오랫동안 멕시코 노동 사회와 정치사회의 통합에 제도적 기반이었던 코포라티즘은 지난 20년 동안 어떤 변화를 겪었으며 그 전망은 어떤가?

4. 멕시코의 코포라티즘과 사회 협약

1) 신자유주의와 코포라티즘 : 강화 또는 해체?

코포라티즘 체제에 대한 해명은 멕시코 노동 체제 전반의 변동을 이해하는 핵심적인 쟁점이다. 그것은 신자유주의 경제 개혁에 따라 확산되는 경제 자유화, 노동 유연화, 민영화, 그리고 그것이 노동자에 미친 영향 등의 주제에 대해서는 연구자들 간에 광범한 합의가 존재하는 반면, 코포라티즘의 구조 변동에 대한 평가는 크게 엇갈리거나 모호하기 때문이다. 일군의 학자들은 신자유주의 경제정책으로 말미암아 코포라티즘의 기반은 상당히, 혹은 결정적으로 와해되기 시작했다고 평가한다(Pozas 1993; Soederberg 2001; Burgess 2003; Cook 1995b). 국가 코포라티즘을 대신해서 신다원주의neopluralism체제가 형성되었다는 주장도 이런 범주에 속한다(Oxhorn 1998). 반대로 다른 연구자들은 코포라티즘이 약화되었으나 여전히 노동 체제에 핵심적인 기구로써 작동함을 강조했다(Teichman 1996; Zapata 1996; 1998; Samstad and Collier 1995; Alfaro 1999). 또 어떤 연구자들은 새로운 형태의 코포라티즘이 생성되고 있다고 평가하기도 했다(de la Garza 1994; Dresser 1994; Dombois and Pries 1995).[21]

---

21 Cook(1995a; 1999) 참고. 멕시코의 코포라티즘 체제의 전망과 관련해 국내 연구도 서로 상반된 입장을 개진하고 있다. 임영일(1998d, 242-254)은 멕시코의 코포라티즘이 1990년대 들어 결정적으로 해

이렇게 다양한 견해가 제출되는 것은 멕시코 코포라티즘의 변동이 일방적인 약화나 강화, 혹은 소멸이라는 단일 방향의 변동 과정이 아니었던 것에 기인하고 있다. 그것은 경제 위기와 구조조정, 그리고 민주화 이행의 진전 등의 시간 흐름에 따라 때로 강화되기도 하고 약화되기도 했다. 또 코포라티즘 장치들 중 어떤 것은 약화했으나 다른 측면은 변화하지 않았고 내용도 상당 정도 변형되었다.[22] 그리고 복합적인 과정과 맥락을 뛰어넘는 일관된 구조적인 힘도 동시에 작용하고 있었다. 요컨대 20년의 구조조정 과정에서는 코포라티즘을 존속시키는 요인들과 해체하는 힘들이 복합적으로 작용했다.

특히 코포라티즘의 해체 경향을 쉽게 주장할 수 없는 이유는 1982년 이후 어떤 면에서 그것이 더욱 강화되는 양상이 상당 기간 나타났기 때문이다. 코포라티즘의 정치적 표현인 사회 협약은 1987년 12월의 경제연대협약[PSE1]을 필두로 해 1997년 12월까지 무려 17회나 되풀이되었던 것이다.

신자유주의 경제정책의 파멸적인 결과는 코포라티즘의 합의 기반을 붕괴시킬 것이라는 연구자들의 추론은 멕시코에서 사실과 부합하지 않았다. 더욱이 협약의 내용이 경제 위기와 구조조정의 비용을 노동자에게 전가하는 것이었음에도 불구하고 협약은 계속되었다. 〈표 9-5〉를 보면 협약의 주요한 내용은 환율 조정, 공공 부문 지출의 축소, 공공 가격 인상, 최저임금 인상, 관세 조정 등 시장 자유화 등으로 구성되었다. 그런데 최저임금 인상은 이전 시기와 달리 임금 베

체되고 있다고 평가했다. 반면 이성형(1999, 186-191)은 부분적인 위기에도 불구하고 코포라티즘 체제가 상당 기간 유지될 가능성이 크다고 본다.

22 이런 나선형적, 복합적, 중층적 변동 과정에서 우리는 제도나 체제의 변동이 기능적인 논리에 따르는 것이 아니라 경로 의존적인(path-dependent) 것임을 다시 한 번 확인할 수 있다. 제도 도입이나 변동 과정에서는 역사적 조건과 사회적 맥락의 역할이 결정적이다(Locke and Thelen 1995; Thelen 2000).

〈표 9-5〉 멕시코의 사회 협약(1987~97)

협약 기간	주요 내용
PSE1 87.12-88.2	환율 평가 절하, 공공 지출 축소, 유가 인상, 최저임금 36% 인상, 최고 관세 20% 삭감
PSE2 88.3	고정환율제, 최저임금 3% 인상
PSE3 88.3-88.5	농기계 수입자유화
PSE4 88.5-88.8	-
PSE5 88.8-88.11	민간 부문 물가 3% 인하, 가공 농산품에 대한 부가가치세 폐지
PSE6 88.10-88.12	-
PECE1 88.12-89.7	소폭 평가절하, 최저임금 8% 인상
PECE2 89.6-90.3	최저임금 6% 인상
PECE3 89.12-90.7	최저임금 10% 인상
PECE4 90.5-91.1	소폭 평가절하, 6-12% 유가 인상, 콩 옥수수 국제 가격 연동제
PECE5 90.11-91.12	소폭 평가절하, 10-33% 유가 인상, 최저임금 18% 인상, 기초식품 보조금 인상
PECE6 91.11-93.1	소폭 평가절하, 통화 관리 종료, 15-55% 유가 인상, 최저임금 10% 인상
PECE7 92.10-93.12	일일 환율 조정, 10% 미만 유가 인상, 최저임금 7% 인상
PECE8 93.10-94.12	5% 미만 유가 인상, 세금 인하, 최저임금 5% 인상
PABEC 94.9-95.12	최저임금 3-4% 인상, 법인세 10% 인하
APRE 95.10-96.12	변동환율제, 물가 상승률 7%, 최저임금 10-20% 인상
APC 96.10-97.12	고용 창출 위한 0.5% 재정 적자. 8% 물가 인상 후 월 1%, 최저임금 17% 인상

주 : PSE: Economic Solidarity Pact, PECE: Pact for Economic Growth and Stability, PABEC: Pact for Welfare, Stability and Growth, APRE: Alliance for Economic Recovery, APC: Alliance for Growth.
자료 : Kay(2003, 308-309)에서 재작성.

이스로 설정되기보다 임금 상한선으로 작용했으며 실질임금 하락을 정당화하
는 기제로 작용했다. 그 밖의 유가 인상, 환율 조정, 공공 부문 지출 축소 등도 그
자체가 신자유주의적 안정화 정책, 구조조정 정책의 수단들일 뿐이었다. 결국
사회 협약들은 내용적으로 코포라티즘의 교환이라기보다 신자유주의 경제정
책의 전달 벨트였을 뿐이었다. 사회 협약을 가능하게 만든 힘은 멕시코 노동 체
제의 특수성, 역사적 조건 속에서 발생했다.

먼저 경제 위기에 대응한 국가와 자본의 경제 안정화 정책, 구조조정 정책이
성공하기 위해서는 노동의 협력이 매우 필요했다. 그것은 고용 안정이나 여타

의 반대급부가 없는 임금 억제, 즉 일종의 소득 정책이었다. 페소화의 급격한 평가절하와 높은 인플레 압력 속에서 국가는 임금 억제에 나설 수밖에 없었고 사회 협약은 그 수단이었다. 결과적으로 사회 협약은 국가의 임금 억제 수단으로 높은 정책 효율성을 산출했다.[23] 이 과정에서 멕시코의 전통적 코포라티즘 기제, 즉 국가와 PRI의 공식 노조에 대한 중앙 집중적인 통제 체제, 그리고 국가와 노동 간의 현격한 힘의 불균형은 협약을 강제한 구조적인 조건으로 작동했다. 그러므로 멕시코에서 신자유주의와 사회 협약은 모순적인 것이라기보다는 일정한 한계 내에서 상호 보족적인 것이었다. 그것은 양자의 단순한 병립은 아니었고 사회 협약이 신자유주의의 하위 정책 수단으로 동원되었던 것이라고 할 수 있다.

둘째로 사회 협약의 정치를 가능케 했던 또 하나의 힘은 대통령 승계와 관련된 정치적 요인 때문이었다. 대통령에 모든 권력이 집중된 멕시코 정치 체제에서 권력 승계의 시점은 정치적인 불안이 증폭되는 시점이 된다. 특히 아래로부터 민주화의 압력이 거세졌던 1980년대 중반 이후에 안정적인 권력 승계는 지배 연합의 제 일차적 관심사였다. 1988년과 1994년 두 차례의 대통령 선거에서 집권당은 공식 노조의 압도적 지지를 필요로 했다. 이때 사회 협약은 공식 노조와 어용 지도부, 그리고 그들의 기득권을 인정하는 대가로 노조의 지지, 조직적 선거 동원을 확보하는 수단이 되었다. 코포라티즘 체제의 해체, PRI 부문별 이익 대표 체제의 개편, 공식 노조에 대한 개혁 의지를 분명히 했던 살리나스 대통령이 노동법 개정과 PRI 개편 방침을 철회한 것도 선거에서 공식 노조, 특히

---

23 일관된 반인플레 정책 실행, 외국자본의 신뢰, 코포라티즘의 비공식적 협의 체제 등과 함께 '사회 협약의 정치'는 경제 위기 속에서도 멕시코가 인플레를 잡을 수 있도록 만든 중요한 요인이었다(Roxbrough 1992; Zapata 1996; Teichman 2001).

CTM의 조직적 지지가 꼭 필요했기 때문이다.

이것은 코포라티즘 구조를 유지시킨 또 하나의 힘이 멕시코 민주화의 특성으로부터 발생했음을 보여 준다. 장기 지속적인 경제 위기 그리고 20년의 신자유주의 경제 개혁이 노동 대중에게 남긴 폐해는 엄청난 것이었다. 경제정책이 낳은 사회적, 정치적 위기는 민주화의 제한적이고 점진적인 확대를 가져왔다. 정치적 자유화는 경제적 모순이 야기할 수 있는 폭발적 효과를 제어하는 안전 밸브였던 셈이다. 정치적 자유화와 다원주의의 확산은 역설적으로 권위주의 체제의 핵심 제도인 공식 노조와 코포라티즘 기제가 상당 기간 존속할 수 있게 만들었다. 선거를 의식하지 않을 수 없었던 정권이 공식 노조를 전면적으로 부인하기는 어려웠던 것이다. 결국 연속적이고 장기간에 걸친 위로부터의 민주화는 권위주의적 코포라티즘 구조의 해체를 지연시키는 역설을 가져왔다.

셋째, 어용 공식 노조의 전략적 대응과 독립 노조independent union의 조직적, 이념적 취약성도 사회 협약을 유지시킨 중요한 조건이었다. 공식 노조와 부패한 노조 지도자들은 경제개혁을 주도한 국가 내 전문 관료 집단의 시각에서 보면 주요한 개혁 대상이었다. 이에 대해 공식 노조들은 사회 협약 참가 전략으로 대응했다. 즉 노동 유연화, 구조조정을 수용하는 대가로 코포라티즘 체제 자체를 유지하고 그 속에서 자신들의 조직적, 정치적 특권을 소극적으로 고수하고자 했다.

사실 라틴아메리카의 다른 나라들의 경험과 비교해 보면 멕시코 '노동의 침묵'은 매우 특이한 현상이었다. 〈표 9-6〉에서 보면 공식 노조 내 최대파였던 CTM은 NAFTA를 제외한 모든 개혁 사안에 대해 반대의 입장을 표명했다. 그러나 CTM은 반대 입장에도 불구하고 모든 사회 협약에 참가했고 서명했다 (Murillo 2001). 또 1980년대 초반에 수차례 되풀이되었던 총파업 위협은 한 번도 실행되지 않았다. 특히 공식 노조의 반대는 살리나스 집권 이후에 좀 더 수세

<표 9-6> 신자유주의 정책과 멕시코 공식 노조의 대응

정책 의제	CTM의 대응	경쟁 노조의 대응	CTM에 대한 정부의 양보
경제 안정화	임금 억제 거부	긴축 정책 지지	없음
국영 기업 민영화	거부	지지	없음
무역 자유화(NAFTA)	지지	지지	노동법 개정 철회와 교환
노후 연금 개혁	거부	지지	없음
주택 기금 기구 개혁	거부	지지	1993년 이후 부분 양보
노동 유연화	거부	지지	없음
노동법 개정	거부	거부	철회
PRI 조직 구조 개편	거부	지지	1993년 이후 철회

출처 : Murillo(2001)에서 인용.

적인 입장으로 돌아섰다. 반대로 국가는 노동법 개정이나 PRI의 코포라티즘 정당 구조 개혁을 제외한 거의 모든 사안에서 CTM의 반대를 묵살했다.[24] 다만 1994년 대통령 선거를 앞둔 살리나스 정부는 CTM과 여타 공식 노조들이 연대해 강력히 반대한 두 가지 사안을 양보하지 않을 수 없었다.[25] 노동법 개혁과 PRI 구조 개혁에 대한 노조의 반대를 수용한 것이었다. 개혁의 철회는 코포라티즘 구조의 존속과 선거에서의 지지를 맞교환하는 의미를 담고 있었다. 이처럼 공식 노조는 정당이나 노조의 코포라티즘 조직 구조를 유지함으로써 어용 지도부의 조직적, 정치적 이익을 최대한 유지하는 전략을 취했다. 국가가 요구

---

[24] '노동의 침묵'은 첫째, 정권의 강력한 통제와 억압이 계속되었던 점, 둘째 오랜 정치적 동맹 관계의 유산으로 노동이 선택할 수 있는 대안 정당이 부재했거나 그 가능성이 적었다는 점, 셋째 공식 노조들 간의 경쟁과 정권의 분할 지배 전략이 공식 노조를 분열시켰던 점 등의 요인으로 설명할 수 있다.

[25] CROC, CROM 등 소수파 공식 노조가 CTM과 연대 전선을 형성해 반대했던 유일한 개혁 사안은 노동법 개정이었다. 그리고 이들이 PRI 정당 개혁을 찬성한 이유는 PRI 내 CTM 권력이 약화되는 것이 자신에게 유리했기 때문이었다.

한 반대급부는 노동 대중에 파멸적인 결과를 가져다 준 구조조정을 묵인하며, 노동 대중을 조직적으로 통제하고 선거에서 동원하는 일이었다.

한편 소수파로 존재하고 있었던 독립 노조는 조직적으로 분산되어 취약했고 이데올로기적으로 무능력했다. 특히 대다수의 독립 노조들은 '사회 협약'이나 '코포라티즘'을 반대하는 것 이외에 다른 대안적 전략을 갖고 있지 못했다. 이런 상황은 1997년 독립 노조의 전국적 연합체인 UNT가 결성될 시점까지 계속되었다.

결국 국가의 경제 위기에 대한 대응, 정치적 필요성, 그리고 노조의 묵종 전략으로 말미암아 코포라티즘은 신자유주의와 양립할 수 있게 되었다. 그러나 신자유주의 정책의 장기 지속은 반대로 양자를 모순적인 관계로 대립하게 만든 또 다른 힘으로 작용했다. 이런 해체의 압력, 혹은 모순은 코포라티즘의 구조적 기반을 크게 약화시켰으며, 또 그 형식과 내용이 크게 변화시켰던 것이다.

2) 노동 체제의 변동과 새로운 코포라티즘

앞서 본 바와 같이 오랜 경제 위기와 구조조정은 노동 대중의 생활 상태, 노동조건을 급격히 악화시켰다. 공식 노조는 노동 대중의 이해를 수렴하기보다는 이를 억압했고 국가의 경제정책을 지원하는 역할을 수행했다. 결과적으로 전통적으로 공식 노조가 수행하던 경제적 분배, 정치적 대표의 기능은 급속하게 위축되었으며 이는 노동 대중의 광범한 동요와 저항을 불러왔다. 이런 모순적 힘은 한편에서 코포라티즘 기제가 유지, 강화되는 흐름과 함께 이를 해체하려는 경향으로 표출되었다.

먼저 사회 협약과 공식 노조의 조직적, 정치적 통제로 표출되지 못했던 노동 계급의 불만은 선거 과정에서 정치적으로 폭발했다. 1988년 대통령 선거에서 집권 PRI의 후보, 살리나스는 갖은 방식의 선거 부정에도 불구하고 야당 PRD의 후보, 까르데나스에 근소한 차이로 승리하게 되었다. 여기에는 공식 노조 CTM 내부의 정치적 반발도 중요한 요인으로 작용했다. 전통적인 코포라티즘 체제 아래서 요식 행위에 불과했던 선거는 사활을 건 정치적 경쟁의 장을 변화했다. 이는 노동 대중의 정치적 지지를 동원하는 전달 장치로써 PRI가 내부에서 와해되기 시작했음을 보여 주는 징표였다.26 정치적 지지 동원과 경제적·정치적 특혜의 배분을 교환하는 코포라티즘 체제는 심각한 위기에 처하게 되었던 것이다.

살리나스 대통령이 집권 직후 노동 정치의 지형을 크게 흔드는 노동 개혁, 정당 개혁에 착수했던 것도 이런 배경에서였다. 선거 직후 살리나스 대통령은 공개적으로 자신을 반대했던 공식 노조 지도부를 제거하고 전방위적인 노동 개혁을 선언했다. 여기에는 '신노조주의'의 천명과 새로운 공식(어용)노조의 조직, PRONASOL27 등 직접적 대중 동원-통제 체제의 구축, 노동법 개정을 통한 노조 특권의 축소, 노동 대표의 축소를 주축으로 한 PRI 개혁, 여러 사회보장 장치에 대한 노동조합 참여 배제, 소수파 공식 노조를 동원한 CTM 통제, 반대파 노조에 대한 가혹한 물리적 탄압 등 다양한 수단들이 망라되었다.

살리나스의 '신노조주의'는 그대로 실행된다면 코포라티즘 체제를 전반적으로 재조직할 수 있는 결정적인 '개혁' 프로그램이었다.28 이 프로젝트의 핵심은

---

26 1970년대 이후 PRI 내에서는 전통적인 코포라티스트 지도자와 신자유주의 기술 관료들의 대립이 심화되어 왔다. 전통적 차리스모(charrismo)들은 기술 관료들의 개혁 드라이브가 자신의 조직적, 경제적 이해를 침해하는 것으로 인식했다. 살리나스는 델 라 마드리드 정부 이래 정책 연줄망(policy network)을 형성하고 개혁을 주도했던 기술 관료 세력의 대표 주자였다(Teichman 2001).

27 PRONASOL은 살리나스가 기존의 코포라티즘을 대체하기 위해 만든 새로운 후원-수혜 시스템이었다. 저소득층의 소득을 지원하는 다양한 프로그램이 포함된다. 쎄디요 정부에서 이것은 동일한 내용의 새로운 프로그램 PROGRESA로 전환되었다.

코포라티즘을 대체해서 신자유주의에 조응할 수 있는 새로운 노동 체제를 구축하는 것이었다. 구체적으로 보면 노사관계를 생산성 위주로 유연화하고, 노동조합의 영향력을 대폭 축소시키며, PRI를 위한 선거 동원 체제를 재구축하자는 것이었다. 그러나 이 프로젝트는 내적으로 모순적인 것이었을 뿐이었다. 시장 중심의 경제 구조, 구조조정을 지향하되 노동을 완벽히 통제하고 동원하는 통제 장치를 그대로 유지하는 것은 불가능했다. 즉 노동의 경제적·정치적 이해를 철저히 배제하면서 참여-협력적 노사관계를 도입하는 것, 낡은 국가 코포라티즘과 선진 자본주의국가의 참여-협력적 노사관계를 기묘하게 혼합한 모델은 모순 그 자체였다.[29] 살리나스의 모델에 따라 실제로 조직된 새로운 노조 조직, 서비스노조연맹FESEBES: Federation of Unions of Goods and Services은 또 다른 형태의 협조주의 노조일 뿐이었다. 그리고 그의 '신노조주의'는 1994년 선거를 앞두고 최종적으로 실패하고 말았다. 국가-노동 관계의 재구조화는 일어나지 않았고 그는 전통적인 어용 노조와 타협하지 않을 수 없었던 것이다.

코포라티즘를 해체하는 또 다른 힘은 노동조합 내부로부터 발생했다. 1980년대 이후 어떤 경제적·정치적 반대급부도 제공하지 못한 채, 저항을 봉쇄하는 기구로 전락한 공식 노조는 점차 노동 대중으로부터 거부되기 시작했다. 공식 노조의 무기력은 두 개의 구별되는 새로운 독립 노조 운동을 불러일으켰다. 좀 더 온건하고 상대적으로 타협적인 전국노동자연합UNT과 민주성, 전투성을 앞세운 메이데이노조협의체CPIM가 그것이다(이성형 1998a). 이들은 1970년대 이

---

28 그것은 노조의 대표성을 강화하고 대결주의 운동 노선을 포기하는 것, 노동-국가 관계에 있어 자주성을 강화하고 노정 간에 역사적 동맹 관계를 재건하는 것, 그리고 노사 간에 협력 관계를 구축하고 생산성 위주의 노사관계를 정착시키는 것을 목표로 했다(Samstad and Collier 1995).
29 살리나스의 이데올로기, '사회적 자유주의'(social liberalism)가 포함하고 있는 내적 모순은 그의 모순적 노동 정책의 이데올로기적 표현이었다.

래 개별 노조로 분산되어 있던 독립 노조 운동이 CTM, 그리고 공식 노조에 대항해 자생적으로 건설한 전국 조직이었고, 코포라티즘 체제의 근본적 균열을 의미했다. 이들은 조직적 차이에도 불구하고 낡은 국가 코포라티즘의 청산, 노조의 자주성을 강조한다는 점에서 공통성을 갖고 있었다.

이상과 같이 유지와 해체의 두 가지 모순적 힘들이 작용하는 가운데 멕시코의 코포라티즘은 크게 변형되지 않을 수 없었다. 변형된 코포라티즘은 잡종 코포라티즘hybrid corporatism(de la Garza 1994), 엘리트주의 코포라티즘elitist corporatism (Dresser 1994)으로 규정되기도 했는데 그 주요한 특징은 다음과 같다.

첫째, 주요한 코포라티즘 정치 조직인 PRI가 주변화되고 그 대신 대통령을 중심으로 한 행정부의 권력이 강화되었다. 임금 및 주요 경제정책의 결정은 행정부에 의해 일방적으로 결정되었으며 PRONASOL을 통해서 대통령은 코포라티즘 기구를 거치지 않고 직접 민중 부문을 동원하게 되었다.

둘째, 공식 노조의 조직이 크게 약화되었으며 탈정치화되었다. 공식 노조는 임금 및 노동시장 조건의 결정에 개입할 수 없게 되었으며 정치적 권력 또한 크게 약화되었다. 노동조합 내부에서도 CTM의 지위는 하락했으며 공식 노조의 권력 독점은 약화되었다. 그 대신 독립 노조, 새로운 신노조주의 어용 노조, 회사 노조 등의 다양한 색채의 노조 조직이 나타나 노조 체제는 더욱 다원적인 것으로 변화했다. 그리고 노조 내부의 평등주의, 민족주의 이념도 퇴색하기 시작했다.

셋째, 이러한 변화에 따라 코포라티즘의 기능도 크게 변화했다. 그 변화는 코포라티즘의 이익 대표 기능의 약화와 더불어 통제 기능의 강화, 즉 '통제 수단으로서의 코포라티즘'이 지배적인 것으로 바뀐 것을 의미했다(Roxborough 1992). 지배 체제 유지에 있어 코포라티즘의 전통적인 기능, 정치적 지지와 경제적 분배의 기능은 상대적으로 약화되었다. 그리고 전통적인 혁명적 민족주의 이념도 약화되었다. 반면에 새로운 이데올로기적 은폐 기능이 좀 더 중요한 것으로 바뀌었다. 1987년 이후 사회 협약의 정치가 새로이 나타났던 것은 코포라티즘의 변형을 반영한 것이었다.

사회 협약은 기존의 정당화, 통제 장치가 약화됨에 따라 이를 기능적으로 대체한 보조적 통제 수단이었다. 그것은 PRONASOL, 신노조주의, 폭력과 억압 등과 함께 변형되고 약화된 통제 체제를 지지하기 위한 완충제였다(Teichman 2001, 190; Harvey 1993). 1980년대 초까지 임금 억제 등의 기능을 충실히 수행하던 기존 기구들은 1985년 이후 상황이 더욱 악화되자 그 효율성이 급격히 떨어졌다. 이를 대신해 새로이 조직된 것이 1987년 사회 협약이었다. 이전의 코포라티즘이 국가-자본과 함께 노동의 참여 기제였다고 한다면 새로운 사회 협약은 국가 중심의 의사 결정을 추인하는 이데올로기 기구에 지나지 않았다. 그리고 노조에 대한 국가의 직접적 폭력 행사가 1980년대 후반 이후에 크게 늘어난 것도 이런 체제 변화를 반영한 것이었다(Bejar 1991; Cook 1995b).

사회 협약의 일차적인 기능은 물론 임금 인상과 물가 상승의 억제였다. 그러나 사회 협약을 통해 국가는 코포라티즘의 약화에 따른 정치적 지지의 동원, 독립 노조 운동 등 사회 내 도전 세력들에 대한 통제, 이데올로기적 정당성 제공 등 다양한 통제 효과를 거둘 수 있었다. 사회 협약은 낡은 코포라티즘의 내용이 소실되어 가는 가운데에서도 그 형식적 틀이 다른 경제적·정치적 맥락에서 계속 유지되고 새로운 기능을 수행할 수 있음을 입증했다(Burgess 2003).

강한 해체의 압력 속에서 변형된 코포라티즘의 새로운 기제, 사회 협약의 정치는 1997년에 이르면 더 이상 작동할 수 없는 상태에 빠지게 된다. 1995년 페소 위기 이후 노동 대중의 불만이 고양됨에 따라 위기를 맞던 노사정 합의의 정치는 1997년 쎄디요 정부가 더 이상의 사회 협약이 불가능하다고 판단함으로써 중지되었다. 1994년부터 시작된 정치사회적 혼란, 민주화 요구 속에서 노동

측의 협력 거부가 자본의 시장 신뢰를 잠식할 가능성이 컸기 때문이었다.[30]

5. 한국과 멕시코의 비교 분석

멕시코 코포라티즘과 사회 협약의 경험은 한국 사회의 실험을 성찰해 볼 수 있는 좋은 준거가 된다. 무엇보다 상대적으로 취약한 노동계급이 신자유주의 경제정책 속에서 사회적 합의를 '전략적으로 선택'하는 것이 무엇을 의미하는 가에 관한 풍부한 '시사점'을 제공하기 때문이다. 즉 전략적 선택의 가능성과 한계를 생각해 볼 수 있게 해 준다. 이 절에서는 한국의 경험에 대한 기존 연구를 기초로 해서 세 가지 쟁점을 비교해 보고자 한다.[31]

먼저 코포라티즘 혹은 사회적 합의의 노동 정치가 신자유주의 체제와 공존할 수 있는가의 물음이다. 멕시코의 경우 20년 이상의 가혹한 구조조정에도 불구하고 코포라티즘 체제는 변형된 채로 여전히 존재하고 있다. 또 10년간 17회나 되풀이되었던 사회 협약도 완전히 종결된 것으로 보기는 여전히 이른 것으

---

30 Burgess(2003), Teichman(2001) 참고. UNT(1997), MST(1999: the Social Workers' Movement) 등 CTM 내외의 독립적 저항 세력의 확대가 가장 결정적인 원인이었다. 물론 사회 협약이 중지되었다고 하더라도 코포라티즘 체제 자체가 소멸한 것으로 봐선 안 된다. 그것은 근본적인 구조적 조건, 그리고 제도적 양식과 관행이 여전히 존재하고 있기 때문이다. 구조적 요인들은 조직 노동의 국가에 대한 종속 상태, 그리고 세력 역관계에서 국가의 압도적 우위, 특히 경제 위기와 신자유주의 개혁 과정에서 노동자 상태와 조직의 약화 등을 들 수 있다.

31 한국과의 자세한 비교 연구를 위해서는 한국에 대한 독자적 분석의 절이 필요하다. 그러나 2002년까지의 합의 경험은 잘 정리되어 있으므로 이를 참조해 비교하고자 한다. 노사정위에 대한 평가는 윤진호(2000), 한국노동사회연구소(2002), 노중기(2003b), 정진상(2002)을 참고할 수 있다.

로 보인다. 마찬가지로 한국에서의 합의 실험도 수많은 난관에도 불구하고 계속되고 있으며 이를 추동하는 힘은 더 강해지는 것으로 판단된다. 이렇게 보면 두 나라에서 신자유주의와 합의 정치, '코포라티즘'은 양립할 수 있었음을 분명히 알 수 있다.

그러나 멕시코의 경험에서 알 수 있는 것은 그 과정이 역동적이며, 모순적이라는 점이었다. 또 앞 절에서 본 바와 같이 그 '코포라티즘'의 내용과 형식이 과거의 그것과 크게 달라진 점이었다. 역동성, 모순성은 코포라티즘을 유지하고자 하는 구조적 힘과 이를 해체하려는 구조적 힘들의 길항 작용으로부터 발생했다. 그리고 내적 변동은 간단히 말하면 노동 대중과 분리된 코포라티즘, 정치적·사회경제적 반대급부 없이 노동을 배제하기 위해 작동하는 기형적 통제 체제로의 변동이었다.

변형 코포라티즘과 관련한 구조적 요인은 크게 두 가지였다. 그 하나는 멕시코 국가 코포라티즘 체제의 오랜 유산과 전통이다. 국가-지배 정당-공식 노조로 이어진 강력하고 집중적인 권력 체제, 그리고 노동계급에 대한 거의 완벽한 포섭과 통제의 역사는 새 노동 체제의 형성을 지체시켰고 가로막았던 것이다. 또 다른 변수는 1980년대 경제 위기 이후 경제 전략의 전반적인 전환, 곧 신자유주의 경제 체제의 형성이었다. 오랜 경제 위기와 구조조정, 그리고 노동 유연화 정책으로 말미암아 노동계급의 객관적 상태를 극도로 악화되었고 이것이 역설적으로 노동의 '참여와 협력'을 제도화할 필요성을 만들었다.[32] 곧 그것은 '신자유주의하의 통제의 위기'라는 구조적 조건이었다. 이 두 가지 변인의 모순적

---

[32] 경제 위기가 불러온 지배의 위기는 사회·경제적 문제를 정치적으로 해소하기 위한 민주화의 확대 시도로 변형되었다. 그리고 정치적 자유화의 과정에서 국가는 '참여와 협력'을 제도화하는 시도, 곧 사회 협약의 정치를 부활시켰다. 그러므로 민주화라는 정치적 요인은 매개 변수로 파악할 수 있을 것이다.

관계, 그것의 역동적 전개 과정에서 '코포라티즘의 변형', '사회 협약의 정치'가 발생했다.

한국의 경우 구조적 지형은 상당히 다른 것이었다. 기업별로 분산된 노조 체제, 노동 정당의 부재와 반노동자 이데올로기의 만연, 오랜 국가 폭력은 멕시코와 크게 대비되었으며 합의 정치에 커다란 제약 조건이었다. 반면에 두 번째 변수인 '신자유주의하의 통제의 위기'는 정도의 차이가 있으나 멕시코와 한국 사회가 공유하는 구조적 변인이었다. 비록 상대적으로 신자유주의 경제정책의 강도나 지속 기간이 상대적으로 약하고 짧았으나 '통제의 위기'는 한국에서 더 심각했다. 그것은 1987년 노동 체제의 해체와 그 유산으로 자주적인 독립 노조, 민주 노조 운동이 강력했기 때문이다. 경제 위기와 본격적인 '신자유주의 개혁' 드라이브 이전에 정치 민주화가 상당히 진전되었던 것도 통제의 위기를 가중시키는 효과를 가져왔다.

결국 두 사회에서 사회 협약 정치를 가능하게 했던 공통적인 힘은 신자유주의 경제정책에 따른 '통제의 위기'였음을 알 수 있다. 다만 사회 협약 정치, 코포라티즘의 변동 방향에서 멕시코의 경우 그것은 본질적으로 해체의 방향으로 치달았다. 일시적인 사회 협약의 부활에도 불구하고 신자유주의에 따른 통제의 위기는 극복되기 어려웠다. 반면에 한국에서 위기는 사회 협약의 실험을 끊임없이 야기한 힘이 되었다. 사회 협약을 둘러싼 제반 어려움에도 불구하고 여타 통제 수단의 부재가 협약의 시도로 이어졌던 것이다. 협약 정치에 난관을 조성한 다른 또 하나의 요인, 노동 정당, 중앙 집권적 노조 등 정치적, 조직적 전제 조건의 부재는 상대적으로 부차적인 것이었다.

비교의 두 번째 쟁점은 '변형된 코포라티즘', '새로운 사회 협약'의 특성이다. 구조적 변인들의 차이에도 불구하고 두 사회의 '사회 협약 정치'는 형태상의 유사성을 뚜렷이 보여 주었다. 먼저 사회 협약은 실질적 교환 체계라기보다 '참여와 협조'라는 이데올로기적 통제 장치, 정당화 기제의 성격이 두드러졌다. 멕시코의 사회 협약들은 곧 국가의 경제정책이었을 따름이었고, 한국에서 그 교환은 불평등한 것이었다. 그리고 중요한 약속은 두 경우 모두 대개 지켜지지 않았다. 둘째, 협약은 노동계급에 대한 분할 지배를 위한 도구였다. 이것은 공식 노조(혹은 한국에서 조직 노동) 내부에서, 그리고 공식 노조와 독립 노조(한국에서 조직 노동과 미조직 노동)에 대한 분할의 이중적 과정으로 진행되었다.[33] 셋째, 두 사회에서 모두 '협약의 정치'는 '국가 폭력'이라는 또 다른 통제 장치로 보완되어야했다. 국가의 전략적 의도에 반하는 전국적 노조 지도부, 민영화에 저항한 단위노조, 노동 대중은 가혹하게 억압되었다. 넷째, 전 과정을 국가가 주도하며 흔히 강압적 수단을 동원해 합의를 도출한다는 점도 동일했다. 마지막으로 두 사례에서 '사회 협약의 정치'는 모두 신자유주의 경제·노동 정책에 종속된 하위정책 수단일 뿐이었다.

물론 형태상의 유사성과 함께 내용적으로 상당한 차이를 보이는 것도 사실이었다. 먼저 멕시코에서 사회 협약은 경제적인 필요성이 일차적이었던 반면한국에서는 정치·사회적 요인이 더 중요했다. 이것은 위기의 폭과 깊이, 신자유주의의 강도, 생활 상태의 악화 정도 등 모든 점에서 멕시코의 경제 상황이 더욱 심각했고 경제정책 참가의 오랜 역사가 반영되었기 때문이었다. 한국에서도 1998년 2월 노사정 합의에서 물가, 고용 등 거시 경제정책적 요소가 포함되었으나 이들은 상대적으로 중요치 않은 것이었다.[34] 2기 노사정위 이후 합의의

---

33 멕시코의 경우, 공식 노조 내의 CTM과 여타 소수파 전국 노조, 연맹에 대한 분할, 그리고 독립 노조의 배제를 통한 노조 운동 전체의 분할이 있었다. 한국의 경우 민주노총과 한국노총은 분할 지배되었고, 법정 노동시간 단축의 예에서 보듯이 조직 노동에 대한 몇 가지 상징적 양보는 미조직 노동과의 차별을 전제로 하고 있었다.

34 물론 외환위기의 상황에서 외자 도입의 긴급한 경제적 요구가 있었다. 그러나 그 경제적 요구는 사

의제를 찾기 어려웠고 이후 '노사 간 갈등 해소'나 '미시적 제도 개선'이 합의의 주요 목표가 된 것도 그 때문이었다.

다음으로 멕시코의 국가는 코포라티즘을 유지하고자 하는 전통적인 지배 집단과 이를 해체하거나 재구축하고자 하는 신흥 기술 관료가 대립한 가운데 후자가 주도권을 장악했다. 반면에 한국에서 국가 내부의 균열선은 그 반대로 구성되어 있었다. 민주화 이후 새로이 국가 기구에 들어간 개혁 세력은 '협약의 정치'를 일관되게 추진해 주도하고 있으나, 전통적인 경제, 치안 관료들은 이를 강하게 반대하고 있는 상황이다. 이런 차이는 협약 과정에서 국가의 양보 폭을 크게 다르게 만들기도 했다. 멕시코에서 국가의 양보는 체제의 형식적 유지 및 어용 지도부의 존속으로 극히 제한되었다. 반대로 한국에서 국가는 노동 기본권과 사회보장의 제도적 도입 등 여러 측면에서 양보 카드를 사용할 수 있었다.[35]

그리고 이것과 연관해 멕시코에서 코포라티즘의 문제는 사회·정치 민주화 과제와 동일시되는 문제였으나 한국에서 그것은 서로 다른 문제로 인식되었다. 멕시코에서 전통적 지배 체제의 핵심 기제였던 코포라티즘은 반민주적 제도로 인식되었고 민주화에 따라 해체되는 과정을 밟았다. 반면에 한국에서 사회적 합의 체제의 구축은 민주화의 과정이자 과실로 선전되었다. 그 결과 멕시코에서 합의 정치의 이데올로기적 효과는 급속히 위축된 반면, 한국에서는 여전히 상당한 효력을 발휘하는 것으로 나타나고 있다.

두 사례에서 차이를 야기한 요인은 크게 기존 노동 체제의 성격, 민주화 이행

회 통합이라는 IMF, 세계은행 등 국제기구의 정치·사회적인 요구에 의해 매개되었다. 더불어 2월 합의에서 거시 경제적 요구들은 주요 쟁점이 아니었다.

35 물론 개혁의 내용은 제한적인 것이었으며 형평성과 등가성이란 점에서 신자유주의 노동 유연화와 비교할 수 있는 것은 아니었다. 2기 이후 노사정위가 '개혁의 의제'를 찾지 못했던 것도 마찬가지의 맥락에서 이해할 수 있다(노중기 1999; 2003b).

의 과정과 단계, 경제적 위기의 성격과 심각성, 그리고 노동운동의 역량과 대응 방식 등으로 정리해 볼 수 있다. 멕시코의 전통적인 국가 코포라티즘은 협약의 정치를 쉽게 가능하게 했으나 그 자체가 낡은 권위주의적 성격을 벗어나기 힘들게 만들었다. 그리고 때늦은 민주화 이행 과정에서 그것은 개혁의 대상으로 전락했다. 이미 존재하고 있었던 코포라티즘 합의 구조가 사회 협약으로 형식화된 데에는 경제적 위기의 심각성이 중요한 배경 요인으로 작용했던 것도 분명하다. 결국 국가의 강한 통제하에 포섭되어 이미 자주성을 상실하고 있었던 노동운동에 대한 정치적·사회적 통제의 필요성은 한국에 비해 상대적으로 크지 않았다고 할 수 있다.[36]

세 번째 비교의 쟁점은 노동운동의 전략 선택 문제이다. 전략 선택 문제는 크게 멕시코 노조 운동의 전략적 대응 및 그 변화, 구조적 조건과 전략적 선택의 가능성과 한계, 그리고 한국과의 비교의 문제가 검토되어야 한다. 델 라 마드리드 정부 기간에 공식 노조는 새로운 경제정책에 반대하고 노동조합의 정치적 지위를 보존하기 위해 대결적인 자세를 취했다. 물론 구체적인 행동으로 나아간 바가 없었으나 이런 태도는 살리나스 정부의 노동 부문 개혁과 공격이 본격화되자 크게 바뀌게 된다.

'신노조주의' 운동과 CTM에 대한 공세로 인해 살리나스 시기 노조 운동은 크게 세 개의 경향으로 분화되기 시작했다. 통신노동조합STRM: Telephone Workers Union, FESEBES 등 신노조주의를 적극 지향한 협조 세력, 소규모의 전투적인 독립 노조 및 비민주적이나 민영화에 반대한 저항적 노조 세력, 그리고 CTM 및 산별노조 등의 공식 노조 세력이 그것이다(Samstad and Collier 1995). 협조·저항 세력의

---

36 분산되고 배제적인 기존 노동 체제, 노동 개혁 이전에 진전된 민주화, 짧고 강하게 나타난 경제 위기, 취약한 노동운동의 역량과 강한 전투성 등 모든 측면에서 한국은 멕시코와 대비되었다.

규모나 중요성이 크지 않았다는 점을 고려하면37 결국 문제는 공식 노조의 전략적 대응이었다.

살리나스 정부 이후 공식 노조의 대응은 신자유주의 경제개혁에 대한 묵종, 그리고 공식 노조의 구조적 지위에 대한 강한 방어, 저항의 이중 전략이었다. 전자는 사회 협약의 체결, NAFTA에 대한 지지, 임금 저하 수용, 민영화 구조조정 노동시장 유연화에 대한 암묵적 인정으로 나타났다. 그리고 후자는 노동법 개정 및 노조가 참여하는 사회보장 기구 개혁, PRI 구조 개혁 등에 대한 강한 반대로 나타났다(Madrid 2003; Burgess 1999; 2003; Middlebrook 1995).

공식 노조 전략의 요체는 노동 대중에 대한 이익 대표, 노동자계급의 장기적 이해 방어보다는 노조의 단기적인 정치·경제적 이해에 집착하는 것이었다. 이 것은 지배 정당으로 통합된 노조 조직 구조, 코포라티즘 정치의 오랜 역사적 경험, 정부의 공식 노조에 대한 분할 지배 전략, 노조의 취약한 저항 능력 등을 고려하면 일정 정도 '합리적인 선택'이었다(Murillo 1997). 그러나 그것은 신자유주의와 코포라티즘이라는 구조적 지형에 의해 '강요된 선택'이기도 했다. 그리고 주체적 측면에서 그 무기력함의 근저에는 내적으로 비민주적이고 외부로부터 비자주적이었던 멕시코 공식 노조의 조직적 성격이 자리 잡고 있었다(Cook 1999, 249).

공식 노조의 이중 전략은 나름대로 성과를 가져왔다. 직접적으로 살리나스의 노동 개혁을 막을 수 있었으며 지도부의 당면한 조직적, 정치·경제적 이해는 유지되었던 것이다. 그러나 장기적인 관점에서 본다면 노동 대중들의 비판, 독립 노조들의 세력 확장 및 전국적 연대, 노조의 정치·경제적 동원 능력의 저

---

37 Alfaro(1999)에 의하면 1990년대 중반, 공식 노조 또는 코포라티즘 노조 80%, 독립 노조 12%, 기업 단위 황색(어용) 노조 8%로 나뉘어 있었다.

하, 조직 내부 분열과 갈등의 심화 등 공식 노조의 실패는 충분히 예견될 수 있는 일이었다.

이처럼 멕시코 노동 정치에서 노사정 협약 참가가 갖는 함의는 뚜렷했다. 그것은 공식 노조의 참가, 독립 노조의 불참 및 반대의 구도로 단순화할 수 있다. 그리고 참가에 의한 단기적 실익은 노동 귀족의 협소한 이익에 국한되었으며, 장기적인 효과는 노동 저항이 없는 신자유주의 체제의 관철이었다.

이에 반해 한국에서 노동의 참가 전략에 대한 판단은 그다지 쉽지 않다. 여전히 노동의 전략 선택에 따라 '사회 통합적 구조조정'이 가능하며, 노사정위는 이를 위한 최선의 제도적 장치라는 주장이 계속되고 있다(윤진호 2001b; 김유선 2003; 김영두 2002; 임상훈 외 2002). 구조적 조건은 부차적인 요인이며, 오히려 노동운동의 전략적 선택이 결정적인 요인이라는 것이다. 또 내부의 강한 반발, 계속된 실패의 경험에도 불구하고 한국노총은 물론 민주노총의 경우에도 사회 협약 정치에의 참가는 유력한 하나의 대안으로 고려되어 왔기 때문이다.

노사관계위원회, 1~3기 노사정위원회의 실패는 다수 연구자들의 공통적인 견해이다. 그 원인에 대해서도 제반 구조적 제약이 중요한 요인으로 지적되었다. 그리고 앞서 살펴본 바와 같이 한국의 합의 실험은 멕시코보다도 구조적으로 더 열악한 조건에서 시도되었다. 그러나 그럼에도 불구하고 전략 선택의 가능성이 되풀이해서 제기되는 이유는 무엇인가? 사회 협약 정치의 이런 내적 동력과 역동성은 한국 노동 정치의 특성을 보여 준다.

우선 2절에서 본 바와 같이 멕시코 체제와 비교해도 취약한 정치적, 조직적 구조는 한국의 합의 정치 실험에는 중요한 제약 요인이 된다. 그러나 역으로 멕시코에서 새로운 협약 정치 실험에 부정적인 요인으로 작용했던 오랜 코포라티즘 경험이 한국에는 존재하지 않았다. 그만큼 한국에서 그것은 여전히 새로운 실험이며 가능성의 주제가 될 수 있었다. 1987년 체제의 붕괴에 따른 과도기 상황에서 닥쳐온 신자유주의의 전방위적 압박, 유연화에 따른 노동조건의 심각한 퇴보, 대안적 전망의 부재로 말미암아 추상적 가능성이 곧바로 현실적 가능성으로 전화했던 것이다.

민주화에 따른 개혁 이데올로기의 작용도 중요한 요인이 된다. 멕시코와 달리 민주화 이행 이후에 시작된 합의 정치의 실험은 신자유주의적 실체와 무관하게 개혁적 실험이 되어 왔다. 물론 여기에는 단결권 확대, 노동시간 단축 등 1987년 체제의 유제를 제거하는 노동 개혁적 요소가 실체로써 포함되기도 했다. 이런 개혁의 요소는 신자유주의적 노동 유연화의 요소와 혼합되어 합의 정치의 성격을 모호하게 만들었던 것이다. 그리고 이 과정에서 통제 기구로서 노사정위의 성격은 의도적으로 은폐되었다. 신자유주의 노동 유연화는 이른바 문민정부, 국민의 정부, 참여 정부 등 '민주적인' 국가 권력에 의해 합의 정치로 규정되었다. 그리고 압도적인 힘의 우위 속에서 국가는 '사회 통합적 구조조정'이라는 허구적 이데올로기를 지속적으로 산출해 낼 수 있었다.

요컨대 평가가 거의 완결된 멕시코와 달리 한국에서 합의 실험 평가는 여전히 과정 중에 있다. 가장 '민주적이고 개혁적인' 노무현 정부의 실험은 여전히 진행 중이다. 그러나 한국 노동운동의 '합리적 전략 선택'은 가능한가? 그것이 제3세계 신자유주의의 구조적 제약을 넘고, 기업별노조 체제와 보수 일변도 제도 정치라는 구조적 장벽을 넘어[38], '네덜란드의 사회 통합적 구조조정'으로 나아갈 가능성은 별로 없다. 멕시코의 사례가 시사하는 함의는 바로 이 점일 것이다.

---

38) 4·15총선 결과 민주노동당이 10석의 의석을 얻었으나 이것이 노동 정치의 틀에 큰 영향을 미칠 것이라고는 보기 어렵다. 2003년에 경험했던 열린우리당의 신자유주의 경제정책은 변화하지 않을 전망이다. 3% 의석에서 보듯이 보수적 제도 정치-시민사회의 구도는 크게 변화하지 않았기 때문이다.

10
민주 노조 운동 20년과 사회적 합의주의

1. 머리말

1987년 여름을 뜨겁게 달구었던 노동자 대투쟁 이래 20년이 지났다. 짧지 않았던 이 기간 동안 민주 노조 운동은 많은 고난 속에서도 성장, 발전해 왔다. 민주 노조들은 국가와 자본의 가혹한 억압을 견디어야 했으며 구조조정과 정리해고의 칼바람에 맞서지 않을 수 없었다. 당연히 이 과정에서는 많은 문제와 고민거리가 발생했고 민주 노조들은 스스로 혹은 진보적 연구자들과 함께 이 어려운 과제들을 해결해 왔다. 이론의 한계는 대중적 실천으로, 그리고 운동의 질곡은 이론의 날카로운 비판으로 극복해 온 역사였다.

그런데 지난 20년 동안 제기된 여러 가지 난제들 가운데 가장 해결되기 어려운 문제가 이른바 '사회적 합의주의'의 문제였다. 이론의 측면에서 그것은 서구의 코포라티즘 논쟁과 민주화 이행론, 그리고 신자유주의 노동 체제 전환에 따르는 제반 쟁점들을 포괄하는 방대한 범위에 걸쳐 있는 난제였다. 또 서구 이론을 한국 사회에 적용하는 과정에 수반되는 많은 논점들도 포함되어 있었다. 관변 연구자들은 물론, 진보적 연구자들도 대개 복잡한 논의 구도 속에서 상반된 주장만을 되풀이했고 논쟁은 쉽게 해소되지 않았다.

운동적 실천의 경험도 크게 다르지 않았다. 대체로 1990년대 전반기까지 국민경제사회협의회(이하 '경사협'으로 축약)나 노경총 총액 임금 합의 등 '사회적 합의주의'의 초기 시도들은 쉽게 극복될 수 있었다. 이때는 민주 노조 운동의 폭발적 성장을 제어하고 임금 상승을 통제하고자 하는 국가 통제 기구로서의 성격이 분명했던 탓이다. 그러나 민주노총이 결성된 이후 노사관계개혁위원회나 노사정위원회(이하 '노개위'와 '노사정위'로 축약)에서 문제는 좀 더 복잡해졌다. 정치적·사회적 변동과 함께 기구의 성격도 모호해졌으며 여러 가지로 해석할 수 있는 여지가 생겼기 때문이었다. 또 국가가 좀 더 본격적으로 '사회적 합의주의'를 노동 정책 실행의 핵심 장치로 운용했던 것도 중요한 이유였다. 결과적으로 운동 주체들은 이 문제의 해석을 둘러싸고 대립했으며 갈등의 골은 점점 더 깊어졌다.

이 글은 '사회적 합의주의' 문제를 거시적이고 통시적인 관점에서 고찰함으로써 민주 노조 운동 20년을 전체적으로 조망하고자 한다.[1] 노사정 삼자 합의의 문제는 단순히 노사정 간의 협소한 이해득실 차원에서 이해할 수는 없다. 여기에는 축적 체제와 노동 체제의 전환, 민주화의 확대와 같은 국가 정치의 문제, 국가의 노동 통제 전략, 노동운동의 전략적 노선 전환 등 좀 더 복잡한 문제가 서로 연관되어 있기 때문이다. 노동운동의 입장에서 보면 그것은 초기 민주 노조 운동 노선에 대한 중대한 수정의 의미를 담고 있었다(노중기 2004c, 25).

2절에서는 사회적 합의주의와 관련된 민주 노조 운동의 20년 경험을 네 개의

---

[1] 사회적 합의 문제가 노동 운동의 모든 측면을 포괄하는 것은 아니다. 그러므로 이 글의 논의는 민주 노조 운동의 한 측면을 비판적으로 검토하는 것으로 제한된다. 한편 여기서 말하는 '사회적 합의주의'는 노사정 3자 합의 혹은 협의의 제반 경험들과 이를 지지하는 운동 노선 모두를 총칭하는 서술적 개념이다. 주지하듯이 합의를 둘러싼 개념들은 매우 복잡다단하며 서로 다른 이론적 입장 위에서 쓰이고 있다. 우리의 경우 (민주적·사회적) 코포라티즘, 사회적 대화, 사회 협약, 사회적 파트너십 등 여러 개념은 그 개념 내용에서 차이가 크다. 이 글은 이에 대한 이론적 논의를 목적으로 하지 않는다.

소시기로 나누어 간략히 정리한다. 3절에서는 합의주의 실험에 대해 노동운동 내부에서 제기된 논쟁과 이론적 쟁점을 정리하고 몇 가지 논점을 도출할 것이 다. 그리고 4절에서는 전체 노동 체제의 전환과 관련해서 사회적 합의주의 실 험의 의의를 평가하고 그 한계를 정리한다. 마지막으로 결론에서는 여전히 현 재적 쟁점인 사회적 합의주의 문제에 대해 전망하고 실천적 대응 방안을 간략 히 생각해 볼 것이다.

2. 합의주의 실험 : 민주 노조 운동의 20년 경험

1) 전노협 시기의 '합의' 시도와 논의들

한국의 노동 정치 전개 과정에서 1987년 이후부터 1995년까지 약 10여 년에 가까운 시기는 본격적인 사회적 합의주의 실험을 앞둔 전사前史에 해당한다. 노 동운동의 측면에서 이 시기는 민주 노조들이 지역노조협의회와 전노협을 건설 하고 활동했던 시기였고 최종적으로 민주노총이 결성되었던 시기였다. 또 국 가 자본의 입장에서는 대투쟁 이후 노동 대중의 광범한 투쟁과 노조 운동 확장 에 대해 강한 억압과 통제를 실행했던 시기였다. 주요한 합의주의 시도들로는 1990년 경제사회협의회의 구성과 운영, 1993년 1994년 두 차례에 걸친 한국노 총 경총 간의 임금 합의를 들 수 있다.

먼저 경사협과 두 차례 임금 합의는 모두 당시 국가와 자본의 제 일차적 요구 였던 임금 통제를 실행하는 기구로서의 성격이 뚜렷했다. 경사협은 노태우 정 권의 민주 노조 탄압이 가열되었던 1989년 8월 하반기 경제 종합 대책의 임금 억제 기구 구상에 대해 한국노총이 반응하면서 출현한 한국노총과 경총 간의 협의 기구였다. 그러나 임금 통제라는 정부의 의도가 조직적으로 확보되지 못해 정부는 이를 방치했고 몇 달이 지나지 않아서 곧 '화석화'되고 말았다.

김영삼 정부 초반에 이루어진 두 차례의 임금 합의도 온전한 삼자 합의주의 실험으로 보기는 힘들었다. 여러 가지 우여곡절 끝에 정부가 참가함으로써 삼자 합의의 외양을 일부 갖추었다. 그러나 그것은 노태우 정부 시기 후반에 강력히 추진되었던 한자릿수 임금 정책과 총액 임금 정책의 연장선 위에 있었고 행정적 임금 통제에 이데올로기적 채색을 한 것에 불과했다. 한국노총 상층 지도부의 일부가 국가 자본과 담합한 '합의'였던 것이다. 이런 한계는 민주 노조들은 물론이고 한국노총 산하의 단위 노조들이 광범하게 반발했던 것에서 분명하게 나타났다. 결국 이 시기의 시도들은 그것을 합의주의라고 부르기 어려운 여러 가지 한계들을 뚜렷하게 갖고 있었다.[2]

장기적인 관점에서 그리고 노동운동의 시각에서 더 중요한 사안은 민주 노조 운동 내부의 위기론 논쟁이었다. 1991년에서 1992년까지 진행된 논쟁에서 전노협의 전투적 노조주의를 비판한 일부 연구자들은 새로운 운동 노선을 제시했고 여기에 사회적 합의주의의 담론이 제기되었던 것이다.[3] '국민적 조합주

---

2 좀 더 자세한 내용은 김준(1999a), 노중기(1995, 6장) 참고. 김준(1999a, 105-108)은 이 시기의 합의 시도를 '유사 사회적 합의'라고 보았다. 그것은 구조적 한계, 주체들의 인식과 전략 수준의 한계, 조직과 합의 내용 측면의 한계 등 여러 가지 한계를 모두 갖고 있었다. 이 글의 시각에서 보면 주체의 측면에서 민주 노조들이 배제되고 그들을 배제하기 위한 조직적 수단으로서의 이용된 성격이 너무 명료했던 점이 중요하다. 그러나 이들이 이후 노개위나 노사정위 합의 실험에 미친 일정한 영향은 부인하기 어렵다.
3 전노협 노선을 비판하고 위기론을 제기한 대표적인 연구에는 임현진·김병국(1991), 김형기(1992a; 1992b), 박승옥(1992) 등이 있었다. 이에 대한 자세한 논의와 비판은 노중기(1995, 7장), 임영일(1997d)을 참고할 것. 한편 사회적 합의 담론은 이미 그 이전부터 제기되고 있었다. 그 주요 진원지는 1988년에 설립된 정부 기구, 한국노동연구원이었다. 노동연구원은 1989년부터 외국의 합의 경험을 꾸준히 소개하고 그 필요성을 정부에 강하게 주장했다. 그것은 1991년과 1992년 정부 주도의 두 차례 사회적 합의 토론회('산업 평화와 경제 재도약을 위한 사회적 합의 대토론회', '노사관계 사회적 합의 형성

의', '민주적 조합주의' 등 그 명칭은 차이가 있지만 핵심적인 주장은 대동소이했다. 그것은 전투적 노조주의로 대표되는 지도부의 전략 노선이 민주 노조 운동 위기의 핵심적 요인이므로 이를 서구의 코포라티즘과 같은 합의주의 노선으로 전환해야 한다는 지적이었다.

이런 논의들은 김영삼 정부의 출범 이후 민주 노조의 대중투쟁이 재개되고 민주 노조의 조직 발전 전망이 가시화되면서 소멸되었다. 그러나 그 논의는 국가와 자본이 사회적 합의주의 담론의 함의를 더욱 진지하게 고민하는 중요한 계기를 이루었다. 결국 1996년 이후 노동 체제 재편 과정에서 그것은 국가와 자본의 전략 실행을 위한 핵심적인 논리적 근거와 정치적 조직적 장치로 발전하게 되었던 것으로 볼 수 있다. 그리고 노동운동의 측면에서 이 논의는 민주노총 결성 이후 1기 집행부의 운동 노선, '국민과 함께 하는 노동운동'의 전략 방침으로 다시 나타나게 되었다.

2) 노사관계개혁위원회와 1997년 겨울 총파업

1996년 봄 4·11총선을 성공리에 마무리한 김영삼 정부는 갑자기 '신노사관계 구상'을 발표하고 노사관계개혁위원회의 설치를 발표했다.[4] 정부는 노사관계 개혁이 정보화 세계화 시대에 부합하는 일류 국가가 되기 위해 시급한 것이

회의')와 한국노총과 경총의 임금 합의로 나타났다.

4 총선 직후 급작스럽게 발표했지만 준비는 상당 기간 진행되었던 것으로 밝혀졌다. 1995년 가을 청와대는 노개위 구성을 위해 비서진을 개편했으며 다음해 봄까지 매우 체계적으로 준비했다. 1995년 가을에 민주노총이 출범한 것도 노개위 구성의 직접적인 원인으로 볼 수 있다. 노개위 개혁 시도의 구조적, 전략적 배경에 대해서는 노중기(1996, 22-30) 참고.

라고 주장하고 노사 양측에 위원회 참가를 요구했다. '참여와 협력'이 새 노사관계의 구호로 제시되었으며 노개위는 그 구체적인 수단이었다. 국가의 압박 속에서 노사 양측은 서로 다른 이유로 참여하지 않을 수 없었고 노동 개혁의 논의는 급박하게 진행되었다(노중기 1996; 유범상 1999).

내용적으로 노개위는 복수 노조 금지와 제3자 개입 금지의 개정 등 집단적 노사관계의 개혁과 정리해고 법제화로 대표되는 노동시장 유연화의 교환 구도를 목표로 하고 있었다. 여전히 법외 조직이었던 민주노총 지도부는 약간의 내부 논란 끝에 비교적 수월하게 참여 방침을 결정했다. 민주노총의 참가는 복수 노조 금지 조항의 폐기, 곧 민주노총 합법화의 전망을 여는 것으로 평가되었기 때문이다. 그리고 민주노총 1기 지도부의 운동 노선인 '국민과 함께하는 노동운동'의 입장도 참가의 중요한 배경이 되었다. 결국 민주노총은 강력한 근기법 개악 반대 대중 투쟁을 준비하면서도 집단적 노사관계의 개혁이라는 전략적 목표를 참가와 교섭을 통해 달성하고자 했다.

가을까지 교환의 구체적인 손익 계산이 서로 달랐던 노사 공익은 합의에 이르지 못했고 정부는 자신의 의도를 담아 정부안을 입법화하려 했다. 이에 대해 민주 노조들은 크게 반발했으나 그것은 시작에 불과한 일이었다. 12월 말 국회로 이관된 정부안은 재벌의 로비를 받은 집권 신한국당에 의해 더욱 심하게 개악되었고 날치기로 국회를 통과했다. 노개위의 합의 정치는 실패했을 뿐만 아니라 기만당하기도 했던 것이다. 이후 한 달여에 걸친 전국적인 겨울 총파업이 발생했고 김영삼 정부는 이에 굴복했다. 결국 1997년 3월 법 개정은 집단적 노사관계 개혁과 노동시장 유연화의 교환을 담았고 그것은 애초 정부가 가졌던 전략적 의도를 크게 벗어나지 못했다(노중기 1997).

노개위는 이후 10년 이상 계속될 합의주의 노동 정치의 서막을 알리는 출발점이었다. 국가가 전략적 목표를 담아 체계적으로 준비한 개혁은 노동운동 내부의 동력과 함께 역사적인 실험의 장을 형성했다. 그러나 매우 좋은 주·객관적인 조건에서 시작했던 노개위의 합의 실험은 날치기와 조직적 총파업이 맞서는 적나라한 힘의 대결로 끝나고 말았다. 민주 노조 운동의 입장에서 이 결과는 두 가지 해석의 가능성을 낳았다. 합의 정치가 대중 동원과 전선 형성의 기제가 될 수 있다는 점이 그 하나였다. 그러나 반대로 노개위는 합의 정치의 구조적 한계를 분명하게 보여 주기도 했다. 신자유주의 유연화로 압축되는 국가 자본의 노동 배제 전략, 그리고 노동계급 주체 역량의 한계가 모두 명료해진 것이다.

3) 1998년 정리해고 합의와 1기 노사정위원회

1997년 말 노개위 실험에 대한 정확한 평가도 내려지기 전에 민주 노조 운동은 또 다시 사회적 합의주의 시험대에 오르게 된다. IMF 외환위기의 대응 과정에서 김대중 당선자는 새로운 삼자 합의 기구를 제안했고 노사정위는 1998년 1월 중순 임기도 시작되기 전에 급하게 구성되었다. 구조조정을 위한 제도적 장치로서 정리해고의 즉각 실시를 법제화해야 한다는 것이었다. 위원회 구성 과정에서 약간의 논란이 있었으나 민주노총 1기 지도부는 쉽게 참가 방침을 결정했고 2월 초까지 협상은 급박하게 진행되었다(노중기 1999).

20여 일에 불과했던 협상 기간을 거쳐 2월 6일 110개의 의제가 모두 합의됨으로써 노사정 대타협은 성사되는 듯했다. 그러나 2월 9일 민주노총 대의원대회에서 합의안이 부결되는 사태가 발생했다. 제조업을 비롯한 현장 노동자들의 강력한 반발이 주요 원인이었다. 정리해고의 법제화와 전교조 합법화, 실업자의 노조 가입 등 몇 가지 노동 개혁 사안을 맞교환해 성사된 2·6 합의는 구조조정이 이미 실시되고 있었던 현장을 크게 동요시켰던 것이다.[5] 지도부가 불신임된 이후 민주노총은 비상대책위를 구성하는 등 합의안을 무효화하기 위한 노력을 경주했다. 그러나 2월 14일 법안이 국회를 통과함으로써 정리해고와 파견 노동은 법제화되었고 상황은 일단 종료했다.

그러나 2·6 정리해고 합의가 노동운동에 남긴 결과는 정리해고 방식의 일방적인 구조조정, 그것만이 아니었다. 우선 정리해고 합의를 가능하게 했던 노사정 합의주의 문제에 대해 노동 내부의 커다란 인식 차이가 부각되었다. 급박한 경제 위기 정세 속에서 1기 지도부의 안이한 상황 판단도 한몫했지만 더 중요한 문제는 사회적 합의주의에 대한 서로 다른 판단들이었다. 수세적 상황에서 노사정 협상은 가장 중요한 전술적 수단이라는 인식과 더불어 참가가 체제 내 포섭이자 자주성의 상실이라는 상반된 인식이 존재했던 것이다. 이는 1998년 가을 이후 '사회적 조합주의social unionism 논쟁'이라는 노선 논쟁으로 발전했고 이후 정파 대립과 내부 갈등의 핵심적인 쟁점으로 비화했다.

또 사회적 합의의 결과와 성격도 중요한 쟁점이 되었다. 노동 측이 요구한 핵심 사안들에 대해 약속이 지켜지지 않았던 것이다. 국가와 자본은 정리해고 과정에서의 노조 참가와 같은 중요한 사안은 물론 전교조 합법화와 실업자 노조 가입과 같은 사안에 대해서도 약속 이행의 기미를 전혀 보이지 않았다. 이에 항의해 민주노총은 5월과 7월 두 차례의 총파업과 노사정 협상 참가를 반복했으나 상황은 더욱 악화되기만 했다. 특히 하반기에 만도기계와 조폐공사노조 쟁의가 국가 권력의 가혹한 탄압을 받은 일은 노사정위의 합의주의 정신을 근본적으로 의심하도록 만들었다. 결국 민주노총은 위원장의 한겨울 노상 단식 농

---

5 합의안이 110개나 될 정도로 광범한 합의였으나 국가 자본의 핵심적 요구는 정리해고와 파견 노동 법제화로 집중되었다. 시행을 1년 앞당긴 것에 불과했던 정리해고 문제를 국가는 외환위기의 파국적 상황에서 엄청난 중요성을 가진 것으로 인식했던 탓이다. 실제로 그것은 1998년 상반기 이후 본격화되었던 구조조정에서 노조의 묵종을 끌어낸 핵심적인 장치였다. 한편 국가와 자본은 노동 측이 요구한 합의 사항들을 거의 지키지 않았는데 이는 실리에서도 노동 측이 손해를 크게 본 합의였음을 말한다.

성을 거쳐 1999년 2월 노사정위를 탈퇴했다.[6]

4) 노무현 정부와 노사정위원회

민주노총 탈퇴 이후 4년 동안 무기력 상태에 빠졌던 노사정위는 2002년 대선에서 노동 인권 변호사 출신의 후보가 당선됨으로써 새로운 전기를 맞이했다. 노무현 정부는 대선 공약에서부터 '사회 통합적 노사관계'라는 이름으로 노사정위 강화 방침을 분명히 했다. 그리고 집권 직후에는 이른바 개혁적 인사들로 노동 정책 라인을 꾸리고 노사정위에 힘을 실어 주었다. 그러나 2003년 중반 이후 노무현 정부는 노동 개혁에 대해 이중적인 태도를 취하기 시작했다. 화물연대와 철도노조의 파업 진압, 그리고 9월 노사관계 로드맵의 일방적인 발표로 노사정위가 자기 역할을 수행하기 힘든 상황이 전개되었다. 이것은 노사정 합의 기구 참가에 부정적이었던 민주노총 3기 집행부의 존재와 맞물려 있었다.

2004년 초 사회적 합의주의 참가에 적극적인 입장의 4기 집행부가 들어서자 상황은 호전되는 듯했다. 그렇지만 로드맵과 함께 비정규직 관련 법안의 문제가 쟁점으로 부각되고 공공 부문의 대규모 쟁의가 발생한 결과 노사정위와 그 대체 기구 노사정대표자회의는 활동이 다시 중지되었다. 또 비리 수사 등 정권의 노동 탄압 강화와 민주노총 내부의 심각한 갈등도 참가를 가로막는 주요한 요인이 되었다. 하지만 지도부는 네 차례에 걸쳐 노사정위나 그에 준하는 기구에 참가할 것을 결의하거나 실제로 참가해 의지를 분명히 보여 주었다.[7] 특히

---

6 민주노총의 탈퇴 이후에도 노사정위는 한국노총을 파트너로 지속되었다. 특히 2001년 2월에는 한국노총과 작업장 단위 복수 노조 인정과 전임자 임금 지급 금지를 다시 5년 유예하는 '사회적 합의'를 도출하기도 했다.

마지막 2006년 6월 이후에는 노사관계 로드맵 협상에 본격적으로 참가했다.

2006년 로드맵 교섭에서 민주노총 지도부의 선택은 매우 어려운 상황이었다. 정부가 주도한 로드맵의 내용은 작업장 단위 복수 노조의 창구 단일화, 전임자 임금 지급 금지, 대체 노동 및 필수 공익 범위 확대 등으로 노동에 결코 유리한 것이 아니었다. 여기에 한국노총은 전임자 임금 지급 금지를 막는 일에 모든 것을 걸고 있는 상황이었다. 곧 민주노총으로서는 참여의 실익을 전혀 담보할 수 없는 상황 조건이 형성되어 있었다. 그러므로 집행부는 합의를 위해 참가한 것이 아니었음을 공공연히 표명했다. 말하자면 불참으로 속수무책으로 당하기보다 참여를 통해 피해를 최소화하고 투쟁 전선을 복구한다는 의미의 참여로 보았다.[8]

민주노총의 이 같은 약점을 정확히 알고 있었던 한국노총과 정부는 최종적으로 민주노총을 배제한 채 9·11 노사정 합의를 도출했다. 합의의 주요한 내용은 핵심 사안이었던 전임자 임금 및 복수 노조 문제의 3년 재再 유예, 확대된 필수 공익 사업에 대한 대체 노동 허용, 해고 규제 완화 등이었다. 적극적 참가도 아니며 거부도 아닌 어중간한 상태에 놓인 민주노총은 사후에 이를 '야합'으로 규정하고 투쟁을 호소하는 것에 만족해야 했다.

노무현 정권의 노사정위 실험에서 가장 두드러진 점은 그것이 민주 노조 운동 내부에서 분열과 반목을 불러온 점에 있었다. 특히 2005년 초 민주노총 대의원대회에서의 갈등에서 그 심각성은 분명하게 드러났다. 이는 노사정위 등 합

---

7 노사정위 참가를 둘러싼 자세한 정치과정은 노중기(2006b) 참고. 네 차례 결의는 2004년 5월 31일과 8월 25일, 2005년 3월 21일, 2006년 6월 19일에 이루어졌다.

8 이런 수세적 방어적 입장이 '교섭과 투쟁의 병행'이라는 슬로건으로 나타났다. 일종의 궁여지책으로 나타난 이 입장은 2007년 5기 집행부에서도 유지되었다. 한국노총의 입장 및 양 노총의 관계에 대해서는 민주노동당 기관지 『진보정치』, 2007년 4월 8일자의 이용득 위원장 인터뷰 기사 참고.

의 기구의 장기 존속을 설명할 수 있는 가장 중요한 이유가 될 수 있다. 노무현 정부는 여러 가지 모순과 마찰에도 불구하고[9] 노사정위의 유지, 강화 입장을 일관되게 고수했고 민주노총의 참가를 강하게 요구했는데 이는 결국 분할 지배의 결과를 낳았던 것이다.

더 나아가 이는 민주 노조 운동이 처한 위기, 그 딜레마를 반영하는 것으로 평가할 수 있다. 2004년 4기 집행부가 합의 기구 참가를 바라는 다수 조합원들의 지지를 받아 출범한 점을 상기하면 3기의 불참 전술도, 4기의 참가 전술도 모두 만족스러운 결과를 가져오지 않았음을 알 수 있다. 즉 참가 논란 자체가 민주 노조 운동 위기의 중요한 현상 형태였던 것이다. 참가 문제의 근본에는 전투적 조합주의를 대체하는 새롭고 좀 더 온건한 운동 전략이 필요하다는 민주 노조 내부의 대중적 요구가 있었다. 4기 집행부 이후 일관되게 표출되는 이런 요구들은 조직 내부에서 적절하게 조율되고 해소되지 못하고 구조적인 균열로 발전했던 것으로 볼 수 있다.

더불어 한국 사회에서 노사정위나 사회적 합의의 가능성과 한계가 무엇인지도 다시 한 번 명확해졌다. 국가와 자본은 노사정위 참여 요구나 합의 담론을 강력하게 유포하면서도 각종 쟁의를 진압하는 이중적 태도를 일관되게 보여 주었다. 국가와 자본이 원하지 않는 종류의 사안은 결코 합의의 대상이 아니었고, 합의는 신자유주의 노동 정책을 비용을 지불하지 않고 달성하는 수단에 불과했다. 이런 국가의 배제 전략은 민주 노조 내부의 조직적 균열을 심화시키고 확대

---

9 2005년 노동부 장관의 강한 노동 억압 정책으로 노정 관계가 최악의 상태에 있었을 때에도 정부 태도는 변하지 않았다. 정부는 노사정위를 우회하는 대표자 회의나 저출산고령화대책연석회의 등 대체 기구를 급조했던 것이다. 특히 노조 간부 비리의 기획 수사 등 좀 더 적극적인 압박 수단을 사용한 점은 김대중 정부의 태도와 구별된다. 정부의 이중적 태도 때문에 민주노총과 정부 사이가 완전히 단절된 적은 별로 없었던 것으로 판단된다.

재생산하는 요인이기도 했다.

3. 사회적 합의주의 : 논쟁과 평가

1) 두 개의 상반된 시각

2절에서 살펴본 바와 같이 1987년 이후 사회적 합의주의나 그에 준하는 여러 가지 경험들이 노동 정치과정에서 축적되어 왔다. 대체로 1997년의 노개위까지 연구자들과 일부 활동가들의 이론적인 논의에 머물렀던 합의주의 문제는 1998년 정리해고 합의 이후 중요한 운동적 쟁점으로 부각되었다. 이 문제는 민주 노조 운동 내부에서 정파 대립의 핵심적인 쟁점이었으며 10년의 논쟁에서도 그 접점을 찾기 어려웠다. 크게 보아 옹호론과 비판론의 두 가지 상반된 입장이 있었다.

먼저 옹호론은 대체로 서너 가지의 서로 연관된 논거를 제시하고 사회적 합의 혹은 제도화된 노사정 중앙 교섭에 긍정적인 평가를 내렸다. 구체적인 수준에서 그것은 시기에 따라, 논쟁의 맥락에 따라 사회적 조합주의, 사회 통합적 노사관계와 중층적 교섭 구조, 전술적 참가론 또는 교섭과 투쟁의 병행 등으로 다양하게 변화했다. 그러나 그 이론적 논거들은 대체로 대동소이해 보인다.

첫째, 경제 구조의 변동에 따라 사회적 대화 전략이 필요하다는 주장이다. 이 경제 구조는 고성장 저실업과 대비된 저성장 고실업 경제 구조, 또는 세계화와 신자유주의 시대의 노동 유연화와 고용 불안정 체제를 말한다. 경제적 환경이 변화함으로써 전통적인 기업 노조의 경제적 단체교섭은 한계에 봉착했고 새로운 정책 전환이 필요하다는 것이다. 이때 서구의 '공급 측면 코포라티즘'이나 남아프리카공화국 등 '비슷한 환경'을 가진 제3세계 사례들의 '긍정적' 경험은 '사회적 합의주의'가 유력한 대안이 되는 근거가 된다. 특히 1990년대 이후 서구 사례들의 경험은 코포라티즘의 구조적 조건이 부재하거나 취약한 나라에서도 사회적 합의주의가 가능하다는 주장의 논거가 되었다. 구조적 조건이 취약한 한국 사회에서도 문제는 노동운동의 전략적 선택이라는 것이다.[10]

둘째, 1987년 체제의 전투적 노조주의의 한계도 주요한 논거였다. 변화한 경제적 조건 속에서 파업 투쟁 위주의 임금 단체교섭은 전투적 경제주의를 벗어나지 못하게 되었고 노동운동의 위기를 불러왔다. 비정규직의 급증 등 노동계급 내부의 양극화는 그 일차적 결과였다. 사회적으로 노동운동이 고립되는 결과도 중요한 논점이 되었다. 그러므로 협소한 경제적 요구를 넘어서는 복지, 재벌 개혁, 조세, 주택, 교육 등 전 사회적 의제를 노동운동이 다루기 위해서도 정책적 참가, 사회적 합의 교섭은 반드시 필요하다는 주장이었다.

셋째, 가장 구체적인 수준에서 사회적 교섭 외의 현실적으로 대안이 없다는 대안 부재론이다. 이것은 총파업 투쟁 위주의 전투적 쟁의가 더 이상 유효하지 않다는 판단에 근거한다. 주체적으로는 총파업의 이름에 맞는 투쟁 역량이 없다는 점을 강조한다. 투쟁 역량이 없는 조건에서는 합의에 이르지 못하더라도 전국적 전선을 형성하기 위한 수단으로서 참가가 유의미하다고 본 것이다. 그리고 이런 논리에서 합의 실험의 계속된 실패 이후에도 민주노총은 전술적 교섭, 중층적 교섭, 교섭과 투쟁의 병행 등의 '새로운 방침'을 계속 만들었다. 그런

---

10 사실 이런 논의를 주도한 것은 앞서 지적한 바와 같이 노동연구원 등 관변 연구 기관이었다. 그러나 민주 노조 운동 내에서도 서구와 남아공의 경험은 중요한 논리적 근거로 작동했다(김유선 1998a). 이때 노동운동의 적극적 참가 선택과 더불어 국가가 주도적인 역할을 해야 함은 물론이다(이병훈 2004; 박태주 2006).

데 여기에는 본질적으로 사회적 교섭 외에는 대안이 없다는 수세적인 방어적인 논리가 작용하고 있었다.

한편 비판론은 사회적 합의주의 이론과 우리의 경험 두 가지 차원에서 합의주의를 강하게 비판했다. 먼저 경험적인 수준에서 10년간 지속된 합의 실험들의 결과는 대체로 부정적이었다는 지적이다. 노개위에서 합의 결과는 정부와 국회 두 단계를 거치면서 거의 무시되었고 최종적으로는 노동법 개악으로 귀결되었다. 또 1기 노사정위와 김대중 정부 시기에 노동 측이 요구한 합의 내용은 지켜지지 않았으며 민주노총은 노사정위 탈퇴 이후 정부의 강한 탄압에 직면해야만 했다.

노무현 정부에서도 비슷한 경험이 되풀이되었다. 비정규직 관련 법안이나 노사관계 로드맵 모두 민주노총과의 원만한 합의를 이루지 못했고 참여 정치와 노동 탄압은 동시에 진행되었다. 특히 로드맵에서 잘 나타난 바와 같이 정부는 한국노총을 적절히 통제해 합의에 이용했고 민주노총의 참가는 정부가 정치적 알리바이를 확보하는 절차로 배치된 것을 넘어서지 못했다. 요컨대 현실적 경험에서 사회적 합의주의는 개혁이나 실질적 참가를 의미하기보다는 마찰 없는 노동 정책 실행을 위한 정부의 민주 노조 노동 통제 과정이었다는 비판이었다(노중기 2003b).

이론적인 측면에서 비판론은 옹호론의 세 가지 주장을 모두 반대했다. 먼저 신자유주의 세계화라는 경제 구조 변동에 따라 노동운동의 전략 선택이 바뀌어야 한다는 주장은 관념론이거나 잘못된 비교 연구의 문제를 안고 있다는 비판이었다(노중기 2002a; 2004a). 1990년대 이후 서구 노동운동의 변동은 합의주의로 수렴되기보다는 '경로 의존적' 방식으로 다양화되었을 뿐이다. 즉 그 나라의 구조적 조건, 역사적 경험에 따라 여러 가지 선택지가 가능하므로 옹호론의 주장은 과도하다는 판단이었다.

또 경제 구조 변동이 합의주의를 선택하라는 압력으로 다가오더라도 반드시 이를 선택할 필요는 없으며 합의주의 선택이 바람직하지도 않다는 적극적인 비판도 있었다. 서구 노동운동 내부에서도 사회적 대화나 사회적 파트너십의 전략 선택이 바람직한 것인가에 대해서는 여전히 의문이 많기 때문이다(Hyman 2001a). 제3세계, 특히 남아공 노동운동 사례도 한국 노동운동의 사회적 합의주의 선택에 논리적 근거가 되지 못한다. 남아공과 한국의 사회구조적 정치적 차이가 커서 유사한 결론을 내리기 어려우며 결과의 측면에서도 오히려 신자유주의를 확산시키는 등 문제가 많았다는 비판이었다.

다음으로 전투적 노조주의의 한계 문제는 좀 더 미묘하다. 옹호론은 전투적 조합주의가 그 출발부터 많은 문제를 안고 있었다고 보지만 비판론은 그것이 과도한 평가라고 본다. 즉 비판론에 의하면 전투적 노조주의는 내적으로 한계가 없었던 것은 아니지만 1987년 체제의 구조적 제약에 적절히 대응한 합리적 노조 운동이었다. 1997년 이후 체제 변동에 따라 드러난 한계들과 함께 그것의 긍정적 측면도 충분히 주목해야 한다는 반 비판이었다. 따라서 비판론의 관점에서 전투적 노조주의는 폐기의 대상이 아니라 합리적 핵심을 계승 발전시켜야 하는 운동 이념이 된다(노중기 2005b). 특히 이를 폐기하고 사회적 합의주의로 나아갈 경우 노조 운동의 핵심 이념인 민주성과 자주성이 크게 위협받을 것이라고 비판했다.

마지막으로 대안 부재에 대해 비판론은 투쟁 역량의 제약은 사실일지 모르나 그렇다고 합의주의로 나갈 수는 없다고 비판한다. 비판론자들이 보기에 전술적 교섭, 중층적 교섭, 교섭과 투쟁의 병행 등은 모두 실제로는 합의주의를 정당화하는 수단으로 도입된 구호에 지나지 않았다. 더 나아가 이들은 사회적 합의주의 또는 그와 연관된 운동 이념인 사회적 조합주의보다는 사회운동 노조주의social movement unionism가 필요하다고 주장했다(조돈문 2004; 노중기 2006b).

2) 10년 경험에 대한 평가

이론 논쟁과 별개로 지난 10년간 삼자 기구 운영의 경험에 대해서는 민주 노조 운동 내부에서 이견이 크지는 않았다. 미래의 가능성의 측면에서 합의주의는 중요한 쟁점이 되었지만 과거의 경험은 논쟁이 불가능할 정도로 그 평가가 부정적이었기 때문이다. 또 이런 대체적인 부정적 평가로 말미암아 과거의 경험은 충분히 분석적으로 정리되지 못했던 것도 사실이라 할 수 있다. 그러므로 여기서는 과거의 경험에서 나타난 우리 사회 합의주의 실험의 결과와 특징을 간략히 정리해 볼 필요가 있다.

먼저 민주 노조 운동의 사회적 합의 참가는 국가에 의해 '강제된 참가'라는 특징을 보여 주었다.[11] 노개위와 김대중 정부와 노무현 정부의 노사정위에서 모두 민주노총은 초청된 주체였다. 국가는 합의 정치의 기본 틀과 구체적 의제를 미리 설정했고 노동은 단지 참여를 요구받았을 뿐이었다. 노개위에서 그것은 선진국 진입을 위한 노사관계 개혁이었으며 1기 노사정위에서는 외환위기 극복, 노무현 정부에서는 사회 통합적 노사관계 구축으로 설정되었다. 구체적인 의제 설정에서 민주 노조의 개입과 지분이 없었던 것은 아니었으나 전체 구도에는 영향력이 없었던 것이다.

때때로 민주노총이 참가를 거부할 경우 이 '강제된 참가'의 성격은 좀 더 분명히 드러났다. 이때 국가는 다양한 수단을 동원해 참가를 유도했고 강력히 재제하기도 했던 것이다. 국가는 합의 이행 및 법 개정 사안과 같은 노정 또는 노사정 간의 모든 현안들에 대해 민주노총의 노사정위 참가를 전제로 요구했다. 즉

---

11 이하의 논의에서 국가의 전략은 '구조와 전략의 변증법'이라는 이론적 입장에 기초한 것이다. 이때 국가 전략은 합리적, 합목적적 전략적 중심이나 주체를 갖지 않는 구조-전략의 상호 작용과 그 효과를 말한다(노중기 1997).

노동 정치의 모든 문제들을 노사정 틀에서 해결하기를 요구했는데 이는 결국 문제 해결의 책임을 불참 중인 민주노총에 지우는 결과를 초래했다. 나아가 보수 언론과 합세한 정부의 여론 공세는 이런 정치적 책임전가의 구조를 확대 재생산하는 효력을 발생시켰다. 또 기존 합의 기구에 대한 민주 노조의 불만이 클 경우에는 '대체 합의 기구'를 만들어 참가를 강제하기도 했다.

나아가 '합의주의' 실험은 국가의 민주 노조에 대한 법 제도적 물리적 폭력에 의해 뒷받침되었다. 예컨대 1999년 탈퇴 이후 김대중 정부와 2004년 하반기 이후 2006년까지 노무현 정부 노동 정책이 그러했다.[12] 여기에는 쟁의 사업장에 대한 공권력 투입, 손해 배상 청구 소송, 구속 수배 등 형사 처벌, 노조 간부 비리에 대한 기획 수사 등이 포함된다. '참여와 협력', '노동 개혁', '참여 민주주의와 사회 통합' 등의 슬로건과 국가의 폭력적 노동 통제가 병존한 사실은 우리 합의주의 실험의 본질적 성격을 보여 주었다.[13]

둘째, 참가의 결과는 교환의 등가성이란 점에서 대체로 부정적이었으며 합의 내용은 국가와 자본에 의해 이행되지 않았다. 1기 노사정위에서 정리해고의 반대급부였던 제반 노동 개혁은 거의 제도화되지 못했고 비정규직 법제화와 노동시간 단축, 로드맵 합의 실험에서도 원래의 개혁적 의제는 신자유주의 노동 유연화를 제도화하는 것에 머무르고 말았다. 협의 과정에서 가장 등가교환에

---

12 당시 김대중 정부는 노사정위 기구를 법제화하고 3기 위원회를 출범시키는 등 민주노총의 참가 유도에 상당한 노력을 기울였다. 그러나 여러 이유로 참가가 어려운 것으로 판단되자 2000년 하반기 이래로 좀 더 강압적인 방법을 사용하기 시작했다. 사회보험노조와 롯데호텔노조 등 쟁의 사업장에 대한 선제적 공권력 투입, 민주노총과의 대화 거부, 지도부에 대한 대규모 사법 처리 등 공공연한 억압이 노사정위 불참의 반대급부로 제시되었다(노중기 2002a). 또 노무현 정부는 노조 비리에 대한 기획 수사 및 사법 처리, 노조 내부 문제에 대한 대대적인 여론 공세 등을 압박 수단으로 동원했다(노중기 2006b).
13 서구 린코포라티즘의 '국가 협박[shadow of hierachy] 문제가 한국에서는 좀 더 극단적인 형태로 나타났던 것으로 볼 수 있다(노중기 2004a). 기획 수사 문제의 자세한 내용에 대해서는 노중기(2006b) 참고.

근접했던 노개위의 교환 구도는 합의에 이를 수가 없었다.

또 노개위와 1기 노사정위 실험은 노사정 간의 약속 내용이 이행되기 어렵다는 것을 잘 보여 준 사례였다. 합의에 참가했던 노동부와 청와대 등 정부 내부의 온건파들의 의견은 부처 간 의견 조율이나 법제화 과정에서 쉽게 변질되었다. 실업자 노조 가입 약속과 같이 정부 내 일부 부처의 반발은 약속 불이행의 정당한 이유처럼 취급되었고 최종적으로 지켜지지 않았다. 교원노조 합법화는 민주노총 위원장의 단식 투쟁 끝에 해를 넘겨 겨우 법제화되었다. 한편 등가 교환에 근접한 교환은 노개위 실험처럼 국회의 심의 과정에서 쉽게 뒤바뀔 수 있음을 보여 주었다. 요컨대 국가 기구 전반의 보수성으로 말미암아 민주 노조들의 참가가 긍정적인 결과를 가져올 가능성은 매우 제약되어 있었다.

셋째, 합의 기구의 운영 과정과 관련된 경험도 중요하다. 합의 기구의 의사 결정 과정에서 민주 노조 운동의 지분은 대체로 1/3에서 1/6 정도에 불과했다. 노사 간에 첨예하게 대립된 사안을 다루는 과정에서 중립적 인사로 규정된 정당 인사나 공익위원들의 중립성은 결정적으로 중요하나 그것은 보장되지 못했다. 정치권 인사들은 본질적으로 정부나 자본의 이해에 가까웠으며 공익위원들도 예외는 아니었다. 물론 일부 민주 노조에 친화적인 공익위원들이 없었던 것은 아니지만 소수에 불과했다. 노동 측 지분의 절반을 갖고 있었던 한국노총은 많은 경우 기회주의적이었고 일관성을 갖지 못했다. 요컨대 민주 노조는 참가 이후 의사 결정의 주도권을 행사하기 어려운 구조적 제약 아래에 있었다.

또 기구 운영의 인프라인 물적 인적 자원도 국가에 의해 통제되었다. 법제화의 수준이 높아졌으나 합의 기구는 정부 산하 기구에 불과했다. 재정과 인력, 정책 자료의 제공 등 모든 지원은 정부나 정부 산하 기구로부터 제공되었다. 이는 기구 운영 전반의 자율성을 약화시켰고 정부 내에서 합의 기구의 위상을 추락시키는 결과를 초래했다. 경제와 치안 부처 등 정부 내 다른 부처는 물론, 노동

부조차 자기 부처의 이해를 앞세워 합의 결과를 무시했던 구조적 배경이 여기에 있었다. 이런 조건으로 말미암아 의사 진행 과정에서 국가와 자본의 요구는 쉽고 빠르게 관철되었으나 노동이 요구한 합의 사항의 실행은 지체되고 해태되었던 것이다.

넷째, 합의주의 10년의 경험은 협의의 합의 결과와 정치과정을 넘어서서 노동운동 전체에 상당한 영향을 미쳤다. 먼저 민주노총이나 민주 노조에 대해 미친 영향은 매우 부정적이었다. 지난 10년 동안 합의 기구 참가 문제는 민주 노조 운동 내부에 심각한 대립과 갈등을 산출해 왔다. 물론 민주 노조 운동 내부의 갈등은 노동운동 노선에 대한 이견에 근원하는 것이었으나 합의주의 문제는 노선 대립의 상징적 쟁점으로 부각되었던 것이다.[14] 그러므로 국가의 합의 기구 참가 강제는 의도적이든 그렇지 않든 민주 노조 운동 내부의 분열을 확대 재생산하는 효과를 가져왔음을 부인할 수 없다.

2002년 발전파업에 대한 민주노총 지도부의 평가에서 나타나듯이 이 논쟁과 대립은 합의주의 문제에 국한되지 않았다. 그것은 민주 노조 운동의 성격 전반에 걸친 상반된 인식으로 나타났다. 구체적으로 여기에는 대통합론 등 한국노총과의 관계, 경쟁력과 생산성주의 담론, 산업 평화와 노사 협력의 문제, 국민적 관점과 국민경제론, 전투적 노조주의 비판 등의 문제로 확산되었다(노중기 2002a). 특히 1기 노사정위 합의에 참가했던 민주노총 핵심 간부들이 집권 여당 새천년 민주당에 가입함으로써 노조 운동의 자주성 문제가 심각하게 부각된 바 있었다.

---

14 주요한 갈등 사례로는 1997년 겨울 총파업을 둘러싼 논쟁, 1998년 2월 노사정위 합의 논란과 사회적 조합주의 논쟁, 2002년 발전파업에 대한 평가 논쟁, 2004년 선거 과정의 대립과 2005년 대의원대회 폭력 사태, 2005년 하반기 민주노총 간부 비리 사태에 대한 논란 등을 들 수 있다.

또 나아가 노동운동에 대한 영향에서 무시할 수 없는 결과는 한국노총의 문제였다. 지난 10년간 한국노총과 민주 노조 운동의 관계는 매우 미묘한 것이었다. 민주노총 지도부의 성격에 따라 시기마다 그 관계는 변화했으나 대개 그것은 합의 기구 참가 문제와 연관되어 있었다. 불참과 참가를 되풀이했으나 한국노총은 민주노총과 달리 참가 입장의 기조 위에서 자신의 이해를 극대화하고자 노력했다. 크게 보아 그것은 1987년 이후 잃었던 노동운동의 주도권을 되찾는 시도였다. 노동 체제의 변동과 합의주의 정세로 말미암아 기존의 자주성 논란, 이른바 어용 문제는 크게 희석되었다. 결과적으로 이런 노력은 국가와 자본의 노동운동에 대한 분할 지배 전략과 결합해 상당한 성과를 산출했다. 민주 노조는 한국노총과의 연대 혹은 통합 논의로 내부 갈등에 시달렸던 반면 한국노총은 실리와 함께 민주노총과 대등한 조직으로 위상을 높일 수 있었던 것이다.

마지막으로 참가의 사회경제적 결과 문제이다. 합의주의 노동 정치의 10년은 1998년 이후 신자유주의 노동 체제의 구축 과정과 결합되어 있었다. 따라서 지난 10년 동안 진행된 사회경제적 구조 변동, 곧 사회 양극화와 비정규 노동자 확대, 구조조정과 노동 유연화, 노동운동의 약화 등에 대한 합의 정치의 영향을 객관적으로 평가하는 일은 쉽지 않다. 그것은 신자유주의 체제의 노동 배제를 제어하고 완화하는 사회 통합적 정치과정으로 해석될 수도 있으며 반대로 이를 정당화하고 매개한 정치과정으로 해석할 수도 있기 때문이다.

그러나 1998년의 정리해고 합의나 2003년 노동시간 단축 합의, 그리고 최근의 비정규 노동 관련 법제화와 로드맵 합의 등 구체적인 결과에서 본다면 그것을 사회 통합적 정치과정으로 해석하기는 어렵다. 합의주의 옹호론이 예상했던 것과 달리 그것은 신자유주의 구조조정을 정당화하고 노동의 저항 없이 관철하는 수단을 넘어서기 어려웠다. 노동시간 단축이나 비정규직 보호를 명분으로 한 합의는 실제로는 노동 유연화, 비정규직 확대로 귀결되었기 때문이다.

4. 한국의 노동 체제와 합의주의 실험

한국 사회에서 사회적 합의주의 실험의 결과는 대체로 부정적인 것이었다. 10년간의 합의 정치에서는 민주노총과 전교조의 합법화, 노동시간의 단축과 삼자 개입 금지나 직권 중재와 같은 몇몇 악법 조항의 제거, 그리고 사회 복지 제도 도입과 확대 등 일부 긍정적인 측면이 없었던 것은 아니다.[15] 그러나 이 사안들 대부분은 1997년 겨울 총파업의 사례에서 볼 수 있듯이 합의가 아니라 최종적으로는 노동 대중의 투쟁에 의해서 달성되었던 성과였다. 그뿐만 아니라 이들은 교환 과정에서 그 이상의 반대급부를 전제로 한 제도 변경이었고 교환의 등가성이 보장되지 못했으므로 성과라고 보기는 어려웠다.

연구자들의 계속된 정책 제안, 노조 지도부의 열망과 각 정권 수뇌부의 '정치적 의지'에도 불구하고 합의 실험이 실패한 것에는 한국 노동 정치에 고유한 구조적 특성이 자리 잡고 있었다. 구조적 제약은 1987년 체제와 그 이후의 종속적 신자유주의 체제 모두에서 작동하고 있었다. 그 특성은 크게 네 가지로 정리될 수 있다.

첫째, 노동계급의 역량이 매우 취약하다는 특성이었다. 11~12%대의 낮은 조직률과 대기업 중심의 조직적 편중성은 역량의 한계를 단적으로 보여 준다. 특히 한국노총을 제외하면 이 기간 전체에 걸쳐 민주노총의 조직 역량은 전체 조직 대상의 5% 내외에 불과했다. 따라서 민주 노조는 합의를 전체 노동계급의 이름으로 강제할 동력을 충분히 갖추지 못했으며 반대로 국가와 사용자는 합의

---

15 노동시간 단축의 제도 변화에는 긍정과 부정의 두 요소가 모두 포함되어 있었다. 노개위, 노사정위에서 교환의 구도로 대치되었던 노동 기본권 신장과 노동 유연화의 두 요소가 바로 그것이었다.

과정이나 결과에 대해 무책임한 태도를 취해도 무방한 경우가 많았다. 특히 노무현 정부에서 경험했던 것처럼 대기업 중심의 조직 동원력이 '노조 간부 비리 사태' 등으로 약화할 경우 민주 노조에서는 어떤 대응도 할 수 없는 한계를 보여주었다.

그런데 낮은 조직률과 같은 평면적인 지표보다 더 중요한 것은 조직적 집중성의 정도였다. 사실 대재벌 중심으로 경제 구조가 집중된 조건에서 대사업장이 조직되어 있다면 낮은 조직률이 큰 문제는 아닐 것이다. 오히려 대사업장 노조 조직이 기업 단위로 분단되어 있다는 점이 더 큰 문제였다. 기업별노조 조직 체제는 노동계급 역량을 구조적으로 제약한 결정적 변수였다.[16] 개별 노조 수준에서 유지되었던 조합원들의 노조 활동에 대한 참가 의지는 초기업 수준의 이해 결집, 민주적 집중적 의사 결정 과정에서 크게 약화했다. 여기에 합의 기구 참가를 둘러싼 민주노총 지도부 내부의 견해 차이가 더해져 민주 노조는 신속하고 합리적인 의사 결정을 요구하는 합의 정치과정에서 대체로 무력할 수밖에 없었다. 민주노총 지도부는 민주적인 의사 결집에 상당한 한계에 부딪혔고 참가의 결과에 대해 하부 조직을 통제할 수도 없었다.

한편 정치적 계급 역량의 취약성도 두드러진다. 민주노동당의 창당과 2004년 국회 진출이라는 정치적 성과에도 불구하고 전체 노동계급의 정치 역량은 매우 취약했다. 민주노동당은 3% 미만의 의석 점유율로 합의 정치를 뒷받침할 역량을 갖지 못했다. 또 민주노총 내부의 정치적 조직화도 크게 약한 상태가 지

---

16 물론 보건의료노조나 전교조, 그리고 금속노조 등은 이미 산별노조 조직 형식을 갖고 있었다. 그러나 이들의 비중은 전체 민주 노조에서 크지 않았으며 산별노조에 맞는 집중적 의사 결정, 활동 방식을 갖추지는 못했다. 2006년 금속노조와 공공노조의 출현은 본격적인 산별노조 시대가 시작된 것을 의미한다. 그러나 합의 정치를 뒷받침하는 산별노조의 내용을 담는 실체적 변화에는 상당한 기간이 소요될 것으로 보인다.

속되었다. 조합원 중 민주노동당원은 5%를 넘지 못했고 전반적인 정치의식은 매우 낮은 편이었다. 비제도적인 수준에서도 조합원의 정치의식은 매우 낮아 협소한 경제적 이해관계에 기초해 정치적 판단을 내리거나 보수적인 정당을 지지하는 사태가 되풀이되었다. 결국 민주 노조의 정치 역량은 합의 정치의 의제 설정과 운영 과정에 의미 있게 개입하거나 합의 결과의 이행을 강제할 수 있는 수준에 다다르지 못했던 것으로 볼 수 있다.

둘째, 국가의 전략과 구조 측면에서도 민주 노조의 합의 정치 가능성은 크게 제약되어 있었다. 전통적으로 한국의 국가는 해방 정국 이래 수구 분파가 주도한 매우 보수적인 성격을 갖고 있었다. 냉전 분단국가로서 국가는 오랫동안 노동운동에 대해 적대적이었고 노동 억압 정책을 지속해 왔다. 문제는 이런 국가의 성격이 민주화 이후에도 크게 변화하지 않았다는 점에 있었다.17 정치 엘리트 간의 타협에 의한 점진적 민주화 과정에서 보수적 관료 체제는 강고히 유지되었으며, 특히 노동에 적대적인 경제 부처, 치안 부처의 주도권은 변화하지 않았던 것이다. 이들은 청와대와 노동부, 노동연구원 등 정부 일각에서 정치적 주도권을 갖고 시작한 합의 정치를 공공연하게 거부하거나 은밀히 해태하는 전술로 일관했다. 노동 측이 요구한 합의안은 거의 이행되지 않았고 '참여와 협력'의 합의 정치가 공권력 투입과 구속 수배 등의 국가 폭력과 결합되는 딜레마가 지속되었다. 요컨대 합의 정치의 가능성은 국가 기구 내부에서 구조적으로 가장 큰 장애물에 부딪힐 수밖에 없었다.18

---

17 바로 이 점이 1987년 체제 10년의 모순 구조에서 핵심적인 측면이었다. 시민사회, 정치사회의 자유화, 형식적 민주화에도 불구하고 국가는 노동 사회에 대한 억압과 배제 전략을 포기하지 않았다. 여기서 노동 배제 전략과 전투적 노조주의가 맞부딪힌 10년의 노정간 대립 과정이 발발했던 것이다.
18 합의 정치와 결부되었던 억압적 노동 행정을 이른바 '개혁 세력'이 거부할 때 정권 내 외부에 포진했던 보수 세력의 반격은 강력했다. 노무현 정부 초기 화물연대 파업에 대해 공권력을 투입하지 않자 개

또 합의 정치를 주도한 이른바 정부 내 '개혁 세력'도 큰 도움이 되지는 못했다. 청와대와 집권 여당, 그리고 정부 내 일부에 포진했던 개혁파는 '노사관계 개혁', '참여와 협력', '참여 민주주의'와 '사회 통합' 등의 구호로 합의 정치를 주도했다. 그러나 그들은 '신자유주의 경제 재구조화'라는 좀 더 상위의 전략 방침에 구속되거나 이를 보완하는 개혁임을 공공연히 표방했다. 따라서 이들은 한편으로 '개혁' 담론과 다른 한편의 '경쟁력주의 시장주의'와 '법치주의', 곧 신자유주의 이념 사이에서 중심을 잃고 표류했다. 양자 사이에서 구체적인 절충 과정은 항상 딜레마 상황을 연출했으며 최종적으로 신자유주의 이념이 합의 정신을 압도하는 결과가 초래되었다. 노동시간의 단축, 비정규직 보호 법안, 노사관계의 선진화가 거꾸로 노동 유연화의 제도화, 비정규직 확대, 민주 노조에 대한 제도적 억압으로 나타났던 것도 이 딜레마 때문이었다.

셋째, 정치사회의 구조도 합의주의 노동 정치에 부합하지 못했다. 한국 사회에서 노사정 간의 합의는 보수 세력이 우위에 있는 국회라는 난관을 넘는 문제를 구조적으로 안고 있었다. 이 점은 내각제를 기반으로 한 서구의 노동 정치에서 의회 법제화 과정이 크게 장애가 되지 않았던 것과 대비된다. 여소야대의 국면이 지속되었던 김대중 정부 노사정위는 이런 면에서 근본적인 한계를 갖고 있었다. 정부는 다수 야당의 반대가 예상되는 가운데 국회 통과를 이유로 '최소한의 개혁'을 주장할 수 있었다.

한편 집권 여당이 개혁을 추진했던 김영삼 정부나 노무현 정부에서도 사정은 크게 다르지 않았다. 김영삼 정부에서 노개위의 논의는 여당의 법안 개악과 날치기 통과 처리로 원래의 개혁성이 완전히 소실되었다. 그리고 노무현 정부

혁 세력은 엄청난 여론 공세, 정치 공세에 직면했고 결국 권력으로부터 축출되었다.

에서 초기의 개혁 드라이브는 보수 야당의 강력한 정치 공세와 여론 공세로 청와대 노동 팀이 교체되면서 쉽게 붕괴되었다. 그리고 이와 반대로 후반기 비정규 법안 처리와 로드맵에서는 신자유주의 노동 유연화라는 내용에 보수 양당이 합의하면서 민주노총을 배제하는 법제화가 손쉽게 이루어졌다. 의미 있는 캐스팅보트를 쥐지 못한 민주노동당은 현실성 없는 최대 요구안을 제시할 수밖에 없었으며 보수 주도 정치 구도 속에서 많은 시행착오를 되풀이했다. 요컨대 한국의 노동 정치에서 합의주의는 그 내용이 개혁적일 경우 보수 정당의 강한 반대를 불러왔으며, 정부 내 추진 주체들은 이를 통제할 수단을 갖지 못했다. 결과적으로 노동 개혁으로 출발한 합의주의 정치는 보수 여야당 간의 신자유주의 대동맹으로 귀결되기 십상이었다.

마지막으로 한국 노동 정치의 역사적 경험과 시민사회의 이념적 구조적 지형도 합의주의 노동운동에 불리하게 작동했다. 한국 사회에서 노동은 오랫동안 금기로 치부된 바 있었다. 한국에서 좌파는 해방 정국과 한국전쟁을 거치며 불법화되었고 소멸되었다. 30년을 훨씬 넘는 이 기간은 단순히 '노동'이 부재하는 빈 공간이 아니었다. 노동을 배제하는 각종 법 제도적 장치가 지속적으로 강화되었으며 특히 압도적인 다수의 시민들에게 반 노동 이데올로기가 사회화되는 과정이었던 것이다. 또 이 시기는 국가가 어용 노동 조직을 포섭하고 이를 매개로 해서 노동계급을 배제하던 노동 통제의 역사로 점철되었다. 그 결과 한국의 시민사회에는 강력한 반 노동자 정서가 역사적 전통으로 구조화되어 있었고 이는 민주 노조의 합의 기구 참가를 제약하는 기본적인 배경으로 작용했다.

구체적으로 보면 대개의 합의 정치는 외환위기를 전후로 시작되었는데 이 시기에 시민사회의 보수성은 한층 강화되었다. 예컨대 경제 위기에 대해 노동자의 귀책 사항이 거의 없었음에도 정리해고에 대한 노동 측의 양보는 여론의 대세였다. 여론의 압력에 굴복하지 않을 경우 '경쟁력 잠식' '법질서 파괴' '집단이기주의'와 같은 강한 이데올로기 통제 수단이 작동했다. 노무현 정부가 '귀족 노동자와 귀족 노조', '비리 집단' 등의 담론을 공작적으로 산출하고 확대할 수 있었던 배경에는 시민사회의 불리한 담론 지형이 자리하고 있었다.

특히 문제가 되는 것은 시민사회 내부에서 민주적이고 개혁적인 입장을 대표했던 제반 시민운동 세력의 정치적 태도였다. 이들은 민주 노조들의 합의 정치과정에서 결코 우군이 아니었다. 시민운동은 합의 정치와 결부되었던 국가 폭력을 방관했으며 때때로 합의 정치를 강제한 주요한 세력이었다. 1987년 체제에서 친 노동 입장을 취했던 것을 감안하면 시민운동의 보수화는 합의 정치를 어렵게 하는 중요한 변화였다.19 시민운동의 보수화는 합의 정치과정에서 민주 노조의 주도성을 크게 약화시켰고 의사 관철을 위해 대중을 동원하는 전략을 선택할 경우 그 효력을 크게 떨어뜨렸다.

5. 결론 : 계속되는 도전과 민주 노조의 미래

지난 10년간 노사정 당사자들은 사회적 합의주의를 지속적으로 시도해 왔

---

19 이 변화는 두 가지 맥락에서 이루어졌다. 한편에서 1997년 이후 민주 노조 운동이 합법화됨에 따라 시민운동은 노동운동을 동반자이기보다 경쟁자로 인식하기 시작했다. 경제 위기 속에서 중간 계급의 이해를 정확히 반영한 전략 선택이었다. 또 다른 한편에서 형식적 민주화 이후 시민운동은 민주화의 수혜자로서 급속히 보수화되기 시작했다. 민주화 이후 시민운동의 의제가 사라졌고 운동이 급진화되지 못한 결과였다. 그리고 김대중 정부와 노무현 정부에 시민운동 출신 운동가들이 대거 진출한 것은 그 중요한 지표였다. 결국 이들 중 대부분은 국가의 신자유주의 경제 전략과 노동 배제 전략에 동조했다고 할 수 있다.

다. 그리고 앞에서 본 바와 같이 그 시도들은 민주 노조의 입장에서 본다면 되풀이되는 실패와 패배의 연속이었다. 그리고 그 과정은 단순히 주어진 합의 실험의 득과 실을 따질 수 있는 그런 패배가 아니라 상처가 민주 노조 운동 내부에 깊이 각인되는 그런 패배였다. 만일 그렇다면, 그럼에도 불구하고 다시금 노사정 합의주의 기구에 참여하고자 하는 민주 노조 내부의 동력을 도대체 어떻게 설명할 수 있을까? 마지막으로 결론 삼아 간략히 생각해볼 필요가 있다.[20]

사실 사회적 합의주의에 대해 비판적인 민주노총 지도부도 합의주의 참가로부터 자유로웠던 것은 아니었다. 비판론에 가까운 지도부도 때로는 물 밑에서, 때로는 공개적으로 노사정위 혹은 그에 준하는 기구에 참가해 온 것이 사실이다.[21] 1999년 2월 노사정위 탈퇴 이후 2002년까지 공식적으로 불참 내지 노사정위 해체 입장을 고수해 온 3기 집행부는 2003년 들어와 다시 노정, 노자, 노사정 교섭을 포함하는 총체적 교섭 제도를 마련한다는 입장으로 선회한 바 있었다. 노무현 정부의 노사정위 개편, 내실화 방침에서 새로운 가능성을 찾은 것과 함께 조직 내외의 현실적인 요구를 무시할 수 없었기 때문이었다.[22]

결국 과거의 경험에서 합의 기구 참가 문제가 정파들의 전략적 선택의 문제

---

20 주지하듯이 2007년 초 선거에서 민주노총 5기 집행부는 합의 기구 참가 입장에 상대적으로 가까운 공약을 내걸고 당선되었다. 민주노총은 경제사회발전노사정위 불참 입장을 고수하고 있으나 변화가 가능한 것으로 보인다. 한편 민주 노조 운동 내부에서도 참가의 필요성을 옹호하는 주장이 여전히 다수의 의견인 것으로 보인다(전태일기념사업회 2006).

21 2기 집행부는 1998년 6월과 7월 두 차례 참가와 불참을 반복했으며 3기 집행부에서는 발전파업 노사정위 합의 과정에서 실무적인 수준에서이지만 깊숙이 참여했던 경험이 있었다.

22 구체적으로 "노정 교섭과 노사 교섭이 보장되는 조건에서 김대중 정권의 노사정위원회의 문제를 해결할 수 있는 노무현 정권의 노사정위원회 개편안을 검토해 대의원대회에서 노사정 기구 참여 문제를 결정한다"는 입장이 사업 계획으로 확정되었다. 이는 2004년 4기 집행부의 '산별 교섭, 대정부 교섭, 사회적 교섭 등 중층적 총체적 교섭 제도 마련'이라는 입장과 크게 구별되지 않는다(전국민주노동조합총연맹 2004, 47-48).

를 넘어서고 있다는 점을 확인할 수 있었다. 합의주의 옹호론이든 비판론이든 참가의 문제를 회피하기 어려웠기 때문이다. 그리고 그만큼 참가 문제는 민주 노조 운동의 미래 전망에서 핵심적인 문제로 여전히 남아 있다. 그렇다면 되풀이되는 실패를 예견하면서도[23] 참여가 다시 문제로 되는 다른 이유를 찾아야 한다. 여기서는 잠정적으로나마 두 가지 요인을 제시하고자 한다.

먼저 국가와 자본의 노동 통제 전략의 변화한 데서 그 원인을 찾을 수 있다. 앞서 보았듯이 민주 노조 운동이 참가 전술을 고민하게 된 일차적인 배경이 국가의 참가 강제에 있었기 때문이다. 김영삼 정부 이래 모든 정부는 핵심 노동 정책 사안을 합의 기구에서 다루겠다는 입장을 고수했다. 합의 기구 참가 없이는 정부 정책에 영향을 미칠 수 있는 통로를 제공하지 않은 것이다. 노조의 주요한 기능 중의 하나가 국가 정책에 대한 개입과 영향력 행사이므로 참가 압력이 발생한 것은 당연한 일이었다.

1987년 체제에서 국가와 자본은 신생 민주 노조에 대한 통제력을 완전히 상실한 바 있었다. 반대로 이는 민주 노조가 노조로서 최소한의 민주성과 자주성을 확보하는 과정이었다. 국가는 통제력 회복을 위해 1987년 이후 10년간의 소모적인 억압을 계속한 다음, 민주 노조에 시민권을 부여하지 않을 수 없었다. 소모적인 억압이 무력한 것을 확인한 다음 국가가 선택한 것이 참가를 유도하는 전술이었다. 그러므로 국가의 합의주의 전술은 무엇보다 민주 노조에 대한 통제력 회복이라는 거시 노동 정치과정의 맥락에서 고찰할 필요가 있다.[24]

---

23 4기 집행부의 2004년 사업 계획서에는 노사정위의 한계가 조목조목 지적되어 있었다. 현재의 노사정위는 노동시장 유연화 등 반노동자 정책 수행, 조직의 자율성 부재, 노조 의견 반영 부족, 합의 이행 부진, 산업-업종별 교섭 틀 부재 등의 한계를 갖고 있다고 보았다.
24 참가를 강제함으로써 국가는 여러 측면에서 민주 노조에 대한 통제력을 회복할 수 있었다. 우선 참가 과정에서 민주 노조 출신 활동가들을 포섭할 수 있게 되었다. 그리고 여러 구조적인 역학 관계의 우

다음으로 생각해 볼 수 있는 원인은 민주 노조 운동의 성장에 따른 운동적 의제의 변화이다. 1997년 겨울 총파업 이래 민주 노조 운동은 시민권을 회복했다. 시민권을 인정치 않는 억압적 국가 권력으로부터 민주 노조를 사수하는 과제는 대체적으로 그 의미가 크게 약화되었다. 이는 민주 노조 운동의 조직적 성장을 의미했으며 그 결과가 민주노총의 결성과 조직 확대였다. 그러나 전국적 조직으로 확대된 민주 노조 운동은 새로운 과제를 직면하지 않을 수 없었다. 즉 합법화와 전국 조직화에 따라 전 계급적 제도 개선과 노동계급 이익 확보가 새로운 과제로 등장했던 것이다. 또 조직 내적으로는 기업별노조를 넘어서 산별 계급 조직을 건설하는 문제가 당면한 요구가 되었다. 이는 개별 기업이나 산업 단위의 단체교섭으로는 해결될 수 없는 문제였다.

특히 1998년 이후 고용 위기와 신자유주의 경제 환경의 압박은 노사정 교섭의 필요성을 증폭시켰던 요인이었다. 비정규직 노동자의 증가와 사회 양극화에 대응해야 하는 민주 노조 운동은 이 문제의 해결을 위한 주체적 능력을 갖추지 못한 상태였다. 이런 조건에서 국가의 합의주의 참가 유도나 강제는 '실패할 참가'조차 외면하기 힘든 구조적 배경을 이루었다.

요컨대 지난 10년간의 합의주의 문제는 여전히 현재 진행형으로 남아 있다. 노조 운동의 발전에 따라 발생하는 새로운 과제를 주체적인 역량으로 해결할 수 있기까지 민주 노조는 합의주의의 딜레마를 벗어나기 어려울 것으로 보인다. 자주적이고 민주적인 산별노조 건설과 정치 세력화, 그리고 그 과정에서 비

위를 이용해 정부의 신자유주의 정책을 강제할 수도 있었다. 참여 민주주의라는 정당성의 기반 위에서 신자유주의 정책을 강요할 수 있게 된 것이다. 이때 국가의 입장에서 억압적 국가 기구의 사용은 참가 문제와 모순되지 않았다. 그리고 한국노총과의 분할 지배 기제를 이용해서 민주 노조를 통제할 수 있었던 것도 중요한 소득이었다. 특히 민주 노조 내부에서 참가 문제를 둘러싸고 대립과 갈등이 발생한 일은 통제력 회복의 관점에서 가장 중요한 측면이었다.

정규직 노동자와의 아래로부터의 연대를 구축하는 것이 민주 노조의 생존이 걸린 중차대한 과제인 것은 이 때문이다.

이 세 가지 과제들 중에서 정치 세력화는 다른 두 가지 과제를 해결하기 위한 관건적 요소인 것으로 보인다. 지난 20년 동안 노동자 대중의 광범한 요구를 수렴하는 경제적 운동으로서 노동조합 운동은 일정한 성과와 함께 구조적 한계에 봉착한 것으로 판단되기 때문이다. 산별노조 건설과 비정규직 연대의 문제는 아래로부터 노조 운동의 동력과 함께 정치적 지도를 필요로 하는 문제이다. 그것은 단순히 현재의 노동 정당 의석을 확대하는 제도 정치 운동으로 설정되어선 안 된다. 조직된 조합원 및 당원들의 정치의식을 제고하기 위해서 정당과 노조 조직을 기층 수준에서 새롭게 재조직하는 문제인 것이다.

제3부

민주 노조 운동의 위기와 대안 전략

3부는 1987년 노동 체제 해체가 시작된 이후 노동운동의 상황을 검토한 논문들로 구성되었다. 1990년대 말 외환위기와 민주노조의 합법화로 노동운동의 전략적 지형은 크게 바뀌었다. 노동자들은 1960년대 이후 처음으로 구조적인 고용불안의 시기를 맞았고 조직노동은 합법화된 조건에서 새로운 전략을 모색해야 했다. 이같이 환경의 급박한 변화에 적응하여 새로운 대안을 제시하지 못한 결과로 운동의 위기는 심화되어 왔다.

11장은 민주노조운동의 위기 증상이 드러나기 시작했던 1998년의 운동 상황을 배경으로 한 논문이다("노동운동의 위기구조와 노동의 선택" 한국산업노동학회 편, 『산업노동연구』 5권 1호, 1999). 민주노총은 2월 초 노사정위원회 정리해고 합의의 여파로 한 해 동안 파행적인 운영을 거듭하였다. 지도부가 불신임되었고 합의기구 참여와 불참을 거듭하면서 내부의 갈등도 심화되었다. 정리해고 위주의 구조조정 바람 속에서 양보교섭이 일상화되었던 시점이었다. 사회적 조합주의 논쟁이 시작되었던 것도 이 시기였다. 필자는 이를 노동 체제 변동과 연관된 구조적 위기로 해석하고자 하였다.

12장에서는 이와 같은 노동운동의 구조적 위기 상황을 김대중 정부의 노동 정책과 관련지어 설명했다("노동체제 변동과 노동운동의 위기" 김진균 편, 『저항, 연대, 기억의 정치 2』 문화과학사, 2003). 1987년 체제와 다른 조건에서 진행된 정부의 헤게모니적 배제 전략은 노동운동의 역량을 크게 잠식하였고 내부를 균열시켰다. '참여와 협력'의 합의 정치와 국가폭력이 모순되지 않았던 정책적 배경을 설명하고 이를 체제 변동의 구조적 조건으로 해석하고자 하였다.

13장은 노동 체제 전환에 대응하여 노동운동 노선의 변화가 필요함을 주장한 논문이다("노동체제 전환기의 노동운동 발전전략에 관한 연구" 한국산업사회학회 편, 『경제와 사회』 겨울호(76호), 2007). 체제 전환에 따라 민주노조 내부에서는 이미 1998년경부터 새로운 운동 노선에 대한 논의가 시작되었다. 사회적 조합주의 논쟁이 그것이다. 그리고 이 노선은 4기 집행부 이후 민주노총의 공식적인 운동노선으로 설정되기도 하였다. 필자는 사회적 합의주의가 우리 노동 체제의 구조적 조건에 부합하지 않는다는 점을 강조하고 사회운동 노조주의가 필요하다고 주장하였다. 민주성, 자주성, 연대성, 변혁성을 골간으로 하는 사회운동 노조주의는 전투적 조합주의노선의 요체를 수용·발전시킨 새로운 노동운동 이념이 될 수 있다.

11

노동운동의 위기 구조와 노동의 선택

1. 문제 제기: 위기의 노동운동

지난 몇 년 동안 한국의 노동운동은 많은 변화를 경험하지 않을 수 없었다. 1995년 민주노총이 출범한 이래 노동 정치 정세는 역동적으로 변화했으며 이에 따라 민주 노조 운동은 노사관계위원회 참가와 겨울 총파업, 노동법 개정과 민주노총 합법화 그리고 노사정위원회 참가와 탈퇴 등의 복잡한 정치과정을 숨가쁘게 헤쳐 왔다. 조직 내적으로는 연맹별 조직 재편이 계속되어 산별노조 전환이 구체적인 일정에 오르게 되었으며, 정치 세력화의 시도도 계속되어 왔다.

그러나 다른 한편에서 이 과정은 민주 노조 운동의 위기가 더욱 구체화되는 과정이기도 했다. 1997년 말 IMF 경제 공황의 도래와 신정부의 출범은 갑자기 위기를 전면화한 하나의 전환점이었다.

1998년 한 해 동안 한국의 노동운동은 여러 가지 측면에서 위기 상황에 처했다. IMF 경제 위기로 촉발된 대규모의 실업 사태와 전면적인 양보 교섭 상황에 직면해 노동운동은 올바른 주체적 대응을 할 수 없었다. 갑자기 닥친 수세기(守勢期) 상황은 오랫동안 공세적 분배 투쟁에 익숙해 있던 우리 노동운동에 전혀 낯선 것이었다. 특히 국가가 강요한 노사정위원회 노동 정치과정에서는 원칙 없는 참여와 불참을 번복하는 가운데 노조 조직 내부에서 상당한 갈등이 초래되기도 했다.

한국 노동운동에 대한 위기 진단은 지난 10년 동안 간간이 제기되어 왔다. 대표적으로 1991~92년 시기에는 노동운동 위기론 논쟁이라는 형태로 '위기'가 이론적·실천적 쟁점으로 부각된 적도 있었다. 당시의 위기론 논쟁은 주로 국가가 노동 억압을 강화함으로써 나타난 노동운동의 일시적 위축 현상에 관한 것이었고 위기론자들은 이를 확대 해석했다.1 김영삼 정권기에 들어와 민주노총이 결성되는 등 노동운동이 조직적 발전을 이루어 내자 위기론은 쉽게 불식될 수 있었다.

반면에 지금 진행되고 있는 노동운동의 위기는 좀 더 구조적이고 전면적인 성격을 띠는 것으로 판단된다(임영일 1988b). 특히 1998년 한 해의 노동 정치과정에서는 운동의 거의 모든 측면에서 위기 현상이 감지되었다.

우선 노동계급의 전 부문에 걸쳐 양보 교섭이 일반화되고 노동조건이 급격히 악화하기 시작했다. 공식적으로 약 12% 정도 임금이 삭감되었다고 발표되었으나 실제 하락률은 20%에 가까운 것이었다. 그리고 구조조정과 정리해고가 본격화됨으로써 고용은 전반적으로 불안해졌다. 200만 이상의 신규 실업자가 생겼고 이미 하락 추세에 있던 조직률도 크게 떨어지기 시작했다. 실업 노동자, 비정규직 취업자, 여성 노동자 등 노동계급 내부의 취약 계층들의 상태는 더욱 악화했다. 재벌 사업장과 대규모 사업장을 중심으로 한 조직 노동 부문에서 위기 상황이 발생한 것은 처음 있는 일이었다. 위기는 사무직 노동자들에게도

---

1 위기를 주장하는 연구자들은 경제 구조의 변동, 정치적 민주화 등 좀 더 거시 구조적 요인들을 원인으로 파악했다. 그리고 이들은 민주 노조 운동의 전투적 노동조합주의나 최대강령주의를 위기를 심화시키는 요인으로 파악했으며 대안으로 민주적 조합주의(최장집), 진보적 노동조합주의(김형기), 국민적 노조 운동(박세일) 등을 제시한 바 있었다. 자세한 내용은 임영일(1997c), 노중기(1995, 7장) 참조.

예외는 아니었다.

다음으로 조직 내 민주주의와 집중성의 문제가 갑자기 전면적으로 드러나기 시작했다.2 민주노총은 조합원 대중의 의견을 민주적으로 수렴할 수 있는 조직 역량뿐만 아니라 결정된 방침을 일관되게 실행할 수 있는 조직 능력도 갖추고 있지 못했다. 조직 민주주의 문제는 1기 집행부가 노사정 합의 과정에서 조합원 대중에 의해 불신임당하는 결과로 나타났다.3 그리고 조합원들의 대중적 지지 위에서 성립한 2기 집행부도 조직 방침을 투쟁의 실행으로 실천할 수 없는 무기력 상태에서 한동안 빠져나올 수 없었다. 물론, 이런 파행적인 조직 과정에는 경제위기 국면의 상황 조건, 운동 노선의 문제, 취약한 리더십 등 좀 더 복합적인 요언이 작용했을 것이다. 그러나 우리가 흔히 '기업별노조 체제의 한계' 혹은 '취약한 계급 역량'으로 일컬어 왔던 구조적인 문제들이 수세기의 상황 조건과 결합해 운동의 위기를 심화시킨 근본 요인이었다.

셋째, 변화하는 국가·자본의 대 노동계급 전략에 대해 노동운동은 적절하게 대응할 수 없었다. 김대중 정부는 노사정위원회를 매개로 구조조정을 강행하고 정치적 헤게모니를 장악하고자 했다. 이는 배제 전략이란 점에서는 동일했지만, 노동계급의 이해를 의제적擬制的으로나마 포섭하려는 형식을 갖춰 이전의 헤게모니적 배제 전략과는 궤를 달리하는 것이었다. 노동 측은 노정 교섭과 불참 선언 혹은 총파업, 총력 투쟁 등 다양한 방식의 대응 방안을 모색했으나 결과

---

2 임영일, "노조 운동과 관료주의, 조직 민주주의", 『노동정책포럼』 발표문, 1999. 8. 21. 민주노총 2기 지도부와 최근의 단병호 집행부에서 조직 혁신이나 장기 발전 계획을 구상한 것도 바로 이 때문이다.
3 이런 파행은 중앙 조직에서만 발생한 것이 아니었다. 8월 24일 현대자동차 정리해고에 관한 노사정 합의 이후 현대자동차노동조합이 조합원 대중에 의해 비판받아 무력해진 것도 같은 맥락에서 이해할 수 있다. 요컨대, 민주성을 조직 특징으로 하는 민주 노조들이 민주성을 의심받는 사태가 일반화된 것이다. 자세한 것은 노중기(1999, 249-256) 참조.

는 신통치 못했다.

IMF 이후 민주 노조 운동 내부에서 갑자기 많은 갈등과 혼선, 위기 현상이 나타난 이유는 무엇인가?

우선 노동운동 노선상의 혼란을 들 수 있을 것이다. 노선에 대한 논란은 하반기에 민주노총의 운동 노선에 대한 비판이 '사회적 노동조합주의'social unionism라는 형태로 정식화되면서 본격화되었다(김유선 1998a; 박성인 1998; 노중기 1998; 임영일 1998b).

그러나 운동 노선상의 혼란과 갈등이 위기의 근본적 원인일 수는 없을 것이다. 운동 노선의 문제는 항상 국가와 자본의 대 노동 전략과 함수관계, 나아가 노동 정치의 구조적 조건과 연동되어 있기 때문이다.

이 글은 전면화되고 있는 노동운동의 위기를 노동 정치 체제 변동의 맥락에서 설명하려고 한다. 이를 위해 2절에서는 1998년 한 해 동안의 노동 정치와 운동 노선의 문제를 노사정위원회 경험을 중심으로 검토한다. 그리고 3절에서는 위기를 '1987년 노동 정치 체제' 해체라는 구조적 배경과 연관해 정리하고 4절에서는 체제 변동의 전망과 노동운동의 전략 선택을 논의하고자 한다.

2. 사회적 조합주의: 운동 노선의 위기

1997년 겨울 총파업에서 드러난 한국 민주 노조 운동의 객관적 역량은 주목할 만한 것이었다. 그러나 채 1년도 지나지 않아 상황은 반전되었고 노동운동의 위기 상황은 급박하게 다가왔다. 위기를 초래한 직접적인 상황 요인은 무엇보다 IMF 경제 위기였다.

IMF 체제는 1998년 노동 정치를 규정한 가장 근본적인 요인이었다. 오랫동안 임금, 노동조건을 둘러싼 공세적 분배 투쟁에 익숙해져 있었던 노동운동은 갑자기 수세기의 노동 정치 상황을 맞이했다. 전략 선택의 구조적 환경은 크게 역전되었으며, 노동은 아무런 준비가 없는 상황에서 고용 문제와 대규모 실업 사태라는 새로운 의제를 떠맡지 않을 수 없었다. 그것은 이전까지의 단위 사업장 수준의 단체교섭과는 전혀 다른 성질의 것이었다. 또 노동 대중은 대규모 실업의 공포 앞에서 양보 교섭을 손쉽게 받아들였다(Zoll and Neumann 1986).

반면에 경제 위기는 국가와 자본에 대해 매우 유리한 상황을 조성했다. 국가는 '국가 파산 상태와 경제 살리기' 이데올로기를 급속히 전파함으로써 노자 간의 힘의 균형을 역전시킬 수 있었다. 구조조정의 당위성은 노조에 대한 각종 공격을 일방적으로 정당화할 수 있는 강력한 권력 자원이었다. 그러나 압도적인 힘의 우위 속에서도 국가는 전통적인 물리적 억압과 강제 대신 노사정위원회라는 합의 기구를 대 노동 전략의 지렛대로 선택했다.[4]

합의 기구를 선택한 국가의 손익계산은 그다지 복잡한 것이 아니었다.[5] 국가는 물리적 억압과 노골적인 노동 배제 전략을 선택할 수 있었지만 그 선택은 큰 비용을 전제로 하는 것이었다. 어느 때보다 유리한 상황이었지만 그만큼 노동 측의 사회적·정치적 저항의 강도도 높아질 것이 예견되었다. 따라서 억압은 취약한 권력 기반을 가진 김대중 정권이 집권 초반기에 선택하기 어려운 대안이었다.

반면 노사정 합의 체제는 성공할 경우 집권 세력에 상당한 정치적 정당성을

---

4 노사정위원회 노동 정치에 대한 좀 더 자세한 분석은 노중기(1998; 1999)를 참고할 것.
5 국가 전략에 관한 구체적인 자료는 물론 공표되지 않는다. 그러나 '사회적 합의 추진 동향과 대책'(노동부 노정국), '정리해고와 사회적 합의, 어떻게 할 것인가?'(출처 미상) 등 1998년 1월 초 일부 유출된 정책 자료는 국가 전략의 기조를 분명하게 보여 준다. 자세한 것은 노중기(1999, 214-216) 참조.

부여하면서 대 노동 전략을 수행할 수 있는 매력적인 선택지였다. 노동쟁의 등 사회적 갈등을 야기하지 않고 구조조정과 경제 살리기에 성공할 수 있다면 그 것은 정당성 기반을 크게 강화시킬 요인이었다. 물론 여기에서 반대급부가 지불되지 않을 수 없다. 협상 과정에서 약간의 양보를 허용해야 하는 것 외에도 협상 기구의 존재 자체가 전국적 투쟁 전선을 형성할 가능성이 있었다. 그렇지만 역전된 계급역학관계 위에서 세련된 노동 정치 운영이 뒷받침될 경우, 이 점은 크게 우려할 것은 아니었으며 실제로 그렇게 진행되었다.[6]

전체적으로 노사정 체제를 선택한 국가의 전략 선택은 매우 성공적이었다. 국가는 노사정위원회 노동 정치에서 1월 14일 1기 노사정위원회 구성 합의, 2월 6일 정리해고를 도입한 1기 노사정 합의, 6월 5일 1차 노정 합의(2기 노사정위원회 구성)와 7월 23일(25일)의 2차 노정 합의, 8월 24일의 현대자동차 노사정 합의 등 모두 다섯 차례의 합의를 끌어낼 수 있었다.

우선 노사정위원회의 구성이나 유지, 그 자체가 가장 중요한 전략적 목표였다. 그에 비하면 '합의'는 부차적이었다. 두 차례의 노정 합의와 같이 국가는 노사정위원회를 유지시키기 위해서 지킬 수 없는 공약을 남발했다. 합의 직후부터 그 이행을 거부함으로써 약속을 지킬 의사가 없음을 노골적으로 드러내었다. 또 민주노총의 불참 시에는 노동 측 요구를 일부 수용하는 타협안을 내놓았으나 노사정위원회가 유지되는 동안에는 소극적인 자세로 일관했다. 그리고 국가는 노동 측이 노사정위원회 불참을 선언하면 공권력 중심의 강경 대응을

---

6 전국적인 전선은 1998년 5~6월 총력 투쟁, 7월 총파업 투쟁, 8월 현대자동차 쟁의, 1999년 4~5월 서울지하철 파업 투쟁 및 총력 투쟁, 6월의 조폐공사 파업 유도 항의 투쟁 등 수차례 형성되어 왔다. 한편 노사정위원회 정치과정에서 정권 내부의 이른바 '친노동계 인사'들의 활약상은 두드러졌다. 이들은 노동계 내부의 인맥과 정보망, 조직 능력을 매개로 노사정 합의 전략을 일관되게 주장했고 구체적으로 세련되게 실행한 핵심 세력이었다. 이들을 체계적으로 동원한 것은 김대중 정권 노동 정책에서 나타난 두드러진 변화 가운데 하나였다.

굽히지 않았다. 공권력은 노동 측의 선택지를 '장외 투쟁'과 '노사정위원회 참가
-투쟁 포기'로 단순화하고 참가를 강제하는 수단으로 동원되었다. 조폐공사 파
업 유도 사건은 억압 기구의 동원이 노사정위의 운용 전략과 모순되지 않음을
잘 보여 주었다. 요컨대 노사정위원회의 잠재적 효과는 구조조정에 대한 노동
의 저항을 봉쇄하는 것에 있었다.[7]

　다음으로 합의 내용과 합의 이행의 측면에서도 정부는 유리한 고지를 점할
수 있었다. 1기 합의에서 쟁점이었던 정리해고와 노동자파견제를 제외하면 정
부는 특별히 노동 측에 요구할 것이 없었다.[8] 말하자면 그것은 거래에 앞서 이
미 이윤을 남긴 유리한 교환이었고, 국가는 가벼운 마음으로 노동의 요구를 처
리할 수 있었다. 위원회 내부에서는 노사정 간의 형식적 동등성에도 불구하고
1 : 2.5 혹은 1 : 2의 실질적 역관계가 지배했다. 국가는 자본 측 반대에 기대어
노동 측의 요구를 희석화하거나 무시할 수 있었다.

　그리고 노동 측 요구는 4단계에 걸친 복잡한 노사정위원회의 의사 과정을 거
치면서 손쉽게 지연되었고 추상적인 약속으로 바뀌었다(노중기 1999). 또 정부
의 통제 밖에 있는 국회 심의 과정에서는 합의 내용이 변질되거나 이행이 무산
되었고 정부는 이를 방치했다. 쟁의권을 넘겨 주고 정리해고를 수용한 대가로
노동이 얻은 것은 그나마 교원노조의 합법화가 유일한 것이었다. 그러나 그 교

---

7 이 점은 2월 6일 노사정 합의의 경우도 마찬가지다. 정리해고와 노동자파견제도의 법제화라는 교환
의 내용도 물론 중요했다. 그러나 실제로는 법제화와 무관하게 정리해고는 현장에서 이미 실행되고 있
었고 시행 시기를 1년 4개월 앞당기는 것에 불과했으므로, 법제화 자체가 관건적인 의미를 갖는 것은
아니었다고 할 수 있다. 정부 관계자들도 노사정위원회의 쟁의 봉쇄 기능을 가장 중요한 기능으로 평가
했다(최영기 1998).
8 정리해고 법제화와 현대자동차 정리해고 실행 등 정리해고 외에 국가는 전 기간을 통해 따로 요구 사
항을 제시할 필요가 없었다. 노동조건의 저항, 임금의 삭감, 노조의 약화 등 여타 국가의 요구 사항들은
경제위기 상황-노동시장 조건이 자동적으로 처리해 주고 있었다. 따라서 국가의 일차적 이해관계는 노
사정위원회의 유지·존속이었다.

환은 심한 부등가 교환이었다.

　마지막으로 국가는 노사정위원회 노동 정치를 통해서 노동운동 내부에 혼란과 갈등을 야기할 수 있었다. 이것은 중장기적으로 보아서 상당한 노동 통제 효과를 산출할 가능성이 크다.

　반면에 노동 측의 손익 계산서에는 손실이 심각했다. 200만을 상회하는 신규 실업자, 20% 이상의 실질임금 하락, 노동조건의 악화와 노동강도의 강화, 비정규직 노동과 파견노동의 증가 등 노동시장 여건은 급격히 악화되었고 그것은 궁극적으로 조직력에 심각한 훼손을 가져왔다. 특히 사용자가 주도한 각종 부당노동행위는 정부의 솜방망이 엄포와 방관 아래 계속 확대되었다. 사회적으로도 생활고의 가중, 가족의 해체와 노숙자로의 전락, 범죄와 정신질환 및 자살의 증가 등 노동자 대중의 고통은 매우 증가했다. 또 합의 체제가 가동되고 있었지만 구속·수배 노동자들의 수는 김영삼 정권기의 그것을 상회하는 형편이었다. 요컨대 고통 분담의 구호는 노동자계급의 고통 전담으로 끝나고 있었다.

　그렇지만 노동의 입장에서는 부등가 교환보다 노동운동 내부의 균열과 상처가 더 심각한 손실이었다. 균열이 노동운동의 조직 발전에 중장기적으로 부정적인 효과를 산출할 것이기 때문이다. 2월 9일 민주노총 1기 지도부에 대한 불신임 사태, 노사정 합의 이후 현대자동차 노조의 무력화와 내부 갈등은 단지 상징적인 사건들일 뿐이었다. 노사정위원회가 진행되는 동안 민주 노조 운동 내부의 균열은 편재적인 것이었고 계속 재생산되었다. 현장 조합원과 단위 노조 지도부, 현장 조직과 상급 연맹 중앙지도부, 제조업과 사무직, 각 산업과 업종, 남성과 여성 등의 축을 따라 노조 조직 내부의 의견 대립은 심화했다. 특히 여기에는 구조조정과 정리해고를 당면한 사업장과 그렇게 않은 사업장, 업종 간의 이해 대립이 항상적으로 작용했다. 노조 내부에 있었던 운동 노선상의 차이들도 균열을 심화시키는 요인으로 작용했다.

IMF라는 특수한 상황 조건을 고려하더라도 이런 심각한 손실을 낳은 일차적인 원인은 노동 측의 전략적 판단이 실패했다는 점에 있었다. 1998년 초의 시점에서 민주노총에 주어진 전략적 선택지는 노사정위원회 참가와 불참-대중투쟁이라는 형태로 단순화되어 있었다.9 민주노총 1기 집행부는 전자의 입장을 채택했고 2기 집행부는 두 가지 극단의 전략을 가로지르며 흔들렸던 것이다. 특히 1기 집행부가 정리해고를 합의의 형식으로 손쉽게 받아들인 것은 상황 판단 실패였고 이는 심각한 후유증을 낳았다.

1기 집행부는 노사정위원회를 서구 코포라티즘의 합의 기구와 유사한 것으로 보거나 적어도 그 방향으로 발전할 수 있는 것으로 주관적으로 평가했다.10 이런 평가에는 부분적으로나마 신정부의 민주성과 개혁성에 대한 기대가 결합되어 있었다. 그러나 그 밑바탕에는 민주노총 내부에 존재하던 운동 노선상의 혼란, 이른바 '사회적 조합주의'의 문제가 깔려 있었다.

'사회적 조합주의' 노선은 '국민과 함께하는 투쟁' 등의 이름으로 노동운동 내부에 존재해 왔던 하나의 유력한 흐름이었다.11 이 노선은 위기의 핵심적인 원인으로 '저성장-고실업'의 경제 구조 변동에 조응하지 못하는 민주노총의 '전투적' 운동 노선을 지목했다. 그리고 정책 참가, 기업 수준의 경영 참가나 사회 개혁 투쟁 등을 위기 돌파를 위한 새로운 대안으로 제시했다. 그러므로 '사회적

---

9 구도가 단순해진 것은 경제 위기가 막 시작된 시점에서 국가가 노사정위원회 참가를 강력하게 강제했기 때문이었다. 제한적이고 전술적인 것으로 설정된 노사정위원회 참가 전술은 적어도 이 시점에서는 가능하지 않았던 것으로 생각된다.

10 민주노총 외부에서는 최장집(1998a), 김유선(1998a), 최영기(1999), 윤진호(1999) 등이 이런 판단을 이론적으로 뒷받침하고 있었다. 물론 위기 상황에서의 차선책이라는 '실익론'이 결합되어 있었다.

11 '사회적 노동조합주의'에 대해서는 김유선(1998a) 참고. 한편 이 흐름은 1991~92년 위기론 논쟁 과정에서 제기된 진보적 노동조합주의, 민주적 코포라티즘, 국민적 노동조합주의 등의 대안적 운동 노선과 맥을 같이 하는 것으로 평가된다. 이에 대한 비판적 검토는 노중기(1995, 7장)를 참조.

조합주의론'에서 볼 때, IMF 위기와 노사정위원회는 '사회적 조합주의' 노선을 구체적으로 실행해 노동운동을 질적으로 발전시킬 수 있는 중요한 계기였다. 경제위기 상황에서는 명분만 외치는 모세조합주의나, 투쟁 노선과 협상 노선을 우왕좌왕하는 지그재그조합주의, 협소한 이해에만 집착하는 실리적 조합주의가 모두 실패할 수밖에 없다는 것이다. 그런 1기 노사정 합의를 '사회적 조합주의론'이 정당화하기에는 많은 이론적 한계가 있다.

먼저 '사회적 조합주의론'은 경제 구조 결정론에 가까운 것으로 보인다. '고성장-저실업'과 '저성장-고실업'의 경제 구조 변동에 따라 운동 노선이 변화해야 한다는 논리는 과도한 단순 인과 도식이다.[12] 여기에는 한국 사회의 노동 정치 체제의 구조, 노조 조직 체제의 특성, 국가 정치 및 국가 통제 전략의 전개 방향, 운동의 경험과 대중들의 의식 수준 등 중요한 정치적 매개변수들이 고려되지 않고 있다. 특히 구체적인 노동 정치의 측면들, 즉 IMF 체제에서 합의의 가능성과 한계, DJ 정부와 자본의 전략적 목표와 의도, 그 실행 과정이 노동운동과 어떻게 상호 작용하고 있는가를 거의 분석하지 않았다.

다음으로 전면에 드러나지는 않지만 '사회적 조합주의론'은 서구 사민주의 사회의 합의 체제를 절대화하거나 이상적인 것으로 파악하는 것으로 보인다. 코포라티즘은 포드주의 타협과 복지국가가 위기에 처하자 이에 대응한 역사적 산물이었다(Hyman 1994b). 서유럽에서 그것은 1980년대 이후 크게 위축되었고 때로 붕괴했다. 나아가 정책 참가와 코포라티즘 제도는 주어진 사회적 환경에 따라 불가능한 것일 수도 있으며, 가능하다 해도 전혀 다른 실천적 함의를 갖게 된다. 그러나 '사회적 조합주의론'에서는 이를 노동운동이 거쳐야 할 필연적

---

12 1992년 노동 운동 위기론 논쟁에서도 과도한 경제 결정론적 인식의 오류가 있었다. 자세한 내용은 노중기(1995, 7장) 참조.

이고 단선적인 발전 경로의 하나로 설정하는 것처럼 보인다.[13]

1980년대와 90년대에 걸쳐 민주화 이행 과정에서 경제 위기를 경험한 많은 나라에서는 노사정 합의가 시도된 바 있었다. 그러나 스페인, 멕시코, 남아프리카공화국, 브라질 및 동유럽 여러 나라의 합의 체제들이 노동운동에 어떤 결과를 야기할 것인가는 매우 조심스럽게 분석되어야 할 주제이다. 서구의 경험을 기초로 그 결과를 섣불리 일반화할 수는 없는 일이라는 것이다. 대부분 제3세계 국가에서 합의 체제는 정책 참가의 의미보다 노동계급 통제 기구의 의미가 더 큰 것으로 보인다.[14]

셋째 개념적으로 한국판 '사회적 조합주의'는 남아공의 '사회운동적 조합주의'social movement unionism[15]와 유럽의 사회적 코포라티즘 societal corporatism의 이종교배異種交配로 파악된다. 사회운동적 조합주의에 대해 그것은 아래로부터의 민중적 연대와 계급적·대중적 정치투쟁의 원리를 제거했다.[16] 또 사민주의에서는

---

13 모세조합주의와 지그재그조합주의에 대한 사회적 조합주의의 비판이 이 점과 관련된다. 이런 식의 비판은 관변학자들이 말하는 정치적·혁명적 노동조합주의와 경제적·실리적 노동조합주의로부터 협력주의 단계로 나아가야 한다는 이른바 '3단계 단선 발전론'과 크게 다르지 않다.

14 조효래(1999)의 스페인과 한국의 코포라티즘 시도에 대한 비교를 참고할 것. 그는 한국과 스페인은 차이에도 불구하고 노사정 합의 체제의 구조적 기반이 취약해 실패할 가능성이 크다는 점을 강조했다. 또 노동운동에 미치는 부정적 효과들을 자세하게 논의하고 있다. 또 남아공의 경우에도 삼자 합의 기구의 성격에 대해서는 많은 논란이 있으며(카피레프트 모임 편집부 1999), 멕시코의 합의가 야기한 파멸적인 결과도 주목하지 않을 수 없다(이성형 1998b; 임영일 1999b). 브라질, 동유럽에 대해서는 Boito(1998)와 Héthy(1994)를 참조.

15 사회(운동)적 조합주의 개념의 핵심은 아래로부터의 민중적, 민주주의적 연대와 계급적·대중적 정치투쟁에 있다는 것이 필자의 판단이다. 이 문제에 관해서는 윤효원(1998b), 김영수(1998), 워터만(2000), Moody(1997b), Hyman(1994b) 참조.

16 한국의 민주 노조 운동은 단기적이고 협소한 경제적 이해 추구뿐만 아니라, 정치적 대중투쟁의 긍정적 요소를 동시에 포함한 운동이었다. 남아공의 COSATU와 한국의 민주노총이 공유했던 것은 정치적 계급투쟁의 성격을 띤 이와 같은 아래로부터의 대중투쟁이었다. '사회적 조합주의'는 두 측면 가운데 전자만을 강조함으로써 투쟁의 정치적 성격을 제대로 평가하지 않았다.

역사구조적 조건을 고려하지 않은 채 합의주의와 정책 참가만을 수입했다. 남아공의 노동운동 경험에 대한 사회적 조합주의의 인식은 물신성物神性이 느껴질 정도이다. COSATU의 정책 참가에 대해서는 남아공 내부에서도 평가가 엇갈리고 있기 때문이다. 이런 치우친 인식은 그 합리적 핵심에 대한 균형잡힌 인식을 어렵게 한 것처럼 생각된다.

마지막으로 전투적 노조주의의 실리주의를 비판하지만 '사회적 노동조합주의'는 다른 의미의 실리주의에 매몰되어 있다. 사회개혁, 제도 개선의 실익은 다른 어떤 것보다 중요한 목표가 되어 버린 것이다. 나아가 그것은 사회 전체의 이해를 '계급'의 이해과 대립시킴으로써 자본주의 경제의 '생산성', '경제 성장' 논리를 그대로 추종하고 있는 것으로 보인다(박재영 1999).

결국 '사회적 조합주의'의 현실적인 의미는 그 이론과는 크게 다를 수밖에 없었다. 주·객관적인 조건이 부재한 상황에서 정책 참여는 '협조'로 귀결될 가능성이 컸다. 현장 노동자들의 비판은 근거 없는 비난이나 무책임한 선동만은 아니었다.

그러나 노사정위원회에 대한 노동운동의 전략적 실패는 단순히 운동 노선만의 문제는 아니었다. 그것은 위기를 극대화한 촉발 요인이었을 뿐이다. 1기 집행부를 비판하고 노사정위원회 불참 입장을 명료히 표명했던 2기 집행부도 국가 주도의 노사정위원회 노동 정치로부터 자유로울 수 없었다. 그러므로 노동운동의 위기는 한층 구조적인 문제로부터 연원하고 있었다. 그것은 노동 정치 체제 변동의 문제였다.

3. 노동 정치 체제 변동: 위기의 구조적 배경

1987년 노동 정치 체제는 기업별노조 조직과 단체교섭, 노동에 대한 국가의 헤게모니적 배제 전략, 민주 노조 운동의 전투적 저항이 맞물려 재생산되었던 노동 체제였다. 이 체제에서 주체들 간의 상호 작용의 기본 구조는 국가의 노동 계급에 대한 헤게모니적 배제 전략과 민주 노조 운동의 전투적 대중 동원 전략이 모순적으로 대립하는 것이었다. 모순은 전 사회적 수준의 자유화, 민주화의 진전과 노동 정치에서의 반민주성의 강고한 유지로부터 연원했다. 동시에 이 체제는 국가·자본에 상당한 정치·경제적 비용을 요구했을 뿐만 아니라 노동운동의 계급적 발전도 가로막는 것이었다. 각 주체들은 이 체제에 대해 만족할 수 없었으며 결국 1987년 체제는 과도기적 형태를 띨 수밖에 없었다.

1987년 체제를 변형시키기 위한 노사정 주체들의 오랜 각축은 1997년 겨울 총파업과 노동법 개정으로 정점에 달했고 체제는 해체되기 시작했다. 복수 노조 금지 조항과 제3자 개입 금지 조항의 삭제, 개정은 민주노총을 실질적으로 합법화함으로써 정치 체제와 노동 체제의 탈구 현상을 크게 완화할 수 있었다. 또 같은 해 말에 시작된 IMF 체제와 김대중 정권의 성립은 체제 해체의 속도를 크게 높여 준 요인이었다(임영일 1998d; 노중기 1997; 장홍근 1998).

노사정위 노동 정치에서 현상적으로 나타났던 노동운동 위기는 이런 체제 변형의 구조적 지형을 배경으로 하고 있었다. 그것은 1987년 체제에 내재해 있던 노동운동 내부의 한계들이 한꺼번에 표출한 것을 의미했다. 국가의 통제 전략이 완화되고 민주노조 운동이 시민권을 얻음으로써 전혀 새로운 정치적 조건이 형성되었다. 민주 노조 운동은 국가정책 결정 과정에 참여할 가능성이 생겼고 전투적 대중동원전략의 효능은 노동운동 내부로부터 의심받기 시작했다.

그리고 초유의 전면적 수세기, 혹은 경제 공황기라는 상황적 조건은 노동운동의 사회적 책무에 대한 문제 제기에 힘을 실어 주었다. 요컨대 구조적 지형의 변화들은 노동운동의 노선에 대한 고민과 문제 제기를 전면화하는 계기였다.

체제 변동은 필연적으로 각 주체의 전략적 태도의 변화와 내적 갈등을 수반했다. 먼저 국가의 노동통제전략은 구조적으로 변형되지 않을 수 없었다. 기업별노조 조직의 강제와 민주노조 운동에 대한 완전한 배제를 기조로 했던 1987년 체제하의 국가 전략은 더 이상 가능하지 않았다. 민주노총이 시민권을 획득했고 법적으로 더는 기업별 체제를 강제할 수 없게 되었기 때문이었다. 여기서 국가가 선택할 수 있는 선택지는 기존 전략을 부분적으로 변형시켜 최대한 유지하는 방안과 방임 전략이나 포섭 전략 등으로 전환해 완전히 새로운 전략을 도입하는 방안 두 가지였다.

이 두 가지 중에서 국가가 선택한 것은 전자였다. 그것은 기존의 물리적·법적 통제 수단의 내용을 부분적으로 바꾸고 이데올로기나 조직적 통제를 더욱 강화해 노동계급에 대한 헤게모니적 배제 전략을 강화하는 전략이었다. 노동 측은 전략 수준의 변화를 주관적으로 기대했으나 주도권을 쥔 국가가 후자를 선택할 이유는 별로 없었다. 1987년 체제에서 국가 노동 통제의 가장 큰 결함은 민주 노조 운동의 불법화로 말미암은 것이었다. 사회의 전반적인 민주화와 민주노총의 불법화라는 모순이 해소됨에 따라 헤게모니적 배제 전략의 통제 효력은 크게 높아질 가능성을 갖게 되었다.[17]

---

17 그러므로 1987년 노동 정치 체제의 국가 전략과 김대중 정부의 국가 전략은 모두 헤게모니적 배제 전략이며 질적인 차별성은 없는 것으로 볼 수 있다. 다만 차이는 전자의 경우 국가 정치와 노동 정치의 탈구로 말미암아 헤게모니 행사에서 결정적 한계가 있었음에 반해 후자는 그렇지 않다는 점에 있다. 말하자면 국가는 노동 정치과정에서 정당성 기반을 확장했고 결국 여론과 조직을 동원하는 데 있어 좀 더 효과적일 수 있게 되었다.

우선 전임자 임금 지급 금지, 단체협약 체결권에 대한 인준 금지, 파업 기간 중 임금 지급 금지, 대체 노동의 허용 등 개정 노동법에서 새로 도입된 통제 조항들은 상당한 위력을 발휘할 가능성이 크다. 특히 전반적인 사회 민주화가 확장되는 가운데 민주노총의 실질적 합법화가 이루어짐에 따라 여론을 동원한 이데올로기적 통제의 효과도 더 커지게 되었다. 정권의 정당성 기반이 점차 확대된 것도 중요한 변화였다. 결국 헤게모니적 배제 전략, 즉 체계적으로 조작된 여론과 쟁의에 대한 다양한 법적·행정적 통제를 세련된 방식으로 결합하는 것이 비로소 가능해졌다. 더불어 양대 노총체제를 이용한 조직적 통제도 더욱 용이하게 되었다.[18]

그러므로 노사정위원회는 무엇보다 헤게모니적 배제 전략을 실행하기 위한 새로운 이데올로기적 통제 기구였다.[19] IMF 경제위기로 말미암은 유리한 이데올로기 지형은 국가가 노동 대중의 저항을 최소화하면서 노동계급의 가장 기본적인 이익을 침해할 수 있는 절호의 기회를 만들어 주었다. 더욱이 노동 측이 먼저 삼자 합의 기구를 요구하고 나섰으므로 상황은 국가에 유리하게 전개되었다. 국가는 노사정위를 매개로 해서 수세에 몰린 민주 노조 운동에 대해 '탈퇴-전투적 투쟁'과 '참가-노사협력'의 획일적 선택 구도를 강제할 수 있었다. 경제공황이 조성한 이데올로기 지형에서는 노사정위원회의 존재 그 자체가 전자의

---

18 1999년 4월 말 국가와 제도 언론이 주도한 서울지하철노동조합 파업에 대한 파괴 공작은 그 전형이었다. 그리고 그것의 파업 파괴 효력, 통제 효율성은 전례가 없을 정도로 강력했다. 양대 노총 조직 체제를 이용한 분할 지배는 정부가 민주노총을 노사정위원회에 묶어 두는 수단으로 한국노총을 동원한 데서 잘 나타났다. 국가의 노동 통제 전략, 헤게모니적 배제 전략 개념에 관해서는 노중기(1995) 참조.

19 민주노총이 노사정위에 들어가면 국가·자본의 양보 조치가 사라지고, 불참이나 탈퇴 시에는 새로운 양보 조치가 나왔던 노사정위 노동 정치의 양상은 이런 판단을 뒷받침한다. 국가는 노사정위원회의 유지, 혹은 '민주노총의 참가'가 야기하는 이데올로기적 통제 효과만을 노렸던 것이다. 서울지하철 파업에 대한 억압 정책과 민주노총에 노사정위원회 참가를 강요하는 유화 정책은 국가 통제 전략의 맥락에서 보면 일관된 것이었다.

선택을 어렵게 만들고 있었다. 이렇게 보면 노사정위원회는 무엇보다 '경제위기의 정치적·이데올로기적 압박'의 산물이었다. 그것은 많은 연구자가 지적한 바와 같이 노자 간의 권력 균형의 산물이 아니었다(신광영 1998; 김수진 1999; 조효래 1999).

다음으로 체제 변동에 따라 노동운동의 내부 구조와 운동 조건도 크게 변화했다. 무엇보다 중요한 구조적 변화는 민주노총의 시민권 획득이었다(임영일 1997c; 노중기 1997). 민주 노조 운동 자체가 불법화되었던 1987년 체제하에서 위기는 수면 위로 드러날 수 없었다. 조직 내부에 잠재했던 이해관계의 차이나 운동 노선의 차이들은 국가와의 전면적 대치 전선 속에서 크게 부각될 수 없었던 것이다. 또 조직 내의 이미 존재하고 있었던 비민주적 의사 결정이나 취약한 조직 집중성의 문제도 쉽게 밖으로 표출되지 않았다. 불법화라는 껍질이 깨지자 비로소 이 모든 조직 내적 문제들이 '현안'으로 불거질 가능성을 갖게 되었다.

이런 상황에서 고용 불안과 노사정위원회의 노동 정치는 조직 내부 문제들이 한꺼번에 폭발하는 계기를 이루었다. 고용문제는 이전의 경제적 분배 투쟁과는 질을 달리하는 난제였다. 1987년 체제에서 일차적인 수혜자였던 대기업 조직 노동자들의 고용과 노동조건이 처음으로 위협받게 되었던 것이다. 그리고 그만큼 개별 노조와 연맹, 그리고 민주노총에 대한 조합원의 압박은 커질 수밖에 없었다. 자기 조직의 이해에 관계된 의사 결정 과정에서의 민주성이나 정책 결정의 내용에 대한 각 조직의 몰입 정도는 커졌고, 이해 대립은 훨씬 첨예하게 진행되었다.

특히 노사정위원회는 갈등을 현재화하는 효과를 냈다. 우선 노사정위 참가 문제로 각 조직의 노선상의 차이는 표면화되었다. 예컨대 연맹별 조합원 의식의 편차는 곧바로 조직 간의 갈등으로 발전했다. 국가는 구조조정의 시기를 연맹별·기업별로 조정함으로써 각 조직의 이익 대립을 심화시키는 방향으로 노

414

사정위원회를 운용했다. 노사정위에 참가하라는 구조조정 대상 사업장, 각 연맹들의 요구는 노사정위원회를 1년이나 유지시킨 가장 중요한 동력이었다.

기업별 체제의 한계가 전면화한 것도 체제 변동이 가져다준 중요한 변화였다. 민주노총의 합법화는 동시에 복수 노조와 산별노조로의 조직 변화의 가능성을 열어 주었다. 그러나 민주노총의 조직 구조는 여전히 기업별 체제의 기본 틀을 벗어나지 못한 상태이다. 더욱이 경제위기 상황은 기업 간 격차를 확대시켜 1987년 체제를 지탱한 기본 틀인 기업 단위의 단체교섭과 노동자 동원 기제의 원활한 작동에 많은 문제를 야기했다(임영일 1998d, 105-113). 그 결과 민주 노조 운동 내부에는 조직의 집중성과 조직 민주주의의 문제가 복합적으로 발생하게 되었다.

현재 논란이 되는 조직 집중성과 조직 민주주의는 동전의 양면과 같이 결합되어 있는 문제다(임영일 1999b). 노사정위 노동 정치에서는 한편에서 하부 조직이나 현장 조직의 의사가 제대로 전달되지 않는 조직 민주주의의 문제와 의사 결정이 중앙 조직으로 체계적으로 집중되지 않는 집중성의 문제가 동시에 나타났다. 다시 말해 민주적 의사 결정이 이루어질 수 있는 구조를 갖지 못함으로써 효과적인 의사 결집이 이루어질 수 없었고, 따라서 통일적인 정책 실행이 불가능했던 것이다.[20]

이것은 크게 보아 기업 단위의 작업장 민주주의를 기반으로 하는 민주 노조 운동이 상급 연맹이나 중앙 조직으로 그 활동 영역을 확대·이전하는 과정에서 나타난 문제라고 볼 수 있다. 노사정위원회 노동 정치는 민주노조 운동에서 초

---

[20] 전자는 1기 노사정 합의에 대한 현장 조직의 불만으로 표출된 바 있었고, 후자는 2기 노사정위원회에서 민주노총의 혼란한 정책결정과 정책실행에서 나타났다. 이는 서구적 의미에서의 관료제 문제는 아닐 것이다. 오히려 그것은 조직 집중성과 효율성이 부족한 것에 기인한다고 볼 수 있다.

기업 단위 의사 결정의 중요성을 갑자기 부각시킨 하나의 계기였다.

결국 그것은 기업별 체제의 '민주성'이 확대된 조직구조에서 어떻게 변형·재생산되어야 하는가와 관련되어 있고, 곧 의사 결정의 민주적 집중성에 관한 문제였다. 현재와 같이 기업 단위의 조직 운영 방식이 그대로 중앙 조직에 복제되어 되풀이될 수는 없을 것이다. 관료제적 대의제 기구의 일방적 의사 결정을 제어하고 현장 조합원의 의사 참가를 제도화하는 새로운 조직 민주주의 모델이 시급히 요구되고 있다.

4. 결론: 노동운동의 전략 선택

현재 노동운동의 위기는 전 지구적 차원에서 진행되고 있다(Hyman and Ferner 1994). 전 지구적 자본주의Global Capitalism와 신자유주의의 자본 공세는 서구 노동운동뿐만 아니라 제3세계 노동운동에 대해서도 그 위력을 떨치고 있다(Moody 1997). 노동운동은 축적 체제의 변동과 자본 공세에 따라 자기 정체성을 위협받고 있으나 새로운 노동운동의 전망은 여전히 불투명한 것이 사실이다.

한국 노동운동의 위기도 이런 세계사적 위기와 궤를 같이하고 있다고 할 수 있다. IMF 충격은 이미 진행되어 오던 위기의 성격을 분명히 밝히고 전면적으로 확대시킨 계기였을 것이다. 그러나 우리의 위기는 한국 사회 노동운동과 노동 정치 체제 변동의 독특한 구조 위에서 발생한 것이기도 하다. 그러므로 위기 탈출의 전망은 세계사적 변동이라는 끈을 놓치지 않으면서도 우리 사회의 특수한 구조적 토양 위에서 사고되어야 할 것이다.

현재 해체되고 있는 1987년 체제가 어떤 새로운 노동 정치 체제로 발전할 것인가는 매우 불투명하다. 우선 확인되어야 할 것은 새로운 체제가 서구나 제3세계의 어떤 기존 모델과도 유사하지 않을 것이란 점이다. 운동 주체와 국가·자본의 주관적 의도가 어떠하건 간에 현재의 조건에서 그 가능성은 없다.

예컨대 최근 정부가 노사정위원회를 법제화하고 그 위상을 강화하는 정책을 추진하고 있기는 하나, 이를 곧바로 코포라티즘의 제도화로 이해할 수는 없는 일이다. 그것은 노동 배제를 위한 단기적 통제 수단으로 매우 제한적인 의미만을 갖는다. 사회적 코포라티즘이든 국가 코포라티즘이든 우리 사회에 코포라티즘 체제가 형성될 수 있는 구조적 기반은 매우 취약하기 때문이다(임영일 1998d, 114-116). 그보다는 일본식의 기업 단위 노사 협조 체제가 아직도 훨씬 가까이 있다.

노사정위원회 노동 정치에서 나타난 바와 같이 국가와 자본, 노동 삼자 모두는 새로운 체제의 상을 갖고 있지 않다. 독점 대재벌 헤게모니의 자본은 이미 해체되고 있는 1987년 체제로의 회귀나 자본의 일방적 지배를 원하고 있으며, 국가는 대안적 노동 체제에 대한 뚜렷한 장기적 플랜을 갖고 있지 않다.[21] 또 노동 측에서는 '사회적 조합주의'와 '계급적 대중투쟁' 또는 '대중적 정치투쟁'의 두 가지 길을 놓고 갈등이 계속되고 있다. 특히 노동 측의 두 가지 길은 모두 내용적으로 모호한 상태이며 추상적 논쟁을 벗어나지 못하고 있다.

그러므로 현실적으로 가장 가능성이 높은 것은 '1987년 체제'는 아니지만 전체 노동계급을 배제하는 새로운 과도적인 노동 체제의 형성이다. 이 체제의 기본 요소에는 국가의 헤게모니적 배제 전략과 양대 노총에 대한 분할 지배, 기업

---

[21] 김대중 정부는 3기 노사정위원회의 구성을 추진하면서도 낡은 '신노사 문화' 구축이라는 정책을 동시에 실시하고 있다. 이런 정책 실행에서 드러나는 김대중 정부의 전략은 무원칙과 낡은 정책 관행의 추수 외에 그 어떤 것도 아니다. '신노사 문화'에 관해서는 한국노동정책정보센터, 『매일노동뉴스』, 8월 20일자 참고.

별노조 조직 체제의 온존과 산별 조직으로의 부분 전환, 자본의 적대와 기업 단위의 대립적 노사관계 등이 포함될 것이다. 노동운동의 올바른 전략 선택은 국가·자본이 주도하는 새로운 체제에 변형을 가할 수 있는 그나마 유일한 변인이 될 것이다.

노동운동의 전략 선택은 위기 국면, 체제 전환의 국면에서 더욱 중요하다. 우선 조직 외적으로는 국가와 자본의 형식적 포섭 전략이 상당 정도 유지될 것이므로 자주성 확보가 일차적으로 중요한 과제가 될 것이다. 노사정위원회와 재벌 구조조정 과정에서 제기되는 정책 참가·경영 참가 문제는 그 시금석이었다. '경제 살리기'와 '기업 살리기'의 이데올로기적·조직적 도전 앞에서 민주 노조 운동은 상당 정도 혼돈을 경험하고 있다. 그러나 동시에 배제적 구조조정에 대한 노동 대중의 반대는 민주 노조 운동의 조직 결정으로 끊임없이 환류하고 있으며 전체적으로 조직의 민주성은 유지되고 있다. 이런 조직적 자주성은 1999년 상반기 투쟁 과정에서 민주노총을 중심으로 한 '전국적 투쟁 전선'으로 분명한 모습을 드러내었다. 그러므로 위기 국면에서 제일차적 과제는 조직의 자주성과 민주성을 확보하는 일이다.

다음으로 국가의 배제 전략에 대해서 전투적이면서도 대중적인 동원의 전략, 대중적 정치투쟁 전략이 계속 확대·발전되어야 한다. 사실 1987년 체제 10년 동안 민주 노조 운동의 가장 큰 권력 자원은 작업장 수준의 조직과 '파업' 투쟁 역량, 생산을 중단시킬 수 있는 경제적 권력이 아니었다. 그것은 무엇보다 정당성이 취약한 정치권력, 불안정한 정치 지형에 개입해 정치적 불안정성을 배가하고 민중적 요구를 제시하는 전국적 수준의 정치적 권력 자원이었다.[22] 이

---

22 이런 측면에 국한해서 보면 전투적 노동조합주의에 대한 비판적 견해와는 달리 전노협 이래 민주 노조 운동은 결코 계급 이기주의적인 것이 아니었다. 오히려 그것은 전 민중적 요구의 연대 기구였고 아

런 면에서 민주 노조는 전 사회적 이해를 대표하는 사회적 권력으로써 전 민중적 요구의 대리 전달자였던 셈이다. 그러므로 민주 노조 운동은 조직 노동자들뿐만 아니라 전 민중을 대상으로 진행되는 신자유주의 공세에 대해서 정치적 전선을 구축해야 할 것이다.

한편 이런 외부 정치적 과제는 내부 정치의 강화로 진전되어야 할 것으로 보인다. 위기가 외부로부터 촉발된 것이라 하더라도 위기의 극복은 내부의 균열을 치유하는 내부 정치로부터 시작되어야 할 것이기 때문이다. 노동운동의 내부 정치는 산별노조 건설을 매개로 해서 연대의 질을 심화시키는 일이 되어야 한다. 위기를 구성하고 있는 핵심 문제들인 조직 내 민주주의와 조직 집중성의 딜레마는 산별노조로의 구체적인 전환을 고려하지 않고서는 해결될 길이 없을 것이다. 이는 궁극적으로 계급역량의 강화라는 좀 더 장기적인 과제를 구체적으로 실천하는 일이 된다. 현재 산별노조로의 전환은 이미 거의 모든 조직 주체들이 당면한 과제로 수용하고 있다. 그리고 전환은 몇몇 연맹을 중심으로 이미 상당 정도로 진행 중이다.

그러므로 현재 노동운동의 전략적 선택이 필요한 부분은 산별노조와 현장 조직, 또는 정책·제도와 이념·운동 노선의 대립 항이 아닐지도 모른다. 그보다 문제는 산별 전환의 구체적인 내용에서 민주 노조 운동의 합리적 핵심을 보존, 계승하기 위한 선택을 할 수 있는가에 있다. 그리고 이 작업은 서구 모델이나 제3세계 조직 모델의 적용과정일 수 없다. 그것은 건설 과정 자체의 역동성에서 새로운 독창성이 만들어져야 하는 그런 종류의 일이다.

래로부터의 대중적 투쟁을 그 동력으로 한 사회운동적 운동 노선이었다(Moody 1997; Hyman 1994b, 122-131). 현재 김대중 정권의 노사정위원회 노동 정치도 바로 이 점과 연관되어 있다. 국가의 일차적 관심사는 생산 중단의 문제, 파업 그 자체가 아니었다. 오히려 국가는 파업과 민주총의 대중투쟁이 야기하는 사회적 동요, 정치적 불안정성의 심화, 정당성 기반의 약화에 관심이 있었다.

우선 1987년 체제 이래 계속되어 온 현장 수준의 대중 동력을 변형·유지하는 것은 그 첫 번째 과제일 것이다. 민주노총의 결성 이후 급격히 약화해 온 대기업의 현장 조직들을 복원하고 이를 전 조직에서 재생산하는 과정이 되어야 할 것이다. 더불어 산별 조직의 활동 중심인 지역 조직과 현장 조직을 어떻게 연결해 조직 민주주의를 실현해 낼 것인가에 대한 진지한 정책 검토가 필요한 시점이다.[23] 이른바 '민주성'은 체제 전환의 과정에서 그 이념적 가치가 새로운 수준에서 제도화될 필요가 있다는 것이다. 현재의 위기는 집중성의 위기일 뿐만 아니라 민주주의의 위기이기도 한 것이다.

둘째로 내셔널 센터 기구로서의 '민주노총'의 위상에 대한 좀 더 진지한 고민이 필요한 것으로 보인다. 개별 사업장의 쟁의가 곧바로 전국적 연대 투쟁의 전선이 되는 우리 노동 정치의 독특한 조건은 상당 기간 유지될 가능성이 크다. 그것은 이런 특수성이 제도 정치의 불안정성과 노동계급 정치 세력화의 부재, 자본 권력의 취약한 헤게모니, 노조 조직 구조의 기형성, 전반적인 이데올로기 지형 등 구조적인 기반이 있기 때문이다. 이 구조들은 체제 전환 이후에도 쉽게 사라지지 않을 것이다. 그러므로 민주노총은 정책 기구, 협의 기구를 넘어서서 상당한 정치적 역할을 수행해야 할 것으로 보인다. 좀 더 자유주의적 노동 정치의 환경에 놓인 서구의 내셔널 센터와는 달리 민주노총은 전 민중적 대중투쟁의 연대 기구적 성격을 상당 기간 유지하지 않을 수 없다.

셋째, 산별노조 건설은 그 과정과 내용, 결과적 조직 모델에 있어 (당연한 이야기이지만) 사회적 연대를 가장 중요한 원칙으로 삼아야 할 것이다. 조직 전환 과정에서 비정규직 노동자, 실업 노동자 및 기타 민중 부문과 조직적 연대를 이루

---

23 지역 조직의 역할과 중요성에 대한 정책적 검토는 이미 상당 정도 진행되어 왔다. 임영일(1999b) 및 김혜란(1999) 참고.

어 내는 문제는 서구 산별의 한계를 넘어서기 위해서도 반드시 필요하다. 자본의 전 지구화는 전 지구적 차원에서 노동계급의 재구조화를 야기하고 있고 자본 운동의 모순은 노동계급 내·외부의 취약 계층에 집중되고 있기 때문이다(김동춘 1997). 조직적 연대를 위해서는 조직 형식상의 개방성을 확보하고 적극적인 조직화를 위한 제도적 장치를 마련하는 것이 필요하다. 조직 노동자들이 자신의 협소한 경제적 이해를 양보해야 할 경우도 있을 것이다. 또 이와 같은 조직 전환의 전체 구도를 기획·추진하는 데에는 민주노총의 주도가 매우 중요하다.[24]

마지막으로 이와 관련해서 시민운동과의 적절한 관계를 유지하기 위한 정책적·조직적 준비도 시급하다. 이 점과 관련해서 IMF 시기의 경험은 별로 긍정적이지 않은 것으로 보인다. 연대의 장은 넓었지만 연대보다 갈등을 야기한 경우가 많았던 것이다. 그러므로 노동운동과 시민운동 간의 바람직한 연대 고리 모델의 창출은 노동운동 위기의 또 다른 축을 구성하고 있다. 계급적 독자성을 가지면서도 유연한 연대를 이루어 내는 구체적인 실천적·제도적 장치가 필요한 것으로 보인다.

---

[24] IMF 위기는 산별노조의 건설이 추상적이거나 미래의 과제가 아니라 현재적 위기의 구체적 극복 대안이란 점을 너무도 명료히 보여 준 사례였다. 그러나 현재까지 전 계급적 산별 조직 건설의 구체적인 추진은 지지부진한 느낌이 든다. 구조조정과 정리해고에 대응해서 전국적 투쟁 전선을 마련하는 일은 산별노조 건설의 내부 정치와 맞물릴 필요가 있었다. 비록 산별노조를 구체적으로 추진하는 것이 연맹과 업종의 임무라 하더라도 민주노총이 이를 지도·지원하고 전체 조직의 계급적 상을 그려내는 임무 또한 막중하기 때문이다.

12

노동 체제의 변동과 노동운동의 위기

1. 머리말

임기 말 김대중 정부는 2002년 3월과 4월 발전 노동자들의 파업과 노조 활동을 모든 수단을 동원해서 진압하고 공기업에 대한 민영화, 해외 매각 일변도의 기존 정책을 고수했다. 또 민주노총 위원장을 비롯한 수많은 노동자들을 구속하는 등 경찰력에 의한 억압 정책을 한층 강화했다. 9월 11일 보건의료노조 장기 파업 사업장에 대한 경찰력 투입으로 노정 간의 대립은 파국으로 치달았다.[1]

정부가 개혁 정책으로 선전했던 주40시간 법정 노동시간 단축과 공무원의 노동 기본권 인정 문제도 파행적이기는 마찬가지였다. 2년 이상의 기간 동안 노사정위원회에서 많은 논의가 진행되었음에도 불구하고 결과는 신통치 않았다. 정부는 개혁적 조치라는 정치적 선전 효과에만 관심을 가졌을 뿐, 구체적인 내용에서는 노동자들의 이해를 철저히 배제했던 것이다. 실노동시간 단축, 노동조건의 개선이라는 입법 취지와 완전히 배치되는 정부의 입법안, 그리고 노동조합 명칭조차 인정하지 않는 공무원 노조 합법화 방안을 보면서 노동자들의

---

1 전국민주노동조합총연맹 기관지, 『노동과세계』, 제211호(2002년 9월 16일자) 참고.

신뢰는 땅에 떨어질 수밖에 없었다.

1997년 3월 노동법 개정으로 노동 정치의 구조적 환경이 크게 바뀐 시점에서 집권한 김대중 정부에 대한 기대는 사실 특별한 것이었다. 집권 이전부터 스스로를 노동자와 서민의 정부로 규정하는 등 김대중 정부의 초기 정책 방향도 그런 기대를 부풀리기도 했다. 그러나 그런 기대는 실현될 수 없었다. 때로 정부가 보여 주었던 선한 의도는 내외적 조건들의 복잡한 작용 속에서 쉽게 무산되곤 했다.

이 글은 김대중 정부 5년의 노동 정책을 평가하고 노동운동의 현황을 점검하고자 한다. 우선 참여와 협력, 그리고 노동 기본권 보장의 기대로 출발했으나 과거를 능가하는 억압과 노동 배제 정책으로 귀결했던 노동 정치의 변동 과정은 일차적인 연구 대상이다. 구조조정과 노동자들의 저항, 그리고 노사정위원회와 신노사 문화 등 복잡하고 현란했던 지난 5년간의 노동 정치 변동 과정을 일목요연하게 정리할 것이다.

김대중 정부 시기의 노동 정치는 1987년 체제의 해체 이후 새로운 노동 체제 형성을 위한 과도적 기간이라고 할 수 있다. 1987년 노동 체제는 1997년 초의 겨울 총파업과 3월 노동법 개정, 그리고 민주노총의 합법화로 해체의 길에 접어들었다. 따라서 1998년 이후의 노동 정치는 이전의 그것과 단절적인 요소들을 갖지 않을 수 없었다. 김대중 정부 시기의 노동 정치가 모순적이고 모호한 요소를 많이 안고 있는 것도 이 때문일 것이다. 참여와 협력, 새로운 개혁적 노사 관계는 신자유주의 노동 정책의 기조와 함께 주창되었으며 공안 기구가 주도한 노동 탄압은 노동행정의 민주화, 노동 기본권의 회복이라는 담론과 공존했다. 요컨대 김대중 정권 시기의 노동 정치는 그 성격이 매우 모호하고 불명료하다는 특징을 갖고 있었다.

그러므로 복잡하고 모호한, 그리고 모순적인 노동 정책의 성격을 분석적으로 정리하는 것은 이 글의 두 번째 과제이다. 통제 방식의 측면에서 노동 정책의 실행 과정을 구체적으로 살펴보고 그 결과를 전체적으로 평가하고자 한다. 그리고 이때 1987년 체제에서 행해졌던 통제 전략과 통제 방식은 비교의 준거가 될 것이다.

마지막으로 이를 통해서 우리는 향후 새롭게 구축될 노동 체제의 성격에 관해 일정한 정도로 조망해 볼 수 있을 것이다. 그리고 그 기반 위에서 노동운동의 현 상태와 과제를 조망해 보고자 한다.

이 글의 순서는 다음과 같다. 2절에서는 노동 정책의 전개 과정을 전반기와 후반기로 나누어 정리하고자 한다. 그리고 3절에서는 김대중 정부의 노동 정책을 통제 전략과 통제 방식의 특성이란 측면에서 살펴본다. 1987년 체제의 노동 통제와 비교할 때 나타나는 연속성과 단절성에 주목할 것이다. 그리고 4절에서는 노동 정치 체제 변동의 방향을 이론적으로 정리하고, 결론에서는 노동운동의 현재적 조건과 향후 과제를 고민해 본다.

2. 김대중 정부 노동 정책의 전개 과정

1) 전반기 노동 정책(1998.2~2000.6)

김대중 정부의 전반기 노동 정책은 다시 크게 두 개의 시기로 나누어 살펴볼 수 있다. 먼저 첫 번째 시기는 집권 이전이었던 1998년 1월 노사정위원회 구성으로부터 그 해 8월 말 현대자동차 쟁의에 대한 노사정 합의에 이르는 짧은 기간이었다. 이 시기의 노동 정책은 노사정위원회의 구성과 운영, 그리고 몇 차례의 합의를 중심으로 진행되었으므로 노사정위원회 합의기라고 부를 수 있다. 두 번째 시기는 9월 초 만도기계 파업 사업장에 대한 공권력 투입으로부터 2000년 6월 말까지의 시기이다. 현대자동차 합의 이후 민주노총이 노사정위원회를 탈퇴하고 노사정 간에 대립이 심화되었던 이시기는 노정 대치기라 할 수 있을 것이다.

먼저 합의기에 정부의 노동 정책은 노사정위원회라는 합의 기구를 중심으로 실행되었다.[2] 이 기간에 정부는 노동 측과 두 차례의 노사정 합의와 두 차례의 노정 합의를 이루는 등 합의의 정치가 계속되었다. 노동자와 서민의 정권이라는 수사처럼 노동 정책은 이전 정권과 크게 다른 양상을 보였고 그 중심에는 노사정위원회라는 합의 기구가 있었다.

1월 초 갑자기 구성된 노사정위원회는 노동 측의 여러 가지 견제에도 불구하고 2월 6일 상대적으로 손쉽게 중요한 합의를 도출할 수 있었다. 정부의 주요한 관심사는 IMF가 요구하는 정리해고와 파견 노동자 제도의 도입을 최단기간 내에 관철하는 것이었다. 그리고 대규모의 실업 사태가 노동자들의 저항으로 발전해 집권 초기에 권력 기반이 위협받지 않도록 노동운동을 통제하는 것에 집중되어 있었다. 노사정위원회는 두 마리의 토끼를 동시에 잡을 수 있는 유력한 정책 수단으로 기획되었다.

2·6 합의의 기본 구도는 IMF와 자본이 요구하는 노동시장 유연화 제도와 노동이 요구하는 노동 개혁 의제를 교환하는 것이었다. 노동 측이 요구한 개혁 의제는 공무원·교원의 노동 기본권 허용, 노조의 정치 활동 허용, 실업자의 초기업 단위 노동조합 가입, 노동시간 단축, 노동이 참여하는 참여적 구조조정 실

---

2 물론 합의기에도 억압적 요소는 광범하게 존재했다. 이 시기에 대한 자세한 분석은 노중기(1999a)를 참고.

행, 부당노동행위의 근절, 노동 복지 제도와 예산의 대폭적 확대 등 매우 광범한 것이었다. 그리고 정부는 추상적으로나마 이런 의제들 모두를 수용하는 자세를 보였고 합의는 어렵지 않았다.

문제는 그다음부터였다. 정부는 노동 측에 약속한 개혁 의제들을 실행할 의지와 능력을 갖추고 있지 않았다. 합의 이후 조직 내부의 혼란과 갈등을 경험한 노동 측은 5월 이후 정부에 합의 이행을 강하게 요구했다. 그러나 정부는 6월 5일과 7월 25일 노정 합의를 통해 다시금 구두선口頭禪만 되풀이했을 뿐이었다. 합의 이행을 요구하는 5월 말과 7월 말 민주노총의 총파업에 대해서 정부는 물리적 위협과 함께 다시금 합의를 앞세워 불만을 무마하기에 급급했다.

예컨대 6월 중순 금융 부문과 공공 부문 구조조정안을 결정하는 안은 노사정위원회가 아니라 정부의 경제 부처에서 일방적으로 발표되었다. 그리고 여타 노동 개혁 과제들의 이행은 노사정위원회 내부 논의 과정에서 무작정 지연되었고 때로 왜곡되었다. 또 만 명 이상의 대규모 전투경찰과 언론의 이데올로기 공세 속에서 이루어진 8월 24일 합의도 마찬가지였다. 정부의 관심사는 노동시장 유연화의 법제화와 실행에 있었을 뿐이었다.

그럼에도 합의기의 노동 정책은 상대적으로 온건한 포섭 전략에 가까운 것이었다. 대부분의 합의 과정에서 정부는 노동 측의 요구를 수용하는 듯한 자세를 취했다. 그리고 민주노총의 총력 투쟁, 총파업 투쟁 등에 대해서도 제한된 억압으로 대응했고 곧바로 정치적 타협을 시도했다. 특히 이 시기에는 몇 가지 노동 개혁의 약속 외에도 노동 복지의 예산이 크게 늘어나고 제도가 확대되는 등 정책적 변화의 시도가 꾸준히 이루어졌다.

9월 이후 노정 대치기에 국가의 정책은 좀 더 강경한 것으로 전환하기 시작했다. 2·6 합의와 8·24 현자 합의를 거치면서 대규모 정리해고를 위한 제도적 장치와 실행 경험을 확보하자 정부 입장이 바뀌기 시작했다. 노사정위원회 정치의 필요성이 현격히 줄어들었기 때문이었다. 반면에 노정 대치기의 정책적 과제는 5대 그룹 빅딜에 따른 대기업 구조조정, 공공 부문의 민영화와 해외 매각을 정책적으로 결정하는 것이었다(김상조 1999; 조효래 2001).

구조조정이 본격화되고 노사정위의 기능이 축소됨에 따라 노정 간의 대립 가능성은 점차 커지기 시작했다. 기업 구조조정은 노동 측이 요구한 개혁과는 거리가 멀었다. 그것은 재벌 구조의 해체나 민주적 지배 구조가 아니라 노동자에 대한 정리해고와 노동조건의 후퇴 등 비용 절감 중심의 구조조정이었다. 공공 부문에서도 마찬가지였다. 기획예산위원회를 중심으로 정부는 인력 감축, 예산 삭감의 지침을 획일적으로 하달했고 경쟁 강화, 복지 축소의 신자유주의 정책 방침을 분명하게 보여 주었다.

1998년 9월 초 만도기계노동조합의 파업에 대한 공권력 투입은 그 시발점이었다. 조폐공사의 경우에는 구조조정 반대 투쟁을 빌미로 해 국가와 사용자는 노조 파괴 공작을 불법적으로 벌이기도 했다. 또 참여적 구조조정과 2·6 합의의 성실 이행을 주장하는 민주노총의 요구에 대해서는 극히 제한적으로만 반응했다.[3] 핵심 사업장과 구조조정 쟁점에 대해 강경한 방침을 굽히지 않았던 정부의 정책 방침은 대체로 2000년 상반기까지 계속되었다. 대표적인 사례로는 구조조정 반대를 앞세웠던 1999년 4월 서울 지하철 쟁의가 있었다.

그러나 정부 정책의 변화는 상대적으로 제한적인 것이었다. 노동 측의 반발과 개혁 의제의 소실로 노사정위원회의 기능이 한계를 보이기 시작했으나 그것의 존재 가치는 여전히 남아 있었다. 현장에서 구조조정이 진행되고 노사 대립

---

3 민주노총의 요구에 따라 합의 이행의 쟁점은 교원노조의 법제화와 실업자의 초기업 단위 노동조합 가입 문제, 그리고 참여적 구조조정 문제로 압축되었다. 이 중 교원노조의 법제화만이 1999년 초에 실행되었을 뿐이다. 그것도 민주노총이 노사정위원회 탈퇴를 선언하고 연말에 위원장이 장기간 단식 농성을 벌인 끝에 이루어진 일이었다.

이 심화되는 상황에서는 노사정위원회의 존재 자체가 조직적 이데올로기적 통제 기능을 발휘했기 때문이었다.

1999년 2월 말 대의원대회에서 민주노총이 노사정위원회 탈퇴를 최종적으로 결의하고 이후 노사정위원회가 무력화되자 정부는 노사정위원회를 복구하기 위한 작업을 서둘렀다. 급조된 노사정위원회법이 5월 초 국회를 통과하고 3기 노사정위원회가 9월에 출범했다. 하지만 노사 간, 노정 간 대립이 확대되는 가운데 노사정위원회는 거의 무력한 기구로 전락했다(노사정위원회 2000, 143-147).

또 쟁의에 대한 억압은 확대되었지만 그 정도는 매우 절제되고 제한된 것이었다. 예를 들어 구조조정이 직접적인 쟁점이 아닐 때는 합의를 유도하거나 지도부에 대한 구속과 손해 배상 청구 소송 등 제한적인 수준에서 탄압이 진행되었다.[4]

노정 간의 대립 속에서도 정부는 유화적인 조치를 속속 내놓은 것도 이 시기를 특징짓는 현상이었다. 교원노조의 합법화 조치(1999.7), 민주노총의 합법화(1999. 11), 노동시간 단축 방침 발표(2000.5) 등은 그 대표적인 사례였다. 이들은 2·6 합의 사항이었고 노동 측의 강력한 요구에 대한 대응이었던 만큼 그 의미가 제한된 것이었으나 일방적 구조조정의 정책과는 구분되는 하나의 흐름을 형성했다. 또 1999년 8월 15일 대통령은 '신노사 문화'와 '생산적 복지'라는 두 가지 정책 구상을 발표하기도 했다. 이 중에서 신노사 문화는 '대립과 갈등의 노사관계를 청산하고 참여와 협력을 실천하는 노사 공동체 형성을 목표로' 하는 것이었다. 비록 그 한계가 뚜렷했지만 정부의 공식 담론은 합의기의 '참여와 협력'을 크게 벗어나지 않았던 것이다.[5]

---

4 방송노조들의 방송 개혁 관련 연대 파업, 택시 노동자들의 완전 월급제 쟁취 투쟁, 한국중공업, 대우조선 등의 쟁의가 여기에 속한다. 자세한 것은 전국민주노동조합총연맹(2001, 238-253) 참고.

요약하자면 김대중 정부 전반기 노동 정책은 이전 정부의 그것과 매우 다른 특징을 보여 주었다. 초유의 공황 사태에 직면해서 노동 유연화 제도를 도입하고 인력 감축, 비용 삭감 위주로 구조조정을 하는 신자유주의 정책을 강하게 실시했다. 그런데 신자유주의 노동 정책의 실행이 노사정위원회를 중심으로 한 합의 정치, 개혁의 담론으로 은폐되어 있었다는 점이 특징적이었다. 또 노동에 대한 억압은 제한적이었고 절제된 것이었다. 그 결과 국가의 노동 정책의 성격은 모호하게 나타났으며 그만큼 노동 통제의 효력은 배가되었다.

2) 후반기 노동 정책(2000.7~2003.2)

집권 중반기에 맞은 총선과 남북정상회담은 노동 정책의 흐름이 바뀌는 하나의 전환점이 되었다. 2000년 4월 총선에서 크게 패배하고 6월 15일 남북정상회담이 끝난 직후부터 정부는 노동운동을 강하게 억압하는 방향으로 정책을 수정하기 시작했다.

2000년 6월 말과 7월 초 롯데호텔노조와 사회보험노조에 대한 공권력 투입은 후반기 노동 정치의 출발점이었다. 이 두 사업장에 대한 공권력 투입은 전반기의 다른 사례와 달리 백골단 부대의 투입, 무차별적 폭력 행사, 음주 폭행과 성희롱 등 매우 잔인한 것이었다. 또 10일 항의 집회 과정에서 경찰은 의도적으로 민주노총 위원장을 폭행하기도 했다. 같은 해 연말의 시중 은행 노조 파업에 대해서도 정부는 강경한 진압 방침을 굽히지 않았다. 정부는 7월 당시의 약속과 노사정위원회의 수차례 합의를 뒤엎고 일방적인 구조조정 방안을 고수했고

---

5 신노사문화는 그 이름과 달리 매우 낡은 것이었다. 신노사문화에 대한 자세한 비판은 이원보(1999) 참고.

이에 저항하는 노동자들을 공권력으로 진압했던 것이다.

　정부의 정책 변화는 12월 대통령이 주재한 경제정책조정회의와 2001년 초 대통령이 밝힌 '강한 정부론'에서 다시 한 번 확인되었다. 4대 부문 개혁 과제의 하나로 제시된 노동 개혁은 '생산적 노사 협력 체제의 구축'으로 제시되었다. 그 러나 그 실제 내용은 '불법행위 엄정 대처', '법과 질서 준수 원칙과 노사 협력', 곧 노동 통제의 강화에 불과했다. 그리고 그것은 '노동시장 유연성 제고'라는 신 자유주의 정책 목표와 직접 연결되어 있었다(김태현 2001, 259-261).

　대통령과 정부의 정책적 의지는 2월 대우자동차 노동자에 대한 대규모 정리 해고와 공권력 투입, 진압으로 나타났다. 그리고 4월 10일 이에 항의하는 해고 노동자들에 대해 경찰이 무자비한 폭력을 행사하는 사태로 이어졌다. 또 6월 초 정부는 민주노총의 총력 투쟁과 조종사 노조의 파업에 대해서 범정부적 차 원에서 대책을 마련하고 전면적인 탄압을 가했다.[6] 이런 억압은 구조조정에 저 항하는 노동자들의 투쟁을 더 이상 용인하지 않고 물리력으로 진압하겠다는 의 지의 표현이었다. 또 특징적인 것은 단위 노조가 아니라 민주노총을 주요한 공 격의 대상으로 삼았다는 점이다. 정부는 민주노총을 더 이상 대화의 상대로 삼 지 않았던 것이다.[7]

　2002년에 들어와서도 정부의 억압은 그대로 유지되었다. 2월 25일 구조조

---

6 대통령의 불법 파업 엄단 지시-관계 장관 회의와 범정부 대처 방안 마련-보수 언론의 대대적 여론 공세-공권력 투입과 파업 파괴-구속과 수배, 손해 배상 청구 등의 일련의 수순은 과거 군사 정권들의 탄압 방식과 동일한 것이었다. 또 '90년 만의 가뭄에 파업은 불가하다'거나, '고액 소득자인 조종사들의 파업은 집단 이기주의'라는 논리를 정부가 앞서 유포한 것은 정부의 노동 정책 변화를 명료하게 보여 주었다.

7 민주노총 위원장은 곧바로 수배 상태가 되어 명동성당에서 농성에 들어가지 않을 수 없었다. 그리고 정부는 8월 민주노총과의 물밑 교섭을 통해 단병호 위원장을 선처하기로 약속했으나 자진 출두 후 입 장을 바꿔 구속시켰고 2002년 9월 현재까지 구금하고 있다.

정과 민영화에 반대하는 공공 부문 파업에 대해서도 정부는 '법과 원칙'을 앞세운 억압 방침을 한 치도 굽히지 않았다. 38일간 계속되었던 발전 산업 노동자들의 파업은 민주노총과의 노정 합의로 종결되었으나 실제로는 정부의 파업 파괴, 불법 파업 엄단 방침이 관철된 것이었다. 파업이 진행된 38일은 물론 파업이 종결된 이후에도 정부는 모든 수단을 동원해서 노동조합 활동 자체를 통제하려는 노력을 계속했다(한국발전산업노동조합 2002; 권영국 2002). 또 9월 11일에는 사용자들의 부당노동행위와 교섭 기피로 장기 파업에 돌입한 보건의료노조 산하 파업 사업장에 대해서도 공권력이 투입되었다. 정부는 직권 중재 제도와 이를 앞세운 사용자의 교섭 기피 등 부당노동행위에 대해서는 침묵했던 반면 노동조합의 불법에 대해서는 '법과 원칙'을 앞세워 철저하게 대응했다.

전반기 노동 정책이 상대적으로 온건하고 모호한 것이었다면 후반기에는 억압의 강화라는 분명한 특징을 갖고 있었다. 두 시기 노동 정책의 변화를 보여 주는 또 하나의 지표는 노사정위원회의 기능 변화였다.

전반기에 노사정위원회는 노동시장 유연화를 위한 제도 도입, 그리고 그 실행과정에서의 정당성 확보라는 기능을 갖고 있었다. 그리고 그 기능을 수행하기 위한 기제는 양대 노총의 참가와 노사정위 의사 과정에서의 분할 지배였다. 그러나 민주노총의 참가 거부로 말미암아 후반기에 노사정위원회는 이런 기능을 더 이상 수행할 수 없었다. 노사정위는 한국노총만을 상대로 하는 제한적인 이데올로기 기구로 전락할 수밖에 없었다. 2001년 2월 정부는 전임자 임금 지급 금지 유예와 사업장 단위 복수 노조 불허라는 수단으로 한국노총과 또 하나의 노사정 합의에 이르렀다. 이 두 가지 사항은 한국노총의 존재 기반을 제도적으로 보장한 핵심적 사안이었다. 한국노총을 노사정위에 묶어 둘 수 있었던 것은 민주노총에 대한 억압을 가능케 한 또 하나의 배경 요인이었던 것이다.[8]

전반기와 마찬가지로 후반기에도 중요한 정책적 개혁 과제가 노동 정치의 쟁점으로 부각되었다. 주40시간 노동시간 단축과 공무원·교수의 노동 기본권 보장, 그리고 비정규직 보호 등이 대표적인 것들이었다. 더불어 한동안 무기력했던 노사정위원회는 2000년 하반기부터 다시금 노동 정치의 전면에 나설 수 있었다. 그러나 문제를 제기한 당사자인 민주 노조들이 배제된 채 진행되었고 정부는 구체적인 개혁 의지를 전혀 보여 주지 못했다. 오히려 노사정위원회는 노동자 대중과 민주 노조의 제도 개혁 요구를 무마하고 지연시키며 그 성격을 왜곡하는 기능을 적절하게 수행했다. 2002년 7월에 오면 오랜 논의에도 불구하고 김대중 정부의 정책 의도가 분명하게 드러나게 되었다. 그것은 제도 개혁의 실질적 반대 혹은 제도 개혁을 명분으로 한 노동조건 저하의 시도였다.[9]

표면적으로 전 후반기의 노동 개혁은 비슷한 양상을 띠었다. 비슷한 개혁 의제, 똑같이 노사정위에서 추진된 점 등 현상적 유사성은 뚜렷하다. 그러나 그 내적 동학은 매우 달랐다.

전 후반기 노동 정책의 변동에는 여러 가지 내외적 요인들이 작용했다. 먼저 2000년 상반기부터 다시 나빠지기 시작한 경제 상황을 지적할 수 있다. '경제 위기 극복과 재도약'을 정권의 정당성 기반으로 삼았던 김대중 정부로서는 경기의 급속한 악화가 치명적인 위기 상황을 조성했다. 위기를 돌파하기 위한 가장 손쉬운 수단은 노동 탄압이었다. 그것은 내외 자본의 투자를 자극하고 자본

---

8 한국노총은 노사정위 불참을 수단으로 끊임없이 정부에 반대급부를 요구해 왔다. 또 실제로 1999년과 2000년에는 불참과 복귀를 되풀이하기도 했다. 한편 전임자 임금 지급이나 사업장단위 복수 노조 문제는 민주노총에 비해 하부 조직이 취약한 한국노총에게 사활적인 사안으로 이해되었다.

9 주40시간 법정 노동시간 단축은 전체 노동자의 60%에 이르는 중소 영세 노동자들의 배제, 노동조건의 대폭적 악화, 휴일-휴가의 축소, 실시 시기의 후퇴 등으로 말미암아 노동 개혁이라기보다 노동 개악이라고 비판받고 있다. 또 공무원·교수의 노동 기본권 문제에서는 노동조합 명칭조차 허용할 수 없다는 입장을 고수하고 있다. 이는 실제로는 노동 측이 수용할 수 없는 안으로 합법화 자체를 무산시키는 조치였다. 정부는 이 두 법안을 2002년 정기국회에 상정할 예정이나 입법화의 가능성은 매우 작다.

파업을 막을 수 있는 하나의 방편이 되었다.

다음으로 2차 구조조정을 준비하는 과정에서 노동에 대해 기선을 제압할 필요가 있었다. 정부는 '2단계 노동 부문 개혁'을 통해 2001년 2월까지 기업 부문과 공공 부문 구조조정을 완결하고자 했다. 그러나 대우자동차와 은행 노조, 그리고 한국통신과 발전 산업 노조 등 노동 측의 반발 가능성은 순조로운 구조조정의 최대 걸림돌로 이해되었다.

셋째, 노동 진영의 강한 반발도 탄압으로의 선회를 야기한 핵심적인 요인이었다. 전반기에 노동자들은 심각한 고용 불안과 노사정위의 합의 정치 이데올로기로 말미암아 상대적으로 수용적인 태도를 보였다. 그러나 노사정위의 본질이 드러나고 구조조정의 폐해가 본격화되면서 조직 노동자들의 도전이 점차 강화되었던 것이다.[10]

넷째, 제도 정치의 정세 변화도 중요한 변수였다. 총선 패배에 따라 권력 기반이 약화했고 각 부문에서 연이은 정책적 실패는 정부의 입지를 크게 좁혀 놓는 결과를 초래했다. 의약 분업 파동과 의료 보험 재정 파탄, 인사 정책의 실패, BK21 등 교육정책의 실패, 새만금 개발 등 환경 정책의 후퇴 등 통일 정책을 제외하면 정부는 전방위적으로 궁지에 몰리고 있었다. 과거와 마찬가지로 노동 억압은 위기 탈출의 유력한 수단으로 사용되었다. 대통령의 '강한 국가론'은 신자유주의 국가의 강한 국가이기도 하지만 정세적 위기 국면을 돌파하는 수단이기도 했다.

결국 여러 내외적 조건 속에서 김대중 정부는 후반기에 노동운동에 대한 강

---

10 2000년 상반기 노동자들의 투쟁은 5월 31일부터 6월 초순까지 계속된 민주 노조의 총파업 투쟁으로 정점에 달했다. 민주노총의 주장은 주5일근무제 실시, IMF 피해 원상회복, 비정규직 노동자 문제 해결 및 조세·사회보장 제도 개혁 등 3대 현안으로 집중되었다. 노동자들의 투쟁 앞에서 정부는 주40시간제 노동시간 단축을 약속할 수밖에 없었다.

한 억압정책으로 전환하지 않을 수 없었다. 전반기 동안 약간 모호했던 김대중 정부의 노동 정책은 후반기에 그 억압적 성격과 노동 배제의 전략적 특성을 분명하게 드러내었다. 억압 강화에 따라 전반기 동안 정부 정책을 장식했던 '참여와 협력', '노동 개혁', 그리고 '신노사 문화'의 담론은 그 빛을 잃었고 노사정위원회는 자신의 존재 기반을 거의 상실하게 되었다.

마지막으로 전 후반기의 이런 차이에도 불구하고 김대중 정부 노동 통제 전략의 본질적 성격은 전 기간에 걸쳐 변함이 없었다는 점을 지적할 필요가 있다. 전반기의 합의 정치나 노사정위원회는 정부의 주장과 달리 신자유주의 정책을 관철하기 위한 이데올로기 장치나 통제 수단에 불과했다(노중기 1999b; 2000b). 신자유주의 노동시장 유연화와 노동계급 배제라는 노동 정책의 기조에는 변함이 없었다. 다만 전략적 방침을 관철하기 위한 수단이 시기와 상황의 제약 속에서 점차 변화했을 따름이었다.

또 이런 변화는 노사정위원회와 참여, 합의의 이데올로기가 신자유주의의 정책 기조와 양립할 수 없음을 보여 주었다. 심각한 실업과 경제 공황 상태에서 일시적으로 용인될 수 있었던 노사정위원회의 합의 정치는 상황의 변화와 구조조정의 심화에 따라 점차 기반을 잃어 갔다. 신자유주의와 '합의의 정치'가 양립할 수 있다는 주장은 한국의 상황에서는 적합하지 않은 것이었다.[11]

---

11 물론 서구와 다른 제3세계의 경우에도 이런 주장은 일반적으로 타당한 것이 아니다(노중기 2002b). 신자유주의와 합의정치의 양립을 주장하는 연구는 최영기(1999), 최영기·이장원(1998), 김호진 외 (2000) 참고.

3. 김대중 정부의 노동 통제 전략 : 연속성과 단절성

김대중 정부의 노동 정책은 노동계급의 이해를 전면적으로 배제하고자 했다는 점에서 이전 정권의 노동 배제 전략과 질적으로 다르지 않았다. 특히 후반기의 노동 억압은 현상적으로 본다면 1989년 노태우 정권의 공안 탄압과 유사한 것으로 보이기도 한다.[12]

그러나 표면적인 유사성에도 불구하고 김대중 정부의 노동 정책은 한국의 노동 정치가 새로운 단계에 접어들고 있음을 예감하게 하고 있다. 신자유주의 노동 정책의 확대와 강화, 고용, 실업, 비정규직 노동자 문제, 산별노조 전환 문제 등 새로운 노동 정치 의제의 출현, 노사정위원회 설치와 합의 정치의 실험, 민주노총의 합법화 등 변화의 요소도 뚜렷하기 때문이다. 그것은 1990년대 말 이후 시작된 노동 체제의 구조 변동 효과가 노동 정책의 변화를 야기하는 것으로 이해할 수 있다(노중기 1999; 2000).

이 절에서는 구조 변동에 따른 국가 노동 통제 전략의 변화와 연속성을 구체적인 수준에서 검토할 것이다. 노동 통제 전략과 통제 방식의 두 가지 차원에서 1987년 체제 노동 통제와의 연속성과 단절성을 정리하고자 한다.

---

12 임영일(2001), 권두섭(2001) 참고. 당시 여소야대 상황에서 노태우정권은 취약한 권력기반과 지지율의 하락, 경기 악화, 노동 저항의 강화 등 비슷한 조건에 처했다. 노정권은 노동에 대한 강한 탄압으로 상황을 돌파하는 실마리를 찾고자 했다. 노동탄압은 통일운동에 대한 탄압과 함께 공안정국을 형성했고 결국 3당 합당이라는 정치변동으로 귀결했다. 특히 전방위적으로 탄압이 강화된다는 점에서 많은 관찰자들에게 비슷한 느낌을 주고 있다. 자세한 것은 노중기(1995) 참고.

1) 노동 배제 전략의 지속 : 신자유주의 노동 정책과 노동 억압

IMF경제 관리가 시작된 초기 국면에 집권한 김대중 정부의 노동 정책은 흔히 영미형 신자유주의 정책으로 규정되었다(손호철 2000). 영미형 신자유주의 사회에서 노동 정책은 크게 세 가지의 정책 방향을 지향하게 된다. 그 첫째는 노동시장을 유연화하고 민영화, 해외 매각을 통해 공기업을 시장 질서 속에 편입시키는 것이다. 둘째, 국가는 노동조합의 활동과 노동운동을 강하게 통제해 이들의 시장 개입을 축소하고자 했다. 셋째, 사회민주주의 체제에서 확대된 복지 공급을 줄이고 이를 다시 상품화하는 하는 것이다. 요컨대 그것은 시장 원리를 노동 정책의 핵심 원리로 하며, 노동계급의 이해를 체계적으로 배제하고 시장에 종속시키는 것을 지향하는 노동 배제 전략이었다.

먼저 김대중 정부는 노동시장 유연화, 인력 감축과 민영화 해외 매각 위주의 구조조정, 노동시장 정책을 집권 전 기간을 통해 일관되게 추진했다. 과잉 노동력을 자유롭게 처분할 수 있는 고용 유연성을 강하게 요구했던 IMF와 내외의 자본의 요구를 충실하게 추종했다.

1998년 2월 노사정위원회를 통해서 이루어진 정리해고와 노동자파견제도의 법제화는 그 출발점이었다. 1999년부터 도입이 예정되어 있었던 정리해고를 1년 앞당기기 위해 새로운 정부는 전력을 기울였다. 또 현대자동차 구조조정에서는 노사정위는 물론 정부의 전 부처가 행정력을 집중해 정리해고를 관철하고자 했다. 이는 민간의 조직 부문에서 자유로운 정리해고의 선례를 남기려는 전략적 목표 위에서 추진된 것이었다. 또 정부는 금융 부문과 공공 부문에서 대규모 인력 감축 위주의 구조조정을 강압적으로 실시했다. 공공 부문의 경우에는 미리 설정된 감축 인원 목표치를 초과 달성하는 일이 벌어지기도 했다.[13]

IMF의 요구와 긴급한 경제 상황을 고려하더라도 이런 정책 지향은 일종의 강박증에 가까운 것이었다. 대우자동차의 구조조정, 정리해고 사례는 정부 구조조정 정책의 경직성을 잘 보여 준 사례였다. 정부는 미국 업체로의 해외 매각 이외의 다른 선택지를 두지 않고 매각 조건을 불문하면서 매각 정책을 강행했던 것이다. 이 과정에 저항하는 노동조합과 노동단체들은 가혹하게 탄압받았으며 시민단체들과 연구자들의 대안은 철저하게 무시되었다(조돈문 2001). 또 한국전력과 발전산업에 관한 구조조정 과정도 마찬가지였다. 발전소 분할 후 해외 매각이라는 원칙은 그 실제 효과, 손익, 명분 모든 것을 넘어 하나의 신앙처럼 관철되었다. 이런 정부 정책 앞에서는 반대 여론과 발전 노동자들의 치열한 투쟁도 무력하기만 했다.

신자유주의 노동시장 정책의 결과는 매우 혹독한 것이었다. 우선 정권 초기에는 대규모 실업 사태가 벌어졌다. 경제 공황 상태에서 정부가 인원 감축 정책을 추진한 결과 실업의 규모는 크게 늘어났다. 실업률은 1999년 1사분기에 이르러 8.4%까지 치솟았으며 공식 실업자 외에 실질적인 실업 상태에 빠진 노동자들의 수는 300만 명을 상회하기도 했다. 1999년 하반기이래 경기가 호전되면서 실업률은 떨어졌으나(2002년 2사분기, 2.9%) 고용의 질은 돌이킬 수 없이 악화되었다.

비정규직, 불안정 노동자가 급속히 증가하고 그 추세가 구조화한 것은 가장 중요한 폐해였다. 1999년 2사분기를 전환점으로 해서 임시 일용직은 상용직 노동자를 능가해서 52%까지 늘어났고 경기 회복 이후에도 그 추세는 변화하지

---

13 현대자동차에서 확보된 선례는 모든 민간사업장에서 따라야 할 범형이 되었다. 민간부분에서는 약 50만 명 이상의 노동자들이 정리해고로 일자리를 잃은 것으로 추정되었다. 한편 1998년에서 2000년까지 공공부문에서는 총 131,082명의 인원 감축이 있었다. 이는 1997년 말 정원 700,428명의 18.7%에 이르는 수치이며 애초의 목표를 804명 초과한 수치였다. 제1금융권에서는 전체 113,994명 중 35.6%에 이르는 40,593명이 단 2년 동안 직장을 잃었다(윤진호 2001a).

않았다. 여기에 상용직에 포함된 계약 노동자, 단시간 노동자, 파견 노동자, 용역 노동자, 특수 고용 노동자, 가내 노동자, 외국인 이주 노동자 등이 포함되면 전체 비정규직 노동자의 수는 800만 명, 60%를 넘을 것으로 추정되고 있다(김유선 2002). 비정규, 불안정 노동자들은 고용의 불안정성 외에도 임금, 노동조건, 사회보장 등 모든 면에서 열악한 노동자 집단이다.14 그러므로 정부의 노동시장 유연화 정책의 목표, '비용 절감'과 '경쟁력 확보'는 비정규 노동자의 희생을 대가로 한 것이었다.

노동시장 구조의 전반적 퇴행은 전체 노동계급에도 영향을 미쳐 임금과 노동조건의 악화, 빈곤의 심화를 불러왔다. 1997년 이후 임금 상승률은 매년 경제성장률과 물가상승률의 합에 크게 미치지 못했다. 그 결과 노동 소득 분배율은 1996년의 64.2%에서 2000년 58.6%로 크게 하락했다. 또 노동자 내부의 임금 소득 불평등 지수인 소득 점유율 배율이 1997년의 4.49에서 2000년에는 5.32로 크게 악화했다(김유선 2001c). 지속적으로 하락하던 노동시간은 1997년 주당 207.6시간(제조업)에서 1999년 217.3시간, 2000년 214.3시간으로 늘어났다가 2001년에 들어서야 비로소 209.8시간으로 줄어들었다(한국노동연구원 2002).

다음으로 노동조합과 노동 기본권에 대한 억압의 강화도 김대중 정부 노동정책의 성격을 분명히 보여 주었다. 2002년 9월 5일까지 민주노총이 집계한 구속 노동자의 숫자는 모두 828명이었다(민주노총, 『노동과 세계』, 210호, 2002. 9. 9). 이는 김영삼 정권의 5년간 구속자 수 632명보다 30% 가까이 늘어난 수치이다.

---

14 통계청자료('경제활동인구조사 부가조사', 2001. 8)로 본 비정규직 노동자의 월평균 임금은 정규직의 52.6%에 불과한 89만 원이며, 시간당 임금은 4,824원으로 정규직의 51.8%이다(정규직 각기 169만 원, 9,315원). 월평균 100만 원 이하의 저임금계층 중 비정규직은 550만 명, 74.7%에 이른다(정규직, 139만 명, 23.7%). 이들의 사회보험 가입 비율과 노동조건은 국민연금 19.3%(정규직, 92.7%), 건강보험 22.2%(94.8%), 고용보험 20.7%(80.0%), 퇴직금 13.6%(94.3%), 상여금 14.0%(93.1%), 시간외 수당 9.7%(75.6%) 등으로 정규직에 비해 매우 열악한 상태이다. 김유선(2001b) 참고.

또 9월 5일 현재 구속된 노동자의 수는 55명이며 67명이 수배 상태에 있다. 55명의 적용 법률을 보면 대부분이 '불법 파업' 이후의 업무방해와 폭력 등 형법이었다. 김영삼 정권 시기의 구속자가 민주노총이 합법화되기 이전 1987년 체제의 노동 기본권 제약 아래서 이루어진 것임을 감안하면 실제 억압의 강도는 훨씬 높았음을 추정해 볼 수 있다. 또 노동관계법 이외 형법이 주요한 억압 수단으로 사용된 점도 마찬가지였다. 이는 노동 기본권에 대한 제한과 억압이 체제 변동에도 불구하고 여전히 강하게 실행되고 있음을 말한다.

특히 하반기에 들어와서는 노동 기본권을 제약하거나 후퇴시키는 제도적 개악이 시도되었다. 2001년 2월 한국노총과의 노사정 합의로 법제화된 사업장 단위 복수 노조 금지 조항 유지, 전임자 임금 지급 금지 유예는 반개혁적 조치였다. 이 합의의 결과로 많은 비정규 노동자들의 단결권이 결정적으로 제약당하게 되었다. 그러나 본격적인 제도 개악의 시도는 2002년 하반기에 나타났다. 경제특구법안(8.19), 법정 노동시간 단축법안(9.5)은 노동조건의 대폭적인 개악을 시도한 사례였으며, 선거법 개정안(9.8), 공무원노조법안(9.10)은 노동자의 정치 활동을 제약하거나, 노동권 보장이라는 이름 아래 실제로는 노동권을 제약하고자 하는 시도였다.

셋째로 복지 분야에서의 정책적 변동은 좀 더 복잡한 성격을 갖고 있었다. 국민연금이 전 국민으로 그 대상을 확대했고 의료 보험 통합을 시도했다. 고용 보험과 산재보험의 경우에는 그 적용 대상을 크게 확대하고 보장 수준을 높이기도 했다. 특히 국민 기초 생활 보장법을 제정해 이전의 공공 부조 제도인 생활보호대상자의 제도적 틀을 근본적으로 바꾼 것은 커다란 변화였다. 정권 초반기에 집중된 실업 정책과 관련해서는 IMF가 요구한 사회 안전망 프로그램이 도입되었으나 2000년 이후에 대부분의 프로그램은 축소·폐지되었다.

복지 정책에서 핵심적인 쟁점은 그것이 IMF방식의 영미식 신자유주의 복지 정책인가, 아니면 전통적인 복지국가의 국가 복지를 지향하는가 하는 점이다. 또 정부의 공식적 정책 지향인 '생산적 복지'의 내용이 실제로 어떤 것이었는가에 대한 평가도 쟁점이다. 연구자들은 이 문제에 관해서 서로 다른 의견을 제시하고 있지만[15] 객관적으로 실행된 김대중 정부의 정책적 개혁에 대해서는 부인하지 않고 있다. 즉 사회보험의 전 국민 확대, 의료 보험 통합의 시도, 국민 기초 생활 보장법의 제정 등 제도 측면의 개혁성을 부인할 수는 없다.

이상의 논의를 요약하면 김대중 정권의 노동 통제 전략은 내적인 복잡성에도 불구하고 대체로 신자유주의 노동시장 유연화 정책에 기초한 노동 배제 전략이었다고 할 수 있을 것이다. 그러므로 전략적 수준에서 김정권의 노동 정책은 이전 정권의 그것과 본질적으로 다르지 않았다고 할 수 있다.

신노사 문화의 주창, 노사정위원회 구성과 정권 초반기의 일부 개혁적 조치, 복지 프로그램의 강화 등 새로운 시도들은 노동 배제의 전략적 기조 속에서 부차적인 것이거나 시간의 흐름에 따라 점차 그 빛을 잃어 갔다. 특히 주목해야 할 것은 정권 마지막 해인 2002년 하반기에 시도 중인 세 가지 법률 제정, 개정 과정이다. 정부의 주5일제 노동시간 단축 법안, '공무원 조합 법안', '경제특구 법안'에서는 '개혁을 앞세운 노동 배제'라는 김대중 정권 노동 정책의 본질이 압축적으로 드러났다.[16]

---

15 평가는 크게 둘로 나누어진다. 정책의 내용으로 봐서 신자유주의가 아니라 국가주의의 제도화, 개혁이라 보는 입장(김연명 2001)과 개혁적 내용을 부인할 수 없더라도 넓은 의미에서 신자유주의와 조응한다고 보는 입장(정무권 2000)이 그것이다. 전자가 제도 자체의 성격 규명에 집중했다면 후자는 경제, 노동 정책과의 연장선 위에서 장기적인 정책 방향에 주목했다고 할 수 있다.

16 김대중 정부는 노동 측의 일관된 개혁요구였던 노동시간 단축과 공무노동 기본권 보장의 취지를 완전히 왜곡했다. 노동시간 단축 의제는 변형 노동의 확대, 휴일 휴가의 축소, 모성보호제도의 폐지, 임금 삭감 등 노동시장을 유연화하고 노동 기준을 전면적으로 후퇴시키는 수단으로 탈바꿈했다. 또 공무원조합법은 단결을 보장하기보다는 단결을 막기 위한 통제 장치들 일색이었다. 노동조합 명칭 사용 금지, 타 노조와의 연대 금지, 기관별 노조 설립 등 조직 형식의 통제, 직급과 직무별 노조 가입 제한, 단체

2) 헤게모니적 노동 통제 방식의 강화 : 신자유주의 이데올로기와 경찰국가

김대중 정부의 노동 통제 방식에 관해서는 두 개의 상반되는 해석이 공존하고 있는 것처럼 보인다. 정부의 공식 규정처럼 '참여와 협력의 신노사 문화', 또는 '노사정위원회의 합의 정치'(최영기 1999; 선한승 2000; 김호진 2000; 임혁백 2000)를 강조하는 입장과 '허구적 합의 기구를 앞세운 가혹한 노동 탄압'(노중기 2001; 김세균 2001), '경찰국가의 노동 통제'라는 입장(이계수 2001)이 그것이다. 전자가 참여와 협력이라는 새로운 절차를 강조했다면 후자는 법적, 물리적 통제의 연속성을 강조한 것으로 볼 수 있다. 또 노사정위원회의 실체와 본질에 관한 성격 규정은 양자의 차이를 가늠하는 핵심적인 요인이 된다.

이렇게 외견상 상반되는 두 가지 입장을 고려하면서 1987년 체제의 노동 통제 방식, 즉 헤게모니 통제 방식의 성격 변화를 추적해 보고자 한다(노중기 1995). 이를 위해 물리적 강제, 법적·행정적 통제, 조직적 통제 그리고 이데올로기적 통제의 네 가지 통제 방식으로 구분해서 살펴보고 특징을 추출해 볼 것이다.

먼저 물리적 강제 수단은 이른바 '국민의 정부'에서도 광범위하게 사용되었다. 앞서 본 바와 같이 핵심적인 쟁의 사업장에는 거의 예외 없이 경찰력이 동원되었으며, 롯데호텔, 사회보험 노조, 은행 노조 등에서와같이 때로는 가혹한 진압이 이루어졌다.[17] 경찰력의 개입은 흔히 '공안 대책 협의회'나 '관계 기관 장관

협약 체결권 부정과 쟁의에 대한 형사 처벌 조항 등 군사 정권 시기의 악법을 무색하게 했다. 또 경제특구법은 특구 지역에서 근로기준 보호를 포기하는 노동 착취 보장 법안이었다.

17 1998년에는 만도기계, 부산지하철, 아남반도체, 인천제철, 조폐공사에 경찰력이 투입되었으며 노사정 합의가 이루어졌던 현대자동차의 경우에도 경찰력 투입의 압박은 합의의 전제 조건이었다. 1999년에는 서울지하철에 경찰력이 투입되었으며 한국중공업, 현대정공 울산공장, 대우조선, 대림자동차, 삼환기업에서도 경찰의 개입이 확인되었다. 2000년에는 대우자동차, 롯데호텔, 사회보험노조, 은행노조의 파업에 경찰력이 투입되었으며 2001년에는 대우자동차, 조종사노조, 이랜드노조 등에, 그리고 2002년에는 발전산업노조, 의료보험노조 파업 사업장, 공무원노조 대의원대회에 경찰력이 투입되었다.

회의' 등의 공식적·비공식적 파업 파괴 기구의 개입을 통해 이루어졌다. 또 1999년 6월 조폐공사 파업 유도 사건은 정부가 범정부적 차원에서 핵심적인 쟁의나 노조를 파괴하는 공작 정치를 계속하고 있음을 보여 주었다. 이런 공작 정치는 대우자동차나 발전 산업의 파업에 대해서도 그대로 되풀이되었다.[18] 2001년 4월 6일의 화염병 종합 대책이나 10일의 대우자동차 해고 노동자들에 대한 가혹한 폭력 행사 등 정권 후반기에 들어 물리적 억압은 더 강화되었다.

그렇지만 김대중 정부에서 물리적 강제 수단의 사용은 상대적으로 매우 제한된 것이었음을 지적해 둘 필요가 있다(노중기 2001). 경찰력 투입은 상대적으로 신중해졌으며 법적 절차와 여론 상황을 철저히 고려한 이후에야 이루어졌다. 또 합법 집회나 시위를 보호하겠다는 정권 초기의 입장은 대체로 유지되었다. 각종 물리적 통제가 여전히 지속되었으나 집회나 시위 자체가 봉쇄된 경우는 매우 드물었다.[19]

둘째, 법적·행정적 수단의 상대적 비중은 매우 커졌다. 먼저 인력 감축 위주의 구조조정을 정당화한 정리해고 조항은 모든 쟁의 사업장에서 일반적인 통제 효력을 발휘했다. 해고 과정에서 나타나는 사용자들의 절차적 하자나 제반 부당노동행위를 정부가 묵인하면서 정리해고 조항은 강력한 통제 수단이 되었던 것이다.

이와 더불어 가장 중요한 통제 수단으로 부각되었던 것은 쟁의행위 과정에

---

18 이 기구의 존재는 1998년 기아자동차에서 발견된 '노동부동향보고', 1999년의 '조폐공사 파업 유도 사건', 그리고 2002년의 '발전산업노조 파업' 과정에서 재차 확인되었다(전국민주노동조합총연맹 1999; 산업자원부 2002).

19 1999년 '집회 및 시위에 관한 법률'을 전격적으로 개악했던 것도 이 때문이었다. 그것은 불법성의 범주를 확대해 집회, 시위를 제한하고자 하는 구체적인 목적을 갖고 있었다. 집회 장소의 제한과 축소, 경찰에 해산명령권 부여, 질서 유지선 이탈 시의 구속과 처벌, 신고 의무 등이 신설되었다.

서의 업무방해, 폭력 행사에 대한 민·형사상 소추였다. 정리해고를 합법화한 이후 정부는 일체의 구조조정 관련 쟁의를 불법으로 규정했다. 이 과정에서 노동부나 중앙노동위원회의 행정적 해석은 법률의 권위로 실행되었다. 그 결과 대개의 쟁의 과정에서 노동자들은 인신적 구속이나 형사소추뿐만 아니라 민사상의 가압류나 손해배상의 피해를 감수해야만 했다.[20]

손해 배상은 노태우 정권에서 시작되었던 노동 탄압 수단이었으나 김대중 정권에서 강력한 통제 효력을 발휘했다. 김대중 정부에서 민사소송이 핵심적인 통제 수단으로 떠오른 것은 노동 체제의 자유화에 따라 법률적 통제의 위상과 통제 효과가 크게 배가된 것으로 해석할 수 있다. 이는 1980년대 초반 대처 정권에서 노조의 면책특권이 법률에 의해 통제되기 시작했던 것과 일맥상통하는 것이라고 볼 수 있다. 대처 정권의 노조 통제에서도 민사상 책임 문제는 핵심적인 통제 수단이었고 이는 강한 정부, '법과 질서'를 강조하는 신자유주의 정권의 특성 중 하나였다.[21]

그 밖에도 병원 사업장과 발전노조 파업에서 나타났던 필수 공익 사업장에 대한 직권 중재, 항공 조종사 파업 사례에서 나타났던 조정 전치주의와 그에 따른 행정 통제, 사업장 단위 복수 노조 금지 조항 등은 상당한 효력을 발휘했던 통제 수단들이었다. 그리고 법적 통제 수단의 비중이 커짐에 따라 새로운 통제

---

20 민주노총에 보고된 민·형사상 손해 배상 규모는 2002년 6월 말 현재 38개 사업장 1,253억 840만 원으로 보고되었다. 특히 발전노조에서는 간부는 물론 파업에 참가한 전 조합원을 대상으로 211억의 손해배상소송, 가압류가 진행 중이다(전국민주노동조합총연맹 2002).

21 특히 2002년 5월 10일 대통령은 청와대비서관들에게 "구속만이 최선이 아니며 불구속 기소나 민사소송 등 여러 가지 방안을 검토하라"고 지시하기도 했다. 이는 김대중 정부 노동 통제에서 이 수단의 비중을 간접적으로 말해 준다. 영국의 사례에 관해서는 Wedderburn(1983), Marsh(1992) 참고. 또 한편 손배소송은 사업장 점거 등 업무 방해를 이유로 진행되었는데 이는 1997년 3월 법 개정 시 도입된 새로운 통제 조항들에 근거하는 것이었다.

수단들을 법제화하려는 정부의 시도도 강하게 나타났다. 경제특구 법안, 공무원 노조 합법화 법안, 주5일 노동제 개정 법안 등은 그 대표적인 사례였다.

행정적 통제 수단 가운데 대표적인 것은 기획예산처의 구조조정 지침, 중앙 노동 위원회의 조정 전치주의에 대한 부당한 해석, 경영 인사권 관련 쟁의 불법 규정 등을 들 수 있다. 이 중 예산 배정권을 근거로 한 구조조정 지침은 노태우 정권 이래 정부 투자 기관과 정부 산하 기관 노조를 통제하는 핵심적인 수단이었다.

셋째로, 조직적 수단에서는 노사정위원회의 설치가 가장 두드러진 특징이었다. 시기에 따라서 그 비중이 변화하기는 했지만 노사정위원회는 국가가 노동 정책 전반을 관철하는 핵심적인 기제였다. 그리고 그것은 국가와 노동 사이에서 완충장치로서 충실히 기능했다. 또 노사정위원회는 여타 통제 수단과 긴밀하게 연결되어 있었다. 그 자체가 통제 수단이었을 뿐만 아니라, 다른 통제 수단들을 연결하고 정당화하며 지원하는 통제장치였다. 1987년 체제에서 일종의 통제 수단으로 동원된 한국노총은 이제 노사정위원회를 매개로 한 체계적인 통제 과정의 한 고리로 변화했다.

노동 현장의 여러 가지 갈등과 노동운동의 저항은 일차적으로 노사정위원회의 정치과정에서 걸러졌다. 모든 사안들이 노사정위의 최상급 정책 결정에 회부되었고 그 과정에서 직접 안건이 되지 않았던 사안들은 정부나 자본의 의사에 맡겨졌다.[22] 노동조합의 의견은 정부, 사용자, 공익위원 등 삼자가 연합한 의사 결정의 구도 속에서 항상 소수였다. 노동 측의 개혁적 의제들은 3중, 4중의

----

22 부당노동행위조사특별위원회의 경우는 대표적인 사례이다. 조사되는 부당노동행위는 전체에서 극히 일부였고 여타 부당노동행위는 면죄부를 받았다. 그리고 그 조사결과 또한 실제로 부당노동행위를 근절시키기 좀 더 정당성을 부여하는 결과로 끝나기 쉬웠다. 이른바 선택성의 기제는 체계적으로 비사건(non-events)을 만듦으로써 사건을 은폐하고 정당화하는 결과를 가져온다.

의사 결정 과정에서 희석되고 그 결정이 지연되었다. 핵심적 의제에서는 한국노총과 민주노총 간의 왜곡된 경쟁 구도가 작동했다. 그리고 많은 경우 주5일제와 같이 '교환 구도'에 의해 그 성격이 모호해지거나 개악으로 역전되기 일쑤였다.

마지막으로 이데올로기적 수단은 김대중 정권의 노동 통제에서 핵심적인 지위를 차지했던 수단이었다. 여기서도 새로운 요소와 과거의 요소가 동시에 나타났다. '참여와 협력'의 노사정위원회, 국민과의 대화 등에서 '참여 민주주의'가 새로운 이데올로기로 이용되었다. 경제 위기 이데올로기는 'IMF 위기, 국난 극복'이라는 구호로 재조정되었으며 낡은 노사협조주의는 갑자기 '신노사문화'로 둔갑했다. '생산적 복지'라는 '복지 이데올로기'가 새로 나타난 것도 주목할 만한 현상이었다.

김대중 정부의 이데올로기 선전에서 특징적인 것은 과거의 반공 이데올로기가 거의 소멸된 점이었다. 반공 이데올로기의 피해자였던 정권이었으며 전향적 대북 정책을 시도하고 있었으므로 이는 충분히 이해할 수 있는 일이었다. 반공 이데올로기의 통제 효력이 크게 줄어든 것은 좀 더 근본적인 이유였다.

이를 대신한 것이 '법과 원칙'의 신자유주의 경찰국가 이데올로기였다. 2001년 초 대통령의 '강한 정부론'에서 공식적으로 나타난 이 이데올로기는 노사정위의 참여 이데올로기가 약화된 후반기에 핵심적인 이데올로기 장치로 작동했다. 사실상 '법과 원칙' 이데올로기는 가장 일관되게 나타난 중심 이데올로기였다. 그것은 모든 경찰력 투입의 근거였을 뿐만 아니라 합법 집회·시위의 보장, 경찰의 '폴리스 라인'에서도 나타났다.

한편 범정부 차원의 여론 조작, 언론 공작은 여전한 것으로 나타났다. 예컨대 발전 산업 노조 파업 과정에서 발견된 산업자원부의 파업 대응 과정에서 여론은 가장 중요한 고려 사항이었다.[23] 여론 통제는 대부분의 핵심적 사안과 쟁의에 대해 일반적으로 행해지고 있었다고 추론해 볼 수 있다. 그것은 '법과 원칙'의 신자유주의 이데올로기가 현실에서 갖는 한계를 보완하는 수단이었다.

노사정위원회는 조직적 통제 수단이자 이데올로기적 수단에서도 핵심적 지위를 차지했다. 그것은 조직적 통제 수단이기 이전에 이데올로기적 통제 기구였다.

노사정위는 그 존재 자체가 노동운동의 활동을 약화시키는 결과를 가져왔다. '참여와 협력', 그리고 '국민적 대 타협'이라는 이데올로기는 노동시장에서 진행된 가혹한 인력 감축과 구조조정을 정당화했다. 또 그것은 '법과 원칙'의 이름으로 진행된 제반 법률적·행정적 통제 수단들을 정당화하는 이데올로기 기제였다. 예컨대 구조조정에 반대하는 쟁의의 경우 법적으로 불법인 동시에 노사정위원회에서 '노동이 참여해 스스로 결정한' 사안에 대해 반대하는 '무책임한 쟁의'로 규정되는 효과가 발생했다.

마찬가지로 이른바 '불법' 쟁의에 대한 가혹한 물리적 탄압을 궁극적으로 정당화한 것도 노사정위원회였다. '참여와 협력'의 기구가 가혹한 '경찰 폭력과 진압'을 가능하도록 만든 것이다. '정부는 노동자의 참여를 보장하고 있으나 노동 측이 무리한 불법 쟁의를 계속했으므로 안타깝다'는 것이다. 그리고 '문제가 된 그 사안은 다시 노사정위원회에서 논의하자'는 정당화 기제가 끊임없이 작동했다. 폭력에 항의하는 민주노총의 저항은 정부와 노사정위로 분산되었으며 노사정위원장의 중요한 역할 중 하나는 노동자들의 불만을 무마하는 것이었다.[24]

---

23 정부는 '민영화의 당위성에 관한 집중 홍보로 언론의 지지'를 얻고자 했으며 그 방식은 '언론사 편집국장, 논설위원, 경제·사회부장에 대한 지속적 자료 제공'과 '사회지도층에 대한 서한 발송, 홍보 책자 1만 부, 홍보 리플렛 15만 부, 광고 18회, 인터넷 홍보'로 요약되었다(산업자원부 2002). 또 2001년 항공 조종사노조의 파업 당시 '90년 만의 가뭄', '고액연봉'의 이데올로기 조작은 '법과 원칙'으로 통제되지 않는 파업에 대한 전통적인 이데올로기공세라고 볼 수 있다.

한편, 노동운동 측 내부의 분열과 갈등을 불러온 것도 중요한 통제 효과였다. 민주 노조 운동 내부의 조직적 균열과 한국노총과의 대립, 경쟁이 심화된 것이었다. 1998년 2월 합의에 이은 민주노총 지도부의 탄핵, 6월과 7월 노정 합의 기간의 혼란, 하반기의 노동운동 노선 논쟁 등 내부 진통, 2002년 발전파업 종결 과정의 파행은 노사정위원회나 그 기제를 제외하고는 설명할 수 없는 일이었다. 이런 현상적 사건들 이면에서는 전 기간 동안 노사정위 참가 문제로 노조 운동 내부의 이념적·조직적 균열이 심화하는 효과가 발생했다. 또 김대중 정부는 전반기의 노정 대치기 이후 한국노총을 협조자로 삼아 민주노총을 배제하고 손쉽게 여러 가지 중요한 정책적 목표를 달성할 수 있었다. 2001년의 작업장의 복수 노조 금지, 모성 보호 조항의 완화가 그러했고, 2002년에는 노동 측의 공무원 노동 기본권, 주5일제 노동시간 단축, 비정규직 보호 요구를 최대한 완화하고 그 내용을 순치시킬 수 있었다.

결론적으로 노동 통제 방식의 측면에서 김대중 정권의 노동 통제는 이데올로기적 수단을 중심으로 다양한 통제장치들을 결합, 배치하는 헤게모니적 통제라고 할 수 있었다. 그 내적 기제는 각종 이데올로기 수단을 통해 정책의 정당성 기반을 마련한 다음, 법적 행정적 물리적 수단으로 노동계급의 이해를 배제하는 것이었다. 경제위기의 담론, 시장 원리와 경제적 합리성의 신자유주의 이데올로기와 참여와 협력 이데올로기는 통제의 핵심축으로 작용했다. 이때 노사정위원회는 전체 과정을 뒷받침하고 결합한 핵심 이데올로기 수단, 조직적

---

24 2000년 하반기 롯데호텔과 사회보험노조에 대한 경찰력 진압이 대표적인 사례였다. 당시 노사정위원회 위원장은 민주노총 농성장을 방문해 노사정위에서 논의하자고 회유했다. 또 그 해 연말 한국노총 산하 은행노조에 대한 경찰력 진압은 한국노총이 노사정위 논의에 다시 참가하면서 전혀 없던 일로 되어 버렸다. 이런 기제는 모든 중요한 쟁의와 물리적 탄압사례에서 작동했다. 또 2001년 하반기에 공안 당국은 민주노총의 노사정위 참가를 민노총 위원장 석방의 조건으로 요구한 바 있었다.

수단이었다.

이런 헤게모니 방식의 통제는 형식적 측면에서는 1987년 체제의 국가 통제와 구별되지 않는다. 그러나 그 내용에 있어서는 상당한 차이가 발견된다. 먼저 헤게모니를 구성하는 이데올로기 수단의 비중과 내용이 크게 변화했다는 점이다. 과거에 병렬적으로 존재했던 경제위기와 효율성 담론, 사회 안정과 자유민주주의 이데올로기들은 이제 시장질서와 법치주의라는 신자유주의 이데올로기로 통일적으로 체계화되었다. 특히 '참여와 협력'의 담론은 관변 연구자들의 정책안에 머물지 않고 노사정위원회라는 실체적 조직으로 발전해 핵심적인 이데올로기 장치가 되었다.

또 국가의 물리력 행사가 훨씬 세련된 방식으로 행해졌다는 것도 중요한 변화였다. 합법적 집회나 시위를 대체적으로 보장하는 선 위에서 핵심적인 쟁의에 대해서는 가혹한 진압이 이루어졌다. 전체적으로 보아 정책 집행의 합법성과 일관성이 신장한 것으로 나타났다. 노사정위원회를 매개로 정책적 정당성을 확보하고 잘 짜인 기획 위에서 노동자들의 연대 고리를 체계적으로 차단하는 등 변화의 폭은 큰 것이었다.

가장 중요한 변화는 헤게모니 통제의 효력이 배가되었다는 점이었다. 많은 경우에 경찰력 투입이나 손배소송과 구속 수배는 일방적 탄압으로 현상하기보다는 절차적 정당성을 가진 법과 원칙의 집행으로 나타났다. 그리고 결과적으로 노동운동의 반발이나 저항은 민주적 권리나 노동 기본권의 확보보다는 무리한 집단적 이해관계의 요구로 나타나게 되었다.

통제 효과의 변화는 일차적으로 정책적 기획력의 제고, 노사정위원회 등 이데올로기 기구의 체계적인 운용, 신자유주의 경제정책의 일관된 실행 등 전술적 요인에 기인한 것이었다. 그러나 더 중요한 요인은 IMF 경제 체제라는 상황적 조건과 노동 체제의 변동이었다. 무엇보다 민주노총의 합법화로 대표되는 자유주의적 노동 정치의 구조적 환경이 정책의 효율성을 크게 높였던 것이다. 여기에 김대중 정권은 실질적인 첫 번째 민간 정권이었다는 점도 지적될 필요가 있다. IMF 경제 위기는 이런 노동 체제의 변동의 효과를 한층 상승시켰다.

4. 종속적 신자유주의 노동 체제의 형성

노동 통제 전략의 변동에 관한 이상의 설명이 타당하다면 향후 한국의 노동 체제는 '종속적 신자유주의 노동 체제'로 귀결할 가능성이 크다. 새로운 체제의 역동성과 그 내적 모순을 현재의 시점에서 충분히 전망할 수는 없다. 제도 정치의 변동, 특히 2002년 대통령 선거 결과와 새 정권의 성격, 노동운동의 전략적 대응과 결과 및 경제 구조 변동과 경기 상황 등 좀 더 많은 변인이 검토되어야 하기 때문이다.

그러나 신자유주의 노동 정책의 강화에 따라 노동시장 구조의 분절화가 심화되고 경찰국가의 성격이 강화되는 것은 충분히 예견할 수 있는 일이다. 현재 구조화되어 가고 있는 종속적 신자유주의 노동 체제는 1987년 체제와 여러 가지 면에서 대조적인 모습을 보일 것으로 예상된다.

먼저 앞 절에서 살펴본 바와 같이 국가의 노동 통제 전략의 내용이 상당히 변화했다. 과거의 노동 체제가 노조 간의 연대를 배제하고 민주 노조 운동 그 자체를 인정하지 않았다면 새로운 노동 체제는 이를 수용하는 기반 위에서 제도화된 것이라 할 수 있다. 민주노총이 합법화되고 복수 노조 금지, 제3자 개입 금지 문제가 일정하게 해결되면서 산별노조 결성이나 제반 연대 활동은 더 이상 부정하기 어려운 현실이 되었기 때문이다. 결과적으로 국가는 고용 위기를 일상화하는 노동시장의 유연화를 통해서, 그리고 손해 배상 청구 소송 등 시장주의적 이데올로기와 법률적 수단을 엄격하게 적용함으로써 노동계급을 통제하는 전략으로 전환하지 않을 수 없었다. 또 체제 전환과 IMF 경제위기로 말미암아 이전 정권 시기부터 계속되어 오던 신자유주의 정책이 좀 더 강하게 일관되게 실행된 것도 변화를 야기한 중요한 요인이었다.

통제 방식의 측면에서도 변화의 양상은 분명하게 나타났다. 불법적인 물리적 수단의 동원, 감시와 사찰 등 공작적 방식의 억압, 권위주의 시대의 악법 조항을 이용한 통제를 대체한 것은 '참여와 합의'의 노사정위원회, 시장 원리와 효율성, 법과 원칙의 준수라는 부드러운 이데올로기적 수단이었다. 때때로 폭력적 진압이 이루어지고 경찰력의 투입과 물리적 억압이 필요할 때에도 법적, 절차적 정당성은 중요한 고려 사항이 되었다. '경제적 효율성'과 '법과 원칙'은 '작고 강한 정부'라는 '신자유주의 경찰국가' 현상에서 하나의 일관된 이념으로 현상할 수 있었던 것이다. 요컨대 그것은 영미식 신자유주의의 노동 통제 방식과 본질적으로 동일한 것이었다.[25]

다음으로 자본의 전략적 태도는 본질적으로 변화하지 않았다. 노조 활동을 기업 내부로 제한하고 수량적 유연성을 확대함으로써 노동의 이해를 배제하거나 일정한 한계 내로 제한하려는 배제 전략이었다. 이런 기조는 노사정위원회와 구조조정 과정에서 이미 일관되게 드러났고 주5일제 노동시간 단축, 경제특구법 제정 시도에서 충분하게 나타났다. 국가의 노동 배제 전략은 자본의 요구

---

25 노동 통제의 실행 과정이 매우 세련되고 정치한 것으로 바뀌고 있다는 점도 지적되어야 한다. 우선 신자유주의 시장 원리인 법과 질서를 기축으로 모든 통제 수단들이 체계적으로 결합하기 시작했다. 그것은 과거 반공 이데올로기를 중심으로 통제 수단들이 편성되었던 것과 비견되는 일이며 새로운 노동 체제의 형성을 보여 주고 있다. 구체적으로 보면 구조조정 과정의 세련된 기획과 쟁의 사업장에 대한 분할통치, 절차적 정당성 마련을 위한 체계적 과정, 제한적이고 효과적인 물리적 강제력 동원, 노동 개혁 의제와 신자유주의 노동 유연화 의제의 절묘한 물타기 등 변화의 조짐은 뚜렷했다(노중기 2001).

에 충실히 따르는 것이었다.

그러나 반면에 작업장 수준에서 본다면 1987년 체제에서 상대적으로 수세적이었던 자본의 입지는 크게 달라졌다. 그것은 무엇보다도 반민주적 노동 체제의 모순이 일정하게 해소됨으로써 작업장 내부의 갈등과 각축이 상당한 정도로 완화되었기 때문이었다. 결과적으로 자본의 작업장에 대한 통제력은 구조적으로 강화되는 효과가 발생했다. 또 IMF 경제위기와 인력 감축 위주의 구조조정 과정은 작업장에서 자본이 헤게모니를 장악할 수 있는 계기가 되었다. 변형 노동시간제와 파견 노동자 제도, 그리고 정리해고의 실행 가능성은 작업장에서 자본의 입지를 크게 강화시켰다. 자본은 오랫동안 실패해 왔던 신경영 전략, 즉 자본 주도의 작업장 재조직, 유연성 확대를 실행할 수 있었던 것이다.

셋째로 새 체제에서 노동운동은 전혀 새로운 노동 정치의 지형 앞에 설 수밖에 없었다. 1987년 체제에서 노동운동의 과제는 민주 노조의 확보 및 이를 위한 반민주적 노동 체제에 대한 저항으로 단순화되어 있었다. 이는 노조 운동의 활동 폭을 기업 노조를 기반으로 한 전투적 행동으로 단순하게 구조화했다. 여타 노동운동의 과제는 현실적인 과제가 될 수 없는 조건이었다.

그러나 1997년 3월 법 개정과 민주노총의 합법화로 이런 과제들은 대체로 소멸했다. 그리고 민주 노조 운동은 갑자기 새로운 정치적·정책적 과제와 직면할 수밖에 없었다. 대규모의 실업 사태와 고용 불안, 비정규직 노동의 급속한 증가, 기업의 구조조정, 민영화와 해외 매각, 노동시간 단축 등의 과제는 실상 민주 노조 운동에는 생소한 과제였다. 또 노사정위원회와 국가의 새로운 노동 통제 방식에 대해 민주 노조는 충분히 효과적으로 대응할 수 없었다. 그리고 다른 한편에서 이런 새로운 과제들은 과거에 추상적인 장기 과제였던 산별노조 건설과 정치 세력화를 직접적이고 현실적인 과제로 만들었다. 공세기로부터 수세기로의 전환, 새로운 장기적 과제의 현실화를 맞이해서 노동운동이 보여 준 내적 혼란은 어느 정도 필연적인 것이었다.

마지막으로 노동 정치 내부의 역학과 구조적 모순의 측면에서도 두 체제는 구별될 수 있다. 1987년 체제에서 모순의 초점은 노동 사회의 반민주성에 있었다. 시민사회와 정치사회의 민주주의가 확대되었음에도 노동 사회의 반민주성은 상당 기간 유지되었다. 국가의 반민주적 노동 통제와 노동의 전투적 저항 및 체제 전환 요구가 1987년 체제를 유지·변동시킨 모순의 결절점이었다.

반면에 김대중 정권 시기에 당면하고 있는 신자유주의 체제는 노동 정치의 일정한 민주화, 노조 운동에 대한 최소한의 형식적 권리 인정을 전제로 한 노동 체제이다. 나아가 그것은 시장질서와 경찰국가라는 수단으로 노동운동을 분절화하고 파편화하려는 국가, 자본 주도의 노동 정치 체제라는 점에 가장 큰 특징이 있다. 이때 전 세계적 규모의 신자유주의 자본 운동의 헤게모니는 신자유주의 노동 체제를 뒷받침하고 있는 구조적 조건일 것이다.[26] 요컨대 새 노동 체제는 노동조합의 시장 개입을 최소한으로 통제하려는 국가·자본, 개입의 범위를 유지하거나 확장하고자 하는 노동운동의 요구가 모순적으로 대립하는 노동 체제인 것이다.

여기서 한국의 신자유주의 체제는 영미형의 그것과 달리 '종속적' 신자유주의 체제라는 점을 확인하는 것이 매우 중요하다(손호철 1999). 종속적 신자유주의는 동일한 시장 원리에 의한 사회 재편 전략이라 할지라도 그 사회가 가진 구조적·물질적 기반에 따라 달라질 수밖에 없음을 주목한 개념이다. 사회민주주의나 복지국가의 경험이 없는 한국 사회, 그리고 형식적 민주주의와 시민권이 여전히 제약된 한국 사회에서 신자유주의는 서구의 그것과 다른 특성을 나타내

---

26 오랫동안 세계사적 노동 정치의 시간과 멀어져 있었던 한국의 노동 정치가 비로소 동시대적 과제를 안게 된 것으로 볼 수 있다. 물론 1980년대 본격화된 영미 신자유주의와는 20년의 시차가 있다.

게 된다는 것이다. 서구에서 신자유주의는 사민주의 노동 체제 시기의 노동조합의 시장 개입을 제한·축소하는 것에 집중되었다. 반면에 종속 사회에서 그것은 노동계급의 최소한의 권리나 생존을 위협하는, 즉 기본권을 위협하는 자본 공세로 나타나게 된다. 김대중 정부의 노동 통제 전략의 모호성이 배태된 근본적 요소는 바로 이 종속성에 있다고 할 것이다.

예컨대 서구와 같은 복지국가나 국가의 정당성 기능을 전혀 갖고 있지 못한 한국 사회에서 신자유주의 시장질서의 강화는 다른 함의를 갖는다. 즉 그것은 국가가 아니라 기업 복지나 노동시장의 분절 구조에 의해 보호되던 조직 노동자들이 더 이상 보호받지 못함을 의미한다. 이렇게 보면 김 정부의 복지 개혁은 국가 복지가 전무한 상태에서 정리해고와 실업, 그리고 비정규 노동이 일상화되는 최악의 상태를 사전에 막는 선제적 조치로써 이해될 수 있을 것이다. 그것은 정권이 지향하는 '생산적 복지'와 모순되거나 반대되는 것이 아니라 그 전제에 불과한 것이었다. 따라서 전 국민 사회보험 체제의 도입 그 자체를 신자유주의 제도라 인식하거나 반대로 그 자체가 복지국가의 강화라고 보는 관점은 모두 일면적인 것일 뿐이다.

복지 개혁 외에도 노동시간 단축 등의 조치도 같은 맥락에서 이해될 수 있다. 나아가 민주노총의 합법화, 교원과 공무원에 대한 노동 기본권 보장 등과 같은 개혁 의제들의 함의도 바로 이 '종속성'의 측면과 연관되어 있다. 이런 정책 의제들은 기본적으로 근대적 시민권, 절차적 민주주의의 확보라는 사회 민주화 과제들에 속한다. 또 1987년 이후 한국 사회 민주화의 특성으로 말미암아, 그리고 1987년 체제의 특수성 속에서 남겨진 과제들이었다. 그 과제들은 민주 노조 운동의 합법화, 그리고 1987년 체제의 해체와 더불어 곧 해결되어야 할 것들이었다. 그리고 이 사안들은 국제노동기구[ILO]나 유엔사회문화위원회 등 국제기구가 한국 정부에 꾸준히 요구해 오던 개혁 의제들이었다(금속산업연맹 법률원

2002). 김대중 정부는 기본적으로 과거의 과제인 이런 노동 개혁의 의제를 신자유주의 노동 배제 전략을 정당화하는 수단으로 손쉽게 동원한 것이었다.

또 과거의 공안정국에 비견될 만큼 억압성이 강하다는 점도 김대중 정부 노동 배제 전략의 특성 중 하나였다. 주지하듯이 신자유주의 체제에서 국가는 시장에서 철수하는 것이 아니라 개입의 형태와 기능을 전환한다. 또 그것은 '작지만 강한 정부'를 지향하며 특히 노동계급이나 여타 민중적 이해를 배제하는 데 있어 강한 면모를 드러내었다. 그러나 김대중 정부의 국가는 그 억압성이란 측면에서 1980년대 영국과 미국에서 보던 국가의 억압성을 훨씬 능가하는 것처럼 보인다.

이것은 예외 국가로서의 한국 국가의 특성이 여전히 강고하게 남아 있음을 보여 준다. 한국의 국가는 지난 15년간의 민주화에도 불구하고 여전히 완전한 자유민주주의 국가와는 거리가 멀다. 종속성 파시즘 체제로부터 정치적 민주주의가 확대되었으나 여전히 '제한적 정치적 민주주의'를 벗어나지 못하고 있는 것이다. 또 국가의 억압성이나 중심성이 약화되었다고 하나 그 면모를 일신한 것은 아니었다. 요컨대 후반기로 갈수록 강화되었던 억압성은 1987년 체제 혹은 이전의 종속적 파시즘 국가의 특성이 여전히 제도적으로 관철되고 있는 것으로 이해할 수 있다.[27] 그러므로 김대중 정부의 신자유주의 노동 배제 전략에는 종속성이라는 다른 차원의 규정이 덧붙여져야 할 것이다.

마지막으로 '종속성'의 요소는 한편에서 국가의 과도한 억압성과 중심성으로 표현되기도 했지만 다른 한편에서는 노사정위원회의 설치로 이중적으로 나

---

[27] 손호철(1999, 250-261)은 정치적·형식적 민주주의의 제한성, 위임민주주의(delegative democracy), 분단국가 또는 결손국가 등 세 가지 요인을 들어 김대중 정부의 국가를 종속적 신자유주의국가로 규정했다.

타나기도 했다. 가혹하고 편파적인 노동 통제, 노동 행정의 공안·경제 부처에 대한 종속, 여론 조작·사찰·공작적인 지배 개입 등 각종 불법적인 노동 억압, 대통령을 중심으로 한 범정부적이고 일관된 노동 대책 수립, 대규모의 여론 조작 등 전통적인 종속 파시즘 사회의 특성과 '참여와 협력'은 동전의 양면과도 같이 결합된 것이었다.

무엇보다 노사정위원회는 억압을 정당화했던 기구였다. 합의 기구는 네덜란드 등 대륙식 신자유주의 노동 정치의 요소가 이데올로기 수준에서 도입된 것을 의미한다. 사회민주주의 기반이 전혀 없는 우리 사회에서 그것은 1987년 체제의 해체로 야기된 노동 체제의 불안정성, 그 공백으로 말미암아 발생한 현상이었다. 그리고 좀 더 개방된 정치 환경에서 억압과 배제를 강제하기 위한 이데올로기적 장치였던 것이다. 요컨대 노사정위원회 현상은 복지국가의 경험이 없는 사회에서 '생산적 복지'가 쟁점이 된 정치과정과 본질적으로 동일했다. 즉 사회적 기반이 없는 채로 '합의 정치'의 담론과 조직만이 통제의 필요로 말미암아 도입된 것이었다. 노사정위원회는 종속된 사회에서 미래의 과제가 추상적으로 선취된 '비 동시적인 현상의 동시적 발현'(최장집 1993)을 의미했다.

5. 결론 : 체제 변동과 민주 노조 운동

한국의 민주 노조 운동은 1998년 이래 구조적인 수준에서 위기 국면을 맞이하고 있다. '위기'는 발전파업의 실패 이후 민주노총 비상대책위원회가 이를 공식적으로 선언하기 오래전부터 예기된 것이었다.

위기는 민주 노조 운동을 둘러싼 객관적 지표로도 나타났으며 운동의 내적 조건에서도 현상했다. 조직률과 쟁의 건수의 정체 또는 하락, 노동소득 분배율의 하락, 투쟁 동력의 약화 등의 의미를 과장하지 않더라도 위기는 구조적이고 객관적인 현실이었다. 특히 노사정위원회를 둘러싸고 되풀이된 실패와 그에 따른 지도부 불신임 사태는 위기의 가장 뚜렷한 지표였다.

위기의 심각성은 민주 노조 운동 내부를 살펴보면 더욱 뚜렷했다. 국가의 신자유주의 정책이 강화됨에 따라 대기업 중심의 경제주의, 기업별노조 체제의 한계가 분명히 드러났다. 또 투쟁과 정책 참가를 놓고 노선의 대립은 심화되었으며 이념적·조직적 균열은 확산되고 있다. 총 연합 단체로서 민주노총은 새로운 정책적 의제에 제대로 대처하지 못했으며 여러 측면에서 무능력을 보여 주었다. 민주노총의 조직적·이념적 특성인 민주성과 자주성이 의심받은 것은 무엇보다 충격적인 일이었다(노중기 2002b).

이런 위기 현상은 민주 노조 운동이 이제 본격적인 수세기로 접어들었음을 말한다. 지난 5년의 경험은 무엇인가 변화하지 않으면 운동의 위기가 끊임없이 찾아올 것이라는 것을 암시하고 있다. 체제 변동에 따라 민주 노조 운동을 둘러싼 정치적 지형이 크게 변화했기 때문에 정체는 곧 후퇴를 의미하게 된 것이다.

1987년 노동 체제에서 민주 노조 운동은 국가의 배제 전략에 대해 대중적으로 전투적으로 저항하기만 하면 충분했다. 탄압으로 개별 사업장 전투에서 패하더라도 곧 그것은 전쟁의 승리를 의미했다. 10년이 넘는 기간 동안 지속적으로 민주 노조는 조직적 확장과 이념의 확산을 이룰 수 있었다. 그러나 이제 국가의 헤게모니적 배제 전략은 좀 더 효율적으로 관철되었고 민주 노조는 전투에서뿐만 아니라 전쟁에서도 패배를 거듭했다. 조합원 대중은 위축되었고 조직은 균열과 갈등에 휩싸였다. 종속적 신자유주의 체제의 형성과 더불어 민주 노조 운동은 갑자기 수세기 국면에 부딪힌 것이다.[28]

종속적 신자유주의 노동 체제라는 새로운 정치적 지형은 위기의 진정한 원인이었다. 앞서 살펴본 바와 같이 그것은 전혀 새로운 국가의 통제 전략과 정책적·조직적 과제들을 던져 주었던 것이다.

우선 노동시장 구조의 재편에 따라 비정규직 불안정 노동자, 중소 영세 사업장 노동자들과의 계급적 연대는 난해하지만 불가피한 일이 되었다. 사실 그것은 1987년 체제 기간부터 누적되어 온 모순이었다. 그리고 그것은 대기업 노동조합의 전투적 경제투쟁에 의존해 온, 그리하여 기업별노조 체제에 안주해 온 민주 노조 운동의 한계가 표출된 것일 뿐이었다. 그러므로 정규직, 중규모 이상 노동자들의 연대 활동인 민주 노조 운동은 규모와 직종, 노동시장 구조의 제약을 넘어 진정한 계급적 단결로 나아가야 하는 난제를 현실로서 만난 것이다.[29]

또 노사정위원회나 정책 참가의 문제는 정책 능력의 제고라는 단기적 과제뿐만 아니라 민주 노조 운동의 이념적 지표를 다시금 재정립하도록 강제하고 있다. 이제 '어용 노조와 직권 조인 반대', 혹은 '민주'라는 이념만으로는 더 이상 충분하지 않은 상황이 되었다. 누가 어용인지, 무엇이 직권 조인인지가 모호해진 탓이다.[30] 요컨대 새 노동 체제는 자주성과 민주성, '노동 해방'의 이념적 지표를 구체적인 형상으로, 그리고 전략적 목표로 만들어 내는 일을 민주 노조에 요구하고 있는 것이다. 여기에는 노동계급의 정치 세력화라는 오래되었지만 낯선 요구가 포함되어 있다고 할 수 있다.

---

28 민주 노조 운동의 위기를 불러온 구조적·상황적 요인에 대한 자세한 설명은 노중기(1999b)를 참고.
29 그러므로 현재의 위기는 정확하게 민주 노조 운동의 성장, 발전의 결과이기도 하다. '위기는 곧 기회'라는 표현의 핵심적 의미는 바로 이 점에 있다. 계급적 연대의 일차적 고리는 역시 '산별노조의 건설'일 것이다.
30 1998년 하반기 이후의 사회적 조합주의 등 민주 노조 운동의 노선 논쟁의 핵심은 바로 이 점에 있었다. 이를 노사정위원회 등의 합의 기구 참여 문제나, 정책 참가의 문제로 단순화해서는 안 될 것이다. 예컨대 노사정위원회에서의 몇 차례 합의 외에도, 1998년 현대자동차노조의 정리해고, 2000년 서울지하철노조의 노사화합주의, 2002년 현대중공업노동조합의 해고자 처리합의 등의 문제는 본질적으로 동일한 물음을 던지고 있는 것이다.

이렇게 위기가 '체제 전환에 따른 민주 노조 운동의 위기'라면 그 출구는 '종속적 신자유주의 노동 체제'와 그것이 배태한 모순으로부터 찾아질 수밖에 없다. 그리고 이 문제에 관한 한 우리는 다른 사회의 경험들로부터 많은 것을 이미 알고 있다고 할 수 있다. 이런 맥락을 염두에 두고 몇 가지 문제를 검토해 본다.

먼저 운동 노선의 문제, 이른바 1987년 체제의 '전투적 노동조합주의'에 관한 문제이다. 우선 이 노선을 그대로 고수하는 것은 위기에 처한 민주 노조 운동의 바람직한 선택지는 아닐 것이다. 또 그렇다고 사회적 조합주의 노선으로 선회하는 것도 더 이상 가능하지 않다. 그렇다면 문제는 '전투적 노동조합주의'의 합리적 핵심인 '전투성'과 '자주성'을 새롭게 정립하고 운동 차원에서 발전시키는 일이 될 것이다.

신자유주의 시장 원리는 '20 대.80의 사회', 두 국민 전략two-nation strategy으로 나아가고, 궁극적으로 노동계급 내부를 구조적으로 분절시킬 것이다. 지난 5년과 마찬가지로 새 체제는 노동계급 상층의 일부를 포섭하고 이를 기반으로 분할 지배에 나서거나, 사이비 합의 기구를 앞세워 이데올로기적 통제를 다시 되풀이하는 노동 체제가 될 것이다. 이렇게 국가의 헤게모니적 통제가 힘을 발휘하고 있고 노동 배제 전략이 지속될 것이 예견된다면 어떤 수준에서이건 '전투성'과 '자주성'은 버릴 수 없는 과제가 된다.

그렇지만 그 전투성이 경제주의에 기초한 것이어서는 안 된다는 점을 지적할 필요가 있다. 1987년 체제의 전투성은 민주 노조를 방어하는 동시에 정규직 노조의 경제적 이익을 확장한 것에 머물렀다. 그러나 새 체제에서 전투성은 조직 노동자들이 미조직 노동자들, 비정규직 노동자들과 연대를 확장하는 과정 위에서 정립되어야 할 것이다. 또 자주성도 단순한 '어용 노조 반대, 직권 조인 반대' 수준을 넘어서야 한다. 새로운 체제는 비로소 노사 화합주의나 타협주의, 합법주의, 개량주의 등 다양한 방식의 비자주적 운동 양태들을 양산하는 기름진 토양이 될 것이기 때문이다.

다음으로 노동운동의 범주를 확장시킬 필요가 있다. 앞서 본 바와 같이 우리 노동 체제의 '종속적' 특성으로 말미암아 새 체제에서 노동운동이 풀어야 할 과제는 매우 광범하고 복잡해 질 전망이다. 공무원노조, 직권 중재, 복지 제도의 확충 등 노동 기본권과 개혁의 과제가 여전히 되풀이될 것이다. 그리고 신자유주의가 제기하는 새로운 도전, 즉 노동시장 유연화와 각종의 제도적 개악에 대한 저지 투쟁도 주요한 과제가 될 것이다. 또 신자유주의의 여파로 시민사회와 노동 사회의 접점이 넓어질 것이며 연대할 시민적 과제도 확대될 것으로 보인다. 운동의 범위와 내용이 확장된다면 우선 무엇보다 시급한 것은 정책 역량의 강화이다.

더불어 정책 참가 문제도 다시 중요한 쟁점으로 부각될 것으로 보인다. 지난 5년간 값비싼 대가를 치른 노사정위 참가 경험은 어쩌면 소중한 경험이 될지 모른다. 노사정위 참가 경험에서 확인한 바는 신자유주의 노동 배제 체제에서 전략적 참가의 여지는 없다는 점이었다. 물론 이 전략적 불참 방침은 전술적인 참가의 필요성을 부정하지 않는다. 국가, 자본의 공세에 대응해 전국적 전선을 확보하는 전술적 차원에서 원칙적으로 유연한 대응이 가능할 것이다.

마지막으로 새 체제에서 민주 노조 운동은 조직 체제를 전면적으로 재편할 필요가 있다. 위에서 논의한 바와 같이 이는 새 체제의 새로운 과제에 대응하는 과정이며 그 결과가 되어야 한다. 조직 재편의 핵심은 1960년대 이후 고착된 기형적인 기업별노조 체제, 상급 연맹 체제를 해체하는 일, 곧 산별노조의 건설이다.

특별히 강조할 것은 이 과정에서 총 연합 단체인 민주노총의 역할과 위상, 조직 체제가 전면적으로 재검토되어야 한다는 점이다. 노동 정치에서 국가의 주도성이 여전하고 기업별노조의 제도와 관행이 일정 정도 지속할 것임을 고려하면 민주노총의 주도적 역할은 매우 중요하다. 재정과 인력의 집중이라는 물적 자원의 강화도 중요하다. 그러나 더 중요한 것은 정책 역량의 강화, 의사 결정 과정에서의 민주적 절차의 제도화와 권한의 강화, 집행 과정의 조직적 효율성 제고 등일 것이다.

13

노동 체제 전환기의 노동운동 발전 전략에 관한 연구

사회운동 노동조합주의를 중심으로

1. 머리말

한국의 노동운동, 민주 노조 운동은 지금 중요한 전환점을 맞이하고 있다. 1987년 여름 노동자 대투쟁의 뜨거운 열기로 시작된 대중적 노동조합 운동은 지난 20년 동안 수많은 굴곡을 거쳐 발전해 왔지만 이제 가장 중요한 분수령을 넘어서고 있는 것으로 보인다.

한편으로 노동운동의 공세 시기였던 이른바 '1987년 노동 체제'는 노무현 정권 기간에 거의 완전히 해체되었다(노중기 2006a; 임영일 2003). 반면에 1997년 외환위기 이래 지난 10년 동안 형성되어 온 '종속적 신자유주의 노동 체제'의 위력은 압도적인 것으로 감지되고 있다.[1] 한국의 노동 사회는 정규직 노동자와 비정

---

[1] 1980년대 이후 서구에서는 사민주의 노동 체제를 대신해 시장 경쟁을 강조하는 새로운 신자유주의 노동 체제가 형성되어 왔다. 세계화의 압력 속에서 한국에서도 공급 중심의 노동 유연화 정책이 광범하게 도입되었는데 그 계기는 1998년 외환위기였다. 한국의 신자유주의 체제는 사민주의 경험이 부재한 가운데 형성된 것이란 점에 그 특수성이 있고 이는 '종속성'의 규정으로 표현될 수 있다. 종속적 신자유주의 노동 체제 개념에 대한 좀 더 자세한 설명은 노중기(2006a)를 참고할 것.

규직 노동자로 결정적으로 양극화되었으며 고용 불안의 압력은 청년 노동자로부터 중장년 노동자에 이르기까지 전면적인 것으로 바뀌었다. 또 비정규직 법안과 로드맵 법안의 일방적 입법으로부터 한미 FTA의 체결에 이르기까지 신자유주의 논리를 추종하는 독점 대자본의 헤게모니는 무소불위의 힘으로 전 사회를 개조하고 있다(최장집 2005; 2006).

축적 체제와 노동 체제가 급속하게 변동한 데 따르는 직접적 결과 중 하나가 노동운동의 위기였다. 1980년대 한때 서구의 학자들이 선망의 눈으로 쳐다보았던 우리 민주 노조 운동의 제반 특성들은 고유한 색채를 잃었으며 그 성격이 크게 변질되었다. 조합원들의 민주적 참여 열기로 가득 찼던 작업장은 싸늘하게 식어 갔고 때로는 이른바 정파들의 이익 다툼의 장으로 변했다. 노조 간부들의 부패는 도덕성의 문제가 아니었으며 오히려 변화된 민주 노조 운동의 필연적인 결과였다. 민주 노조와 어용 노조의 구분 선은 점차 희미해져 민주 노조에서 노사 화합이나 산업 평화 선언을 보는 일도 더 이상 낯설지 않게 되었다. 더불어 민주 노조 간부 출신 활동가들의 보수정당 출입도 잦아졌다. 심지어 민주 노조나 그 조합원들은 비정규 노동자들의 절규를 외면하기 일쑤였으며 직접 차별하고 억압하는 일도 종종 발생했다. 그리고 전투적 쟁의의 외양은 살아남았지만 노동 해방이나 사회 민주화라는 구호는 경제적 이익을 추구하기 위한 구실일 경우가 많았다.

노무현 정권 기간에 불거졌던 노동운동 위기론 논란은 이런 노동 사회의 현실을 반영한 것이었다. 정권이 노동 통제를 위해서 노조 비리 등 각종 사건을 조작하고 이를 과대 선전 홍보한 측면을 감안하더라도 현금의 위기는 가히 근본적인 것이라고 할 수밖에 없다. 말하자면 그것은 체제 변동의 구조 효과로 해석할 수 있었다. 2004년 이후의 위기론 논쟁을 거치면서 위기는 더 이상 의심할 수 없는 일이 되었다.

그러나 객관적 측면의 구조 변동과 함께 위기를 진정한 위기로 만들고 있는 것은 노동운동이 주체적 측면일 것이다. '종속적 신자유주의 체제'가 구축되기 시작했던 1998년부터 민주 노조 운동 내부에서는 변화된 조건에 대한 대응 방안을 둘러싸고 여러 가지 논의가 진행되어 왔다. 사회적 조합주의 논쟁, 코포라티즘과 사회적 합의주의를 둘러싼 논쟁, 전투적 노동조합주의 비판, 산별노조 운동과 정치 세력화와 관련된 논의들, 사회운동 노조주의의 문제 제기, 위기론 논쟁과 민주노총 혁신 논쟁 등 제반 논의와 논쟁은 지난 10년 동안 뜨겁게 진행되었다. 그러나 산별노조 전환 등 몇 가지 주제를 제외한다면 그 노력들은 민주 노조 운동의 대안 전망을 산출하기보다는 대개 분열과 갈등으로 귀결되었다. 많은 경우 논쟁은 쟁점들을 분명히 만들기보다 정치적인 효과를 산출하기 위한 정파적 시도에 머무른 것도 사실이었다. 쟁점을 명쾌하게 정리하기보다 혼란을 야기하거나 이론과 개념의 왜곡을 불러온 경우도 많았다.

이 글은 20년 만에 근본적인 위기를 맞이하고 있는 민주 노조 운동을 성찰하고 그 대안 전략을 고찰하고자 한다. 구체적으로는 '종속적 신자유주의 노동 체제'에 대응할 수 있는 새로운 운동 전략으로 사회운동 노조주의의 가능성을 검토할 것이다. 먼저 2절에서는 사회운동 노조주의의 복잡다단한 역사적 기원과 배경에 관해 정리할 것이다. 이 과정에서 우리는 개념상의 혼란들 중 일부를 정리함으로써 새로운 사회운동 노조주의의 가능성을 일차적으로 점검할 수 있다. 3절에서는 사회운동 노조주의의 개념과 그 이론 틀을 제시하고 이를 기반으로 한국 사회의 기존 논쟁들을 비판적으로 재검토, 정리할 것이다. 여기에는 전투적 조합주의를 넘어서고자 했던 민주 노조 운동의 지난 10년간의 정책적 시도들, 이론적 논쟁들이 포함된다. 4절에서는 1987년 이래 민주 노조 운동의 변화 과정과 위기 발현을 재해석하고 현재의 시점에서 새로운 사회운동 노조주의의 가능성을 검토한다. 필자는 종속적 신자유주의 노동 체제에서 사회운동 노조주의의 가능성과 한계를 시론적인 수준에서 제시할 것이다.2 마지막으로 결론에서는 논의를 요약하고 대체적인 정책적 방안을 제시할 것이다.

2. 사회운동 노조주의의 역사적 배경

1) 사회운동 노조주의의 세 가지 기원

오늘날 많은 이론가와 활동가들이 사용하고 있으나 사회운동 노조주의 개념은 매우 모호하다. 어떤 이에게 그것은 이론이라기보다는 "사상과 비전들에 의해 인도되는 하나의 지향"(무디 1999, 468)이어서 매우 느슨한 개념으로 이해된다.3 예컨대 그것은 노사관계 이론이라기보다는 하나의 서술적 용어에 불과한 것일 수도 있었다(Johnston 2001).

또 다른 연구자에게 그것은 변화된 전 지구화라는 사회경제적 변동에 대응하는 새로운 노동조합 운동의 모델이며 매우 복잡다단한 특성들을 함축하고 있는 개념이다.4 이 경우에 사회운동 노조주의는 전통적인 노조 모델, 예컨대 레

---

2 사회운동 노조주의 연구를 위해서는 1990년대 이후 세계 각국 노동운동에 대한 좀 더 본격적인 연구가 필요하다. 이 연구는 그 출발을 위한 시론적인 성격을 갖는다.
3 무디(1999, 445-469)는 그 지향성의 내용으로 지도부와 조합원이 교호하는 능동적인 노조 민주주의, 협소한 의제를 다루는 단체 협상보다 지역사회와 결합하는 광범한 계급적 요구, 노조 실천의 국제화, 노동시간 단축 등 세계 노동시장에 대한 아래로부터의 통제 등의 요소를 지적했다.
4 워터만(2000, 379-381)에 의하면 사회운동 노조주의의 특성은 크게 12가지 정도로 정리된다. 그것은 임금 노동조건의 경제적 요구를 넘어선 투쟁, 기술 관료적 노사관계에 맞서는 투쟁, 조직화가 어려운 노동 부문 운동들과의 접합, 비계급적 다원주의 사회운동과의 접합, 사회적 쟁점들에 대한 개입, 다양한 정치 세력들과의 접합, 여타 사회 세력과의 동맹, 노동조합 내부의 사회적 쟁점에 대한 투쟁, 작업장

닌주의 전통의 정치적 노동조합주의와 대비되는 새로운 모델이 된다. 그러나 다른 한편에서 보면 그것은 서구 사회민주주의의 노동조합 모델로 규정되는 정치적 경제주의를 극복하기 위한 대안적 노조 모델로 제시되기도 했다(Hyman 1994b). 하지만 좀 더 많은 경우에 그것은 노동조합이 민주화를 추진하는 주요한 세력으로 참여했던 1970년대와 80년대 제3세계 일부 나라들의 전투적 노동 운동을 지칭하는 개념이었다(Seidman 1994).

개념 인식에서 나타나는 이런 차이들로 말미암아 사회운동 노조주의의 구체적 내용에 대한 이해도 매우 혼란스럽게 나타났다. 어떤 이들은 '억압적 국가 권력에 대항하기 위한 공동체-노조 간 동맹'(Seidman 1994, 39)을 가장 중요한 특성으로 보았다. 반면에 이런 이해를 협소한 것이라고 비판하면서 전 지구화 시기 자본주의의 구조 변화에 대응하는 국제적 다차원적 민주주의 운동이라는 거시적 관점을 강조한 경우도 있었다(워터만 2000, 361-363). 이때 중요한 것은 노동 개념의 확장 및 이에 따른 신사회운동과의 접합이었다. 또 주로 미국 노조 운동의 맥락에서 그것은 기존의 보수적인 '서비스 모델'과 대비되는 '조직화 모델'로 협소하게 이해되기도 했다(Turner and Hurd 2001).

이론적 인식의 폭이 이처럼 갈래가 많고 내용이 혼란스러워진 데에는 여러 가지 이유가 있을 것이다. 그런데 우리 노조 운동의 맥락에서 본다면 새로운 운동 이론을 형성해 온 사회적 역사적 배경을 주목할 필요가 있다. 사회운동 노조주의의 기원이 역사·사회적으로 복잡다단하다면 그 맥락을 이해함으로써 좀 더 적절한 개념적 이해에 다가설 수 있기 때문이다. 1980년대 한국의 민주 노조 운동이 사회운동 노조주의의 대표적인 사례 중 하나란 점을 감안하면 이론의

민주주의의 옹호, 교육 문화 대중매체 영역에서의 적극적 활동, 국제적 연대, 조직 민주주의의 옹호와 수평적 연대 등이다. 그는 물론 이 모든 조건이 충족될 필요는 없다고 말한다.

형성 배경에 대한 논의는 특히 중요해진다.

사회운동 노조주의 모델 형성의 역사적 기원 혹은 계기는 크게 세 가지로 나누어 볼 수 있다. 먼저 남아프리카공화국, 브라질, 한국 등 제3세계 몇몇 나라들의 노동운동은 새 모델의 중요한 사례가 되었다.[5] 이들 나라에서 1970년대부터 발전해 온 독립 노조 운동은 인종차별 체제apartheid나 군사독재 체제에 저항하고 민주화를 추동한 주요한 사회 세력이었다. 이들의 성공 경험은 1980년대 초반 이래 신자유주의 공세에 무력하게 물러나고 있었던 서구의 노동운동, 노동 연구자들에게 중요한 지적 자극을 주었던 것이다.

제3세계에서 나타났던 사회운동 노조주의는 몇 가지 특징을 보여 주었다. 오랜 정치적 억압 끝에 전투적인 파업 투쟁이 폭발했다는 점이 두드러진다. 그리고 요구 내용에 있어 작업장 수준의 요구와 함께 거시적인 정치 경제적 목표를 요구했다는 점도 특징적이었다. 이는 국가 권력의 교체, 민주화 요구와 사회경제적 민주주의의 요구로 나아갔다. 요컨대 강력한 억압 국가를 직접 상대하는 매우 정치적이고 전투적인 노동운동이었다. 특히 브라질과 남아공에서 두드러지는 특징은 노동운동과 지역공동체 사회운동 간에 매우 긴밀한 연대가 나타났다는 점이었다. 두 나라의 경우 국가의 가혹한 억압에 의한 희생 경험의 공유, 그리고 지역사회 전체에 불평등을 심화시킨 국가정책에 그 원인이 있는 것으로 평가할 수 있다(Seidman 1994, 40, 252; 무디 1999, 337-348).

한국을 포함한 3세계 사회운동 노조 운동에는 급속한 권위주의적 산업화라

---

5 이 밖에도 필리핀이나 멕시코 등 라틴아메리카의 일부 노동 운동도 사회운동 노조주의의 사례로 평가받기도 한다(무디 1999, 357-366; Johnston 2001). 심지어 폴란드의 연대노조 운동 경험과 같은 동유럽 노조 운동도 사회운동 노조주의로 이해되기도 한다(Ost 2002). 한편 신광영(2004, 239-253)은 1970년대 후반 일본 조선산업 사이키노조의 구조조정 반대 투쟁 사례를 사회운동 노조주의의 또 다른 사례로서 분석한 바 있었다.

는 공통의 배경 요인이 있었다. 억압적 국가 기구가 주도한 이 산업화 전략은 노동자계급을 포함하는 광범한 민중들에게 배제와 빈곤, 그리고 정치적 억압의 경험을 공유하도록 만들었고 생존권 요구를 매개로 노동자와 노동자가 생활하는 지역사회 전반에 강한 연대 의식을 산출한 것이었다. 브라질과 남아공의 경우 국가와 자본 간의 정치적 균열은 이런 조건에서 노동운동이 고양될 수 있는 중요한 매개적 요인으로 작용했다고 평가된다(Seidman 1994, ch.6).

다음으로 1990년대 중반 이후 미국 노조 운동의 새로운 전략 모색 과정은 사회운동 노조주의의 두 번째 역사적 기원이었다. 전후 오랫동안 비즈니스 노조주의business unionism의 질곡에 빠져 있던 미국 노조 운동은 후퇴에 후퇴를 거듭했다. 특히 1970년대 말 경기 후퇴 이후 조직률은 급속하게 하락했으며 단체교섭에 의존하던 조직 노동은 양보 교섭을 거듭해 심각한 위기 상황에 빠져들었다. 이런 상황에서 1995년 당선된 미국 노총AFL-CIO 스위니Sweeney 집행부는 새로운 운동 노선으로 사회운동 노조주의를 제시했다. 이는 이미 진행되고 있었던 노조 혁신 운동의 상징적 사건으로 해석되었다.

미국의 사회운동 노조주의는 미조직 노동자의 조직화, 아래로부터의 직접적 정치적 행동, 지역에 기반을 둔 여러 사회운동과의 연대 구축, 노조 조직 혁신, 국제적 연대 등의 노력을 포함한다.6 서로 연관된 이들 혁신 주제들을 관통하는 핵심 요소는 '기층 대중의 참여와 동원'을 매개로 한 '조직화 전략'이었다. 조직화 모델의 대표적인 성공 사례는 국제서비스노동조합SEIU이었으며 이들은 이

---

6 미국의 사회운동 노조주의에서 특징적인 점은 작업장 수준에서 진행되는 노사 파트너십(labor-management partnership)도 혁신 노력의 하나로 평가받는다는 점이다. 1980년대 양보 교섭 시의 파트너십과 다르다는 전제가 있으나 이는 매우 독특한 이해 방식이다. 또 일부에서는 기층 노동자의 참가에 대한 강조와 더불어 위로부터의 새로운 리더십과 자원 제공을 강조하기도 했다(Hurd, Milkman and Turner 2003; Turner and Hurd 2001, 10).

주노동자, 지역에 기반을 둔 저임금 공공 부문 서비스 노동자와 임시직 노동자들을 주로 조직했다.7

　미국에서 사회운동 노조주의는 비즈니스 노조주의가 정형화된 단체교섭 위주의 서비스 모델로 경제주의에 침윤되어 있었던 것에 대한 강한 비판이었다. 또 직접적인 정치적 행동이나 압력 조직화를 지향함으로써 대규모 로비에 바탕을 둔 법제도 개선이라는 기존 정치 전략에 대한 심각한 수정을 포함하고 있었다(Turner and Hurd 2001). 그러나 조직화 모델 중심의 미국 사례는 일부 지역과 산업부문에서 부분적인 성과를 가져왔으나 그 장기적인 효과에 대해서는 비관적인 전망도 존재한다. 불리한 정치적 환경에서 아래로부터 조직화를 목표로 방대한 자원을 동원하는 모델이 장기적으로 지속 가능한가에 대한 의문이 있다는 것이다(Baccaro, Hamann and Turner 2001, 130-131). 보수당 정부 아래에서 미국과 유사하게 조직화 모델을 추구했던 영국의 경험이 대체로 부정적이었던 점도 지적할 수 있다(Heery, Kelly and Waddington 2001). 심지어 스위니 이후의 미국을 사회운동 노조주의의 관점에서 설명할 수 없다는 반론도 그리 만만한 것은 아닌 것으로 보인다.8

　셋째로 유럽에서는 사회민주주의 노조 운동의 한계를 점검 비판하고 새로운 사회운동 노조주의의 전망을 제기하는 일련의 이론적 흐름이 있었다(뭉크·워터

---

7 SEIU 사례에 대해서는 Milkman and Wong(2001)과 전태일을 따르는 민주노동연구소(2006), "북미 노동운동 방문 조사 보고", 참고.

8 카츠(Katz 2001)에 따르면 미국 노조 운동, 노동자가 급진적인 사회변혁을 지향하는 사회운동 노조주의로 전환하고 있다는 증거는 없다. 또 조직화 모델은 자동차, 철강, 전자정보산업 등 주력 산업 노동자들에게 적절한 모델이 아니라는 것이다. 결국 미국에서 사회운동 노조주의 논의는 빈약한 근거에 기초한 '소망 사고'(wishful thinking)에 불과하다는 비판이었다. 카츠의 지적과 같이 미국 노동운동 전체를 사회운동 노조주의 모델로 인식하는 데에는 분명히 무리가 있다고 본다. 다만 1990년대 후반기 몇몇 노조에서 이루어진 실험은 사회운동적 요소를 담고 있고 이를 하나의 모델로 분석하는 것은 가능할 것이다.

만 편 2000; Hyman 1994b; 2001). 이들에 의하면 1970년대 중후반을 전환점으로 해 유럽 노사관계의 환경은 크게 바뀌었다. 먼저 신자유주의 지구화라는 거시경제적 사회변동은 고용구조를 크게 재구조화했고 남성-제조업-정규직 중심의 기존 노조 운동은 명백한 한계에 봉착했다. 또 전후 사민주의 노동운동 노선, 곧 정치적 경제주의에서 두 개의 무기였던 단체교섭과 정치적 개입이 경제 상황의 악화로 더 이상 효과적일 수 없게 된 것도 중요한 변화였다. 셋째로 노동자들의 전통적인 이데올로기 지향이 크게 바뀌어 노동 정당을 매개로 한 정치적 개입도 어려워졌다. 마지막으로 노동자들 내부의 정체성 약화와 이해관계 대립으로 노조에 대한 충성심과 몰입도가 크게 낮아졌고 이는 노조의 도구적 집합주의instrumental collectivism와 연대주의를 해체하는 효과를 가져왔다. 이런 변화들은 사민주의 노조들에 본래의 순수한 경제주의로 후퇴할 것인가 아니면 새로이 정치적 지향성을 강화할 것인가라는 두 가지 선택지를 강요했다. 요컨대 서구의 노동조합은 정치성을 강화해 새로운 질의 연대 틀을 마련해야 하는 객관적 요구 앞에 놓여 있다는 진단이었으며 그 방향이 사회운동 노조주의로 개념화된 것이었다.[9]

변화된 조건에서 노조 운동은 기존의 정치적 경제적 수단을 대체할 새로운 권력 자원을 필요로 한다. 이때 주목해야 할 영역이 바로 시민사회였다. 시민사회는 노조 활동에 새로운 사회적 지지 기반을 형성하며 노동 대중의 다양한 이해관계를 접합할 수 있는 활동 영역을 제공한다고 보는 것이다. 그러기 위해서는 자유·평등·박애라는 기존의 노조 가치에 새로운 가치들, 즉 다양성·평화·

---

[9] 주지하듯이 영미와 대륙 유럽의 노동운동은 그 역사와 내용이 크게 다르다. 그러므로 영미에서 제기하는 사회운동 노조주의와 유럽의 그것은 매우 다르다. 미국과 달리 유럽에서 특징적인 것은 사회운동 노조주의가 현실적 운동으로 진행된 사례가 별로 없다는 점이다. 그것은 대체로 서유럽 사민주의 노동운동의 자기비판 과정에서 제기된 이론적 문제의식에 머무르고 있다.

생태 등이 더해져야 한다. 또 새로운 사회적 의제에 노조가 개입하기 위해서는 좀 더 네트워크 조직 구조의 개편과 함께 조합원 대중의 참가 독려가 필요하다고 본다..[10] 즉 '전략적 리더십'과 '민주적 행동주의'가 결합될 필요가 있다는 것이다.

서구 사회의 사회운동 노조주의 논의에서 특징적인 것은 그 논의가 대체로 이론적 논의라는 점이다. 이들에게 있어서도 역시 실제 존재하는 모델은 역시 제3세계 나라들의 독립 노조 운동이었다. 그러나 현실적으로 존재하는 사민주의 노조 운동의 심각한 위기에 대응할 수 있는 중요한 대안 이론의 전망으로 사회운동 노조주의가 검토·제기되었다는 점은 우리의 맥락에서 중요하다. 그것은 한국을 포함한 제3세계 다수의 노동운동에서 미래의 모델로 검토하고 있는 사민주의 모델의 한계를 주목하고 이를 극복하기 위한 목적의식적인 노력이었기 때문이다.

2) 사회운동 노조주의의 다양성과 그 함의

지금까지 많은 연구자와 실천가들이 사회운동 노조주의를 주창했지만 그 논의가 생산적으로 전개되지는 못했다. 여기에는 그것이 무엇인가에 대해 각자가 서로 다른 이해를 갖고 있었다는 점이 중요한 원인으로 작용했다. 앞서 본 바

---

10 이 점과 관련해서 하이만(Hyman 2001a, 171-174) 유럽에서 노동운동의 위기에 대응하는 담론으로 제시되고 있는 '사회적 대화'(social dialogue)에 대해서는 매우 비판적이다. 그는 필요한 것은 중앙 조직 간에 위계적으로 조직된 '사회적 대화'가 아니라 노조 내부에서 이루어지는 지도부-대중 간의 '내부 대화'라고 주장했다. 또 이런 조직 내부의 유기적 결속, 시민사회 의제와의 다양한 접합은 '조정된 다양성'(coordinated diversity)을 가능하게 한다. 그는 이를 뒤르켐의 용어를 빌어 '유기적 연대'(organic solidarity)로 규정했다.

와 같이 사회운동 노조주의는 세 가지 역사적 기원이 있으며 그 시기나 배경에서 각각의 맥락이 크게 달랐다. 따라서 우리는 그 역사적 배경의 차이에 관한 함의를 좀 더 분명하게 논의해 볼 필요가 있다.

먼저 제3세계에서 나타난 사회운동 노조주의의 역사적 사례와 1990년대 이후 서구에서 논의된 사회운동 노조주의는 서로 구분해서 논의할 필요가 있다. 후자가 전자를 경험적 사례로 반영한 이론적·실천적 지향임을 고려하더라도 두 사회의 구조적 배경의 차이로 말미암아 그 실제 내용이 상당히 다른 것으로 바뀌었기 때문이다.

주지하듯이 브라질, 남아프리카공화국 및 한국의 사회운동 노조주의는 가혹한 독재 체제에 저항한 민주화 운동의 성격을 강하게 갖고 있었다. 강력한 국가 억압의 경험은 노동계급에 강한 연대 의식을 산출했고 노동배제적인 발전 전략은 계급적 이해관계의 결속력을 높였던 것이다. 이런 조건에서 노동조합 운동은 단순한 형식적 민주주의를 넘어서서 계급적 전망을 갖는 사회경제적 민주주의를 요구하고, 자본주의 발전 전략의 전면적 재조정을 주장하게 되었다. 그리고 공유된 억압의 경험, 생활수준의 악화에 따라 노동계급과 도시와 농촌 지역의 빈민 사이에는 동질적인 정체성이 형성되었고 반국가 연대 전선은 손쉽게 확보될 수 있었던 것이다(Seidman 1994).

노동운동의 입장에서 본다면 그것이 국가 코포라티즘이든, 인종 억압 체제이든 아니면 우리와 같은 강력한 직접적 억압 체제이든 억압적 국가를 넘어서지 않고서는 최소한의 생존권도 보장받을 수 없었던 공통점을 갖고 있었다. 이들 세 나라 모두에서 노동조합의 일차적 과업은 국가의 지배 개입으로부터 독립된 독립 노조 또는 민주 노조를 결성하고 유지하는 일이었다. 대체로 1970년대부터 1980년대 후반까지 민주화 과정에서 발전한 독립 노조 운동은 각기 정도의 차이는 있으나 민주화의 주도 세력이었으며 브라질과 남아프리카공화국에서는 민주화 이후 집권 세력이 되었다. 경제정책의 측면에서도 이들이 문제로 삼은 것은 국가 주도의 노동 배제 발전 전략이었으며 80년대 이후의 신자유주의 흐름은 부차적인 것이었다.

반면에 미국을 포함한 서구의 사회운동 노조주의는 1980년대 신자유주의 세계화에 따른 사회민주주의 노동운동의 한계라는 역사적 배경 위에서 나타났다. 신자유주의 노동 체제의 환경이 노동조합의 자유로운 결성과 운영 그 자체를 부정하지 않는다는 점에서 이들의 과제는 제3세계 운동과는 크게 달랐다. 노동계급 내부의 이질성 증대, 집합적 정체성의 해체, 그리고 정치적 성향의 변화 등에 수세적으로 대응하기 위한 노력이었다. 말하자면 제3세계의 사회운동 노조주의가 국가에 대한 민주화 요구, 생존권 요구라는 공세적인 성격을 지녔던 반면, 서구에서 그것은 사민주의 노동 체제에서 획득한 물질적 조직적 이해를 방어하는 수세적인 성격을 갖고 있었다. 노동조합의 기본 활동인 단체교섭을 예로 든다면 제3세계에서 사회운동 노조주의는 단체교섭이 애초부터 불가능한 상황을 극복하려는 운동이었고 서구에서는 오랫동안 활발히 작동했던 기존의 단체교섭 제도가 무력화되는 상황에 대한 대응이었다. 요컨대 표면상 유사하게 보이는 두 역사적 사례 사이에는 권위주의 정치권력의 존재와 노동 체제의 자유화 여부, 또는 신자유주의 세계화라는 역사적 조건의 비중이 중요한 차이로 존재했던 것이다.

둘째, 서구 사회 내부에서도 사회운동 노조주의의 가능성은 그 사회의 역사와 경험, 운동의 조건에 따라 크게 다르다는 점이다. 상대적으로 안정적이었던 사민주의 노동 체제에서 노동조합은 조직된 노동자들의 경제적 이해관계를 확보하고 확대하는 경제적 조직으로 오랫동안 기능 했다. 그러나 1980년대 이후 변화된 조건에서 노동조합은 새로이 정치적 주체로서 자신을 재구성하지 않을 수 없었다. 이때 각 사회는 그들의 조건에 따라 서로 다른 방식으로 대응했는데 이는 크게 두 가지 유형으로 구별될 수 있었다. 그중 하나가 조직화, 사회운동과의 동맹 구축 전략을 강조하는 사회운동 노조주의였고 이는 주로 미국과 영국 노조 운동의 대응 방식이었다. 반면에 독일을 중심으로 하는 대륙 국가들은 국가, 산업, 기업 수준의 사회적 파트너십 social partnership 전략으로 대응했다(Baccaro, Hamann and Turner 2001).[11]

변화된 사회경제적 조건 아래서 기존 노조 운동의 대응 전략의 차이를 낳은 요인은 주로 그 나라 노동운동의 제도적 기반 institutional embeddedness이었다. 노동운동이 자신의 요구를 관철하기 위한 계급적 역량을 어느 정도, 어떤 방식으로 갖추고 있는가에 따라서 대응 전략이 서로 달라진다는 것이다. 대체로 보아 노동조합의 조직적 성격, 노동 정당의 존재와 역량이라는 변수가 중요하다. 노동 정당이 없고 노동조합이 분권적이며 심하게 경제주의적인 성격을 갖고 있었던 미국 노조에서 사회운동 노조주의를 주목했던 것은 이 때문이었다.[12] 요컨대 서구의 경험에서 알 수 있는 것은 사회운동 노조주의의 가능성을 타진하기 위해서는 그 사회 노동운동의 제도적 기반에 관해 구체적으로 평가하고 성찰하는 일이 필요하다는 점이다.

셋째, 제3세계 사례들 내부에서도 상당한 정도로 나라별 차이가 나타나며 이 차이를 주목할 필요가 있다. 브라질, 남아공과 한국은 모두 노동운동이 민주화 운동으로서 전투적인 양태를 보였고 사회운동과의 공고한 연대를 구축했다.

---

11 물론 이 두 가지 요소가 상호 배타적인 것은 아니다. 많은 경우 경험적인 수준에서 두 가지 전략은 동시에 나타나지만 그 비중이 문제인 것이다. 한편 이탈리아와 스페인은 대중 동원 전략과 사회적 파트너십 전략이 결합된 중간적인 유형에 속한다. 그러나 이들은 1990년대 노사관계의 제도화 수준을 높여서 전체적으로 보면 제도에 기반을 둔 사회적 파트너십 전략 사례에 가깝다고 할 수 있다.

12 대처의 보수당 정권 아래서 영국 노조 운동은 사회운동 노조주의로 일부 경도되었으나 노동당의 집권 이후에는 다시 사회적 파트너십 전략을 강화하게 된다. 이는 정치제도 변수의 중요성을 보여 준다 (Heery, Kelly and Waddington 2003).

또 협소한 경제적 이익 추구를 넘어서서 전 사회적인 의제들을 요구했으며 억압적 국가 권력에 도전하는 과정에서 강한 정치적·계급적 지향성을 보여 주었다. 그러나 이런 표면적 동질성을 넘어서서 보면 한국과 다른 두 사례의 차이들도 무시할 수 없다.

우선 객관적인 정치적·경제적 조건에서 상당한 차이가 나타난다. 브라질과 남아공의 노조 운동이 민간 자본가 집단 내부의 정치적 균열을 매개로 해서 활성화되었던 반면 한국의 국가 자본 동맹, 대자본의 헤게모니는 매우 강고한 것이었다. 또 한국에서 국내 자본은 보호받았으나 남아공과 브라질에서는 그렇지 못했다. 그리고 다른 두 나라와 달리 한국의 산업화는 매우 성공적인 것이었고 사회적 불평등 정도는 낮았으며 사회이동의 가능성은 컸다. 그것은 상대적으로 노동계급의 생활조건이 양호했던 것으로 나타났다(Seidman 1994, ch.6).

한편 노동 체제의 측면에서 본다면 한국이 기업별노조라는 극단적인 분권화 체제를 갖고 있었다는 점이 가장 중요한 차이였다. 또 브라질과 남아공이 국가 코포라티즘 내지 민중주의populism, 또는 흑백 분리에 기반을 둔 노동 통제 체제를 갖고 있었던 것에 반해, 한국은 전면적인 억압 체제였던 점도 중요한 차이였다(노중기 1995; 2005c). 이는 노동운동의 조직적 역량에서 상당한 차이가 있었음을 말하며 민주화 과정에서 노조 운동이 차지한 위상의 차이로 나타났다. 남아공과 브라질에서 노조 운동은 민주화를 추동하고 성취한 핵심 역량이었던 반면, 한국에서는 상대적으로 그 기여가 작았던 것이다. 그리고 사회운동주의 노조 운동이 브라질과 남아공에서는 민주화 이후 상대적으로 약화했으나 한국에서는 이른바 1987년 노동 체제에서 더욱 더 확산되는 양태를 보여 주었던 것도 이런 차이들을 반영하고 있다. 현재의 시점에서 브라질과 남아공의 노조 운동은 집권 세력의 일부로 성장했으나 한국에서 민주 노조 운동은 여전히 사회적 억압과 배제의 대상으로 남아 있는 현실도 이와 연관되어 있다고 할 수 있다.13

3. 사회운동 노동조합주의 : 개념과 논쟁

1) 사회운동 노조주의의 개념 구성

노동조합은 그 출발에 있어 하나의 사회운동으로 시작되었다. 이때 사회운동은 정치적으로 대표되지 않은 자들의 반역적 동원을 통해서 그들의 대의와 요구를 지배자들에게 강제하는 일을 의미했다. 이후 수백 년에 이르는 장기간에 걸친 노동 대중의 동원 과정에서 노조 운동은 많은 성취를 이루어 냈고 상당 정도 제도화되었다(Ross and Martin 1999, 2). 오늘날의 노동조합 운동이 여러모로 제도화되고 보수화된 측면이 있으나 본질적인 운동적 성격이 완전히 소실된 것이라고 보기는 어렵다. 따라서 모든 노동조합 운동은 다소 간의 차이는 있겠으나 내적으로 사회운동성을 담지하고 있다고 보아야 할 것이다.

그러나 사회운동 노조주의의 개념을 이렇게 포괄적으로 정리할 경우[14] 그 개념 내용이 지나치게 모호해지는 문제가 남게 된다. 더욱이 장기간에 걸친 성취로 말미암아 노조의 조직적·정치적·이념적 권력 자원이 방대해져 관료주의의

---

13 김대중 정부 이래 한국의 노동 정치과정에서는 국가가 노동을 포섭하는 개혁적 시도가 실행되어 왔다. 노사정위원회나 복지 제도 확충, 각종 제도 개혁이 그 사례가 될 수 있다. 그러나 민주 노조 운동은 여전히 배제와 억압 상태를 크게 벗어나지 못하고 있다. 김영삼 정부 이후 민주 정부에서 구속 노동자 수가 점차 늘어 가고 있는 것, 최근 비정규 노동자 투쟁에 대한 국가의 억압은 그 단면을 잘 보여 준다. 이른바 '민주 정부'는 '특정 유형의' 노조 운동을 여전히 용납하지 않는 것으로 평가할 수 있다. 노중기(2006b; 2007c, 3장) 참고.

14 코블(Cobble 2001)은 AFL이 형성되는 미국의 초기 노동운동과 1930년대 CIO의 산별노조 운동에서 미국 노동운동의 사회 운동성을 확인했다. 비슷하게 노동운동을 시민운동의 관점에서 해석하는 '공동체 노조주의'(community unionism)의 이론도 미국의 1930년대를 사회 운동 노조주의의 중요한 역사적 계기로 파악했다(Johnston 2001, 34-57; Lowell and Hurd 2001). 더 논의가 필요하겠으나 이런 해석은 과도한 것으로 판단된다.

폐해가 존재하는 서구 노동조합 운동의 현실을 감안해야 한다. 사회운동성을 되살리는 일이 노조 운동의 현재적 과제인 것은 분명하지만 그 내용은 과거의 것과 구별되어야 한다.

한편 많은 연구자들은 사회운동 노조주의의 특성으로 광범한 사회운동과의 연대, 특히 지역공동체와의 긴밀한 연대, 대중 참여와 노조 내부 민주주의의 지향, 비조직 부문에 대한 조직화 노력, 정치적 동원 지향과 전투적 쟁의 행위, 선거와 단체교섭을 넘어서는 사회운동 방식의 활동, 전체 사회의 공통 의제에 대한 요구와 관심, 지배 계급과 지배 구조에 대한 적대성, 국제적 연대 활동 등을 지적했다(Seidman 1994; 무디 1999; 워터만 2000; 정성진 2003, 29-31). 그러나 연구자들은 이렇게 복잡한 요소들 중 특정 부분을 강조했고 그 결과 개념은 더욱 모호해졌던 것이다. 그러므로 사회운동 노조주의 개념을 좀 더 명료하게 규정하는 것에서 논의를 새롭게 시작할 필요가 있다.

사회운동 노조주의는 크게 네 가지의 이념적 지향들, 곧 민주성·자주성·연대성 및 변혁성의 이념 지향을 뚜렷하게 드러내는 노동운동의 노선을 말한다.15 이 네 가지 이념 지향은 현실의 노동조합 운동을 평가할 때 준거가 되며 그하나하나가 분석을 위한 변수로 사용될 수 있다. 또 이들은 자본주의사회의 지

---

15 이 네 가지 이념적 지향은 로빈슨(Robinson 2000)이 사회운동 노조주의의 지표로 설정한 네 가지 요소인 자발성(voluntary/involuntary), 자율성(autonomous/subordinate), 포괄성(inclusive/exclusive), 비판성(critical/uncritical)과 유사하다. 그러나 그의 논의는 각각의 요소들이 구체적인 노조 활동에서 의미하는 함의를 충분히 도출하지 못한 한계를 갖는다. 예컨대 자발성은 국가사회주의나 국가 코포라티즘 노조에서 나타나는 조합원의 강제적 가입과 다른 자발적 가입만을 의미한다. 그러나 민주성은 이런 형식적 측면을 포함할 뿐만 아니라 일상적인 노조 활동에서 조합원이 현장 수준으로부터 적극적으로 참가하고 민주적인 방식으로 운영하고자 하는 지향 일체를 포함하는 개념으로 설정된다. 또 포괄성은 미조직 노동자들과의 관계로만 설정되는 데 반해 연대성은 이를 포함해서 비 노동계급의 여러 사회 부문과의 관계 전체를 주목하는 개념이다. 특히 그의 개념화에서 자발성과 자율성은 노조 운동 노선의 유형 분류에서 부차적인 것으로 평가되는데 이는 제3세계 노조 운동의 현실적 조건에 대한 충분한 인식이 없었음을 반영하고 있다.

배 형식 속에서 내적으로 연관되어 있으므로 경험적으로 중첩될 수 있다.

먼저 민주성은 노동조합이 그 구성원과 맺고 있는 관계의 측면과 연관되어 있다. 사회운동 노조는 조합원의 자발적 가입과 노조 건설, 중요한 의사 결정 과정에서 조합원의 적극적이고 민주적인 참가 및 현장 수준의 노조 활동 참가, 투명한 노조 운영과 조합원의 지도부에 대한 비판과 감시 등 포괄적인 조합민주주의를 추구한다. 그러므로 우리 노동운동에서 강조하는 이른바 현장성은 민주성의 중요한 한 요소가 된다. 민주성은 과거에 많은 제3세계 나라들과 국가 사회주의 나라들에서 나타난 비민주적 노조 운영 경험과 깊이 관련된다. 또 서구 사회민주주의 체제에서 관료화된 노조 운동의 한계성을 극복하고자 하는 의미를 갖는다.

다음으로 자주성은 국가와 정치 정당, 자본가 집단, 기타 사회 세력에 대한 노조의 사회적 관계를 규정하는 개념이다. 자주성은 노동조합이 지배 세력의 통치 기구가 아니라 노동자 대중의 계급적 요구를 사회적으로 실현하기 위한 자주적 기구임을 강조한다. 노동조합은 자본주의사회 내부의 기구이므로 이 자주성의 목표는 구체적인 경험적 현실 속에서 달성하기 쉽지 않다. 그렇지만 여러 한계 속에서도 계급적 이해관계의 적대성이라는 근본적 성격을 유지하려는 노조의 지향성을 구별해 내는 것은 매우 중요한 일이다. 자주성은 국가 코포라티즘이나 국가 사회주의에서 중요한 국가 권력으로부터의 자주성, 기업별노조 체제에서 사용자의 지배 개입으로부터의 자주성 등 여러 수준에서 평가될 수 있다.

셋째, 연대성은 노동조합이 조직된 노동자들뿐만 아니라 미조직 노동자 대중, 그리고 여타 중간 계급 집단과 조직적으로 연대하는 것을 말한다. 미조직 노동자 대중과의 연대를 계급 내적 연대라고 한다면 중간 계급 대중과의 연대는 계급 외적 연대의 측면이라고 할 수 있다.[16] 흔히 사회운동 노조주의의 가장 중요한 특질로 일컬어지는 시민사회운동 지역 공동체와의 연대 및 국제 연대, 미조직 비정규 노동자에 대한 조직화 전략은 모두 연대성 개념으로 포괄할 수 있게 된다. 사회운동 노조주의가 노동자계급에 국한된 의제가 아니라 전 사회적 의제를 다루는 것은 계급 외적 연대성의 표출로 이해할 수 있다.

넷째, 변혁성은 사회운동 노조주의가 계급적 이해관계를 사회적으로 명료하게 드러내는 측면을 말한다. 그것은 현존하는 사회의 정치적 경제적 조직 원리, 제도 및 지배 세력을 폐기하려는 노력으로 나타나며 궁극적으로는 사회주의 사회를 건설하려는 전략적 지향을 의미한다. 민주화 과정의 제3세계 노동운동에서 나타난 전투적 노조 운동military unionism은 변혁성이 구체적 현실의 정치과정에서 표출되는 하나의 유형이라고 볼 수 있다. 1980년대 이들 나라의 노조 운동의 당면한 '변혁'의 과제는 정치적 민주화였기 때문이다. 또 그것은 서구 노동운동이 제도적인 단체교섭에 의존해 단기적이고 직접적인 경제적 이익을 추구하는 경제주의에 빠지는 현실을 비판하는 개념적 준거가 될 수도 있다.

여기서 중요한 것은 사회운동 노조주의의 역사적 경험과 배경 속에서 변수들의 함의를 이해하고 해석해야 한다는 점이다. 우선 과거 제3세계 사회운동 노조주의에서 주요하게 문제로 되었던 측면은 노조 운동의 민주성과 자주성이었음을 지적할 수 있다. 상당한 수준의 자본주의 발전에도 불구하고 이들 나라에서 노조 운동은 국가와 자본권력에 의해 강하게 통제되고 있었고 경우에 따라서는 자발적인 노조 결성 자체가 부인되기도 했기 때문이었다. 말하자면 정

---

16 계급 내적 연대와 외적 연대는 현실에서 모순적인 관계를 형성하기 쉽다. 그러나 항상 그러한 것은 아니다. 예컨대 1987년 노동 체제에서 민주 노조들은 이 두 가지 요소를 큰 무리 없이 결합해 왔던 것으로 평가할 수 있다. 제반 사회운동과의 연대를 지향하는 사회운동 노조주의의 이론적 약점은 바로 이 문제와 연관되어 있다. 노동계급의 이해와 중간 계급의 이해를 조정하고 결합하는 새로운 정치적 운동 양식에 대한 이론적 논의가 여전히 미흡한 것이다.

〈표 13-1〉 로빈슨의 노동조합 유형 분석

구분	포괄적(inclusive)	배제적(exclusive)
비판적(critical)	사회운동 노조주의	분파적 노조주의
타협적(uncritical)	사회적 노조주의	비즈니스 노조주의

주 : Robinson(2000, 113-115)에서 정리·작성함.

치적 자유화, 민주화가 노조 운동의 전제 조건이 되었던 만큼 이들 사회의 사회적 노조주의에서 핵심적 특성은 민주성과 자주성을 위한 투쟁으로 나타났다. 그리고 연대성과 변혁성의 요구는 부차적인 것이었거나 제한된 수준의 요구였다고 보아야 한다.17 변혁성과 연대성이 현실적인 과제가 된 것은 민주화, 정치적 자유화 이후부터였다.

반면에 1990년대 이후 서구, 특히 미국에서 논의되는 사회운동 노조주의에서 강조점은 연대성과 변혁성에 있었다. 20세기 초반기까지의 혁명적 노조 운동이 사회민주주의 노조 운동으로 체제 내화된 이래 서구의 노동조합에서 노조의 자주성과 민주성 문제는 상대적으로 부차적인 것이었다. 물론 나라에 따라서, 시기에 따라서 관료주의와 반민주적 운영이 문제로 되었으나 근본적으로 민주성과 자주성이 침해되는 사례는 많지 않았다. 그것은 정치적 자유화의 노동 정치에 대한 중요한 효과였다.

신자유주의 구조조정의 위협 앞에 처한 서구 노조 운동을 분석하고 이를 유형화한 로빈슨(Robinson 2000)이 연대성(포괄성)과 변혁성(비판성)만을 분석의

---

17 과거 한국의 민주 노조 운동에서 연대성과 변혁성은 상당 부분 이념적 지향을 표현하는 것이었고 현실적 과제로서 제기된 것은 아니었다. '노동 해방'으로 표현된 이 이념은 구체적인 현실 속에서 과제가 될 수 없었으며 그만큼 1987년 노동 체제의 민주 노조 운동은 취약했다. 자세한 것은 노중기(1999a) 참고.

변수로 삼은 것도 바로 이 때문이었다. 로빈슨에 의하면 서구 노동운동은 연대성과 변혁성의 존재 여부에 따라 네 가지 선택지를 갖고 있다고 평가했다. 그것은 각기 사회운동 노조주의, 사회적 조합주의, 분파적 노조주의sectarian unionism, 비즈니스 노조주의로 나누어진다.[18]

두 가지 변수를 고려한 분석 틀 위에서 그는 미국의 노동운동이 신자유주의 구조조정 압력의 효과로 비즈니스 노조주의에서 사회운동 노조주의로 나아갈 가능성이 매우 높다고 진단했다. 또 이 분석 틀에 의하면 유럽의 정치적 경제주의 노조 운동은 사회적 조합주의에 근사하며 사회운동 노조주의나 비즈니스 노조주의의 선택지 앞에서 위기 국면을 맞이하는 것으로 생각해 볼 수 있다 (Hyman 1994b). 이때 유럽의 맥락에서 비즈니스 노조주의는 기업 단위의 협력체제, 즉 미시 코포라티즘micro corporatism으로 해석할 수 있을 것이다. 또 브라질이나 남아공의 민주화 이후 경험은 사회운동 노조주의에서 사회적 조합주의의 이행으로, 그리고 한국의 민주 노조 운동은 사회운동 노조주의의 한 유형으로서 전투적 노조주의에서 사회적 노조주의 혹은 비즈니스 노조주의로 분지되는 갈림길에 선 것으로 해석해 볼 수 있다(김유선 1998a).

필자는 이 분석 틀의 유용성을 일부 인정하면서도 중요한 한계가 있다는 점을 지적하고자 한다. 그것은 신자유주의의 압력이 노동조합의 자주성과 민주성에도 심각한 영향을 미치고 있다는 점을 간과할 수 있기 때문이다. 1980년대 이후 미국의 노조 운동에서 두드러지는 현상은 공공 서비스 노조의 사회운동성이 강화되고 조직화 모델의 지향이 강해진 것과 함께 전통적인 조직 부문에서

---

18 로빈슨(Robinson 2000, 114-115)에 의하면 분파적 노조주의는 사회운동 노조주의의 비판성을 공유하고 전체 노동계급의 이익을 대표한다고 주장하나 실제에 있어서는 진지하게 조직화 노력을 하지 않는 노조 운동을 말한다. 즉 그들의 이데올로기를 수용하는 노동자만을 조직하므로 매우 협소하고 배제적인 것이 특징이다. 대표적인 역사적인 사례로는 '공산주의 노조'나 '가톨릭 노조'가 있다.

기업 내부 타협에 의한 양보 교섭이 일반화된 점이었다. 또 유럽에서 강화되고 있는 사회적 파트너십social partnership이나 사회적 대화social dialogue 논의도 담론에 그치는 것이 아니라 하나의 현실적인 모델로 자리 잡고 있다(Hyman 2001a, 174; Heery, Kelly and Waddington 2003; Baccaro, Hamann and Turner 2003). 이는 조직 노동운동에 대한 사용자나 자본 이데올로기의 지배 현상을 표현하는 것이자 노조 운동의 자주성과 민주성에 심각한 후퇴가 진행되었음을 말한다. 로빈슨의 분석 틀은 이 문제를 간과함으로써 지나치게 낙관적이고 단순한 인식을 초래한 것으로 판단된다.

나아가 이 문제가 이른바 '민주화된' 브라질, 남아프리카공화국, 한국으로 넘어오면 상황은 더 심각해진다. 유럽과 달리 이들 사회에서는 노동조합의 자주성과 민주성을 보장할 수 있는 정치적 자유의 제도화가 미약하고 노동조합의 권력이 상대적으로 취약하기 때문이다. 특히 민주화 이후 노동운동 세력이 정치적 배제의 대상이 되고 있는 한국에서 더욱 그러하다. 민주화 이후 이 세 나라에서 공통적인 문제는 '사회적 합의주의'의 문제가 노동운동 내부에서 중요한 쟁점이 되면서 전통적인 노조 운동의 정체성이 심각하게 동요했다는 점이었다(노중기 1999a; 2002a; Beynon and Ramalho 2001; 베주이덴후트 2000; Donnelly 1999; Lehulere 1996; Cronin 1995). 우리 노조 운동에서 중요한 이론적 쟁점으로 비화했던 남아공 노동운동과 COSATU의 셉템버보고서에 대한 해석 문제도 바로 이런 조건을 정확하게 반영한 사태였다(윤효원 1998b; 김영수 1998; 노중기 2006a).

요약하자면 사회운동 노조주의는 서로 중첩된 네 가지 이념적 특성으로 구성된다. 그중 민주성과 자주성은 제3세계 노동운동이 민주화 과정에서 강하게 표출했던 이념적 지향이었다. 그리고 연대성과 변혁성은 신자유주의 자본 공세 앞에서 위기에 처한 서구 노동운동이 주목하는 운동적 특성이었다. 이 네 가지 요소를 분석하는 데에는 구체적인 시기, 구체적인 사회에 대한 검토가 반드시 요구된다. 특히 신자유주의 자본 공세가 노조 운동의 이 요소들에 각기 미치는 효과는 매우 구체적인 수준에서 검토될 필요가 있다. 아래 절에서는 이런 기본적인 인식 위에서 한국 노동운동의 운동 전략을 구체적으로 평가해 보고자 한다.

2) 한국 노동운동의 전략과 사회운동 조합주의

1987년 노동자 대투쟁 이래 활성화된 민주 노조 운동은 내부에서 노동운동의 진로를 둘러싼 많은 논의를 산출해 왔다. 특히 1987년 노동 체제의 틀이 본격적으로 해체되기 시작했던 1998년 이후에는 논쟁이 심각한 상황으로 진행되었다. 지난 10년간 민주 노조 운동에서 가장 중요한 이론적 쟁점은 사회적 합의주의의 실험을 포함하는 사회적 조합주의 논쟁이었다. 이 문제는 1기 민주노총 집행부가 '국민과 함께하는 노동운동'을 표방한 이래 다양한 형태로 변형되어 왔다.[19]

사회적 조합주의의 핵심적인 주장은 기존 민주 노조 운동의 전투적 노동조합주의에 대한 비판, 그리고 변화된 조건에 맞는 정책 결정 참가, 곧 삼자 합의 기구에 대한 정책 참가 노선으로의 전환의 두 가지로 요약된다(김유선 1998a; 윤효원 1998b). 전노협의 운동 노선으로 지칭되는 전투적 노조주의는 실상 대기업

----

19 전체적으로 민주 노조 운동은 전투적 조합주의로부터 사회적 조합주의로 변화해 왔다. 그러나 그 시도는 그다지 성공적이지 못했다. 구체적으로 민주노총 1기 지도부와 4기, 5기 지도부는 사회적 조합주의 노선을 취했고 2기와 3기 지도부는 이를 비판하는 입장이었다. 사회적 합의주의, 곧 노사정위원회 참가 논쟁이나 4기 지도부의 '투쟁과 교섭의 병행 노선', '전투적 조합주의' 비판 논쟁, 한국노총과의 연대-공조의 논쟁, 민주 노조 운동 위기 논쟁 및 사회운동 노조주의 논쟁 등은 모두 사회적 조합주의 노선 논쟁에서 파생된 하위 논쟁으로 이해할 수 있다.

제조업 노동자들의 협소한 경제적 이해를 방어하기 위한 전투적 경제주의라는 비판이었다.[20] 이 설명에 의하면 전체 민주 노조 운동이 이 전투적 경제주의 노선에 의해 규정되고 대사업장 노조의 이해에 종속된 결과 노동운동의 위기가 초래된 것이었다. 그러므로 위기 탈출을 위해서는 노동운동 지도부의 운동 노선 전환이 매우 중요하며 그 방향이 서구나 남아공의 사회적 조합주의 노선이라는 것이다.[21]

또 노동운동은 서구의 경험에서와 같이 임금과 노동조건에 대한 단체교섭에 의존하는 것을 넘어서서 제도적 정책적 의제들에 좀 더 관심을 기울여야 한다고 보았다. 협소한 조직 노동의 이해관계를 넘는 전 사회적 의제에 대해 노동운동이 책임 있게 대응하기 위해서는 삼자 합의 기구에 적극 참여하는 것이 매우 중요하다는 인식이었다. 여기에는 신자유주의 세계화의 거센 압력 아래서는 정책 참가를 통한 최소한의 방어적 교섭이라도 필요하다는 인식이 전제되어 있다. 현실에서 그 기구는 김영삼 정부의 노사관계개혁위원회와 김대중 정부 이래의 노사정위원회였다.

사회운동 노조주의의 문제의식과 개념 틀에서 보면 사회적 조합주의 노선은 유럽의 정치적 경제주의 노선을 지향하는 운동 노선으로 평가할 수 있다 (Robinson 2000, 114). 그것은 조합원 대중의 동원보다는 정당을 매개로 한 정책 참가와 삼자 교섭과 같은 제도적 장치에 의존해서 이해를 관철하고자 하는 노선이기 때문이다. 이때 제도적 장치 중 가장 중요한 기구 중 하나가 중앙 집중적

---

20 이들은 전투적 노조주의를 로빈슨이 말하는 분파적 노조주의와 유사한 것으로 이해하는 것으로 판단된다. 그러므로 전투적 노조주의의 성격이 정확히 무엇인가라는 문제는 이론적으로 매우 중요하다.
21 한편 기존 노동운동에 대해 비슷한 평가를 내리고 있는 박태주(2002)는 대안으로 사회운동적 노동조합주의를 주창한 바 있었다. 그러나 그의 사회운동적 노동조합주의 또는 공공서비스 노동조합주의는 실제 내용에 있어 사회적 조합주의였다. 이에 대한 비판적 검토는 노중기(2006a)를 참고할 것.

인 산별노조이다. 또 기존의 정치 질서와 제도를 중시하므로 이 운동 노선의 중요한 특징은 기존 사회체제의 본질적 문제를 변혁하기보다는 일정한 범위 내에서 이를 개혁하려는 지향을 강하게 보인다는 점에 있다.

한국의 사회적 조합주의에 대해서는 이미 여러 가지 측면에서 비판적 논의가 있었다. 우선 경험적으로 노사정위원회 참가의 경험은 현실에서 그 부정적 결과가 충분히 드러났다(노중기 2003b; 2006a). 또 이론적으로도 한국 사회의 구조적 조건에 대한 비판적 검토의 부재, 비교 사회 분석 방법의 문제, 전략적 선택에 대한 과다한 강조와 관념론적 요소 등이 지적되어 왔다(노중기 2002a; 2004a; 2004b; 2006a). 여기서는 사회운동 노조주의의 개념 논의와 연관해 두 가지 측면을 검토하고자 한다.

먼저 사회운동 노조주의는 유럽 사회 내부에서 제기된 사회적 조합주의에 대한 비판에 기원하고 있다는 점이다. 신자유주의의 공세 속에서 기존의 사회적 조합주의가 드러낸 한계는 많은 연구에서 이미 확인된 바 있다(Ferner and Hyman eds. 1992; 1998). 그런데 한국 사회에서 사회적 조합주의를 지향하는 것은 어떤 의미가 있는가를 되짚어 볼 필요가 있다.

2절에서 보았듯이 신자유주의에 대한 유럽 노동운동의 대응은 노사관계 제도나 조직화 수준의 차이에 따라 차이가 나지만 크게 보아 제도를 매개로 노동조건의 방어에 나서는 경향과 사회운동성을 강화하는 방향 두 가지로 나타났다. 제도적 기반이 강한 대륙 국가들에서 그것은 사회 협약을 통한 조정된 분권화coordinated decentralization나 사회적 파트너십의 구축 노력으로 나타났다. 그런데 이 경우 딜레마가 발생한다. 단기적으로 노동의 이익을 어느 정도 방어하기는 용이하겠으나 장기적으로 조직력의 위축을 막을 수 있는 적극적인 조직화 노력을 방기하기 쉽기 때문이다. 그리고 부정적인 경우에 그것은 기업 단위의 노동 포섭 체제, 이른바 일본식 노사 협조 체제인 미시 코포라티즘으로 나아갈 우려가 상존하고 있다. 따라서 유럽 노동운동에서도 사회운동성을 강화해야 한다는 논의가 좀 더 강하게 제기되고 있다(Baccaro, Hamann and Turner 2003). 유럽에서 한계가 뚜렷한데 우리 사회에서 사회적 조합주의로 나아가자고 주장하는 것은 무리가 있다는 것이다.22

두 번째로 사회적 조합주의의 전투적 노조주의 비판과 사회운동 조합주의의 관계 문제이다. 운동 전략의 측면에서 사회적 조합주의의 가장 분명한 주장은 전투적 조합주의에 대한 강한 비판이었다. 구체적으로 그것은 1980년대 초반 이래 지속되어 온 민주 노조 운동 특유의 투쟁 방식과 양태를 지칭한다. 사회적 조합주의의 주장은 전투적 경제주의를 넘지 않는 이 노선을 전면적으로 폐기해야 한다는 것이었다. 그런데 1987년 노동 체제에서 나타난 민주 노조들의 전투적 조합주의를 서구 학자들은 사회운동 노조주의의 대표적인 역사적 사례로 보았다. 그리고 그 경험을 바탕으로 사회운동 노조주의를 이론화하고 유럽 노동운동의 새로운 전망을 찾았던 것이다. 결국 이런 상반된 이해는 1980년대 이후 한국 민주 노조 운동의 노선을 다시 평가할 필요가 있음을 말하고 있다.

전투적 조합주의는 서구의 학자들이 말하는 것처럼 그렇게 이상적인 모델도 아니지만 동시에 사회적 조합주의 이론가들이 생각하는 것처럼 부정적인 것도 아니었다. 그것은 내적으로 많은 한계를 가지고 있었으나 1987년 노동 체제에 부합하는 대체로 합리적인 운동 전략이었다(노중기 2005b). 정확하게 말하자면 그것은 네 가지 요소의 사회운동 노조주의의 요소와 함께 기업별노조 체제 및 그것에 기인한 협소한 경제주의를 동시에 내포한 운동 전략이었다. 기업별노

---

22 반대로 서구 사례들 중 사회운동 노조주의가 상대적으로 활발한 곳은 미국과 영국 같은 나라이다. 이들 나라에서는 제도를 매개로 한 사회 협약과 사회적 파트너십의 전략이 별로 유용하지 않다. 제도적 기반이 취약하기 때문이다(Baccaro, Hamann and Turner 2003, 130-131). 비슷하게 혹은 그 이상으로 노동운동의 제도적 기반이 매우 약한 우리가 유럽의 협약 실험에서 배울 것은 별로 없다.

조 체제라는 근본적 한계와 함께 노동 정치 세력의 부재, 억압적 권력의 온존과 보수적 시민사회, 어용 노조의 존재 등 매우 불리한 계급 역학 관계 속에서 발생한 운동이었고 역사적 한계를 갖는 것이었다. 무엇보다 민주적 노조 활동을 근본적으로 부인하는 체제에 대항해서 노조 활동의 자유를 쟁취하려는 투쟁이었다. 즉 사회운동 노조주의의 네 요소 중 노조의 민주성과 자주성 확보가 당면한 과제였던 것이다. 결국 이 운동 노선은 정치사회의 자유화에도 불구하고 노동 사회의 억압성이 강고하게 유지된 1987년 노동 체제의 딜레마가 산출한 것으로 볼 수 있다.

그런 측면에서 전투적 노조주의에서 연대성과 변혁성의 한계는 뚜렷했다.[23] 그 연대성은 본질적으로 국가와 사용자의 억압에 맞서기 위해 기업 노조들이 선택한 것이었으므로 강제된 선택으로 볼 수 있었다. 그리고 그것은 기업 단위로 이루어지는 자족적인 노조 활동을 전제로 한 연대였다. 즉 기업 울타리를 넘어설 수 없는 연대였던 셈이다. 그리고 변혁성의 경우에도 과격한 구호와 이념적 지향에도 불구하고 실제로 그 내용은 최소한의 노동조합 활동의 자유, 국가와 자본의 노조 개입 중단을 요구하는 소극적인 성격을 갖고 있었다. 이런 취약성은 1997년 겨울 총파업으로 민주 노조 운동의 시민권이 회복된 이후 좀 더 분명하게 드러났고 그것은 민주 노조 운동의 위기를 구성하는 중요한 구조적 배경이 되었던 것이다.

요컨대 1987년 체제의 전투적 노조주의에는 사회운동 노조주의의 중요한

---

23 정성진(2003, 34-35)은 한국의 전투적 노조주의를 사회운동 노조주의로 볼 수 없다고 주장했으나 이는 과도한 평가로 판단된다. 전투적이었으나 투쟁 내용이 임금 노동조건 등 작업장 내 문제로 한정되었다는 것이다. 전노협 등 초기 민주 노조의 요구에는 노동법 개정을 포함해서 제반 사회 민주화 요구가 포함되었으므로 이는 사실과 부합하지 않는다. 물론 투쟁 내용, 연대 방식에서 나타나는 전반적인 한계를 부인할 수는 없다.

특성들과 협소한 기업 단위 경제주의의 한계들이 복합적으로 작동하고 있었던 것으로 볼 수 있다. 1987년 노동 체제의 구조적 제약은 전자의 측면이 두드러지게 나타나게 했고 이는 서구의 학자들에게 우리 민주 노조 운동에 대한 과도한 평가를 하도록 만들었다. 반대로 1997년 이후 구조조정 정치과정에서 후자의 측면이 중요해지자 사회적 노조주의 지향의 이론가와 활동가는 전투적 노조주의 전체를 부정하는 오류로 나아가게 되었던 것이다.24

4. 결론 : 새로운 사회운동 노조주의의 전망

지금까지의 논의의 내용과 그것이 한국의 민주 노조 운동에 대해 의미하는 함의를 정리해 보면 세 가지로 요약될 수 있다. 그것은 전투적 노조주의와 최근 민주 노조 운동 위기에 대한 이론적 재해석을 가능하게 해 주며 '새로운 사회운동 노조주의'의 의미를 구체화해 준다. 또 나아가 한국 사회에서 사회운동 노조주의의 가능성과 한계, 즉 그 전망을 가늠해 볼 수 있는 준거를 제공하기도 한다.

먼저 1987년 체제의 전투적 노조주의는 제한적 민주화라는 정치사회적 조

---

24 필자의 의견으로는 현재의 조건에서 민주 노조 운동이 사회운동성을 회복하지 못한다면 그 귀결은 일본식 기업 단위 노사 협력주의(혹은 미시 코포라티즘)의 아류로 전락할 가능성이 높다고 본다. 한국 사회 내부에서 본다면 그것은 1980년대 혹은 1987년 체제의 어용과는 다른 의미의 어용 노조, 곧 형식적 자율성을 일부 갖고 있으되 내용적으로 국가와 자본에 이념적으로 종속된 노조 운동으로 귀착할 것이다. 2006년 초 한국노총이 60주년 행사에서 공포한 '사회연대적 노동조합주의'는 그 이름이 어떠하건 본질적으로 이 경향의 주요한 흐름을 대표하고 있다. 물론 민주노총 내부에서도 이 흐름의 영향력은 점차 강해지고 있다.

건이 만들어 낸 독특한 노동운동의 양태였다. 정치 민주화의 진행에 따라 노동자들은 최소한의 노조 활동의 자유를 요구했다. 그러나 1987년 이후에도 지속된 국가와 자본의 억압과 배제로 말미암아 노동자들은 저항하지 않을 수 없었는데 여기서 전투적 노조주의의 원형이 만들어졌던 것이다. 그 양태는 앞서 보았던 사회운동 노조주의의 개념 요소, 즉 민주-자주-연대-변혁에 정확히 부합하는 것이었다(노중기 1997; 임영일 1997d). 국가와 사용자가 강요한 어용 노조와 그 비민주적 활동에 대한 현장 노동자들의 강력한 반발, 국가 자본의 억압에 대항하는 기업 노조 간의 전투적 연대와 제반 사회운동과의 결합, 지식인 출신 운동가의 강한 영향과 민주주의와 노동해방 이데올로기 등 사회운동 노조주의의 주요 특성은 이 시기 노동운동에서 명확하게 나타났다. 이때 다른 제3세계 나라의 경험과 마찬가지로 전투적 노조주의를 가능하게 했던 구조적 배경 요건은 급속한 산업화 및 그에 따른 국가의 노동 억압과 정치 민주화였다(Seidman 1994, 264-274).

그런데 노동 사회의 자유화, 민주화가 제도적으로 진척된 1997년 이후 상황은 급속하게 변화했다. 민주 노조 운동이 합법성을 확보함으로써 과거 사회운동성을 야기했던 구조적 조건이 일정 정도 사라지게 되었기 때문이었다. 그리고 외환위기와 더불어 급속히 확산된 신자유주의 구조조정의 사회경제적 변동도 이런 구조 변동의 효과를 배가했다.[25] 전투적 노조주의의 각종 특성들은 속속 그 빛을 잃어 갔다. 노동조합의 민주적 운영을 가능케 했던 현장 조직은 공동화되었고 그 결과 노조 내부에서는 관료적 의사 결정과 비리 사태가 발생하게 되었다. 또 최소한의 노조 활동의 자유가 주어지자 민주 노조들은 사용자와 담

---

[25] 노동 체제 전환을 가져온 구조 변동과 경험적 증거들에 대해서는 노중기(2006a)를 참고할 것.

합하기 시작했고 활동가들은 기존의 지배 체제에 쉽게 포섭되었다. 총연합 단체 수준에서 사회적 합의주의가 번성하고 정파 대립이 격화한 것도 이와 무관하지 않았다. 마찬가지로 기업별노조들 간의 연대는 급속하게 이완되었고 노동 해방은 단순한 구호로 전락했으며 기업 단위의 경제주의가 이를 대체했다.

돌이켜 보면 전투적 노조주의는 그 직접적인 목표로 민주적 자주적 노조로서 최소한의 활동의 자유를 요구하는 노동운동이었다. 이 최소의 요구가 제도적으로 확보된 이후에는 긴급한 투쟁 과정에서 간과되거나 무시되었던 구조적 약점이 전면적으로 드러나게 되었던 것이다. 기업별노조 체제, 추상적인 노동 해방 외의 정치적 전망의 부재, 여전히 강한 국가와 자본의 배제 전략과 계급 역량의 불균형, 전통적으로 비우호적인 시민사회와 반 노동 이데올로기 등의 구조적 제약들이 갑자기 수면 위로 떠올랐다. 그것은 최소한의 민주성과 자주성을 넘어서는 운동 발전의 전망을 갖지 못했던 주체적 조건 때문이었으며 특히 연대성과 변혁성의 새로운 형식과 내용들이 준비되지 못했기 때문이었다.26

둘째로 한국의 민주 노조 운동에서 사회운동 노조주의는 두 개의 시기, 단계로 구별될 수 있다는 점을 지적할 수 있다. 1987년 노동 체제에서 활성화되었던 전투적 노조주의는 이제 변화된 구조적 지형에서 더 이상 적합하지 않았다. 변화된 지형에 적절히 대응치 못한 결과 위기 현상이 출현한 것이었다. 그러므로 위기를 극복하기 위해서 과거의 그것과 질적으로 내용이 다른, '새로운' 질의 사회운동 노조주의가 필요하다. 여기서 변화된 구조적 조건은 단지 노동 사회의

---

26 좀 더 정확하게 말하면 산별노조의 건설과 노동자 정치 세력화 등의 과제는 1997년 이후 위기 국면 속에서도 민주 노조 운동의 중요한 성과로 평가받을 수 있다. 이 과제들은 이미 전투적 노조주의에서도 주요한 과제로 제기되었으나 그것은 현실적인 것은 아니었고 대체로 구호를 넘어설 수 없었다. 따라서 민주 노조 운동의 위기는 1987년 체제 노동 운동의 성취 위에서만 가능한 것이었고 나아가 새로운 기회를 만들어 내는 구조적 조건을 이루기도 한다. 곧 위기는 기회의 계기를 그 속에 담고 있는 것이다.

자유화뿐만 아니라 신자유주의 노동 체제의 형성이라는 좀 더 중요한 요소를 포함한다.

'새로운 단계'의 사회운동 노조주의를 이전의 것과 구별 짓는 중요한 하나의 문제는 운동의 자연 발생성과 목적성이다. 1987년 체제의 사회운동성은 사실 체제의 구조적 효과가 강했던 점에서 자연 발생적인 요소가 강했다. 또 그것은 최소한의 기업 단위 민주 노조의 형식적 존재조차 부정당했던 현장 노동자들의 아래로부터의 분노가 자발적으로 분출한 것에 기초하고 있었다. 그러나 변화된 조건에서 이제 조직 노동자들의 수동성과 의식적 보수성은 크게 확대되고 있다고 평가된다(조돈문 2006). 동시에 비정규 노동자들의 자발성에서 노조 운동의 새로운 발전을 기대하기는 어렵다. 따라서 새로운 사회운동 노조는 위로부터 지도부의 목적의식적 노력을 매개로 조직된 정규직 노동운동과 미조직 부문, 비정규 노동자의 현장 의지를 묶는 이중적 전략적 시도가 된다.27

나아가 '새로운 단계'의 사회운동성에서 핵심은 연대성과 변혁성의 확장 및 제도화에 있는 것으로 판단된다. 첫 단계의 사회운동성으로 민주 노조는 정치적 시민권을 확보할 수 있었다. 그러나 신자유주의의 거센 도전 앞에서 왜소한 기업 노조의 경제적 조합주의로는 설 자리가 없다. 위기 속의 민주 노조들이 보여 주듯이 이는 필연적으로 노조의 민주성과 자주성을 침해하는 결과로 나아갈 것이다. 그러므로 미조직, 비정규노동자 그리고 제반 사회운동과의 목적의식적 연대를 구축하는 연대성의 제고는 가장 중요한 요소가 된다. 그리고 노동 해방의 전망을 구체적인 정치적 프로그램으로 만들어 변혁성의 내용을 현실화하

27 2006년 산별노조 전환 이후 이 과제는 비로소 현실적인 과제가 되고 있다. 산별노조 운동이 서구의 협소한 단체교섭 위주의 경제적 기구에 머무를 것인지 아니면 사회적 연대의 확장을 위한 사회운동의 기구가 될 것인지는 여전히 열려 있는 문제라고 할 것이다.

는 과제도 중요한 목표가 되어야 한다. 이는 결국 민주노동당을 포함하는 정치 세력화의 실험에 대해 노동조합이 자신의 프로그램을 만들고 실천해야 함을 말한다.[28]

셋째로 생각해 볼 수 있는 함의는 신자유주의 세계화에 저항하는 사회운동 노조주의의 전망 문제이다. 이에 대해서는 현재 낙관론과 비관론이 동시에 존재하고 있다. 낙관론자들은 신자유주의라는 경제 구조의 환경이 사회운동 노조주의를 필연적으로 확산시키고 있다고 평가한다(무디 1999; 뭉크·워터만 2000; Turner and Hurd 2001; Robinson 2000). 반대로 비관론자들은 평가의 근거는 다양하다. 어떤 이들은 그 이론적 지향에서 한계가 있다는 점을 강조하며(Panitch 2000; 정성진 2003) 다른 이들은 경험적으로 근거가 약하거나 그 운동의 실제 성과가 의심스럽다는 점을 강조했다(Katz 2001; Baccaro, Hamann and Turner 2003).

우선 필자의 판단으로는 사회운동 노조주의의 가능성에 대해 과도한 평가는 바람직하지 않은 것으로 판단된다. 그것은 우선 과거 민주화 운동 과정에서 나타났던 제3세계의 모형은 더 이상 현실적이지 않기 때문이다. 민주화 이후의 브라질, 남아공, 한국에서 모두 노동운동에는 상당한 정도의 위기 혹은 위기에 준하는 문제들이 발생했던 것이다. 그리고 서구에서 미국의 경험도 노동운동 전반의 특성은 아니며 그것이 단기간 내에 전 사회적인 수준으로 발전하는 데에는 중요한 장애물이 있다고 보기 때문이다.[29] 요컨대 '새로운' 사회운동 노조

---

28 연대성의 수준을 높이고 그 질을 한 단계 발전시키기 위해서는 여러 가지 새로운 전략적 요소를 검토해야 한다. 제도적으로는 각종 산별노조의 비정규 노동 관련 활동 확대, 연대 임금 연대 복지 제도의 도입 등이 필요하다. 또 현장 조직의 정치적 재조직화도 중요하다. 그러나 장기적으로 보면 정규직 조합원들의 정치의식을 높이기 위한 제반 교육, 훈련, 활동 프로그램이 매우 중요할 것으로 생각된다. 특히 산별노조 지역 조직을 중심으로 지역 수준에서 조합원들이 사회운동에 참가함으로써 정치의식을 제고하는 과정이 필수적이다.

29 정치제도를 포함해서 제도적인 수준에서 큰 변동이 없다면 사회운동 노조주의의 장기적인 존속과

주의는 여전히 현실에 존재하는 실체적 모델은 아닌 것이다.

　더 구체적으로 낙관론이 제기하는 신자유주의 효과에 대한 지나친 기대는 일면적이며 과도한 것으로 보인다.[30] 우선 신자유주의의 효과는 대개의 경우 양면적이며 한국 사회에서도 이는 크게 다르지 않다.[31] 그리고 짧은 기간에 신자유주의적 경쟁 체제가 급속하게 도입된 한국 노동 사회에서 기회보다 위기의 측면이 더 전면적으로 발현된 것도 낙관을 불허하는 이유가 된다. 요컨대 신자유주의 세계화의 흐름은 대체로 자본 헤게모니의 강화로 귀결되는 경향이 있고 이는 전 세계적인 노동운동의 수세 국면을 형성하고 있는 것으로 보아야 한다.

<hr />

발전은 기대하기 어렵다는 지적이었다(Baccaro, Hamann and Turner 2003).

30 로빈슨(Robinson 2000, 115-122)은 미국에서 신자유주의 구조조정이 노동 운동에 미치는 효과를 10개의 변수로 평가했는데 그는 매우 긍정적인 것으로 보았다. 그것은 계급 내부 집합적 정체성 변동, 노동계급의 상태, 독립노조에 대한 국가 억압, 국가의 경제 개입 수준, 민주주의의 내용과 질, 조직률 변동, 단체교섭의 효율성과 성과, 노동 내부의 균열을 막는 정치적 의제의 성과, 국가 자본의 이해관계 대립 여부, 전통적 노조 세력의 권력 변동 등이었다. 그는 이 중 8가지에서 신자유주의 구조조정이 노조의 사회운동성을 강화할 것으로 기대했다. 그러나 신자유주의 구조조정이 사회운동 노조주의를 불러올 것이라는 그의 낙관적 견해는 매우 의심스러운 것으로 보인다. 신자유주의는 양극화, 빈곤화 등 변혁성과 연대성의 가능성도 높이지만 연대를 차단하고 노동자들을 굴종하도록 만드는 효과적인 장치들도 동시에 갖고 있기 때문이다.

31 먼저 신자유주의는 한편에서 시장 압력을 증가시켜 노동자 대중의 상태를 전반적으로 악화시키고 비정규 노동자를 대규모로 형성하는 효과를 가져왔다. 그러나 그것은 노동계급 하층의 사회운동성을 확대하는 효과와 함께 노동계급 내부를 양극화하고 조직 노동과 비조직 노동으로 분절시키는 결과를 가져왔다. 다음으로 중간 계급을 해체해 그들의 상태를 악화시키고 사회운동성을 강화할 수도 있으나 반대로 한국에서와 같이 중간 계급의 의식을 보수화하는 결과도 초래하고 있는 것이다. 셋째로 지속적으로 강화되는 전 지구화 압력은 한국 사회의 사회 양극화나 한미 FTA와 같이 전국적이고 단일한 정치 의제를 형성해 사회운동성 형성에 도움이 될 수도 있다. 그러나 반대로 이런 압력은 조직 노동을 더욱 수세적으로 만들고 협소한 경제적 이익의 방어로 내몰 수도 있다. 넷째, 신자유주의의 압력은 전통적인 노조 세력 혹은 보수적 노조 운동의 입지를 약화시킬 것으로 기대되나 그것은 구체적인 상황에서 정확하게 평가될 수밖에 없다. 이는 한국 사회에서 전통적인 노조 세력인 한국노총이 민주화 이후 정체성을 재구성해 주도권을 강화하는 것에서도 잘 나타나고 있다. 다섯째, 신자유주의가 야기하는 국가 억압의 강화, 민주주의의 후퇴 문제도 마찬가지이다. 즉 그것은 노조 운동의 사회운동성을 높이는 계기가 될 수도 있지만 그 자체로서 노동에 대한 국가의 통제력이 확장되는 것을 의미하기 때문이다. 최근 한국의 민주 노조 운동 흐름이 보여 주듯이 기존 노조 운동을 무력화시키는 요인이 될 수도 있다.

그런데 이런 전반적 조건 속에서도 사회운동 노조주의가 하나의 운동적 전망으로 제기되는 이유는 분명하다. 그것은 기존의 비즈니스 노조주의, 사회적 조합주의가 갖는 운동적 한계가 명료하기 때문이었다. 또 사회운동 노조주의가 정형화된 운동 이념이 아니라 구체적인 경험적 조건 속에서 그 내용이 새로이 창출되어야 할 미래의 운동 전략인 것과 연관이 있을 것이다. 결국 비관과 낙관의 문제 설정보다는 우리 사회에서 사회운동 노조주의에 영향을 미치는 다양한 변수들을 구체적으로 검토하고 전략적으로 대응해 나아가는 노력이 필요하다. 이는 사회운동 노조주의의 네 가지 변수인 민주-자주-연대-변혁의 특성을 구체적인 수준에서 재정립하는 일이 될 것이다.

참고문헌

강명세. 2000. "민주주의와 사회합의주의." 김호진 외. 『사회합의제도와 참여민주주의』. 나남출판.

강문구. 1998. "한국의 민주적 공고화와 사회협약의 가능성: 김대중 정부하의 노사정위원회를 중심으로." 경남대학교 극동문제연구소 편. 『한국과 국제정치』.

강수돌. 1996. "독일 노사관계에서의 '사회적 합의': 한국에 주는 시사점." 『현장에서 미래를』 6월.

고동우. 1998. "정부·언론·은행, 이보다 더 뻔뻔한 합작품은 없다." 『말』 8월.

고영주. 1998a. "하반기 정세전망과 민주노총의 투쟁 방향." 민주노총 정책토론회, 'IMF 체제하의 정세 전망과 민주노총의 대응 방향." 1998. 7. 6.

_____. 1998b. "민주노총 2기 집행부의 활동방향과 과제." 『노동사회』 5월.

곽노현. 1996. "노사관계 개혁과 노동법 개정의 방향." 민주노총 정책보고서. 『노동법 개정과 노사관계 개혁 방향』.

구해근. 2002. 『한국 노동계급의 형성』. 창작과비평사.

권두섭. 2001. "무너지는 노동3권." 한국노동사회연구소 편. 『노동사회』 7월.

권영국. 2002. "발전노조 파업과 관련한 가압류, 서약서 및 개별 감사의 문제점과 대응책." 발전노조 인권침해 토론회(7. 11).

금속산업연맹법률원 편. 『노동과 법』 3호(쟁의행위와 형사책임).

김 준. 1989. "제6공화국의 노동 정책." 학술단체협의회 편. 『1980년대 한국 사회와 지배 구조』. 풀빛.

_____. 1999a. "사회적 합의와 노동 정치의 전개(1989-95)." 최영기 외. 『한국의 노사관계와 노동 정치 1: 87년 이후 사회적 합의를 중심으로』. 한국노동연구원.

_____. 1999b. "5·16 이후 노동조합의 재편과 '한국노총 체제'의 성립." 한국사회사학회 편. 『사회와 역사』 제55집. 문학과지성사.

김 훈. 2003. "노사정위원회 활동 평가 및 발전 방안." 한국노동연구원·한국노사관계학회 주최. 『노사정위원회 활동평가 및 발전방안에 관한 토론회』(1. 15).

김금수·박현채 외. 1985. 『한국 노동운동론 1』. 미래사.

김금수. 1989. "7·8월 노동자투쟁의 성격과 노동조합 운동의 전망." 김용기·박승옥 엮음. 『한국 노동운동 논쟁사』. 현장문학사.

_____. 1998. "IMF관리체제와 노동운동의 전략." 『노동사회』 2월.

_____. 1999. "'신노사문화'가 딛고 선 자리." 『매일노동뉴스』(9. 7).

김동춘. 1995. 『한국 사회 노동자 연구: 1987년 이후를 중심으로』. 역사비평사.

_____. 1997. "신자유주의의 세계화와 참여민주주의." 참여사회연구소 편『참여민주주의와 한국 사회』. 창작과비평사.

김락건. 2001. "경제위기 이후 노동자 삶의 변화』. 한국노동이론정책연구소.『현장에서 미래를』3월.

김삼수. 1999. "1960년대 한국의 노동 정책과 노사관계." 한국정신문화연구원 편.『1960년대 한국의 공업화와 경제 구조』. 백산서당.

_____. 2003. "박정희 시대의 노동 정책과 노사관계." 이병천 편.『개발 독재와 박정희 시대』. 창비.

김상곤. 1998. "사회적 합의주의와 노사정위원회." 민교협 노동토론회 자료집『구조조정·실업대책과 노사정위원회의 위상』.

김상조. 1997. "신자유주의적 경제정책과 노동자 생활." 노동조합기업경영연구소.『신자유주의와 유연화 공세, 어떻게 대처할 것인가』. 도서출판 노기연.

_____. 1999. "1999년 재벌 구조조정 전망과 노동조합의 대응전략." 노동조합기업경영연구소 토론회.

김성구. 1998.『경제위기와 신자유주의』. 문화과학사.

김성훈. 1986. "85년 노동운동에 관한 두 개의 평가."『현장 6』. 돌베개.

김성희. 2005. "민주개혁을 넘어 반신자유주의 연대로." 한국비정규노동센터.『비정규노동』8월.

김세균. 1998a. "경제 위기와 신자유주의, 그리고 노동운동." 한국노동이론정책연구소 창립 3주년 심포지엄 발표 논문.

_____. 1998b. "노동운동의 탈계급화·탈정치화를 위한 최근의 시도들에 대한 비판."『현장에서 미래를』10월.

_____. 2001. "김대중정권의 개혁."『현장에서 미래를』3월.

김수진. 1992. "민주적 코포라티즘에 관한 비판적 고찰."『사회비평』8호.

_____. 1998. "선진 산업 민주주의국가의 사례에 비추어 본 노사정 삼자 협의의 성격과 전망." 학술단체협의회 학술토론회 자료집『초국적 금융자본의 세계지배와 민중의 삶』(5.30).

김연명. 2001. "김대중 정부의 사회복지정책 어떻게 볼 것인가." 이병천·조원희 편.『한국경제 재생의 길은 있는가』. 당대.

김영두. 2002. "노사정위원회, 평가와 전망." 한국노동사회연구소 편.『노동사회』10월.

김영수. 1998. "남아공 노동운동의 '사회적 합의주의'." 한국노동이론정책연구소 편.『현장에서 미래를』37호.

김용기·박승옥 엮음. 1989.『한국 노동운동 논쟁사: 1980년대를 중심으로』. 현장문학사.

김유선. 1998a. "노동운동의 혁신을 위한 제언." 한국노동사회연구소 편.『노동사회』9월호.

_____. 1998b. "노동조합 운동의 현황과 과제." 한국노동연구원.

_____. 1998c. "현시기 민주노총 목표로 사회주의 내걸어야 하나." 민주노총 기관지『노동과 세계』37호(9. 26).

_____. 2001a. "분기별 노동시장 동향." 한국노동사회연구소 편.『노동사회』6월호.

_____. 2001b. "비정규직 규모와 실태." 한국노동사회연구소 편.『노동사회』11월호.

_____. 2001c. "외환위기 이후 노동자 상태변화." 한국사회과학연구소 편.『동향과 전망』 51호(겨울호).

_____. 2002. "2002년 상반기 노동시장동향." 한국노동사회연구소 편.『노동사회』8월호.

_____. 2003. "노동운동에 드리는 고언." 한국노동사회연구소 편.『노동사회』12월호.

_____. 2004a.『노동시장 유연화와 비정규직 고용』. 한국노동사회연구소.

_____. 2004b. "현단계 노동시장 진단과 정책과제." 민주노총정책연구원 개원기념 토론회 자료.

_____. 2005. "비정규직 규모와 실태." 한국노동사회연구소 편.『노동사회』105호(12월호).

김인동. 1985. "70년대 민주 노조 운동의 전개와 평가." 김금수·박현채 외.『한국 노동운동론 1』. 미래사.

김장한 외. 1989.『80년대 한국 노동운동사』. 조국.

김정주. 2003. "외부 의존형 성장의 추구와 국가 기구의 전면화 과정." 민주사회 정책연구원 학술대회 '한국형 발전 모델의 원형과 그 변용 과정' 발표문.

김주성. 1992. "자유주의의 세계사적 근대성 완결과 철학적 위기."『사회비평』8호, 나남.

김철호. 1998. "사회적 합의주의와 노동운동의 대응 2." 전국노동단체연합 편.『노동전선』4월호.

김태기·윤봉준. 1991.『노사 분규 연구』. 한국노동연구원.

김태연. 1998. "노사정위원회의 경과와 대응방향."『현장에서 미래를』8월호.

_____. 2003. "노무현정권의 '사회통합적 노사관계'와 민주노총의 대응."『현장에서 미래를』 3월호(86호).

김태현. 2001. "세련된 노동배제적 신자유주의정책, 부익부 빈익빈의 심화." 민주노동당정책 위원회.『김대중 정부 3년 평가와 대안』. 이후.

김형기. 1992a. "변화된 노동정세와 진보적 노자 관계." 민중당 기관지『전망』3월호.

_____. 1992b. "진보적 노자 관계와 진보적 노동조합주의를 위하여." 한국산업사회연구회 편.『경제와 사회』가을호, 한울.

_____. 1997. "노동법 개정 이후의 노사관계전망과 노동계급의 대응."『당대비평』가을호.

_____. 1998. "노사정위원회 활동에 대한 비평과 제언." 노사정위원회 실무관련자 워크숍 (12. 4).

김혜란. 1999. "산별 노조 이렇게 만들어 나가자 3."『현장에서 미래를』7월호.

_____. 2001. "7~8월 국면의 특징과 노동자·민중투쟁."『현장에서 미래를』8·9월호.

김호기. 1993. "조절이론과 국가이론: 제솝의 전략: 관계적 접근."『동향과 전망』봄·여름호.

_____. 1999. "1970년대 후반기의 사회구조와 사회 정책의 변화: 노동 정책과 복지정책을 중심으로." 한국정신문화연구원 편.『1970년대 후반기의 정치사회 변동』. 백산서당.

김호진 외. 2000.『사회합의제도와 참여민주주의』. 나남출판.

노대명. 2001. "실업자 양산-빈곤의 증대-삶의 질 악화의 악순환." 민주노동당정책위원회.

『김대중 정부 3년 평가와 대안』. 이후.

노동부 노사정책국. 1998. 『사회적 합의 추진 동향과 대책』(1. 9).

노동부. 1988. "1987년 여름의 노사 분규 평가보고."

노사정위원회 2000. "1999년 노사정위원회 활동현황."

_____. 1999. "노사정 협력 증진을 위한 정책과제"(2월).

_____. 1998. "노사정위원회 규정집"(6월).

_____. 1998. "노사정위원회 운영관계자 워크샵"(12. 14).

_____. 1998. "노사정위원회 활동현황"(12월)

_____. 1998. "위원회 활동자료"(2월).

_____. 1998. "의제관련 논의 현황"(2. 5).

_____. 1998. "합의사항 이행현황"(9월).

_____. 1998. "노사정위원회 활동현황."

노중기. 1993. "한국 국가의 노동 통제 유형에 관한 비판적 연구." 한국산업사회연구회 편. 『경제와 사회』 여름호.

_____. 1995. "국가의 노동 통제 전략에 관한 연구: 1987~1992." 서울대학교 박사학위논문.

_____. 1996. "노사관계 개혁과 한국의 노동 정치." 한국산업사회학회 편. 『경제와 사회』 31호.

_____. 1997a. "한국의 노동 정치 체제 변동: 1987~1997." 한국산업사회학회 편. 『경제와 사회』 36호.

_____. 1997b. "6월 민주항쟁과 노동자 대투쟁." 학술단체협의회 편. 『6월 민주항쟁과 한국 사회 10년 1』. 당대.

_____. 1998a. "김대중 정부의 노동 정책과 노동 정치." 이병천·김균 편. 『위기, 그리고 대전환』. 당대.

_____. 1998b. "노사정위원회와 노동운동." 한국노동이론정책연구소 편. 『경제위기, 신자유주의 그리고 노동운동』. 현장에서 미래를.

_____. 1998c. "현실과 원칙의 혼동을 경계하며: 사회적 조합주의 비판." 『노동과 세계』 38호(10. 28).

_____. 1999a. "노동운동의 위기 구조와 노동의 선택." 한국산업노동학회 편. 『산업노동연구』 5권 1호.

_____. 1999b. "1기 노사정위원회와 정리해고 합의." 최영기 외 편. 『한국의 노사관계와 노동 정치: '87년 이후 사회적 합의를 중심으로』. 한국노동연구원.

_____. 1999c. "사회적 합의와 노동 정치의 새로운 실험 : 노사정위원회." 최영기 외. 『한국의 노사관계와 노동 정치 1: 87년 이후 사회적 합의를 중심으로』. 한국노동연구원.

_____. 2000a. "현시기 김대중 정부의 노동 정책." 『현장에서 미래를』 8·9월호.

_____. 2000b. "한국 사회의 노동 개혁에 관한 정치사회학적 연구." 한국산업사회학회 편. 『경제와 사회』 겨울호.

_____. 2001. "김대중 정부의 노동 정책." 민주사회 정책연구원 편. 『민주사회와 정책연구』 창간호.

_____. 2002a. "코포라티즘과 한국의 사회적 합의." 계간 『진보평론』 13호.

_____. 2002b. "발전파업과 노동·사회운동의 위기." 참여사회연구소 편. 『시민과 세계』 2호. 당대.

_____. 2002c. "발전파업과 민주 노조 운동의 위기." 노동조합기업경영연구소 편. 『민주노동과 대안』 5월호.

_____. 2003a. "노동 체제 변동과 민주주의." 학술단체협의회 엮음. 『민주주의는 종료된 프로젝트인가』. 이후.

_____. 2003b. "노사정위원회 5년, 평가와 전망." 한국사회과학연구소 편. 『동향과 전망』 56권(봄호). 박영률출판사.

_____. 2004a. "세계화와 노동 체제 변동에 관한 비교사회학적 연구." 한국산업노동학회 편. 『산업노동연구』 10권 1호.

_____. 2004b. "사회적 합의와 신자유주의 노동 체제 : 한국과 멕시코의 비교 연구." 한국산업사회학회 편. 『경제와 사회』 여름호. 한울.

_____. 2004c. "'한국 노사관계 지형과 노동조합의 사회적 대화전략' 발제에 대한 토론." 민주노총 정책토론회 자료집. 『한국의 노사관계 현황과 노동조합의 사회적 대화 전략』.

_____. 2005a. "위기의 노동운동, 신자유주의에 포위된 민주 노조 운동." 한국정치연구회 편. 『정치비평』 14호.

_____. 2005b. "전투적 조합주의에서 살릴 것과 죽일 것은 무엇인가." 한국노동사회연구소 편. 『노동사회』 100호(6월호).

_____. 2005c. "군부독재 시기 노동 체제 형성에 관한 연구." 공제욱·조석곤 편. 『1950 ~1960년대 한국형 발전 모델의 원형과 그 변용 과정』. 한울아카데미.

_____. 2005d. "민주 노조 운동과 구로 동맹 파업: 그 내적 연관에 대한 시론." 구로 동맹 파업 20주년 정신 계승 대토론회 발표문(6. 18).

_____. 2006a. "고도성장 이후 노동운동의 전환과 과제." 한국산업사회학회 편. 『경제와 사회』. 봄호, 한울.

_____. 2006b. "노무현 정부의 노동 정책 : 평가와 전망." 한국산업노동학회 편. 『산업노동연구』. 12권 2호.

_____. 2007a. "노동체제 전환기의 노동운동 발전전략에 관한 연구" 한국산업사회학회 편. 『경제와 사회』 겨울호(76호).

_____. 2007b. "민주노조운동 20년과 사회적 합의주의." 한국사회과학연구소 편. 『동향과 전망』 가을·겨울호(71호).

_____. 2007c. 『한국의 노동 정치와 노동운동』. 한신대학교 출판부.

노항래. 1998. "노동조합 운동의 조직혁신을 위한 제언." 『노동사회』. 11월호.

노회찬. 1998. "산별 노조와 진보정당 건설로 위기극복을." 『노동과 세계』. 제39호(11. 3).

니어리, 마이클. 2001. "노동이 운동하고 있다: 사회운동적 노조주의 비판." 『진보평론』 8권

(여름호). 현장에서 미래를.

무디, 킴. 1999.『신자유주의와 세계의 노동자』. 문화과학사.

_____. 1999.『신자유주의와 세계의 노동자』. 문화과학사.

뭉크, 로날도· 피터 워터만 편. 2000.『지구화 시대의 전 세계 노동자』. 문화과학사.

민주노총 정책연구원. 2005.『민주노총의 현재 그리고 미래』. 민주노총 창립 10주년 기념 토론회 자료집(11. 11).

민주노총. '1998 사업보고 자료모음." 1999. 2.

_____. '98년 정세와 투쟁방침(안)." 1998. 1. 8.

_____. '99 정기대의원대회(14차) 회의자료." 1999. 2.

_____. '민주노총 99년 투쟁요구 해설." 1999. 2.

_____. '전국단위 노조대표자 수련회." 1999. 3. 9.

_____. '정리해고 분쇄와 하반기 투쟁방향." 1998. 6.

_____. '정세분석 보고서." 1998. 8. 17.

_____. 'IMF 구제금융 조건과 과제." 1997. 12.

_____.『노동과 세계』(기관지), 각호.

박 동. 2001. "한국의 노동 체제 변화와 사회협약의 정치."『경제와 사회』봄호 특별부록.

박광준. 1993. "신보수주의와 한국 사회의 정책 지향." 한국산업사회연구회 편.『경제와 사회』여름호.

박성인. 1998a. "'2기 노사정위원회." 어떻게 바라볼 것인가?-'신자유주의적 구조조정의 하위 동반자 기구'로서의 '노사정위원회".

_____. 1998b. "계급적·정치적 노동운동으로의 진전을 위하여."『노동과 세계』36호(9. 19).

박승옥· 김용기. 1989.『한국 노동운동 논쟁사』. 현장문학사.

박승옥. 1992. "한국 노동운동, 과연 위기인가."『창작과 비평』20권 2호(여름호).

박승희. 1988. "대기업 일관 작업장의 노동 통제에 관한 사례 연구." 성균관대학교 박사학위 논문.

박영삼. 1996. "미국의 노사관계 개혁과 던롭위원회." 한국노동사회연구소 편.『노동사회연구』7호.

박재영. 1999. "이른바 '사회적 조합주의' 논쟁에서 무엇을 배울 것인가?". 평화인권연대 소모임자료.

박준식. 1996. "노사관계 개혁의 과제와 전망." 한국사회과학연구소 편.『동향과 전망』가을호.

박태주. 2002. "다시 공공서비스 노조주의를 말한다: 사회운동적 노동조합주의를 위한 시론." 한국노동사회연구소 편.『노동사회』9월호.

_____. 2006. "세계화와 사회적 대화, 그리고 노사정위원회." 전태일기념사업회 토론회 자료집.『한국형 사회협약, 과연 가능한가』(11. 9).

박현석. 2002. "국제노동기구 협약 권고와 한국." 금속산업연맹법률원 편.『노동과 법』3호 (쟁의행위와 형사책임).

박현채. 1989. "7·8월 노동쟁의의 양상과 민주화." 김용기·박승옥 엮음.『한국 노동운동 논쟁사』.

백종국. 1993. "한국의 국가, 시민사회 그리고 지배 연합의 변동." 경남대학교 극동문제연구소 편.『한국 정치·사회의 흐름』. 나남.

버거, 스테판·휴 콤프스턴 엮음. 조재희·김성훈·강명세·박 동·오병훈 옮김. 2003.『유럽의 사회협의제도』. 한국노동연구원.

베주이덴후트. 2000. "세계적 사회운동 조합주의를 향하여?: 남아프리카 노동조합의 세계화 대응." 한국노동사회연구소 편.『노동사회』7, 10월호(통권 45호, 47호).

산업자원부. 2002. "발전노조파업 종식 및 향후대책"(4. 11) ('발전노조파업 종식 및 후속대책', 2002. 4. 15)

서울노동운동연합. 1986.『선봉에 서서: 6월 노동자 연대 투쟁 기록』. 돌베개.

선한승. 1992. "사회적 합의주의 연구." 한국노동연구원.

_____. 1998.『정리해고와 사회적 합의, 어떻게 할 것인가?』. 노동연구원 보고서(1. 7).

손호철. 1999.『신자유주의시대의 한국 정치』. 푸른숲.

_____. 2003.『현대 한국 정치 : 이론과 역사 1945~2003』. 사회평론.

송호근. 1994. '국가와 시장의 결합구조론 : '경쟁'의 정치사회학'.『열린 시장, 닫힌 정치』. 나남출판.

_____. 1998. "'시장의 시대'와 조합주의: 우리에게 조합주의는 유용한가?'『계간 사상』여름호.

신광영. 1994.『계급과 노동운동의 사회학』. 나남.

_____. 1998. "김대중 정부의 노동 정책."『현장에서 미래를』. 6월호.

_____. 2004. "사회운동 노조주의: 일본 사이키(佐伯) 조선소 노조 사례를 중심으로." 사이버 노동대학 편.『2004년 오프라인 합동교육 자료집』.

신금호. 1989. "7·8월 노동투쟁." 김용기·박승옥 엮음.『한국 노동운동 논쟁사』.

안두순. 2000. "유럽의 사회합의제도와 한국에 주는 시사점." 김호진 외.『사회합의제도와 참여민주주의』. 나남출판.

안철홍. 1998a. "노사협력주의 성공만이 우리 사회의 유일한 대안." 월간『말』7월호.

_____. 1998b. "사회적 합의주의인가 계급적 노동운동인가." 월간『말』11월호.

엄주웅. 1994. "노동운동의 폭발적 고양과 민주노조 운동의 구축." 한국민주노동자연합 엮음.『1970년대 이후 한국 노동운동사』. 동녘.

오건호. 2004. "신자유주의시대 사회 공공성 투쟁의 성격과 의의." 한국산업노동학회 편.『산업노동연구』10권 1호.

워터만, 피터. 2000. "새로운 사회적 노동조합주의: 신세계질서를 위한 새로운 노동조합 모델." 로날도 뭉크, 피터 워터만 편. 국제연대정책정보센터 옮김.『지구화 시대의 전세계 노동자』. 문화과학사.

유경순. 2005. "1985년 구로 동맹 파업의 전개 과정과 현재적 의미."『진보평론』여름호.

유범상. 1999. "사회적 합의와 노동 정치의 새로운 실험 : 노사관계개혁위원회." 최영기 외.

『한국의 노사관계와 노동 정치 1: 87년 이후 사회적 합의를 중심으로』. 한국노동연구원.

유병홍. 2001. "노동법 쟁점과 민주노총 투쟁방향." 『노동사회』 7월호.

유철규 편. 2004. 『박정희 모델과 신자유주의 사이에서』. 함께하는 책.

유팔무. 1993. "한국의 시민사회론과 시민사회 분석을 위한 개념 틀의 모색." 경남대학교 극동문제연구소. 『한국 정치·사회의 새흐름』. 나남.

윤상철. 1997. "한국 권위주의체제의 변동: 1983~1990." 서울대학교 박사학위논문.

윤애림. 2001. "2001년 노동법 개악공세의 성격과 쟁점." 『현장에서 미래를』 4월호.

윤진호. 1998. "IMF체제와 고용조정." 한국사회과학연구소 편. 『동향과 전망』 봄호.

_____. 1999. "노사정위원회 : 성과와 과제." 서울사회경제연구소. 『IMF 관리 후 한국의 경제정책』. 새날.

_____. 2000. "한국에서의 코포라티즘의 가능성: 노사정위원회의 경험과 그 평가." 윤진호·유철규 편. 『구조조정의 정치경제학과 21세기 한국경제』. 풀빛.

_____. 2001a. "김대중 정부의 노동 정책." 고려대학교 노동대학원 발표 논문.

_____. 2001b. "노사정 3자 합의 체제에 관한 실증적 연구." 한국사회경제학회 편. 『사회경제평론』 17호.

_____. 2001c. "IMF 경제위기 이후의 노동 정책 : 한 비판적 시각." 『김대중 정부의 4대 개혁 : 평가와 과제』. 여강출판사.

윤효원. 1998a. "1998년 민주노총 전략·전술 평가." 『노동사회』 11월호.

_____. 1998b. "COSATU의 '사회적 조합주의'에 대한 왜곡된 해석을 비판한다." 『노동사회』 11월호.

_____. 1999. "사회적 조합주의: 남아프리카 노동운동의 발전 전략." 한국노동사회연구소 편. 『전략적 개입: 구조조정기 노동운동의 대응』. 한국노동사회연구소.

_____. 2000. "노동운동 발전 전략(안)을 읽고서." 한국노동사회연구소. 『노동사회』 11월호.

이계수. 2001. "신자유주의의 세계화와 경찰국가의 강화." 민주주의법학연구회 편. 『신자유주의와 민주법학』. 관악사.

이광일. 1998. "실업과 정치: 노사정위원회의 가능성." 한국 정치연구회 편. 『정치비평』 가을·겨울호.

이광택. 1999. "사회협약은 지켜져야 한다." 『담론21』 봄호.

이병천. 2003. "개발 독재의 정치경제학과 한국의 경험." 이병천 엮음. 『개발 독재와 박정희 시대』. 창비.

이병훈·강혜영. 1998. "구조조정기의 노동 : 노동시장과 노사관계를 중심으로." 한국산업사회학회 학술대회 자료집 『한국자본주의의 성공과 실패』.

이병훈·유범상. 1998. "한국 노동 정치의 새로운 실험." 한국산업노동학회 편. 『산업노동연구』 4권 1호.

이병훈. 2003. "유럽 노사관계 모델에 대한 이해와 시사점." 한국노동연구원 정책토론회.

_____. 2004. "한국 노사관계 지형과 노동조합의 사회적 대화 전략." 전국민주노동조합총연맹 정책토론회 자료집.『한국의 노사관계 현황과 노동조합의 사회적 대화 전략』(5. 7).

이상희. 2003. "1960년대 성장 전략의 전환과 노동 통제 기제의 변용 과정." 민주사회 정책연구원 학술대회.『한국형 발전 모델의 원형과 그 변용과정』발표문.

이성형. 1998a. "멕시코 코포라티즘의 위기: 1994~1997." 최영기·이장원 편저.『구조조정기의 국가와 노동』. 나무와 숲.

_____. 1998b.『IMF시대의 멕시코: 신자유주의개혁의 명암: 1982~1997』. 서울대학교 출판부.

_____. 1999. "신자유주의 멕시코: 1997~1998년의 소묘."『신자유주의의 빛과 그림자: 라틴아메리카의 정치와 경제』. 한길사.

이수인. 1994.『현대그룹 노동운동, 그 격동의 역사』. 대륙.

이용범. 2001. "5·30 노동부 장관 발언과 노동시간 단축논의 전망."『노동사회』6월호.

이원덕. 1998. "지난 10년의 회고와 21세기를 위한 구상."『21세기 한국의 노동』. 한국노동연구원.

이원보. 1999. '새 노동 정책의 실상과 허상', 한국노동사회연구소 편,『노동사회』36호(9월호).

_____. 2004.『한국 노동운동사: 경제 개발기의 노동운동, 1961~1987』. 지식마당.

이은숙. 1998. "신자유주의적 구조조정, 버려진 "고용안정과 생존권 보장." 한국노동이론정책연구소 편.『현장에서 미래를』7월호.

이일재. 1998. "노사정위원회의 본질: 그에 대한 대응과 전략·전술에 대한 반성." 한국노동이론정책연구소 편.『현장에서 미래를』. 7월호.

이정택. 1997. "한국의 노사협력 모형 모색." 한국 노동교육원.

이주희·안성우. 2002. "경제 세계화와 노사관계의 전환: 경쟁력 있는 조합주의는 가능한가?." 이주희 편.『21세기 한국 노동운동의 현실과 전망』(KLI 21세기 노동운동포럼). 한울아카데미.

이주희 엮음. 2002.『21세기 한국 노동운동의 현실과 전망』. 한울아카데미.

인천기독교민중교육연구소 엮음. 1988.『'87 노동자 대투쟁: 7·8월 인천지역 사례』. 풀빛.

인천지역노동자연합준비위원회. 1989. "7·8월 노동자 대투쟁에 대하여." 김용기·박승옥 엮음.『한국 노동운동 논쟁사』.

임상훈·조성재·유범상·장홍근. 2002. "노사정위원회 활동 평가 및 발전방안에 관한 연구." 노사정위원회 연구보고서(한국노동연구원).

임상훈. 2002. "'경제세계화와 노사관계의 전환'에 대한 토론문: 경쟁력 있는 조합주의로의 전략적 선택을 위하여." 이주희 편.『21세기 한국 노동운동의 현실과 전망』(KLI 21세기 노동운동포럼), 한울아카데미.

_____. 2003. "노사정위원회를 둘러싼 노사정의 전략과 활동 전망." 한국사회과학연구소 편.

『동향과 전망』 봄호(56호). 박영률출판사.

임영일. 1989. "7·8월 노동자 대투쟁과 대중운동의 고양: 7·8월 평가 논쟁." 김용기·박승옥 엮음. 『한국 노동운동 논쟁사』.

_____. 1992. "한국의 노사관계와 계급정치." 경남대학교 극동문제연구소 편. 『한국 정치· 사회의 새흐름』. 나남.

_____. 1993. "한국의 노사관계와 계급 정치." 경남대학교 극동문제연구소 편. 『한국 정치· 사회의 새흐름』. 나남.

_____. 1997a. "노동운동의 제도화와 시민권." 『경제와 사회』 여름호. 한울.

_____. 1997b. "노사관계 민주화의 조건과 전망." 영남노동운동연구소. 『연대와 실천』 36 호.

_____. 1997c. "코포라티즘에서 신자유주의로?: 멕시코 위기의 정치경제적 배경에 관한 연구." 경남대 사회학과. 『사회연구』 11집.

_____. 1997d. "한국의 노동운동과 계급 정치, 1987~95: 변화를 위한 투쟁, 협상을 위한 투쟁." 부산대학교 박사학위논문.

_____. 1998a. "공황기의 한국 노동운동의 과제." 영남노동운동연구소 편. 『연대와 실천』 8 월호.

_____. 1998b. "산별 노조 건설이 위기극복의 첫 단계." 『노동과 세계』 41호(12. 3).

_____. 1998c. "코포라티즘에서 신자유주의로? 멕시코 위기의 정치 경제적 배경에 관한 연구." 경남대 사회학과 『사회연구』 제11집.

_____. 1998d. "한국 노동 체제의 전환과 노사관계: 코포라티즘 혹은 재급진화." 한국산업사회학회 편. 『경제와 사회』 40호.

_____. 1999a. "경제위기와 노동의 대응: 멕시코와 한국의 노동 체제." 한국산업노동학회. 『산업노동연구』 5권 2호.

_____. 1999b. "산별 노조 조직화의 쟁점과 과제." 한국산업노동학회 편. 『산업노동』.

_____. 2001. "민주노총 연대파업과 정부의 탄압 : 파탄의 노사관계." 영남노동운동연구소 편. 『연대와 실천』 6월호.

_____. 2002. "신자유주의하 노동의 위기와 노동 체제의 전환." 경상대 사회과학연구소 엮음. 『신자유주의 구조조정과 노동 체제의 변화』. 한울아카데미.

_____. 2003. "신자유주의적 구조조정과 노동 체제의 전환." 경상대학교 사회과학연구원 엮음. 『신자유주의적 구조조정과 노동운동: 1997~2001』. 한울아카데미.

_____. 2005a. "노동운동 위기론과 산별 노조 건설운동의 반성." 영남노동운동연구소 편. 『연대와 실천』 133호(7월호).

_____. 2005b. "위기의 노동: '1987년 체제'의 극복을 위하여." 영남노동운동연구소 편. 『연대와 실천』 137호(11월호).

임혁백. 1990. "한국에서의 민주화 과정 분석: 전략적 선택 이론을 중심으로." 『한국 정치학회보』 제24집 1호.

_____. 1993. "한국 노동 정치의 변화와 연속성: 모순의 지연, 심화, 표류." 한국문화연구원

학술대회 자료집.『한국 자본주의와 노동 정치』.

임현진·김병국(1991. "노동의 좌절, 배반된 민주화 : 국가 자본 노동관계의 한국적 현실." 계간『사상』겨울호.

장명국. 1989. "7·8월 노동자 대투쟁과 한국 사회의 변화." 김용기·박승옥 엮음.『한국 노동운동 논쟁사』.

장홍근. 1999. "한국 노동 체제의 전환 과정에 관한 연구, 1987~1997." 서울대학교 박사학위논문.

전국노동단체연합. 1999. "계급타협적 개량주의 노동운동 노선 비판과 노동운동의 대안." 월간『노동전선』1월호.

전국민주노동조합총연맹. 1996.『노동법 개정과 노사관계 개혁 방향』(정책보고서 96-6).

_____. 1997. "1996년 사업보고·자료 모음."

_____. 1999.『김대중 정권하 검찰에 의한 일방적 노조탄압, 공안탄압에 대한 민주노총의 진상조사 결과보고』(6. 29).

_____. 2000. "2001년 정세와 사업계획'.

_____. 2002. "신종노동탄압 손배소송, 가압류로 인한 노동 기본권 제약의 문제점"(7. 5).

_____. 2004. "한국의 노사관계 현황과 노동조합의 사회적 대화 전략." 정책토론회 자료집(5. 7).

_____. 2001.『1970~2000 민주 노조 투쟁과 탄압의 역사』, 도서출판 현장에서 미래를,

전신욱. 1989. "한국 산업화 과정에서의 노동 통제와 노동 저항." 고려대학교 박사학위논문.

전태일기념사업회. 2006.『한국형 사회협약, 과연 가능한가』. 토론회 자료집(11. 9).

전태일을 따르는 민주노동연구소. 2006. "북미 노동운동 방문조사 보고"(9. 30).

정건화·김상조. 1996. "신경제정책하의 한국경제와 1996년판 경제위기론." 한국사회과학연구소 편.『동향과전망』겨울호.

정대화. 1995. "한국의 정치변동, 1987~1992: 국가-정치사회-시민사회의 관계를 중심으로." 서울대학교 박사학위논문.

정무권. 2001. "국민의 정부의 사회 정책: 신자유주의로의 확대? 사회통합으로의 전환." 안병영, 임혁백 편.『세계화와 신자유주의』. 나남.

정성진. 2003. "신자유주의적 세계화와 노사관계 변화의 국제비교." 경상대 사회과학연구소 엮음.『신자유주의적 구조조정과 노동 문제: 1999~2001』. 한울아카데미.

정영국. 1993. "한국의 국가-사회관계 변화와 정치 체제 변동." 경남대학교 극동문제연구소 편.『한국 정치·사회의 새흐름』. 나남.

정진상. 1997. '노동자 정치 세력화를 둘러싼 쟁점들', 영남노동운동연구소,『연대와 실천』39호.

_____. 2002. "노사정위원회와 총파업 투쟁 : 쟁점과 과제." 경상대 사회과학연구소 엮음.『신자유주의 구조조정과 노동 체제의 변화』. 한울아카데미.

조돈문. 1996. "멕시코 노동운동의 이중구조의 형성과 재생산."『라틴아메리카 연구』9권 1호.

_____. 2001. "대우자동차 처리과정과 정부의 실패."『경제와 사회』51호(가을호).

_____. 2003. "민주화와 신자유주의 시기 노동운동: 1990년대 브라질 노동운동의 대응전략." 한국사회과학연구소 편. 『동향과 전망』 58호(가을호).

_____. 2004. "민주 노조 운동의 조건과 과제." 한국산업노동학회 편. 『산업노동연구』 10권 1호.

조영철. 2003. "재벌 체제와 발전 지배 연합." 이병천 엮음. 『개발 독재와 박정희 시대』. 창비.

조준상. 1998. "노동운동에 쓴 약이 필요하다." 『한겨레21』(10. 1).

조효래. 1995. "민주화와 노동 정치: 한국, 브라질, 스페인의 비교 연구." 서울대학교 사회학과 박사학위논문.

_____. 1997. "1987년 이후 노사관계의 변화." 『동향과 전망』 여름호.

_____. 1999. "신자유주의적 경제개혁과 '사회적 합의': 한국과 스페인의 비교." 한국사회학회발표논문.

_____. 2001. "경제위기와 고용 안정 투쟁." 최영기 외. 『1987년 이후 한국의 노동운동』. 한국노동연구원.

_____. 2003. "사회적 합의의 형성과 붕괴, 복원 : 스페인의 사례." 한국사회과학연구소 편. 『동향과 전망』 봄호(56호), 박영률출판사.

조홍식. 2001. "20대 80 사회의 도래와 위기의 사회복지." 새얼문화재단. 『황해문화』 여름호.

조희연. 1994. "한국에서의 민주주의 이행에 관한 정치사회학적 연구: 국가, 정치사회, 시민사회의 분화에 대하여." 한국사회과학연구소 편. 『동향과 전망』 겨울·봄 합본호.

_____. 2004. 『비정상성에 대한 저항에서 정상성에 대한 저항으로』. 아르케.

진보정치연구소. 2005. 『위기의 한국 사회, 대안을 찾아서』. 토론회 자료집(12. 14).

채만수. 1996. "'신노사관계 구상'이 던진 문제." 한국노동이론정책연구소. 『현장에서 미래를』 10호.

최영기·배규식. 2003. "노사관계의 한국형 발전 모델." 한국노동연구원 정책토론회.

최영기·이장원 편. 1998. 『구조조정기의 국가와 노동』. 나무와 숲.

최영기 외. 1999. 『한국의 노사관계와 노동 정치』. 한국노동연구원.

_____. 2000. 『한국의 노동법 개정과 노사관계: 87년 이후 노동법 개정사를 중심으로』. 한국노동연구원.

_____. 2001. 『1987년 이후 한국의 노동운동』. 한국노동연구원.

최영기. 1997/1998. '노사개혁에 대한 평가와 향후 노사관계에 대한 전망', 고위지도자과정 자료집.

_____. 1998a. "네덜란드, 제3의 모델." 최영기·이장원 편. 『구조조정기의 국가와 노동』 나무와 숲.

_____. 1998b. "현대자동차문제에 대한 평가." 한국노동연구원(8. 26).

_____. 1999a. "98년도 평가와 99년 운영 방향." 노사정위원회 편. 『노사정위원회 운영관계자 워크샵』(12. 14).

_____. 1999b. "한국의 사회적 합의의 전통과 미래." 최영기 외. 『한국의 노사관계와 노동 정치』. 한국노동연구원.

_____. 2002. "노사관계 혁신과 사회적 협의모델." 한국노동연구원·한국노사관계학회·한국
　　노동법학회·한국 노동경제학회 주최. 『노사정 협의모델 발전방안에 관한 토론회』
　　(1. 25).

최장집 편. 2005. 『위기의 노동』. 후마니타스.

최장집. 1985. "노동조합에 대한 조합주의적 통제." 변형윤 외. 『분단 시대와 한국 사회』. 까
　　치.

_____. 1989. 『한국의 노동운동과 국가』. 열음사.

_____. 1992. "한국의 노동계급은 왜 계급으로서의 조직화에 실패하고 있나?" 한국사회학회
　　·정치학회 공동 주최 학술대회. "한국의 국가와 시민사회."

_____. 1993. 『한국민주주의의 이론』. 한길사.

_____. 1998a. "'민주적 시장경제'의 한국적 조건과 함의." 계간 『당대비평』 봄호.

_____. 1998b. "한국 정치경제의 위기와 대안 모색: 민주적 시장경제를 중심으로." 『계간 사
　　상』 여름호.

_____. 2005. "사회적 시민권 없는 한국 민주주의." 최장집 편. 『위기의 노동』. 후마니타스.

_____. 2006. 『민주주의의 민주화』. 후마니타스.

카피레프트모임 편집부. 1999. "남아프리카공화국 진보운동의 고뇌." 『읽을 거리』 4호.

한국기독교사회문제연구원 편. 1988. 『'87 노동사회사정』. 민중사.

한국기독교사회문제연구원. 1987a. "7·8월 노동자대중투쟁." 『기사연리포트 3』. 민중사.

_____. 1987b. "6월 민주화대투쟁." 『기사연리포트 2』. 민중사.

한국노동사회연구소 엮음. 1999. 『전략적 개입: 구조조정기 노동운동의 대응』. 한국노동사
　　회연구소.

한국노동사회연구소. 2002. "노사정위원회 평가와 발전 방향." 『2002 국정감사 정책자료집:
　　국회의원 박인상』.

한국노동연구원. 『임금관련통계자료집(KLI노동통계)』. 각 연도.

한국노동이론정책연구소 편. 1996. 『신노사관계 구상과 노동법 개정투쟁의 방향』. 노동정책
　　이론자료집 3.

한국노동이론정책연구소 편. 1996. 『현장에서 미래로』 6호.

한국노동정책정보센터. '매일노동뉴스.' 각호.

한국발전산업노동조합. 2002. "발전파업 이후 현장 탄압 상황."

한국비정규노동센터정책실. 2005. "비정규운동 지난 5년의 성과와 과제." 한국비정규노동센
　　터. 『비정규노동』 6·7월호.

한정희. 1998. "10일간의 숨가쁜 카운트다운." 『사회평론 길』 2월호.

허명구. 1991. "1987년 이후 노동조합 운동의 현황과 과제." 전태일기념사업회 편. 『한국 노
　　동운동 20년의 결산과 전망』. 세계.

_____. 1999. "김대중정권의 노동 정책 평가." 6월항쟁 12주년 기념토론회 자료집. 『김대중
　　정권 1년 6월에 대한 평가』(6. 16).

현대자동차 민투위. '누가 밀실협상, 직권조인을 아름다운 투쟁이라 하는가?' 1998. 12.

_____. "현자 투쟁은 아직 끝나지 않았다." 1998. 9.

홍주환. 2003. "이론적 논의: 공공서비스 노동조합 운동에 대한 이론적 검토." 신광영 외.『공무원노동조합 운동: 조직과 사회적 역할』. 한국노총 중앙연구원.

COSATU 셉템버위원회 지음. 1999.『노동운동의 미래를 위한 셉템버보고서』. 한국노동사회연구소.

Alarcón, Diana. 2003. "Income Distribution and Poverty Alleviation in Mexico: A Comparative Analysis." in Kevin J. Middlebrook and Eduardo Zepeda eds. _Confronting Development: Assessing Mexico's Economic and Social Policy Challenges_. Stanford University Press.

Alfaro, Alfredo Hualde. 1999. "Corporatism, Nationalism, and Industrial Relations in Mexico." in Kuruvilla, Sarosh and Bryan Mundell eds. _Colonialism, Nationalism, and the Institutionalization of Industrial Relations in the Third World_, JAI Press INC.

Auer, Peter ed. 2001. _Changing Labour Markets in Europe_. International Labour Office. Geneva.

Auer, Peter. 2000. _Employment Revival in Europe : Labour Market Success in Austria, Denmark, Ireland and the Netherlands_. International Labour Office. Geneva.

Baccaro, Lucio, Kerstin Hamann and Lowell Turner. 2003. "The Politics of Labour Movement Revitalization : The Need for a Revitalized Perspective" in _European Journal of Industrial Relations_ 9(1). SAGE.

Baccaro, Lucio. 2003a. "Strengthening Industrial Relations and Social Dialogue in Republic of Korea." _KTC-ILO International Workshop 2003._

_____. 2003b. "What is Alive and What is Dead in the Theory of Corporatism." in _British Journal of Industrial Relations_. 41(4)(December).

Bamber, Greg J. and Russell D. Lansbury eds. 1998. _International and Comparative Employment Relations_. SAGE Publishers.

Banuri, Tariq and Edward J. Amadeo. 1991. "Worlds within the Third World: Labour Market Institutions in Asia and Latin America." in Tariq Banuri ed. _Economic Liberalization: No Panacea- The Experiences of Latin America and Asia_. Clarendon Press.

Banuri, Tariq. 1991. "Introduction." in Tariq Banuri ed. _Economic Liberalization : No Panacea- The Experiences of Latin America and Asia_. Clarendon Press.

Beaumont, P. B. 1992. _Public Sector Industrial Relations_. Routledge.

Béjar, Alejandro Alvarez. 1991. "Economic Crisis and the Labor Movement in Mexico." in Middlebrook ed. _Unions, Workers and the State in Mexico_, Center for U.S.

and Mexican Studies. UCSD.

Beynon, Huw and José R. Ramalho. 2001. "Democracy and the Organization of Class Struggle in Brazil." *Socialist Register 2001*. Monthly Review Press.

Boito, Armando(1998), "Neoliberal Hegemony and Unionism in Brazil, Latin American Perspectives." *Issue 98* 25(1)(January).

Boxwell, Peter and Peter Haynes. 1997. "Strategy and Trade Union Effectiveness in a Neo-liberal Environment." *British Journal of Industrial Relations*. 35(4)(December)

Buchanan, Paul G. 1995. *State, Labor, Capital: Democratizing Class Relations in the Southern Cone*. University of Pittsburgh Press.

Buchanan, Paul G. and Kate Nicholls. 2003. "Labour Politics and Democratic Transition in South Korea and Taiwan." *Government and Opposition* 38(2).

Burgess, Katrina. 1999. "Loyalty Dilemmas and Market Reform: Party-Union Alliances under Stress in Mexico, Spain, and Venezuela." *World Politics* 52(1).

_____. 2003. "Mexican Labor at a Crossroads." in Joseph S. Tulchin and Andrew D. Selee eds. *Mexico's Politics and Society in Transition*. Lynne Rienner Publishers.

Calmfors, Lars and John Driffill. 1988. "Centralization and Wage Bargaining." *Economic Policy* 3(1).

Campbell, Duncan. 2001. "Social Dialogue and Labor Market Adjustment in East Asia after the Crisis." in Gordon Betcherman and Rizwanul Islam eds. *East Asian Labor Markets and the Economic Crisis: Impacts, Responses and Lessons*. The World Bank-ILO.

Candland, Christopher and Rudra Sil eds. 2001. *The Politics of Labor in a Global Age: Continuity and Change in Late-Industrializing and Post-Socialist Economics*. Oxford University Press.

Casey, Benard and Michael Gold eds. 2000. *Social Partnership and Economic Performance : The Case of Europe*. Edward Elgar.

Cobble, Dorothy Sue. 2001. "Lost Ways of Unionism: Historical Perspective on Reinventing the Labor Movement." in Lowell Turner. Harry C. Katz and Richard W. Hurd eds. *Rekindling the Movement: Labor's Quest for Relevance in the 21st Century*. ILR Press.

Collier, David and Ruth Berins Collier. 1979. "Inducement versus Constraint." *American Political Science Review* 37(4).

_____. 1991. *Shaping the Political Arena*. Princeton University Press.

Compston, Hugh. 2002. "Policy Concertation in Western Europe: A Configurational Approach." in Stefan Berger and Hugh Compston eds. *Policy Concertation and Social Partnership in Western Europe: Lessons for 21st Century.* Berghahn Books.

Connor, Walter D. 1996. *Tattered Banners: Labor, Conflict, and Corporatism in Postcommunist Russia.* Westview Press.

Cook, Maria Lorena. 1995a. "State-labor Relations in Mexico: Old Tendencies and New Trends." in Schulz and Williams eds. *Mexico Faces the 21st Century.* Greenwood Press.

_____. 1995b. "Mexican State-Labor Relations and the Political Implications of Free Trade." *Latin American Perspectives* 22(1)(Winter).

_____. 1999. "Review Essays: Trends in Research on Latin American Labor and Industrial Relations." *Latin American Research Review* 34(1).

Cravey, Althaj J. 1998. "Cowboys and Dinosaurs, Mexican Labor Unionism and the State." in Andrew Herod ed. *Organizing the Landscape: Geographical Perspectives on Labor Unionism.* University of Minnesota Press.

Cronin, Jeremy. 1995. "Challenging the Neoliberal Agenda in South Africa." *LINKS* 4 (January-March).

Crouch, Colin and Franz Traxler eds. 1995. *Organized Industrial Relations in Europe: What Future?.* Avebury.

Crouch, Colin. 1993. *Industrial Relations and European State Traditions.* Clarendon Press.

_____. 1994. "Beyond Corporatism: the Impact of Company Strategy." in Richard Hyman and Anthony Ferner eds. *New Frontiers in European Industrial Relations.* Blackwell.

_____. 1996. "Revised Diversity: From the neo-liberal Decade to beyond Maastricht." in Joris Van Ruysseveldt and Jelle Visser eds. *Industrial Relations in Europe.* SAGE Publications.

Cummings, Bruce. 1989. "The Abortive Aberatura: South Korea in the light of Latin American Experiences." *NLR* 173.

Damián, Araceli. 2000. *Adjustment, Poverty and Employment in Mexico.* Ashgate.

de la Garza, Enrique. 1994. "The Restructuring of State-Labor Relations in Mexico." in Maria Lorena Cook, Kevin J. Middlebrook, and Juan Molinar Horcasitas eds. *The Politics of Economic Restructuring: State-Society Relations and Regime Change in Mexico.* UCSD.

de la Garza, Enrique, Javier Melgoza and Marcia Campillo. 1999. "Unions, Corporatism and the Industrial System in Mexico." in Martin Upchurch. *The State and Globalization.* Mansell Publishing.

Dombois, Rainer and Ludger Pries. 1995. "Structural Change and Trends in the

Evolution of Industrial Relations in Latin America: A Methodological and Conceptional Outline." *Advances de Investigacion* 1.

Donnelly, Eddy. 1999. "Democratic Corporatism in the New South Africa : Advance or Retreat?" in Martin Upchurch. *The State and Globalization*. Mansell Publishing.

Douglas, William A. 2001. "Economic Adjustment, Equity and Workers' Support." in Farrukh Iqbal and Jong-il You eds. *Democracy, Market Economics and Development*. The World Bank.

Dresser, Denise. 1994. "Embellishment, Empowerment, or Euthanasia of PRI? Neoliberalism and Party Reform in Mexico." in Maria Lorena Cook, Kevin J. Middlebrook, and Juan Molinar Horcasitas eds. *The Politics of Economic Restructuring: State-Society Relations and Regime Change in Mexico*. UCSD.

Dussel Peters, Enrique. 2002. *Polarizing Mexico: The Impact of Liberalization Strategy*. Lynne Rienner Publishers.

Eckstein, Susan. 2002. "Globalization and Mobilization: Resistance to Neoliberalism in Latin America." in Mauro F. Guillén, Randall Collins, Paula England and Marshall Meyer eds. *The New Economic Sociology: Developments in an Emerging Field*. SAGE.

Edwards, P. K. 1986. *Conflict at Work : A Marxist Analysis of Workplace Relations*. Basil Blackwell.

Edwards, Paul, ed. 1995. *Industrial Relations : Theory and Practice in Britain*. Blackwell.

Fairbrother, Peter. 2000. *Trade Unions at the Crossroads*. MANSELL.

Falkner, Gerda. 2003. "Renegotiating Social and Labour Politics in the European Multi-level System: Any Role for Corporatist Patterns?" in Van Waarden, Frans and Gerhart Lehmbruch eds. *Renegotiating the Welfare State: Flexible adjustment through Corporatist Concertation*. Routledge.

Fernandez Jilberto, Alex E. and Marieke Riethof. 2002. "Labour Relations in the Era of Globalization and Neoliberal Reforms." in Alex E. Fernandez Jilberto and Marieke Riethof eds. *Labour Relations in Development*. Routledge.

Ferner, Anthony and Richard Hyman eds. 1998. *Changing Industrial Relations in Europe*. Blackwell Publishers.

Ferner, Anthony and Richard Hyman. 1992. "Industrial Relations in the New Europe: Seventeen Types of Ambiguity." in Anthony Ferner and Richard Hyman eds. *Industrial Relations in the New Europe*. Blackwell Publishers.

Ferner, Anthony. 1994. "The State as Employer." in R. Hyman and A. Ferner, eds. *New Frontiers in European Industrial Relations*. Blackwell.

Frege, Carola M. and John Kelly. 2003. "Union Revitalization Strategies in Comparative Perspective." in *European Journal of Industrial Relations* 9(1). SAGE.

510

Frenkel, Stephen and Jeffrey Harrod eds. 1995. *Industrial Relations and Labour Relations : Contemporary Research in Seven Countries.* ILR Press.

Frenkel, Stephen J. and Sarosh Kuruvilla. 1999. "Union-Member Relations and Satisfaction with Unions in South Korea." *British Journal of Industrial Relations* 37(4)(December).

Frenkel, Stephen. 1991. "State Policies and the Workplace Relations : A Comparison between Thatchrism and Accordism." in Katz ed. *The Future of Industrial Relations.*

Fukuyama, Francis and Sanjay Marwah. 2000. "Comparing East Asia and Latin America: Demensions and Development." *Journal of Democracy* 11(4) (October).

Gindin, Sam. 1997. "Rising from the Ashes : Labor in the Age of Global Capitalism." *Monthly Review* 49(3)(July-August).

Grote, Jürgen and Philippe C. Schmitter. 2003. "The Renaissance of National Corporatism: Unintended Side-effect of European Economic and Monetary Union, or Calculated Response to the Absence of European Social Policy?." in Van Waarden, Frans and Gerhart Lehmbruch eds. *Renegotiating the Welfare State: Flexible adjustment through Corporatist Concertation.* Routledge.

Hamann, Kerstin and Miguel Martìnez Lucio. 2003. "Strategies of Union Revitalization in Spain: Negotiating Change and Fragmentation." in *European Journal of Industrial Relations* 9(1). SAGE.

Harris, Richard L. 2002. "Introduction: Globalization and Globalism in Latin America- Contending Perspectives." *Latin American Perspectives* 29(6)(November).

Harvey, Neil. 1993. "The Difficult Transition : Neoliberalism and Neocorporatism in Mexico." in Harvey ed. *Mexico: Dilemmas of Transition, The Institute of Latin American Studies.* University of London.

Hausner, Jerzy, Ove K. Pedersen and Karsten Ronit eds. 1995. *Evolution of Interest Representation and Development of the Labour Market in Post-Socialist Countries.* Cracow Academy of Economics.

Heery, Edmund, John Kelly and Jeremy Waddington. 2003. "Union Revitalization in Britain." in *European Journal of Industrial Relations* 9(1). SAGE.

Heinisch, Reinhard. 1999. "The State of Corporatism in a Central Europe in Transition." in Irwin Collier, Herwig Roggemann, Oliver Scholz and Horst Tomann, eds. *Welfare State in Transition : East and West.* Macmillan Press LTD.

Hemerijck, Anton. 2003. "The Resurgence of Dutch Corporatist Policy Coordination in the Age of Globalization." in Van Waarden, Frans and Gerhart Lehmbruch eds. *Renegotiating the Welfare State: Flexible adjustment through Corporatist Concertation.* Routledge.

Héthy, Lajos. 1994. "Tripartism in Eastern Europe." in Richard Hyman and Anthony Ferner eds. New Frontiers in European Industrial Relations. Blackwell,

Hurd, Richard, Ruth Milkman and Lowell Turner. 2003. "Reviving the American Labour Movement : Institutions and Mobilization." in *European Journal of Industrial Relations* 9(1). SAGE.

Hyman, Richard. 1987. "Strategy or Structure? Capital, Labour and Control." *Work, Employment and Society* 1(1): 25-55.

_____. 1989. *The olitical Economy of Industrial Relations: Theory and Practice in a Cold Climate.* Macmillan Press.

_____. 1994a. "Economic Restructuring, Market Liberalism and the Future of National Industrial Relations Systems." in R. Hyman and A. Ferner eds. *New Frontiers in European Industrial Relations.* Blackwell.

_____. 1994b. "Changing Trade Union Identities and Strategies." in R. Hyman and A. Ferner eds. *New Frontiers in European Industrial Relations.* Blackwell.

_____. 1994c. "Theory and Industrial Relations." *British Journal of Industrial Relations* 32(2)(June): 165-180.

_____. 1997. "The Future of Employee Representation." *British Journal of Industrial Relations* 35(3)(September).,

_____. 2001a. *Understanding European Trade Unionism: Between Market, Class and Society.* SAGE Publications.

_____. 2001b. "Trade Union Research and Cross-National Comparison." *European Journal of Industrial Relations* 7(2).

Jessop, Bob. 1990. *State Theory: Putting the Capitalist State in Its Place.* Cambridge: Polity.

_____. 2002. *The Future of Capitalist State.* Polity Press.

Johnston, Paul. 2001. "Organize for What?." in Lowell Turner. Harry C. Katz and Richard W. Hurd eds. *Rekindling the Movement: Labor's Quest for Relevance in the 21st Century.* ILR Press.

Katz, Harry C. 2001. "Whither the American Labor Movement?." in Lowell Turner. Harry C. Katz and Richard W. Hurd eds. *Rekindling the Movement : Labor's Quest for Relevance in the 21st Century.* ILR Press.

Katz, Harry C. and Owen Darbishire. 2000. *Converging Divergences: Worldwide Changes in Employment Systems.* ILR Press.

Kay, Paul. 2003. "Trying on the Emperor's New Clothes? Concertación, Corporatism and Neoliberal Restructuring in the Semi Periphery." *Bulletin of Latin*

American Research 22(3).

Kelly, John. 1988. *Trade Unions and Socialist Politics*. Verso.

_____. 1997. "Industrial Relations: Looking to the Future." *British Journal of Industrial Relations* 35(3)(September).

Kochan, Thomas A., Harry C. Katz and Robert B. McKersie. 1986. *The Transformation of American Industrial Relations*, Basic Books.

_____. 1991. "Strategic Choice and Industrial Relations Theory: An Elaborations." in Katz ed. *The Future of Industrial Relations*. Cornell University.

Korpi, Walter and Michael Shalev. 1979. "Strikes, Industrial Relations and Class Conflict in Capitalist Societies." BJS 30.

Kuruvilla, Sarosh and Bryan Mundell eds. 1999. *Colonialism, Nationalism, and the Institutionalization of Industrial Relations in the Third World*. JAI Press INC.

La Botz, Dan. 1992. Mask of Democracy: Labor Suppression in Mexico Today, South End Press, Boston.

Lash, S. and J. Urry. 1987. The End of Organized Capitalism. Polity Press. Oxford.

Lee, Joohee. 1998. "Micro-Corporatism in South Korea: A Comparative Analysis of Enterprise-Level Industrial Relations." *Economic and Industrial Democracy*, Vol. 19. SAGE.

Lehulere, Oupa. 1996. "Social Democracy and Neoliberalism in South Africa." LINKS, No. 7, July-October.

Leijnse, Frans. 1996. "The Role of the State in Shaping Trade Union Policies." in Peter Leisink, Jim van Leemput and Jacques Vilrokx eds., *The Challenges to Trade Unions in Europe: Innovation or Adaptation*. Edward Elgar.

Leisink, Peter, Jim van Leemput and Jacques Vilrokx eds. 1996. *The Challenges to Trade Unions in Europe: Innovation or Adaptation*. Edward Elgar.

Locke, Richard and Thomas Kochan. 1995. "Conclusion: The Transformation of Industrial Relations? A Cross-National Review of the Evidence" in Richard Locke, Thomas Kochan and Michael Piore eds., *Employment Relations in a Changing World Economy*. The MIT Press.

Locke, Richard M. 1995. "The Tranformation of Industrial Relations? A Cross-National Review." in Kirsten S. Wever and Lowell Turner eds. *The Comparative Political Economy of Industrial Relations*, Industrial Research Association. University of Wisconsin.

Locke, Richard M. and Kathleen Thelen. 1995. "Apples and Oranges Revisited: Contextualized Comparisons and the Study of Comparative Labor Politics." *Politics and Society* 23(September).

Madrid, Raul L. 2003. "Labouring against Neoliberalism: Unions and Patterns of

Reform in Latin America." *Journal of Latin American Studies* 35.

Maier, Charles S. 1985. "Preconditions for Corporatism." in John H. Goldthorpe ed. *Order and Conflict in Contemporary Capitalism.* Clarendon Press.

Marsh, David. 1992. *The New Politics of British Trade Union.* IRL Press.

McMichael, Philip. 2000. "Globalisation, Trend or Project?." in Ronen Palan ed. *Global Political Economy: Contemporary Theories.* Routledge.

Middlebrook, Kevin J. 1995. *The Paradox of Revolution: Labor, the State and Authoritarianism in Mexico.* Johns Hopkins University Press.

Middlebrook, Kevin J. and Eduardo Zepeda. 2003. "On the Political Economy of Mexican Development Policy." in Kevin J. Middlebrook and Eduardo Zepeda eds. *Confronting Development: Assessing Mexico's Economic and Social Policy Challenges.* Stanford University Press.

Migdal, Joel S. and Atul Kohl and Viviene Shue eds. 1994. *State Power and Social Forces.* Cambridge University Press.

Milkman, Ruth and Kent Wong. 2001. "Organizing Immigrant Workers- Case Studies from Southern California." in Lowell Turner. Harry C. Katz and Richard W. Hurd eds. *Rekindling the Movement: Labor's Quest for Relevance in the 21st Century.* ILR Press.

Moody, Kim. 1997a. "Toward an International Social-Movement Unionism." *New Left Review* 225.

_____. 1997b. *Workers in a Lean World-Unions in the International Economy.* Verso.

Munck, Ronaldo. 2000. "Review Article: Labour and Globalisation- Results and Prospects." *Work, Employment and Society* 14(2).

Murillo, M. Victoria. 1997. "A Strained Alliance: Continuity and Change in Mexican Labour Politics." in Mónica Serrano ed. *Mexico: Assessing Neoliberal Reform, Institute of Latin American Studies.* University of London.

_____. 2001. "Partisan Royalty and Union Competition: Macroeconomic Adjustment and Economic Restructuring in Mexico." in C. Candland and R. Sil eds. *The Politics of Labor in a Global Age.* Oxford University Press.

O'Hearn, Denis. 1998. *Inside the Celtic Tiger: The Irish Economy and the Asian Model.* Pluto Press.

OECD. 1999. *Regulatory Reform in the Netherlands.* OECD Reviews of Regulatory Reform.

Offe, Claus and Helmut Wiesenthal. 1980. "Two Logics of Collective Action." in M. Zeitlin ed. *Political Power and Social Theory.*

Orenstein, Mitchell A. 1995. "The Czech Tripartite Council and Its Contribution to Social Peace." in Jerzy Hausner, Ove K. Pedersen and Karsten Ronit eds.

Evolution of Interest Representation and Development of the Labour Market in Post-Socialist Countries. Cracow Academy of Economics.

Orenstein, Mitchell A. and Lisa E. Hale. 2001. "Corporatist Renaissance in Post-communist Central Europe?" in Christopher Candland and Rudra Sil eds. *The Politics of Labor in a Global Age: Continuity and Change in Late-Industrializing and Post-Socialist Economics*. Oxford University Press.

Ost, David. 2002. "The Weakness of Strong Social Movements: Models of Unionism in the East European Context." *European Journal of Industrial Relations* 8(1).

Oxhorn, Philip. 1998. "Is the Centuryof Corporatism over? Neoliberalism and the Rise of Neopluralism." in Oxhorn, Philip and Graciela Ducatenzeiler eds., What Kind of Democracy? What Kind of Market? : Latin America in the Age of Neoliberalism, The Pennsylvania State University Press.

Panitch, Leo. 1986a. "Theories of Corporatism: Reflections on a Growth Industry." *Working-Class Politics in Crisis, Essays on Labour and the State*. Verso.

_____. 1986b. *Working-Class Politics in Crisis*. Verso.

_____. 2000. "Reflecting on Strategy for Labour." in Leo Panitch and Colin Leys eds., *Socialist Register 2001*. Monthly Review Press.

Park, Se-Il. 1993. "The Role of the State in Industrial Relations: the Case of Korea." *Comparative Labor Law Journal* 14(3)(spring).

_____. 1999. "Labor Market Policy and the Social Safety net in Korea: After 1997 Crisis." Korea Development Institute, Working Paper 99-01.

Pastor, Manuel and Carol Wise. 2003. "A Long View of Mexico's Political Economy: What's Changed?, What are the Challenges?." in Joseph S. Tulchin and Andrew D. Selee eds. *Mexico's Politics and Society in Transition*. Lynne Rienner Publishers.

Pekkarinen, Jukka, Matti Pohjola, and Bob Rowthorn. 1992. "Social Corporatism and Economic Performance: Introduction and Conclusions." in Jukka Pekkarinen, Matti Pohjola, and Bob Rowthorn eds. *Social Corporatism : A Superior Economic System?* Clarendon Press.

Pérez Arce, Francisco. 1990. "The Enduring Union Struggle for Legality and Democracy." in Joe Foweraker and Ann L. Craig eds. *Popular Movements and Political Change in Mexico*. Lynne Rienner Pub.

Pozas, Maria de los Angeles. 1993. *Industrial Restructuring in Mexico: Corporate Adaptation, Technological Innovation, and Changing Patterns of Industrial Relations in Monterrey*. Center for U.S. and Mexican Studies, UCSD.

Przeworski, Adam. 1995. *Sustainable Democracy*. Cambridge University Press.

Ramalho, José Richardo. 1999. "Trade Unions in Brazil in a Context of Economic Adjustment." in Martin Upchurch ed. *The State and Globalization.* Mansell Publishing.

Regalia, Ida and Marino Regini. 1995. "Between Voluntarism and Institutionalization: Industrial Relations and Human Resource Practices in Italy." in Richard Locke, Thomas Kochan and Michael Piore eds. *Employment Relations in a Changing World Economy.* The MIT Press.

Regini, M. 1997. "Still Engaging in Corporatism? Recent Italian Experience on Comparative Perspective." *European Journal of Industrial Relations* 3(3).

Rhodes, Martin. 1997. *Globalization, Labor Market and Welfare States: A Future of 'Competitive Corporatism'?.* EUI.

Rigby, Mike, Roger Smith and Manuel Pérez Yruela, "Conclusions." in Mike Rigby, Roger Smith and Teresa Lawlor eds. *European Trade Unions: Change and Response.* Routledge.

Rigby, Mike. 1999. "Approaches to the Contemporary Role of Trade Unions." in Mike Rigby, Roger Smith and Teresa Lawlor eds. *European Trade Unions: Change and Response.* Routledge.

Robinson, Ian. 2000. "Neoliberal Restructuring and U. S. Unions: Toward Social Movement Unionism?." *Critical Sociology* 26(January·February).

Rogers, Joel. 1989. "Divide and Conquer : The Legal Foundation of Postwar U.S. Labor Policy." Christian Joerges and David M. Trubek Eds. *Critical Legal Thought: An American-German Debate.* Nomos Verlagsgesellschaft. Baden-Baden.

Rosenberg, Jonathan. 2001. "Mexico : The End of Party Corporatism?." in Clive S. Thomas ed. *Political Parties and Interest Groups: Shaping Democratic Governance.* Lynne Rienner Publisher.

Ross, George and Andrew Martin. 1999. "European Unions Face the Millennium." in Andrew Martin and Ross, George eds. *The Brave New World of European Labor.* Berghahn Books.

Rowthorn, Bob. 1992. "Corporatism and Labour Market Performance." in Jukka Pekkarinen, Matti Pohjola, and Bob Rowthorn eds. *Social Corporatism: A Superior Economic System?.* Clarendon Press.

Roxborough, Ian. 1992. "Inflation and Social Pacts in Brazil and Mexico." *Journal of Latin American Studies* 24.

Salas, Carlos and Eduardo Zepeda. 2003. "Employment and Wages: Enduring the Costs of Liberalization and Economic Reform." in Kevin J. Middlebrook and Eduardo Zepeda eds. *Confronting Development: Assessing Mexico's*

516

Economic and Social Policy Challenges Stanford University Press.

Samstad, James G. 2002. "Corporatism and Democratic Transition: State and Labor during the Salinas and Zedillo Administration." *Latin American Politics and Society* 44(4)(winter).

Samstad, James G. and Ruth Berlins Collier. 1995. "Mexican Labor and Structural Reform under Salinas: New Unionism or Old Stalemate?," in Riordan Roett ed. *The Challenge of Institutional Reform in Mexico.* Lynne Rienner Publisher.

Schienstock, Gerd and Franz Traxler eds. 1997. "A Comparative Approach to Socialist and Postsocialist Industrial Relations." in Gerd Schienstock, Paul Thompson, and Franz Traxler eds. *Industrial Relations between Command and Market: A Comparative Analysis of Eastern Europe and China.* Nova Science Publishers Inc.

Schmitter, Phillippe C. 1979. "Still the Century of Corporatism?" G. Lehmbruch and P. C. Schmitter eds. *Trends toward Corporatist Intermediation.* SAGE Publications.

Schwartz, Herman M. 2001. "The Danish 'Miracle.' Luck, Pluck, or Stuck?" *Comparative Political Studies* 34(2)(March).

Seidman, Gay W. 1994. *Manufacturing Militance: Workers' Movement in Brazil and South Africa, 1970-1985.* University of California Press.

Sels, Luc and Geert Van Hootegem. 2001. "Seeking the Balance between Flexibility and Security: A Rising Issue in the Low Countries." *Work, Employment and Society* 15(2).

Serrano, Mónica. 1996. "The Legacy of Gradual Change: Rules and Institutions under Salinas." in Mónica Serrano and Victor Bulmer-Thomas eds. *Rebuilding the State: Mexico after Salinas*, Institute of Latin American Studies, University of London.

Sheahan, John. 1997. "Effects of Liberalization Programs of Poverty and Inequality: Chile, Mexico, and Peru." *Latin American Research Review* 32(3).

Sil, Rudra and Christopher Candland. 2001. "Institutional Legacies and the Transformation of Labour: Late-Industrializing and Post Socialist Economies in Comparative-Historical Perspective." in Christopher Candland and Rudra Sil eds. *The Politics of Labor in a Global Age: Continuity and Change in Late-Industrializing and Post-Socialist Economics.* Oxford University Press.

Sisson, Keith and Paul Marginson. 1995. "Management: Systems, Structures and Strategy." in Edwards, Paul, ed. *Industrial Relations: Theory and Practice in Britain.* Blackwell.

Skocpol, Theda and Margaret Somers. 1980. "The Uses of Comparative History in Macrosocial Inquiry." *Comparative Studies in Society and History* 22.

Slomp, Hans, Jacques van Hoof and Hans Moerel. 1996. "The Transformation of Industrial Relations in Some Central and Eastern European Countries." in Joris Van Ruysseveldt and Jelle Visser eds. *Industrial Relations in Europe*. SAGE Publications.

Slomp, Hans. 1996. *Between Bargaining and Politics: An Introduction to European Labor Relations*. PRAEGER.

Smith, Roger. 1999. "The Convergence/Divergence Debate in Comparative Industrial Relations." in Mike Rigby, Roger Smith and Teresa Lawlor eds. *European Trade Unions: Change and Response*. Routledge.

Snyder, Richard. 2001. *Politics after Neoliberalism: Reregulation in Mexico*. Cambridge University Press.

Soederberg, Susanne. 2001. "From Neoliberalism to Social Liberalism: Situating the National Solidarity Program within Mexico's Passive Revolutions." *Latin American Perspectives* 28(3)(May).

Stepan, Alfred. 1978. *State and Society: Peru in Comparative Perspective*. Princeton University Press.

Taylor, George. 2003. "'Bargaining Celtic style.' the Global Economy and Negotiated Governance in Ireland." in Van Waarden, Frans and Gerhart Lehmbruch eds. *Renegotiating the Welfare State: Flexible adjustment through Corporatist Concertation*. Routledge.

Teichman, Jüdith. 1996. "Economic Restructuring: State-labor Relation and the Transformation of Mexican Corporatism." in Gerardo Otero ed. *Neoliberalism Revisited: Economic Restructuring and Mexico's Political Future*. Westview Press.

_____. 2001. *The Politics of Freeing Markets in Latin America: Chile, Argentina, and Mexico*. The University of North Carolina Press.

Teulings, Coen and Joop Hartog. 1998. *Corporatism or Competition? : Labour Contracts, Institutions and Wage Structures in International Comparison*. Cambridge University Press.

Teulings, Coen. 2003. "The Negotiator and Auctioneer: Wage Centralization and Wage Flexibility- A Comparison of Corporatist and Non-corporatist Countries." in Van Waarden, Frans and Gerhart Lehmbruch eds. *Renegotiating the Welfare State: Flexible adjustment through Corporatist Concertation*. Routledge.

Thelen, Kathleen and Sven Steinmo. 1992. "Historical Institutionalism in Comparative Politics." in Sven Steinmo, Kathleen Thelen and Frank Longstreth eds. *Structuring Politics: Historical Institutionalism in Contemporary Analysis*. Cambridge University Press.

Thelen, Kathleen. 2000. "Why German Employers Cannot Bring Themselves to Dismantle the German Model." in Torben Iverson, Jonas Pontusson and David Soskice, eds. *Unions, Employers and Central Banks.* Cambridge University Press.

Therborn, Göran. 1977. "The Rules of Capital and the Rise of Democracy." *New Left Review* 103.

_____. 1992. "Lessons from 'Corporatist' Theorizations." in Jukka Pekkarinen, Matti Pohjola and Bob Rowthorn eds. *Social Corporatism : A Superior Economic System?* Clarendon Press.

Thirkell, J. E. M., K. Petkov and S. A. Vickerstaff. 1998. *The Transformation of Labour Relations : Restructuring and Privatization in Eastern Europe and Russia.* Oxford University Press.

Thompsom, Paul and Franz Traxler. 1997. "The Transformation of Industrial Relations in Postsocialist Economies." in Gerd Schienstock, Paul Thompson and Franz Traxler eds. *Industrial Relations between Command and Market : A Comparative Analysis of Eastern Europe and China.* Nova Science Publishers Inc.

Thompson, P. 1983. *The Nature of Work.*

_____. 1990. "Crawling from the Wreckage : The Labor Process and the Politics of Production." in Knight et. al. eds. *Labor Process Theory.* pp. 95-124.

Traxler, Franz, Sabine Blaschke and Bernhard Kittel eds. 2001. *National Labour Relations in Internationalized Markets: A Comparative Study of Institutions, Change, and Performance.* Oxford University Press.

Traxler, Franz. 1995. "Farewell to Labour Market Associations? Organized versus Disorganized Decentralization As a Map for Industrial Relations." in C. Crouch and F. Traxler eds. *Organized Industrial Relations in Europe: What Future?* Aldershot.

_____. 1997. "European Transformation and Institution Building in East and West: The Performance and Preconditions for Neocorporatism." in Randall W. Kindley and David F. Good, eds. *The Challenge of Globalisation and Institution Building: Lessons from Small European States.* Westview Press.

_____. 2003. "Bargaining (De)centralization, Macroeconomic Performance and Control over the Employment Relationship." *British Journal of Industrial Relations* 41(1)(March).

Trejo, Guillermo and Claudio Jones. 1998. "Political Dilemmas of Welfare Reform: Poverty and Inequality in Mexico." in Susan Kaufman Purcell and Luis Rubio eds. *Mexico under Zedillo,* Lynne Rienner Publishers.

Turner, Lowell and Richard W. Hurd. 2001. "Building Social Movement Unionism :
The Transformation of American Labor Movement," in Lowell Turner, Harry
C. Katz and Richard W. Hurd eds. *Rekindling the Movement: Labor's Quest
for Relevance in the 21st Century* ILR Press.

Turner, Lowell, Harry C. Katz, and Richard W. Hurd eds. 2001. *Rekindling the
Movement: Labor's Quest for Relevance in the 21st Century.* ILR Press. Cornell
University.

Undy, R., P. Fosh, R. Martin, H. Moris and P. Smith. 1996. "British Trade Unions'
Strategies in a Hostile Environment, 1980-1993." in Peter Leisink, Jim van
Leemput and Jacques Vilrokx eds. *The Challenges to Trade Unions in Europe:
Innovation or Adaptation.* Edward Elgar.

Upchurch, Martin. 1999. *The State and Globalization.* Mansell Publishing.

Vadi, José M. 2001. "Economic Globalization, Class Struggle, and the Mexican State,"
in *Latin American Perspectives* 28(4)(July).

Valenzuela, J. Samuels. 1989. "Labor Movement in Transition to Democracy: A
Framework for Analysis." *Comparative Politics*(July).

van der Meer, Marc. 1996. "Aspiring Corporatism? Industrial Relations in Spain." in
Joris Van Ruysseveldt and Jelle Visser eds. *Industrial Relations in Europe.*
SAGE Publications.

Van Ruysseveldt, Joris and Jelle Visser. 1996. "Weak Corporatisms Going Different
Ways? Industrial Relations in the Netherlands and Belgium." in Joris Van
Ruysseveldt and Jelle Visser eds. *Industrial Relations in Europe.* SAGE
Publications.

van Waarden, Frans. 2003a. "Renegotiating the Welfare State through Corporatist
Concertation." in Van Waarden, Frans and Gerhart Lehmbruch eds.
*Renegotiating the Welfare State: Flexible adjustment through Corporatist
Concertation.* Routledge.

_____. 2003b. "The Social and Historical Embeddedness of Dutch Corporatism." in
Van Waarden, Frans and Gerhart Lehmbruch eds. *Renegotiating the Welfare
State: Flexible adjustment through Corporatist Concertation.* Routledge.

Van Waarden, Franz and Gerhart Lehmbruch eds. 2003. *Renegotiating the Welfare
State: Flexible adjustment through Corporatist Concertation.* Routledge.

Visser, Jelle and Anton Hemerijck. 1997. *'A Dutch Miracle': Job Growth, Welfare
Reform and Corporatism in the Netherlands.* Amsterdam.

Visser, Jelle. 1996. "Traditions and Transitions in Industrial Relations: A European
View." in Jois Van Ruysseveldt and Jelle Visser eds. *Industrial Relations in
Europe.* SAGE Publications.

_____. 1998. "The Netherlands: The Return of Responsive Corporatism." in Anthony Ferner and Richard Hyman eds. *Changing Industrial Relations in Europe.* Blackwell Publishers.

_____. 2001. "Industrial Relations and Social Dialogue." in Auer, Peter ed. *Changing Labour Markets in Europe.* International Labour Office, Geneva.

Webster, Eddie and Glenn Adler. 2000. "Introduction: Consolidating Democracy in a Liberalizing World-Trade Unions and Democratization in South Africa." in Eddie Webster and Glenn Adler eds. *Trade Unions and Democratization in South Africa, 1985-1997.* Macmillan Press LTD.

Wedderburn, Bill. 1983. "The New Politics of Labour Law." in W. E. J. McCarthy ed. *Trade Unions-Selected Readings.* Penguin Books.

White, Gordon and Roger Goodman. 1998. "Welfare Orientalism and the Search for an East Asian Welfare Model." in Goodman, White and Huck-ju Kwon eds. *The East Asian Welfare Model-Welfare Orientalism and the State.* Routledge.

Whitehead, Laurence. 2000. "Comparing East Asia and Latin America: Stirrings of Mutual Recognition." *Journal of Democracy* 11(4)(October).

Williams, Mark Eric. 2001. *Market Reforms in Mexico : Coalitions, Institutions and the Politics of Policy Change.* Rowman and Littlefield Publishers.

Windolf, P. 1989. "Productivity Coalitions and the Future of European Corporatism." *Industrial Relations* 28.

Wise, Carol. 2003. "Mexico's Democratic Transition: The Search for New Reform Coalitions." in Carol Wise and Riordan Roett eds. *Post-Stabilization Politics in Latin America: Competition, Transition, Collapse.* Brookings Institution Press.

Wood, Ellen Meiksins, Peter Meiksins and Michael Yates eds. 1998. *Rising from the Ashes? Labor in the Age of 'Global' Capitalism.* Monthly Review Press.

Zapata, Francisco. 1996. "Mexican Labor in a Context of Political and Economic Crisis." in Laura Randall ed. *Changing Structure of Mexico: Political, Social and Economic Prospects.* M. E. Sharpe, Inc.

_____. 1998. "Trade Unions and the Corporatist System in Mexico." in Oxhorn, Philip and Graciela Ducatenzeiler eds. *What Kind of Democracy? What Kind of Market?: Latin America in the Age of Neoliberalism.* The Pennsylvania State University Press.

Zermeño, Sergio. 1990. "Crisis, Neoliberalism, and Disorder." in Joe Foweraker and Ann L. Craig eds. *Popular Movements and Political Change in Mexico.*

Zoll, Rainer and Enno Neumann. 1986. "Workers' Reactions to Crisis." Otto Jachobi, Bob Jessop, Hans Kastendiek and Mario Regini eds. *Technological Change, Rationalization and Industrial Relations.* St. Martin's Press.

찾아보기